U0830416

海南省乡村振兴局◎组编

海南省
脱贫攻坚实践

典型案例篇

中国农业大学出版社
China Agricultural University Press
·北 京·

内 容 简 介

为挖掘脱贫攻坚的当代价值和世界意义，海南省乡村振兴局征集并遴选了一批脱贫攻坚典型案例，从党政主导、开拓进取、政策扶持、行业扶贫、产业扶贫、扶志扶智和综合扶贫7个方面汇集脱贫攻坚的有益经验和做法。本篇中的每个案例既有成功经验的总结，又有生动故事的讲述，为巩固拓展脱贫攻坚成果提供了宝贵启示。

图书在版编目(CIP)数据

海南省脱贫攻坚实践. 典型案例篇/海南省乡村振兴局组编. --北京：中国农业大学出版社，2023.5

ISBN 978-7-5655-2977-1

Ⅰ.①海… Ⅱ.①海… Ⅲ.①扶贫—案例—海南 Ⅳ.①F127.66

中国国家版本馆CIP数据核字(2023)第075622号

书　名　海南省脱贫攻坚实践　典型案例篇
Hainansheng Tuopin Gongjian Shijian　Dianxing Anli Pian
作　者　海南省乡村振兴局　组编

策划编辑　吕建忠　石　华　　**责任编辑**　石　华
封面设计　李尘工作室
出版发行　中国农业大学出版社
社　址　北京市海淀区圆明园西路2号　　**邮政编码**　100193
电　话　发行部 010-62733489,1190　　读者服务部 010-62732336
编辑部 010-62732617,2618　　出　版　部 010-62733440
网　址　http://www.caupress.cn　　**E-mail** cbsszs@cau.edu.cn
经　销　新华书店
印　刷　涿州市星河印刷有限公司
版　次　2023年5月第1版　2023年5月第1次印刷
规　格　185 mm×260 mm　16开本　14.25印张　275千字
定　价　140.00元(全三册)

编写委员会

总序

自党的十八大以来，以习近平同志为核心的党中央把脱贫攻坚摆在治国理政的突出位置，作为实现第一个百年奋斗目标的重点任务，纳入“五位一体”总体布局和“四个全面”战略布局，为此，做出了一系列重大部署和安排。

自全面打响脱贫攻坚战以来，在党中央、国务院的正确领导下，海南省委、省政府全面贯彻落实习近平总书记关于扶贫工作的重要论述和重要指示批示精神，切实提高站位，始终把脱贫攻坚作为海南建设自由贸易试验区和中国特色自由贸易港的底线目标和第一民生工程，带领全省干部上下同心、尽锐出战、精准务实、开拓创新、攻坚克难，圆满完成脱贫攻坚各项目标任务，建档立卡贫困人口全部脱贫，贫困村全部出列，贫困县全部摘帽，在国家考核中连续三年被综合评价为“好”的等次，为脱贫攻坚战取得全面胜利贡献力量。

为记录海南省在脱贫攻坚战中的典型案例、先进人物先进事迹，也为了在巩固拓展脱贫攻坚成果的基础上，做好乡村振兴这篇大文章，接续推进脱贫地区发展和促进共同富裕，我们特编写本套图书。本套图书分为三册，即典型案例篇、先进个人与单位篇和海南答卷篇。

第一册为典型案例篇，从党政主导、开拓进取、政策扶持、行业扶贫、产业扶贫、扶志扶智和综合扶贫 7 个方面选取总结海南省脱贫攻坚典型案例；第二册为先进个人与单位篇，共收录 2017—2020 年先进个人和单位事迹 37 篇；第三册为海南答卷篇，在归纳总结经验的基础上展望未来，以做好脱贫地区巩固拓展脱贫攻坚成果同乡村振兴有效衔接的重点工作。

本套图书充分彰显在脱贫攻坚中要坚持党的全面领导，坚持有序调整、平稳过渡，坚持群众主体、激发内生动力，坚持政府推动引导、社会市场协同发力。

《海南省脱贫攻坚实践》编写组

2022年4月

前　言

在中国，反贫困是一项艰巨的工作。数代中国人长期以来奋斗在反贫困的第一线，取得了举世瞩目的成绩。直到21世纪初，受到各种因素的限制，我国仍有不少未能实现脱贫的地区。这类贫困地区主要是自然生存环境恶劣，因灾致贫、因病致贫、因劳动能力弱致贫等现象难以根除。海南的地理位置与气候环境得天独厚，能够为国内大循环提供重要的工业原材料保障。其特殊的区域位置导致海南与国内市场的交通不便，产品到达国内市场的运输成本较高，过高的运输成本使其难以对国内市场的需求变动做出合理调整。随着我国社会主义市场经济的不断完善与发展，海南的特色产品也在很大程度上受到来自国际、国内大市场行情的冲击。多种因素导致海南——这个依靠第一产业且生产技术低下的贫困地区脱贫进程显得异常艰难。海南丰富多彩的民族文化、各民族的文化差异造成其脱贫内生动力不足；复杂的人文社会环境也给海南省的脱贫工作提出了重大考验。

自党的十八大以来，海南省牢记习近平总书记的重要指示精神，坚决贯彻落实党中央、国务院关于脱贫攻坚的决策部署，以“一个都不能少”的铮铮誓言，以“不破楼兰终不还”的铁血壮志，坚决打赢脱贫攻坚战，实现64.97万贫困人口全部脱贫，全面建成小康社会，向党和国家第一个百年奋斗目标交出优异的海南答卷。在这种背景下，全面总结脱贫攻坚的成效经验，提炼海南精准扶贫、精准脱贫典型案例，具有重要的意义。

为讲好海南脱贫攻坚故事，传播海南脱贫攻坚经验，海南乡村振兴局在深入调研海南省脱贫攻坚成果、问题和发展需求的基础上，全面总结海南省“十三五”脱贫攻坚的成效经验，按照典型性、先进性、完整性、可操作性的原则，对典型案例进行总结和提炼，选编形成了本书。本篇系统总结了党的十八大以来海南省脱贫攻坚的伟大成就，深度挖掘海南省脱贫攻坚的独特经验，深入提炼海南省脱贫攻坚的伟大精神，以期为巩固拓展脱贫成果、全面实施乡村振兴战略打下坚实基础，为自由贸易港建设提供持续动力。

打好脱贫攻坚战是党的十九大提出的三大攻坚战之一，对如期全面建成小康社会、实现我们党第一个百年奋斗目标具有十分重要的意义。党建扶贫是提升脱贫攻坚成效、引领贫困治理创新、形成大扶贫格局的中坚力量，是将党的政治优势、组织优势、群众优势转化为脱贫攻坚效能的重要路径。坚持群众主体、激发内生动力，在政府大力推动的同时，必须发动社会各方力量广泛参与，充分发挥我国集中力量办大事的制度优势，才能更快、更好地实现脱贫目标。产业行业扶贫以市场为导向，注重贫困地区及贫困人群“造血”能力的提升，是新时期贫困治理，尤其是精准扶贫阶段的重要任务及关键举措。

本篇从党政主导、开拓进取、政策扶持、行业扶贫、产业扶贫、扶志扶智和综合扶贫 7 个方面选取海南省脱贫攻坚典型案例。

《海南省脱贫攻坚实践》编写组

2022 年 4 月

目 录

党政主导篇

创设五级指挥战斗体系　持续保持战时状态

近年来，海南省把脱贫攻坚作为必须完成的重要政治任务，认真落实"省负总责、市县抓落实"的要求，着力解决各自为战、力量分散的问题，建立了从省到村的脱贫攻坚五级指挥战斗体系，形成分工明确、责任清晰、各方力量有效整合、攻坚压力传导到位的工作格局。

一、主要举措

（一）省级层面组建省打赢脱贫攻坚战指挥部，加强顶层设计，压实"省负总责"责任

省级层面成立由省委专职副书记任指挥长的省打赢脱贫攻坚战指挥部，经授权行使扶贫开发领导小组职能，加大领导、谋划、指导、推动力度，加强政策研制和日常调度，统筹推进脱贫攻坚各专项工作，解决脱贫攻坚推进中的突出问题，督促和检查各项政策和工作措施的落实。指挥部下设办公室，负责落实省委、省政府和省扶贫开发领导小组，省打赢脱贫攻坚战指挥部脱贫攻坚的决策部署；下设精准识别和退出管理组、"两项制度衔接"保障组、义务教育保障组等16个专项扶贫工作组，由各专项扶贫工作组牵头部门负责专项工作的统筹协调，责任部门按照职能参与推进专项扶贫工作。成立省委脱贫攻坚战9个督查组，每个组负责驻点2个市县，3年内脱产专司脱贫攻坚督查工作。

（二）市县层面成立市县打赢脱贫攻坚战指挥部，压实"市县落实"责任

市县层面成立了由市县领导任指挥长的打赢脱贫攻坚战指挥部，负责贯彻落实市县扶贫开发领导小组决策部署，统筹推进脱贫攻坚各专项工作，解决脱贫攻坚推进中的突出问题，督促检查各项政策和工作措施落实；负责组织开展本市县脱贫攻坚督查、检查和成

效考核，对脱贫攻坚全过程实行动态管理，指导推进脱贫致富电视夜校等工作。

(三)乡镇层面设立脱贫攻坚大队，压实“乡镇推进和实施”责任

在有脱贫攻坚任务的乡镇设立脱贫攻坚大队，由包乡镇的市县领导任大队长，乡镇党委书记、乡镇长任副大队长，乡镇党委副书记任专职副大队长。大队长负责组织统筹乡镇范围内的扶贫力量；副大队长负责具体实施各项任务，协调行政村和自然村各战斗队共同作战；专职副大队长负责日常管理工作。每个大队配备 2 名专职信息员，负责扶贫开发信息系统各项信息数据采集、录入、更新等工作，承担贫困户建档立卡工作、扶贫项目申报和实施、协助贫困村制定发展规划和年度发展计划、动员组织社会力量参与扶贫等工作。2020 年，海南省共有脱贫攻坚大队 200 个。

(四)村级层面设立脱贫攻坚中队，整合行政村脱贫攻坚资源

在有脱贫攻坚任务的行政村设立脱贫攻坚中队，由包行政村的乡镇领导任中队长，村党支部书记、驻村第一书记、脱贫攻坚驻村工作队队长、乡村振兴工作队队长担任副中队长。中队长负责行政村脱贫攻坚的全面工作，统一管理、组织行政村范围内的驻村工作队员、帮扶责任人、村支两委(村党支部委员会、村民委员会)干部、村民小组长，统筹安排行政村扶贫资源和力量。村党支部书记负责精准识别、精准退出、动态管理和群众的思想政治工作。驻村第一书记负责抓精准帮扶措施的制定和落实。每个中队配备 1 名专职信息员，负责信息工作。脱贫攻坚中队的主要职责：负责行政村贫困户的精准识别、精准管理、精准帮扶、精准退出，协调解决行政村贫困户“两不愁，三保障”[①]问题；负责全村贫困人口动态监测管理和扶贫开发与农村低保制度的衔接工作，做好定点帮扶工作；负责行政村脱贫攻坚各项信息数据的采集、录入、更新等工作。2020 年，海南省共有脱贫攻坚中队 2 571 个。

(五)自然村(组)层面设立脱贫攻坚小队，压实“最后一公里”责任

在有脱贫攻坚任务的自然村(组)设立脱贫攻坚小队，由村两委干部或者驻村工作队队员任小队长，村民小组长任副小队长。小队长统一组织统筹村(组)范围内的所有扶贫力量，统筹村(组)所有贫困户帮扶工作，了解贫困户情况，提出有针对性的帮扶措施，把各项扶贫政策落实到每个贫困户、每个贫困人口，承担全面责任。副小队长协助小队长工

① “两不愁”就是稳定实现农村贫困人口不愁吃、不愁穿；“三保障”就是保障其义务教育、基本医疗和住房安全，是农村贫困人口脱贫的基本要求和核心指标。

作，承担各项具体任务，做好群众思想工作。帮扶责任人主要负责推动贫困户的精准识别、精准管理、精准帮扶、精准退出，落实贫困户“两不愁，三保障”帮扶措施，做好扶贫手册准确登记填写及贫困户沟通、宣传教育等工作。2020 年，海南省共有脱贫攻坚小队 12 296 个。

二、主要成效

（一）强化组织领导，促进了各项扶贫政策落地见效

海南省通过脱贫攻坚五级战斗体系，强化了对脱贫攻坚的领导。2018 年，海南省打赢脱贫攻坚战指挥部共召开指挥部会议 70 余次，出台了一系列政策性、制度性文件，推动了全省脱贫攻坚责任、政策、工作落实到位。儋州、琼海等多个市县由市县党委书记、市县长同时担任指挥部指挥长，亲自挂帅出征，靠前指挥。该指挥部各专项扶贫工作组发挥行业部门优势，推进专项扶贫工作。各镇党委书记、各村党支部书记主动出击，有效促进了工作部署和扶贫政策落地见效，惠及了贫困群众。

（二）强化镇村实施，打通了脱贫攻坚“最后一公里”

海南省坚持“重心下沉”“力量整合”原则，将乡（镇）村挂点领导、第一书记、驻村工作队队长（员）、乡村振兴工作队队长（员）、村两委干部、帮扶责任人（帮扶联系人）等各方帮扶力量全部编入脱贫攻坚战斗队进行管理，统筹各类帮扶活动，更加广泛地调动各方面的力量参与精准扶贫。通过推动扶贫工作力量下沉到各乡镇、行政村，打通了脱贫攻坚“最后一公里”。

（三）强化队伍管理，打造了脱贫攻坚一线“生力军”

海南省建立了战斗队内部管理制度，实行工作清单制度、工作例会制度、常态化信息采集、核对、录入、更新管理制度，确保各大队、中队、小队按制度办事。实行标准化、规范化管理，要求大队长每周至少有 2 天时间是在所包乡镇办公，中队长必须每周至少有 3 天全日制在行政村办公。大队长、副大队长、中队长、副中队长全部被纳入“钉钉群”，由市县委组织部统一管理，每天通过“钉钉群”上传当天所做工作以及成效等。省委脱贫攻坚 9 个督查组开展常态化督查和专项督查，将发现的问题向相关部门及其责任人反馈并督促整改。通过制度约束和日常督查，培养和打造了一支善打硬仗的干部队伍。

（四）强化激励保障，坚定了扶贫干部干事创业的信心

出台《中共海南省委办公厅　海南省人民政府办公厅关于建立海南省脱贫攻坚奖励激励机制的通知》（琼厅字〔2019〕44 号）等文件，建立健全脱贫攻坚奖励激励机制，重点向条件艰苦、工作困难的基层和脱贫攻坚一线倾斜，自 2016 年以来，海南省各级共表彰驻村第一书记 550 人次。2019 年 4 月，研究并出台《关于在脱贫攻坚和乡村振兴一线考察识别选拔重用优秀干部的实施意见》，树立鲜明的用人导向，优先提拔和重用 822 名在脱贫攻坚和乡村振兴工作中表现突出的干部，极大地激发了扶贫干部干事创业的热情。

强化驻村力量 实现驻村工作队全覆盖

近年来，海南省认真贯彻落实中共中央办公厅、国务院办公厅《关于加强贫困村驻村工作队选派管理工作的指导意见》精神，以实现贫困人口稳定脱贫为目标，把选派精准、帮扶扎实、成效明显、群众满意作为驻村帮扶工作的出发点和落脚点，充分发挥驻村工作队脱贫攻坚一线战斗队、宣传队、生力军的作用，主动作为，攻坚克难，用心、用情、用力真帮实扶，为确保全省如期完成脱贫攻坚任务起到了巨大的作用。

一、主要做法

（一）成立驻村工作队管理机构，凝聚脱贫攻坚力量

海南省委、省政府主要领导高度重视驻村工作队建设，时任省委书记刘赐贵、沈晓明省长等省领导多次对驻村帮扶工作做出重要批示，要求对工作队加强管理指导、提升综合素质、实施全员培训。为此，海南省成立了驻村工作队管理办公室。该管理办公室在打赢脱贫攻坚战指挥部领导下开展工作，多次召开联席会议，研究年度驻村帮扶工作要点、驻村帮扶工作整改事项、驻村工作队培训方案等，统筹全省驻村工作队工作。在市、县、区层面成立驻村工作领导小组，将贫困村驻村工作队、驻村第一书记、脱贫攻坚工作队、脱贫攻坚战斗队进行力量整合，统一纳入市县脱贫攻坚四级战斗体系，确保政令统一、指挥顺畅，聚焦脱贫攻坚的力量不散。

（二）统筹协调，把最能干的人派去打最硬的仗

各级机关、国有企业、事业单位按照“尽锐出战”“把最能干的人派去打最硬的仗”的要求，选派政治素质好、工作作风实、综合能力强、健康具备履职条件的干部，参加驻村帮扶

工作（新选派的驻村工作队队长要求为处科级干部或处科级后备干部，省级要求处级以上或后备干部，县级要求科级以上干部或后备干部）。各市县驻村工作领导小组将各级各部门派出的驻村帮扶干部在本市（县）内进行统筹安排，综合考虑新驻村干部特长、贫困村致贫主因、现驻村干部特点、选派干部职务层级、村两委成员能力素质、年龄结构等因素，充分发挥派出单位和驻村干部的自身优势，确保驻村帮扶取长补短、以老带新、能力互补、结构合理，以提升基层组织的战斗力和凝聚力。

（三）明确工作任务，层层压实责任

海南省委、省政府两办印发了《海南省贫困村驻村工作队选派管理办法》，实现各级职责明确、任务到人。海南省委、省政府对驻村工作队选派管理工作负总责。海南省驻村工作队管理办公室，统筹指导全省驻村工作队管理工作，负责对驻村工作队进行督导，总结典型经验，加强薄弱环节，纠正突出问题，完善管理制度，督促问题整改。市县党委和政府承担驻村工作队日常管理职责，市县驻村工作领导小组具体负责驻村工作队日常管理、统筹协调和督查工作。乡镇党委和政府负责指导驻村工作队开展精准识别、精准扶贫、精准退出工作，支持驻村工作队落实精准帮扶政策措施，帮助驻村工作队解决实际困难。市县、乡镇党委和政府安排 1 名领导班子成员具体负责驻村工作。

（四）建立健全制度，强化日常管理

1.人员名册制度

针对驻村工作队员调整轮换实际，各市县及时更新花名册，录入大数据平台，并要求市县驻村工作领导小组，在人员调整后，原则上保持相对稳定，每月将名册上报省驻村工作队管理办公室备案。

2.考勤管理制度

实行“线上＋线下”考勤管理。“线上考勤”以海南省委组织部开发的软件管理为主，“线下考勤”以乡镇党委考勤为主，实行“日登记、周汇总、月上报”制度。每月通报考勤及整改情况。

3.工作记录制度

针对驻村工作队队员职务需要填写多种工作现实情况的记录本，规定每名驻村工作队员只填写一本工作日志即可，避免多本重复记录。

4.督导检查制度

海南省驻村工作队管理办公室每年对驻村帮扶工作组织一次综合性调研或督查检查，并要求市县驻村工作领导小组减少督查频次，切实解决督查考核过多、过频问题。

(五)加大培训力度,提升工作能力

根据“各级选派、分级管理、全面培训”的原则,各级党政主要领导亲自推动,以上率下,开展全面、系统的培训。通过脱贫致富电视夜校、各级党校集中培训、行业部门分类培训、电视电话会议传达学习以及督促个人自学等形式,加大驻村工作队伍的培训、轮训力度,不断提升干部能力和素质。

(六)表彰问责并举,突出关心爱护

强化驻村干部考察识别结果运用,让干部放下包袱、轻装上阵,切实保护和激发干部干事创业的积极性。由海南省委组织部牵头、省扶贫办配合,指导市县对本市县驻村工作队员进行年度考核和期满考核,将考核结果作为驻村干部综合评价、评优评先、提拔使用的重要依据。对成绩突出、群众认可的干部予以表彰,对成绩较差,履职不力的干部给予通报批评;对不胜任驻村帮扶工作的干部,由市县驻村工作领导小组提出召回调整意见,派出单位及时召回调整。各市县驻村工作领导小组不仅督促乡镇党委、驻点村党支部为驻村干部提供和安排食宿、办公场所,而且要求派出单位对驻村干部在原单位行政、工资待遇保持不变,办理人身意外伤害保险、生活补贴、交通补贴,业务工作与派出单位全面脱钩,单位负责人不定期到村与驻村干部谈心谈话。2016—2020 年,海南省各级共表彰驻村第一书记 550 人次。

二、主要工作成效

(一)抓党建强班子,构筑起坚强的基层战斗堡垒

驻村工作队首要任务就是重新焕发基层党支部的战斗力。工作队利用开展“两学一做”“不忘初心、牢记使命”学习教育机会,加强指导村委会党员干部的思想政治学习,提升党员干部的思想觉悟和能力素质,并充分利用“三会一课”[①]规范村党支部的运行,使村党支部焕发出坚强的战斗力,将原来软弱涣散的基层党支部建设成为带领乡亲们脱贫致富的领头雁、带头人。

---

① “三会”是指定期召开支部党员大会、支委会、党小组会;“一课”是指按时上好党课。

（二）大力宣传贯彻党的脱贫攻坚方针政策、各级党委政府的决策部署和工作措施

驻村工作队利用广播电视台、微信公众号、村宣传栏、印发政策宣讲卡片等渠道，全方位开展脱贫攻坚政策宣传，使党的脱贫攻坚政策家喻户晓。此外，还组织贫困户集中观看脱贫致富电视夜校节目，亲耳聆听扶贫政策宣讲、致富能人的现身说法、励志典型传播的正能量，激发贫困户脱贫致富的内生动力。

（三）访贫问苦，做贫困群众的贴心人

驻村工作队员不辞劳苦，走村入户访贫问苦，对贫困户进行调查摸底，以掌握贫困人员的家庭情况、致贫原因，分类建立工作台账和帮扶措施，与村两委研究制定贫困户“一户一策”帮扶措施，做到施策精准、帮扶精准。

（四）充分利用派出单位和自身资源优势，发展壮大村集体经济、推动乡村基础设施建设

许多驻村工作队员不但背靠派出单位，还利用自身的人脉资源，协助村两委筹措资金、引进企业，以流转、出租闲置搁荒土地等形式参与入股，发展壮大村集体经济。此外，他们还参与制定乡村振兴规划、改善基础设施、启动产业项目、推动移风易俗、助推基层党建等。2020 年，海南省 600 个建档立卡贫困村（含 67 个深度贫困村）村集体经济均在 5 万元以上，并实现了产业全覆盖。

突出职业教育和励志教育
探索普职融通发展　助推教育扶贫新路

扶贫必扶智，治贫先治愚。阻断贫困代际传递，教育扶贫是根本途径。海南在全国率先推出"扶贫巾帼励志中专班"，并因此得到时任国家副主席习近平同志的专门批示与实地视察，为海南省贫困家庭学生重返校园、掌握技能、改变命运开辟了一条新的路径。

一、创办扶贫巾帼励志中专班　破解贫困家庭女孩读书难题

2009年7月，海南在省经济技术学校创办了扶贫巾帼励志中专班，面对全省贫困家庭的女孩招生，通过积极筹措资金、免除贫困学生所有费用、每月发放150～350元的生活补助等举措，帮助贫困家庭的女孩学技术、立志向，凭技术技能优质就业，以此帮助家庭脱贫致富过上有尊严的生活，从根本上阻止贫困的代际传递。

(一)选准专业，服务经济社会发展

围绕海南"十三五"规划和建设自由贸易区(港)的战略任务，开设契合海南经济与社会发展需求的计算机类、旅游类和服务类专业，培养市场需要的初、中级技术技能人才。省经济技术学校打造高素质的教师队伍，帮助贫困学生找准定位，掌握一技之长，每年扶贫巾帼励志中专班的学生在省级国家级技能大赛中均获省级一等奖18项、国家级二等奖和三等奖4项，考证通过率在80%以上。

(二)全面资助，让贫困学生能上学

为了确保每一名学生不因贫困失学，及时落实国家资助政策并争取政府、社会、企业支持，筹集资金3 600多万元对学生实施"五免二补"政策，免除学生的后顾之忧。

(三)励志教育,让贫困学生学得好

1.强化思想引领,党建促进励志教育

海南省经济技术学校成立学生励志党支部,制定每年度的学生励志教育方案,明确教育内容,以月份为时间节点分成理想、信念、教育等10个主题,利用每周一下午主题班会的时间组织学习。教职工党员与贫困学生结对子,关心贫困学生的学习和生活情况,帮助贫困生解决实际困难。

2.配备专门力量,励志教育常态化

学校成立扶贫励志教育辅导团,将全校贫困学生以每班30人的标准分成扶贫励志教育班,每班配备1名辅导员,利用第二课堂时间对贫困学生进行励志教育辅导,内容涵盖感恩、诚信、法制、职业道德等方面,培养学生具有脱贫志向和良好品德。每年学校还聘请励志教育专家、法治专家、优秀校友到校举办励志教育讲座、经验分享会等。

3.关注心理教育,促进学生健康成长

学校特设心理咨询室,聘请2名专职的心理咨询师,建设个体辅导室、团体辅导室、音乐放松室和宣泄室等,加强对学生的心理引导,培养她们良好的心理素质。

4.组织实践活动,培养学生良好品质

学校成立勤工俭学服务中心,利用寒暑假和周末组织扶贫巾帼励志中专班的学生参加勤工俭学活动,加强专业实践训练,塑造学生吃苦耐劳的品质。通过多样化的励志教育,帮助扶贫巾帼励志中专班的学生树立凭技术、技能优质就业的志向。在学生毕业就业后,父母随子女而居住和工作,有效实现了农村劳动力向城市转移。

(四)校企合作,让学生练得好

职教技能扶贫的落脚点是帮助学生实现优质就业。省经济技术学校牵头组建了“一校百企”合作联盟,每年各企业能给贫困学生提供3 000多个工作岗位。学校建设了美发、食品加工、电商创业体验店,为学生提供真实的创业环境,参与全程的生产经营与管理,培养学生创业意识和提高学生创业能力。

2010年1月11日,时任国家副主席习近平对学校创办扶贫巾帼励志中专班做了重要批示,扶贫重在扶志,扶志重在育才。海南省经济技术学校围绕扶贫开发,以学习实践活动为契机,以农村贫困家庭为对象,创办扶贫巾帼励志中专班,体现了强烈的社会责任意识,是职业教育的一个创新。这种办学思路和办学方向应予鼓励和倡导。2010年4月13日,他视察并看望了扶贫巾帼励志中专班的学生,鼓励同学们发奋学习,努力成为国家建设的有用之才。

二、创新双向教育新模式

职业初中班教育模式是让初中阶段学习极度困难的孩子在中职学校完成义务教育的同时，接受部分职业技能教育。职业初中班帮助初中厌学学生转变学习态度，通过学校改变教育方式，开设部分职业教育，进行兴趣教育活动，为基础教育打开了新的途径，同时体现了教育精准扶贫的宗旨。

（一）开办职业初中班，着力解决辍学难题

2019 年 7 月，海南省在 14 所中等职业学校设立职业初中班，把省建档立卡、农村低保和特困供养家庭，在初中期间经过大力帮扶仍然难以跟上学习进度且反复辍学的九年级学生，通过规定的程序安排到职业学校学习，学籍仍然保留在原来就读的初中。这项举措促进了普通教育与职业教育的融通发展，帮助少数初中学业困难学生完成义务教育并掌握了一定的职业技能，为日后走向社会打下了基础。2020 年，海南省共有 352 人接受职业教育。

（二）强化因材施教，让厌学学生重拾学习兴趣

如何激发初中厌学学生在职业学校的学习兴趣，激发其内在学习动力是职业初中班是否能达到办学目的关键。为此，职业初中班试点学校专门配备了责任心比较强的班主任进行专职管理，组织专门教研团队，设计了既能涵盖义务教育阶段基本课程，又能体现初等职业教育特点的教学方案，包括德育、科学、美育、综合实践、职业指导教育、职业预备教育和劳动技艺教育等内容。学生们在一年的学习时间中能够接触学校开设的所有专业和基础技能，从而为他们日后继续接受中职教育打下基础。

三、德育教育和基础教育两手抓

（一）强化德育教育，推动励志成才

为了让中职生“人进得来、心留得住”，除了配备班级班主任，学校还特别设立了德育导师，重点加强学生的德育教育。德育导师不仅在学校指导学生保持良好的仪容和礼节，

还利用课余时间与学生座谈，及时帮助、鼓励学生克服在思想、学习、生活等各方面的困难，充分调动学生学习专业知识的积极性，为励志成才打牢基础。

（二）强化基础教育，提升专业技能

各试点学校开设义务教育基本课程，成立义务教育强化班。各试点学校安排省级、校级技能大赛获奖选手和优秀指导老师组成辅导小组，通过“兴趣教学”“职业实践”等对学生开展部分职业技能训练和辅导，培养学生的学习兴趣，重建学习信心，使学生学趣同向，学有所长。

四、改革教学方式，精心培育待放花蕾

（一）真正的园丁不会在意花开的时间，只会默默耕耘，静待花开

五指山中学开设了“静待花开”班，为跟不上学习进度的 30 名贫困学生集中进行统一教育和管理。在确保开展义务教育的同时，根据不同学生的特质和学习兴趣，引进职业教育。教育方式有基础知识教育、心理沟通教育、活动体验、电影引导、经典文学背诵（家训等）等形式，并增加校园体育课程。有针对性的课程设置让这部分学生既能选择喜欢的学习方式又能远离不良社会风气，他们能在相对纯洁的校园度过叛逆期。经过一段时间的学习后，这些学生可以回到正常班级学习。

（二）探索新型班级制度，实施差异化教学

“静待花开”班实行开放式的新型班级制度，实施个性化的差异化教学和活动，文化课与活动课相结合，增加体育、音乐、美术、职业教育等课程，赋予学生一定的自主选择权，在多元丰富的校园生活中寻找适合的成长方向。“静待花开”班对学生进行一定的劳动教育，以“双创”活动为契机，参与校园环境建设。这些活动既能让他们参与劳动教育，让他们获得肯定与鼓励，也能引导他们致力于建设文明有序的学习和生活环境。“静待花开”班通过建立正能量信息获取渠道，以学习名人故事、抄写名句名篇、家风家训等方式培养学生良好的读书习惯，鼓励通过新闻媒体、阅读等渠道，看到社会的良好发展，阻断社会负面信息和不良信息的来源。

（三）动员各方力量，形成教育合力

加强家庭、社团力量与学校教育的有机结合。召开“静待花开”班主题班会和专题家

长会，教育学生换位思考理解父母的艰辛，体会学校、老师的良苦用心；加强对逃学、厌学学生的感情教育和法制教育，学生学会由法律知识增强自我保护的意识，着重培养良好的行为习惯；开放学校的心理咨询室，加强学生心理辅导，给学生提供一个倾诉的场所，及时解答学生在学习和生活中遇到的各种困惑，调适心理。

创新乡村医生“县属乡用”“乡属村用”机制 医疗资源下沉助力健康扶贫

为解决医疗卫生资源配置不均衡、基层医疗卫生服务能力弱等问题，有效遏制“因病致贫、因病返贫”，助力打赢脱贫攻坚战，海南省以深化基层人事、编制、收入分配体制机制改革为突破口，创新实施乡村医生“县属乡用”“乡属村用”机制，对到基层服务的医务人员给予工作补贴、绩效奖励、编制待遇等方面的支持，增强农村贫困人口医疗服务的可及性。同时，通过定期下派、短期巡诊的方式，从乡镇医疗机构下派医生到村卫生室服务，实现了全省所有村卫生室均有合格医生开展诊疗服务。

一、创新激励机制　稳定基层卫生队伍

(1)允许基层收支结余作为绩效工资增量不纳入绩效工资基数。比如，2018 年 7 月陵水黎族自治县以全县基层编制人员数为补助基数，奖励性绩效工资总额增加 1 倍，同时收支结余用于人员绩效奖励的比例由 50%提高至 80%，每人月收入平均增加 400 元，工作业绩表现突出的可增加 800 元。

(2)在 5 个国定贫困县、2 个少数民族市县，提高基层优秀卫生人才和偏远地区卫生人才乡镇工作补贴标准，并按月发放乡镇工作补贴等定额补助。2020 年，海南省已有 10 个市县实施乡镇卫生院一类财政保障、二类事业单位管理。在 5 个国定贫困县试点建立基层卫生人才乡镇工作补贴激励机制，在基础性工资与绩效工资的基础上增加发放乡镇卫生院工作补贴，月平均增加发放 2 000～2 965 元，其中高级职称最高发放 6 500～9 000 元，极大地调动了医务人员的积极性；与 2018 年相比，2019 年月均门诊量平均增长了 9.85%。

(3)进一步提高村医待遇。在一般诊疗费、基本药物补助和基本公共卫生服务补助的

基础上，海南省各市县增设村医岗位固定补助，其中50%的市县村医岗位固定补助达到每月1 000元以上，同时，为65%的海南省村医购买了医责险，63%的村医由政府代买养老保险。随着激励机制的实施，医务人员往基层流动的现象出现了，基层医疗机构的诊疗量有所上升。据统计，五指山市各乡镇卫生院2019年门诊诊疗人次数达93 929人，比2018年度增加2 893人，增长率为3.18%。

二、深化人事招聘制度改革 解决招人难的问题

（一）创新编制管理

各市县卫生健康部门结合服务人口、床位和使用需求，统筹管理和调剂使用基层医疗卫生机构编制、管理空编，不再核定到具体单位。2019年，省编办向基层医疗卫生机构新增加编制1 373个。

（二）实施“县属乡用”“乡属村用”招录用人机制，使基层人才上得来，优秀人才下得去

从2019年开始，海南省多个市县（区）已启动招聘工作，共有10个市县已完成“县属乡用”“乡属村用”招聘415人，其中招聘村医160人。

（三）改进公开招聘方式，放宽年龄、学历、专业等要求，适当降低开考比例

万宁市5次公开面向社会和院校按1∶2或以考核的方式招聘，招聘编内79人、编外人员128人，共207人，有效解决了招人难的问题。

（四）优化岗位结构，提高基层高层次卫生人才占比

基层中级技术岗位结构、高级技术岗位结构的比例可分别上浮5%，卫生院聘用的有高级职称的卫生技术人员不受岗位结构比例的限制。2019年3月，海南省首次开展基层卫生高级职称评审，326名基层卫生人才取得高级职称，其中乡镇卫生院以下115人，相比2017年的11人，增长了10倍。

（五）放宽高级职称评审条件

由省级职能部门根据国家考试合格线自主划线、定向划线，以确定聘任标准。此举使2018年全省卫生院参加高级职称评审的人数比2017年翻了7.5倍。2019年，共有215名

基层卫生人才取得高级卫生专业技术资格，基层卫生人才队伍结构得到进一步优化。

三、加强业务培训　提升乡村医疗服务水平

(一)实施基层卫生人才素质提升“三个一百”项目

每年定向招聘乡村医生100名、基层学历提升100名、乡医轮训100名。2019—2020年，选派80名院长赴省外进行为期1个月的跟班挂职锻炼，对200名基层骨干医师进行高血压、糖尿病和结核病专科培训和对约200名基层医护人员进行健康管理师考前培训，依托海南医学院等对801名村卫生室人员和357名基层卫生机构的护士进行培训，依托海南省基层卫生人员能力训练管理平台组织全省全科临床医师等13类基层医务人员开展在线学习和考试，共18 220名基层卫生人员完成在线平台注册，累计完成56 845人次的在线考试，基层医务人员能力水平得到提高。

(二)加快推进乡镇卫生院远程医疗系统建设

计划每个市县至少有2家以上乡镇卫生院具备开展远程医疗服务的条件，以有效促进优质医疗资源下沉。2020年，文昌、澄迈、琼海、白沙、五指山5个市县已实现2家以上卫生院开展远程医疗服务，其中文昌市有30家卫生院建成远程心电诊断，14家卫生院建成远程影像诊断。1年多来，通过远程诊断平台已完成远程心电会诊9 017例，影像诊断16 338例。

截至2020年，海南省各市县综合医院有主治以上职称的执业医师3 561名。乡镇卫生院共有执业医师及执业助理医师2 915名，其中全科医师851名，平均每个乡镇卫生院有3.1名全科医生。乡村医生2 836人，每个村卫生室至少有1名合格的乡村医生。

持续开展全覆盖全参与全行动大比武传导压力提升质量

近年来，为营造比学赶超的良好氛围，互相查找问题、传导压力，海南省谋划开展全覆盖、全参与、全行动的脱贫攻坚大比武活动，大比武覆盖所有有脱贫任务的县、乡、村，所有扶贫干部和贫困群众全参与、全行动，比出了质量、比出了氛围、比出了动力。

一、大比武实现全覆盖全参与全行动

全覆盖是指海南省所有脱贫攻坚任务的 19 个市县区（除三沙市以外）分组比，所有市县所辖乡镇互相比，所有乡镇所辖行政村互相比；全参与是指省市县打赢脱贫攻坚战指挥部及扶贫开发领导小组各成员单位，各定点帮扶单位，脱贫攻坚作战大队、中队和小队乡镇、行政村、村小组全部参与；全行动是指省、市县、乡镇、村四级扶贫干部以及所有帮扶责任人全部行动。其主要做法如下。

（一）紧扣整改内容和整改要求，提高针对性

根据习近平同志关于脱贫攻坚的最新指示精神和国家考核反馈问题的结果，结合每年脱贫攻坚新形势、新任务、新要求，制定大比武的具体指标，并严格考核打分。

（二）立足实际合理分组，体现公平性

为了避免“大呼隆式”的比武，区分贫困地区与非贫困地区，底子好的地区和基础薄弱的地区，把海南省 19 个区市县分类分组，如 5 个贫困市县为一组，其余脱贫攻坚形势相对较好的市县为一组，相对一般的市县为一组，在市县开展乡镇村比武时也按照实际情况实行分组比武与打分排名。

(三)选优配强考核队伍，增强公正性

为确保大比武的公正性，海南省一方面组建比武督导组，以加强实地指导与核查；另一方面在队伍的人员组成上优中选优，尽最大可能实现公正。每年的最终结果与日常掌握的情况基本一致。

(四)紧盯问题深挖根源，提升精准性

大比武要求要逐市县建立问题清单、责任清单，形成比武台账，所有扣分必须见人见事，不能大而化之，必须精准。在找问题的同时，考核组成员结合行业部门、市县、乡镇、村的台账资料，对照入户核查的情况，综合分析出现问题的原因，确保问题找得准、定性实。

二、强化大比武结果的运用

(一)对大比武结果进行奖优惩劣

省打赢脱贫攻坚战指挥部专门召开会议通报大比武成绩排名和发现的突出问题，对排名前列的市县授予流动红旗，对排名末位的市县授予流动警示黄牌。2020 年依据 15.2 万户贫困户的大比武成绩，评选出 1 500 户省级脱贫光荣户和 3 000 户市县级脱贫光荣户，进一步激发了贫困群众脱贫致富的内生动力。同时，省指挥部领导对落后市县主要负责同志进行约谈，明确提出整改要求。

(二)对大比武中存在突出问题人员进行问责

在大比武结束后，全省均按要求启动相关程序，采取通报批评、纪律处分、约谈、免职、扣减个人年度绩效工资和参加能力素质提升班等多种方式对存在突出问题人员给予问责。特别是通过免职、扣减绩效工资的办法，真正触及有关人员的痛处，切实传导了压力。

(三)对大比武被约谈被问责人员进行再培训再激励

省委组织部、省纪委监委、省扶贫办等部门联合举办全省脱贫攻坚大比武素质能力提升示范班、脱贫攻坚干部“思想再教育、作风再转变”示范培训班，将在大比武中排名末位的市县党委或政府主要领导和分管领导、乡镇党政主要领导以及在脱贫攻坚中犯了错误、受到组织上处理的干部集中到省委党校进行再培训、再动员，通过学习习近平总书记关于

扶贫工作的重要论述和教育保障、健康保障、住房安全保障、饮水安全保障、抓基层党建促脱贫攻坚、执纪问责等方面的专题辅导，帮助他们提升能力，强化担当，狠抓问题整改，进一步推动脱贫攻坚责任落实。

2020年，海南省开展的大比武活动组织严密、环环相扣，在深化认识、推动整改、锻炼队伍、营造氛围上发挥了积极的促进作用，深入、细致、全面检验了各市县的水平。大比武既比出了政治站位，又比出了整改成效；既比出了战斗力，又比出了比学赶帮的良好氛围。海南省上下通过各种方式进行全社会动员，新闻媒体进行了广泛深入的宣传和报道，在海南省引起了社会各界的广泛关注，为高质量打赢脱贫攻坚战奠定了坚实基础。

开展"四动四全"消费扶贫　以购代捐助增收

自2018年10月以来，海南省在消费扶贫工作上创新工作思路，积极探索"党政强力推动全保障、各方积极联动全覆盖、线上线下互动全服务和贫困群众自觉主动全参与"的"四动四全"消费扶贫新模式，形成了领导带头、党员紧跟、多方参与的扶贫新局面，为助力全省打赢脱贫攻坚战做出积极贡献。

一、党政强力推动　做到全保障

海南省委、省政府始终把开展消费扶贫活动作为当前和今后一个时期打赢脱贫攻坚战的一项重大任务，充分发挥体制和组织优势，各级党政部门齐上阵，迅速打开消费扶贫新局面。

（一）高位强力推动

海南省委、省政府召开全省消费扶贫电视电话会议，省主要领导分别做出指示批示，要求切实把消费扶贫活动组织好、开展好；省打赢脱贫攻坚战指挥部增设消费扶贫专项工作组，强化对全省消费扶贫工作的全面指导；省供销社、南海网、省商务厅、省扶贫办、省工商联加大扶贫工作力度，推动消费扶贫活动健康开展；各市县党委政府、各定点扶贫单位党委（党组）因地制宜地组织开展形式多样的线上线下消费扶贫活动。

（二）建立考核激励机制

省指挥部每月将各区市县及省派定点扶贫单位的消费扶贫数据进行汇总比对，累计形成全年参与情况，以此作为各级各部门年度绩效考核的一项重要内容和党员干部年度考核、评优评先的重要依据。

(三)夯实基层基础

帮扶责任人和驻村第一书记把开展消费扶贫活动作为履行职责的规定动作，切实对接好产销两端。由于有帮扶责任人和驻村第一书记等扶贫干部对贫困户农产品的质量背书及宣传推介，贫困户农产品的销售形势良好，甚至一些产品供不应求。

二、各方积极联动　做到全覆盖

通过海南省委、省政府的高位推动以及海南爱心扶贫网上线后媒体的大力推广，全省参与消费扶贫活动的积极性逐渐被激发。

(一)现职省级领导干部带头示范

海南省出台了《关于在省级领导干部中开展“以购代捐”消费扶贫活动方案》，包括省委书记在内的所有现职省级领导干部，每人每月拿出200～300元直接购买贫困户的农副产品，以起带头示范作用。

(二)各省直部门和各市县主动参与

海南省供销合作联社在供销系统超市、供销点设立扶贫农产品专区专柜，在市县、乡镇定期组织消费扶贫专场集市。海南省商务厅印发的《关于做好2019年全省电商扶贫及消费扶贫工作的通知》提出完善贫困地区农村电商公共服务体系、拓宽贫困地区农产品销售渠道、建立商务领域消费扶贫长效机制等多方面的举措。各市县则在各大知名电商平台开设扶贫专区，如三亚、保亭等县市在阿里巴巴农村淘宝“兴农扶贫”频道开设地方服务站；海口、澄迈等市县在苏宁易购“中华特色馆”频道开设地方扶贫馆等。

(三)广大党员干部自愿参与

海南消费扶贫活动不搞强行摊派、不搞行政命令、不层层设指标，只对单位和组织提要求，对个人主要进行号召和倡议。广大党员干部踊跃参与线上、线下消费扶贫活动，争做消费扶贫达人。

(四)社会各界纷纷响应

通过报纸、广播、电视、微信公众号等，向全社会发出《消费有情　爱心无价　海南消费扶贫爱心行动倡议书》。海南社会各界纷纷响应，积极参与消费扶贫。省工商联组织引导民营企业购买扶贫产品，提高全省“百企帮百村”产业扶贫项目的经济效益。通过开展各种形式的消费扶贫活动，从个人爱心购买到长期定向认购，从临时团购到订单式采购，从参与贫困地区“共享农庄”建设到协助产销渠道对接，从周末自驾车“后备厢”认购到开设商超专柜及电子商务助销、旅游带销等，各种商业模式不断推陈出新，以确保各项消费扶贫举措取得实效。

三、线上线下高效互动　做到全服务

海南省以海南爱心扶贫网为线上主平台，以“爱心扶贫大集市”为线下主要载体，形成线上线下高效互动的良好氛围，为动员社会力量参与消费扶贫活动创造了条件。

（一）以海南爱心扶贫网为载体打造便捷高效的线上专属交易平台

海南爱心扶贫网运营部门不断完善网站功能，精心做好产品组织、上架、销售、配送、售后等服务工作，提升用户体验感，并同步上线手机客户端、微信公众号，方便消费者随时随地购物。引入全网比价机制，所有产品在上架前一律与淘宝、京东、盒马等电商平台进行比价操作。截至 2020 年，全网在售农产品价格基本与京东、淘宝的价格持平或者略低。海南爱心扶贫网拓展服务内容，上架一批旅游扶贫精品线路、特色农产品、民宿以及乡村旅游扶贫招商建设项目。

（二）积极组织“爱心扶贫大集市”线下活动

发挥供销社网点遍布农村的渠道优势，联合各市县共同组织开展“爱心扶贫大集市”线下销售百场百家活动，通过“政府主导协调＋乡镇供销社组织产品＋贫困户农产品零门槛入市＋产销零距离低成本对接”线下集市模式，在供销系统超市、供销点设立扶贫农产品专区专柜，帮助贫困户就近销售农产品，并引导党员干部形成订购扶贫农产品的消费习惯。针对不同的消费群体，市县级、乡镇级、旅游、高校、社区、超市等多种类型的专场集市不断出现。

（三）各相关部门各司其职全力助推

各级扶贫部门负责对帮扶责任人和驻村第一书记开展业务培训，帮助其指导贫困户、参与消费扶贫活动，报送上架农产品。各市县和农业农村部门负责根据消费扶贫的推进情况，指导贫困户调整产业结构、丰富品种、增加产量、提升质量，打造具有海南特色的品牌特产。商务和交通部门负责完善农村物流体系建设，做好农产品销售、流通环节的各项工作。市场监管部门负责强化质量安全督查、检验、检疫和检测，依法加强市场管控，严厉打击借消费扶贫之名，以假乱真、以次充好、扰乱市场等行为。宣传部门负责组织各类媒体加大消费扶贫宣传力度，营造声势，扩大影响。

四、贫困群众自觉主动　做到全参与

海南消费扶贫的一项重要工作是积极主动地做好引导工作，激发贫困群众的内生动力，鼓励他们通过自己的辛勤劳动为扶贫爱心人士提供优质的农副产品，从而实现脱贫致富。

（一）深化产业帮扶，引导贫困户发展特色产业

随着越来越多的爱心人士参与消费扶贫，为满足消费者对贫困户农产品种类、品质和供应的需求，各市县有针对性地研究产业帮扶措施，着力提高贫困群众的市场意识和生产能力，组织贫困群众积极发展经济效益高、市场前景好、受消费者欢迎的特色产业，争取每个贫困户都有自己的特色产品，进而推动农业产业转型升级、提质增效。

（二）加强培训指导，提升贫困户参与消费扶贫的能力

针对每个贫困户的个性化需求，组织各种技术培训，让每个贫困户都有一技之长，达到“授人以鱼不如授人以渔”的效果。

（三）创新营销方式，畅通供销渠道，为贫困群众参与消费扶贫创造条件

海南省各市县、各有关部门用改革创新的思路和办法帮助贫困群众解决在参与消费扶贫活动过程中遇到的困难，通过线上、线下多种方式把贫困群众的供应和消费者的需求更直接、更便捷地对接起来，以结成更紧密的利益共同体。由于解决了销售难的后顾之忧，贫困群众参与消费扶贫的信心更足了，内生动力更强了。例如，在定安县“互联网＋爱心消费扶贫”农副产品展销会上，定安县龙湖镇安仁村委会高钗自然村贫困村民郑金福将自家种的槟榔和饲养的黑猪带到集市售卖，获得收入 1 万元，相当于他原来年收入的一半，从而激发了他的发展生产、脱贫致富的内生动力。

“四动四全”消费扶贫机制为海南省打赢脱贫攻坚战和实现乡村振兴，为海南全面深化改革开放、建设自由贸易试验区和中国特色自由贸易港奠定了良好基础。同时，海南省还将继续创新消费扶贫机制，为全国消费扶贫工作贡献更多的海南经验。

夜校照亮脱贫路　热线搭起致富桥

海南省脱贫致富电视夜校（简称“电视夜校”）创办于2016年11月，致力于通过电视课堂向基层干部群众讲政策、传技术、说感恩、树典型、找工作、结姻缘，是一个专门为海南基层群众，特别是贫困群众打造的融媒体学习阵地。电视夜校为海南省脱贫攻坚工作做出了积极贡献。

一、背景情况

针对贫困群众“受穷不急、信心难立、脱贫无方”等问题，海南省委、省政府决定，自2016年11月起，整合广播电视、远程教育站点、互联网、移动终端等各种媒体资源，发挥媒体快捷、直观、群众喜闻乐见、教育面广的优势，开办电视夜校。

电视夜校采用“电视＋夜校＋服务热线”的模式，每周一20：00～21：00由海南电视台播出一个专题。在专题播出之后，由帮扶干部组织讨论或延续学习半小时以上，而一些技术性的问题由夜校组织专家到田间地头解决，同时开通“961017”服务热线，进一步解决群众关切的问题。电视夜校——这种扶贫新模式受到了国家乡村振兴局的肯定，得到了《人民日报》《光明日报》等中央媒体和海南省媒体的关注和报道，获赞“零距离助脱贫，一对一解民忧”。

二、主要做法

（一）以上率下，部门联动聚民心

为推动电视夜校工作的顺利开展，海南省委、省政府成立了脱贫致富电视夜校工作推进小组，以海南省委组织部为牵头单位，省委组织部、省委宣传部等 5 个单位为副组长单位，省旅游发展委员会、省财政厅等 14 个省职能部门为成员单位，海南广播电视大学和海南广播电视总台为承办单位，囊括所有相关部门，共促电视夜校建设工作的全面推进。

同时，在海南广播电视大学设立专门的电视夜校工作推进小组办公室，负责电视夜校日常工作的开展，包括选题、选教师、教学设计与田间地头的技术培训等；省广播电视总台负责专题节目；省农业厅、教育厅等单位参与授课和接听热线咨询电话和工单办理。各部门各司其职，密切配合，在省委、省政府有关部门的指导和关怀下、在相关成员部门和机构的共同努力下，电视夜校工作顺利开展，并得到广泛的认可。2018 年 10 月，海南省脱贫致富电视夜校工作推进小组办公室被评为全国脱贫攻坚奖组织创新奖。

（二）党建引领，齐抓共管解民需

从省到村都由党组织负责人担当，电视夜校有了强大的"发动机"。海南省委高度重视电视夜校工作的开展，由省委组织部专门专项负责电视夜校的组织领导和监督考核指导工作，将电视夜校工作列入各级党委的年度考核和党建述职的重要内容，各市县（区）将"夜校办"设在组织部，乡镇党委书记或副书记担任分校校长，村党支部书记或驻村第一书记担任教学班负责人。

为了不让听课流于形式，基层干部以多种多样的课后活动帮助贫困户巩固学习成果。例如，陵水黎族自治县文罗镇新华村驻村第一书记陈栋在每一期节目后都组织大家参加"课后小考"以加深贫困户对扶贫政策的理解和需求。电视夜校不仅为贫困群众提供了学习的平台，还为基层干部提供了与贫困群众同上课、同学习、同讨论的平台。这种方式既提升了基层干部掌握和运用帮扶政策的水平，又厚植了党执政的群众基础。原先有事才见面的干部群众，现在每周至少见一次，共商村庄脱贫计策，干群关系变得更加和谐。

（三）精雕细琢，载体创新启民智

启迪民智对于脱贫攻坚的作用不容小觑，而电视夜校正是开启民智、增强脱贫致富积极性的法宝。

电视夜校的五类教师主讲五类专题，即领导干部讲政策、院校专家讲产业、农科人员讲技术、帮扶干部讲方法和致富典型讲经验。大多电视夜校的团队专家具有高级职称，策划能力强，熟悉海南农村生活，熟悉成人教育与技术培训。电视夜校紧紧围绕"一教二帮"的教学宗旨和受众需求，突出"身边人讲身边事""身边的技术人员解决实际问题"，确保学有所悟、学有所获，有效解决了"看不懂"问题。在党的十九大胜利闭幕后，特别邀请羊风极、黄丽萍等来自基层的十九大代表到电视夜校"现身说法"，鼓励贫困群众积极参与打赢脱贫攻坚战。同时,注重用方言俚语解读和引导,设置有奖问答,调动现场气氛,增加趣味性,解决了“看不长、没兴趣、效果差”的问题。

(四)利用技术,实时管理汇民情

电视夜校作为创新扶贫扶志的技术手段,在技术层面上要注意与时代接轨,注重运用先进的信息技术及管理技术。电视夜校引进“钉钉”系统,建立信息数据库,录入海南省2 700多个教学点、5 600多名驻村第一书记、村党支部书记的信息,并进行考勤管理,确保人员在岗带班学习。

与开办脱贫电视夜校同步,开通“961017”服务热线为贫困群众提供菜单式帮助,精准帮扶到家到人。缺资金拨打热线,小额信贷员上门服务;缺技术拨打热线,专家立赴现场解决难题。为了保证服务热线咨询有人接、群众困难有人解,海南省职能部门派人在电视夜校节目播出期间现场接听来电;海南省广播电视大学在工作日期间安排专人接听,并根据内容分类转至职能部门处理,有关部门在规定时间内办理,并将办理结果报电视夜校办公室。

(五)拓展功能,志智双扶惠民生

在电视夜校原有的教学功能基础上,海南省还将电视夜校作为一种渠道,通过策划举办“夜校集市”“爱心集市”,组织贫困群众在教学点销售优质农副产品,传播消费扶贫理念。此外,与海南省妇联举办“乡亲相爱”相亲活动,利用平台和“961017”服务热线,帮助困难群众牵线搭桥,解决单身问题。

电视夜校传授实用技术、介绍销售信息、就业需求,联合市县组织部、就业局,开展“夜校帮你找工作”线下活动,每周开辟专门版块提供招工信息,为近千名贫困群众提供工作机会。海口市美兰区三江镇江源村潘在发通过学习成了“养猪大户”,收入翻了几番,一家7口人住上了新房。他自信地说:“有了电视夜校和‘961017’服务热线,养猪的技术提高了,收入增加了,饲料费再贵也不怕!”

三、经验启示

海南省把最强的组织优势、最佳的学习方式和优质的学习资源用于最需要的人群,并以共产党的强大组织优势,为打赢脱贫攻坚战和新时代农民教育培训提供了一个可借鉴、可参考的生动范例。

(一)把农村基层党组织建设与脱贫攻坚有机结合起来

电视夜校把过去涣散的、有所弱化的村集体组织强化起来,有效推动全面从严治党向基层延伸,激活了党组织的“神经末梢”和“微细胞”,焕发了村两委干部的精气神,提升了他们的自豪感和自信心。同时,增强了基层老百姓的凝聚力、纪律性,改变了恶习,让老百姓越来越信任党和政府,为实施脱贫攻坚、乡村振兴战略奠定基础。

(二)把基层干部作风转变与脱贫攻坚有机结合起来

基层干部工作作风的转变关系到党群关系融洽,关系到脱贫工作的成效。海南省运用“钉钉”管理系统,“钉”紧了各级干部脱贫攻坚的战斗责任,真正把干部的联系服务工作做到群众的“家门口”,做到群众的“心坎上”,倒逼基层干部工作作风的转变,提升了为民服务的新境界、新方法。

(三)把新时代农民教育与脱贫攻坚有机结合起来

新时代开展农民教育不仅有助于祛除脱贫工作中“等、靠、要”思想,而且对于解决“三农”问题具有重要意义。电视夜校通过系列精准、科学、高效的教育和管理,引导农民从自发学习走向自觉学习,农民素质得到提升,产业扶贫扎根农村,精神扶贫落细、落实,文明新风入脑、入心,并转化为过上美好生活的新动力,助推“三农”问题得到切实解决。

"六治"活动激发内生动力 志智双扶夯实脱贫基础

自2019年以来,为解决部分贫困群众主动脱贫意识不强、"等、靠、要"思想突出、脱贫能力不足和陈规陋习严重等内生动力不足问题,海南省在全省贫困户中开展了以"治懒散、治酗酒、治私彩、治浪费、治脏乱、治不孝"为主题的扶贫扶志"六治"专项行动,取得了明显成效。

一、主要做法

(一)坚持创新引领,构建重点贫困户治理转化体系

1.推动建立治理对象认定精准化

海南省扶贫办提出"六治"的治理对象是全省建档立卡贫困人口中存在懒散、酗酒、私彩、浪费、不孝、脏乱等行为的人群,并明确了对象认定的具体情形,提高了基层对治理对象认定的理解、把握能力,如"懒散"对象为"精神松解、不振作、不勤奋,有劳动能力但不积极参与生产或有条件有能力务工而不去务工"的贫困户。

2.推动建立治理手段设计精细化

海南省扶贫办设定了10项"六治"专项工作机制:①民主评议制度,由自然村脱贫攻坚小队和帮扶责任人联合提名,村民代表会议进行集中评议;②转化指导员制度,由市县、乡镇具有相应职能的部门和社会组织派出;③治理对象动态调整机制,及时调整治理对象状况;④亲友帮带约束机制,通过亲友、家族影响和说服教育,促进治理对象转变;⑤"小手拉大手"机制,发挥治理对象中小学生子女说服教育和带动作用;⑥阶梯式收入奖励机制,通过渐进式奖励,逐步引导治理对象积极从事生产经营活动;⑦扶贫超市积分奖励机制,

对治理对象表现给予积分兑奖；⑧能人乡贤帮带机制，鼓励能人乡贤与治理对象建立互助帮带关系；⑨村规民约约束机制，引导组建民事民议、民事民办、民事民管机制，培育文明乡风；⑩专项行动和转化活动相结合机制，开展戒酒限酒、治理私彩、制定道德“红黑榜”等行动。这些机制为各市县抓好扶贫扶志工作提供了很好的指导。

3. 推动建立治理实施流程精确化

为防止基层在落实“六治”活动中出现偏差，海南省扶贫办着力规范活动开展的5个流程：①提出初步名单。召开村民代表大会，对仍未脱贫的群体进行民主评议和分类处置。②警示转化期。对被列入初步名单的治理对象给予2个月的警示时间进行自我整改，暂不列入治理对象且不向村民公示，其间由帮扶责任人开展经常性说服教育和引导。③提出正式名单。在警示期满后，召开村民代表大会再次进行民主评议，对有明显改进的对象可退出治理对象名单，否则正式列入治理对象。④确定名单后的转化期。对已经从名单中销号的个人进行观察，在观察期间，表现出现反复的对象再次列入拟评议名单进行评议。对已经列为治理对象的人员安排转化指导员进行转化，也可以市县或乡镇为单位对治理对象集中转化。⑤动态管理期。每月召集会议，对锁定的治理对象转化情况进行研究评议。科学规范的活动实施流程让基层干部有据可依，提高了治理工作的可操作性。

（二）坚持多措并举，促进贫困户治理工作落地见效

1. 探索实施制度化调度

在新型冠状病毒肺炎疫情期间，海南省扶贫办一方面通过各市县扶贫部门发动帮扶责任人、转化指导员，采取电话、微信等“不见面”方式，加强联系转化工作；另一方面推动建立每月调度制度，重点加强对各市县推进“六治”对象转化工作的跟踪力度，进一步压紧压实责任，推动治理落实到位。

2. 探索实施常态化督查

海南省扶贫办积极推动将市县“六治”活动落实情况纳入9个省委脱贫攻坚战督查组的日常督查和调研督导，督促基层重视并切实抓好重点贫困群体治理实施工作。2020年，结合调研活动开展了10余次督导，9个督查组也切实加强日常检查，乡镇、村级的重视程度明显提高，推动力度明显加大。

3. 探索实施标准化考核

为全面检验各市县落实“六治”活动成效，省扶贫办针对认定对象、转化流程、档案整理等方面制定“六治”考评评价标准，将其纳入大比武扶贫扶志工作主要考核内容，有效推动各市县在工作中对标自查自纠与整改提效。

（三）坚持以点带面，大力总结推广各地生动实践经验

在深入推进“六治”活动的过程中，海南省扶贫办注重指导各市县扶贫部门突出重点，因地制宜地组织开展特色化治理工作，对涌现的好经验、新模式，主动帮助抓好总结和推广，将打赢脱贫攻坚战的决心落实到具体行动之中。

1.“积分制奖励”实践

2017 年年底，海南省保亭县探索“积分制”帮扶模式，创办了全省第一家“脱贫攻坚惠农超市”。该超市采取的“以表现换积分、以积分兑奖品”的方式不仅有效激发了贫困群众的内生动力，还为社会各界参与脱贫攻坚搭建了良好的爱心平台。

2.“贫困户军训”实践

在“六治”活动开展后，海南省扶贫办指导万宁市扶贫办引入军事化训练的方式，发动内生动力不足的贫困户自愿参加，白天练习队列、叠“豆腐块”、站军姿，晚上集中上课，学习扶贫政策，扭转思想观念，转化效果较为明显，并得到了国家乡村振兴局的肯定。

3.“差异化分红”实践

海南省扶贫办指导儋州市、文昌市、琼中黎族苗族自治县等市县探索建立产业扶贫差异化分红机制，提倡“奖勤罚懒”导向，如琼中黎族苗族自治县印发了《琼中黎族苗族自治县关于加强规范扶贫对象产业项目利益联结管理实施方案（2019—2020）》，把直接分红方式调整为有条件分红模式，大力推行以奖代补政策，强化对贫困户的引导约束，并通过纳入治理名单、司法教育、公安执法和扣减分红利益等方式，加强对重点贫困户的日常转化。

二、实践效果

（一）贫困群众内生动力激发手段更加多样

1. 积极拓展治理途径

海口市推广各镇村成立红白理事会，进一步修订和完善村规民约，引导广大村民更新婚丧观念，破除婚丧陋俗。儋州市在全市重点贫困户中开展“三帮一转”工作，着力增强扶志扶智成效。

2. 充分发挥扶贫超市功能

五指山市、澄迈县、乐东黎族自治县等市县着力推广“以表现换积分、以积分兑奖品”的扶贫超市帮扶模式，激发贫困群众及一般农户参与脱贫攻坚的热情。保亭县在全省率

先创办“脱贫攻坚惠农超市”，全县 9 家超市共接受社会捐助物资 323 万余元，参与评分兑换的贫困户10 619 户次、非贫困户 5 148 户次，社会反响良好。

3. 大力推进“红黑榜”建设

万宁市、琼海市、陵水黎族自治县、定安县等市县在各乡镇全面推开设立道德“红黑榜”，以“榜”塑人心、扶正气、立规矩，通过建立每月动态调整机制，充分发挥“红榜”的示范引领和“黑榜”的舆论警醒作用，推动形成政府参与指导、乡村自主管理、群众积极响应的良好局面。

（二）重点帮扶对象引导转化工作更加有力

1. 实行差异化帮扶举措

部分市县通过探索建立产业扶贫差异化分红机制，树立“奖勤罚懒”的鲜明导向，如儋州市召开现场会大力推广“7＋2＋1”产业扶贫项目资金收益分配模式，通过加大奖励权重、优化分配结构，有效增强了贫困户的内生动力和主动创收的积极性；澄迈县将“六治”评比纳入产业扶贫二次分红指标，对全县贫困户（低保户）现实表现进行评分，为实施差异化分红提供依据。

2. 创新开展扶贫军训活动

万宁市以扶贫军训为抓手，创新打造“五个一、五提升”模式，共举办 15 期军训活动，有1 553 人参训，其中 1 262 人在结业后实现了稳定就业，贫困群众就业再离职的情况“断崖式”减少。三亚市建立奖罚并举机制，对“六治”对象进行两天的集中转化培训、签订转化协议书和 3 个月的常态化考核，根据转化情况给予 1 000～2 000 元奖励或予以警示。

3. 环境卫生整治助推

儋州市、五指山市、临高县、乐东黎族自治县和屯昌县等市县以开展农村人居环境卫生整治活动为载体，采取分片到户、网格化巡查、拍照张榜公布、不定期回访等措施，强化对贫困户，特别是重点对象“治脏乱”的跟踪问效，以此推动贫困群众消除陋习。

（三）讲文明、树新风的导向与氛围更加浓厚

1. 典型示范引领

文昌市注重用身边的事教育身边的人，以荣获全国脱贫攻坚奋进奖的脱贫户郑岗等先进典型事迹为蓝本，拍摄“我不甘心”脱贫故事微电影和文昌扶贫故事“攻坚的力量”系列宣传片，形象生动地描绘了一批“不等不靠不要、敢想敢做敢试”的脱贫之星致富故事，取得了较大的社会反响。

2. 多种形式宣扬

海口市加强与南海网、海口网等媒体合作，发挥新媒体优势，持续对“六治”工作进行宣传报道，着力营造扶贫扶志的浓厚氛围。儋州市通过举办精准扶贫纪实摄影展，增强“六治”活动感染力，用一幅幅照片叙说一幕幕贫困户自强不息、奋斗脱贫的感人故事，以触动贫困群众激发内生动力，主动脱贫致富。

3. 法治扶贫增效

万宁市建立不孝行为“黑名单”制度，将受到老人起诉的贫困户纳入个人信用惩戒范围，并作为反面典型向社会公开曝光，限制“不孝者”享受信贷、教育、就业、产业奖补等优惠政策，促使其转变思想观念，履行赡养义务。五指山市针对“治酗酒”对象采取由转化指导员联合镇司法所、派出所上门宣传酗酒危害等形式，提前抓好预防，对因酗酒发生问题的治理对象在批评教育的同时，将其作为反面案例在村里开展“现身说法”，促使其转变思想和观念。

保险助力　政银企搭台　推动金融扶贫精准滴灌

金融是推动脱贫攻坚的重要助力，对标全面建成小康社会和决战决胜脱贫攻坚任务目标，海南省引导发动省内银行业各金融机构聚焦打赢脱贫攻坚战目标任务，争相奋力冲刺，出实策、用实功，着力构建措施精准、保障有力的脱贫攻坚新格局。

一、创新实施天然橡胶价格(收入)保险　助推脱贫攻坚

近年来，国际胶价低迷、胶工和胶农的收入大幅度下降导致人们的种胶、割胶意愿不强，从业人员大量流失，出现了胶园弃割、弃管、弃种等一系列问题，给国家战略物资安全和海南脱贫攻坚工作带来了较大挑战。2018 年，海南省委、省政府高度重视，并决定探索创新财政金融支农方式，建立全省天然橡胶价格（收入）保险，破解天然橡胶产业发展面临的难题。

(一)设计不同的保险产品

推出了可在海南省实施的天然橡胶价格（收入）保险，并将其设计成两种产品模式：民营胶价格（收入）保险模式，保险金额为 15 元/千克，直接对标当地收购价格，保险费率为 12%（2020 年调整为 13%）；国有海胶集团收入保险模式，保险金额为 16 元/千克（2020 年调整为 15 元/千克），直接对标上海期货交易所主力合约的天然橡胶期货价格，保险费率为 16.8%（2020 年调整为 17.92%）。

(二)实施不同的运作模式

国有海胶集团天然橡胶收入保险在投保方式上采取全省一张保单的统保业务模式。经营形式分散、各地收购价格不尽相同的民营胶价格（收入）保险则主要采取单户自行投

保、若干户联合投保(主要是种植合作社投保)、村委会或乡镇统一组织投保等多种形式相结合,本着就近、就简、快捷、公开透明等原则,组织发动胶农的投保方式。

(三)创新性及引领性

天然橡胶价格(收入)保险政策使各级政府得以通过提供一定比例的财政保费补贴,引导和带动胶农购买价格(收入)保险产品,撬动金融资源,为广大胶农抵御市场价格低迷或下行风险提供兜底保障,帮助胶农,特别是贫困胶农通过就地生产劳动脱贫致富。保险机构通过再保险或期货市场对冲,将风险进一步分散和转移,合理地控制自身风险,从而达到了"胶农得实惠、保险得发展、政府得民心"的多方共赢效果。

二、创新搭建政银企合作平台　提升产业扶贫质量

近年来,海南省深入贯彻落实习近平总书记关于"产业扶贫是稳定脱贫的根本之策"[①]的重要指示精神,创新搭建了"农业政策性金融产业扶贫合作平台",引导平台企业在海南省5个国定贫困县和儋州市等贫困地区兴产业、建基地、促就业,有效带动贫困人口脱贫致富。这些机制成为政策性金融探索建立脱贫长效机制的生动实践。

(一)创新构建"政策性金融+平台企业+贫困人口"的深度利益联结机制

在平台的引领下,45家平台企业积极对接地方政府产业扶贫规划及招商引资项目,中国农业发展银行海南省分行(省农发行)累计向平台企业发放产业扶贫贷款183亿元,有效推动了石斛种植、文昌鸡、生猪养殖,渔业、槟榔、椰子加工、种桑养蚕以及五指山红峡谷漂流、屯昌梦幻香山、琼中百花岭旅游、琼中全域污水处理等53个兼具经济、社会、生态和扶贫效益的特色产业和基础民生设施扶贫项目在贫困地区落地开花,有效解决了贫困地区产业发展和项目建设缺少龙头企业带动等问题,实现了金融扶贫精准滴灌。

(二)创新构建"政策性金融+平台企业+贫困村"点对点帮扶机制

海南省积极引导平台企业参与"万企帮万村"精准扶贫行动,对接全省列入计划脱贫和定点帮扶力量薄弱的贫困村,明确以民营企业为帮扶方,以贫困村为帮扶单元,以签约结对、村企共建为主要形式,引导20家平台企业与22个贫困村签订了帮扶协议(占海南

① 习近平:《在打好精准脱贫攻坚战座谈会上的讲话》,《求是》2020-08-05。

省已签订帮扶协议的 114 家贫困村的 20%)，推动企业帮扶了 351 个村，惠及 43 310 名贫困人口。

(三)创新构建稳固脱贫长效机制

为进一步巩固全省脱贫攻坚成果，确保“贫困现象不反弹、脱贫群众不返贫”，确保全省贫困人口“一个不落”进入小康社会，依托产业扶贫合作平台，发动平台企业自愿筹集基金，建立“稳固脱贫成效基金”，首批基金规模达 1 400 万元，752 万元基金已拨付，用于支持全省贫困边缘人口发展生产，以提高家庭收入，防范致贫返贫风险，有效覆盖了现有扶贫政策覆盖不到的贫困边缘人口，形成对帮扶政策的有效补充和稳固脱贫成效的长效机制。

三、创新推行防贫综合保险　构建防止返贫长效机制

2020 年，为更好地利用金融手段来有效应对疫情影响，建立防返贫长效机制，海南银保监局、省财政厅联合相关保险机构合作研发防返贫综合保险，由农民每人出 2 元钱保费、省市政府配套承担 9 元保费，投保农民即可获得因病、因灾、因意外引起的最高人身 30 万元、财产 10.8 万元的补偿保障。

该保险项目为海南省近 400 万农村人口，尤其是临贫、易贫人群因病、因意外(含交通)、因灾面临的致贫返贫风险提供保险保障，与现有的基本医保、大病保险、民生救助等相关政策形成合力，帮助农村居民家庭年人均纯收入高于最低保障线(当年贫困线标准的 1.5 倍)，降低了海南省的返贫率、致贫率。

大排查大整改大数据 推动精准扶贫　精准脱贫提质增效

自 2016 年以来，海南省把打赢脱贫攻坚战作为重大政治任务，摆在最重要位置，开展“拉网式”大排查，将排查出的问题与上级巡视、考核、督查、审计、调研等反馈问题进行一体整改，并充分发挥全省精准扶贫大数据管理平台提供的强大的信息化手段支持，多管齐下，全面提升精准扶贫、精准脱贫工作质量。

一、聚焦精准识别　精准退出　对全省农村常住居民开展大排查

海南省将全面解决“两不愁，三保障”突出问题作为高质量打赢脱贫攻坚战的重大工程，精心谋划、周密部署、强力推动，确保成果扎实、预期可达。自 2016 年以来，采取“村级入户、乡镇复核、市县统筹、省级抽查”等多种方式，先后 4 次组织对全省农村常住居民开展全覆盖、“拉网式”大排查。

2016 年，对 2015 年在册的贫困户和新申请的农户，尤建档立卡贫困户的行政村、农垦各农场，各市县有农业人口的居委会开展了 4 轮进村入户调查，切实摸清扶贫对象、找准致贫原因、选准脱贫路子。2018 年，对海南省农村人口进行拉网式大排查，严格按照信息核查、民主评议等程序，重新识别认定，做到“不漏一人、不错一人”。2019 年，针对以往扶贫识别、退出标准把握不精准问题开展大排查，共发现 5.49 万贫困人口存在“两不愁三保障”方面的问题，采取针对性举措全部解决。2020 年，围绕应对新型冠状病毒肺炎疫情的影响，提升脱贫质量，组织对农村人口，特别是建档立卡贫困人口开展大排查，有针对性地制定强化帮扶的措施并抓好落实，较好巩固了脱贫成果。

二、充分利用大排查成果　开展查漏补缺大整改

(一)及时纳入目标抓整改

近年来,海南省在抓好国考反馈和审计、省内巡视、人大监督等自查机制发现的问题整改工作的基础上,及时将大排查发现的问题列入整改范围一体整改,确保在年底前所有问题整改到位。

(二)以大排查问题为依据抓整改

结合大排查,各市县同步开展问题整改工作,对发现的漏评、错退、应返未返农户及时启动识别程序,将符合识别标准的农户按程序予以纳入。为提高大排查结果的准确性,各部门之间加强了数据对比,将疑似问题反馈给有关市县及时核实、及时解决,为各市县开展精准识别、精准退出工作提供了数据支撑。

(三)督导职能部门各司其职抓整改

将脱贫攻坚问题整改成效纳入有关省直单位年度考核,压实了各单位抓问题整改的工作责任。省直各相关部门加强对大排查结果的运用,指导和督促问题整改,海南省委组织、省财政厅、省扶贫办等部门实行本系统末位约谈制度,进一步压实市县行业部门的责任。

三、建成运用精准扶贫大数据　提供强有力的信息支撑

为确保在脱贫攻坚战中实现"零漏评、零错评、零错退"的目标,海南省于2017年12月启动全省精准扶贫大数据管理平台建设,为解决精准识别、精准扶贫、精准脱贫提供了强大的信息化手段。

(一)建立扶贫大数据中心,打破数据部门壁垒

基于精准扶贫大数据管理平台建设的扶贫大数据中心承担了将国家乡村振兴局数据、电子扶贫手册数据、各行业部门数据的接入、清洗、分析、整合及共享以及对预警疑似

问题数据实现闭环管理的功能。该平台在对接数据量、对接方式、数据分析处理及预警推送方案等方面处于国内先进水平。

(二)开展数据比对核查,确保数据准确无误

充分运用数据共享、大数据分析、App 等信息化手段,建立数据共享、比对分析、预警推送及问题核实反馈的闭环管理机制,压实各级扶贫主体的责任及明确工作任务。精准扶贫大数据管理平台通过对建档立卡数据与其他行业扶贫数据定期展开比对分析,并将数据比对发现的疑似问题及时推送给基层扶贫一线工作人员实地实时采集、核对、更新扶贫信息,同步将疑似问题数据共享给相关行业厅局,督促行业厅局协助核查,确保数据信息账账相符、账实相符。

(三)建立信息预警机制,防止返贫和新增贫困

结合 2018 年和 2019 年开展的海南省农村常住居民大排查结果和建档立卡系统、扶贫手册等数据,扶贫大数据中心对全省一般农户和建档立卡贫困户的“两不愁三保障”情况进行数据分析,综合评估致贫原因是否已经消除、帮扶措施是否匹配、脱贫是否达标,将存在致贫和返贫风险农户的预警信息通过手机 App 推送给基层一线扶贫工作人员,入户核实,确保精准识别、精准帮扶和精准退出。

2020 年,精准扶贫大数据的使用对象覆盖了从省到市、县、乡镇、村的各级用户。海南省领导带头使用精准扶贫大数据管理平台,督导扶贫工作,各级帮扶干部积极应用该平台,全省共有 3 300 多家帮扶单位的 3.9 万名帮扶干部下载了海南扶贫 App 并激活账号使用,日均访问量超过 3 万人次;海南省 15 万多户贫困户的扶贫手册均实现了电子化。帮扶干部可随时利用 App 查询、核实、修改完善扶贫手册信息,及时对系统推送的预警疑似问题进行核对和整改,极大地提高了脱贫攻坚工作的效率。

开拓进取篇

海南省强化党建决战脱贫攻坚

动力不足车头带　党建引领促脱贫

近年来，部分贫困地区合作社在党员骨干的率领下，在引领农业标准化、规范化生产，推动农村流通繁荣，提升农民组织化程度，加强党政与农民密切联系等方面的作用日益凸显。

一、支部引领助贫困户增收

在“党支部＋合作社＋贫困户”这种扶贫模式中，党支部起到了核心作用。按照“搭台不唱戏、扶持不干预、参与不包办、服务不添乱”的要求，参与合作社运营的党支部坚持走多领域延伸、多形式创办、多元化推进的路子，紧紧围绕养猪、养羊、果蔬等特色产业，牵头把专业大户、党员示范户和群众组织起来，扶持产业带头人和各类专业技术人员领办产业合作社，引导致富能人自发创办产业合作社，逐步形成了以产业为依托、以合作社为载体、以农户为基础、以富民为目的的各类产业合作社。

典型案例

案例 1

陵水黎族自治县文罗镇五星村为带领农民脱贫致富，助推农村产业发展，该村党支部充分发挥战斗堡垒作用，支部书记黄丽萍等 11 名党员率先成立新型农民种养专业合作社，在党支部的劝导引导下，贫困户自愿将扶贫物资作为入股物资，交由合作社统一养殖、统一管理，获得收益后进行分红。同时，聘请贫困户社员为员工，管理种养生产过程并给予工资待遇。这样，让有限的扶贫资金发挥最大效益，让贫困户得到稳定收益。截至 2018 年，贫困户通过发展杧果种植产业全部实现脱贫。

案例 2

临高县皇桐镇富雄村委会省烟草专卖局派驻的“第一书记”龙海于 2015 年 7 月到位后迅速与村里的老书记达成共识，由党支部领办皇桐镇火龙果种植（扶贫示范）合作社，采用“公司＋合作社＋贫困户”模式，探索“农资扶持＋土地入股＋以工代赈＋产量分成”的产业扶贫新路子，并利用临高县首家农村电商平台——皇桐农鲜汇，实现“互联网＋农业”。通过合作社率先成立全国唯一的（橡胶）林下雪茄烟叶种植试验基地，利用该村红土壤与古巴同纬度、全国最佳雪茄烟叶种植地的独特地理优势，省烟草专卖局提供农资、种苗及技术指导，贫困户提供闲置的橡胶林和劳动力，双方合作开展国内首次橡胶林下雪茄烟叶种植试验获得成功。这种合作方式不仅挖掘了新兴的林下产业，盘活了大面积闲置的橡胶林，还找到了种植雪茄烟叶的方式。这个项目投入少、见效快，可复制、可推广，属于“短、平、快”的橡胶林下种植雪茄烟叶项目，可在短期内带动广大贫困户脱贫致富。

二、党员干部和致富能手示范带头

通过实施“党组织加合作社、党员带农户”等有效模式，建立市场、培训、人才链，实现合作社信息、技术、专业人才等优势与党组织的组织、宣传、动员群众的政治优势在生产经营和产业服务上的有效互补、整合优化，党组织有了实实在在的工作抓手；党员发挥核心作用，以产业为载体，以服务为纽带，充分发挥自己的专业技能，带头致富；为群众提供技术、政策服务，党员有了实实在在的用武之地，实现了党员科技示范、帮贫济困、带头致富的作用。党支部的战斗堡垒作用和党员的先锋模范作用明显增强。

典型案例

案例 3

白沙黎族自治县邦溪镇南班村依托周边“四季春天”“名仕湾”等旅游养生地产项目需求，发动全村党员、群众，以土地、劳力或资金入股的方式，成立“白沙芭蕉休闲观光专业合作社”，集中抱团发展乡村旅游特色产业，由合作社整合全村土地和 1 460 万元土地补偿金，打造集住宿、特色餐饮、自驾游、民俗游和特色种养殖业为一体的综合休闲农业园，建成上山漫道、停车场、芭蕉客栈、旅游公厕等基础设施项目和五脚猪、山鸡、瓜果 3 个特色种植、养殖基地，成功实现贫困户 52 户 218 人脱贫。

案例 4

东方市东河镇俄贤村以“脱贫攻坚、保护青山绿水”为主题开展宣讲教育，并充分发挥入股合作社的党员模范带头作用，引领贫困群众不砍山、不烧山，保住俄贤岭风景区的绿水青山，发展旅游经济，助推脱贫攻坚。团结和带领村民调整产业结构，配合俄贤岭旅游风景区开发建设，通过合作社试种植油茶叶、山栏稻等农作物以及石斛、杧果和养羊等产业农业观光体验项目，为贫困户带来可观的收益。

三、充分发挥合作社的桥梁和纽带作用

作为支部联系和服务群众的桥梁、纽带，合作社根据当地产业发展情况和资本资金规模，为贫困户提供就业机会、技术指导以及销售渠道等。

典型案例

案例 5

2013 年，儋州市兰洋镇南罗村换届选举后，为改变贫困面貌，带动村经济发展，探索“家门口务工”发展路子，确定“党支部＋农民专业合作社＋贫困户”的产业扶贫模式，决心以合作社为平台，把企业引回村、让贫困群众在家门口脱贫致富。根据南罗村委会自身地理环境、原有产业发展条件、贫困人口分布情况等因素，党支部从广西引进七叶、阳光玫瑰、金色玫瑰等葡萄品种，村两委干部挨家挨户做村民思想工作、说服大家抱团发展，终于从农户手中筹集了 150 亩土地用于葡萄种植。经过不懈的奋斗，至 2018 年葡萄园初具规模，面积达到了 500 亩。2016 年该村成立儋州七叶葡萄农民专业合作社，明确要求儋州七叶葡萄农民专业合作社在招聘员工时原则上优先招聘贫困户劳动力，工资不低于每月 2 000 元。2017 年 1 月 12 日，南罗村委会 27 户贫困户拿到了第一次分红，每户 3 000 元。葡萄园让南罗村贫困户看到了在家门口脱贫致富的希望。

案例 6

昌江黎族自治县十月田镇塘坊村委会以民富专业合作社为平台，引进特种野猪养殖产业，采用“公司＋基地＋合作社＋农户”模式发展养殖基地。基地用地由塘坊村 250 户农户的 47 亩集体流转土地构成，其中贫困户 72 户、残疾人户 49 户。基地建设由县政府投资 500 万元建设配套设施，设计年出栏量达 3 800 头。合作社由昌江玉绿宝生态农业有限公司免费提供种苗和技术，同时该公司还负责报价回收，确保每头猪的收购价不低于 1 000 元。2016 年，塘坊村共有贫困户 62 户 273 人成功脱贫，剩余的 6 户 31 人也都加入了合作社，于 2017 年实现全部脱贫。

无死角全覆盖 “大监督”推动“大扶贫”

海南省积极探索搭建脱贫攻坚大监督格局

自2017年以来，海南省通过构建“一加三”大监督格局思路，即构建以党政监督引领，财政审计专项监督，人大、政协民主监督，媒体群众社会监督补充的大格局，把督查工作变成推进精准脱贫攻坚再上新台阶的推进器。

一、党委政府监督　引领精准扶贫　强化督办查办

自脱贫攻坚以来，海南省各级党委、政府通过点面结合方式，建立了扶贫领域政策公开、监督检查、线索排查处置、执纪问责、跟踪整改等工作机制，组织领导解决扶贫领域疑难问题；制定各级干部脱贫攻坚工作责任清单，进一步细化、压实任务分工；采取例行巡察和专项巡察相结合的方式，深入查找扶贫领域的重要问题和有关线索。

（一）保持高压态势，对动扶贫“奶酪”者“零容忍”

海南省各级纪检监察机关树立鲜明导向，打出系列“组合拳”。压力层层传导，助责任上肩。2017年，文昌市对存在精准扶贫工作落实不力、扶贫资金支出缓慢等问题的17个乡镇34名主要领导约谈、提醒。乐东黎族自治县纪委对扶贫领域问题突出的单位实行“一案双查”。

（二）突出重点县乡，实施重点督办

中央纪委和省纪委交办的扶贫领域问题线索由省纪委挂牌督办。海南省纪委把扶贫领域侵吞挪用、克扣强占扶贫专项资金等问题列为年度信访举报专项治理的首要任务，由专人跟踪督办。各市县、乡镇对上级纪委转办、督办的问题线索和信访举报件实行领导包

案、责任到人、限期办结，每 20 天通报一次进展。

（三）借力巡视监督也是海南省的有益做法

第七届海南省委首轮巡视，选择 5 个贫困县和贫困人口数量较多的儋州市作为巡视对象。在巡视过程中，改变巡视结束后再移交线索的做法，建立发现问题线索即时移交处置的机制，边巡边移交，优先查处、快查快结。

二、财政审计专项监督　助力精准扶贫　强化责任担当

产业扶贫是海南省脱贫攻坚战中的重要一环，截至 2018 年 11 月底，全省共投入农业产业扶贫资金 8.93 亿元，实施扶贫农业产业项目 1 070 个。如何确保每一分钱都花在贫困群众身上，成为海南省在脱贫攻坚中的重要课题。为切实把好扶贫资金源头关，按照省委、省政府统一部署，省纪委、审计厅、农业厅等部门建立扶贫领域违纪违规线索处置联动机制。海南省各级审计部门突出抓好扶贫政策执行和资金绩效跟踪审计，以扶贫政策、资金和项目为重点内容，持续跟踪扶贫资金使用进度和效果，重点对扶贫政策执行的精准性、扶贫资金使用的安全性、扶贫项目实施的效益性开展专项审计调查，全力保障脱贫攻坚年度工作目标的完成。

琼海市审计局派出审计组开展 2015—2017 年的财政扶贫资金专项审计调查工作，重点对长坡、石壁、会山、龙江 4 个镇的产业扶贫资金、贫困村整村推进基础设施建设资金实施审计调查。为确保此次审计质量，审计组重点入户抽查部分村庄贫困户的真实性、脱贫的真实性，围绕扶贫基础设施项目的立项、实施、资金、绩效等情况进行调查，做到审计结论客观准确。发现问题线索是前提，对扶贫领域问题线索由各级审计部门逐一登记造册、逐一核查，一经核实，一律移交纪检监察机关查处，持续形成有力的震慑，进一步强化“不敢腐”的氛围。

三、人大、政协民主监督　护航精准脱贫　强化权力约束

海南省认真响应落实国家部署，积极邀请各级人大代表、政协委员以及各民主党派人士参与扶贫领域的监督、执纪和问责工作，上下联动把民主监督的丰富成果转化为推进脱贫攻坚的强大动力。

每年利用召开两会的时机，海南省扶贫开发领导小组认真研究吸纳和借鉴人大和政协扶贫监督的意见和建议，分门别类，追根溯源，把握关键，推进整改，全面提升脱贫攻坚工作水平。按照监督工作计划安排，海南省人大常委会于每年11月对全省脱贫攻坚情况进行专项视察，通过审议政府专项工作报告、开展专题询问等方式，督查脱贫攻坚责任落实、扶贫产业带动脱贫、“三保障”实施等情况，进一步促进省政府及有关部门认真贯彻落实精准扶贫、精准脱贫基本方略，确保如期打赢脱贫攻坚战。

四、媒体群众社会监督　推动精准脱贫　强化公开公正

海南省积极创新群众监督、社会监督、新闻媒体监督方式方法，着力探索搭建社会力量参与扶贫领域监督平台，通过加强宣传报道、开设热线电话和网络信箱等方式，不断完善媒介监督、大众监督机制，充分发挥社会监督作用，为扶贫领域的监督、执纪和问责工作营造良好的舆论氛围。

根据海南省委、省政府部署安排，海南电视总台、《海南日报》等媒体充分发挥新闻节目、报纸、网站宣传教育功能，及时曝光扶贫领域的反面典型、违纪违法案件，形成强大舆论声势；省脱贫致富电视夜校工作推进小组积极利用“961017”服务热线拓宽问题线索收集渠道，协调相关业务部门及时回馈群众疑问、解决现实难题，确保群众身边，特别是贫困群众身边的扶贫问题有人管、有人查。自“961017”服务热线开通后，接听热线电话5.70万多个，处理工单4.03万余件，有效办结率达99%及以上，创海南热线群众拨打率第一。

明制度于前，重威刑于后。海南省积极通过探索构建“一加三”大监督格局思路，即构建以党政监督引领，财政审计专项监督，人大、政协民主监督，媒体、群众、社会监督补充的大格局，以此强化督查工作职能和工作方式，加大监督力度，力争做到无死角、全覆盖，推动大扶贫。

开展"四看四比四提升"活动 推动定点扶贫单位 提高帮扶工作成效

2019 年 9—12 月，海南省在所有省派定点扶贫单位中组织开展了"四看四比四提升"活动。各定点扶贫单位积极开展活动，比重视程度、比增产增收、比群众参与、比设施建设，促使帮扶力度、脱贫成效、内生动力、人居环境得到了较大提升。

一、主要做法

(一)全省统筹安排，科学设置活动内容和指标

1. 看组织领导，比重视程度，帮扶力度有提升

其包括定点扶贫工作纳入单位重要议事议程、单位党组织召开扶贫工作专题研讨会、对定点扶贫工作进行调研且形成调研报告、与定点帮扶贫困村商讨制定扶贫方案(计划)、发动本单位干部职工深入贫困村开展各种扶贫主题活动。

2. 看产业项目，比增产增收，脱贫成效有提升

其包括由本单位主导或参与正在实施或建成的产业帮扶项目、所帮扶产业项目规范正常运转且增加贫困户收入、动员本单位干部职工参与消费扶贫、帮助组织劳动力转移就业、帮助所在贫困村发展集体经济。

3. 看组织发动，比群众参与，内生动力有提升

其包括帮助组织贫困户实用技术培训，帮助制定村规民约、推动农村移风易俗，帮助组织贫困户参与产业帮扶项目、提高内生动力，帮助组织树立身边典型、宣传中华美德。

4. 看村容村貌，比设施建设，人居环境有提升

其包括帮助推动村容村貌整治和厕所革命建设、参与贫困村基础设施建设、帮助贫困

村建设文化活动场所。

(二)严密组织实施,严格评价标准

“四看四比四提升”活动由海南省打赢脱贫攻坚战指挥部统一组织,市县指挥部具体实施,省委脱贫攻坚战各督查组负责抽查核实。2020年1月中旬,各市县将对省派定点扶贫单位帮扶工作成效进行综合评价,按照“好”“较好”“一般”3个等次进行等次评价。其中,“好”等次比例为20%,“较好”等次比例为50%,“一般”等次比例为30%。活动评价成绩将按照一定比例纳入全年省派定点扶贫成效考核综合评价成绩。

二、主要成效

虽然“四看四比四提升”活动启动时间不长,但它为各市县的定点扶贫单位营造了真扶实扶、齐抓落实、共促脱贫攻坚的良好氛围,活动取得了阶段性成果。

(一)提高领导重视程度,激发了定点扶贫单位的积极性

各定点扶贫单位根据活动要求,结合实际制定了具体活动实施方案,召开专题会研究部署工作措施,深入贫困村开展调研工作,确保活动能够获得实效。例如,海南省政府办公厅有关领导立即开展行动,深入定点扶贫村白沙黎族自治县对俄村和保亭县水尾村开展实地调研,了解17项指标完成情况、存在问题,并制订后续帮扶计划。

(二)提高产业扶贫投入水平,拓宽了贫困户的增收渠道

各定点扶贫单位结合帮扶村实际,利用自身优势积极协调与引进扶贫资金和项目,并调动社会各界力量,提高产业扶贫投入,拓宽了贫困群众增收渠道。例如,海南省财政厅在乐东黎族自治县只朝村以“企业+村集体+农户”方式开展新品种冬季瓜菜示范种植,带动44个贫困户获得土地租金、务工和分红收入。

(三)提高扶智扶志水平,激发了贫困户的内生动力

在活动中,各定点扶贫单位通过思想引导、技术培训、党课教育、评比竞赛等形式,推动贫困人口转变思想观念,增强干事创业、主动脱贫的意识,激发了群众脱贫致富的内生动力。例如,海南省自然资源和规划厅在定点扶贫村开展了结对帮扶和助力脱贫攻坚科普日活动,聘请专家对贫困户开展橡胶、优质稻、辣椒、冬瓜种植和文昌鸡养殖技术培训,

激发了群众脱贫的内生动力。

（四）提高基础设施建设水平，美化了农村人居环境

各定点扶贫单位紧密结合实际，兴建、维修乡村基础设施和各类便民设施，加强贫困村村容村貌和环境卫生整治，进一步提升了人居环境。例如，海南省自然资源和规划厅将3个定点扶贫村纳入市县村庄规划改革试点，投入60多万元建立1∶500的高清数字三维模型，为村庄建设、产业发展提供了直观和清晰的数据支撑。

海口市以“三抓三强化”为抓手 持续提高脱贫攻坚质量

海南省海口市委、市政府坚决贯彻落实党中央国务院、省委、省政府脱贫攻坚各项决策部署，着力从组织领导、精准脱贫和纪律保障3个方面寻求新突破，促进脱贫攻坚工作再上新台阶。

一、抓责任落实 强化脱贫攻坚组织领导

（一）提高政治站位

把脱贫攻坚工作摆在突出位置，坚持党政同责。成立了以市委书记、市长为组长，市委副书记为常务副组长的市扶贫开发领导小组以及以市委副书记为指挥长、各相关分管市领导为副指挥长的市打赢脱贫攻坚战指挥部，各区镇也相应成了扶贫开发领导小组，打赢脱贫攻坚战指挥部，脱贫攻坚大队、中队、小队，形成了市、区、镇、村四级书记亲自抓扶贫的工作机制。

（二）层层压实责任

建立了“市负总责、区抓落实、镇抓实施、村抓推进、户为主体”五级联动工作责任机制，层层签订脱贫攻坚责任状，将各项工作任务细化布置到各级党委政府、市扶贫开发领导小组各成员单位、各牵头责任单位、各结对帮扶责任单位的肩上，构建起协同共管、责任清晰、各负其责、合力攻坚的责任体系。

(三)抽强人、强抽人,形成强有力的脱贫攻坚队伍

在市打赢脱贫攻坚战指挥部成立后,从市直属相关部门、单位抽调了29名责任心强、干劲足的年轻干部,充实到指挥部办公室、督查队伍中去,从而形成强有力的攻坚队伍,为扎实有效地推进脱贫攻坚工作奠定了队伍基础。

二、抓重点环节 强化脱贫攻坚质量

(一)用心用情做好帮扶工作

建立了"领导挂点、单位包村、干部包户"的长效运行机制,进一步完善驻村帮扶和定点扶贫机制。所有帮扶责任人每周一晚坚持到扶贫点和农民一起观看扶贫电视夜校节目,和农民一起讨论,谈感想。坚持"帮党建、帮发展、帮民生、帮稳定"导向,强调驻村工作队要全部脱产、全勤驻村,和农民吃住一起,劳动一起,经常走家串户,和贫困户拉家常,力所能及地帮助贫困户解决一些实际困难,用心用情与百姓打成一片,"连心桥""结亲戚"等好的做法不断涌现,拉近了党和政府与群众的距离,得到了群众的普遍认可。

(二)最大限度解决好群众满意度问题

一是设立拓宽群众反映问题和诉求的渠道。在《海口晚报》、市电视台公布了省委督查组的举报电话,在办公场所醒目的地方设立了举报箱,公布了省委、市委督查组举报电话。二是切实转变扶贫干部队伍工作作风,各级扶贫队伍、特别是镇村扶贫队伍,走家串户,深入扶贫户和边缘户,要用心用情宣传扶贫政策,杜绝粗暴的工作作风。三是严格按"敞开收、严格审、走程序"的要求,确保应扶尽扶、应保尽保,不漏一户、不落一人,公正公平处理应扶尽扶、应保尽保问题。四是通过入户发放宣传资料、宣传手册、张贴告知书、小贴士等,更多的群众能够进一步了解扶贫政策,支持扶贫工作。

三、抓扶贫队伍建设 强化脱贫攻坚工作能力

(一)提升扶贫队伍工作能力

扶贫干部队伍的业务能力,熟悉、掌握扶贫政策的程度关系到脱贫攻坚工作的成败。

自 2018 年以来，通过集中培训、授课和组织考试等多种形式开展市、区、镇、村四级扶贫干部队伍的培训，帮助扶贫干部了解应掌握和应会的知识，提高政策水平，掌握工作的方式方法，进一步提升扶贫干部，特别是基层干部的政策把握能力。

(二)充分发挥督查力量

一是全力支持省委第一督查组开展工作，对于省委督查组督查发现的问题，全盘接收，列出整改清单、整改时限、整改责任等，整改一项，销号一项，绝不落下一项。二是市区分别成立了督查队伍，明确督查范围和工作责任，制定“龙泉督查模式”，规范督查工作。对市直属脱贫攻坚牵头部门和区、镇、村脱贫攻坚工作实现督查全覆盖，及时发现问题，下达督查通报，限时整改，不留死角。

三亚市大数据管理　点亮精准帮扶新路径

为全面贯彻落实党中央、国务院以及省委、省政府关于脱贫攻坚工作的决策部署，三亚市在全省率先探索、建设和启用精准扶贫数据库管理系统，并以此逐步打造大数据扶贫体系，以钉子精神深入推进脱贫攻坚工作，有力提升精准扶贫、精准脱贫质效。

一、全面构建大数据扶贫体系

三亚市充分依托大数据、云计算创新扶贫开发手段，打造大数据扶贫体系，全程服务于脱贫攻坚工作。大数据扶贫既解决了数据抓取、统计报表费时费力的问题，又解决了扶贫产品底数不清的问题。大数据扶贫体系能够真正把扶贫对象搞精准、把原因搞清楚、把管理搞规范，实现对症下药、靶向治疗。通过一项项数据，各业务主管部门能了解脱贫措施是否到位、项目实施进度是否正常、帮扶干部是否负责，以真正做到精准扶贫。现今，扶贫帮扶责任人只要扫一扫贫困户家的二维码，从家中人口、耕地面积到房屋改造、产业扶贫，甚至全市每年脱贫人数的变化都一目了然，实时更新。扶贫手段的创新、新技术的运用和渗透让三亚精准扶贫走上互联网“云端”，助推扶贫工作提质加速。

二、精确掌握贫困户信息底数

作为精准扶贫的基础性工作，扶贫信息的精准至关重要。2016 年 12 月，三亚市首创尝试使用“大数据扶贫”手段，研发生产“三亚市精准扶贫数据库管理系统”。三亚市将建档立卡贫困户的有关信息全部录入数据库管理系统后先与“国家扶贫开发信息系统”各项贫困户基础信息数据进行数据比对，精准校对贫困户基础信息，及时发现不对称信息并做出修改。扶贫工作人员可直接通过系统或手机 App 随时查询贫困户的各项数据，进行修改、更新和数据审核，并可按照扶贫手册格式直接打印，促使线下帮扶记录更高效，归档更完整。该系统还整合了财政、教育、卫计、住建、民政等部门的扶贫工作数据，打破部门之间信息条块分割，将各类扶贫数据精准匹配于每个贫困户，以实现对全市贫困人口、巩固提升人口的精准化动态跟踪管理。

除了精准识贫，该系统还通过分析大数据“把脉开方”，根据贫困户的基础信息，识别和判断致贫原因，自动诊断和匹配一套帮扶措施，并分析帮扶成效，指导各级帮扶单位和干部进行科学精准帮扶，以推动扶贫工作更精准、更高效。例如，三亚市育才生态区那受村村民苏祥海多年前因交通事故而颈椎骨折，举债数万元治疗，于 2016 年被认定为建档立卡贫困户。通过靶向扶贫，该系统的最新数据显示，他家的人均纯收入远超贫困线，各项指标均满足脱贫条件。现在，驻村第一书记每天都会登录精准扶贫数据库管理系统，所负责帮扶的一户户的贫困状况、一个个账本、一项项帮扶措施便会清晰呈现在眼前，并据此安排一天的扶贫工作。同时，三亚市利用精准扶贫数据库管理系统进行信息比对，通过对异常数据的提取，及时发现扶贫工作中存在的问题，第一时间对标整改。

三、有效打通帮扶“最后一公里”

三亚市精准扶贫数据库管理系统管理全市 15 个扶贫项目，跟踪项目进度和资金使用情况，并记录贫困户受到的扶贫项目帮扶确认事项，实时掌握贫困户享受扶贫项目帮扶收益情况。扶贫工作人员在进村入户时可进行定位打卡签到，同时该系统根据用户角色自动分析并生成待办任务和督导任务。该系统还具有反馈功能，帮扶责任人若发现帮扶措施未按计划落实，就可通过 App 直接反馈到该系统中，该系统会发送信息提示跟进处理；若超期未处理，信息将反馈到市扶贫办，进入工作督导状态。

2017 年，三亚市精准扶贫数据库管理系统新开发了物资发放模块。在发放扶贫物资时，扶贫干部登录该系统，凭借贫困户有效身份证件依序录入信息后，该系统会自动识别并将物资自动匹配到贫困户名下，审核、签到、拍照留证、打印凭证等都由该系统“一条龙”完成，贫困户只需要对照系统打印的家庭信息、发放物资明细和照片进行确认，即可领取相应的扶贫物资，而非建档立卡贫困户人员则无法登记和领取扶贫物资。

自 2016 年年末启动扶贫信息化工作以来，三亚市借助信息化工作方式助力扶贫工作，应用精准扶贫数据库管理系统，突破传统工作模式，通过扶贫信息化系统的健全和完善将扶贫工作、农业工作和信息化工作相结合，为全市扶贫工作的精准识别、精准帮扶、精准施策提供了有力的大数据支持。三亚市还将开放精准扶贫数据库管理系统社会投入端口，为精准扶贫注入新的活力。

儋州市聚焦精准　尽锐出战
打造一支能打硬仗的脱贫攻坚队伍

海南省儋州市创新体制机制，健全作战体系，明确任务，压实责任，奖惩分明，充分调动了帮扶责任人担当干事的积极性和主动性，切实提升了驻村干部扶贫的能力水平，促进了各项脱贫攻坚措施的落地生效。

一、组建精锐专业驻村扶贫工作队　解决“谁来干”问题

为了从根本上改变原来全员包户扶贫的模式，真正压实和提升驻村扶贫的效果，儋州市委下定决心，痛定思痛，切实把驻村帮扶工作作为打赢脱贫攻坚战的突破口，及时整合各级帮扶力量，坚持“尽锐出战，组建过硬攻坚队伍”的要求，从处级优秀副职中选、从各级后备干部中派、从单位骨干中挑，从市直属机关、企事业单位和中央、省驻市单位中选派 654 名优秀干部，从各镇抽调 606 名骨干力量，共 1 260 名帮扶责任人，“一帮三年”脱产专职于扶贫工作。由过去 3 个帮扶责任人共同帮扶 1 户贫困户，调整为“一对一”结对帮扶，做到了帮扶工作全覆盖、不留死角，切实解决了帮扶工作“谁来干”和“专职干”的问题。

二、强化全员培训　解决“能不能干、会不会干”问题

在队伍选好后，政策业务素质和工作应战能力是关键。针对作战队员来自不同部门、工作经历各不相同的状况，坚持“走出去、请进来”，通过多层次、全方位、多渠道的方式，组织各级作战队员开展全员全职、分级分类、反复培训，培训面覆盖市、镇、村、组和行业部门

负责人、第一书记、帮扶责任人等，以“能干”“会干”确保“干好”夯实攻坚基础。

此外，还研究并制定了“儋州办法”，包括教育扶贫、健康扶贫、危房改造、就业扶贫等政策标准、操作流程，把所有的政策文件汇编成册，编成“口袋书”，让各级帮扶干部便于学习、掌握和熟记，做到学习内容简化清晰、一目了然，切实提升了驻村帮扶干部把握政策和实战的能力水平。

三、健全机制　明确职责，解决“愿不愿干”的问题

进一步健全完善了市包镇、镇包村的脱贫攻坚工作机制，所有的驻村扶贫工作队员不论级别高低都由镇一级统一指挥、统一调度、统一作战，解决了多头管理、多头负责、多头指挥和打乱战的问题。建立了分工明确的四级脱贫攻坚作战体系，即市一级成立市打赢脱贫攻坚战指挥部，由市委、市政府一把手任指挥长；镇一级成立脱贫攻坚大队，由包点镇市领导担任大队长，镇党委书记担任执行大队长；行政村一级成立脱贫攻坚中队，由镇包村领导、驻村扶贫工作队长担任中队长；自然村一级成立脱贫攻坚小队，由驻村工作队员或镇包点干部担任小队长。所有的驻村帮扶干部都吃在村、住在村、工作在村，驻村日常帮扶工作统一由中队管理。同时，还建立健全了战斗队工作机制，落实了队长负责制、工作例会制、考勤制度、健全清单制度及完善信息核查制度，切实提高了以制度管人管事的水平。自2018年以来，坚持从一线培养和选拔干部，先后从脱贫攻坚一线提拔重用各级优秀干部14人，其中处级5人、科级9人，进一步激发了扶贫干部工作的积极性和主动性。市财政专门划出2 000多万元专项工作经费，解决了驻村工作队员和镇、村、组扶贫干部的工作经费和生活补贴，改善了驻村工作和生活条件，让所有扶贫干部政治上有激励、工作上有关怀、生活上有保障。

四、层层压实责任　解决“真不真干、实不实干”问题

动员千遍不如问责一次。如果担当没有问责来配套，其就会成为一句空话。儋州市构建了市级、部门、镇级、村各负其责的“四级责任”体系，逐级压实“战时职责”，明确镇党委对派驻工作队员有考核权和任免建议权。所有的工作队长挂任镇党委副书记，所有的派驻工作队员党组织关系全部转到驻点村党支部。坚持执纪问责，严肃责任追究，对工作不力、作风不实，给脱贫攻坚带来不良影响的，不仅要问责受检的镇、行业，而且延伸到市

包点领导和行业分管领导；不仅追究驻村工作队员的责任，而且延伸到派出单位领导，形成层层担责、人人负责的工作局面。通过压实责任，严肃问责，各项脱贫攻坚工作得以有效开展。

五指山市完善政策　优化服务
兜住底线　助力脱贫

为贯彻落实党中央、国务院、省委、省政府关于打赢脱贫攻坚战的决策部署，海南省五指山市委、市政府全面推进健康扶贫工程，扎实有效地解决全市农村贫困人口因病致贫、因病返贫问题，脱贫攻坚工作取得了明显成效。

一、完善保障机制　让贫困群众“看得上病”不出村

（一）加强领导，统筹协调

五指山市及时调整市健康扶贫工作领导小组成员，以分管副市长为组长，以卫计、民政、人社、财政等相关部门主要负责人和 7 个乡镇的乡镇长为成员的健康扶贫工程领导小组，相关职能部门协调、统筹和推进健康扶贫工作形成合力。

（二）加强督导，严格考核

成立健康扶贫工作专项督导小组，根据工作进展调整督导内容，全面了解健康扶贫工作的推进，重点工作落实及健康扶贫政策的知晓率、医疗帮扶责任人开展工作情况等，要求各级医疗机构明确职责分工，按时按量完成健康扶贫各项工作任务。

（三）夯实基础，完善配套

五指山市把优化基层卫生人力资源配置和建设标准化乡镇卫生院、村卫生室作为推进健康扶贫工程的基础工作来抓，全市 7 个乡镇卫生院、59 个村卫生室以及 59 名村医实现覆盖所有行政村，2018 年招聘 25 名医疗卫生专业技术人员充实到乡镇卫生院，为贫困

群众就近提供良好的医疗卫生服务。

二、强化医疗保障　让贫困群众"看得起病"不返贫

(一)新农合参与补贴

五指山市政府为建档立卡的农村贫困人口参加新型农村合作医疗个人缴费作全额补贴，2016 年每人 120 元，2017 年每人 150 元，2018 年每人 180 元，共投入资金 896.02 万元，连续3 年参合覆盖率达 100%。

(二)医疗保障政策倾斜

一是提高贫困人口普通门诊及慢性病特殊门诊报销比例，该比例达到 80%；二是住院免收押金，在海南省级、市县级新农合公立定点医疗机构住院治疗报销比例提高 5%；三是新农合大病保险起付线降低至 4 000 元；四是政府出资为建档立卡贫困户、农村低保对象和特困人员购买大病商业补充保险；五是政府出资建立医疗兜底保障专项资金机制，以确保农村贫困人口住院实际报销比例达到 90%以上。

(三)实施先诊疗后付费，落实"一站式"结算

贫困患者在县域内看病实行先检查、先诊断、先抢救治疗、后结算，农村贫困患者在省内定点医院治疗在出院实现即时"一站式"结算，并通过新农合系统直接打印住院费用明细告知单。

(四)建档立卡贫困人口医疗保障取得实效

2016—2018 年，全市建档立卡贫困人口受益累计 64 121 人次，报销资金达 3 315.09 万元，贫困患者住院个人自付费用控制在总医疗费用的 10%以内，以有效解决农村贫困群众看病难、看病贵问题。

三、加强医疗服务管理 让群众“看得好病”有幸福感

（一）建立贫困人口动态管理

利用全国健康扶贫动态管理系统和海南省健康扶贫动态管理系统对建档立卡的农村贫困人口进行动态管理，每月定期利用新农合系统导入数据，由各乡镇卫生院专人负责核实，对健康扶贫信息系统进行维护。

（二）开展家庭医生签约服务

根据相关工作要求，市卫计委持续推动家庭医生签约服务工作，组建家庭医生团队数48个，落实签约24 371人，与贫困人口签约15 429人，签约率达100％。

（三）开展大病集中救治工作

在根据“健康扶贫管理数据库”建档立卡的农村贫困人口、计生特困户和经省民政厅核实校准的农村特困人员和低保对象中，罹患食管癌、胃癌、结肠癌、直肠癌、终末期肾病、儿童白血病、儿童先天性心脏病、重型地中海贫血、白内障、重症精神病和结核病（其中重型地中海贫血和白内障为海南省定、重症精神病和结核病为五指山市定的扩大病种）等大病患者进行集中救治。

（四）落实慢病签约服务管理

针对25种慢性病种实施精细管理，建立慢性病工作台账，制定办理慢性病证程序，确保贫困人口患者在门诊就医报销比例达80％，低保户及特困户慢性病在门诊就医报销比例达100％。重点将全市所有建档立卡的贫困人口、低保对象和特困人员中患有高血压、糖尿病、重性精神病和结核病的患者进行规范化管理。

临高县五大举措　全力推进危房改造工作

自脱贫攻坚工作开展以来，临高县委、县政府始终坚持把危房改造作为“三保障”之首，作为重要的政治任务，压实责任，精准施策，攻坚克难，以敢教旧貌换新颜的勇气持续推动危房改造再上新台阶，为决战决胜脱贫摘帽攻坚战奠定了坚实基础。

一、坚持提高站位　责任压实到位

危房改造是实现脱贫退出的硬性指标，是脱贫攻坚工作的重中之重、难中之难。临高县认真贯彻落实海南省委、省政府的决策部署，坚持把危房改造作为脱贫攻坚的头号工程来抓，切实把提高政治站位、强化思想认识摆在第一位。临高县始终把责任摆在前面，绑定人员，压实责任，把危改任务压实到县包点领导、镇党政领导、帮扶单位领导、村支部书记、驻村第一书记、帮扶干部“六类人”身上，同位担责，合力推动，形成责任明确、全员齐抓、全时推动的危改工作格局。

二、坚持深查细排　对象精准到位

临高县始终坚持公平公正原则，严把标准，严格程序，委托第三方进行评估鉴定，每户必到、每户必查，存疑对象反复核查，确保鉴定精准，让真正符合条件的危房一户不漏全部纳入改造。按照严把申报关、审批关，严格按照个人申请、等级鉴定、村评议、镇审查、县复查核准“五个程序”，每个环节都严格履行签字。核准对象实行村小组、村委会、镇、县“四榜”公示，自觉接受群众监督。针对“一户两宅”和虚假申报等行为，临高县充分发挥村两委熟悉村情的优势，严格村一级初核，确保申报对象符合政策要求，从源头上杜绝弄虚作假行为。

三、坚持抓早抓紧　措施落实到位

在推动危房改造过程中，针对开工慢、工期长、竣工晚“三大症结”，临高县着力念好早、紧、盯、帮“四字诀”。坚持“早”字为先，早部署、早启动，以专项行动强力推动危改工作，确保早开工、早竣工、早入住，为按期完成危改任务赢得了宝贵时间。坚持“紧”字为要，紧抓不放，一刻不停歇，各村向各镇日报进度，各镇向县周报进度，脱贫攻坚指挥部每月2次会议都安排危改议题，大队部实行一周一通报、半月一排名，中队和小队每周例会都研究危改工作，上紧发条，常抓不懈。坚持“盯”字为准，采取包镇包村领导巡查盯、住建督查专门盯、帮扶干部时刻盯、中队长小队长天天盯等方式，紧盯资金、进度、期限、验收等各项工作落实，严格小队长危改进度表签字制度，倒逼工作进度，对进度慢的及时预警，确保不拖工期，如期竣工。坚持“帮”字为基，临高县组织发动各级帮扶力量齐帮共建，对有困难的贫困户（特别是特困户），积极帮规划设计、帮落实资金、帮联系工匠、帮联系建材、帮引水引电，积极倡议社会捐赠、邻里互助、亲友帮助，着力帮助解决现实困难，推动危改工作顺利进行，让贫困群众早日住上安全舒适的新房。

四、坚持全程把控　质量管理到位

临高县把确保房屋质量安全作为危房改造的底线要求，严格按照“五个直观要求”实施改造，严控补助标准，绝不吊高胃口。坚持规划先行，严格控制改造面积，防止由互相攀比导致的建筑面积过大、装修标准过高的问题，从源头上坚决避免举债建房、超标准建房现象的发生。临高县推行全程质量监督管理，住建部门和乡镇规划所定期到现场开展质量监督，严把竣工验收关，坚决杜绝偷工减料、降低建设标准等行为，确保新建房符合标准，安全达标。

五、坚持督查问责　执纪监督到位

临高县坚持严字当头，充分发挥县委脱贫攻坚督查组的作用，采取明察暗访、不打招呼、交叉互检等方式进行危改专项督查，对超面积建设、超标准装修等问题，点名通报，问责到人，限时整改，以督查促进度，以整改促提升。强化执纪问责，实行危改排名末位警告制度，对排名靠后的人员或村镇进行谈话提醒，对危改工作中优亲厚友、吃拿卡要的“微腐败”和不作为、慢作为、乱作为，有一例问责一例。县纪委先后立案 10 件 16 人，对落实危改政策有偏差的临城、波莲、东英等镇 15 名干部给予党纪政务处分，以形成教育震慑效果。

实施贫困户危房改造，把贫困群众“住有所居”的愿望变成现实，办成了贫困群众一代人，甚至几代人都无法办成的大事，许多享受危改的贫困群众不禁感慨：“要不是有政府的扶贫政策，自己一辈子都不可能住上安全舒适的新房。”

琼中黎族苗族自治县科学规范推进扶贫资金项目监管工作

自2018年以来，海南省琼中黎族苗族自治县把加强扶贫资金使用管理和监督作为落实脱贫攻坚任务的重中之重，以实效为本、监督为基、问责为辅，以促进扶贫资金项目监管更加科学、更加规范、更加高效，为提升全县脱贫攻坚进程和质量提供了有力保障。

一、实效为本　确保扶贫资金使用管理高效化

结合本县实际，琼中黎族苗族自治县在整改工作中不断探索、创新、总结、形成了一批行之有效的扶贫资金监管机制和经验做法。

(1)加大资金整合力度，按照“规划引领、资源整合、渠道不乱、用途不变”的原则，以扶贫规划为平台，积极整合专项扶贫资金和富美乡村、一事一议、兴边富民、以工代赈等涉农资金3.65亿元打捆集中使用，形成合力，不断提高扶贫开发的整体投入水平。

(2)按照《海南省财政厅关于做好扶贫资金使用管理台账建立工作的通知》，结合当前扶贫资金实际，琼中黎族苗族自治县在原有台账基础上增加了指标接收时间和指标分配时间等项目，细化了台账名目，确保各项扶贫资金使用有登记，支出有明细。目前，已完成2017年、2018年扶贫资金管理台账的规范建立。

二、监督为基　确保扶贫资金使用、项目管理规范化

琼中黎族苗族自治县严格落实国家、省关于扶贫资金项目监管制度，完善脱贫攻坚监督执纪问责机制，建立健全内部监督、审计监督、纪检(监察)监督和社会舆论监督“四位一

体”监督体系。

(1)针对扶贫项目小、散、远、多以及资金监管难度大、项目实施进度慢、档案资料缺失、群众参与度低等问题,创新监管方式,建立县级行业主管部门扶贫项目资金台账、乡镇(街道)扶贫项目资金台账、行政村(社区)扶贫项目资金台账和扶贫项目资金台账明细表,对脱贫攻坚项目资金实行网络化跟踪管理,促进了扶贫资金管理使用更加规范。

(2)坚持扶贫资金使用与脱贫攻坚任务相衔接原则,紧紧围绕“十二大脱贫工程”,认真梳理谋划一批基础设施、产业扶贫等项目,合理编制扶贫资金项目计划,建立扶贫动态管理项目库,2018 年储备生成扶贫项目 234 个,并做好项目编制、申报、实施、管理和验收,规范使用、管理项目资金,使扶贫资金直接惠及扶贫对象。

(3)强化项目监督管理,坚持“项目跟着规划走,资金跟着项目走,监督跟着资金走”原则,实行扶贫资金支出进度月报(周报)制,确保资金支出和项目进度的同步推进、有效衔接。建立完善扶贫项目工作台账,明确项目申报、立项、招投标、验收等环节流程,推行扶贫项目极简审批、容缺受理、快审快办,力争在 1 个工作日内完成项目受理审批。推行“红黑名单”制度,组织纪检、财政、审计等部门定期或不定期开展督导检查,加强对项目资金事前、事中、事后的监督,对挪用乃至贪污扶贫款项的行为坚决予以严肃处理。

三、问责为辅　确保扶贫资金使用管理严肃化

结合开展脱贫攻坚作风建设年活动,琼中黎族苗族自治县建立财政补贴“黑名单”制度,坚持“资金拨付到哪里,监督检查就跟踪到哪里”的原则,从资金来源、申报程序、资金拨付等环节进行全方位监督检查。制定脱贫攻坚责任追究办法,建立责任倒查追究机制。对发现涉及县“十二个一批”脱贫工程责任部门、乡镇、村、驻村第一书记、驻村工作队的问题,县扶贫开发领导小组、县打赢脱贫攻坚战指挥部将及时报送纪检监察和组织部门进行问责处理,特别是对挤占挪用、虚报冒领扶贫资金的,依法依纪坚决处理,绝不姑息包庇。建立扶贫领域执纪审查工作机制,结合案件查处在各级开展警示教育“大家谈”活动,收到了良好效果。

政策扶持篇

有效统筹资源　凝聚扶贫合力　实现无缝衔接

海南省积极探索“两项制度”融合式保障实践

自2017年以来，按照海南省委、省政府决策部署，各市县扶贫、民政等部门以“四个到位”为抓手，加强部门协作，完善政策措施，健全工作机制，创新衔接模式，推进低保人群和建档立卡人群实现融合式保障。扶贫、救助政策现已同等覆盖海南省的建档立卡贫困户、低保对象、特困人员等65万农村贫困人口，形成了扶贫开发政策和农村低保制度紧密衔接、良性互动的工作格局，真正实现了扶贫开发政策和农村低保制度的无缝衔接。

一、统筹资源综合施策　政策衔接到位

为提高扶贫实效，打赢脱贫攻坚战，充分发挥已经实行的各项社会救助政策和扶贫开发政策对农村贫困人口的帮扶作用，让贫困人口有更多的获得感，获得更大的实惠。海南省将符合条件的建档立卡贫困户按照政策规定及程序全部纳入农村最低生活保障范围，农村最低生活保障对象的义务教育、基本医疗和住房安全得到全面保障。在脱贫攻坚期内，建档立卡贫困户可以享受与最低生活保障对象同样的医疗救助、临时救助等社会救助政策；农村最低生活保障家庭可以享受与建档立卡贫困户同样的医疗、教育和住房保障方面的扶贫政策；有劳动能力的农村最低生活保障家庭可以享受建档立卡贫困户的产业扶持政策。

二、完善核查认定机制　对象衔接到位

由于低保制度和扶贫制度的对象认定标准不完全相同，为确保符合条件的扶贫对象

纳入低保兜底，实现应保尽保，切实加强两项制度在认定标准上的有效衔接，海南省建立健全农村最低生活保障家庭和建档立卡贫困户的经济状况核查机制，明确其收入和财产的核算范围和计算方法。充分发挥民政、扶贫部门信息平台对精准识别农村贫困人口的有效作用，实现对贫困家庭经济状况的信息准确查询，确保精准扶贫、精准救助。低保兜底对象家庭收入的计算以扶贫部门对扶贫对象家庭收入的测算为基础，结合低保对家庭收入认定的有关规定，合理计算家庭人均收入，综合研判扶贫对象家庭收入情况是否符合纳入低保兜底的条件。截至 2018 年第三季度，全省将符合条件的建档立卡贫困人口 1 853 户 5 470 人纳入低保范围，予以兜底保障。

三、建立动态管理平台　管理衔接到位

建档立卡贫困户和低保家庭的管理对接平台在乡镇，乡镇政府建立真实完整的管理台账。

(1)乡镇政府对建档立卡贫困户和农村最低生活保障家庭分别建档，统一管理。建立帮扶联系人制度，市县从机关、乡镇选派近 3 万名干部担任农村低保对象、特困人员的帮扶联系人，进行全程跟踪服务。

(2)完善审核审批程序。鉴于扶贫和低保制度在审核审批程序中部分环节功能相同的情况，海南省在一般低保审批程序的基础上明确五步流程，规范建档立卡贫困户纳入低保的审核审批程序，确保及时公正。

(3)扶贫部门和民政部门建立完善互相通报信息的工作机制。县级扶贫部门、民政部门在审批吸纳建档立卡贫困户或农村最低生活保障家庭的同时，还报送“三保障”等职能部门，确保信息及时更新。利用现有家庭经济状况扶贫信息核查比对平台，将纳入低保兜底的对象进行全面信息比对，对家庭收入、家庭财产等经济状况已明显不符合低保兜底条件的家庭，及时予以清退，提高工作的精准度。

(4)县级民政、扶贫部门按时报送信息台账(一般在每年 1 月和 7 月各报送一次)。将社会救助政策和扶贫开发政策落实到户，并建立完整的落实政策台账，清晰记载扶贫项目和扶贫资金的去向和实效；及时公开农村最低生活保障家庭和建档立卡贫困户有关信息，接受监督。

四、实施动态调整机制　标准衔接到位

低保兜底对象是最困难的人，通过低保兜底向其发放足额的低保金，支撑其家庭收入在产业扶贫项目收益的同时能越过扶贫线，实现脱贫。2017 年 10 月，海南省综合考虑全省经济发展水平、农村居民可支配收入、人均生活消费支出等因素，按照动态调整机制科学调整，确保农村最低生活保障标准不低于扶贫标准，海南省调整了农村最低生活保障标准，将原来的每月 280 元增加到 300 元，提高了原来仅比贫困标准（2017 年 3 305 元）高 55 元的低保线，确保最低生活保障收入稳定“越线”。与此同时，对特殊困难群众给予更多关爱和照顾，低保中兜底的残疾人员、重大疾病人员、70 岁以上老年人、学龄前儿童和在校学生在按补差标准足额发放低保金的基础上每人每月增加相应的救助金。

谋长远　打基础　挖穷根
提升贫困地区自我发展能力

海南省加强基础设施建设夯实脱贫攻坚基础

近年来，海南省深入贯彻落实习近平总书记系列讲话，特别是视察海南时重要讲话精神，主动服务和融入国家"一带一路"倡议和海洋强国建设等国家发展战略，着力补齐基础设施短板，加快建设互联互通、功能完备、高效安全、保障有力的五大基础设施网络，破解海南省经济跨越式发展瓶颈制约，为建设"美好新海南"奠定坚实基础，对全省脱贫攻坚工作发挥了强劲的推动作用。

一、加快立体交通建设　提升发展速度

"路不通，财不通"是海南省许多贫困地区脱贫面临的第一道难题。交通基础设施不完善既让当地的出行条件长期得不到改善，也严重制约了当地的发展。不少贫困村并不是缺乏资源或产业，而是受限于交通闭塞、道路不畅等，优质的农产品难以对外销售，良好的旅游资源无法得到开发和推介。农民不出去、企业进不来，天然有机的农产品烂在了地里，秀丽宜人的自然风光掩埋在了深山，农民坐拥丰富的自然资源却无法进行开发和利用，日子越过越贫困。

贫困地区道路等基础设施的不完善早就得到了海南省委、省政府的高度重视。海南省委、省政府提出，海南要"实施基础设施建设脱贫"，建设自然村通硬化路、窄路面拓宽、旅游资源路等"交通扶贫六大工程"，并从补助标准、融资方式、责任分工等方面强化政策支撑，确保工程顺利实施。

在有力的政策支撑下，海南在贫困地区交通基础设施建设领域取得了不菲的成绩。如今的海南省内的"田"字形高速公路主框架、"四方五港"格局基本形成，环岛高铁全线贯

通，“南北东西、两干两支”机场布局加快推进，群众的交通选择越来越多；通往岛外的交通更是海、陆、空并进，其不仅融入了全国的高速网、高铁网，而且融入了全球的海上航运网、空中航线网，成为贫困地区绿色崛起的强力引擎。

二、推进基础设施建设 铺平致富道路

完善的基础设施是经济社会持续健康发展的必备要素和强大引擎，也是提高人民生活水平、增加百姓民生福祉的重要内容和有力保障。对于海南而言，基础设施建设对其联系岛外、自身发展、人民幸福等都具有更深刻的意义。近年来，海南省坚持“经济社会发展、基础设施先行”的路径，按照把海南岛作为一个大城市来规划建设和管理的理念，统筹布局，不断加强全省路网、光网、电网、气网、水网“五网”基础设施建设，大力推进互联互通，加快建设美好新海南。

从 2015 年开始，海南省实施信息基础设施建设 3 年专项行动，取得突破性进展，电信运营商信息基础设施建设投入资金达 160 亿元以上，2 573 个行政村实现了 4G 全覆盖，光纤整体覆盖全省，实现“全光网省”目标。

近年来，海南还加快建设安全、可靠、绿色、高效的智能电网，同时加大电力扶贫力度。自 2016 年以来，海南电网电力扶贫累计投资 31.34 亿元，完成 117 个已脱贫贫困村农网改造升级，完成 246 个小城镇中心村电网建设与改造，实现 3 835 个贫困村通动力电，惠及 129 万人，并全面解决了贫困人口通生活用电的问题。

农村实施水利扶贫对破解贫困地区水利发展瓶颈问题，补齐贫困地区水利基础薄弱短板具有重要意义。从 2016 年开始，海南省已陆续投入水利建设资金 87.75 亿元，实施水利基础设施项目 215 个，重点解决贫困地区安全饮水、农田水利灌溉以及水生态保持等多方面问题，全力助推脱贫攻坚，并取得了一定成效。为全面解决贫困人口饮水安全问题，海南省共建设农村饮水安全巩固工程 73 处，项目涉及 10 个市县，省市县共下达投资 6 476 万元，全省共有 6.28 万人受益，其中贫困人口 0.97 万人。2018 年，海南省投资 12 250 万元，建设农村饮水安全巩固提升工程 103 处，累计受益人口达到 7.63 万人，其中贫困人口 0.82 万人。环岛天然气管网加快建设，根据《海南省“十三五”能源发展规划》，于 2017 年年底完成文昌—琼海—万宁—陵水—三亚的天然气干线管道建设，形成海南省天然气环岛主干网，解决了沿线市县的天然气供应问题。

三、打组合拳　为脱贫攻坚注入新活力

近年来，海南省着力构建无缝对接、零换乘的海陆空立体交通体系，覆盖全省的城乡光纤网络和高速通信网络，“安全、稳定、绿色、智能”的电力网络，连接岛内各大城镇和主要景区的环岛天然气管网，全岛连通的水系网络通过不断加强织密路网、光网、电网、气网、水网“五网”，基础设施建设取得重大突破，城乡面貌焕然一新，贫困群众的生产生活条件有了较大改善。在深入推进“五网”建设的同时，各级党委、政府主动作为，坚持把扶贫开发工作作为重大政治任务和第一民生工程，纳入体系规划一并部署推动，为脱贫攻坚注入新动力。

由于农村地区电信服务得到了有力普及，农民的生活幸福指数大为提高，电子商务也随之蓬勃发展。过去，陵水黎族自治县本号镇大里小妹村地处吊罗山区的村民往往要驱车 2 小时前往县城去购物。得益于光网建设，陵水率先在海南省实现光网村村通，如今村民只要点几下鼠标，就能在网上买到全国各地的商品。镇上的大里希望小学利用光纤专线开通了网络同步课堂，让偏远山区的孩子们也能通过实时视频观看名校名师的授课。依托便捷的信息网络平台，陵水大力发展电商产业，截至 2018 年已建成 800 米^{2}特色产品电商物流集配中心、5 000 米^{2}互联网创业园、4 个陵水特色产品 O2O 体验馆、100 个村级电商服务站，实现县域全覆盖。自 2017 年以来，全县农特产品销售额达 1.63 亿元，有效带动了农民增收和贫困户脱贫。

产业是脱贫致富的基石，而基础设施是产业发展的重要基础。借助完善的电力网络，海南省部分市县因地制宜发展“光伏＋”新型产业扶贫项目，以贫困村建立村级电站为主要模式，推进分布式光伏发电，发展势头良好。陵水县的“光伏扶贫工程”由政府出资，免费在敬老院和贫困户家试点建设光伏电站，为贫困家庭带来一笔“阳光收入”。

2020 年前，海南还将进一步完善现代化基础设施“五网”体系，包括促进海陆空“路网”一体化发展，实现县县通高速公路，并与机场、环岛高铁、环岛滨海旅游公路、国道省道和农村公路互联互通，实现自然村通硬化路，加快“四方五港”整合建设和转型发展，推动琼州海峡港航一体化；完善现代通信“光网”，推进海南省城乡光纤网络和高速移动通信网络全覆盖积极布局 5G 网络，全面建设信息智能岛；建设安全稳定绿色智能“电网”，推进昌江核电二期和城乡电网改造升级；构建覆盖全省“气网”，提高全岛燃气普及率；打造协调均衡生态“水网”，建设红岭灌区、南渡江引水、迈湾、天角潭等大型水利工程等，加快江河湖库水系连通，完善农田水利设施，有效解决了工程性缺水，为深入推进全省脱贫攻坚打下了坚实基础。

坚持综合施策
全力做好贫困群众住房保障工作

海南省多管齐下破解贫困地区危房改造难题

海南省委、省政府高度重视农村危房改造工作，将其列为年度为民办实事“十大事项”之一。海南省住建、财政、扶贫、民政、残联等部门各司其职，紧密配合，在第一时间将任务下达市县，将省配套资金落实到位，并坚持综合施策，采取有效措施扎实推进对象核查、规划报建、资金支持等工作，取得良好成效。

一、提早部署落实　明确责任分工

针对农村危房改造工作，时任省委书记刘赐贵、王路副省长等省领导多次批示，要求严格按照国家政策抓紧、抓好落实。各市县均成立以政府主要领导为组长、各相关部门为成员的农村危房改造工作领导小组及协调机构，建立了“领导班子包片、乡镇干部包村、村干部包户”的工作机制，形成“一级抓一级，层层抓落实”责任体制，并明确政策要求，细化工作措施，落实责任分工，合理安排各乡镇村的危房改造任务，切实做到组织有力、责任明确、资金到位。

二、落实中央精神　严格执行政策

省住建厅、省财政厅、省扶贫办瞄准最贫困的乡村、最困难的群体、住房最危险的农户，精准发力，加快贫困地区和贫困群众危房改造的步伐。

(一)扎实抓好精准识别工作

由省住建厅牵头,联合扶贫、民政和残联等部门继续组织对建档立卡贫困户、低保户、农村分散供养特困人员和贫困残疾人家庭4类重点对象的危房情况进行核查。严格按照优先帮助住房最危险、经济最贫困农户解决最基本的安全住房要求,坚持公开、公平、公正原则。严格执行农户自愿申请、村民会议或村民代表会议民主评议、乡镇审核、县级审批等补助对象的认定程序,规范补助对象核批。危房改造对象信息于所在村公示不少于7日,并经驻村第一书记或乡镇驻村干部签字确认,确保危房改造做到精准识别、精准帮扶。

(二)兜底解决特困户住房问题

海南省各市县坚持政府补助、社会帮扶和农户自筹,共同解决住房安全问题,对于自筹资金和投工投料能力极弱的特困户,通过建设农村集体公租房、利用闲置农房和集体公房置换、提高补助资金额度等方式,兜底解决住房安全问题。

(三)采取得力措施控制改造成本

海南省农村危房改造以农户自行组织建设为主,采取聘请农村建筑工匠与发动亲人、村民互助相结合的方式,降低建设成本。按照规定控制财政补助新建房屋面积,改造房屋面积超过上限的,超出部分由农户自行承担;需要政策兜底的特困户按下限标准控制改造面积,进行普通标准装修。

(四)实施分级年度绩效评价

海南省农村危房改造工作实施分级绩效评价制度,完善激励约束并重、奖惩结合的任务资金分配与管理机制,全面监督检查任务落实、政策执行、资金使用情况。

三、加大帮扶力度　减轻贫困户负担

海南省积极探索以财政支持、社会帮扶和金融扶持等方式多渠道筹措危房改造资金,加大对4类重点对象的帮扶。

(一)强化财政资金支持

将农村危房改造地方补助资金和工作经费纳入财政预算,切实加大资金投入力度,确保重点对象的危房得到及时改造。大部分市县在省级分类补助标准的基础上结合实际进一步加大对特困地区、特困农户在补助标准上的倾斜。2018年,海南省下达农村危房改造补助资金共38 068.5万元,其中中央补助资金10 010万元、省级财政补助资金28 058.5万元,大大减轻了贫困户的负担,避免贫困户因为改造危房而加大贫困程度。

(二)整合使用各类专项资金

海南省各市县普遍将农村危房改造、美丽乡村建设、抗震安居、专项扶贫及改厕资金以及对口帮扶单位、定点扶贫单位帮扶资金等整合或相对集中使用,把农村危房改造与乡村旅游、扶贫开发整村推进相结合。

(三)推动建立金融扶持机制

海南省积极与农信社、农发行等金融机构开展帮扶合作,协力推进贫困群众危房改造工作。各市县在财政补助资金到位、严格执行面积、造价控制标准后仍存在资金缺口的,在建立健全风险补偿机制的前提下,采取贷款贴息补助等方式,帮助有信贷需求的贫困户多渠道、低成本地筹集危房改造资金。

(四)引导社会力量投身爱心帮扶

各市县着力建立社会力量参与机制,鼓励企事业单位、社会组织、爱心人士、志愿者通过捐赠资金和建材器具等方式,帮助重点对象改造危房。

四、多面发力加强管理 确保按时高质完成任务

在农村危房改造工作实施过程中,海南省主要从加强技术指导、加强资金管理、加强档案收录、加强督查检查和加强政策宣传5个方面加强管理,为按时高质地完成改造任务而创造条件。

(一)加强技术指导,确保工程质量安全

健全农村危房改造工程质量安全管理制度,定期对农户房屋建设进行监督检查,确保危房改造的开工、建设、竣工和验收等环节处于有效监督;建立现场蹲点制度,保证每个村或片区至少有一名工程专业技术人员对工程质量进行监督管理和技术指导。若技术力量不足,就采取购买服务的方式,委托有资质的单位负责;加强重要施工环节的监管,杜绝偷

工减料、降低建设标准的现象,确保危房改造房屋质量安全。

省住建厅组织理论与实践经验丰富的专家编写关于农村建筑工匠的培训教材,通过集中授课与现场教学的方式加强对农村建筑工匠技能培训的业务指导,并与各市县联合举办多期农村建筑工匠培训,取得了较好的效果。

(二)加强资金管理,确保专项资金安全

各市县加强农村危房改造补助资金的管理和使用。危房改造资金统一集中管理,专账核算,专款专用,封闭运行,确保及时足额落实到位,严禁截留、挤占和挪用。同时,加快补助资金下拨进度,提高资金的使用效益。根据项目推进时间节点,分阶段拨付补助资金,动工即可通过农户“一卡通”拨付补助资金的50%～80%,余款待验收合格报备案后拨付。财政部门会同危改部门加强资金使用的监督管理,审计部门跟踪审计,确保专项资金的安全、高效使用。

(三)加强档案收录,完善档案信息管理

海南省按照农村危房改造的要求,实行一户一档农户档案管理制度。在完善和规范农户纸质档案管理与保存的基础上,将农户档案表及时、全面、真实、完整、准确地录入“全国农村危房改造信息系统”。将农户档案纳入年终考评范围,对于未按要求建立农户档案并完成信息录入的市县在绩效考评中扣除相应分值,并予以通报,最大限度地保证海南省农村危房改造纸质档案和电子档案做到“一户一档、真实准确、材料齐全、管理规范”。

(四)加强督查检查,发现问题立行立改

海南省采取明查、暗访和“回头看”相结合的方式,对各市县危房改造工作进行检查、督查。每次检查、督查、暗访的情况都形成报告,通报全省,要求相关市县对存在的问题限期整改。省委巡视组、省政府督查室也多次对农村危房改造进行巡查,以有效督促各地抓好工程质量和工作进度。

各市县都把廉政内容列入农村危房改造工作目标责任书,设置举报信箱和公布咨询投诉电话,主动接受纪检监察、审计和社会监督。纪检监察部门对危房改造中的廉政风险进行评估,重点是资格认定、资金发放等环节,并制定相应的风险防范制约机制,坚决查处干部以权谋私,截留、挪用补助资金及吃回扣、拿好处等损害农民利益的行为,保证惠农政策真正落实到困难农户身上。各市县对由群众反映、检查暴露和跟踪审计发现的问题都及时进行了整改。

(五)加强政策宣传,提高危改工作透明度

为将农村危房改造工作做好做实,营造良好的社会氛围,海南省创新宣传方式,创办了“脱贫致富”电视夜校,开通了“961017”服务热线和“住房扶贫”公众号,全方位开展宣传工作,让广大群众充分了解农村危房改造工作的补助标准、申报程序等。符合条件的贫困户开展改造危房的积极性较高,形成了“政府积极引导、农户踊跃参与、社会广泛关注”的良好氛围,改善了党群、干群关系,收到了良好的社会效果。

五、治理人居环境　建设美丽乡村

海南省坚持以危房改造为抓手之一,治理村庄环境“脏、乱、差”,建设“百镇千村”,助力全域旅游。结合生态扶贫移民搬迁、整村推进扶贫等工作,大力推进农村环境清洁、基础设施建设、人畜分离、垃圾污水处理、公共服务配套和生态环境改善等,做到规划有序、居住安全、村容整洁、环境良好,既有新房又有新村。资源条件突出、危房改造集中的村庄结合全域旅游规划引入社会资本和管理运营经验,高起点推进危房改造和村庄建设,采用“公司+农户”模式,开发民宿、农家乐、田洋公园等乡村旅游项目,带动贫困农户增加收入,脱贫致富。

聚焦精准　靶向施策
全力以赴打赢健康脱贫攻坚战

海南省多措并举推进健康扶贫工程

近年来，根据党中央、国务院关于打赢脱贫攻坚战的决策部署，海南省委、省政府始终把健康扶贫作为脱贫攻坚的重中之重，大力实施健康扶贫工程，按照健康扶贫精准到人、精准到病的要求，全面落实“大病集中救治一批、慢病签约服务管理一批、重病兜底保障一批”行动计划，攻坚克难，全力防止因病致贫、因病返贫。

一、主要工作进展和成效

(一)精准识别到位，确保健康扶贫不落一人

截至2018年10月底，海南省贫困人口637 268人，其中核准因病致贫、因病返贫98 621人，约占全省贫困人口的15.48%。研发覆盖全省的健康扶贫信息系统，强化与扶贫、民政、人社、保监等部门之间的政策互补和工作互动，实行部门之间系统数据的互联共享，使管理动态精准及时。

(二)投入保障到位，确保贫困人口看得起病

通过构建“四免一降五道保障”的医疗保障机制，推动健康扶贫工作的落实。“四免”，即农村贫困人口免交新农合年度个人缴费、免交大病商业补充保险费用、免缴住院押金、免报销起付线门槛。“一降”，即农村贫困人口大病保险起付线降低50%，由8 000元降至4 000元。“五道保障”，即建立新农合、大病保险、大病商业补充保险、民政医疗救助、医疗保障专项资金“五道”保障线。确保农村贫困人口住院医疗费用实际报销比例达到90%以

上，25 种慢性病门诊医疗费用报销比例达到 80%以上，农村特困人员医疗费用报销比例达到 100%。

(三)打好组合拳，助力农村贫困人口看得好病

1. 贫困人口大病集中救治实现应治尽治

在国家确定 9 种救治病种的基础上，海南省增加了“白内障和重型地中海贫血”2 个救治病种。2018 年 1—11 月，海南省 2 741 名患 11 种救治病种的贫困患者均已得到救治，救治率达到 100%。

2. 做实慢病签约服务管理

组建由乡镇卫生院和村卫生室医生组成的家庭医生团队与农村贫困人口全面签约，签约率达到 100%。建立电子健康档案和健康卡，免费提供基本公共卫生健康体检、预约转诊等服务。为慢性病患者办理慢病证，为行动不便的患者提供上门送药、送医服务，重点对患“高血压、糖尿病、结核病、严重精神障碍患者”人群开展规范管理。

3. 实行省域内“先诊疗后付费”和“一站式”结算服务

将国家卫生健康委关于农村贫困人口县域内就医实行“先诊疗后付费”的要求扩大至省域内公立医疗机构，农村贫困人口在省域内公立医疗机构住院无须缴纳押金就可直接入院治疗。海南省集中组织各市县与县域外和省级公立医疗机构签订“一站式”结算协议，实现全省公立医疗机构贫困人口就医“一站式”结算，贫困患者住院和慢性病门诊医疗费用报销只需付清个人自付部分。

4. 增能力补短板，提升基层医疗服务水平

启动贫困市县“一市(县)一院”(一个市县建设一所省级水平医院)建设工程和乡(镇)村医疗卫生机构标准化建设工程。扎实开展对口帮扶。组织 8 家三级医院对口帮扶 5 个贫困县 8 家县级医院；安排 317 名上级医院医生深入贫困地区，为群众服务并开展“传帮带”。远程医疗网络覆盖到市县人民医院和部分乡镇卫生院。加强基层人才培养。住院医师规培、订单定向医学生免费培养项目、妇幼“双百人才”引进计划向贫困地区倾斜。

(四)加强贫困地区疾病防控和公共卫生工作，努力让贫困人口“少生病、不生病”

围绕解决群众少生病、不生病，控制增量的目标，坚持预防为主，重心前移，加大重点传染病、地方病的综合防控力度，积极扩大公共卫生服务能力供给。基本公共卫生服务经费提高到人均 55 元，服务项目达到 15 类 57 项，优先覆盖所有贫困人口。全省范围内实施妇女两癌免费筛查、出生缺陷产前免费筛查、新生儿疾病免费筛查和听力免费筛查。

2011—2017 年年底累计为 52.6 万人免费提供了地贫初筛服务，为初筛阳性的 15.6

万人免费提供地贫基因检测服务，为 1 101 名可能遗传重型或中间型地贫胎儿的孕妇免费提供产前诊断服务，对现症中间型、重型地贫患儿进行全面调查，实行专案管理，共阻断 154 例重型地贫胎儿出生；2016—2017 年共有近 27 万名新生儿得到免费遗传代谢病和听力筛查服务。实施的听力障碍患者康复救助项目被列入海南省委、省政府 2018 年为民办实事项目，计划为 120 名重度及极重度听力障碍患者提供人工耳蜗手术及术后康复训练，为 250 名中度听力障碍患者提供助听器。

为改善贫困家庭婴幼儿营养和健康状况，促进贫困婴幼儿群体健康成长，减少贫困家庭经济支出，助力打赢脱贫攻坚战，海南省卫计委、省扶贫办联合北京联慈健康扶贫基金会在全省实施“国奶扶贫工程项目”。截至 2018 年 10 月底，项目共发放奶粉 251 415 桶(其中全额资助奶粉 16 156 桶，差额资助奶粉 235 259 桶)，惠及 4 712 户农村建档立卡贫困家庭和57 231 户经济困难家庭，捐赠价值 5 178 万元；发放志愿者服务津贴 136.5 万元；为 8 万户婴幼儿家庭、417 万人次进行科学育儿健康教育，总公益规模达 6 000 万元。

(五)加强宣传引导，营造浓厚的舆论氛围

除利用电视、报纸、广播、微信等媒体外，还通过省脱贫致富电视夜校、走村入户宣讲、“961017”服务热线、口袋书、免费义诊、培训班等形式，全方位、多角度解读和展示健康扶贫优惠政策与成效，不断提升健康扶贫关注度，以形成浓厚的舆论氛围。针对复杂的健康扶贫政策，不便记忆的问题，将健康扶贫政策概括为“政府帮参保、住院零押金、报销比例高、一次结算好”4 句话，并制作宣传折页发放给农村贫困家庭，组织基层卫生计生人员入户讲清 4 句话内容。在医院结算系统打印“一站式”结算报销告知单给贫困患者，用信息化手段规范和打通了政策保障落实到人、到病的“最后一公里”，既讲了健康扶贫政策，也提升了群众的满意度。

二、主要保障措施

(一)健全工作机制

一是成立了健康扶贫领导小组，建立卫计委领导和处室分工责任制，明确每名卫计委领导包点 2～3 个市县(含 1 个国定贫困县)，卫计委的每个处室包点 1 个市县，指导开展健康扶贫工作，不脱贫不脱钩。二是建立行业部门指导，市县抓落实，乡村组织实施的工作机制。明确市县卫生计生委党政主要负责人为健康扶贫第一责任人，明确目标任务，层

层压实责任。三是建立部门协作配合机制，实行卫生计生、扶贫、民政、人社、财政、残联、保监等部门定期通报工作制度，共同研究推进健康扶贫工程的实施。

(二)建立完善的政策体系

出台了《海南省健康扶贫工程实施方案》《海南省健康扶贫工程"三个一批"行动计划》《海南省农村贫困住院患者"先诊疗、后付费"工作方案》《海南省农村贫困人口大病专项救治工作实施方案》《关于加快推进健康扶贫定点医疗机构实行"一站式"结算的通知》等配套文件，构建"1＋X"的政策体系，实现了贫困人口政策措施的全覆盖。

(三)强化督导检查

一是将健康扶贫工作纳入各级党委、政府脱贫攻坚目标考核管理。二是卫计委领导和处室定期对包点市县进行督导，健康扶贫骨干不定期对市县健康扶贫工作进行巡查。三是对每次督导和巡查发现的问题整理为清单并专项研究部署，建立系统内信息通报制度和全省健康扶贫微信工作群，督导市县抓实问题整改。

以“百日行动”为抓手　开金融扶贫之新局

海南省创新金融扶贫实践

2017 年，由海南省扶贫办牵头，联合省金融办、中国人民银行海口中心支行、海南银监局、海南保监局于 6 月 5 日至 9 月 15 日，在全省范围内开展了金融扶贫集中推进“百日行动”，利用 100 天的时间，集中力量，集中解决制约金融扶贫工作中的瓶颈问题，理顺各项工作关系，推进金融扶贫政策落实，促进金融产品创新。

一、加强协调　开展金融扶贫“百日行动”　形成金融扶贫工作合力

为改变海南省金融扶贫工作的被动局面，海南省扶贫办牵头在全省范围内开展金融扶贫“百日行动”。2017 年 6 月 5 日，印发《海南省金融扶贫集中推进“百日行动”实施方案》，成立海南省金融扶贫集中推进“百日行动”领导小组，统筹协调，推进金融扶贫“百日行动”各项工作。2017 年 6 月 12 日，海南省金融扶贫集中推进“百日行动”动员大会召开，省金融办、人行海口中心支行、海南银监局、海南保监局等 12 家金融单位及市县分支机构主要领导，各市县分管扶贫工作的副市县长及扶贫办主任 190 多人参加了会议。会后，各市县又纷纷召开专题会议进行部署，制定抓落实的具体措施，部分市县党政主要领导亲自主持会议部署，形成全省上下齐心协力，共同推进金融扶贫工作的良好局面和强大合力。

二、聚焦问题　推动扶贫小额信贷工作健康发展

针对海南省扶贫小额信贷工作中存在的问题，在“百日行动”开展以后，各部门共同发力，从 3 个方面来抓落实。

(一)抓金融机构不按基准利率放贷问题

海南省金融办主任亲自主持召开专题会议,研究解决办法。海南省政府办公厅出台了《关于进一步完善农民小额贷款贴息政策的通知》(琼府办〔2017〕103 号),明确对金融机构按照基准利率发放给贫困户贷款的风险补偿比例由 1.5%提高至 2.0%,贷款奖励金比例由 0.5%提高至 2.0%,进一步调动金融机构按基准利率放贷积极性。

(二)抓市县建立扶贫小额信贷风险补偿金问题

为推动市县落实风险补偿金政策,进一步提高扶贫小额信贷风险防控,省扶贫开发领导小组办公室下发紧急通知,要求各市县严格按照时间节点和标准进行设立,对于不按时完成风险补偿金设立工作的,将上报扶贫开发领导小组进行通报批评。

(三)抓扶贫小额信贷放贷量问题

海南银监局召开专题会议,要求各责任银行坚决完成"包干任务"。海南省农信社及时下发《关于建档立卡贫困户贷款发放任务分解的通知》,将任务分解到各市县的行、社和琼中小额信贷总部,并实行金融扶贫"包干服务",即全省每一个建档立卡贫困户都对应一个服务信贷员,专责提供金融服务。农行海南省分行制定并下发《关于精准扶贫小额信贷工作的实施意见》,抽调人员成立审批小组,专门审批扶贫小额贷款,提高扶贫小额贷款投放效率。

三、结合实际　主动创新　助力扶贫产业发展

紧紧围绕产业扶贫、增加贫困户收入、实现脱贫这一核心,各金融部门全力推进金融扶贫创新工作,助推扶贫产业发展。

(一)创新设立天然橡胶"保险+期货"扶贫项目

在"百日行动"开展以后,中国人保海南分公司创新推出天然橡胶"保险+期货"精准扶贫项目,采取"保险+期货+扶贫"的运作方式。其保险的技术核心是用期货的期权锁定胶农预期天然橡胶的目标价格,通过投保的方式将风险转嫁给保险人。截至 2017 年 11 月底,天然橡胶"保险+期货+扶贫"试点项目取得重大进展,共为白沙、保亭、乐东、临高、琼中、五指山 6 市县累计逾万户次胶农年产量 1.2 万吨的橡胶提供风险保障 1.8 亿元,以

利于保障橡胶的稳定发展，助力贫困胶农脱贫。

（二）创新搭建农业政策性产业扶贫合作平台

为有效解决贫困地区“融资难、融资贵”和缺少龙头企业带动等问题，2017 年 6 月 12 日，农发行海南省分行与省扶贫办联合召开农业政策性产业扶贫合作平台会议，倡议发起成立产业扶贫合作平台。该平台首批优选省内 10 家已获得农发行贷款支持的扶贫龙头企业，对接5 个国定贫困县产业扶贫规划，通过建立项目或“生产基地构建企业＋贫困户”利益联结机制，带动建档立卡贫困人口就业增收。截至 2017 年，平台企业在农发行已批、正在放款项目为8 个，贷款额为 6.3 亿元。这些项目带动 3 368 个建档立卡农户，16 842 人脱贫致富。

推广天然橡胶价格(收入)保险助力海南脱贫攻坚

天然橡胶是我国重要农产品和战略物资，也是海南省广大胶农增加收入、改善生活的重要产业。海南省积极探索在全省范围内推广天然橡胶价格（收入）保险，以提高胶农胶企抵御市场风险的能力，促进胶农收入的增加，化解天然橡胶生产保护工作困境。

一、主要做法

（一）坚持高位推动

为解决由天然橡胶价格波动及持续低迷引发的胶农收入减少和影响国家战略物资供应安全等问题，经过调研和反复论证，2018 年海南省决定将天然橡胶价格（收入）保险纳入地方政策性农业保险险种，在全省 18 个橡胶种植市县推广实施。研究制定了《海南省天然橡胶产业脱贫工程保险行动方案（2018—2020 年）》，明确自 2018 年开始在全省范围内推开天然橡胶价格（收入）保险制度，2019 年年底实现贫困胶农参保全覆盖，2020 年形成天然橡胶价格（收入）保险助力脱贫攻坚长效机制。

（二）各部门全面推动落实

海南省农业保险工作领导小组要求市县政府承担起天然橡胶价格（收入）保险工作的主体责任，将具体工作任务分解到部门、乡镇和村委会，层层传导压力。省财政厅（省农险办）督促市县财政部门及时安排保费补贴，据实拨付，并建立工作进展定期通报制度，对排名末 3 位的市县约谈农险部门负责人。省发改委、省农业农村厅、省扶贫办指导市县对口部门协助保险机构开展工作，并加大督导力度。人保财险、平安财险等经办机构加强对市县支公司的指导，建立健全考核制度，推动天然橡胶价格（收入）保险广覆盖。

（三）各市县积极履行主体责任

各相关市县将天然橡胶价格（收入）保险纳入本地区打赢脱贫攻坚战的重要内容，组织力量，协助保险经办机构开展工作，全力做好宣传发动，让保险惠农政策深入人心。对建档立卡贫困胶农参加天然橡胶价格（收入）保险所承担的自缴保费部分，市县政府通过多渠道筹措资金，按有关规定统筹省和市县财政专项扶贫资金予以解决。

（四）加大政府财政投入

2018—2019 年，省级和市县财政对于建档立卡贫困胶农保费予以全额补贴。2019 年中央和省级财政承担的保费缴纳比例从 40%大幅度提高到 70%，极大地缓解了市县财政压力，贫困胶农种植橡胶的积极性被大大提高，其经济收益也得到了充分保障。

（五）建立健全各项机制

一是摸清底数。各市县政府对本地区贫困胶农的天然橡胶种植情况开展专项排查摸底行动，为深入开展天然橡胶产业脱贫工程保险行动夯实基础。二是建立全省统一的天然橡胶收购价格监测发布制度。以市县为单位，每个市县分别选择 5 个以上橡胶种植重点乡镇，每个乡镇设立 2 个价格监测点，采取“一周两采”方式（周一、周四进行采价），对从不同监测点采集到的价格进行简单或加权平均后，于翌日发布该市县的收购价格信息，为保险理赔提供客观公正的价格信息标准。三是建立天然橡胶价格（收入）保险工作进展情况定期报送制度。要求各市县和保险机构在 2018 年每月两报工作进展情况基础上，自 2019 年起改为一月一报；省农业保险领导小组办公室及时通报全省天然橡胶价格（收入）保险工作进展情况。四是建立考核督查机制。从 2019 年起，把天然橡胶价格（收入）保险工作纳入全省脱贫攻坚工作考核的排名指标，并列入省委脱贫攻坚战督查组的督查工作内容，督促市县和保险机构将天然橡胶价格（收入）保险这项惠农强农政策宣传好、贯彻好、落实好。五是健全农业保险基层服务体系。更新和壮大村级协保、协赔员队伍，完善保险服务，方便贫困胶农就近参保和快捷理赔，切实增强保险获得感。

二、实践效果

（一）保障了国家战略物资供应安全

随着天然橡胶价格（收入）保险的推开，企业和胶农种胶、割胶的积极性大幅度提升，胶园荒芜、失管、弃割等现象明显减少，橡胶种植面积和产量得以稳定保持。

（二）胶农得到了实实在在的好处

天然橡胶（价格）收入保险克服了“保险＋期货”模式只盯着期货市场价格波动的弊端，解决了橡胶收购价与期货市场价格之间的基差风险问题，树立了依靠双手劳动脱贫致富的价值观，带动了产业发展和农民增收，是“保险＋期货”模式的创新版和升级版。

（三）激发了贫困胶农脱贫致富内生动力

海南省开展天然橡胶价格（收入）保险通过金融手段有效防范和化解胶价波动，为胶农收入兜底，帮助贫困胶农脱贫致富，得到了广大胶农，特别是贫困胶农的一致好评和衷心拥护。

五指山市助力山区群众　喜圆健康梦

五指山市地处海南岛中部，属国定贫困市县。按照海南省委、省政府的部署安排，五指山市委、市政府全面落实健康扶贫工程，确保建档立卡农村贫困人口基本医疗得到有效保障，为全市打赢脱贫攻坚战奠定了良好的基础。

一、加强组织领导　健全工作机制

成立市健康扶贫工作领导小组，由市长任组长，分管卫生、计生及扶贫的副市长任副组长，统筹协调各部门形成工作合力，助力健康扶贫工程有序推进。市领导多次召开专题会议，听取健康扶贫工程实施推进情况汇报，部署落实医疗救助政策等相关事宜。实行脱贫攻坚工作党政同责、一把手负总责的扶贫开发工作责任制，出台相关工作成效考核办法和考核评优奖励工作方案，明确将健康扶贫等脱贫项目的实施情况作为脱贫攻坚工作考核的“硬指标”，促使广大基层干部把精力聚焦于脱贫攻坚。市领导亲自带队开展专项督导工作，全面核查健康扶贫在内的各项脱贫攻坚政策措施的落实情况，以形成健康扶贫工作的高压态势。

二、精准识别　建立动态信息管理机制

成立健康扶贫医疗队，抽调省二院 46 名医务工作人员省平山医院 16 名医疗专家及市卫生系统 115 名医疗卫生技术人员，组成 23 个医疗小分队，分赴全市 7 个乡镇、59 个村开展走访核查诊疗工作，确定因病致贫、因病返贫 474 户、患者 598 人。根据核实后的信息，五指山市为这些人全部建立了电子健康档案。利用健康扶贫工作联系卡确定市、乡、

村三级医疗帮扶责任人，明确各自的工作职责。

三、应保尽保　实现基本医疗保障全覆盖

落实了全市建档立卡农村贫困人口在参加新农合后个人缴费部分由市财政全额补贴，实现了建档立卡农村贫困人口基本医疗保障全覆盖。2016 年建档立卡贫困患者就医由新农合报销 595.5 万元、受益人数达 22 024 人次；大病保险报销 57.1 万元、受益人数达 283 人次；医疗救助 124.7 万元、受益人数达 307 人；发放大病贫困群众临时救助 5.1 万元、受益人数达 17 人。截至 2017 年 5 月底，对建档立卡农村贫困户实施医疗救助 233.26 万元、受益人数达 815 人次；一次性临时救助 43.48 万元、受益人数达 157 人；为困难残疾人发放补贴 4.59 万元、受益人数达 765 人次。

四、精准施策　推进分类救治工作见成效

制定《五指山市健康扶贫工作分类救治工作实施方案》，按要求完成建档立卡农村贫困患者的核实工作，由省二院和省平山医院对 598 名贫困患者进行复查、评估、病情分类，逐个制定治疗方案。各级医疗机构经过对建档立卡贫困患者核实后，再进行复查、评估、病情分类，逐个制定治疗方案。综合医院走临床路径，确保每个贫困患者得到有效治疗，减少医疗费用，减轻家庭负担。

五、真抓实干　实施“三个一批”行动计划

（一）大病集中救治一批

通过一系列的有效措施，组织开展农村贫困家庭大病专项救治工作，各级医疗机构制定合理的诊疗服务、诊疗方案和临床路径，对患有大病的农村贫困人口实行集中救治。

（二）慢病签约服务管理一批

截至 2017 年，已完成与因病致贫家庭的签约，签约率达 100%。通过家庭医生签约服

务形式，家庭医生与城乡居民之间良好的契约服务关系被逐步建立，为城乡居民提供安全、有效、连续、可及的基本医疗服务，基本公共卫生管理服务和个性化健康管理。

（三）重病兜底保障一批

完善大病保险政策，对符合条件的农村贫困人口普通大病医疗救助不设起付线、不设病种限制，按个人自付总额的70%～75%比例救助，封顶线为个人全年累计救助金额5万元。政府设立医疗兜底保障资金，对基本医保、大病保险、医疗救助等支付后仍有困难的重病患者进行兜底，确保个人支付医疗费用不超过总医疗费用的10%。

六、主动服务　加大便民惠民力度

市民政局与省二院、省平山医院、市中医医院及眼科医院4家医疗机构签订了医疗救助“一站式”即时结算服务协议。自2016年12月起，建档立卡农村贫困人口在定点医院住院治疗实现新农合、大病保险、医疗救助“一站式”结算，贫困患者出院只需支付个人自付费用。全面落实“先诊疗、后付费”等绿色通道，明确贫困人口在市域内定点医院住院实行“先治疗、后结算”，专设服务咨询台、专用窗口、扶贫病床等。

七、深入宣传　提高群众健康知识水平

大力宣传国家、省健康扶贫工程政策，让老百姓全面了解健康扶贫工程内容、实施事项，增强其参与健康扶贫的积极性。通过宣传栏、广播电视、手机短信微信等载体，广泛宣传居民健康素养知识和技能，及时发放就医指南、健康知识手册、常见药品使用说明等，引导群众做到健康素养知识知行合一。开展重点人群结核病主动筛查，规范诊疗服务和全程管理。认真做好中央补助地方农村孕产妇住院分娩补助项目，农村妇女增补叶酸预防神经管缺陷项目，30～64岁农村妇女宫颈癌、乳腺癌免费检查项目等工作。结合5月19日“世界家庭医生日”，组织各乡镇、社区开展“我与家庭医生有个约定”为主题的公众咨询宣传活动，宣讲家庭医生签约服务内容，普及促进健康管理理念，宣传家庭医生团队精神，提高居民签约的积极性，营造良好的社会氛围。

琼中构筑“六道防线”　全方位推进健康扶贫

琼中黎族苗族自治县以基本医疗卫生有保障为目标，以健康扶贫工程为重点，筑起了抵御因病致贫的“六道防线”。

第一道防线：新农合政策向贫困人口倾斜

为了让贫困人口都能享受新农合的阳光雨露，琼中黎族苗族自治县在新农合基本制度的基础上对贫困人口增加了三大政策优惠。

(1)基于新农合是“先缴后补”，参与新农合的农户每年均须缴纳一定的医疗费用。琼中黎族苗族自治县财政对全县所有建档立卡的农村贫困人口实现全覆盖的补贴。凡建档立卡的农村贫困人口在其未脱贫阶段均由县财政对其个人缴费部分给予补贴。

(2)提高新农合待遇水平，凡参加新农合的贫困户患者住院不设起付线，即贫困户因病住院无须预交住院费。同时，将贫困户的普通门诊、慢性病特殊病种门诊、住院患者的报销比例再提高5%。

(3)提高农村贫困残疾人口的医疗保障水平，将符合条件的残疾人口医疗康复项目纳入新农合的报销范围。对贫困残疾人口这一特殊对象，新农合不仅解决了其医疗费用，还解决了其康复费用。

第二道防线：让贫困户大病治疗加一道保险杠

把保险机制引入健康扶贫的实践，以有效减轻重大疾病的致贫威胁。在农村，真正导致一些农民因病致贫的罪魁是重大疾病。解决这个难题的方式一般就是建立大病保险，对城乡居民因患大病而发生的高额医疗费用给予报销的目的就是避免因病致贫、因病返贫。2016年,大病保险的保障对象是城镇居民医保、新农合的参保人,所需要的资金从城镇居民医保基金、新农合基金中划出,不再额外增加群众个人缴费负担。

在这道防线里,琼中黎族苗族自治县根据本地实际实施了几条具有地方特色的举措:一是降低大病保险起付线,将建档立卡贫困参合患者的新农合大病保险起付线由8 000元降至4 000元。二是特殊新病种给予特殊关照。三是个别重特大病患者在给予大病保险救助封顶线2万元补助后仍十分困难的贫病人口,经批准后可给予追加适当补助。

第三道防线:完善重特大疾病救助制度

为了让健康扶贫更精准地落实到每一个有可能因病加重贫困程度的农村贫困人口,琼中黎族苗族自治县加大医疗救助力度,扎扎实实地落实了三件事。

(1)将建档立卡的农村贫困人口全部纳入重特大疾病医疗救助范围。自2017年以来,县财政投入30.78万元,为建档立卡贫困户中的101户409人发放医疗救助金。

(2)开通“12349”社会救助热线,通告新的医疗救助政策,让新的医疗救助政策人人皆知,落实救助款项。

(3)根据不同的贫困状况上调医疗救助比例,对特困人员(农村五保)、孤儿符合补助政策的医疗费用部分给予100%的补助,对纳入低保的贫困户由个人负担的住院医疗费用按最高标准的75%给予补助,对贫困户家庭成员因患重大疾病或慢性病而住院的医疗费用按最高标准的75%给予补助。

第四道防线:常设临时救助和慈善求助

贫困人口患病对于家庭而言是雪上加霜,特别是家庭中的主要劳动力患病不仅陡然增加治病费用,而且家庭生活费用因之断了基本来源。

琼中黎族苗族自治县在实施健康扶贫过程中注意到了这个问题。他们在救助患病的贫困人口时不仅实施医疗救助,而且加大了对患者家庭的帮扶力度;对突发重大疾病暂时无法获得家庭支持以及其家庭基本生活陷入困境的患者都给予临时救助和慈善救助等。对于那些符合条件的临时救助对象,根据其困难程度和不同情况,按照城乡最低生活保障标准的3倍给予其共同生活的家庭成员不超过3个月的一次性基本生活补贴。

第五道防线：用商业保险为患病贫困户再加一道保险杠

琼中黎族苗族自治县在实施健康扶贫的过程中遇到了一个比较现实的问题：贫困户的急重病患者交不起，而应预先垫付的住院治疗费用。按照新农合与大病保险的规定，即使全额报销，也要先期垫付。而许多贫困户即使是垫付的费用也拿不出。为解决这个问题，琼中黎族苗族自治县充分运用商业保险先行赔付的机制为全县贫困户购买大病保险买单。

如果说前四道防线可以精准地扫除因病致贫的拦路虎，那么第五道防线则精准地应对病贫人口无钱垫付医疗费用的现实难题，从而使大病保险成为继新农合、城乡居民大病保险、医疗救助之外的有益补充。

第六道防线：建立专项救助资金实现兜底保障

琼中黎族苗族自治县设置了健康扶贫的五道防线之后并没有对贫困人口因疾病加重贫困的情况放松警惕，而是进一步设置了贫困人口疾病治疗的兜底保障——县财政2016年投入200万元建立贫困人口救助专项资金，给予患重大疾病的建档立卡贫困户报销。那些符合新农合医疗报销范围内的个人剩余医疗费用由县救助专项资金支付报销；那些不符合新农合医疗报销范围内的个人又无力承担的医疗费用报销比例最高可达90%。2016年，将建档立卡贫困户297户826人审批纳入低保，共发放低保金113.72万元。

琼中黎族苗族自治县在治标的同时，积极治本，加大慢性病、传染病、地方病等防控力度，“八苗”全程接种率达99.8%以上，有效遏制了重大疾病的发生。为提高本地医疗水平，县财政投入1亿元，实施县人民医院住院大楼、县中医院门诊楼、乡镇卫生院及村级标准化卫生室等新建、改造项目，以提高诊疗水平，优化诊疗环境，尽可能将一些重大疾病控制在预发期或阻止住其病患恶化的势头，以减少重大疾病患者因远外出求医而增加的新负担，为兜底保障奠定了更为坚实的基础。

行业扶贫篇

海南省委组织部深入推进抓党建促脱贫攻坚各项工作

自2018年以来,海南省委组织部坚决贯彻习近平总书记新时期扶贫开发的重要战略思想,坚持把抓党建促脱贫攻坚作为头等大事来抓,把党建挺在脱贫攻坚的最前沿,推动优秀干部资源向一线调配、党建基础保障向一线集聚,为打赢脱贫攻坚战提供了坚强的组织保证。

一、坚持高位谋划推进　推动各级组织部门立足职能职责抓扶贫

海南省委组织部部务会始终把抓党建促脱贫攻坚工作摆在重要议事日程,坚持与组织工作同步部署、同步推进。部务会主要领导对脱贫攻坚工作时刻挂在心上,亲自抓、带头抓,每次到基层都看脱贫攻坚,每次重要会议都讲脱贫攻坚。研究制定《中共海南省委组织部抓党建促脱贫攻坚三年行动实施方案》,从6个方面提出33条措施,着力建立健全抓党建促脱贫攻坚长效机制,为打赢精准脱贫攻坚战提供坚强的组织保障。结合基层党建工作年中调研、第一书记履职工作明察暗访等形式开展督查以及在市县乡党委书记抓基层党建述职评议中加大抓党建促脱贫攻坚成效考核权重,层层传导压力,强化责任落实。认真履行省打赢脱贫攻坚战指挥部责任落实到位,管理专项组和驻村第一书记管理工作职责,定期召开专项组月工作例会和第一书记季度例会,及时了解情况,研究解决问题,推动工作开展。

二、坚持以上率下带动　促使各级党员领导干部把主要精力聚焦于脱贫攻坚

研究制定《海南省省级党员领导干部抓农村党建促脱贫攻坚联系点工作方案》，明确现职29名省级党员领导干部分别指导1个党建基础薄弱乡镇，具体联系1个深度贫困村，按照“调研整顿年”“巩固提升年”“总结推广年”，分阶段、分步骤地研究实施具体年度攻坚目标和工作计划，以点带面推动抓党建促脱贫攻坚工作的深入开展。在海南省级党员领导干部的示范带动下，全省500多名市县领导班子成员也相应建立抓农村党建促脱贫攻坚联系点，初步形成了省领导齐带头、各级党员干部共参与的生动局面。

三、坚持聚焦脱贫任务　切实加强扶贫干部队伍建设

认真贯彻落实中组部、国家乡村振兴局印发的《关于脱贫攻坚时期内保持贫困县党政正职稳定的通知》，在保持4个贫困县（市）党政正职稳定的同时，根据扶贫开发工作成效考核和督查情况，及时对脱贫攻坚工作相对被动的白沙黎族自治县党委书记予以调整，进一步督促市县加强乡镇领导班子和扶贫机构工作力量建设。截至2018年，全省审批调整涉及扶贫岗位191个，其中，调整乡镇党政正职23个、副职52个，乡镇其他岗位93个，扶贫机构职务23个。选拔使用优秀干部13人次，其中提拔10人次，重用3人次。从贫困地区优秀村（社区）党组织书记、村（居）委会主任中通过考试录用乡镇公务员50名，激发了基层一线扶贫干部干事创业热情，优化乡镇扶贫干部队伍结构。

四、坚持建强基层组织　着力打造带领群众脱贫的坚强战斗堡垒

研究出台《关于加强基层党组织带头人队伍建设的意见》，指导各市县对建档立卡贫困村开展逐村摸排、逐人研判，坚决撤换不胜任、不合格、不尽职的贫困村党组织书记。截至2018年10月底，共有11个市县的24名村党组织书记被免职问责。将整顿软弱涣散党组织与脱贫攻坚、扫黑除恶、乡村振兴结合起来，对274个软弱涣散村党组织开展整顿转化工作，其中对39个贫困村挂牌督办、整顿销号，将整改责任落实到人、层层压实。出台

《关于进一步强化驻村第一书记选派考核和激励问责工作的通知》,对不属于优秀处科级干部或处科级后备干部,或者工作不得力、成效不明显的第一书记,逐步重新选派;明确对在驻村工作期间表现特别优秀的,及时提拔使用;对不履职、不称职的,及时调整撤换;造成不良影响或严重后果的,坚决从严问责。

五、坚持扶志扶智并举 实施分级分类精准培训

一方面,认真办好脱贫致富电视夜校。开发远程教育终端站点的重播、点播、网络观看、微信推送、录音广播等播送方式,进一步丰富好学、易懂、接地气的教学内容,多渠道、全方位培训贫困群众,帮助提高脱贫致富能力,激发内生动力;另一方面,加大扶贫干部分级培训力度。先后举办"全面深化改革开放"专题培训班、省委脱贫攻坚战督查组培训班、乡镇党委书记"基层组织力提升"进修班、乡镇长"脱贫攻坚"专题研讨班、乡镇领导干部"脱贫攻坚"专题培训班、第一书记扶贫开发成效考核问题整改专题培训班等 7 期培训班以及举办 3 期贫困村党组织书记、副书记和大学生村官脱贫攻坚专题培训班。

六、坚持强化作风建设 深入开展脱贫攻坚作风大整治活动

针对一些基层扶贫干部工作作风不扎实,工作纪律比较松散,整改压力层层递减,紧迫感、责任感层层弱化,脱贫攻坚领导不力等问题,根据省打赢脱贫攻坚战指挥部的要求,牵头起草印发《海南省脱贫攻坚作风大整治活动方案》。截至 2018 年,海南省查处问责扶贫领域履职尽责不力的党员干部共计 149 人,其中,免职 14 人,开除党籍 1 人,留党察看 1 人,降级 4 人,记过 3 人,警告、严重警告 32 人,诫勉谈话 75 人,通报批评教育 21 人,立案审查 8 人。根据脱贫攻坚问题整改大比武活动情况,责成排名末位的东方市委组织部对在活动中渎职、失职等履职不力的相关责任人给予组织调整,充分发挥问责的威慑作用,倒逼各级干部在脱贫攻坚中真抓实干。

海南省委宣传部着力抓好宣传报道工作 营造脱贫攻坚浓厚氛围

自2018年以来，海南省委宣传部持续深入抓好脱贫攻坚新闻宣传工作，将脱贫攻坚宣传作为一项贯穿全年的重点工作任务，加强部署协调，突出宣传效果，为全省脱贫攻坚工作提供强有力的舆论支持。

一、做好顶层设计　加强脱贫攻坚新闻宣传工作部署

自2018年以来，海南省委宣传部认真贯彻海南省委、省政府和省打赢脱贫攻坚战指挥部的要求，紧密结合当前脱贫攻坚舆论引导工作需要，进一步强化对新闻宣传的顶层设计，将脱贫攻坚工作列入年度、季度和月度新闻宣传工作要点，加强对中央和省内新闻单位的统筹协调，把握脱贫攻坚新闻宣传工作的力度、密度和节奏。

二、加大报道力度　营造浓厚的脱贫攻坚舆论氛围

海南省委宣传部统筹做好各新闻单位对海南省脱贫攻坚工作的宣传报道，积极争取中央主要新闻媒体对海南省脱贫攻坚工作的支持，策划、刊发了一大批反映海南省脱贫攻坚工作的正面报道，如《人民日报》“扶贫新观察”专栏中刊发《海南电视夜校助力脱贫攻坚贫困户富脑袋鼓口袋》《匹配帮扶计划动态跟踪管理及时发现瞒报三亚大数据助力精准脱贫》《澄迈返乡大学生带动村民增收致富——带着农户干领着农户赚》，新华社播发《最大特区迈向全面小康——海南脱贫攻坚扫描》《琼崖扶贫路上党旗红》《脱贫攻坚先要攻下心中堡垒——海南电视夜校助贫困群众精准拔穷根》《老符脱贫记——家人眼中的海南变

迁》，中央广播电视总台《新闻联播》“在习近平新时代中国特色社会主义思想指引下——新时代新作为新篇章”专栏播出《海南：农业科技助力脱贫攻坚》，《光明日报》“光明调查”整版刊发《海南电视夜校助贫困群众精准“拔穷根”》等重点报道。海南省内各新闻单位长期持续开设“脱贫攻坚进行时”“坚决打赢脱贫攻坚战”等新闻专栏、专版和专题，设立“榜样”“扶贫手记”等小栏目，推出一大批反映海南省脱贫攻坚工作成效、典型经验和先进典型人物的报道，特别是围绕“脱贫攻坚大比武”“消费扶贫”等扶贫领域重点工作加大宣传力度。

三、创新工作思路 提升脱贫攻坚新闻宣传工作层次

海南省委宣传部充分发挥“3＋N”新闻宣传联席会议工作机制的作用，加大与省委组织部、省扶贫办等各有关部门的协调沟通，紧密联系中央主要驻琼新闻单位，通过提供线索、信息互通、沟通对接等方式，海南省扶贫领域各项工作在中央媒体的发稿量、发高频次以及重点稿件的见报率都有不同程度的增长。海南省委宣传部还建立了舆论监督协调机制，将脱贫攻坚列为舆论监督的重点领域，加大了对扶贫领域腐败问题的曝光力度，充分发挥公开曝光和内参的舆论监督作用，为扶贫领域及时发现问题、及时整改和改进工作提供了重要参考。根据海南省委、省政府和省打赢脱贫攻坚战指挥部的有关要求，省内主要媒体发挥优势，创新思路，加强策划，海南广播电视总台制作播出的“脱贫致富电视夜校”、南海网具体承办的“海南爱心扶贫网”等紧密对接当前扶贫领域主抓的重点工作，成为扶贫领域新闻宣传工作的品牌，也成为脱贫攻坚工作的重要抓手。

海南省发改委抢抓移民搬迁机遇促进贫困群众脱贫

为深入贯彻落实海南省委、省政府关于脱贫攻坚的决策部署，全面推进全省生态扶贫移民搬迁工作，省发展改革委把生态扶贫移民搬迁作为重大民生工程，采取了规划引领、工作推进会、经验交流、专项督导和宣传报道等一系列措施推进，圆满完成了2016年度的移民搬迁任务。

一、顶层设计　发挥引领作用

（一）开展了规划前期调查核实基础工作

为了做到精准扶贫、精准脱贫，海南省发展改革委多次前赴五指山、屯昌、乐东、白沙、琼中五个市县进行了实地调查核实，对搬迁村庄逐一进行实地查看与群众走访，与市县相关部门充分沟通和交流本区域生态扶贫移民搬迁的工作思路，形成了一定的研究成果，为《海南省生态扶贫移民搬迁"十三五"规划》编制奠定了基础。

（二）开拓规划思路

为学习其他省份移民搬迁工作经验，海南省发展改革委会同省扶贫办组织五指山市等有关市县人员前赴贵州省开展生态扶贫移民搬迁调研，以达到开拓工作思路的目的。

（三）广泛征求意见

结合前期开展调研摸底、参观见学、意见交流等情况，省发展改革委编制完成了初步《海南省生态扶贫移民搬迁"十三五"规划》文件，并将《海南省生态扶贫移民搬迁"十三五"

规划》征求了国土资源厅等10个行业部门及有关市县的意见和建议，不断修改和完善《海南省生态扶贫移民搬迁"十三五"规划》。经海南省政府同意，《海南省生态扶贫移民搬迁"十三五"规划》已印发至有关市县组织实施。

（四）明确"十三五"时期移民搬迁总体部署

根据海南省政府印发的《海南省生态扶贫移民搬迁"十三五"规划》，明确了"十三五"时期移民搬迁总体思路、搬迁对象、搬迁规模及安置方式、主要建设任务、确定搬迁年度、资金测算与筹措和相关配套扶持政策等。

二、加强领导　形成工作合力

生态扶贫移民搬迁项目涉及工程建设、群众搬迁、部门协调、项目资金整合等多方面的工作，难度较大，为确保项目建设顺利实施，由海南省发展改革委牵头负责，扶贫办、财政厅、住建厅等行业部门配合，明确具体工作责任。各县成立了由政府主要领导任组长、分管领导任副组长，发改、财政、国土、建设、扶贫、民宗、农业、林业等部门及实施乡镇政府负责人为成员的工作领导小组，负责项目实施方案的制定、重大事项的协调和有关政策的协调，并对安置工程方案的落实、工程质量进行全面监督和严格考核。各市县以专题会议的形式，研究部署易地搬迁工作，县委主要领导亲自到现场督导、协调施工难点问题，形成了由市县主要领导挂帅、分管领导具体负责、牵头部门协调、行业部门配合、一级抓一级、层层抓落实的工作机制。

三、大力宣传　营造良好氛围

海南省发展改革委会同省委组织部开展生态扶贫移民搬迁宣传报道活动，组织了海南省电视台、《海南日报》、南海网等新闻媒体跟踪报道搬迁工程的进展情况，分别在海南省电视台、《海南日报》、南海网上从《脱贫攻坚进行时：白沙精准脱贫，生态移民，年底实现2个村庄整村搬迁》《走出深山进新村，生态移民显成效》及《白沙生态扶贫移民银坡村20栋新房落成村民期待早日搬进新家》等方面大力报道政府实施移民搬迁取得的成绩，为全省开展生态扶贫移民搬迁工作起到了很好的传播政策、动员鼓劲的作用。

四、建立机制　确保项目实施进度

建立健全项目建设督查机制，把生态扶贫移民搬迁项目列入重点督查范围，深入项目实施乡镇，对工程建设情况进行现场督促检查，及时掌握项目建设情况，积极研究、协调和解决项目存在的困难和问题，确保搬迁工程建设有序推进。审计署将2016年度生态扶贫移民搬迁项目列入落实国家重大政策措施落实情况的督查范围，落实季报制度，跟踪审计项目实施情况。海南省审计厅将2016年度生态扶贫移民搬迁项目列入省委、省政府为民办实事督查范围，落实季报制度，跟踪审计项目实施情况。省发展改革委组织开展2016年度生态移民搬迁工作专项督，全面督查市县实施生态扶贫移民搬迁情况。

五、因地制宜　精心科学设计

各市县聘请有资质的机构和技术人员精心设计，确保了搬迁总体规划布局的合理性、针对性和实效性。在房屋建设方面，总体设计将搬迁户住宅统一联户集中建设，缩减了宅基地之间的空闲地，有效合理地使用土地。同时，广泛征求群众意见，要求设计单位将房屋设计图纸和方案交给群众反复讨论，在选址、户型、立面风格等方面充分征询村民意见和建议，确保了安置区住房设计的合理性。在基础设施建设方面，将五网等基础设施统一规划设计到位，并规划在道路两旁留足绿化、亮化、美化地带及排水系统，确保安置区在建成后能村容整洁，环境优雅，以营造良好的人居环境。

六、拓宽渠道　有效整合资金

整合项目资金是确保工程实施的有效途径。按照“渠道不乱、用途不变、相对集中、配套使用”的原则，对各部门项目资金进行有效统筹整合，支持安置区基础设施建设，扶持搬迁群众发展优势产业，确保整合资金真正落到实处，充分发挥项目的“示范效应”。同时，市县加强资金管理，确保投资效益。财政和审计部门定期或不定期地对资金使用情况进行检查和审计，杜绝挪用、改变资金的用途和使用范围。

七、筹划产业 确保后续发展

按照生态移民产业先行的工作思路，在组织实施移民安置区建设的同时，结合当地产业发展实际和移民愿望、生产技能等特点，着力培育和发展移民增收致富产业。

(一)发展旅游产业

白沙黎族自治县高石老村依托镇“一溪两岸”资源，成立高石老村旅游合作社，村民以土地、房屋、劳力等入股，发展特色民宿、农家乐、民族歌舞演出、旅游工艺品加工等产业。

(二)大力发展特色养殖农业

采取农户入股、企业、合作社托管经营、专业技术支撑、政策引导等办法，帮助和引导移民发展设施养殖，稳定移民养殖收入。琼中黎族苗族自治县合老村发展养殖桑蚕、蜜蜂、琼中山鸡，屯昌县芽石铺村发展养殖山羊、蜜蜂、香鸡。

(三)充分依托橡胶产业

白沙黎族自治县南开乡坡告村、道银村利用白沙黎族自治县橡胶资源优势，按人均10亩的标准，由政府购买农场胶园予以补偿搬迁农户，以确保移民群众的后续发展。

海南省旅游和文化广电体育厅全力推进旅游扶贫工作　帮带贫困群众脱贫

自2018年以来，海南省旅游和文化广电体育厅以实施乡村旅游扶贫和开展精准帮扶为主要路径，深入挖掘贫困地区乡村旅游发展潜力，因地制宜发展乡村旅游，旅游扶贫开发工作成效凸显。

一、加强组织领导　强化政策引导

（一）省委、省政府高度重视

2018年7月，海南省委、省政府明确将旅游扶贫作为扶贫的重要工程进行部署，提出到2020年全省要创建100个旅游扶贫示范村的工作目标。2018年8月，省政府召开全省乡村旅游和旅游扶贫推进会。

（二）牵头部门周密组织

为加强对全省旅游扶贫指导，2018年3月，海南省旅文厅制定并印发《海南省2018年乡村旅游和旅游扶贫开发工作要点》，明确了2018年海南省旅游扶贫的工作目标，制定了8项具体重点任务和措施，指导各市县开展旅游扶贫开发工作。

二、强化政策扶持　助推贫困地区旅游扶贫

(一)加大资金扶持

2018年,海南省旅游产业发展专项资金共对7个乡村旅游和旅游扶贫项目以贷款贴息和以奖代补的方式奖励235万元。

(二)加大金融支持旅游扶贫重点项目

2018年,海南省旅文厅与省扶贫办、国家农业发展银行海南省分行组织专家组成评审组对各市县申报国家金融扶持旅游扶贫项目进行了评审,最终确定推荐保亭神玉文化园旅游区项目、保亭呀诺达雨林文化旅游区、三亚凤凰谷生态文化旅游区项目、白沙“阿罗多甘”田园综合体项目等4个项目为国家金融支持旅游扶贫重点项目。

(三)加大规划扶持

2018年,海南省旅文厅委托规划公司对琼中堑对村,乐东卡法村,五指山南圣村、福关村,陵水乐利村等贫困村编制乡村旅游开发规划。

(四)加大品牌扶持

指导支持中西部贫困地区打造创建椰级乡村旅游点,2018年儋州屋基村、力乍村,乐东尖峰椰林湾农家乐、千年榕树生态园,东方南浪村,屯昌猪哈哈的农场等一批椰级乡村旅游点成功创建。

三、实施乡村旅游后备厢工程　拓展农副土特产品销售渠道

截至2018年,在海南省乡村旅游重点村中,58个电商服务站、167个农副土特产品商店已建成。四椰级以上椰级乡村旅游点全部设有农副土特产品销售点。保亭槟榔谷旅游景区设立旅游扶贫商品购物街;蜈支洲岛旅游区、大小洞天旅游区、热带森林公园、南山文化旅游区等旅游景区开设扶贫产品销售点(试点),就近销售农副土特产品。

四、以乡村旅游文化节为平台　带动乡村旅游扶贫

2018 年，第六届乡村旅游文化节于 4 月在陵水黎族自治县成功举办。这届文化节围绕“全域旅游乡遇海南——海南热带乡村休闲旅游”这一主题，推出旅游扶贫图片展、乡村旅游和旅游扶贫论坛、乡村旅游美食节等一系列缤纷多彩的主体活动及市县配套活动，为海南岛内外游客提供了丰富的海南全域旅游产品。

五、优化人才培训　实施旅游扶贫培训

坚持扶贫和扶智相结合，把乡村旅游人才培训摆在旅游扶贫的突出位置。2018 年，海南省旅文厅分别在琼中黎族苗族自治县、保亭县举办 3 期海南省乡村旅游和旅游扶贫专题培训班和组织全省乡村旅游企业赴台湾开展乡村度假和民宿旅游专题培训班，学习台湾民宿休闲旅游发展经验。

六、加强宣传推广　大力营造扶贫氛围

2018 年 10 月 16—18 日，为营造扶贫氛围，海南省旅文厅组织了《海南日报》、海南电视台、新华社海南分社、中新社海南分社、南海网和《南国都市报》6 家新闻媒体对保亭、五指山、琼中、白沙等国定贫困县旅游扶贫新成绩、新做法、新经验进行了实地采风，各个媒体从不同角度对海南省旅游扶贫的模式进行了宣传报道。旅游扶贫宣传得到了全社会的广泛关注，取得良好效果，为海南省旅游扶贫工作树立了典型，提供了借鉴经验。

海南省就业局开展“春风行动”促贫困劳动力脱贫

和煦春风至，就业暖民心。自2017年海南省就业部门“春风行动”号角吹响以来，全省就业人团结一心，互助互学，比追赶超，努力搭建对接平台，拓宽就业渠道，加强公共就业服务，活动亮点纷呈，成果喜人。

一、未雨绸缪：强化省级引领指导职能　抢占工作先机

为强化“春风行动”工作实效，海南省人力资源开发局在组织全省就业部门筛选有就业意向、有劳动能力的劳动适龄贫困人口21.2万人，对未就业的贫困劳动力，了解技能水平、求职意向、创业意愿和培训需求，建立了贫困劳动力就业台账，重点推荐就业。万宁市强化企业调查工作，开展了2017年企业用工情况调查，不定期地对企业用工情况进行持续调查，建立了企业招聘情况和服务需求动态数据库；儋州市组织3个调查小组利用大量农民工在春节期间返乡的时机，走村入户了解务工情况，建立外出人员和待就业人员台账，以确保动态数据清、就业状况准和就业需求实；琼中县依托人力资源公司在春节前组织省内外用工企业座谈，广泛收集就业岗位，预估企业用工变化，敲定“春风行动”期间系列招聘会的各项细节。

二、立体宣传：突出劳动力市场主体作用　激发内生动力

海南省人力资源开发局联合文昌、定安、屯昌、五指山、儋州、白沙等市县就业局，深入村镇一级开展“春风行动”就业创业巡回宣讲，邀请当地的就业脱贫典型、创业能人代表用

乡音讲述自己的就业、创业历程，用身边人、身边事激发农村劳动力就业动力和创业热情。

就业创业政策宣传到位，需要全体就业人首先对政策理解把握透彻。海南省建立了“全省就业局长工作微信群”“省人力资源开发局定点指导市县就业扶贫工作微信群”，及时传达就业政策和工作经验，收集市县困难问题和意见建议，群策群力，提高政策业务水平。为扩大社会影响，海南省人力资源开发局在《海南日报》开辟“春风行动专栏”、在省电视台设立“春风行动专题报道”，密集宣传海南省“春风行动”取得的进展成效、经验做法，在全社会营造关心和支持就业工作的良好氛围。琼中黎族苗族自治县就业局邀请社会各界参加补贴发放仪式，现场为县外稳定就业的贫困人员发放交通补贴，为吸纳贫困人员就业创业型企业发放奖励性补贴，引导贫困劳动力、用人单位和社会各界积极参与就业工作。

三、以点带面：发挥招聘会现场集聚效应　拓展就业服务

在“春风行动”期间，海南省各市县共举办招聘会 40 场，2 118 家企业进场招聘，提供岗位近 30 万个，4.4 万人进场参与求职(其中建档立卡贫困劳动力 6 831 人)，达成就业意向 6 903 人(其中贫困劳动力 1 189 人)。截至 2018 年，已有 1 809 人走上工作岗位(其中贫困劳动力 222 人)。

在“春风行动”中，海南省统一步调，实行“一会多区”，在招聘会现场设立就业创业政策服务区、招聘展位区、跨省务工信息收集区、职业技能展示区、返乡创业区 5 个功能区域。其中，职业技能展示区邀请了当地的职业技能培训机构展示符合当地产业特色、深受农村欢迎的各类职业技能，如黎锦制作、中式面点、割胶、砌墙等，现场演示操作并解答问题，更直观地将各类培训工种展示给农村劳动力，以激发其学习兴趣。返乡创业区组织了当地的创业型企业和创业导师，展示创业成果，开展创业咨询，重点鼓励农村青年和返乡大学生加入创业队伍。

四、逐梦他乡：利用琼粤两省劳务协作优势　拓宽就业渠道

2017 年年底，海南省人力资源开发局与广东省海南务工人员服务协会签订《琼粤劳务输出框架协议》，推动建立劳务输出长效机制。

在“春风行动”期间，广东省海南务工人员服务协会联合广东的人力资源公司，组织 25

家来自广州、深圳、东莞等地的企业，提供近3万个岗位，其中以业务员、操作工、服务员等普工岗位居多。通过现场招聘会报名和市县就业部门发动，共有9个市县近千名的农村劳动力与广东省企业签订就业协议，截至2018年，有766人在岗。

海南省妇联采取六大措施深化“巾帼脱贫行动”实效

为了保障精准扶贫、精准脱贫工作扎实有效开展，海南省妇联结合实际，指导各市县妇联有效开展“巾帼脱贫行动”。

一、宣讲党的重要文件精神　从思想上开展帮扶

结合业务工作，利用举办各类培训班、送健康下乡、开展调研活动的契机，深入市县，宣传宣讲习近平总书记“4・13”重要讲话和中央十二号文件精神，解读乡村振兴战略、生态文明和美丽家园建设的有关内容，引导贫困妇女用自己勤劳的双手共同参与美丽乡村建设和海南自由贸易区（港）建设。

二、加强技能培训　提高贫困妇女致富能力

以科技活动月活动为契机，开展“乡村振兴巾帼行动”走基层活动，通过在省妇联定点帮扶村——保亭加茂镇共村举办农民生产实用技术培训班，赴定安举办“乡村振兴巾帼行动”女农民实用技能（粽子裹绑技术）培训班，走进乐东举办“两癌”项目暨全民科学素质提升培训班，深入五指山举办农村妇女小额贷款贴息政策暨全民科学素质提升培巡班，在东方市举办女农民素质提升培训班等，进一步提高贫困妇女脱贫致富的能力和素质。

三、开展“春风行动” 助推妇女创业就业脱贫

在海南省开展了以“促进转移就业，支持返乡创业，助力增收脱贫”为主题，以招聘活动、引导返乡创业、开展技能培训、聚焦就业扶贫、加强权益维护等多形式为内容的“春风行动”取得了良好成效。在活动期间，全省各级妇联联合组织专场招聘会 41 场，为 30 416 名女性劳动者提供免费服务，帮助女性劳动者实现就业 3 618 人，组织妇女参加职业技能和创业培训 972 人，为 174 名女性提供了维权服务和法律援助。

四、稳步推进农村妇女小额担保贷款和扶贫贷款工作

广泛宣传农村妇女小额担保贷款政策和建档立卡贫困户小额贷款财政贴息政策，推动农村妇女创业就业，促进农村经济发展，充分发挥金融扶持在精准扶贫工作中的重要作用，深入实施并不断完善妇女小额担保贷款政策，重点向贫困地区、贫困妇女倾斜，帮助有创业意愿的妇女，特别是贫困妇女解决资金困难。有效指导市县妇联灵活运用妇女小额担保贷款、扶贫小额信贷和各种小额贷款扶持政策，增强政策的叠加效应，切实提高农村妇女贷款的可获得性，特别是在精准脱贫工作中，积极帮助有创业意愿的建档立卡贫困妇女解决资金困难。

五、开展“母亲健康快车”下乡送健康活动

针对偏远地区贫困妇女、儿童、老人看医求药不方便的问题，海南省妇联在贫困市县偏远地区实施“母亲健康快车”项目，为当地的贫困妇女、儿童、老人开展“送健康理念、送健康知识、送健康服务”。深入琼中、临高、保亭 3 个县，在 4 个深度贫困村开展“母亲健康快车”下乡送健康活动，活动组织了妇产科、内科、外科、康复理疗科的专家参加义诊，800 多名贫困群众接受了健康咨询、现场看病就诊等服务，免费发放价值 27 000 元的各种家庭常备药品以及 1 000 多份妇女两癌防治宣传手册，解决了山区群众看病不方便的问题。海南省妇联联合发起组织全省 20 辆“母亲健康快车”医疗车辆，联合 11 个贫困市县妇联在各地贫困村庄开展“母亲健康快车”下乡送健康活动，让更多的农村妇女、儿童、老人受益。

六、开展关爱帮扶　维护贫困妇女健康和生存权益

积极整合社会资源，筹集项目资金，开展关爱帮扶救助活动。争取到由腾讯爱心网友捐赠的价值 25.3 万元的 1 010 个“母亲邮包”，三亚、陵水、五指山、保亭的 1 010 名农村留守妇女和贫困母亲直接受益；省妇联投入 4 万元购买 200 个“母亲邮包”，关爱临高县 200 名贫困母亲；通过成美肿瘤基金救助 2 名两癌患病贫困母亲 1 万元；通过中国海油“同舟工程——‘救急难’行动”项目救助资金 100 万元，救助五指山市和保亭县两地 134 名贫困妇女儿童及其家庭。海南省妇联投入救助资金 30 万元，救助 78 名建档立卡贫困户和农村低保户患重大疾病的妇女。海南省妇联正在申请全国贫困母亲两癌救助专项资金 53 万元，拟救助 53 名建档立卡贫困户和农村低保户两癌患病妇女。

海南省残联开展专项帮扶工作助力打赢脱贫攻坚战

2018年，在中国残联指导下，在海南省委、省政府正确领导下，海南省残联以精准扶贫精准脱贫为主线，以稳定实现残疾人“两不愁三保障两扩面”为目标，以聚焦残疾人深度扶贫为重点，着力解决因残致贫问题，取得了较好的成果。

一、树牢思想根基　扎实推进残疾人脱贫攻坚各项任务完成

2018年，海南省各级残联把认真学习贯彻习近平总书记扶贫开发战略思想作为落实扶贫开发政策、打赢脱贫攻坚战的根本遵循和行动指南，扎实推进贫困残疾人脱贫攻坚各项工作。省残联党组理事会高度重视残疾人扶贫工作，多次召开专题会议，将贫困残疾人脱贫纳入打赢脱贫攻坚战的大局，并积极协调政府职能部门，推动残疾人脱贫攻坚政策的落实。省残联成立了脱贫攻坚战督查领导小组，组长由省残联党组书记、理事长担任，副组长由省残联党组成员、副理事长担任。领导小组下设9个督导小组，重点督查残疾人扶贫开发工作成效考核反馈指出的突出问题，扶贫精准度被进一步提高，为确保海南省如期完成建档立卡户残疾人全部脱贫的目标任务奠定了基础。

二、核实相关数据　及时解决残疾人突出问题

为贯彻落实海南省委、省政府打赢脱贫攻坚战的统一部署，省残联认真组织各级残联核实贫困残疾人相关数据，明确相关部门主体责任。

截至2018年10月，为海南省符合条件的34 096名残疾人全部纳入农村低保范围，并

发放困难生活补贴；为92 908名重度残疾人发放护理补贴；为103 191名一级、二级重度残疾人参加新型农村合作医疗的个人缴费部分给予全额财政补助；为71 371名非重度残疾人(三级、四级)参加新型农村合作医疗个人缴费部分给予50%的财政补助；为99 169名重度残疾人购买商业保险；为30 425人处于就业年龄段的建档立卡残疾人，享受最低生活保障的智力、精神、重度肢体、视力残疾人提供居家托养服务；为7 600名各教育阶段残疾人学生和残疾家庭子女发放教育助学补贴；帮助900名残疾青壮年提供文盲扫盲培训；为4.5万名有康复需求的残疾儿童和持证残疾人提供基本康复服务；给予1 175名脑瘫、孤独症、智力残疾儿童(简称“三类儿童”)进行抢救性康复资助；累计为4 538人适配视力和肢体类辅助器具5 137件；制作并装配假肢112例、矫形器78例、维修假肢43例；为38名听力残疾儿童适配儿童助听器71台；为357名成年听力残疾人适配助听器357件；为33名听障儿童植入人工耳蜗33台。

三、制定帮扶措施　做好困难残疾人家庭对口服务

根据各市县贫困人口残疾情况统计，与省扶贫办进一步对接核实，列出未脱贫残疾人名册，明确残疾人工作者对口服务未脱贫残疾人家庭，实施全程跟踪，不定期走访，了解实际需求，并由市县残联分别汇总后，向省残联报送本市县贫困残疾人的需求和现状，由省残联逐一协调解决。

四、落实《贫困残疾人脱贫攻坚行动计划(2016—2020年)》

(一)做好残疾人住房扶贫

全省各级残联主动与职能部门协调，结合“两项制度”有效衔接，开展残疾人家庭危房数据核实，将残疾人家庭住房列为重点调查鉴定对象。对符合危房改造条件的残疾人家庭重点给予安排资金扶持；对无力自筹资金的残疾人家庭给予兜底保障住房。2018年全省残疾人危房存量为3 178户，截至2018年8月底已完工1 162户。

(二)开展无障碍改造扶贫

落实“两项制度”有效衔接，认真组织实施残疾人家庭无障碍改造，对符合无障碍改造

条件的，给予安排资金扶持。2018年，实施残疾人无障碍改造总任务数是3 891户，平均每户资金8 500元，投入中央、省、市、县财政资金3 307.35万元。

（三）实施实用技术培训和帮扶

完成对建档立卡贫困残疾人开展农村实用技术培训，帮助残疾人掌握1～2项农村实用技能，提高自我发展和增收能力。通过资金扶持残疾人因地制宜发展种植、养殖和手工业，增收脱贫。2018年，财政投入资金893.2万元，对2 932名贫困残疾人提供农村实用技术培训，为1 200名贫困残疾人提供资金扶持发展生产。

（四）推进产业，促进就业创业

加大残疾人各种形式就业工作指导力度，促进海南省残疾人就业。通过“互联网＋精准扶贫＋残疾人创业就业”，与省残疾人基金会共同扶持残疾人大学生创业团队创建残疾人就业创业一条街，安置残疾人就业。2018年10月，海南省按比例安排残疾人就业单位1 633家，安排5 216名残疾人就业；累计各类培训残疾人15 568名，培训后就业10 018名；2018年新增培训残疾人541人，新增就业464人。

海南省农发行搭建产业扶贫合作平台 充分发挥服务脱贫攻坚模范作用

海南农发行坚持以服务脱贫攻坚，统揽业务发展，紧紧围绕海南热带特色高效农业和全域旅游两张“王牌”优势，在创新机制、精准扶贫上下功夫，把贫困地区的资源优势转化为产业优势、发展优势，充分发挥农业政策性金融在服务海南脱贫攻坚的先锋模范作用。

一、汇聚各方资源　提升产业扶贫组织化水平

(1)构建“政策性金融＋平台企业＋贫困人口”的利益联结机制。引导平台企业有序对接地方政府的产业扶贫规划及招商引资项目，到贫困地区设立生产基地或建立专业合作社。

(2)构建“政策性金融＋平台企业＋贫困村”的点对点帮扶机制。引导平台企业积极参与“百企帮百村”精准扶贫提质增效行动，帮助贫困村加快脱贫进程。

(3)构建“政策性金融＋平台企业＋小微企业”的供应链金融模式服务小微企业。海南农发行积极发挥平台企业在产业链中的主导和核心作用，以稳定贸易关系为依托，通过平台核心企业担保或稳定购销关系形成的应收账款质押等增信方式，支持上下游小微企业扩大生产经营。

二、构建多元化的服务机制　提高平台保障能力

为保障平台的规范运作、风险可控和可持续发展，海南农发行构建了多种服务保障机制，并逐步将其打造成一个合作型、功能型、开放型平台。

(一)构建政策性金融融智增值机制

海南农发行将平台签约企业优选成为乡村振兴战略客户群,成立专门服务小组,为其量身定制中期融资及服务方案,满足企业未来 3 年信贷增长需求。同时,每季举办一次平台座谈会,研究扶贫政策和金融运用,帮助平台企业提高投融资水平和帮扶精准度,以促进企业间在关联行业和产业链上开展交流与合作。

(二)构建政策性金融优惠融资机制

根据国家有关产业政策和农发行信贷制度的规定,对平台企业申报的扶贫贷款项目开辟绿色通道,优先保障信贷规模纳入扶贫贷款计划;在风险可控的前提下实行更加优惠的利率政策,对于扶贫成效显著的项目实行免收中间业务费、支持申报人民银行抵押补充贷款(pledged supplementary lending,PSL)优惠资金等政策。

(三)实行平台企业风险主动防控机制

为了提升平台企业整体的风险防控能力,海南农发行在优选客户、强化管理的基础上倡议构建了风险互助基金。该基金由平台企业共同出资建立,用于出资企业克服经营过程中出现的周期性问题。已有首批平台企业同意认缴风险基金,共 4 800 万元。

(四)构建平台企业带贫成效评价机制

将承贷农发行优惠扶贫贷款的平台企业列为评价对象,针对其扶贫贷款使用情况、扶贫项目帮扶情况及签约帮扶村帮扶情况开展评价。将评价成果向省扶贫办和省工商联反馈,向各家平台企业通报,并根据评价结果动态调整贷款优惠政策及平台企业资格,不断增强扶贫龙头企业的扶贫责任。

三、精准发力 脱贫攻坚成效明显

自 2019 年以来,海南农发行累计发放各类扶贫贷款 52.22 亿元,完成总行下达计划任务的 127.4%,其中,产业扶贫贷款投放 49.8 亿元,完成总行下达计划任务的 276.7%。截至 2019 年,该行扶贫贷款余额达 105.54 亿元,占海南省金融精准扶贫贷款余额的比例超过 50%(依据人行金融扶贫统计口径),直接或间接带动了海南省 32 万个建档立卡贫困户脱贫致富,占全省建档立卡贫困户总数的 67%。该行授信支持的国家级龙头企业——海南翔泰渔业股份有限公司在加工板块整体带动逾 4 500 个养殖户，他们人均年收入超过 10 万元；在饲料板块带动逾 3 万人的产业联动；培训养殖户 800 余户，养殖面积产能提高 10%以上，养殖户人均增收 1 万元以上；五指山红峡谷漂流景区提供 70%的岗位用于周边贫困村民，为他们带来3 万多元的人均年收入。

海南省农垦控股公司
全方位推进农垦系统脱贫攻坚工作

自2018年以来，在海南省委、省政府的坚强领导下，海南省农垦投资控股集团有限公司（简称“省农垦控股公司”）积极配合属地市县政府开展脱贫攻坚工作，切实履行好产业扶贫的主体责任，取得了明显成效。

一、深入调研　周密部署　奠定了打赢脱贫攻坚战的工作基础

省农垦控股公司党委高度重视打赢脱贫攻坚战工作，始终坚持第一时间传达和学习省委、省政府的指示精神，贯彻落实省委、省打赢脱贫攻坚战指挥部的工作部署。省农垦控股公司党委主要领导多次带队深入贫困农场、贫困生产队、深度贫困村、贫困户家庭调研，多次召开会议专题研究，专门部署推进垦区脱贫攻坚工作。

二、明确职责　强化培训　为打赢脱贫攻坚战提供了组织保障

为了明确职责，省农垦控股公司党委调整了扶贫开发领导小组成员，并成立了打赢脱贫攻坚战指挥部，明确海南垦区脱贫攻坚工作目标、工作重点、工作措施和产业扶贫主体职责。同时，将脱贫攻坚工作年度考评列入企业年度业绩总考评，考评结果作为企业奖惩和干部选拔任用依据。垦区各单位全面实现了“帮扶责任人全覆盖”，基本实现了“帮扶产业全覆盖”。

为了提高扶贫脱困技能，省农垦控股公司扶贫办按照集团党委的指示，及时总结和推广了荣光农场公司“分利不分地”等典型经验。通过加强教育培训，扶志扶智，典型示范带

动，全面提升了扶贫干部掌握政策、运用政策、执行政策、服务贫困群众的能力，贫困户脱贫致富的内生动力得到了有效激发。

三、积极探索　创新路子　有效地提高了产业扶贫效果

自2018年以来，垦区各单位按照省农垦控股公司党委的统一部署，及时调整产业扶贫工作思路，积极探索产业扶贫工作新方式、新方法和新模式，摸索出"属地政府＋农场公司＋贫困户""农场公司＋合作社＋贫困户""合作联社＋扶贫培训基地＋贫困户""专业公司＋贫困户""种养专业户＋贫困户""扶贫基地就业＋公益岗位就业＋外出打工就业""劳务薪酬＋入股分红＋自营收入"等扶贫模式。这些扶贫模式有效地提高了产业扶贫效果。垦区已经有12家农场（公司）实现建档立卡贫困户全部脱贫，占总数的28%。

四、统筹资金　孵化产业　初步建立了产业扶贫长效机制

2018年，省农垦控股公司按照《海南省财政厅、省扶贫办关于印发支持贫困县开展统筹整合使用财政涉农资金工作方案》，统筹使用可支配的扶贫、农综、一事一议、民生建设和自筹等资金，支持贫困农场改善基础设施和发展生产。共下达国有贫困农场扶持资金2 833万元，农业产业项目9个，2018年除第二批下达的南平农场公司100亩瓜菜基地建设项目正在招标以外，其他项目已经开工建设。项目实施单位已经与集团签订了项目建设责任书，项目实施必须与贫困职工脱贫紧密连接，并通过就业发放劳务报酬或财政资金入股分红等方式，帮扶贫困户脱贫。

五、发挥优势　对口帮扶　彰显了国有企业的责任担当

为了响应海南省委、省政府"百企帮百村"精准扶贫行动，海胶集团经纬公司和海垦畜牧集团投资260万元对口帮扶澄迈县金江镇高山朗村完成整村推进任务。海垦畜牧集团和牛生物科技有限公司投资1 524万元在白沙黎族自治县邦溪镇大米村建设和牛繁育场，第一期发放分红61.5万元。

在省农垦控股公司接受定点帮扶保亭县响水镇什龙村任务后，其主要领导带领有关

人员多次进村入户调研，制定精准帮扶方案，明确“六个一”保障措施，当月派出驻村工作队，立即开展帮扶工作。截至 2018 年，第一批次 130 万元帮扶资金已经全部到位；该村委会 11 户 43 人尚未脱贫的建档立卡贫困户已经与海垦畜牧集团签订委托经营协议，9 户尚未完成危房改造的贫困户正在加紧建设，50 名妇女参加了金江农场公司黎锦合作社的黎锦编织技艺培训班。农垦设计院已经完成对该村委会 8 个自然村村容村貌整治工程的规划设计，村容村貌整治工程正在加紧建设。

六、注重效果　强化督导　有效推进了垦区脱贫攻坚工作

为了全力推进垦区脱贫攻坚工作，省农垦控股公司扶贫办和巡视督察办根据党委部署组成督察组，进场入户，全面走访垦区 668 户 2 382 人贫困人口，了解垦区社会保障、教育扶贫、健康扶贫、危房改造和产业发展等扶贫政策落实情况，实地检查督导垦区各单位开展产业扶贫工作情况。此外，省农垦控股公司扶贫办按照农业农村部和海南省扶贫办的要求，完成了全国农垦扶贫开发“十三五”规划实施情况中期评估和海南省农村脱贫攻坚“十三五”规划实施情况中期评估。

产业扶贫篇

大力发展“光伏+”项目　助力海南脱贫攻坚战

海南省光伏扶贫精准发力

作为国家能源局和国家乡村振兴局推出的一项新型产业扶贫方式，光伏扶贫通过“自发自用、多余上网”的方式，推进扶贫开发、新能源利用、节能减排三项国家大计，在精准扶贫十大工程中发挥了不可替代的作用。

从琼中、陵水小范围试点户用型光伏屋顶电站，为海南省推进产业精准扶贫探路；到临高县隆道村300千瓦的全省最大村级光伏发电站开工建设，产生辐射带动效应；再到白沙集中型20兆瓦光伏扶贫电站投入使用，五指山200户建档立卡贫困户收到由820千瓦集中型光伏扶贫电站带来的3 000元/户的收益……在海南省各级政府和定点帮扶单位的扶持、带动下，光伏扶贫由点到面，逐步扩大，已逐渐成为海南省大多数市县推进脱贫攻坚的重要抓手和主要措施，发展势头良好。

在推进户用型光伏扶贫电站建设的同时，被列入国家光伏扶贫重点工程实施范围的白沙黎族自治县引进企业入驻，采取农光互补的复合模式，投入1.46亿元在邦溪镇南丁村建设20兆瓦集中型生态农业光伏发电扶贫项目，每年从发电收益中提取240万元，以资产收益扶贫的方式实现异地扶贫，以保障白沙黎族自治县800户建档立卡贫困户每年获得3 000元收入。电站于2017年6月实现并网发电，扶贫电站组件清洗及农业生产基于市场化原则交予建档立卡贫困户完成。通过考核挂钩实现贫困户实施的组件清洗劳务收入与电站发电量提升效果紧密结合，切实提高了电站运营效果，拓宽了贫困户增收渠道。该项目还充分利用光伏板下层500多亩的空间，种植火龙果等经济作物，建设生态农业基地，实现生态农业与光伏发电的有机结合。在集中型光伏扶贫电站的示范带动下，村级光伏扶贫电站的建设也受到越来越多的重视。

2017年8月，海口市政府决定以11个整村推进村屋顶村级光伏扶贫项目为突破口，拟投资850万元建设村级屋顶光伏项目11个，每个村级屋顶电站装机66千瓦，总装机规模711千瓦，覆盖建档立卡贫困户291户1 271人。资金已下达至各区，项目陆续开工建设。

海南省将继续加大支持力度，把光伏发电与脱贫攻坚战紧密结合起来，通过强化统筹协调和宣传教育、建立长期可靠的项目运营管理体系、引入信息化手段等举措破解当前光伏扶贫工作中的难题，积极发展农光互补、渔光互补、畜光互补等“光伏＋”项目，提高项目经济效益和土地利用效率，助力贫困群众增收致富，贫困村集体经济发展壮大，把光伏扶贫真正建成惠及千家万户的精品民心工程。

打造热带特色高效农业“王牌”实现农业提质农民增收

海南省贯彻落实习近平总书记关于“要把特色现代农业打造成海南经济的一张‘王牌’”的指示，从发展品牌农业、强化科技兴农、实施产业标准化、扩大销售渠道等方面下大力气，提升产业帮扶组织化水平，确保每个贫困户都有稳定的增收。

一、擦亮“琼”字品牌　唱响富农经

海南省围绕农业示范基地建设，大力挖掘各地“名、优、特、新”的农产品，精心打造农产品商标品牌，不断促进农业增效、农民增收、脱贫增力。扶持推动三亚甜瓜、琼海油茶、陵水圣女果、陵水荔枝、保亭益智 5 个特色农产品荣获国家农产品地理标志认证，三亚杧果、澄迈福橙、三亚甜瓜、澄迈桥头地瓜、文昌椰子 5 个区域公用品牌入选《中国农业品牌目录》，全省认定“三品一标”农产品达 554 个(有效期内)，增强了扶贫农产品市场竞争力。省工商局与澄迈县政府共建“商标富农”工程示范县，整体推广“商标＋农户＋龙头企业”产业化运作模式，精心打造农产品商标品牌，形成了澄迈福橙、福山咖啡、桥头地瓜、白莲鹅、海岛和牛、藻香花猪等一大批响当当的品牌，提升了产品附加值。文昌鸡、定安粽子、永兴荔枝、屯昌黑猪、乐东香蕉等地理标志都通过产业化运作，逐步实现品牌化、专业化、集群化发展，产业效益被显著提高。

二、优化产业结构　推动提质增效

海南省以调减传统低效产业为重要抓手，持续调整优化农业区域布局、产业结构和产品结构，努力提升农业产出效率和综合竞争力。2019年，海南省调减低效作物18万亩，推广优质稻97万亩，恢复撂荒地生产9.27万亩。同时，不断扩大冬季瓜菜生产规模，2019年全省种植面积达到193.37万亩，总产值达到103.5亿元，同比增加9.54%；热带水果持续增产增效，2019年总产量达到324.91万吨，总产值164.1亿元，同比增加31.8%。此外，海南省还整合农业发展资金1亿元，重点支持5个国定贫困县及部分市县建设益智、百香果、种桑养蚕和牛养殖等28个农业产业扶贫示范项目，带动贫困户1.25万户5.87万人。

三、强化科技兴农　加速精准扶贫

针对农村科技人才缺乏、农业技术成果转化周期长、农业科技后备人才培养机制不完善等困境，海南省以选派科技特派员为主抓手，全面推动科技普及，为脱贫攻坚工作插上科技的翅膀。

(一)选派“三区”(边远贫困地区、民族地区和革命老区)科技人员，加强贫困地区智力扶持

自2018年以来，海南省从各科研院所、大中专院校、农业科技推广机构、涉农科技企业等单位选派809名科技特派员为全省600个贫困村提供科技服务。

(二)为科技副乡镇长提供配套的农业科技示范推广项目

海南省自2018年以来投入专项资金800万元，引导市县政府和社会投入700多万元，交由挂职科技副乡镇长组织打造秀珍菇种植、百香果种植和澳洲龙虾养殖等110个科技扶贫示范基地，带动2 000多名贫困农民直接参与项目实施，为当地培育了一批懂技术会经营的农民。

(三)加强农业科技110服务体系建设

自2018年以来，投入项目资金900万元，以南部、东北部和中西部3个农业科技110区域服务中心为依托，加强全省18个市县乡镇271个农业科技110服务站建设，为农民和贫困户提供新技术、优质种苗、病虫害防治和农技培训等综合性农业科技服务，为农业增收提供了有力的科技支撑。

(四)大力实施科技扶贫示范“百村千户”创建工作

通过“科研院所＋示范村、示范户”“企业＋示范村、示范户”“企业＋农民专业合作社

十示范村、示范户”等模式，海南省 18 个市县共创建了 104 个科技扶贫示范村、1 048 户科技扶贫示范户，努力推动特色扶贫产业的增收增效。

四、千方百计开辟销售渠道

针对贫困户农产品销路不稳、渠道不畅等问题，海南省以“四动四全”为抓手，线上开设“爱心扶贫网”、线下开展“爱心扶贫大集市”，两大销售体系的不断推进，形成了横向到边、纵向到底、全面覆盖的消费扶贫“一张网”。此外，先后在北京、沈阳、上海等地建立了海南品牌农产品直销配送中心，紧密对接农产品销售地与市场地，努力打造国家重要的冬季“菜篮子”和热带“果盘子”。

五、提升产业标准化水平

海南省深入开展无公害农产品、绿色食品、有机农产品和农产品地理标志“三品一标”创建工作，完成海南特色农产品溯源系统技术平台建设，强化农产品质量安全监管。检验检疫部门统筹国际和国内两种资源、两个市场，对食品农产品质量安全管理实现“品种全覆盖、产业全链条、资源全共享”，推动食品农产品质量安全水平稳步提升、出口出岛不断扩大，带动了“三农”的发展。澄迈桥头地瓜、陆桥无核荔枝、洪安无籽蜜柚等优势农产品获得了国际市场准入资格，年出口食品农产品量达 5 万吨，出口额达 1.4 亿美元。

白沙“电商扶贫模式”

白沙黎族自治县委、县政府在海南省委、省政府的大力扶持下，立足白沙当地的特色农产品，摸索出一条“产业＋电商”的发展路子，建成海南省首个县级电子商务产业园、农村淘宝县级服务中心，成立海南省第一个县级特色中国馆——白沙馆，并在海南省第一个同时推进“阿里村淘＋产品溯源”的产业链，开辟了白沙精准扶贫的新模式，让山区群众脱贫致富有了新门路。

一、立足本地特色　开辟电商市场

白沙黎族自治县是海南省最偏远的市县之一，素有“山的世界、水的源头、林的海洋、云的故乡”之称，是海南省核心生态区。全县境内有山岭440座，南开河是海南“母亲河”南渡江的上游，森林覆盖率高达83.47%，拥有山、水、林俱佳的生态环境。优美的自然生态环境使得白沙成为农业大县，80多个品牌农业，涵盖农产品有100多门类，包括白沙绿茶、生姜、生态米系列、蜂蜜系列、竹笋系列等。由于地处海南岛腹地，交通不便，白沙农产品销售困难，农民增收受到影响，白沙成为国家级贫困县。

如何打破现状，破解这一难题？白沙黎族自治县委、县政府紧紧围绕农产品丰富的优势，摒弃传统的“手提肩扛”式的线下被动销售方式，依据“互联网＋”发展理念，立足白沙特色，大胆摸索出一条“产业＋电商”的发展路子，在海南省率先成立了首个县级电子商务产业园，积极引入淘宝、京东、苏宁等电商平台，为村民积极谋划电商扶贫战略，让白沙的特色绿茶、野生蜂蜜等“土产品”走俏网络，开辟出新的互联网市场。电子商务为白沙的农产品、乡村旅游等产业插上“电商”翅膀，帮助村民增收脱贫，让全县群众尝到了“电商”行业带来的甜头，为白沙实现精准扶贫打开新门路。

二、打造品牌效应　形成特色网店

白沙黎族自治县政府搭建的电商平台不仅为农产品提供了广阔的出路，而且带来了农业品牌迅速崛起的商机，促进了白沙特色农产品品牌的建立和发展。

白沙黎族自治县政府以购买服务的形式引入一家电子商务公司，为当地农产品进行美工设计，抓准当地特色优势，免费为白沙的企业和农产品制作摄影、文案、营销、售后等一系列策划，引领当地农产品品牌建设。精致的农产品包装上注入山水黎乡文化元素，统一运用“白沙生态农业”标识，为产品深深烙上“生态印”“文化印”。

独特的少数民族文化总是能引起消费者的兴趣。在电商平台上，白沙“五里路”有机绿茶非常畅销。在宣传广告中，一位身着传统服饰的黎家“茶姑”和一个可爱的黎族小女孩在陨石坑茶园中采茶，让人印象深刻。这位“茶姑”是“五里路”茶叶合作社的理事长符小芳，她告诉记者，自己 91 岁的母亲还在坚持炒茶制茶，合作社的产品也是由黎族传统手工制茶工艺生产而成。大多数合作社的社员是黎族同胞，周边村庄的 58 名黎族群众参与种植。借助电商平台，合作社不仅卖出了生态农产品，还传播了黎族传统文化，备受海内外业内人士的关注。在第八届“中绿杯”中国名优绿茶评比中，“五里路”有机绿茶一举斩获金奖。2017 年，“五里路”有机绿茶一次性通过了美国和欧盟的有机认证。

三、加大扶持力度　搭建脱贫新舞台

为通过电商销售更多的农特产品，白沙引进菜鸟物流公司，建成一座 500 多$米^2$的现代化电商仓储配送中心，新添置 1 辆中型集装箱货车、2 辆面包车等运输工具，用于保障快递运输质量。白沙邮政管理局全面整合邮政农村电商服务渠道，并入驻县物流中心，构建三级运营服务体系，覆盖 11 个乡镇 77 个行政村的便民服务站均安排专职人员，承担邮政配送投递职责。

白沙打破了“小散乱”的物流局面，快递服务“最后一公里”问题已不再是问题，“智慧物流”的平台体系逐步被建立。通过搭建电子商务公共服务中心，引进海南丰赞科技，帮助企业和合作社转型触网，助力农产品上行。目前，白沙物流的辐射超过 800 千米，占全县总里程的 70%，2018 年年底将实现全县覆盖。解决了“烫手”山货的销路，也就找到了一条山区群众脱贫致富的道路。

2016 年 3 月 11 日，白沙电子商务产业园开园，同时启动农村淘宝县级服务中心，成为海南省第一家电子商务产业园。政府将 22 个贫困村纳入电子商务产业园，每个村庄拿出最有特色的农产品进行销售，政府从品牌建立、网店开设运营、办公场地、技能培训、物流等各个方面为贫困户提供全方位服务，为贫困群众搭建脱贫新舞台。

2018 年，白沙黎族自治县扎实推进电商与扶贫产业深度融合发展，线上交易突破 1.5 亿元，从事电商贫困户网销 300 多万元，人均增收约 1 600 元，带动电商创业就业人员超 700 余人。

临高“企业带动模式”

“临高深水网箱养殖”，一个海洋牧场品牌正悄然崛起。深水网箱养殖项目采取“龙头企业＋基地＋贫困户”的模式，带动了全县 1 747 户贫困户发展优势产业，探索出了一条依托优势产业带动贫困户脱贫致富新路径，成为广大贫困群众脱贫致富的龙头产业。

一、北部湾上的“绝佳创举”

临高濒临北部湾海，拥有 114 千米海岸线，所辖海域面积 1 509 千米^2，是名副其实的渔业大县。海南中油深海养殖科技开发有限公司自 2004 年以来在临高等地投资 1 亿元，设立 5 个大型深水网箱养殖基地，养殖面积达 2 万多亩，主要以养殖金鲳鱼和海鲟为主，年养殖能力可达 2 万吨。

深水网箱一次性投资大，一组网箱（4 口）约需投入 100 万元，一般个体养殖户难以承受。为加快深水网箱养殖业的发展，海南省政府给予大力扶持。据不完全统计，海南省下拨中央财政、省财政专项资金达 3 528 万元，发动和引导渔民合股组建了 8 家养殖专业合作社，共有社员 200 多人。这一系列扶持资金起到了“四两拨千斤”的作用，吸引了临高当地养殖合作社、养殖企业投入数亿元发展深水网箱养殖业。如今，临高县现有 3 042 口深水网箱，是亚洲最大的深水抗风浪网箱养殖基地和全国现代农业生产发展示范基地，临高深水网箱养殖业年产量3.5 万吨，产值约 10 亿元，产品远销欧美、日韩等地区和国家以及我国港澳地区和我国其他市场，深水网箱养殖也成为临高的优势产业，更是渔民的富民产业。

二、深水养殖的"璀璨明珠"

临高海丰养殖发展有限公司是临高县最大的深水网箱养殖公司。该公司创建于2002年,注册资本1 000万元人民币,主要经营海淡水养殖、海产品加工和销售。自该公司成立以来,其持续专注发展深水网箱养殖产业,利用现代农业发展资金支持,历经15年不断发展,海丰公司已获得海域使用权3 000多亩,建成投产422口深海抗16级风浪网箱,经过多年的深耕细作,公司已发展成为国内最大的网箱养殖龙头企业之一,公司董事长黄达灵也获得2015年农业部颁发的"全国十佳农民"荣誉称号。2016年,海丰公司通过深水网箱养殖金鲳鱼,产量达到4 500吨,产值1.5亿元。

三、持续增收的"渔业模式"

经过长期探索与多次洽谈,临高县政府最终与海丰公司达成协议,将贫困户产业扶贫资金入股海丰公司深水网箱精准扶贫养殖项目。该项目采用"龙头企业+基地+贫困户"合作模式,由镇农业中心、村委会根据贫困户授权,代表贫困户与公司签订协议进行合作,将贫困户的产业扶贫资金委托海丰公司运营,即贫困户将投资款注入海丰公司,海丰公司按每年固定分红的方式支付投资款收益,合同期为10年,前3年每年的收益按投资款的15%计算,后7年每年的收益按投资款的10%计算。

贫困户产业扶贫模式的选择要以绝大多数贫困户的意愿为主,在政府引导下,临高县开展了广泛的宣传发动工作。在短短的3周时间里,全县已完成贫困户的委托协议,镇农业中心与海丰公司的协议签订工作。

作为临高县2017年产业扶贫最大的合作企业,海丰公司积极作为,主动承担企业的社会责任。为了确保产业扶贫资金的安全,确保贫困户每年都能保底获得固定收益款,海丰公司为深水网箱精准扶贫养殖项目购买巨额保险:一是向太平洋财产保险公司购买海南省深水网箱养殖金鲳鱼保险,保险金额为2 200万元;二是向人民财产保险公司购买了海产品网箱养殖风灾指数保险,保险金额为2 464万元。同时,政府对深水网箱精准扶贫养殖项目投保的保费给予60%的财政补贴,在项目保险期内,由风灾或者海水刺激造成的保险鱼逃逸、疾病、死亡的,按照合同约定将根据不同赔付标准给予投保公司经济赔偿。

截至2018年,全县已有9个镇的贫困户1 747户7 668人共4 417.84万元作为"股金"注入海丰公司,每年投资收益款由海丰公司直接汇入各个贫困户的账户,入股的贫困户能实现稳定增收。

四、应运而生的"海上银行"

自 2017 年以来,临高县政府大胆探索、积极创新"龙头企业+基地+贫困户"的合作模式,深水网箱精准扶贫养殖项目在众多扶贫产业项目中脱颖而出并产生聚集和辐射效应,主要得益于以下几个方面因素。

(一)海南建设海洋强省战略

借力"一路一带"机遇,建设海洋强省是海南省现阶段以至未来很长时间的发展战略。作为海南省的渔业强县,临高县充分发挥海洋资源和区位优势,抓住当前难得的战略机遇,大力发展海洋经济,为建设"美好新"海南提供有力的海洋产业支持。

(二)海水养殖业是扶贫开发中的朝阳产业

过去大多数扶贫开发产业项目是传统的农林牧业,贫困户采用"一户一策"模式,自养、自产、自销,经济效益较差,不能实现稳定增收。在"海上丝绸之路"的大背景下,海水养殖业有着巨大的市场空间,发展前景一片利好。

(三)海丰公司深水网箱精准扶贫养殖项目是临高县科学谋划、积极探索扶贫产业模式的智慧体现

在《深水网箱精准扶贫养殖项目合作协议》中明确指出,贫困户的投资款必须用于深海养殖、海产品销售等特定经营范围;企业负责购买自然灾害损失保险,保险赔付款优先用于保障贫困户的投资款和收益;企业确保股东在合作协议中的支付投资款、收益、违约金义务承担连带担保责任,企业股东在双方签订协议的当天一并向贫困户提供担保函;企业对投资款的使用须接受政府相关职能部门的监督和检查;深水网箱精准扶贫养殖项目应为贫困户提供就业机会,在同等条件下优先录用贫困劳动力。

深水网箱精准扶贫养殖项目效益高、回报快,既降低了贫困群众产业发展风险,持续增加了贫困群众收入,又扩大了企业发展,助推优势产业规模化、现代化发展,实现了企业与贫困户的互利双收。

海南三亚海源实业有限公司“种植产业扶贫模式”

海南三亚海源实业有限公司是一家主要从事热带高效果蔬种植、冷藏储存、金融互助、物流配送、果蔬品牌平价连锁和电子商务销售等多元化产业经营企业。该公司于2017年4月25日被评为“海南省扶贫龙头企业”。

一、企业带动贫困地区农业产业发展和贫困户增收情况

自该公司成立以来，充分利用农业龙头企业的集聚优势，紧紧围绕帮助农民增收致富这条主线，大胆探索与实践，以市场为导向，以互联网为翅膀，以金融为杠杆，通过“龙头企业＋农民专业合作社＋农村资金互助社＋电商平台＋贫困户＋标准化”的多元化经营模式，组织农民以种植业为主导产业，全方位为广大农户提供生产、技术、营销等服务，在促进贫困地区农民增产增效方面发挥了重要作用，带动许多农户，特别是贫困户实现了脱贫致富，创造了较高的经济效益和社会效益。

二、企业在贫困地区发展农业产业的主要做法

(一)开创绿色品牌之路，打造远近闻名企业

该公司利用优越的地理位置和南山深厚的历史文化渊源注册融入了“高效、生态、健康”理念的“南山寿果”“南山寿菜”商标，先后获得农业部的“无公害农产品”“无公害农产品产地” 认证和“ISO 90001”“ISO 14001”“OHSAS 18001”“GAP”认证，获得了“海南省著

名商标""海南省用户满意产品""2012 百佳农产品品牌""2016 第二届优质葡萄冬葡萄金奖""2016 年海南省名牌农产品"等荣誉。

(二)农企携手合作,成立农民专业合作社

该公司充分利用崖州区的区位优势,联结崖州区及周边地区农户,于 2007 年 7 月和 9 月分别成立两个农民专业合作社——香顺哈密瓜农民专业合作社和三亚海源南山寿果农民专业合作社,将周边地区面积将近 5 万亩的果蔬种植纳入公司的管理轨道。截至 2018 年,三亚海源南山寿果农民专业合作社已从原来的 67 股发展至 694 股,联结农户达 3 000 余人。

(三)创建农村资金互助社,解决农业融资难题

为切实解决农村融资难问题,2010 年 6 月 28 日,该公司带动符合入股条件的崖州区 203 名农户自愿成立了海南省首家农村资金互助社——三亚市崖城镇众树农村资金互助社。截至 2018 年,贷款给农户的金额近 1 亿元,其贷款全部用于支农,获得贷款的社员很守信,没有一笔逾期及不良贷款。

(四)成立海源物流中心,实现全国销售网络

该公司旗下的海源物流中心采用"以点带面,多点带动"的方式,通过契约联结、服务联结、品牌联结等手段,与农户形成利益共沾、互惠互利的合作关系,为农户解决农产品销售问题。海源物流中心以海南市场为主销渠道,并辐射其他市场,开通了西北线、东北线、北京线、南方线、华东线、华中线等多条运输专线,年运输量近 20 万吨,产品销售至全国 20 多个大中城市,实现了遍及全国的销售网络。

(五)探索"互联网+农产品销售"模式,整合海南特色产业

该公司紧紧抓住"互联网+"机遇,牵头成立了三亚海源智联科技有限公司,并于 2013 年 12 月 12 日作为淘宝网"特色中国·海南馆"的运营商正式上线运营。截至 2018 年,海南馆成交额突破 15.91 亿元,已有 1 228 家共 18 420 个品种入住海南馆。商品已覆盖粮油生鲜、热带水果、有机瓜菜、零食特产、茶叶冲饮和旅游等 6 大板块,并打造出三亚杧果、南山寿果、琼中绿橙、乐东木瓜等海南馆王牌产品。

(六)开拓科技指引农业发展,拓展自主知识产权的农业特色精品

2013 年年初,该公司从广西农业科学院引进葡萄新品种夏黑、阳光玫瑰、红巴拉多、巨

峰等10多个品种，经过两年的试验种植与研发，已掌握了拥有自主知识产权的核心技术，并在农资控制、检疫检测和产品可溯方面形成了标准化操作。

三、企业带动贫困户的具体措施

（一）以葡萄产业为抓手，为贫困户提供农业生产平台

2016年，在三亚市崖州区政府领导的见证下，该公司联结三亚市崖城镇众树农村资金互助社、三亚海源智联科技有限公司、三亚海源南山寿果农民专业合作社、三亚市崖城镇众树农村资金互助社开展葡萄项目精准脱贫攻坚战，带领本地700余户贫困户及果蔬种植户入股葡萄种植，并以“订单生产＋保底收益”为保障，与北岭村、抱西村、赤草村等23户贫困户签订造血式精准扶贫协议，让贫困户从根本上脱贫致富。

（二）与科技机构密切合作，为贫困户培训专业生产技术

该公司在扶贫过程中积极与中国农业科学院蔬菜工程研究中心、北京大学科技园、广西农科院、三亚南繁研究院等高等院校合作，多次聘请广西农业科学院的相关领导及种植、生产管理技术老师免费为合作社社员、周边农户及贫困户开办培训班，提高其生产技能，充分发挥了农民增收致富的桥梁作用。

（三）以农村资金互助为手段，为贫困户提供生产资金支持

以该公司成立的农民自己的银行——三亚市崖城镇众树农村资金互助社已多次向银监局申请放宽入社条件，吸纳海南各市县诚信农户入股成为社员，为其提供便捷的金融服务平台，为缓解贫困地区农民贷款难的问题奠定了基础。

（四）与贫困户签订产品购销协议，解决产品销售难问题

五指山市的自然资源与云南昆明、普洱等地气候条件相似，有发展高原特色农业的潜力，因此通过多次实地调研，该公司与五指山市畅好乡12个农民专业合作社达成战略合作协议，采取订单农业的发展模式，种植优质高效野菜及特色精品果蔬。

（五）利用淘宝网“特色中国-海南馆”的运营平台，带动贫困地区电商发展进度

该公司承运的“特色中国-海南馆”电商销售平台，已引导白沙9家店铺、五指山32家

店铺、保亭1家店铺、琼中3家店铺以及临高1家店铺商家共计1 015个商品入驻海南馆，带动当地网络销售达56 280千克，从而带动了海南省贫困地区的电商发展进度。

四、企业与贫困户建立的利益联结机制

该公司通过“龙头企业＋互助社＋合作社＋互联网＋贫困户”的模式与贫困户建立起利益联结机制：一是提供良种、肥料；二是提供技术服务；三是免费为贫困户进行专业技能培训；四是对贫困户每年发放固定补助资金（保底价年底收入1万元，且在盈利情况下还获得利润分红）；五是签订合作协议：农村资金互助社给贫困农户提供免息贷款（财政贴息相关政策），贫困户将贷款以及土地折价入股海源公司的葡萄生产基地，并购买农业保险；六是引导贫困户到葡萄基地参与劳动，获得劳动报酬；七是通过“特色中国-海南馆”平台进行网上认购，保证订单化标准生产；八是扶贫时间为3年。即使3年后农民想退出，其不仅有收入、懂技术，也完全可以由自己造血。

五、企业带动贫困地区脱贫致富的主要经验做法

（一）因地制宜，立足资源禀赋和产业特色，打造特色经济板块

通过因地制宜，统筹兼顾，合理布局，在生态建设优先的情况下，努力提高产业素质，以服务城市、改善生态和农民增收为宗旨，发挥葡萄产业在精准扶贫工作中的重要作用。用科技创新手段，共同参与葡萄种植推广建设，推动海南省热带特色农业产业发展，打造特色经济板块。

（二）通过信用连接，实现“三位一体”合作模式

以农业、金融、互联网融合助推，用龙头企业引导贫困户与其建立利益共同体，将贫困农户通过信用制度组织起来，联结政企、市场、农民，发挥其金融互助社的经济杠杆作用、以实体产业铸就内部造血功能，以互联网带动方式，实施独立核算、相互支持、互为补充的“三位一体”合作运营机制，打通并融合一二三产业，从而提高了贫困地区的造血功能，激发贫困户脱贫的内生动力，从而真正达到脱贫致富的最终目标。

海南温氏禽畜有限公司“养殖产业扶贫模式”

自 2017 年以来，儋州引进和鼓励更多企业、合作社发展特色产业。近年来，儋州引进和鼓励海南温氏禽畜有限公司等企业发展特色产业帮扶贫困户。这些经济实体对贫困户的农产品实行保价回收，使贫困户不用直接面对外部市场风险，从而增强了脱贫实效。

一、夯实产业基础　打造特色品牌

多年扎根儋州的海南温氏禽畜有限公司在脱贫攻坚中也发挥积极作用。该公司是国家重点农业龙头企业广东温氏食品集团股份有限公司下辖的分公司，主要以发展养鸡业、养猪业为主，同时已配套建成饲料厂、种鸡孵化厂、种猪场。该公司可年产饲料约 260 万包、配套种鸡 14 万套存栏、年产鸡苗 1 500 万羽；3 座种猪场配套种猪约 1.1 万存栏，年产猪苗 20 万头，年销售肉鸡 2 000 万羽、肉猪 20 万头以上；总产值达 5.8 亿元。该公司在 2015 年成功打造“儋州鸡”品牌鸡营销业务，广受消费者欢迎，已逐步销往各大城市。现有合作农户和家庭农场 1 100 户，全年获利约 9 500 万元。2016 年，已建成投产 268 栋鸡舍，累计 22 370 米^2。559 户贫困户加入温氏养殖业，贫困户真正有了可持续的脱贫产业，第一批投放了 44.7 万只，已回收 34 万只，第二批投放了 27.2 万只，每户每批可增收 3 000 元。

二、创新模式促发展　共同富裕奔小康

海南温氏禽畜有限公司采用“五统一分”的模式带动农户致富增收，企业和农户双方资源互补，取长补短，利益共享，使得经济效益最大化。“五统一分”，即统一种苗、统一饲

料、统一防疫、统一管理、统一销售，分户饲养。

(一)“五统一分”优势互补共发展

在合作养猪(鸡)的全过程中，猪(鸡)苗、饲料、药物、肉猪(鸡)的所有权从本质上说是属于海南温氏禽畜有限公司的，海南温氏禽畜有限公司负责饲料的采购和生产，药物、种苗生产，饲料技术的研发和普及，肉猪(鸡)质量的抽样验收，肉猪(鸡)的销售等工作；养户负责肉猪(鸡)饲养全过程的管理。该公司与养户的合作是一种生产行为的自愿组合，即和公司合作的养户实际上是公司的生产车间，负责将海南温氏禽畜有限公司交给的猪(鸡)苗、饲料、药物进行“来料加工”，加工成肉猪(鸡)，再交回公司统一收购销售，并根据加工出来的肉猪(鸡)质量领取相应的加工费用，即利润。这种“生产车间”按公司规定的生产管理标准和技术标准进行“来料加工”。

(二)合作自愿，互利互惠

该公司在带动贫困户脱贫致富时坚持“自愿合作，互利互惠”的原则，实行双向选择，公司可以选择养户，养户也可以选择公司。在这个组合过程中，合作双方形成了紧密的利益共同体，公司与养户风险共担，利益共享。该公司不仅向广大养户提供种苗、饲料、药物，还提供技术指导标准、科学合理的方法、行之有效的免疫程序、疾病防治、饲养管理技术和要求以及畜禽产品的回收销售等；贫困户利用扶贫资金或自行筹资建造鸡舍、购置畜禽养殖设备设施、自行安排劳力资源进行饲养管理，并向公司交纳一定数量的合作周转金，以提升养殖户责任心，激发内生动力，实现互利互惠。

(三)精诚合作，风险共担，利益共享

风险共担，投资历来是有风险的。在“公司＋农户”的合作模式中，公司主要承担来自市场的畜禽产品经营风险，养户则主要承担畜禽饲养的养殖风险。利益共享，投资有风险，但也有收益，利益共享不是“你赢我输”或“你输我赢”，而是追求公司和合作养户的“双赢”。养户与公司合作养殖，公司为合作养户提供产前、产中、产后一条龙服务。在一条龙服务的过程中，公司负责种苗的生产，并提供饲料、药物、饲养技术指导和畜禽产品销售。养户负责畜禽的饲养，养户领取种苗、饲料、药物的金额，以记账的方式记录，在畜禽上市时冲减，核算利润。在合作过程中，养户所领用的种苗、饲料、药物和畜禽产品的所有权属于公司，养户不能私自变卖或占用。任何变卖或占用都被视作侵权行为。

(四)提高产品质量,确保产品安全

该公司在食品安全方面多重防范,保证食品安全,通过实施农户倍增计划激励措施,投入 100 万元,引进华南设备厂先进的自动化设备,改造 10 户栏舍自动喂水喂料系统,以降低农户生产劳动力,节约养殖成本,提高生产效率;为跟踪农户饲养过程,2012 年投入使用养户手机巡查系统,管理员必须每天下乡跟踪农户饲养过程,及时拍照上传到系统,录入生产数据,以便监控农户饲养情况;出台相关政策,杜绝农户私自外购药物,如发现在公司内进行通报,并停苗 3 个月处理;公司严把畜禽产品上市质量关,在上市前启用 EAS 药残检测系统对每批肉鸡、肉猪进行药残检测,经检测合格后方能上市,以确保食品安全。

海南口味王科技发展有限公司“加工产业扶贫模式”

海南口味王科技发展有限公司位于风景秀丽的滨海城市海南省万宁市，是海南省省级龙头企业，专业从事槟榔种植、收购、加工和销售。

一、企业带动贫困地区农业产业发展和贫困户增收情况

该公司积极响应国家“打好脱贫攻坚战”的号召，后安、东澳两基地解决万宁和周边县市剩余劳动力将近 4 000 人的就业问题，其中包括符合国家标准的贫困人口 354 人、残障人士 25 人。

自该公司于 2010 年落户万宁以来，其对万宁槟榔产业起到了极大的促进作用，2018 年全市槟榔种植面积达到 53.2 万亩，年产量突破 14 万吨，实现年产值近 25 亿元，农民每年从槟榔产业中获得人均纯收入近 4 000 元。该公司通过积极响应和执行万宁市委、市政府关于推广槟榔环保加工技术的决策部署，成功解决了长期困扰海南的“槟榔烟”污染问题，为农民脱贫致富和海南国际旅游岛建设做出了积极贡献。

二、企业在贫困地区发展农业产业的主要做法

该公司聚焦于食用槟榔产业，致力于开拓全国食用槟榔消费市场，先后与中国农业科学院农产品加工研究所、华南理工大学建立了战略合作关系，通过产学研模式充分挖掘槟榔资源，加速槟榔技术创新成果的转化，引领槟榔产业健康发展，先后推出了“口味王”“味赢天下”“榔朗爽口”“一品口味王”“青果榔”“和成天下”等不同口味系列的食用槟榔产品。

其产品主要销往广东、广西和海南，并多年持续保持市场占有率第一名。

三、企业带动贫困户的具体措施

（一）积极开展“送岗位上门”活动

针对万宁市农村富余劳动力资源丰富的实际情况，该公司主动开展“送岗位上门”活动，积极吸纳当地农村农民、家庭妇女和城镇下岗职工等富余劳动力来公司就业。

（二）适当放宽招工聘用条件

对招录贫困户农民工的性别、年龄、学历和工作经验等条件适当放宽，尽量安排上岗就业。

（三）关心贫困户、困难农民工和特困户

积极配合万宁市委、市政府打赢脱贫攻坚首战，主动吸纳企业周边贫困户 1 400 人就近打工脱贫，人均增加打工收入 2 000 元；一些有身体残疾的农民工在申请工作时，尽量给予岗位安排上的特殊照顾；既无劳动力又无经济来源的特困户在每年春节等重大节日都会拿出专款开展慰问活动，平时积极协助村委会做好保障。

（四）积极引导农民自主创业

对自身发展愿望强烈的农民，积极引导他们做槟榔产业供应商、经销商和业务员，成就自己的事业。

四、企业与贫困户建立的利益联结机制

由行业龙头为市场主导，槟榔种植农户为原料供应者，槟榔烤户为初加工者，农村闲散劳动力和贫困人员为产品制造者，形成“产、供、销”一体化利益联结机制。这种机制既解决了种植槟榔农民增收的问题，又解决了初级加工企业的发展生存问题，还解决了农村闲散劳动力和贫困人员的就业脱贫问题。行业龙头通过整合资源很好地满足了市场需求，企业获得了长远的发展。

五、企业提高贫困地区造血功能和激发贫困户内生动力的经验做法

（一）加强企业规范化管理，逐步增加农民就业收入

该公司大力推进“幸福企业”建设，不断加强企业规范化管理，特别是在对待农民工的用工管理上，保障农民工权益和提升农民工技能培训，确保每位农民工经济收入的稳定。

（二）保障农民工劳动权利和劳动报酬

该公司与每位农民工都正式签订合法的劳动用工合同。在合同中，公司充分保障农民工权力和利益，实行计件工资制，多劳多得，上不封顶，同时公司依据劳动合同，按时发放工资。

（三）认真抓好农民工技能培训

为帮助农民工更好地融入“口味王”这个大家庭，该公司坚持“以老带新”原则，由工作经验丰富的老员工与农民工结对子，有针对性地制订帮带计划，定期进行技能评定和考核。同时，开展技能大比武、产能大会战等活动，充分调动农民工的积极性与创造性，形成了“比、学、赶、帮、超”的良好工作氛围。

（四）创造“拴心留人”环境

扩大厂区绿化面积，完善厂区体育设施、购置各种文化和科技书籍；为全体农民工提供免费食宿，配备床铺、衣物柜、书桌、椅子、台灯和电风扇等物品；安排交通班车、管理人员孕妇餐和家属休息室等；实施暖心工程，建立“口味王”爱心基金，为有特殊困难的农民工提供无偿帮助。

（五）不断改进企业生产技术，有效带动农民脱贫致富

1.研发新式槟榔烘烤技术，即蒸汽烘烤

该蒸汽烘烤方式易于控制温度和湿度，可以完全避免有害物质污染槟榔干果，有利于槟榔达到国家对食品安全的要求，从而为整个企业健康、持续、快速发展提供安全保障。

2.推广槟榔干果储存技术

海南口味王科技发展有限公司研发了冻库储存槟榔干果的技术。该技术的应用不仅

改善了槟榔干果的品质和保证槟榔纤维的柔软度，而且延长了槟榔干果的保存期限。

3. 为槟榔农户搭建产业桥梁和纽带

推动成立了海南省槟榔协会。在槟榔种植户、初加工户及深加工户之间搭起一座沟通的桥梁和纽带，为槟榔种植、培育、收购、销售和加工等提供一系列服务，促进了农民增收和脱贫致富。

海南槟榔谷黎苗休闲文化旅游区“旅游产业扶贫模式”

海南槟榔谷黎苗休闲文化旅游区(简称“槟榔谷休闲旅游区”)位于海南省保亭县与三亚市交界的甘什岭自然保护区内。该旅游区以“挖掘、保护、传承和弘扬海南黎苗文化,使其生生不息”为历史使命,对原有千亩槟榔园科学合理开发,致力保护黎苗文化核心资源和生态环境,2015 年 7 月荣膺国家 5A 级旅游景区。

一、扶贫主要经验做法

槟榔谷休闲旅游区在发展过程中始终坚持“互惠互利、和谐发展”的理念,在抓好景区建设的同时,注重与周边地区的群众和睦相处、共同发展,探索出富有创造性的景区扶贫、企业与本地群众共赢的发展模式。

(一)合作模式创新

该旅游区始终坚持包容性发展理念,逐渐探索、磨合出了一条互利共赢、共同发展的路子。该旅游区一改传统的租赁模式,提出“企业+农户”的合作模式,主动与当地群众协商土地租让金、土地青苗处置及补偿事宜。在协商的过程中,企业充分照顾群众的利益诉求,最大限度地满足群众提出的合理要求。该旅游区的开发用地基本采取土地入股的合作方式。在土地合作的过程中,尽量保留地面上的经济作物,并把经济作物的收益权归农户所有。对于因修路、建房等确需处理的部分经济作物,企业以高于政府统一青苗补偿的标准给予农户补偿。企业“把经营利益与农民的利益捆绑在一起,形成利益共同体”的做法深入民心,农民群众都自愿自发地参与企业开发建设,思想统一,目标一致,加速打造“企业发展、群众受益”的地区旅游经济带。

(二)利益分配模式创新

甘什上村、甘什下村地处山区,村民文化层次普遍偏低,收入的支配仅仅能满足每日基本消费即可。鉴于这种情况,企业根据每户的家庭情况和财力控制水平,结合群众需求,因人而异地制定了3年、5年和10年的土地红利返还政策。这个做法改变了农民群众只求现世安稳的单一生活需求,提高了群众生活的稳定性和多样选择性。

(三)帮扶方式创新

(1)在种植方面,该旅游区鼓励农民群众发展本土优势,大量种植花卉、草药、槟榔等农作物,旅游区再以高于市场价优先向农民群众收购用于园林绿化。

(2)在开发建设方面,该旅游区大量收购村里的木材、水泥石头等用于工程建设。

(3)鼓励村民组建工程施工队,利用农闲时间承包旅游区的各项建设工程或购买工程机械、工程运输车辆出租给景区工程建设方使用以收取租金,为广大农民群众提供了创收条件。

(4)在与农民合作用地的过程中,该旅游区统一建造小商铺并无偿分配给农户自主经营,保证农户的再就业,以提高农户主动创业的积极性。

(四)用工方式创新

槟榔谷休闲旅游区在劳动用工方面优先考虑和安置当地群众,并有针对性地为甘什上、下村村民量身定制"半天务农+半天务工"的弹性工作模式,帮助实现村民家门口务工和务农两不误,充分体现景区与农村"就业不离家、失地不失业、收入有保障"的良好合作愿景。

(五)帮扶服务创新

作为地方民营企业,槟榔谷休闲旅游区主动承担社区管家的职责,与农民群众建立深厚的鱼水关系,让其同享企业员工福利,变"帮扶群众"为"服务群众"。

二、取得的主要成效

(一)多措并举,扶贫效果显著

经过多年开拓创新,2015年该旅游区荣膺国家5A级旅游景区,实现了效益突破,从业人员达 1 300 人。同时，村民通过土地红利、务工收入、销售槟榔、椰子、水果等实现收入翻番，10 多年前村民年人均收入不足 2 000 元，2011 年村民年人均收入为 5 000 元左右，2015 年村民年人均收入增至 36 000 元以上，彻底摘下"穷帽子"，奔向小康大道。

（二）保护原生态，提升生活质量

该旅游区一方面以挖掘和传承原生态民族文化为旅游发展方针；另一方面积极推进生态文明建设，通过文化发展与生态保护完美结合，实现了旅游发展的可持续性。

甘什上村、甘什下村农村风貌发生了翻天覆地的变化，农民生活得到了改善，农民素质和幸福指数也逐年攀升，甘什上村也被保亭县政府授予"甘什上文明生态村"。

（三）和谐包容发展，追求社会效益最大化

由于当地村民的经济收入显著提高，真正享受到旅游发展给自己带来的实际利益，村民都自觉把自己作为旅游景区环境的保护者、守护者。10 多年来，景区与村民和谐相处，该旅游区周边社会治安良好，无偷盗、抢劫事件发生。

2010 年 9 月 12 日，《中国旅游报》发表《一个包容性发展的典型》，系统介绍了海南槟榔谷黎苗休闲文化旅游区与周边农村互利共赢、和谐发展的经验。自 2011 年起，该景区先后荣获各项荣誉共 73 项，其中国家级荣誉 15 项，省级荣誉 23 项，市县及行业协会荣誉 35 项。

海南正生堂健康产业集团“南药产业扶贫模式”

海南正生堂健康产业集团(以下简称“集团”)是以益智、牛大力、砂仁等南药的产业化经营为主营业务的大型生物工程企业。该集团坚持通过特色产业的产业化建设来推动产业扶贫和带动农户增收。

一、南药产业扶贫成效初显

益智、牛大力等品种的种植、加工是海南中部贫困地区农民熟悉的产业,技术成熟,群众认同率和市场认同率高,市场前景好,对脱贫攻坚工作、精准扶贫和促进农民增收具有重要意义。在保亭、白沙、琼中等政府的大力支持下,全面铺开南药种苗基地建设、示范种植、合同种植、种苗发放、产品研发和深加工等产业化建设,把益智、牛大力等南药的产业化建设作为带动贫困户脱贫、促进农民增收的抓手,取得了初步的成效,为该集团深入开展南药产业扶贫工作开辟了良好的局面。

二、因地制宜谋布局　立足源头抓标准

保亭、琼中、白沙等贫困县农民普遍缺乏高档瓜菜、水果等成熟产业的规范化经营经验,但世代以种植益智、牛大力等保健型南药为主,积累了丰富的生产经验。针对这一特点,该集团把发展林下南药种植和加工,营造海南特色的大健康产业确立了在中部贫困地区发展农业特色产业的主导方向,迅速进行了产业布局。3 年来,共建设南药种源实验基地 300 亩,种苗繁育基地 80 亩,益智种苗繁育能力为 600 万丛/年,牛大力种苗繁育能力为

200万株/年，从源头上确保了益智、牛大力等品种的种源选育和优质种苗供应。

三、自营示范带农户 扩大种植成规模

该集团在保亭、琼中等贫困地区自营规模化种植基地为益智7 000亩，牛大力2 000亩，其中省标准化种植基地1处，有机种植基地3处。同时，该集团采用“公司+农户”的方式，发动贫困地区农户在橡胶林下种植益智，已发展合同种植农户达到了220户，发放种苗240万丛，合同种植面积保有量为12 000亩。

四、提升产品研发力度 营造健康产业体系

该集团与海南大学、海南省农业科学院等高校和科研院所紧密合作，组建了牛大力、益智等植物性健康食品研发平台，先后研发了牛大力酒、益智酒、牛大力精粉片、益智果脯、植物清饮等多种市场急需的健康食品。该集团海口生产厂已建成投产，保亭生产厂在建，琼中产品加工园区进入征地和总体设计阶段。该集团始终以产业化建设促进企业自身的发展，通过企业发展，带动贫困地区农业特色产业的发展，推动贫困户脱贫、农户持续增收。

五、多措并举促增收 产业扶贫续新篇

（一）通过租用土地雇用农民工务工，增加贫困户收入

该集团在保亭、白沙、琼中、临高、澄迈、东方等地先后租用农用土地，进行南药种苗繁育、规模化种植等先期开发。该集团建设的规模化种植基地6处，总面积达12 000亩，其中万亩益智林下经济示范园项目为10 000亩，牛大力种植示范基地2 000亩。该集团每年支付农用土地租金总额为220万元，直接增加了贫困农户的收入。

雇用农民工务工也是农业产业化建设过程中的一个重要的促进农民增收项目。截至2018年，该集团的种源基地、种苗基地、种植基地、加工厂年用工总量为55 000个工日，涉及农户220户、劳动力300个，年支出农民工劳务费900万元以上。

(二)通过合同收购农产品,带动农户增收

以益智为例,农户自营益智鲜果的经营成本为每斤 1 元左右,集团收购价格为市场价格,基本稳定为 8～10 元/斤,农户自由交易,利润空间十分可观。为防止出现极端的市场价格滑坡,该集团与农户签订了每斤 3 元的最低保护价收购合同。在市场价格低于最低保护价时,该集团按合同以最低保护价全额收购,确保农户的经营利润。

(三)多方争取扶持资金,减轻农户的经济负担

该集团先后与保亭县、白沙黎族自治县反复协商,多渠道落实支农资金,共为农户及贫困户免费或基本免费发放益智种苗累计达 240 万丛,其中精准扶贫户超过 1 300 户,扩大益智种植 12 000 亩,减轻了农户的负担;为白沙黎族自治县争取中部资金两批共 450 万元用于牛大力种苗发放,已执行完成一批共 300 万元,发放牛大力种苗 30 万株,涉及部分乡镇农户 200 户、种植面积 600 亩。

(四)提高造血功能,激发内生动力

该集团在发放种苗的同时,随时进行技术培训和技术指导工作。通过几年来的努力,该集团在贫困地区培养了一大批益智规范化种植模范户,涌现了一批精通益智标准化种植的技术能手,为提高种植技术水平、大幅度提高益智产量打下了坚实的基础。通过益智生产的标准化规范化建设,贫困户的益智种植业真正成为农户长期、稳定的经济来源。益智种植业可稳定经营 30 年以上,从根本上确保了农户增收的持续性,为产业脱贫打下了良好的基础。

通过几年来的实践,发挥龙头企业的带动作用,立足本地优势资源,以特色产业的产业化建设为抓手,加大政策扶持力度,全面落实"公司＋农户"的产业协同,全方位确保农户的利益,培育地域特色产业新的增长点,将是贫困地区产业扶贫的一条行之有效的途径。产业扶贫必将成为扶贫工作的一个重要方向,并将发挥日益显著的作用。

定安龙湖南科食用菌有限公司“食用菌产业扶贫模式”

定安龙湖南科食用菌有限公司是海南省最大的食用菌生产企业，以开发和生产食用菌为主，集科研、生产、管理、加工、销售为一体，生产食用菌菌种、菌包，开发海南本地农业废弃物作为栽培基料。该公司已具备食用菌鲜品收购及冷冻储存、干品加工等能力，是由产业化、规模化向多产业循环的种植企业。

一、充分利用资源优势　开辟扶贫新路径

定安食用菌产业正在从单一种植向多产业循环转变。为促进定安食用菌类产品种植企业延续发展，该公司计划将单一的种植向生态循环养殖产业转变，扩大了产业规模和提升了技术、服务水平，带动了更多贫困户发展食用菌生产。在现有基地的基础上，该公司创建定安县龙湖生态循环农业示范园，真正做到扶贫项目产业化。

该公司充分整合与利用地方的土地资源及林业资源，以将种植技术更好地推广到当地农户，解决闲置橡胶林下的土地和充分利用林荫优势，实现资源共享、优势互补、循环相生、协调发展的生态农业循环模式。该公司将一部分食用菌栽培在橡胶林下间作种植食用菌，并将菇棚面积由目前的 1.1 万米^{2}扩大到 1.6 万米^2，已建设生态循环蔬菜基地 300 亩，为当地周边村庄提供 200 多个就业岗位，其中残疾人 3 人、困难户 52 人、贫困户 9 人。培训农户达到 150 多人，其中贫困户 30 户。该公司以“公司＋农户”的模式为现代农业、新农村建设提供服务，带动周边农户通过发展食用菌种植来增加经济收入，为“打赢脱贫攻坚战”奠定坚实的基础，架起了更新、更高的桥梁。

二、主要做法

(一)立足生态循环,不断延伸产业链

该公司以发展生态循环农业为宗旨,以食用菌作为纽带,将种植业和养殖业衔接起来,解决农业生产过程中的作物秸秆、禽畜粪便等废弃物对环境的污染问题,变废为宝,实现资源共享、优势互补、循环相生、协调发展的生态农业循环模式。

(二)加大资金支持,壮大集体经济

县财政安排的100万元扶贫资金与定安龙湖南科食用菌有限公司合作建设2座食用菌生产大棚,由公司与43户建档立卡贫困户签订联结协议,村委会每年收取12万元的固定收益,以壮大村集体经济的实力。这种方式在推进整村脱贫中起到了更大的作用。

(三)变“输血”为“造血”

尽管是产业脱贫项目,但是没有对贫困户另眼相待,而是尽可能地挖掘贫困户的价值,把贫困户的土地、劳动力资源转化为产业发展资源,让贫困户通过自身努力,增加收入,实现脱贫。

(四)脱贫攻坚与保护生态有机结合

定安龙湖南科食用菌有限公司把脱贫攻坚与保护生态有机结合起来,推动“牧草—食用菌—蚯蚓—畜禽—果蔬”全产业链循环。这种产业链循环既节约了成本,又提高了质量,做到了资源循环化、生产清洁化、产品有机化,将生态优势有效转化为了经济优势、收入优势,真正实现了“要绿水青山,也要金山银山”。

(五)坚持企业带动、多方共赢

处理好脱贫与企业发展的关系,要让企业在脱贫攻坚中受益,不能因为不合理的联结机制、分配机制,把扶贫企业“拖垮”,不能搞“竭泽而渔”。

定安龙湖南科食用菌有限公司把企业健康发展作为脱贫攻坚的前提,把贫困户看作公司发展的资源而不是负担,以市场为导向,以科技为支撑,计划3年内将企业规模扩大10倍。

三、前景展望

(一)吸纳就业,增加收入

基地吸纳周边8个村230人就业,其中,建档立卡贫困户43人,从事装料、剪菇、包装、运输、养殖等工作,月保底工资3 000元,实现一人就业,全家脱贫。

(二)种植牧草,获得收入

该公司免费提供牧草种苗、肥料和技术,按250元/吨的价格保底收购;贫困户出土地和劳动力,平均亩产达20～40吨,亩均收入5 000元以上,总种植面积1 500亩,共有200户农民参与。其中,贫困户43户,平均每户种植5亩左右,每户年收入平均约2万元。

(三)推动全产业链循环,增加就业机会

该企业以发展"生态循环农业"为宗旨,将健康、绿色、环保融为企业发展理念,以推动定安食用菌类种植产业的蓬勃发展。该企业计划扩大规模,带动更多周边贫困户发展食用菌生产及全产业链的循环种植产业,推动"牧草—食用菌—蚯蚓—畜禽—果蔬"全产业形成生态链循环农业,为周边更多贫困户提供更多的就业职位和就业机会,形成了一举两得的成效,把脱贫攻坚之路越扩越宽广。

扶志扶智篇

坚持问题导向　聚焦突出短板　集中攻坚克难

海南省聚焦贫困地区教育，着力解决“上好学”问题

习近平总书记多次强调，扶贫必扶智。让贫困地区的孩子们接受良好教育是扶贫开发的重要任务，也是阻断贫困代际传递的重要途径。针对贫困地区教育存在的突出问题，海南省研究确定了“全上学、全资助、上好学、促成长”的教育扶贫目标，加强顶层设计、完善制度，层层强化责任、搞好督查指导，全力推进教育脱贫攻坚，取得了较好的成效。

一、加大投入　夯实农村中小学基本办学条件基础

通过实施全面改善贫困地区义务教育薄弱学校基本办学条件工程（简称“全面改薄工程”）、义务教育学校标准化建设等工程，落实国家对义务教育学校的20项“兜底线”指标。2014—2017年，海南省共落实“全面改薄”资金44.6亿元，主要投向乡镇和农村办学条件薄弱的学校和教学点，校舍开工面积109万$米^2$，竣工面积为84.3万$米^2$，设备购置完成资金9.9亿元，建设内容涵盖教学用房、学生生活用房、运动场地、附属设施等，全省农村学校办学条件得到显著改善。

二、推进教育扶贫移民工程　促进全省义务教育均衡发展

2007年，海南省国家级贫困县昌江黎族自治县将该县王下乡的初中生全部迁至县城就读，逐步减少王下乡的人口，以达到既能让贫困地区的孩子接受良好教育，从根本上解决贫困问题，又能有效保护环境的目的。这件做法引起了海南省委、省政府的高度重视。经过充分调研和论证，2008年7月，海南省委五届三次全会审议通过《海南省2008—2012

年重点民生项目发展规划》，将昌江经验命名为“教育扶贫移民”，列为重点民生工程之一，在海南省国家和省重点扶贫县全面推广。教育扶贫移民的主要做法是在县城附近或人口较多的乡镇建设标准化学校用于接收自然条件差，基础设施薄弱，至今没有通路、通电、通广播电视等的贫困自然村和处于生态核心保护区的边远村庄的义务教育阶段中小学生，为贫困地区的孩子提供与城镇孩子同等的教育条件。从 2008 年至今，教育扶贫移民工程共投入近 14 亿元，建设 24 所思源实校、14 所教育扶贫移民学校为边远贫困地区的孩子提供了 5.5 万个学位。教育扶贫移民工程得到了中央领导、教育部的关注和支持，习近平、刘延东、李源潮等党和国家领导人都先后到思源学校考察、调研，并给予了高度评价。

三、“育师”“引师”与“扶师”并举　多举措大力推动乡村教师队伍建设

2012—2017 年，海南省面向全国为农村地区招聘优秀特岗教师 4 356 名，为近 600 所条件薄弱、偏远农村学校充实教学力量。投入资金 1.5 亿元，面向全国引进优秀校长 53 名、骨干教师 247 名，超过一半倾斜支持贫困市县和乡镇学校。

“国培计划”“省培计划”重点面向农村教师，每年对全省 3 000 名乡村及教学点小学教师开展集中培训。同时，海南省为农村学校建设教师周转宿舍近 12 000 套，为艰苦边远地区农村教师每月发放 400 元生活补助。将继续实施《海南省乡村教师支持计划（2015—2020 年）》，重点解决农村教师平均年龄偏大、学科结构不合理、积极性不高等问题，并通过创新体制机制、城区学校捆绑农村学校一体化发展等多种模式，逐步推动城乡教师双向交流制度化、常态化，促进优秀教师向农村学校流动。进一步推进教师考核评价制度改革，稳妥探索超编、不合格教师转岗办法，优化队伍结构，激发队伍活力。

四、大力发展农村学前教育　解决农村贫困儿童上幼儿园难的问题

农村儿童上幼儿园难一直是困扰海南省教育系统的一个难题。为解决群众需求强烈、农村学前教育资源不足的问题，海南省从 2014 年开始连续实施两期《学前教育三年行动计划》，新建、（改）扩建 329 所乡镇公办幼儿园，增加 6.5 万多个学位，实现了公办中心幼儿园乡镇全覆盖。为完成 2020 年农村适龄幼儿入园率要达到 85%以上的目标，大力支持民办普惠性幼儿园，尤其是乡村幼儿园的发展，海南省普惠性民办幼儿园达到 482 所，在园幼儿约 10.6 万人，加上公办园在园幼儿约 7.8 万人，幼儿园覆盖率约为 51%，达到全

国中等水平。

五、开展扶志工程 让贫困家庭孩子有人生出彩的机会

为解决贫困学生成长成才问题，海南省教育系统开展贫困学生扶志工程。

(1)在全省学校初步建立了全覆盖的教师与贫困家庭学生“一对一”或“一对多”帮扶关爱体系，帮扶老师要定期家访、定期与学生谈话交流、定期了解学生学习生活情况、定期开展学生综合评估，帮助学生培养兴趣爱好，注重贫困学生的思想、情感、心理帮扶。通过智志双扶，助力贫困家庭学生顺利完成学业，成长成才。

(2)大力加强职教扶贫，在全省优质中职学校组建了93个扶贫励志班，为2 800多名贫困学生提供上学机会，在选择学校专业、勤工俭学岗位、校外实习岗位和推荐就业等方面实行“四优先”支持。

(3)建立贫困家庭学生就业创业帮扶机制，贫困学生在中职、大学毕业后优先推荐就业，实现一人就业、全家脱贫。据统计，2017年6月，贫困家庭中职毕业生一次性就业率达到100%，高校毕业生一次性就业率超过90%。扶志工程得到教育部、社会主流媒体的高度关注，取得了良好的社会效益。

海南省教育脱贫攻坚以问题为导向，就教育扶贫领域的突出短板，靶向发力，集中突破，多举措、倾全力提升农村贫困地区办学质量，为贫困家庭儿童上学提供公平有质量的教育，受到广大贫困户的拥护和欢迎，成效显著。2017年7月25日，在甘肃兰州召开的全国打赢教育脱贫攻坚战现场会上，国务院副总理刘延东对海南教育脱贫攻坚工作取得的效果给予了肯定。

“十大举措”助推教育扶贫　实现“三大转变”

海南省建档立卡贫困家庭在校生约占贫困总人口的1/5，约涉及总户数的1/2。海南省委、省政府高度重视教育，尤其重视教育在扶贫工作中的重要作用和独特价值。2005年，海南在全国率先开展教育扶贫移民工程，已经建成38所思源实验学校和教育扶贫移民学校，为边远贫困地区的孩子提供了5.5万个优质学位。海南省坚定贯彻落实党中央国务院教育扶贫重大部署，采取“十大措施”，实现教育精准扶贫“三大转变”，全力帮扶贫困家庭孩子成长成才，彻底阻断贫困代际。

一、明确海南教育精准扶贫十二字目标　构建全覆盖多层次的教育精准扶贫格局　丰富教育扶贫内涵

习近平总书记多次强调扶贫必扶智。让贫困地区的孩子们接受良好教育是扶贫开发的重要任务，也是阻断贫困代际传递的重要途径。[①] 李克强总理指出，“治贫先重教，发展教育是减贫脱贫的根本之举。”[②]海南全省教育系统认真学习党中央国务院、海南省委省政府关于教育扶贫的系列重要论述，深刻领会教育扶贫对帮扶贫困学子成长成才，助力建档立卡贫困户彻底脱贫的重要意义，坚定“培养一人，脱贫一家，造福几代人”的认识，以帮扶贫困家庭孩子成长成才为一切工作的出发点和落脚点，明确海南教育精准扶贫“全上学、全资助、上好学、促成长”十二字目标，构建了以教育资助和农村贫困地区学校建设为基础，精准服务和成长关爱、职教扶贫和就业帮扶为重点，基层教师广泛参与的，全覆盖、多层次教育精准扶贫格局。

① 2015年10月16日，习近平同志在2015年减贫与发展高层论坛的主旨演讲。

② 2013年12月4日，国务院总理李克强主持召开国务院常务会议。

二、“十大举措”助推海南省教育精准扶贫 实现“三大转变”

(一)实现从“大水漫灌”向“精准滴灌”的重大转变

1.逐一核查,摸清底数

从2016年10月开始,省教育厅组建13个工作组50多人,赴各市县督促开展了历时两个月的建档立卡贫困家庭学生信息核查(包括就读学校、年级、专业、受资助情况等),摸清了底数。截至2018年12月,全省秋季学期共发放教育扶贫补助1.54亿元,惠及12.7万人,其中建档立卡贫困家庭学生10.6万人,扶贫补助1.27亿元;低保家庭和特困供养学生2.1万人,扶贫补助0.27亿元,做到应补尽补。自主开发教育扶贫信息系统正式上线运营,完善了建档立卡贫困学生的“数字化台账”,录入学生信息已达10万条,基本涵盖了全省建档立卡贫困学生,初步实现教育扶贫信息动态化调整。

2.控辍保学,不漏一生

儋州市教育局出台了《关于进一步加强义务教育阶段“控辍保学”工作的意见》,确保除身体等原因外全部入学。2018年,核查全省建档立卡义务教育阶段适龄辍学学生192人,已经全部劝返回校;辍学时间较长、难以返回继续学习的学生也到中职学校去学技术。

3.“三入一上”,精准宣传

一是制作了11部教育精准扶贫公益宣传片、广播剧,3期扶贫电视夜校节目,印发了15期《海南教育扶贫信息动态》,印发各类教育扶贫海报、宣传册10多万份。二是开展教育扶持政策“入村入校,入户上墙”宣传。制作教育扶贫宣传海报,以在每个村、每所学校的宣传栏长期固化宣传;制作宣传卡片张贴到每个建档立卡户墙上,标有学生姓名、学校年级及已经享受的教育资助,且印有国家对家长履行保障子女接受教育的法律责任,实现了教育扶贫宣传精准入户。三是宣传正面典型,提升贫困户脱贫的内生动力。向各市县征集了大量的典型案例,通过《海南日报》、教育扶贫信息及各类新媒体宣传,形成一股比、学、赶、超的良好氛围,促进贫困学生积极学习,努力向上,同时让贫困学生的精神风貌和积极进取的态度影响到家长,提升脱贫致富的内生动力。

(二)实现从普惠性资助政策向特惠性扶持政策全覆盖的重大转变

1.实现建档立卡义务教育阶段“衣、食、住、行、学”政府托底资助

实现了建档立卡贫困家庭义务教育阶段学生“四免四补”,即免学杂费、课本费、作业本费、住宿费,补贴伙食费、校服费、学习资料费、交通费。四项补贴标准合计补助每名学生每年:小学非寄宿生 2 400 元、寄宿生 3 400 元,初中非寄宿生 2 900 元、寄宿生 4 150 元,各市县资助标准高于省里的,就高执行。同时,对 5 个国家级贫困县义务教育阶段的每名学生每年发放营养餐补助 800 元,实现了"衣、食、住、行、学"由政府托底保障。

2. 进一步完善建档立卡非义务教育阶段贫困生资助政策

从 2016 年秋季学期开始免除普通高中建档立卡贫困家庭学生学杂费。从 2017 年春季开始对建档立卡贫困生:幼儿园每人每年由原来的 750 元提高到 1 750 元;普通高中每人每年由原来的 2 500 元增加到 3 500 元,同时增加住宿费和课本 1 000 元;中职每人每年由原来的2 000 元增加到 5 500 元,课本费 400 元。完善建档立卡高等教育学生资助政策,确保他们及时享受国家高校生源地信用助学贷款和高校国家助学金的资助。

3. 进一步简化资助发放方式

建档立卡贫困家庭学生以贫困户手册为准审核认定后就给予资助,不再经过申请、评选等程序。省内学校必须先资助建档立卡贫困家庭学生;省外就读的学生名单发给学校,请学校优先资助。同时通过电话抽查、入户复核与"961017"服务热线相结合,查漏补缺,确保资助及时全覆盖。

(三)实现从单一资金资助帮扶向以心理帮扶和成长帮扶为主的重大转变

1. 构建服务建档立卡贫困家庭学生"两张网",关爱学生成长成才

一是针对建档立卡贫困户,构建全覆盖的"服务网"。动员组织全省万名基层教师按行政区域全覆盖分片包村到户提供上门服务,确保不落一户。二是针对建档立卡贫困家庭在校生,构建全覆盖的教育精准扶贫"关爱网"。及时了解学生思想动态,开展心理帮扶,帮助贫困家庭孩子树立信心、积极向上;关心贫困家庭孩子的学习情况,帮助他们顺利完成学业;协助贫困家庭学生获得资助,减轻家庭经济负担。

2. 全面推广扶贫励志班,"四优先"助力职教脱贫

全面推广获习近平总书记点赞的海南省经济技术学校扶贫巾帼励志中专班成功经验,让每个建档立卡贫困学生掌握一门技术、找到一份工作,是"实现一人技术学到身,全家脱贫有希望"的有效途径。

3. 支持海南广播电视大学开办脱贫致富电视夜校和"961017"服务热线

截至 2018 年 12 月 17 日,电视夜校已经顺利播出 114 期,同时段全省收视排名第一,超过了电视热播剧的收视率,全省 2 784 个教学点、10 万余人参加有计划、有组织的课堂学习、讨论,贫困户更加直观和深入地了解了住房、教育、医疗、产业发展等扶贫政策,更新观念,激发了脱贫致富的斗志。自"961017"服务热线开通以来,接到超过 3 万多条群众来电，其中教育工单 1 400 多个，100％按期办结，开拓了一条解决贫困群众诉求的新路子。

4. 全面提升农村贫困地区办学质量，为贫困家庭学生提供公平有质量的教育

2016 年投入 8.8 亿元实施全面改善薄弱学校办学条件项目，投入 2 000 万元资金继续推动思源学校（教育扶贫移民学校）建设。2017 年投入“全面改薄”资金 8.4 亿元，校舍建设项目 520 个，新建校舍 19.8 万米^2，设备购置 1.87 亿元；2018 年投入 11.5 亿元改扩建贫困地区 442 所学校。在 13 个贫困市县 21 个乡镇（含农场、村）新建设 27 所公办幼儿园，计划投入 1.4 亿元，可提供 7 320 个学位。提高贫困村教师生活待遇，安排贫困地区教师每人每月 300 元专项津贴，优先建设贫困地区教师周转房，落实乡村学校教师专业技术聘任政策。

海南省教育脱贫攻坚以问题为导向，就教育扶贫领域的突出短板，靶向发力，集中突破，多举措、倾全力提升农村贫困地区办学质量，为贫困家庭儿童上学提供公平、有质量的教育，受到广大贫困户的拥护和欢迎，成效显著。

海南省经济技术学校为贫困家庭女生插上腾飞的翅膀

海南省经济技术学校深入学习贯彻党的十九大精神，以习近平总书记的扶贫开发重要战略思想为指导，以创办扶贫巾帼励志中专班为抓手，在职业教育扶贫道路上积极探索扶贫同扶志扶智相结合，实施实践创新举措，取得了明显效果。

一、扶贫巾帼励志中专班创办背景

2009年，海南省经济技术学校对海南贫困家庭子女就读职业教育愿望情况进行了一次调研，发现60%左右的农村贫困家庭没有能力，也没有意愿送初中毕业后的女孩继续上学。这些女孩当时的选择是外出打工，补贴家用，但她们没有接受过职业教育，无技术技能，只能从事繁重、技术含量低的工作岗位，收入微薄，工作不稳定，工作不久回到农村，成为新的年轻的贫困人员。

针对这些现象，基于农村贫困女孩现实处境的严峻和女性素质对国家、民族、家庭影响的重要性，在省教育厅、省扶贫办的正确领导和大力支持下，学校联合省妇联于2009年7月面向全省贫困家庭女孩招生，创办扶贫巾帼励志中专班，以此为载体，探索职教励志扶贫模式，让贫困家庭女孩免费学技术、立志向，毕业后安排技术性岗位，优质、优酬就业，帮助家庭脱贫致富，从根本上阻止贫困的代际传递。

2010年1月11日，国家副主席习近平同志对学校创办扶贫巾帼励志中专班做了重要批示，扶贫重在扶志，扶志重在育才。海南省经济技术学校围绕扶贫开发，以学习实践活动为契机，以农村贫困家庭为对象，创办巾帼励志中专班，体现了强烈的社会责任意识，是职业教育的一个创新。这种办学思路和办学方向，应予鼓励和倡导。2010年4月13日，他亲临学校视察并看望了扶贫巾帼励志中专班的学生，鼓励同学们发奋学习，努力成为国家建设的有用之才。

学校贯彻落实习近平同志的重要批示精神，制定了《2009—2018 海南省扶贫巾帼励志中专班发展规划》，用 10 年时间培养 1 万名贫困女孩励志成才，造就 1 万位好母亲创业就业，带动 1 万户家庭脱贫致富。2009—2018 年，该学校招收培养贫困学生 9 651 人（其中已毕业五届 7 141 人），实现了办学的预期目标。

二、实践与做法

（一）选准专业，服务经济社会发展

学校围绕海南"十三五"规划和建设自由贸易区（港）的战略任务开设契合海南经济社会发展需求计算机类、旅游类和服务类的专业，培养市场需要的初级、中级技术技能人才。学校打造高素质的教师队伍，帮助贫困学生找准定位，掌握一技之长。

（二）全面资助，让贫困学生能上学

为了确保每一名学生不因贫困失学，学校及时落实国家资助政策并争取政府、社会、企业支持，筹集资金 3 600 多万元，对学生实施"五免二补"政策，免除学生的后顾之忧。

（三）励志教育，让贫困学生学得好

1. 强化思想引领，党建促进励志教育

学校成立学生励志党支部，制定每年度的学生励志教育方案，明确教育内容，以月份为时间节点分成理想、信念、教育等教育主题，利用每周一下午主题班会组织学习。教职工党员与贫困学生结对子，关心贫困学生的学习和生活情况，帮助贫困生解决实际困难。

2. 配备专门力量，励志教育常态化

学校成立扶贫励志教育辅导团，利用第二课堂时间对贫困学生进行励志教育辅导，内容涵盖感恩、诚信、法制、职业道德等方面，帮助学生树立脱贫志向和养成良好品德。学校还聘请励志教育专家、法治专家、优秀校友每年到校举办励志教育讲座、经验分享会等。

3. 关注心理教育，促进学生健康成长

学校特设心理咨询室，聘请 2 名专职的心理咨询师，建设个体辅导室、团体辅导室、音乐放松室和宣泄室等，加强对学生的心理引导，培养她们良好的心理素质。

4. 组织实践活动，培养学生良好品质

学校成立勤工俭学服务中心，利用寒暑假和周末组织扶贫巾帼励志中专班的学生参

加勤工俭学活动，加强专业实践训练，塑造学生吃苦耐劳的品质。通过多样化的励志教育，帮助扶贫巾帼励志中专班的学生树立凭技术技能优质就业的志向。在学生就业后，父母随子女居住工作，有效实现农村劳动力向城市转移。

（四）校企合作，让学生练得好

职教技能扶贫的落脚点是帮助学生实现优质就业。学校牵头组建了“一校百企”合作联盟，每年各企业能给贫困学生提供3 000多个工作岗位。学校建设了美发、食品加工、电商创业体验店，为学生提供真实的创业环境，参与全程的生产经营与管理，培养学生创业意识和提高学生创业能力。

三、主要成效

（一）当年贫困失学女孩，今日职场绚丽绽放

贫困学生经过在校3年的扶贫励志教育，上岗后经过努力，逐步成长为企业生产经营的骨干、家庭脱贫致富的中坚力量。她们的先进事迹在社会上引起广泛关注，许多农村女孩争相报读扶贫巾帼励志中专班，扶贫励志教育办学规模和社会效益日益明显。在毕业生中，涌现出一批先进代表。

李雪练，2012届酒店服务专业扶贫巾帼励志中专班毕业生。在校期间，连续荣获两届全省中职学校学生技能大赛酒店中餐摆台项目一等奖，并考取了实习指导教师资格，被学校留用聘为酒店实训室的实训指导员。曾多次获得技能大赛一等奖，两次指导学生参加国家级技能大赛荣获三等奖。2016年年底，出资4万元帮家里盖起了新房。

覃小丹，2012届财会专业扶贫巾帼励志中专班毕业生。在校就读期间，表现优秀担任学校学生会主席，毕业前入了党并被学校留用，现在任校团委委员、学生励志教育辅导员。2015年年底，出资3万元帮助家里盖起了2层共240米^{2}的楼房。

王世姑，2012届会计电算化专业扶贫巾帼励志中专班毕业生，初中毕业后在外打工3年后返回校园，就读扶贫巾帼励志中专班，现在在海南三才者咨询服务有限公司担任会计主管，负责70余家企业的账目。2016年年底，出资3万多元帮助家里盖起了140米^{2}的一层楼房。2017年6月12日第43期《脱贫致富电视夜校》报道了她的励志成才事迹。

（二）花香全岛，辐射省外

扶贫巾帼励志中专班办学模式被推广到海南省39所中职学校。截至2018年12月，

在校生扶贫巾帼励志中专班246个，在校扶贫励志学生8 902人，在海南省农村形成“读职校、学技术、好脱贫”的良好氛围。创办扶贫巾帼励志中专班为全国贫困地区提供一条职业教育扶贫可借鉴的经验。

学校在注重扶贫同扶志、扶智教育相结合的工作中取得了良好成绩，得到了媒体的广泛关注和报道，先后获得“全国维护妇女儿童权益先进集体”“全国先进基层党组织”“全国社会扶贫创新优秀案例奖”“全国教育系统先进集体”“全国巾帼文明岗”等多项荣誉。

四、经验与启示

（一）关注群体需求，做好农村富余劳动力转化

贫困女生作为一个特定区域内的性别群体，有着共性的、整体性的利益和需求。学校以“扶贫巾帼励志中专班”为载体，立足海南自由贸易区（港）建设，大力培养“有文化、懂技术、会经营”的新型贫困农村妇女，大力开发适合女性就业的岗位，有助于加快贫困女生向非农产业转移。

（二）抓培训，提高贫困女生竞争能力

面向创业贫困女生，大力开展创业知识培训，提升创业发展能力；面向农村转移就业贫困女生，大力开展非农技能培训，促进贫困女生转移就业；面向农村生产一线贫困女生，大力开展种养加实用技术技能培训，增强贫困女生发展现代农业的本领。广大贫困女生在完成培训后能在种植、养殖、加工等各个领域大显身手，成为促进农村经济发展的一支生力军。

（三）注重典型培养，激励贫困女生在脱贫致富中建功立业

在脱贫攻坚的大潮中，培育和树立先进典型，及时发现、培养、宣传在新农村建设中带动贫困女生增收致富、弘扬文明新风、保护生态环境等方面的先进典型，发挥典型的示范辐射作用，激励和带动更多的贫困农村妇女转变传统的生产方式、生活方式和价值观念，改善生活条件，激发她们更大的参与热情。

海口市聚焦“扶志增收”探索打造“一站式”服务新平台

习近平总书记指出，“贫困群众既是脱贫攻坚的对象，更是脱贫致富的主体。要加强扶贫同扶志、扶智相结合，激发贫困群众积极性和主动性，激励和引导他们靠自己的努力改变命运。”①一直以来，在帮扶过程中，海口注重把扶贫同扶志、扶智有机结合起来，不断激发贫困户的内生脱贫动力。

一、用好“夜校”平台 “把脉”贫困户需求

海口各区在采取上门问、座下谈、田间地头交流等方式，了解贫困户农产品生产以及销售情况后，为贫困户开出了“夜校集市”的“良方”。

（一）做足“创新”大文章

“夜校集市”活动想法的萌芽是党员干部根据2017年夜校工作中创新地邀请专家授课、有奖知识问答、评出“服务之星”“学习之星”“脱贫之星”等活动，结合贫困户目前的需求，群策群力，不断研究探索的帮扶新招。

（二）用好“夜校”大平台

海口紧密结合乡村振兴、新时代文明实践等活动，充分利用夜校平台，加强与理论宣讲、科普推广、农科农技培训等内容相融合，既提高了帮扶干部的理论水平和实践能力，又提高了贫困户的思想素质和致富能力。

① 2018年2月12日，习近平在打好精准脱贫攻坚战座谈会上的讲话。

（三）打好“精准”这张牌

在“夜校集市”活动开展之前，海口各区都根据帮扶干部的购买清单，结合贫困户的售卖需求，列出售卖农产品清单，提前将清单发送给帮扶干部以及有需要购买的群众，拓宽销售渠道，做好供需对接工作。同时严格把关在“夜校集市”售卖的农产品，确保农产品质量，做到买得放心，卖得舒心。“精准”施策助力脱贫攻坚，“精准”施策抓好夜校工作，“精准”施策服务贫困户，不断为打赢脱贫攻坚战注入坚实力量。

（四）围绕“实效”下功夫，做好脱贫攻坚工作

既要让帮扶干部增强责任感，也要让贫困户拥有获得感，帮扶干部当好“带头兵”，以实际工作和行动支持贫困户脱贫致富，帮助贫困户在家门口就能将学习成果转化成“真金白银”，带着劳动果实开开心心去上课，既让贫困户的口袋鼓起来，又让贫困户的脑袋“富”起来。

二、架起产销“致富桥”　鼓起贫困户“钱袋子”

在海口区、镇、村三级党员干部、相关工作人员、贫困户的努力下，“夜校集市”活动取得了不错的成效，进一步促进了贫困户和帮扶干部参加夜校学习的积极性和主动性。

（一）凝聚帮扶力量，发挥党员带头作用

各镇积极发动帮扶干部参加“夜校集市”活动，让帮扶干部进一步了解贫困户农产品的生产和销售情况，促进帮扶干部做好帮扶工作。在“夜校集市”上，农产品的种类繁多，帮扶干部不仅现场购买，还主动利用微信、QQ、微博等方式，帮助贫困户宣传农产品，让更多的亲戚、朋友加入爱心帮扶。

（二）架起服务桥梁，帮助贫困户增收

举办“夜校集市”活动，旨在切实提高贫困户收入，打通服务贫困户“最后一公里”。在“夜校集市”上，很多贫困户的农产品都被一抢而空，贫困户的脸上挂满了笑容。在“夜校集市”活动现场，新海府粥城和森林城市酒店与清泉村委会 30 户贫困户签订连续 3 年产销协议，鼓励困难群众生产包销和脱贫，为贫困户提供了最需要的扶持和帮助。

(三)激发学习动力,推动电视夜校工作

海口利用夜校开播前1小时,举办“夜校集市”活动。这种活动不仅能够帮助贫困户增收,还能让贫困户带着劳动果实,开开心心参加夜校学习。

三、持续深化成果　助推脱贫攻坚迈上新台阶

百姓的笑容是扶贫成效最真实的体现。在各“夜校集市”,贫困户脸上洋溢着自信和喜悦。对海口而言,这是成绩,更是一个开始。海口将全面铺开“夜校集市”活动,确保“夜校集市”活动常态化、制度化,让“夜校集市”好经验、好做法落地生根。

(一)逐步全面推开“夜校集市”活动

结合海南爱心扶贫网等电商平台,通过“以购代捐”的形式,进一步以点带面,在其他教学点全面铺开“夜校集市”活动。不断推出更细、更具体的农产品销售清单,完善相关工作方法和细则,将供需对接工作做得更密切、更合理,确保“夜校集市”活动常态化、制度化。

(二)把“夜校集市”作为推行消费扶贫的重要抓手

通过脱贫致富电视夜校的“夜校集市”平台,积极发动领导干部根据自身需要,结合联系点农副产品和手工艺品出产情况,带头“以购代捐”参与消费扶贫,引导带动全社会广泛参与,同时还积极发动爱心企业,帮助贫困户宣传农产品,增加贫困户收入,进一步形成全市齐心协力爱心扶贫的氛围。

(三)不断做精做大“夜校集市”工作

积极探索“线上+线下”交易模式。“夜校集市”线下定点售卖活动,售卖的数量和对象都具有局限性。充分利用电商平台,主动融入海南爱心扶贫网,做好销售渠道的配送工作,不断推广特色农产品,扩大品牌效应,提高贫困户的收入。

五指山市强化宣传教育培训 为精准帮扶提供基础保障

为深入贯彻落实《中共中央　国务院关于打赢脱贫攻坚战的决定》精神和海南省委、省政府对脱贫攻坚工作的部署，五指山市深入开展大培训大宣传工作，以扶贫政策知识培训为基础，以扶贫扶智为重点，以科技培训为切入点，积极促进贫困户增收、农业增效，切实解决帮扶工作不扎实问题，取得了良好成效。

一、加强政策知识培训　提升扶贫干部帮扶能力水平

五指山市采取“分级分类负责、按需培训、短期学习、日常教育相结合”的方式，按照科级干部、一般干部和农村干部三个层级制订培训计划，印发了《2018年五指山市干部教育培训计划》，由市委组织部统一安排课程，将精准识别和精准退出、“两项制度衔接”政策、抓党建促脱贫攻坚等内容纳入培训课程，每期派员跟班学习辅导，精心组织办好各类专题培训班。

通过分层次、分类别、分批次的方式，将脱贫攻坚各项政策知识武装到全市各级领导干部身上，不断提升干部综合能力素质和脱贫攻坚工作能力水平。五指山市还召开全市脱贫攻坚整改培训动员会，对全市脱贫攻坚整改工作和贫困人口“漏评”“错退”工作做了具体部署，将识别和退出标准、程序等进行了培训和讲解，确保基层干部在开展动态管理相关工作时依规推进。

二、加强实用技术培训　提升贫困群众脱贫能力水平

五指山市围绕扶贫产业和农户实际情况，本着“缺什么，培训什么”的原则开展实用技术培训年活动，研究制定了《五指山市 2018 年科技培训工作实施方案》。全市各项目实施单位采取灵活的科技培训方式，根据农业产业和贫困家庭的培训需求，逐镇逐项分类分班，采用田间培训与室内培训相结合、理论集中授课与实践操作相结合的方式，授课专家进村入户进行授课。同时，建立规范的班级管理制度，分类分班组织教师授课，为确保教学效果和培训质量，每期培训人数均不超过 30 人，实施精准培训。通过农业技术培训，农民识别农作物病虫害能力和科学管理水平显著提高，贫困群众脱贫致富能力水平不断增强，较大限度地促进了农业增效、农民增收，对全市瓜菜生产安全、质量安全和食用安全也起到了积极的保障作用。

三、加强宣传教育引导　增强贫困群众内生动力

五指山市注重加强“志智双扶”工作，牢固树立“扶贫先扶志，扶志必扶智”的扶贫工作理念。在开展农业技术知识培训的基础上，下大力气，通过深入开展扶贫“大宣讲”等活动，帮助贫困群众树立摆脱困境的斗志和勇气。将获得海南省脱贫攻坚奋进奖的通什镇福关村黄谢东等脱贫勤劳致富先进事例纳入宣讲内容，用“身边人身边事”教育、引导和感化贫困群众，不断转变思想观念，进一步激发内生动力。同时大力开展革除陈规陋习活动，规范新房乔迁等办酒行为，在全市范围内树立“婚丧从简、尊老爱幼、扶贫济弱、互帮互助、整洁卫生”的乡村文明新风尚，推动形成文明和谐新乡风，助力脱贫攻坚，营造积极向上的浓厚氛围。

屯昌县创新开展法治扶贫　努力营造良好氛围

海南省屯昌县充分运用法治思维和法治方式解决扶贫开发工作存在的问题，创新法治扶贫方式，服务和保障脱贫攻坚工作，营造了扶贫领域良好的法治环境。

一、构建法治扶贫长效机制　补齐农村法律短板

（一）健全老年人权益保障服务体系

建立了“赡养协议＋司法确认”工作模式，对老年人子女是否存在不尽赡养义务、单独分户、“自己住新房、父母住危房”的行为进行了全面排查，共排查出子女不赡养老人121例，涉老206人；对排查出的案例，要求当事人全部签订赡养协议，完成司法确认。对于已完成司法确认的121例贫困户履行赡养义务情况，该县实行定期回访制度，一经发现不履行赡养义务的，由辖区人民法庭依法启动强制执行程序。

（二）健全贫困对象司法救助体系

屯昌县将建档立卡贫困户全部纳入法律援助帮扶体系，实行扶贫系统大数据信息共享。县扶贫办协助司法、法院对贫困户、低保户、特困户开展法律援助信息审查。法院对涉贫案件开通绿色通道，对贫困户赡养、抚养、借贷纠纷和追索劳动报酬、劳动保险等案件优先立案、优先审理、优先执行，为贫困当事人依法减免诉讼费。

（三）健全基层多元化矛盾纠纷解决体系

屯昌县充分发挥联调联处中心作用，对脱贫攻坚工作中发生的涉及土地权属、劳动合同、合作社入股分红、邻里关系、继承赡养、婚姻家庭等矛盾纠纷给予优先妥善调解。对未设立联调联处中心的乡镇，建立了多方联动化解机制，由司法所、派出所、法庭工作人员和

法律顾问、人民调解员、网格员共同协作,妥善化解矛盾纠纷。

二、法治助力精准扶贫　维护贫困群众合法权益

(一)依法维护贫困户宅基地的合法权益

针对阻挠危房拆除的行为,屯昌县严格贯彻落实《中华人民共和国土地管理法》关于农村“一户一宅”规定,特别是侵犯贫困户宅基地使用权的,由相关职能部门依法查处,情节严重构成犯罪的,依法追究刑事责任。对于贫困户“外嫁女”在承包土地、宅基地等方面应享有的合法权利被侵犯的,依托联调联处中心和人民调解员进行调处。

(二)依法维护贫困务工人员领取薪酬的权利

对涉及建档立卡贫困户务工人员的工资拖欠、工资低于当地最低工资标准等问题,劳动监察部门建立起快速反应、快速解决的机制,要求对容易发生拖欠问题的行业开展重点排查,对发现的拖欠薪资或薪资过低情况及时查处。

(三)依法维护贫困户生产生活的合法权利

注重及时解决贫困户在生产生活中遇到的困难和问题,在引导安排帮扶产业方面,严格把关引进的农产品安全和质量,对于扶贫中发生的坑农害农、假冒伪劣、偷盗牛羊等违法犯罪行为,坚决予以打击。

三、严厉打击扶贫乱象　营造有序扶贫环境

(一)严厉打击“闹贫”行为

针对不符合贫困对象申请条件,无理取闹、反复申请,辱骂、威胁,甚至伤害扶贫工作人员的行为,屯昌县提出依法严厉惩治,对情节严重构成犯罪的,追究刑事责任。

(二)严厉打击缠访闹访行为

针对部分贫困对象用非正常上访的方式来谋取不正当利益的行为,屯昌县信访、扶贫部门加强了政策解释和调解工作,对该信访终结的依法按程序予以终结,对经释明后依然

缠访闹访、扰乱扶贫工作秩序的，严格依法处理。

(三)严查“虚假贫困户”问题

贫困对象采取造假、虚报等方式套取、骗取扶贫资金与物资的，经核查属实，相关部门按照有关规定坚决予以剔除和清退，并依法追回已发放的救助款物。对贫困对象转让指标、假冒贫困户骗取教育、医疗等政策优惠的，联合相关部门坚决予以打击。对贫困对象利用危房改造补助资金盖房后交给他人居住的，对其进行政策释明，督促纠正。

(四)加大扶贫道德引导

通过报纸、电视、微信等平台，大力宣传道德模范、贫困户的脱贫故事，帮扶干部的故事，用正面典型弘扬正气，调动贫困群众生产积极性。对脱贫攻坚中“争当贫困户”“不赡养老人”“要扶贫政策”“闹访缠访”的反面典型，坚持发现一起曝光一起，注重用群众的身边事教育身边人，营造“争当贫困户可耻”“自力更生脱贫光荣”“不赡养老人违法”的良好扶贫氛围。

临高县挖掘扶贫感人事迹　激发脱贫内生动力

自2018年以来，海南省临高县聚焦志智双扶，强化目标导向，强化责任担当，强化问题意识，提升全民对扶贫工作的认知，树立扶贫工作中的典型，挖掘扶贫工作背后的故事，让全县的脱贫攻坚战声势更加浩大，决心更加坚定。

一、人物挖掘

2018年6月22日，临高县委宣传部在海南日报报业集团旗下《海南日报》《南国都市报》正式刊登征集临高"最美扶贫人"人物评选启动启事，公布征集、推荐方式和基本要求，利用新媒体平台宣传，公布活动细则，吸引读者和网友关注和参与本活动；临高县委宣传部也同步配合发文，发通告，组织相关部门、专家团队、媒体、社会团体、各企事业单位、群众自行推荐人选，营造浓厚社会舆论氛围；联合《海南日报》成立评选活动组委会，协调组织评选活动的全面工作。

2018年6月22日至8月初，《海南日报》相关记者、工作团队走访了10个镇近50个行政村，深入各个贫困村镇实地探访，调查走访群众近500人，专访临高县各相关部门及社会各界代表性人物发表看法，挖掘了在扶贫工作中干实事、受百姓认可的典型人物作为2018年临高"最美扶贫人"候选人，在《海南日报》等多个媒体上以图文形式刊登候选人的故事、事迹，形成专题报道。在报道期间，这些"扶贫明星"在临高县内引起广泛热议，在领导干部中也形成了热门话题。各村镇扶贫工作在话题影响下形成了相互比拼的风潮，对脱贫攻坚工作产生了积极推动的作用。

二、全民票选

在2018年7月底报名截止后，活动组委会根据候选人事迹材料及记者寻访搜集到的候选人图文报道，汇编整理，开通2018“最美扶贫人”网络投票网站，发布所有参选人事迹，接受大众投票。在为期1个月的投票过程中，各候选人所在的村镇、单位、企业纷纷组织开展拉票，通过微信朋友圈、微信群、手机短信等方式分享投票页面，形成良好的群众舆论氛围。同时，候选人的事迹在分享的页面、标题中充分展示，对于扶贫工作也产生了正能量效果。截至2018年8月31日，临高县共有50万人次参与投票，最美扶贫人事迹得到了广泛的传播。

三、评定表彰

根据候选人事迹材料，寻访报道以及初步投票结果，活动组委会对推荐上报的候选人进行初审，在征询临高县扶贫办、县委、各镇政府的相关意见之后，通过组织专家评审团（由临高县委宣传部、扶贫办负责人、资深媒体人、社会知名人士、专家学者代表组成）综合考量，确定了2018临高“最美扶贫人”获奖名单。

2018年10月17日正值全国扶贫日，2018年临高“最美扶贫人”颁奖晚会也在2018年10月17日成功举行。在晚会中，一个个暖心的名字，一曲曲沾着泥土芬芳的赞歌，向现场观众讲述了临高扶贫领域的典型人物和集体，在扶贫路上感人的点点滴滴。其中，最美扶贫人获奖者的事迹纪录短视频格外引人关注，感情充沛，内容翔实，犹如一股清流直击人心。其中，有“把百姓的田当作自家田，把百姓的事当作自家事”的驻村干部。例如，带领贫困户种植百香果增收的多文镇凤雅村驻村第一书记黄尚骞；用关怀和爱意温暖着波莲镇古柳村村民的贴心“知姐”陈赛知；从扶贫精准识别到带动村民成立合作社发展产业的临城镇文新村驻村第一书记符军；主动请缨下村扶贫、甘做贫困户的暖心人的临高县税务局老干部陈定生；兢兢业业、扎实做好扶贫后勤工作，为基层扶贫工作提供坚强保障的“90后”李小芳；脱贫不忘带领乡亲奔富路的调楼镇隆道村党员曾扬、博厚镇大雅村村民王桂中；创新产业扶贫模式，注重提升贫困群众“造血功能”的临高县财政局、临高海丰养殖发展有限公司、海南鸣旺实业发展有限公司临高分公司等单位和企业。在场观众及领导数次落下感动的泪水，这些候选人事迹对脱贫攻坚工作产生了巨大的正向影响。

该晚会也邀请了新华网、凤凰网、《海南日报》客户端等家网络媒体进行全程图文直播及新闻报道，总点击率超 100 万人次。现场座无虚席，群众观看人数多达 5 000 余人，评选活动与颁奖晚会紧密进行，从而做到群众互动，在临高掀起歌颂最美扶贫人的火热风潮，增加人民脱贫信心，提升临高镇全民奋进新时代的精气神。

四、汇报巡展

在活动结束之后，临高"最美扶贫人"获奖者的使命才刚刚开始，县委县政府、县委宣传部联合组织获奖者深入各村镇、邻市县进行巡回演讲报告，将扶贫心得、扶贫事迹、扶贫工作中的方方面面大力推广，全面汇报，让扶贫干部、贫困群众获取榜样的力量，推动脱贫攻坚砥砺前行。

同时，组委会将"最美扶贫人"的事迹编辑成书，图文并茂，印发给各个乡镇及 2 000 多名帮扶责任人；同时组委会也将临高"最美扶贫人"事迹视频上传至互联网，通过多个新媒体平台广泛传播，让群众了解扶贫艰辛，贯彻扶贫思想，引发持续热议。获奖者视频于 2018 年 10 月 27 日上线，短短 4 天已有近万次点击，传播效果良好。

五、活动亮点

（一）宣传氛围营造浓厚

活动在各大主流媒体投放多篇正能量文章，分别从书写扶贫人物故事、临高脱贫工作追踪报道、各脱贫帮扶企业等方面展现临高脱贫攻坚成果，并取得了一定的效果，从宣传的密度和覆盖面来讲，做到了家喻户晓、随处可见，为临高各乡镇脱贫工作提供榜样。

（二）宣传形式丰富，活动覆盖面大，受众人数广

在活动宣传过程中，在方式的选择上不仅停留于传统手段，还采用了新媒体宣传、现场图文直播、创意硬广、朋友圈传播等自媒体平台，展现了网络覆盖范围宽泛，传播速度快速的特点，在各大媒体平台掀起脱贫攻坚热潮。

（三）把握宣传节奏，紧凑有效

宣传活动分别在《海南日报》《人民日报》、新华网、人民网、凤凰网等多家大型媒体进

行了活动宣传刊登，对活动宣传节点进行设定，在时间点、版面数、媒体平台把握好宣传节奏，保障本活动的宣传效果及宣传范围。

（四）弘扬脱贫攻坚正能量

本次活动切实抓准受众，激发贫困群众积极性和主动性，激励和引导他们靠自己的努力改变命运，弘扬脱贫正能量。

（五）人物宣传片引起共鸣

“最美扶贫人”人物宣传片采用、人物细节特写、故事性等现代拍摄技术，每一句文案都展现了临高扶贫工作者的“志智双扶”的力量，人物故事性强，具有鲜明的特点。在颁奖晚会现场，每讲述一个人物，就会引起共鸣，现场的掌声不断。

引入专业服务机构 规范产业扶贫

陵水黎族自治县本号镇创业辅导中心规范产业扶贫经验做法

海南省建设特色产业扶贫基地 1 171 个，产业帮扶覆盖 90%以上有劳动能力和意愿的贫困户。由于农业企业和合作社经营管理不规范，产业扶贫存在帮扶质量不高、带贫益贫不明显、贫困户参与度低以及利益联结机制不紧密等问题。

为了解决这些问题，陵水黎族自治县本号镇通过政府购买服务方式，引进第三方服务机构成立创业辅导中心，指导村办集体企业完善组织架构、财务管理和风险管控等制度建设，对经营团队进行经营管理能力培训，为企业和农户提供农资、技术、市场销售等专业服务。

一、坚持问题导向 开展全方位指导和服务

（一）指导村办集体企业完善组织架构，解决企业决策监督不规范问题

创业辅导中心将现代化的企业管理理念植入村办企业的管理架构。在具体操作中，由基层党组织和村两委班子担任“董事会”成员，将政治素质好、法治观念强的致富能手和职业经理人组成“经营团队”，驻村第一书记、驻村干部、贫困户代表、村民监督委员会成员作为“监事会”成员，搭建了一个以党的基层组织为核心、村民自治和村务监督组织为基础、职业经营团队为骨干的共建共治型组织体系，为实现多方共赢奠定了基础。

（二）指导村办集体企业完善资产收益量化分配制度，解决利益联结不紧密的问题

创业辅导中心帮助村集体企业建立资产所有权量化分配台账，把贫困户、低保户、特困户和残疾户等统一纳入年度产业扶贫保障体系，从制度上机制上确保了这些主体的资

产收益权。

(三)为村办集体企业培训经营管理人才,解决企业经营管理能力不足的问题

创业辅导中心有针对性地对各个企业的经营管理团队组织多轮次培训。培训内容包括国家扶贫产业政策、企业章程、董事会监事会职能职责、经营管理技能、财务管理以及相关法律法规等。

(四)指导村办集体企业规范财务管理,解决扶贫资金管理使用的安全性问题

在创业辅导中心指导下,本号镇成立了“村集体企业管理中心”,对扶贫产业项目的立项加强了指导。凡是对外合作的项目或村办企业发展的产业项目,必经专业市场前景项目评估,必经项目可行性测算,必经合作框架协议审议,通过这些举措尽可能地降低财政资金的投资风险。

(五)为村办集体企业和贫困户提供农资、农技和市场销售服务,解决他们技术欠缺、市场开拓能力弱的问题

辅导中心围绕本地大力发展的火龙果、香粉蕉和苗圃育种等产业,为农户提供农作物产前、产中、产后各环节的指导,为企业增加更多的经营和服务功能,增强了企业的带动效应,有力促进了村集体企业和贫困家庭同步增收。

(六)帮助地方政府开展感恩励志教育,解决部分贫困群体内生动力不足的问题

针对当地贫困户内生动力不足问题,创业辅导中心利用自身优势,专门开设了“扶贫先扶志,启志树新风”培训班,对贫困户开展思想教育和引导。

二、主要成效

(一)产业扶贫经营管理得到规范,帮扶效果显著提升

通过反复不断地创业辅导,22 家村集体企业全部建立起了完善的现代企业制度,董事会、监事会应有尽有,最大限度地解决了企业决策科学化和扶贫资金安全性的问题。

(二)利益联结机制更为紧密,带贫益贫日益凸显

本号镇通过创业辅导中心,利用资金、政策等资源扶持做实事、见实效的村集体企业。

由贫困户选出代表组成监事会对村集体企业的各项重大决策进行全程监督。村集体企业和贫困户之间订立合同契约以规范各主体的责、权、利，确保贫困户与村集体企业建立起“风险共担、利益共享”的利益联结机制。

(三)基层党支部战斗堡垒作用日益增强，党在农村的执政基础更加稳固

村办集体企业从传统管理到现代化管理转变带来的巨大收益，有效推动了村集体经济“空壳”问题的解决，带动村集体经济逐步壮大，彰显了村两委干部带领村民干事创业的精神和能力，村集体组织凝聚力和公信力得到普遍加强，有力解决了基层党组织软弱涣散问题。

综合扶贫篇

因地制宜发展生态经济
扎实做好绿色富民文章

海南省积极推行生态立体化种养扶贫新模式

生态扶贫就是要在保护自然环境和资源永续利用的前提下，发展生态经济，打造“环境保护＋产业带动”的扶贫开发新模式，从根本上扭转生态环境与经济发展的零和博弈状况，贫困地区的生态经济能成为脱贫致富的有力抓手。

近年来，海南省积极贯彻落实中央精神，坚持“保护利用绿水青山就是守住金山银山”的指导思想，因地制宜开展生态扶贫，使贫困地区的经济发展、农民脱贫致富与当地生态环境改善相互促进，良性循环，实现既要金山银山，也要绿水青山的双赢目标。

一、生态环境保护优先　打造增收脱贫“绿色银行”

作为海南主要河流发源地，中部山区也是贫困人口比较集中的地区，保护好青山绿水不仅是自身可持续发展的需要，还关系到建设生态宜居、美好新海南的发展大局。

自脱贫攻坚以来，海南始终坚持生态底线思维，对贫困地区的山水林田湖进行统一保护、统一修复，确保环境质量只升不降。认真落实河道治理河长制，持续保持对非法采砂、采矿等破坏环境行为的高压态势；加快推进松涛水库和南渡江源头治理工程，全面完成流域内 145 个村庄（含贫困村）污水处理设施配套；完善生态直补稳定增长机制，逐年提高补偿标准，逐步实现贫困地区生态补偿全覆盖；引导水源涵养地周边贫困户发展绿色产业，切实保护好源头水质安全。扎实开展中部贫困地区“老残林”更新、“四边”修复、山体修复、湿地修复等行动，逐步退出近 17 万亩浆纸林，提升 7 万多亩湿地质量，呵护好海南贫困地区优美的生态环境。

与此同时，海南始终把发展和生态作为须臾不能松劲的两件大事，在“金山银山”和

“绿水青山”之间画上等号。近10年来，海南省的生态保护与农民增收一直呈现双增双赢态势。在脱贫攻坚战打响后，海南省在屯昌县贫困地区开展整县推进生态循环农业试点示范工作。按照“两害”变“一利”的总体思路，从推进种植、养殖污染源治理入手，按照“零排放”的目标，投入1.11亿元优先对屯昌县贫困地区45家规模以上养殖场统一设计、统一规划并统一组织实施环保改造。通过改造升级，全县贫困地区畜禽规模养殖场排泄物综合利用率达到50%以上，年沼液沼渣利用量11万吨，解决了畜禽养殖场的污染问题。2017年，用沼液灌溉的贫困户槟榔园区不仅产量提高了20%以上，而且品质好、卖价高。贫困群众从发展循环农业中尝到甜头，增收幅度在30%以上，发展循环农业得到认可。海南在总结屯昌贫困地区整县推进生态循环农业建设工作的基础上，选择琼海、东方、文昌、昌江、临高、儋州作为重点推进市县，力争早日实现生态循环农业示范省的目标。

养蜂业是一项传统的养殖业，不但不与农业争地、争肥、争水，而且发挥了蜜蜂完美的传媒授粉作用。白沙黎族自治县委县政府因势利导推动贫困户发展生态养蜂产业，对自愿养殖蜜蜂的贫困农户给予资金、技术和打通市场销售渠道等多方面帮扶。该县得以迅速发展的养蜂业成为一部分贫困户脱贫增收、改善生活条件的健康产业，对构建和谐生态、建设美好家园也起到了积极的作用。2016年，该县打安镇为57户贫困农户采购了680箱中华蜂。由于贫困户缺乏养殖技术，难以得到发展，经过思考和调研之后，贫困农户自愿出让资产，以股东的身份参与“合作社＋养蜂专业户＋贫困户”的产业生产，把所领到的蜜蜂全部集中到其他养蜂能手的手中，由专门的合作社代为管理，并以每年每箱250元的成本价交付到贫困户的手中。在扶持项目中，贫困农户的收益度和参与度并重。除了平时参与观察蜜蜂习性和向合作社养蜂能手学习养蜂技术，贫困户们还参与了政府组织开展的多期培训班学习，以在学到养蜂技术成熟之后可以选择继续参与合作养殖或者退股自行养殖。近几年来，养蜂红利已经陆续发放到贫困户手中。按每户10箱以上，每箱分红250元计算，每户分红所得2 500元以上，养蜂红利有效增加了贫困户的家庭收入。

二、资源综合利用优先　挖掘林下生态经济“聚宝盆”

林下种植、养殖是一项朝阳产业。在充分利用土地资源的基础上，发挥林荫优势，进行立体复合种养，既可以构建稳定的生态系统，增加林地生物多样性，又可以实现农、林、牧资源共享，优势互补，循环发展，对生态保护和贫困户的增收发挥了关键作用。自打响脱贫攻坚战以来，海南贫困地区林下经济产值不断提升，贫困户人均林下经济收入也不断攀升，对海南省脱贫攻坚做出了积极贡献。

益智是海南特有的经济作物，易种好管，适合在阴湿的林下进行套种，种苗的分蘖越多，产量也就越高，在种植后的第 4 年便可达到丰产期。每亩的种植成本只需一两百元，产量却可达 2 000～5 000 斤。除了入药，其还能制成化妆品、果脯、饮料，甚至火锅底料，远销四川、云南、贵州等地。保亭县利用自身地处生态核心区、水源地的优势将益智产业列为精准扶贫、精准脱贫产业并大力发展。除了为益智企业在种苗用地、加工厂建设用地上给予政策支持，县委、县政府还为建档立卡贫困户免费发放种苗，落实保价收购，安排专人上门跟踪服务，真正做到让贫困户"好种、稳收、没烦恼"。2014 年至今，该县共投资近 1 000 万元，为 2 700 户农户发放了 240 万株益智苗，其中建档立卡贫困户 1 341 户，种植面积达到近 1.2 万亩。有些贫困户凭借种 10 多亩益智田，一年就挣了逾 3 万元。

白沙黎族自治县阜龙乡的 36 户贫困户在致富能人高桂成的带领下，在橡胶林行间建起4 个食用菌培育室，种起了秀珍菇。县委、县政府整合 255 万元发展资金，帮助合作社扩大规模，每批秀珍菇销售所得利润的 50%，给贫困户分红。除了秀珍菇，在定点帮扶单位的扶持下，周边村庄的 116 户贫困户还在林间种下了 1 100 多亩益智，挂果后每亩每年可有 2 000～3 000 元的收益，相当于有了一张"定期存折"。

如今，不断扩大规模的秀珍菇产业已经有了 11 个菌包，按照每年可以采摘 3 季计算，合作社一年的产值已经超过了 350 万元。高桂成仍不满足现有的成果，他利用废弃菌包作为有机肥，开展绿色蔬菜种植，进一步拓展了贫困户的增收渠道。

三、附加值深度延伸优先　拉长生态经济产业链

农业产品深加工是生态经济产业链拓展的重要环节。其主要是利用林木果实、植物种子、野生药材、森林蔬菜、藤条等，进行加工、处理、包装，拉长产业链，提高经济效益。

海南充分发挥林区山清水秀、生态良好的环境优势，用好国际旅游岛建设大平台，大力开展观光旅游、休闲度假、生态疗养等服务，积极开发富有地方特色的生态经济加工产品。

儋州市引入海南宏祺藤业科技股份有限公司，发动周边多个村庄的贫困户种植大白藤、厘藤和红藤近 3 万亩，吸纳部分贫困户入工厂就业，年产值 1 亿元。工厂建立了藤条加工车间、木工车间、藤艺车间、喷油房、库房等多个生产车间，基本满足了原藤、藤艺加工各环节的生产需要，采取多元化经营模式来打造深加工产业链，建成了一个集设计、研发、生产、贸易等相关配套行业的国际性大型产业园，以扩大棕榈藤产业的影响力和知名度，培养地方特色产业，带动更多贫困户增收脱贫。

海南全年热量充足，气温温差小，降水丰沛。对种植切叶来说，这是得天独厚的自然条件，发展切叶生态种植产业是一个致富的好思路。海口市三门坡镇因势利导，用好当地天源叶花卉合作社这个平台，通过鲜切叶生产结合林下经济发展模式，鼓励支持贫困户种起富贵竹、巴西木、散尾葵等“绿叶”，产品直接卖给合作社，合作社负责销售、运输一条龙服务，解决了切叶的销售渠道问题。此外，该合作社还专门给村民提供苗木、肥料、技术支持指导，让贫困村民在种植中又多了一份自信。2009—2018 年，三门坡镇的林下富贵竹、散尾葵等绿叶种植面积逐年增加，贫困村民每年都赚得盆满钵满，丝毫不折本。许多村民在脱贫致富后盖了两层小洋楼，买了小汽车，整个村庄的面貌也焕然一新，生态环境在该地区“首屈一指”。同时，合作社也得到了长足发展，切叶产品占海南切叶市场份额的 40％，占全国市场的 10％，远销北京、上海、杭州、广州、昆明、贵阳、武汉、常州、郑州、沈阳等 10 多个省(市)，被省林业厅认定为海南省林下生态经济示范基地。

海南省农信社扶贫　小额信贷"一小通模式"

海南省农信社心系老百姓，为国为民分忧，创新普惠金融体制，探索了小额信贷的新模式。通过"一小通"模式，农民贷款难的问题不仅被打破，而且其为培养亲民爱民的新型干部探索了一条有效的途径。

一、"一小通"发展历程

作为农业大省，60%的海南省人口是农民。虽然独特的地理位置和优越的资源条件为海南省的农业发展带来了得天独厚的优势，但是这种资源条件给农民带来了巨大的自然风险。资金短缺成为海南省农民脱贫致富的主要制约因素。农民的资金，特别是低收入的农民生产发展所需要的资金始终处于"贫血状态"。

(一)引入格莱珉信贷模式

海南省农信社和与孟加拉国格莱珉小额信贷联手开启了海南省小额信贷高速发展的序幕，确定了海南省农村信贷改革的方向。

(二)本土化小额信贷"琼中"模式初成

省农信社以市县政府为主导，在琼中各乡镇建立小额信贷服务站，成立5户联保小组，并且成立财政担保公司，利用财政专项资金对农户贷款贴息。在试点期间，针对海南省农村和农民的实际情况，将国际经验进行本土化改造，创造出"两万以下，免审批，七天到位"的琼中模式获得初步成功，并逐步将试点范围推广至其他市县。

(三)建立海南“一小通”小额信贷

经过多年的实践和改造,“一小通”实现了全省33%的农民覆盖率和98%的还款率,惠及全省26万农户,并基本实现了机构的可持续发展,获得了史无前例的成功,获得中国人民银行科技发展二等奖,被作为小额信贷的成功典范在全国范围内进行推广。

二、“一小通”小额信贷模式特点

“一小通”模式的成功主要依赖于独特的机构设置、高效的信贷队伍、创新的“九专八交”核心制度以及政府的战略支持。

(一)机构设置及信贷队伍

农信社成功从小额信贷的创新机构设置开始。首先,农信社将小额信贷总部设立在琼中,实行单独核算的独立的事业部制,使农信社的小额信贷与过去不良的信贷风气彻底割裂。同时,在全省范围内建立了20个小额信贷部,铺设了覆盖全省的小额信贷服务网,为将小额信贷服务推广至全省提供了体制保障;其次,省农信社为小额信贷组建了一只专业的队伍。其由来自全国各地的600名带着服务“三农”情怀和夯实专业基础的大学生组成,被农民亲切地称为“小鹅”的“小额信贷童子军”。

(二)九专五交制度

1. 九专模式

除了成立专设机构,组建专业队伍,创立专门文化,农信社还聘请包括农业技术专家和农村实用型人才的专家团队,践行“给农民贷款、教农民技术、帮农民经营、促农民增收、保农民还款”。除此,积极引入科技要素,自主研发的“一小通”小额信贷管控的专门系统,建立覆盖全省所有行政村的E-POS便民金融服务网络。同时,农信社为“一小通”模式制定了专向流程,实行“包放、包管、包收与工资、股金、风险金、职务升迁挂钩”的“三包四挂”政策;根据不同层次的农户信贷需求,开发专利产品,并根据《海南省农民小额信贷贴息资金管理暂行办法》,借助政府财政资金,实行专向贴息,减轻贫困农户的借贷成本;针对伤残群体和贫困大学生设立专项基金,实现贫困人口的全覆盖。

2. 五交机制

为了达到更好的实践效果,“一小通”模式大胆创新,将工资“发放权”、贷款风险“防控权”交给工作在一线的信贷员。为了达到最大化惠及贫困农户，农信社将贷款“审批权”、利率“定价权”交给农民。只要农民无负面清单并自愿组成联保小组，在经过专业的信贷培训后就有权获得贷款。当借款者还本付息后，其还款诚信记录则决定了其贷款利率的优惠比例。

（三）政府战略支持

在贴息政策方面，省农信社不仅落实省政府下发的各项贴息政策，让农民不再拒贷，金融机构不再惜贷，还大力带动农民增收、农业增效。目前，贴息农民小额信贷额度已高达 10 万元，有效地减轻了农民的经济负担，调动了农民贷款积极性。

三、“一小通”小额信贷的扶贫效能分析

（一）拓宽信贷群体覆盖面

农村小额信贷门槛低，覆盖面广。只要是符合“有固定住所、有还款能力、有还款意愿、有贷款用途；无吸毒、无赌博、无其他违法记录、无不良信用记录”要求的农民又得到“一小通”小额信贷的机会。为了更好地为贫困农民提供信贷服务和支持，“一小通”用联保小组制度代替抵押物，进一步扩大了信贷惠民的范围，为农民打通了一条融资之路。

（二）提高借款者的自生能力

“一小通”小额信贷模式提高了贫困者的自生能力。其主要通过提供信贷资金和提高贫困者素质两个方面实现。“一小通”小额信贷以扶贫为宗旨，以提供信贷资金为手段，这是“一小通”模式区别于其他信贷的重要特点。“一小通”小额信贷以帮助贫困者摆脱贫困为主要目标。在这个过程中，机构不仅为贫困者提供资金上的帮助，而且给予技术和信息上的支持，以此帮助借款者更好地开展创收性项目。

（三）培育合作社

“一小通”小额信贷有意识地和当地扶贫政府一起培育合作组织。其目标是推动村民在自治组织的平台上通过信息、资金、技术的综合服务在社区开展自助互动，全面促进贫困地区的社会经济发展。授人以鱼不如授人以渔，只有通过发展当地的产业，授予贫困人口和地区能够长久致富的手段，才能带动整个村子、整个地区富起来，避免因再次破产而

返贫。

(四)提高海南扶贫资金利用率

“一小通”小额信贷在海南省的实践证明，贫困者的信贷信用是好的，在合适的制度约束下，贫困者的信用意识是比较强的。除了提供贫困者在普通金融机构不能得到的信贷供给，“一小通”小额信贷模式在实践过程中还通过联保制度和强制存款制度，增强贫困者的脱贫致富的内生动力，再辅以一定的技术和信息支持，促进贫困者对信贷资金的有效利用。

截至 2015 年 9 月末，海南省农信社在改革后的新发放小额贷款不良率为 1.72%，小额贷款业务基本实现收支平衡。实践证明，配合“一小通”独创的制度安排使贫困者的还款率达到98%～100%，甚至比企业都要高。这种方式不仅有效提高了扶贫资金的利用率，而且实现了扶贫资金的循环利用。

真帮真扶 “百企帮百村”提质增效

海南省民营企业脱贫攻坚再发力

脱贫攻坚是一项非常复杂的系统工程，如何变“输血”为“造血”，培育脱贫产业，实现永续脱贫，光靠政府是不够的，必须动员全社会力量参与扶贫。自脱贫攻坚战打响以来，海南以“百企帮百村”精准扶贫提质增效行动为抓手，引导广大民营企业通过市场配置资源的方式参与其中，为打赢这场脱贫攻坚战贡献民企力量。

一、坚持村企自愿　杜绝强制摊派扶贫

海南在推进“百企帮百村”精准扶贫提质增效行动中，始终将村企自愿原则放在第一位。充分尊重民营企业和村民意愿，不搞强迫命令，不包办代替，由民营企业和贫困村根据自身状况与发展需要，协商确定帮扶形式、内容和期限。

海丰养殖公司利用多年积累的深海网箱养殖人才、技术、管理优势，通过“公司＋渔业专业合作社＋农户”“公司＋保价收购＋农户”等方式，带动和吸纳了当地 7 000 名贫困户入股搞深海养殖，产品卖到中国 27 个城市以及美国、加拿大等，销量全国第一。

临高县新盈镇以每人 6 000 元产业扶贫资金入股海丰养殖公司。前 3 年，企业每年分红该笔股本金的 15％；后 7 年，每年分红 10％；10 年后再返还本金给农户。除了吸纳 40 多名贫困户就业，10 多年来，黄达灵每年都拿出一笔资金专门用于对村里困难群众的慰问和基础设施的改善。

二、坚持互利共赢　确保永续脱贫

互利共赢是合作的基础。因此，“百企帮百村”精准扶贫提质增效行动坚持村企优势互补、互惠互利原则，推动双方建立稳定持久的帮扶合作关系，努力实现村里得益、农民受惠、企业获利的多边共赢局面。海南省工商联秘书长黄琅说，以往民企多是捐款捐物“输血式”扶贫，现在力推“造血式”产业扶贫，这样更长效，具有双赢性、可持续性。

海南广陵高科实业有限公司积极参与扶贫开发，带动农民脱贫致富。南繁育制种需要大量土地和劳动力，企业有资金、有技术，但缺地、缺劳动力；农民有地、有劳动力，但缺资金、技术。产业有基础、有前景，双方只需通过资源整合互补，便可各取所需，实现互利共赢。海南广陵高科实业有限公司长期（10 年以上）租用了陵水、乐东两地农民土地，将累计支付农民地租 1.4 亿多元（包含每亩每年 500 元的财政补贴），其中直接受益的贫困户有 373 户，户均租金收入 1.8 万多元。在确保稳定地租收入的基础上，海南广陵高科实业有限公司还优先雇用租地贫困户从事南繁育制种劳动，每年雇请贫困户在 1.8 万人次以上，支付每人每天至少 120 元劳务费。同时，海南广陵高科实业有限公司还采用“公司＋农户”方式组织农户开展制种生产。通过免费技术培训指导，变种水稻为制种，有效解决了每年 6—10 月夏、秋季节土地撂荒的问题，每亩可增加收益 1 000 元。通过土地流转和资源整合，海南广陵高科实业有限公司的种植生产规模越来越大，其行业龙头地位得到稳定，企业收益也持续稳定增长。

三、坚持协议约束　实现责权明晰

根据“百企帮百村”精准扶贫提质增效行动的要求，所有参与帮扶的企业都将同结对帮扶村委会签订一份《村企结对帮扶及公建协议书》。该协议明确了双方职责，企业要根据帮扶村庄的致贫原因、资源禀赋、人口结构等基本情况，因地制宜、精准施策制订帮扶计划。帮扶计划要明确选用何种帮扶方式，如产业帮扶、就业帮扶、商贸帮扶、智力帮扶、捐赠帮扶等。受助村委会则要提供相关基本信息，并确保准确无误，要主动邀请帮扶企业定期参加本村重点事项决策，全力配合做好相关脱贫攻坚帮扶工作。

佳裕生物开发公司于 2016 年参与政府推广的“公司＋合作社＋建档立卡户”的生产模式，成立贫困户合作社，吸收五指山市 446 户建档立卡贫困户参与当地产的毒蜘蛛——

“海南虎纹捕鸟蛛”养殖。企业与合作社签订了产销、养殖、收购等合同，在种苗、技术等方面大力扶持。

截至 2018 年，养殖基地已经招收了 400 多个农民，每天上班 8 小时，每月 2 000 元工资。该公司承诺合作社社员第一年分红不低于 5 000 元，第二年分红不低于 1 万元，多种收入让脱贫致富指日可待。“贫困户往往是致富能力不强，游离于市场之外的群体，而农业龙头企业发展最大的瓶颈是规模化不够。”佳裕生物开发公司负责人梁鹤耀表示，“企业＋合作社＋贫困户”的模式不仅为贫困农户提供了就业岗位，激发了他们致富的欲望，还能帮助企业扩大生产规模。

自 2017 年以来，海南省有 800 余家民营企业参与“百企帮百村”行动，其中 530 多家企业投入资金 5.4 亿元，实施项目 891 个，捐赠 3 015 万元，帮助了 293 个贫困村 2.2 万户贫困户，为海南省脱贫攻坚做出积极贡献。

仔细分析参与“百企帮百村”精准扶贫提质增效行动的每个企业可知，其在精准扶贫中基本大多做了 4 件事：一是产业扶贫，包销农产品；二是就业扶贫，精准安排就业；三是慈善扶贫，捐钱捐物；四是智力扶贫，开展各类既能培训。民营企业开展扶贫济困活动改变了扶贫开发靠政府投入的单一模式，拓宽了扶贫资金投入渠道和领域，丰富了扶贫开发模式，有力地推动了扶贫开发体制机制创新，为贫困地区的经济和社会发展提供了有力支持。

海南各级党委和政府也出台相关优惠政策，引导和调动民营企业参与脱贫攻坚的积极性，加大对民营企业参与产业精准扶贫的关注和支持，为民营企业参与脱贫攻坚给予全方位指导。

引导注册会计师开展专业志愿公益服务 提升产业扶贫资金管理使用水平

为进一步创新产业扶贫工作机制，有效解决产业扶贫资金“一投了之”“一股了之”“一分了之”“一拨了之”等突出问题，海南省坚持专项扶贫、行业扶贫、社会扶贫等多方力量、多种举措有机结合和互为支撑的“三位一体”大扶贫格局理念，组织发动会计师事务所成立产业扶贫公益服务联队，深入市县开展点对点、嵌入式的产业扶贫公益帮扶，义务帮助当地扶贫产业项目建账建制，防控风险，加强资金管理，提高扶贫产业的发展效率和效益。

一、帮扶项目谋划　解决“一投了之”

选准产业项目是做好产业扶贫的前提。针对市县，特别是乡镇基层产业基础薄弱、市场信息闭塞、专业人才匮乏的困难，海南省产业扶贫公益服务联队紧紧抓住项目谋划这个“牛鼻子”，帮助市县梳理资源优势、把准产业方向，对市县计划实施的产业扶贫项目开展市场前景评估和经济效益分析。通过比对筛选，做到优中选优，系好产业扶贫项目的“第一粒扣子”，从源头上提高产业扶贫项目的可行性和科学性，避免“脱实向虚”“一投了之”。

二、帮扶利益联结　解决“一股了之”

利益联结机制是产业扶贫项目的根基。海南省产业扶贫公益服务联队通过对产业扶贫项目合作框架协议的审核把关，指导市县制定差异化和动态化的利益分配机制，将产业扶贫资金或资产的产权确权到村集体，由村集体对收益进行二次分配，优先向老、弱、病、残等特殊困难群体倾斜，并与贫困户的日常表现和内生动力密切挂钩，做到有进有出，激励多劳多得。同时,积极引导贫困户以土地等资源入股,参加劳务培训就业,拓宽收入渠道,提高发展能力。

三、帮扶项目管理 解决“一分了之”

加强管理是保障产业扶贫项目持续发展的有力保障。对于受益范围广、资金投入大的重点产业扶贫项目,海南省产业扶贫公益服务联队指定专人进行跟踪管理和服务,及时了解和掌握项目实施过程中存在的问题并提出解决措施建议,已为 93 个产业扶贫企业、合作社初步整理问题清单和整改方案 93 份、涉及整改的建议 536 条。对由不可抗力导致的难以继续实施的项目,研究提出项目转型方案,降低资金损失风险;对存在产品滞销风险的项目,利用会计师事务所的客户资源组织产销对接,保障贫困群众稳定受益。

四、帮扶账务核算 解决“一拨了之”

规范核算是防范产业扶贫项目资金风险的重要举措。在产业扶贫资金投入企业、合作社等项目实施主体后,市县面临监管“最后一公里”的难题。海南省产业扶贫公益服务联队融监管于服务,组织对项目实施主体开展财务培训,编写培训课件 34 个,举办各类财务培训 40 期,培训财务人员 1 032 人次,指导其严格按照合作协议使用产业扶贫资金,对产业扶贫资金实行专账核算,并定期做好账务公开,在保障资金监管不缺位的同时,减少项目实施主体被动迎检的负担。

海口整村推进 “红色塔昌模式”

海口琼山区大坡镇树德村委会塔昌村是一个自1928年至抗战胜利三度被围剿成“无人村”的小村庄，也是一座浴血重生的“红色村庄”，村中曾有90多名革命群众和50多名共产党员为革命事业慷慨就义。

2013年，塔昌村被省扶贫办列为海南革命老区第一美丽乡村建设项目，按照省级城乡统筹示范村的标准，积极推动村庄规划设计、红色历史文化挖掘以及村庄基础设施建设等软硬件建设。如今，塔昌村邻里和睦、民风淳朴。在政府的扶持下，塔昌村被逐渐打造成一个拥有红色旅游资源的美丽乡村，更多的人被吸引前往追寻革命足迹，体验红色文化。那么，塔昌村是如何实现这一巨大改变的，它又给人们带来了哪些启示呢？

一、激发内力 化“被扶贫”为主动“脱贫”

针对扶贫中的扶贫不得法和扶贫不对路，海口市在塔昌村的扶贫工作采取了相应的措施；针对塔昌村的丰富的红色资源，提出了发展红色旅游的思路。这个设想激发村民对本村红色精神的自豪感，催生村民的主动脱贫的动力。村里一位被许多村民亲切地称为“山叔”的老村民，名叫王绥山，凭着一颗被激发出来的改变塔昌村面貌的雄心，用彩笔一笔一画地绘出一幅塔昌村发展红色旅游的规划图，将其挂在村展览室的墙上。这张图既凝聚了塔昌人的心血，也凸显了塔昌人脱贫致富的强烈愿望。尽管文化水平不高，王绥山还是花费两年多的时间搜集和整理塔昌村的相关史料，写成《红色塔昌》一文，并得到海口市党史办的认可。

为了争取政府支持，王绥山到镇政府、区政府跑了十几趟。2013年，得益于海南省扶贫办打造革命老区美丽乡村的决策，塔昌村迎来了发展契机。塔昌村被纳入海南省扶贫办首批革命老区美丽乡村建设的规划，塔昌人的理想蓝图有了变成现实的可能。展望即将成为美丽乡村的塔昌村前景，塔昌村的全体村民热情迸发，甚至有点迫不及待。在政府投入资金还不到位的情况下，村民们按照“统一规划、统一设计、统一建设、统一投工投劳”的原则，积极筹措资金，绿化美化自己的家园。

除了政府的扶持外，塔昌村的成功主要还是得益于该村村民勤劳、团结，发家致富的愿望强烈。良性扶贫需真正调动当地群众发展生产、建设家园、保护生态的积极性，一切产业的发展都应是农民的自主行为，而不能是政府大包大揽。农民们对祖祖辈辈生活的地方一定有着深厚的感情，一旦有了自主权，就一定会迸发出充足的干劲和无穷的智慧。

二、集中力量整村推进　扶贫不撒“胡椒面”

塔昌村进行的美丽乡村建设不是对某一些地方做修修补补，而是整体规划、整体建设。在塔昌村红色公园综合楼的墙上有一张《各级单位支持塔昌村建设项目一览表》，详细记录了省扶贫办、省财政厅等 19 个单位在塔昌村的建设项目、建设资金和完工时间。19 个单位共投入资金 547.06 万元，涉及农村危房改造、防震综合楼、慢行道、红色文化公园、带状公园等一批公共基础设施建设项目，涵盖了美丽乡村建设的方方面面。

各级政府对塔昌村的帮扶坚持“规划先行”，既有具体项目可操作执行，补贴村民修建民宅的资金，也落实到每家每户，效果立竿见影。例如，塔昌村的整村危房改造在政府补贴每户2.2 万元的基础上，每户再投入 10 万元到 20 多万元，修建了统一规划和设计的 24 栋防震民宅，村民的住房条件、村容村貌得到极大改善；在政府的扶持下，塔昌村民还修建了 30 间农家饲养屋，村里每户一间。每间饲养屋政府支持 2 000 元，农户自筹 4 000 元，由村民自觉投工投劳建成。塔昌村是“整村推进”扶贫开发的成功典范，避免了过去撒“胡椒面”“大水漫灌”的扶贫方式，集中财力、物力、人力，各个击破，因而能够真正取得实效。

2015 年，海南省共完成了 60 个贫困村整村推进扶贫开发任务，实现了全省减贫 9 万人的目标。塔昌村就是整村推进扶贫开发的一个最为成功的范例。

三、产业转型　以红带绿改吃旅游饭

塔昌村在整村推进改造住房设施的基础上积极投工、投劳、投钱，做好旅游基础设施建设，使之与美丽乡村建设配套成整体，也开始了新一轮的产业转型，即由单纯的传统农业向休闲农业与旅游业结合的新型产业转型。用村民的话来说，要开始“吃旅游饭”了。

相关扶贫部门依托塔昌村良好的生态环境和丰富红色革命文化资源，为塔昌村量身定制了详细的村庄发展规划，将旅游业纳入发展计划。在“整村推进”扶贫开发过程中，建设了相应的红色旅游的基础设施，很快，塔昌村革命史、发展史的展览室建成。在综合楼附近的红色文化公园中，四大革命遗址已经修复，遗址旁立有一个长6米、宽1米、高1.8米的塔昌革命历史丰碑。在村前田洋边上，修建起一座革命烈士纪念亭，供后人在欣赏田园美景的同时，铭记琼崖革命历史。村前原本杂草丛生的小水沟如今被改造成了碧波荡漾、鱼虾成群的亲水平台，可供游客垂钓、观景；村里百年荔枝林下，慢道纵横，体现红色元素的雕塑穿插其间，石桌、石椅一应俱全。此外，石臼、石磨等农村传统生产生活用具也被摆到文化公园内，以供游客参观体验。

截至2017年，塔昌村正在逐步完善旅游功能。已成立的塔昌观光农业专业合作社由致富能手傅后彬任理事长，带领和带动村民发展观光农业、旅游服务业。农家乐休闲旅游景点已开始运营，村民开放民宅客房10余间。虽然整体服务水平还有待提升，但是前来观光休闲的游客却持续增长。为进一步提升旅游标准化建设和服务质量，塔昌村还打算引进有专业资质的旅游企业，帮助完善旅游服务产业。对塔昌村发展前景，塔昌村民充满期待。

在各方的帮扶下，塔昌村已经成为海口建设美丽乡村的样板。在塔昌的蓝图上，该村以弘扬红色文化为中心，以观光休闲农业为载体，以发展农家乐、发展热带高效农业为抓手，打造新时期集红色文化、休闲养生、观光旅游为一体的特色村庄。塔昌村采取政府引导、依靠群众、鼓励社会参与的模式，遵循规划先行、高起点、高标准的原则，深入挖掘革命历史题材，争取早日打造成集“红色文化、休闲养生、观光旅游”为一体的城乡统筹示范村。

白沙异地扶贫搬迁 “绿水青山模式”

白沙黎族自治县位于海南省中部山区，大部分地区位于生态保护核心区。2016 年，在全县建档立卡贫困户中，部分群众仍居住在自然环境良好但不利于扶贫开发的鹦哥岭腹地。2015 年，白沙黎族自治县率先在海南全省范围内实施对地处生态红线内的贫困村的生态扶贫移民搬迁，将南渡江源头生态核心区中两个村、30 户共 142 名贫困群众搬出深山谋发展，实现了“生态红线不退让”与“群众脱贫诉求最大化”的双赢效果。

一、搬出深山　生态保护与扶贫移民相得益彰

南开乡道银村、坡告村是鹦哥岭国家级自然保护区和南渡江源头核心区内的两个贫困村。这是全省唯一不通公路、电信的村落，步行 2 小时才能到达最近的公路，往返南开乡镇墟更需要 5 小时。因为偏僻落后，两个村的 30 户村民都是建档立卡贫困户。

虽然拥有良好的自然条件，但是生态核心区的“红线”不可触碰，加上山高路远，生产材料与生活设施难以运输，道银、坡告两个村的就地精准扶贫工作一直难以开展。

2015 年 12 月，白沙黎族自治县政府发布《白沙黎族自治县南开乡道银村坡告村生态扶贫移民实施方案》，全面实施对两个村 30 户 142 人的生态扶贫移民工作。不到一年的时间，一座崭新的带有黎族建筑风貌的现代化美丽乡村在山外重建，道银、坡告两村也合并为银坡村。在整村生态扶贫移民搬迁后，银坡村黎族群众告别了居住拥挤、生产生活设施混居的土坯房，住进了占地面积 170 多米^{2}的二层楼房，生活面貌与以往有了天壤之别，生产经营方式发生了巨变。

二、142人转产“立志”拔除穷根

产业是发展的源头活水，88.7%的白沙贫困群众需要通过发展产业来脱贫。白沙黎族自治县委、县政府认真分析和研判白沙产业发展条件，针对土地利用率低、产业发展受限的现状，优土优用，调减甘蔗、木薯等低效作物，发展热带瓜果菜、热带经济作物，提高亩产效益。

白沙利用县里农场土地和橡胶资源较丰富的优势，对搬迁下山的30户生态移民以政府购买农场胶园补偿给农户的方式，建立生产基地，给予人均橡胶林10亩、水田1亩。除橡胶林外，给予每户一个护林员的工作岗位，解决贫困群众找工难题。此外，两个村的农户原来种植的橡胶等经济作物通过异地置换、青苗补偿、退耕还林、人工造林和抚育补贴、生态补偿等方式，或重新配置，或经济补偿。

搬迁下山对贫困群众产生的积极影响不仅是生产和生活环境的变化，而且贫困群众“等、靠、要”的思想在逐渐被抛弃，“我要富”和“我能富”的志气在凝聚。前坡告村村民小组组长符国华说，全村村民的致富热情已被点燃，村民们不仅积极认真地收看海南省扶贫电视夜校，课后聚在一块讨论最多的就是县里给的产业发展基金怎么用、有什么好项目能投资。

三、生态扶贫移民搬迁的白沙经验

（一）立足县情实施生态扶贫移民措施

“守护好绿水青山，同时还要金山银山，这是白沙黎族自治县发展的主线。”白沙黎族自治县的生态移民扶贫搬迁的措施准确把握了“生态红线不退让，群众利益最大化”的原则，针对性施治，紧扣民生，不仅帮助贫困村民实现了安居致富梦，更修复了区域生态环境，达到了“双赢”的效果。

（二）资金整合“一盘棋”，筹措渠道多元化

整村推进的生态移民工程不可能完全依赖当地政府财政补贴。因此，白沙充分利用省内多元资金筹措机制，积极整合各方资金资源。此外，全县各部门既高效整合了各方资

源，也较好地解决了生态扶贫移民搬迁的资金问题。

（三）灵活置换土地，解群众生产生活之忧

在搬出之前，大多数村民在生态扶贫移民搬迁认识上有“不敢、不想、不能”的现象。针对这种现象，白沙黎族自治县积极做村民思想工作，根据当地生产特点，灵活置换土地，给村民吃上“定心丸”。例如，白沙黎族自治县出资 1 700 万元购买农场的橡胶林用于搬迁补贴，较好地解决了搬迁村民土地使用问题。

（四）因地制宜建新村，发展空间得到优化

白沙的移民村均按照“人与自然和谐相处”的原则，因地制宜打造一批彰显白沙黎苗风格的民族文化传承村，旨在通过建设美丽乡村，促进生态保护。在新村建设之时，精心规划，最大程度地实现生态友好，坚持“房子让树、路也让树”的原则，整个村子依山势而建，不砍一棵树，每座民房都有较好的采光通风条件，村民生活和生产环境得到改善，脱贫致富信心被提升。

天下什寒　黎苗家园

琼中黎族苗族自治县红毛镇“什寒村”模式

作为琼中一个曾经极度贫困的村庄，什寒村依托“党员驿站”党建服务品牌，通过实施生态旅游脱贫工程，走出了一条具有琼中特色，符合琼中实际的乡村旅游扶贫新路子，实现了“党建实、百姓富、产业强、生态美”。

一、基本情况

什寒村坐落于琼中黎母山和鹦哥岭之间的高山盆地，海拔800多米，是海南海拔最高的村庄之一，居住着黎苗同胞520人（100户），其中黎族180人，苗族340人，是海南省为数不多的黎苗混居村庄。长期以来，受气候低寒、交通闭塞、生态开发限制等因素的影响，该村曾经是琼中最偏远、最贫困的村庄之一。在海南省委办公厅和省直相关部门的定点帮扶下，琼中黎族苗族自治县委、县政府结合什寒村的生态环境、资源禀赋、民族风情等独特优势，依托“党员驿站”党建服务品牌，推行“旅游＋扶贫”模式，引领农户逐步走上了旅游致富之路。什寒村先后荣获“2013年最美中国乡村”“海南最佳婚庆旅游目的地”“2014年中国最美乡愁旅游村寨”“2014年中国最美休闲乡村历史古村”“全国生态文化村”“全国民族团结进步模范集体”等多项殊荣。2016年9月，什寒黎苗山寨被列入全国旅游扶贫示范项目，海南省开发乡村旅游点、经验交流点。

二、主要措施和成效

(一)以旅游扶贫为重点,推动产业结构由传统低效向新兴高效突破

琼中黎族苗族自治县委、县政府积极转变工作思路,坚持以旅兴农、农旅结合,充分发挥什寒丰富的生态环境、黎苗文化等优势,做足乡村旅游新业态文章,开创旅游脱贫攻坚的新局面。

1.大力发展乡村旅游

根据什寒村的民俗特色,将什寒村作为"奔格内"乡村旅游扶贫示范点,大力实施"基础设施、环境风貌整治、亮化净化美化"三大工程,不断完善旅游基础设施配套建设,建成游客咨询服务中心、什寒文化广场、黎锦苗绣坊、待内典驿站等一批旅游服务功能基础设施,为什寒加快发展乡村旅游奠定了基础。同时,围绕"吃、住、行、游、购、娱"旅游六要素,鼓励和扶持有条件的贫困户参与农家乐、民宿客栈、旅游商品开发等新业态,大力开发黎苗特色饮食文化、黎苗歌舞表演、黎苗婚庆活动等乡村旅游产品,不断满足游客回归自然、生态、健康的旅游产品需求,也让什寒村村民逐步吃上"旅游饭",进一步摆脱了贫困落后的困境。

2.调整优化产业结构

结合什寒村自身环境,引导农户大力发展益智、铁皮石斛、养蜂、高山云雾茶等特色农业,夯实农户增收基础。同时,积极做好农旅、文旅深入融合文章,将铁皮石斛、蜂蜜、灵芝、山兰米等当地土特产包装成为"什寒山珍"系列旅游农特产品,提升土特产品附加值;深入挖掘黎苗传统文化,成立什寒农民文艺队,定期举办周末篝火晚会,表演原生态黎苗歌舞,通过举办板鞋、射弩、顶棍等少数民族传统趣味体育运动,让游客在感受黎风苗韵的同时,增加了农户收入。

(二)以扶能扶智为先导,推动村民意识从要我致富向我要致富突破

借助省委办公厅联村帮扶力量,建立"省、县、镇、村"四级联动帮扶机制,通过"帮思想、帮资金、帮技术、帮门路",切实转变村民的思想观念,激发他们脱贫致富的决心和信心。

(1)帮思想。扶贫工作队主动与村民交心谈心,宣传勤劳致富正面典型,组织村民县外考察学习,村民既开阔了视野,又增长了见识,也转变了观念。

(2)帮资金。省、县联手投入扶贫资金3 000多万元用于什寒村的乡村旅游基础设施建设。同时,推广小额信贷"琼中模式",大力开展农民住房财产权抵押贷款和林权抵押贷款,解决村民生产生活资金短缺的问题。

(3)帮技术。聘请养蜂、养鹅、南药种植、旅游服务等方面专家免费对村民现场教学解惑、发放技术资料,驻村扶贫工作队实时"授"后跟踪,提高村民的生产服务实用技能。

(4)帮门路。积极为村民量身定制脱贫产业计划,引导村民成立2家养殖泥鳅专业合作社,发展稻鱼共生产业100多亩;与琼中宝元堂南药种植有限公司合作成立什寒铁皮石斛种植专业合作社;村养鹅合作社与斯坦德集团公司签订了养鹅项目合作协议。什寒村"自我造血"功能不断得到增强,村民在家门口也拾起了发展自信。学技术、搞养殖、开饭店等悄然成为村民的迫切需求,尘封已久的发展意愿豁然激发,村民自力更生、谋发展的致富信念更加坚定。

(三)以利益分配为导向,推动经营管理从单一主体向多元主体突破

改变传统产业帮扶方式,采取政府引导、企业参与、银行支持、镇村创建的方式,合理分享利益,推动形成"政府+公司+农民合作社+农户+品牌+基地"多方共建、"产业发展+生态保护+文化传承+环境整治+休闲旅游+高效农业+品牌农业"融合发展的经营管理新模式。

其具体做法是政府负责编制乡村旅游规划、设计旅游路线、完善基础设施建设、优化发展环境,招商引资等;县旅游总公司负责跟踪指导、经营管理和商业运作以及搭建资本运作平台;农民专业合作社负责民宿日常管理、组织黎苗歌舞演出、农副产品加工销售、提供住宿餐饮等;农户负责维护修缮各自的传统民居和环境卫生,同时,积极引导农户将闲置的房屋、空闲的用地等资源作为资产入股县旅游总公司,由县旅游总公司改造成标准化驿站、客栈、民宿、露营地、茶吧,并携手什寒村村民统一运作管理,员工均从本村聘用,实现了村民就地就业,60%的经营收入归农户、35%的经营收入归投资公司、5%的经营收入归村集体;引入企业建立什寒铁皮石斛种植专业合作社,引导农户以土地作为资源入股合作社,农户享有专业合作社25%的股份收益,进一步增加了村民收入,实现了多方互利共赢的局面。

(四)以整合资金为手段,推动资金投入从撒胡椒面向攥指成拳突破

结合"富美乡村"建设、"我为农民增收办实事""四联三问"等活动,坚持"部门主体不变、部门职能不变、争取渠道不变、资金用途不变"的基本原则,整合各类财政资金,吸纳社会资金,按照"先易后难、分步实施、连续投入、形成合力、稳步推进"的要求,将资金精准投

入什寨村环境卫生、村容村貌、村道户道、景观景点、文化广场、游客咨询中心等基础设施建设，做到规划一片建成一片，投资一项见效一项。例如，通过整合省、县其他方面资金约200万元，完成全村危房改造82户，解决了什寨村村民的住房问题；整合县发改委资金1 500多万元，投入文化广场、环村道、立面改造、公共厕所、篮球场等项目建设，完善了基础设施配套；整合县旅游发展委员会资金约610万元，修建客栈、茅草屋、射弩场、露营基地、民宿、农家乐、景观台等设施，以提升旅游服务功能。

（五）以富美乡村为载体，推动村庄面貌从老旧落后向美丽富强突破

为改善什寨村人居生活环境，琼中以“富美乡村”建设为突破口，围绕“产业富民、特色居家乡村、黎苗文化传承、社会管理创新”四大工程，打造了集“富、美、趣、和”于一体，可游可憩、宜商宜居的什寨旅游村庄。

(1)实施“产业富民工程”，坚持“宜游则游、宜农则农”的原则，依托“奔格内”乡村旅游带动效应，深挖什寨黎苗混居传统文化，策划什寨长桌宴、黎苗民宿、国家步道、什寨山珍、原生态黎苗歌舞篝火晚会、少数民族传统趣味体育运动等丰富多彩的“奔格内”乡村旅游产品，实现乡村旅游与农业、文化融合发展。

(2)实施“特色居家乡村工程”，坚持以生态环境保护为前提，科学合理开发和利用生态资源，在什寨村规划建设中，充分保护和尊重现有农村的地形村貌、田园风光、农业业态，先后投入约3 000万元，完成村内道路5.8千米，整治田洋280亩，建成村级组织活动场所1间，修建排水沟2条共250米，改造安全饮水设施和污水管网，完成82户危房改造任务和立面改造，村民生产生活条件得到明显改善。同时，正确处理“自然之美”与“人工之美”的关系，既保留传统的自然风貌，又赋予独特的黎苗文化内涵，村庄面貌发生了美丽蝶变。

(3)实施“文化传承工程”，继承和发扬黎苗特色文化，结合“三月三”等民俗节日，大力发展黎苗歌舞、黎苗苗绣、特色小吃等文化形态，实施文物、遗址保护工程，为什寨村村民打造黎苗浓郁的文化氛围，加大什寨村的对外吸引力。

(4)实施“社会管理创新工程”，开展农村新社区的规范化建设和社会保障的无缝化整合，依托什寨村村级组织活动场所设立了“农事村办”便民服务窗口，按照“一个窗口受理，一站式办结”模式，将涉及农民切身利益的民政、综合治理、计生、党员服务、新农保、国土和小额信贷等服务事项纳入窗口，基本实现了“村民不出村，便能办成事”。当前，什寨村特色产业鲜明、配套设施完善、村容村貌整洁、黎苗文化浓郁、农户安居乐业，慕名而来的游客更是流连忘返。

（六）以党员驿站为抓手，推动组织功能从分散管理向集中服务突破

注重强化村党支部在旅游开发建设中的政治引领和服务协调作用，依托党员驿站挂起了琼中首个“奔格内”乡村生态休闲旅游客栈招牌，并成立党员驿站旅游咨询服务中心，将党员驿站“服务进山游客”的功能延伸成为“奔格内”原生态民俗体验游，摸索出农村基层组织建设和山区旅游发展相结合的新模式，打造“党员驿站”党建服务品牌与“奔格内”乡村旅游有机对接的示范点。

三、经验启示

（一）生态保护是前提

“绿水青山就是金山银山”，保护生态环境是实现脱贫致富的重要前提。在什寒村的旅游开发过程中，琼中坚持以“居民零动迁、生态零破坏、环境零污染”为宗旨，以村民不失业、不失地、不失居为基础，不搞大拆大建，什寒村得以其原生态的自然环境、优美的田园风光吸引八方来客慕名而来，实现了什寒村开发乡村旅游增资产、增就业、增收入的目标。

（二）规划先行是基础

规划是行动的先导，琼中坚持把对什寒村的扶贫规划摆在首要位置，高起点、高标准，狠抓什寒村发展规划编制和实施，为什寒村建设和发展提供了全方位的支持和保障。

（三）产业发展是支撑

产业发展是实现贫困群众增收致富的关键所在。琼中坚持把产业发展作为什寒村扶贫的重要抓手，依托什寒村得天独厚的资源和黎苗文化优势，以乡村旅游为重点，因地制宜发展林下经济。这种方式不仅拓宽了村民的财路，获得了村民的支持，也为什寒村的发展提供了永续动力。

（四）农村改革是动力

改革是推进农业农村发展的强劲动力。什寒村顺应发展趋势，积极谋划发展出路，主动承接农村各项改革任务。例如，在政府引导下，村民积极参与住房财产权抵押贷款和林权抵押贷款，以此获得生产发展或房屋建设等方面的资金支持；利用集体或个人闲置的土

地、民房或劳务等资源入股企业、合作社，以参股的形式分享农村改革红利，建立了政府、企业、村民利益联结机制，不断增加自身收入。

(五)黎苗文化是依托

文化是旅游的灵魂，旅游是文化的载体。在县委、县政府的引导下，什寒村村民逐渐认识到自身黎苗文化的价值，充分开发利用黎苗婚俗、三月三、苗族冬至节等传统习俗，对传统纺染织绣技艺、船型屋建造技艺、原始制陶技艺等传统黎苗文化遗产进行生产性保护，让游客不断地体验和感受什寒村丰富的黎苗风情。

(六)基层党建是保证

脱贫攻坚既是民生工程，也是党建工程。筑牢基层党组织战斗堡垒，提升村党员干部的“双带”能力，以党建促扶贫、扶贫促党建，才能保证脱贫攻坚取得实实在在的效果。通过选优配强什寒村两委班子，开展“农村示范党支部”创建、选派第一书记等活动，什寒村党支部扶贫工作水平得到了进一步提升。

四、下步提升计划

虽然琼中“什寒模式”开创了旅游扶贫新模式，但按照全域旅游发展思路以及市场消费者的更高要求，还需要进行整体提升和细节打造。琼中黎族苗族自治县将依托“旅游+”计划，将什寒村的整体提升改造放在首要位置。

(一)硬件提升

重抓环境整治，继续完善住宿、路、停车场、公厕等基础设施，增设非物质遗产展示馆、会议厅、旅游商品展厅等服务功能区。深挖文化内涵，完善什寒村旅游娱乐设施，结合农业旅游、文化旅游开发趣味性强和参与性强的旅游产品。

(二)软件提升

加强乡村旅游人才培养，开展乡村旅游从业人员教育培训，切实提升村民素质及参与乡村旅游经营的能力，夯实旅游扶贫人才基础。依托当地黎苗文化，加强民族特色技艺培训，在实现非物质文化遗产保护的基础上增加旅游的情趣。强化乡村旅游的标准化管理，构建“吃、住、行、游、购、娱”等方面的标准化管理和从业人员的日常规范化管理，为乡村旅游持续发展提供良好环境。

(三)市场资本化运作

抓好与旅游企业的合作,利用PPP模式,以农村资源变资产、资金变股金、农民变股民“三变”改革试点为手段,发挥政府指导和企业市场化运作的双重优势,积极撬动社会资本加大对什寒乡村旅游重点项目的开发和投入,以增强什寒村的旅游接待能力和旅游服务水平,激活旅游扶贫产业活力。

保亭县脱贫攻坚惠农超市　助力大扶贫

参与政策学习和集体劳动等活动获积分，凭积分换取生活所需物品。这种积分消费模式是海南省保亭黎族苗族自治县致力脱贫攻坚工作创新的一种扶贫扶志模式——脱贫攻坚惠农超市，一改以往“送钱物上门”输血式帮扶模式和群众“不劳而获等帮扶”的“等、靠、要”思想，建立“以奖代补、多劳多得”的正向奖励机制，实现了扶贫与扶志并行，物质脱贫与精神脱贫同步。

一、脱贫攻坚惠农超市创建背景

保亭黎族苗族自治县位于海南省南部内陆五指山南麓，全县总人口 16.8 万人，其中黎族占 61%，汉族占 32%，苗族占 4.3%，其他民族占 2.7%，属于少数民族聚居地。2002 年，被确定为国家级扶贫开发重点县。2016 年年初，保亭县贫困人口 4 427 户 17 891 人，贫困村22 个，贫困发生率为 19.06%。

党的十九大报告指出，要注重扶贫同扶志、扶智相结合。为坚决打赢打好脱贫攻坚战，确保到 2020 年现行标准下农村贫困人口实现脱贫，贫困县脱贫摘帽，做到脱真贫、真脱贫。保亭县委、县政府坚持以习近平总书记扶贫开发重要论述为统揽，积极探索，通过外出学习其他省市的好经验、好做法，深入调研，科学谋划，大胆推出脱贫攻坚新举措——脱贫攻坚惠农超市，以有效激发贫困群众的自我发展能力，促进转变“等、靠、要”思想，有效解决贫困群众与非贫困群众互相攀比的“悬崖效应”问题。同时，凝聚爱心普及全民，为社会各界参与脱贫攻坚搭建了爱心平台，有效构建了各方参与、社会协同、百姓受益的新型社会帮扶体系。

二、主要做法

(一)实施积分消费管理

2017 年 11 月,经过多次走访,深入调研,综合衡量,反复修改,保亭县制定了一套完整的惠农超市实施方案和综合评分体系。2017 年 12 月 26 日,第一家以积分兑换商品为主题的脱贫攻坚惠农超市在加茂镇正式挂牌运营。

脱贫攻坚惠农超市主要通过政府主导、社会捐助、农户参与的方式,采取"整合捐助物资、超市化运作、评比积分"的工作模式,以参与社会活动换积分,以积分换物资的方式,实行积分消费管理,服务对象为贫困户和普通农户。由乡镇党委政府牵头,驻村干部和村干部组成积分评比工作组,对重点贫困户围绕生产收入、政策了解、参与集体劳动、卫生礼节等 7 大类 18 项指标开展评比积分,对非贫困户以带动就业、带动产业扶贫、参与集体劳动等 5 大类 9 项指标进行评比积分,每个指标体系都设定了相应的积分,群众在累积了一定的积分之后可凭积分卡在脱贫攻坚惠农超市进行消费,以积分分值与物品价格相等换取相应的生活物品。

(二)定期评比与兑换

为确保评比、兑换活动规范化实施,保亭县精心设计制作了脱贫攻坚惠农超市积分卡,评比、兑换活动的责任主体是各乡镇。由一名乡镇分管领导和专干负责统筹和协调,各村委会、村小组评分小组每周、每月开展活动评比积分、兑换物资活动。评比、兑换惠及贫困群众和非贫困群众,群众每参加一次电视夜校学习或参加集体劳动或积极做好家庭卫生等都会获得 5 分、10 分或 20 分的积分,每一次积分都会更新到积分卡,群众可凭积分卡在脱贫攻坚惠农超市进行消费,兑换食用油、牙膏、调味品、热水壶等生活物资。

脱贫攻坚惠农超市的建立和运行在全县农村群众中引起极大的反响,贫困户积极参与,贫困户与普通农户之间的矛盾明显得到缓和。毛感乡贫困户黄武和普通农户朱丽妹在脱贫攻坚惠农超市的激励下,两个人在思想和参与扶贫方面有了很大的改变。从前的黄武整日游手好闲、不思进取。自从开展评比换积分的活动以来,黄武不仅积极参与脱贫致富电视夜校的学习和讨论,还积极参加村集体卫生扫除活动,精神面貌焕然一新。朱丽妹也不再抱怨了,因为她也能够和贫困户一样参与积分兑换物资,与村里贫困户的关系也更加和睦。

(三)规范管理,扩大新模式扶贫成效

借鉴连锁超市经营模式,实施规范化和标准化的管理。统一人员培训、统一行为规范、统一货品管理、统一积分计算、统一品牌标识等,先后制定了《惠农超市积分卡管理办法》《惠农超市捐赠款物管理制度》《惠农超市办事管理制度》等一系列规章制度,明确专人进行管理,做好捐赠物资和积分卡的管理发放工作。乡镇(村)负责人负责每月对超市物资(包括货架上及仓库内)进行一次盘点,做到账目清楚、账物相符。

(四)调动全社会力量,助力脱贫攻坚

保亭县脱贫攻坚惠农超市的创建使帮扶的激励和纽带作用得到了充分发挥,既调动了贫困群众参与扶贫的积极性,又营造了“多劳多得”的劳动氛围,解决了贫困户和非贫困户互相攀比等问题,还得到了社会的广泛关注,吸引社会各方扶贫力量形成合力,助力脱贫攻坚新担当,共同推动扶贫事业的发展。在保亭县的动员下,社会组织纷纷响应,支持脱贫攻坚惠农超市创新扶贫工作。

保亭县已建成了 10 家脱贫攻坚惠农超市,9 个乡镇全覆盖。共接受社会捐助物资 311 万余元,参与评分兑换的贫困户达 6 000 多户,非贫困户 3 000 多户。保亭县将在加大推广脱贫攻坚惠农超市建设,在条件成熟的村委会推广。同时,将遵守村规民约,孝老爱亲、诚实守信等纳入评比内容,切实让脱贫攻坚惠农超市成为联系广大群众的桥梁,激励群众脱贫致富的平台。

三、经验与启示

保亭县注重提升群众认可度,提出以“传递爱心、扶贫济困”为服务宗旨“脱贫攻坚惠农超市”扶志模式,充分体现了保亭县委、县政府落实脱贫攻坚责任的时代新担当,续写了新时期脱贫攻坚的新篇章。

脱贫攻坚惠农超市的成功运营打破了大多数普通贫困群众的惰性期盼思想,变“钱物送上门”为“劳动能挣钱”,更把“脱贫”信心、志气输送过去,增加了他们早日脱贫的“心劲”,提振了他们勤劳致富的精气神,为脱贫攻坚注入了一股强大而又持久的动能。同时,在解决贫困户和非贫困户互相攀比问题上取得了一定的成效,有效地调动了社会各界力量支持扶贫、参与扶贫,共同推动扶贫事业的发展,帮扶的激励和纽带作用得到了充分发挥。

参考文献

1. 中共海南省委办公厅　海南省人民政府办公厅关于印发《海南省建立健全生态产品价值实现机制实施方案》的通知. 琼办发〔2021〕56 号.

2. 中共中央办公厅　国务院办公厅印发《关于加强贫困村驻村工作队选派管理工作的指导意见》. 厅字〔2017〕50 号.

3. 全国妇联妇女发展部. “巾帼脱贫行动”典型案例选编. 北京：中国妇女出版社，2018.

4. 国务院研究室. 2019 政府工作报告汇编. 北京：中国言实出版社，2019.

5. 李军. 以“四动四全”为抓手大力推进海南消费扶贫：在全省消费扶贫会议上的讲话. 今日海南，2018(11)：8-13.

6. 李丽. 消费扶贫的成效、问题与对策：基于“海南爱心扶贫网”的调查[J]. 新东方，2019(3)：48-54.

7. 海南电视夜校助贫困群众精准“拔穷根”. 光明日报，2018-04-20(16).

8. 习近平在打好精准脱贫攻坚战座谈会上的讲话.《求是》，2020-08-05.

9. 蒲喜雄. 改革创新 将乡村振兴教育进行到底. 海南开放大学学报，2022(2)：2.

10. 黄晓慧. 让每寸土地结出硕果(最美基层干部)：记海南陵水县文罗镇五星村党支部书记黄丽萍. 人民日报，2018-04-30(3).

11. 陈敏，孙云，安婷.“三招”走活精准扶贫“一盘棋”：省烟草专卖局扶贫工作打出“组合拳”. 今日海南，2018(3)：61-62.

12. 张俊凯，高永伟.“绣”出多彩画卷：海南省“四看四比四提升”活动提升定点帮扶工作纪实. 中国扶贫，2019，24：40-43.

13. 柳昌林，罗江. 扶贫干部有了智慧“秘书”：三亚市村居启用精准扶贫数据库管理系统. 中国劳动保障报，2018-01-20(5).

14. 国务院扶贫开发领导小组办公室综合司，国务院研究室农村经济研究司编；文炜等编委. 决胜　脱贫攻坚基层实践. 北京：中国言实出版社，2020.

15. 2016年海南省扶贫先进典型材料(内部资料). 海南省扶贫开发领导小组办公室. 2017-1.
16. 2017年海南省脱贫攻坚典型案例汇编(内部资料). 海南省扶贫开发领导小组办公室. 2017-12.
17. 2017年海南省脱贫攻坚经验汇编(内部资料). 海南省扶贫开发领导小组办公室. 2017-12.
18. 2018年海南省脱贫攻坚典型案例汇编(内部资料). 海南省扶贫开发领导小组办公室. 2018-12.
19. 2018年海南省脱贫攻坚经验汇编(内部资料). 海南省扶贫开发领导小组办公室. 2018-12.
20. 海南省脱贫攻坚典型经验汇编(2019年度)(内部资料). 海南省扶贫工作办公室. 2019.
21. 海南省脱贫攻坚典型案例选编(2020年度)(内部资料). 海南省扶贫开发领导小组办公室. 2020.
22. 国家卫生和计划生育委员会主管. 中国卫生和计划生育年鉴2017. 北京:中国卫生和计划生育年鉴社,2017.
23. 国家卫生计生委,民政部,财政部,人力资源社会保障部,保监会,国务院扶贫办. 关于印发健康扶贫工程“三个一批”行动计划的通知. 中华人民共和国国家卫生和计划生育委员会公报,2017,4:36-39.
24. 海南省人民政府办公厅. 海南省人民政府办公厅关于调整农民小额贷款贴息政策的通知. 海南省人民政府公报,2018,1:30.
25. 海南省天然橡胶产业脱贫工程保险行动方案(2018—2020年). 海南日报,2018-11-07(5).

海南省乡村振兴局◎组编

海南省
脱贫攻坚实践

先进个人与单位篇

中国农业大学出版社
China Agricultural University Press
·北京·

内 容 简 介

本篇汇总了2017—2020年海南省获得国家和省级脱贫攻坚荣誉表彰的个人与单位的先进事迹。他们长期奋战在脱贫攻坚第一线，用满腔的热诚与强烈的责任感，为推动贫困地区加快发展、贫困群众增收脱贫做出了重要贡献。本篇旨在以先进典型为学习榜样，坚定脱贫攻坚的必胜信念，讲好中国扶贫故事，宣传中国扶贫方案。

图书在版编目(CIP)数据

海南省脱贫攻坚实践．先进个人与单位篇/海南省乡村振兴局组编．--北京：中国农业大学出版社，2023.5

ISBN 978-7-5655-2977-1

Ⅰ.①海… Ⅱ.①海… Ⅲ.①扶贫—先进工作者—先进事迹—海南②扶贫—模范单位—先进事迹—海南 Ⅳ.①F127.66

中国国家版本馆CIP数据核字(2023)第075621号

书　名　海南省脱贫攻坚实践　先进个人与单位篇
Hainansheng Tuopin Gongjian Shijian　Xianjin Geren yu Danwei Pian
作　者　海南省乡村振兴局　组编

策划编辑　吕建忠　石　华　　**责任编辑**　石　华　程书萍
封面设计　李尘工作室
出版发行　中国农业大学出版社
社　　址　北京市海淀区圆明园西路2号　　**邮政编码**　100193
电　　话　发行部 010-62733489，1190　　读者服务部 010-62732336
编辑部 010-62732617，2618　　出　版　部 010-62733440
网　　址　http://www.caupress.cn　　**E-mail** cbsszs@cau.edu.cn
经　　销　新华书店
印　　刷　涿州市星河印刷有限公司
版　　次　2023年5月第1版　　2023年5月第1次印刷
规　　格　185 mm×260 mm　16开本　10.5印张　205千字
定　　价　140.00元(全三册)

图书如有质量问题本社发行部负责调换

前　言

幸福是奋斗出来的，脱贫攻坚成就是干出来的。2021 年 2 月 25 日，在全国脱贫攻坚总结表彰大会上，习近平总书记指出，时代造就英雄，伟大来自平凡。在脱贫攻坚工作中，数百万扶贫干部倾力奉献、苦干实干，同贫困群众想在一起、过在一起、干在一起，将最美的年华无私奉献给了脱贫事业。其间，涌现出许多感人肺腑的先进事迹。脱贫攻坚的全面胜利，不是天上掉下来的，是以习近平同志为核心的党中央带领广大党员干部和人民群众苦干、实干出来的。

大力宣传脱贫攻坚先锋事迹，对激励广大干部和人民群众全面建设社会主义现代化国家，实现第二个百年奋斗目标具有重要的时代价值。

脱贫攻坚的伟大成就是由一个个平凡的个体创造出来的。各地在脱贫攻坚实践中涌现的先进个人不胜枚举，我们希望通过记录和讲述来自基层扶贫工作中一个个平凡个体的真实扶贫经历，全方位展现平凡个体在脱贫攻坚战场上的不平凡。本书编写组共收录先进个人和单位事迹 37 篇。事迹收录遵循以下原则。

一是真实性。个人事迹选编的真实性体现在人（集体）的真实和事的客观两个方面。在人物的真实性上，注重选择获得过党和政府表彰、表扬或具有多项荣誉的个人，其中有获得过国家级表彰、表扬的，也有获得过省级表彰、表扬的；在事迹的客观上，注重选择能够支撑获得表彰、表扬的典型事迹，不求全面囊括，但求主体突出，立足于展现先进个人（集体）的贡献。这些事迹既是一系列解决问题的实践经验，也是一个个感人的真实故事。

二是典型性。脱贫攻坚的全面胜利离不开广大党员、干部、群众、驻村第一书记和志愿者等各类个体的贡献。个人事迹注重选择下派帮扶型、社会带动型和创业带头型三种类型中的典型先进个人。

三是鲜活性。鲜活是先进个人事迹的灵魂。个人事迹注重人物的鲜活与事迹的生动:既有携带病重母亲驻村帮扶的干部,也有放弃高薪回村创业带领群众致富的城市白领;既有退休后主动请缨的好干部,也有身残志坚、自我奋斗的普通群众……每一个故事都鲜活有料、生动感人,值得大家学习。

四是教育性。榜样凝聚力量,先进催生动能。在先进个人和单位事迹中注重对启发性大、示范性高、教育性强的先进个人及其事迹进行挖掘,以激发广大干部群众在新时代、新征程中兢兢业业、发愤图强、倾力奉献、苦干实干的精神,谱写建设社会主义现代化强国的新华章。

本书内容来源于海南乡村振兴局汇总整理的2017—2020年海南省获得国家和省级脱贫攻坚荣誉表彰的个人与单位的先进事迹材料。在此,对提交材料的先进个人与单位以及负责整理报送材料的各市县乡村振兴局表示感谢。

《海南省脱贫攻坚实践》编写组

2022年4月

目录

克服“等、靠、要”思想　提升内生动力

贡献奖——黄海军

图 1-1　黄海军在村委会办公室录入贫困户信息

黄海军，海南省农村信用社琼中联社主任助理，海南省琼中黎族苗族自治县湾岭镇岭门村第一书记（图 1-1），曾获海南省五一劳动奖章、海南省最美国资人等荣誉。他深入岭门村每一户贫困家庭交心交情，因户因贫施策；他以耐心和诚心锲而不舍地扶起贫困户的脱贫志气，并创立“流程化帮扶”法，充分激发贫困户脱贫的内生动力；他带领信贷员为农户办理 155 笔贷款发展产业，因地制宜，实施“一村一品”；他协助贫困群众外出务工，引进畜牧龙头企业，引导动员贫困户加入合作社，帮助村民销售农产品；向上级申请，为岭门村筹资 1 500 多万元，用于修建基础设施，带领贫困群众脱贫。

决不做村里的过客

地处海南省中部山区腹地的琼中黎族苗族自治县湾岭镇岭门村，山多、路远、耕地少，是很有代表性的山区贫困村。该村以橡胶、水稻、槟榔等传统种植业为主。2015 年 7 月，海南省委组织部为解决部分村庄“软、散、乱、穷”等突出问题，选派优秀机关干部到该村任第一书记，黄海军作为海南省农村信用社代表被派驻到岭门村。

希望第一书记继续留任

刚到岭门村时，黄海军满怀信心，以为对贫困户做一番劝说，讲讲政府出台的优惠政策，说说农村信用社贷款的资源优势，引导他们去搞种植、养殖，把工作开展起来并不是多难的事。可没过几天，现实浇了他一盆冷水。虽然他在驻村前对困难有充分的思想准备，但现实仍然让他震惊。他是一位工作认真负责的干部，也决心在村里大干一番，和大家一起向贫困宣战。根据自己对当地情况的了解，黄海军很快调整了思路。他决定从依靠村里的党员干部，真情实意地与黎族百姓交朋友着手，同他们融为一体，这是开展工作的基础。于是，他换掉了在城里的衣着，到各家各户、田间地头与村民交谈，随时学习黎族方言。他还自费制作了便民服务卡发放给村民，卡上写着："乡亲们，当您遇到农业技术难题、邻里纠纷、政策咨询、水电费代缴等问题时，可及时联系我。"把服务卡交给村民时还不忘说一句："有事就打我电话，我一定尽力帮忙解决！"起初，大家将信将疑。村民王阿公因行动不便，试着拨通黄海军的电话，向其求助帮忙缴电费，黄海军一口答应并迅速办完。这件事很快就在村民之间传开了。渐渐地，求助电话多了起来，他每次接到电话都不厌其烦为村民们"跑腿"，大家也开始理解他、接纳他，慢慢地也愿意和他说心里话了。黄海军时刻告诫自己，要真心真情地为村民付出，更要用切实可行的办法来帮助村民脱贫致富。翻开他的工作簿，岭门村 37 户贫困户的情况被记录得非常详细：哪天和哪户沟通了，都交流了什么，了解到这家的什么情况，包括家庭成员、经济现状、生产技能、身体状况等情况，还评估了交流沟通的效果。很快，黄海军掌握了村里各户的家庭情况，开始形成进一步的工作方案。针对一部分贫困家庭缺少发展资金的突出问题，黄海军毅然自掏 3 万元作为风险金，兼任村信贷员，尽力帮助解决难题。同时，他预料有的贫困户可能到时还不上贷款，还自愿负连带责任。他相信，大家一定会将心比心，努力走出困境，不会无缘无故地拖欠贷款。他在走访中发现，这里的基础教育薄弱，在争取义务教育资金的同时，个人捐款 1.3 万元资助贫困村民的孩子读书。他发现贫困家庭中的成年人文盲、半文盲居多，于是就在村里开办认字班，举办"我奋斗、我幸福"等专题课，还请村干部和村民们进行交流，畅谈未来奋斗目标和计划，认字班在村里受到了普遍欢迎。他还邀请农业技术人员上门为村民授课，不时组织贫困户到镇农校和其他市县学习种植、养殖技术，让他们增长见识、开阔思路。黄海军真心实意为村民服务，村民也信任黄海军，就连家务琐事也愿意找他商量，请他拿主意。2016 年 9 月，在首个任期结束时，全村干部群众在组织部门的考核中给予黄海军很高的评价，并在"民意测评表"备注一栏中齐刷刷地写下"希望第一书记继续留任"的愿望。

大话细讲和小事大做

黄海军到岭门村不久就了解到在村里的贫困户中，一部分是因家人懒惰致贫，一部分是因赌博、酗酒致贫。他还发现，对由政府免费发放的鸡苗、鸭苗，有的村民没有好好饲养。政府曾经向他们发放猪苗或小牛等牲畜，希望他们可以通过养殖脱贫。可是不久，有些牲畜被变卖了，有些牲畜直接被宰杀了。个别贫困户的懒惰积习已经很深，黄海军一和他们说劳动致富，马上就话不投机了。黄海军深知贫穷本身并不可怕，可怕的是“志短”，没有脱贫意愿，政策再好也等于零。

经过认真准备，黄海军决定先从村里一个饮酒成瘾的贫困户扶起。贫困户王成安和儿子，在岭门村很“出名”，人称“一天三顿酒，父子共一壶”。他们又不肯劳作，只好借钱喝酒。黄海军看到王成安家具备养羊的条件，就几次上门走访，结果发现父子俩只顾喝酒，也不跟他搭话，每次去时王家的那条狗还对着他狂吠不止。正面交谈碰壁，黄海军就“迂回”做工作——找到王成安的弟弟王成业。在黄海军的动员下，王成业很快贷款养起了黑山羊，生活也慢慢有了起色。有了这个榜样，黄海军做王成安的思想工作就更有说服力了：“成安叔，你弟弟都能养好羊，你比他笨吗？你要是错过了这次机会，可能一辈子就这样了。”这一招激将法好像起了作用，王成安说：“养羊可以，但得政府出钱。”由政府出钱送的禽畜却成了下酒菜的教训在前，黄海军当然不能答应，他觉得只有让王成安投入了自己的钱，承担起风险来，才会珍惜，才有动力。黄海军趁热打铁，拿出很有吸引力的办法，说：“那你出 5 000 元，向农村信用社贷款 5 000 元，我再想办法申请 5 000 元政策性的无偿资助，出栏后一只羊能卖到 2 500 元啊！”经过耐心沟通，王成安终于答应借钱出资。可没过两天，他又提出希望帮忙盖羊舍。黄海军一看这还是懒劲未消，一番话说得王成安也不好意思了：“资助款已经批准到账了，你家里有材料、有人力，盖羊舍不就是动个手的事吗？”王成安也实在提不出更多要求了，只得动手盖羊舍。羊舍盖起来了，谁料贷款担保环节并不顺利。为了不让王成安刚热起来的心又冷下去，黄海军决定自己承担风险，给他放贷 5 000 元。为王成安选羊崽、为羊打防疫针等一应事务，黄海军已经记不清去过王成安家多少次了（图 1-2）。功夫不负有

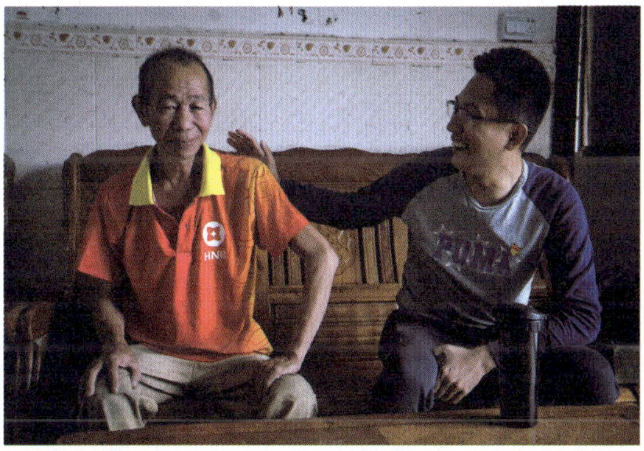

图 1-2　黄海军向贫困户王成安了解卖羊收入情况

心人，大半年过后，王成安不仅提前还清了贷款，还继续借贷 2 万元，增加了养羊数量。从黄海军第一次去王成安家动员，到他成功贷款养羊，历经 8 个多月，终于将这个以酒度日、萎靡不振的懒汉“扶”了起来。

虽然贫困户王海沙有木工手艺，但嗜赌成性，也因赌变成了贫困户。黄海军对他采取的是“讲道理、指出路”相结合的办法。黄海军对他说：“你有技能，总不能荒废掉吧。我介绍你到县城做工挣钱，你看怎么样？”在黄海军的反复劝说下，王海沙终于同意外出打工。黄海军又说服王海沙在三亚打工的妻子回来打工，不但家里有个照应，也能帮他戒赌。现在，王海沙在县城当木匠，妻子也在附近小店当服务员。王海沙与妻子一道走上了自力更生、勤劳致富的正道。王海沙说：“工地每天的活儿做不完，一个月收入四五千元，叫我赌我都不想去了。”琼中县召开脱贫摘帽动员部署会，王海沙代表全县脱贫户参加会议，成为脱贫之星。随着这两个贫困户的根本转变，黄海军顺势而为，与村两委一起，积极推动年轻人“村外打工就业”和年老体弱者“村内发展特色养殖”脱贫计划，依靠两条腿走路，稳步提高贫困户的家庭收入，激发贫困户的内生动力，做到家家无闲人。

贫困户自己才是主角

为了持久激发贫困群众摆脱贫困的内生动力，黄海军结合村里的实际设计了“流程化帮扶”法，即将扶贫政策、相关措施统一整合，具体实施的每一步都要体现“扶志”“激励”的原则，充分发挥贫困户脱贫的主体作用。实施前充分沟通，真心感化；实施中及时提供各类帮助和培训，但绝不包办、绝不养懒，任何政策和优惠的享受都与贫困户自身投入的人力、物力挂钩；实施后评估反馈体现正向激励，让贫困户感觉自己越努力，越有奔头，有获得感。同时，黄海军在镇村领导的支持下加强岭门村精神文明建设，破除陈规陋习。他耐心地教育劝导村民摒弃当地不合法的习俗，充分运用电视夜校、村庄标语等形式大力弘扬社会主义核心价值观，宣传村规民约，倡导健康的精神文化生活（图 1-3）。在村里醒目位置张贴的“扶贫先扶志，脱贫先脱懒”的标语更是营造了自力更生、勤劳致富的氛围。

图 1-3 黄海军与村民在村委会讲解惠农政策

他争取各方支持，筹资 1 500 多万元用于完善基础设施，开展村容村貌整治行动。经过不断努力，全村面貌焕然一新，村村通了环村路、户户通了硬化道，安装了路灯，种上了花花草草，村民之间和睦相处，文明程度有很大提高。为了因地制宜地精准施策，黄海军实施“一村一品”，分别为岭门村的 7 个自然村选择了适合发展的特色产业，推进成立了养猪、养蜂、养羊、蛋鸡 4 个农民专业合作社，由村干部或致富带头人担任理事长，村委会占股一到两成，既降低了村民的经营风险，又壮大了集体经济。在实施产业扶贫中，黄海军推行“一边引项目、一边给资金、一边教技术”的模式（图 1-4、图 1-5）。他积极引进海南农垦畜牧集团，以“龙头企业＋合作社＋贫困户”的模式发展特色养殖，村民已分红 13 余万元。他还利用“海汽快车”交通物流，指导贫困户打开了农产品销售通道。特别值得一提的是，他充分发挥了自身专业优势，自 2015 年 7 月以来，为岭门村共办理 155 笔小额贷款，金额达 551.2 万元。终于，在 2018 年年底，岭门村整村脱贫出列，摆脱了贫困的帽子。自驻村以来，黄海军通过扶志与扶智相结合开展扶贫工作的做法取得了明显成效。在首个任期结束时，按照广大村民的意愿，黄海军主动申请继续留任，再干两年。在 2017 年全国脱贫攻坚奖获奖者事迹报告会上，黄海军坚定地说：“从组织上把我安排在岭门村那天起，我就立志决不做村里的过客。岭门村一天不整村脱贫出列，我就一天不会离开。”

图 1-4　黄海军到贫困户王丽云家查看槟榔苗长势

图 1-5 黄海军在橡胶园为贫困户王积标父子讲解橡胶保险政策

扎根黎寨创业兴家　带领群众脱贫致富

奋进奖——黄丽萍

海岛上绽放的“木棉花”

木棉花是南方的特产，它开得红艳但又不媚俗，花掉落后，树下落英缤纷，花不褪色、不萎靡，木棉花被称为英雄花。在海南省陵水县五星村，黄丽萍(图 2-1)是村民们公认的女能人。为了摆脱贫困，她以执着奋进、决不放弃的精神，以勤劳勇敢和智慧，战胜了一个又一个艰难险阻；她不负众望，带领村民走上了康庄大道，展示了一名农村基层党组织带头人的风采，被称为海岛上绽放的“木棉花”。

图 2-1　黄丽萍在工作

决不向贫困低头

对于黄丽萍来说，创业致富是始终坚持的信念。从年轻时的外出务工到后来的返乡创业，她一直在与贫困较量。

2001 年之前，她和丈夫一直在海口打工，做蔬菜批发生意，对反季节蔬菜和市场行情比较了解。回到村里后，她发现有很多荒地无人开垦。于是，她盘算着把这些撂荒的土地全部租下来发展种植业。黄丽萍自小就勤奋好学，是海南省第一批农村干部大专学历教育班的优秀毕业生。为了掌握先进技术，她克服交通不便、经济拮据等困难，多次外出学习，不断积累种植经验，掌握了多种瓜果蔬菜的种植技术。随后，她开垦了这些荒地，种上了反季节的豆角、南瓜等蔬菜，同时还饲养了 100 头猪和 200 只鸭，成为村里的种养大户。

有了一些积蓄后，黄丽萍又投入木瓜种植。没料到的是，眼看就到收获的季节了，一场台风，一夜之间就把种植的几十亩木瓜树全部损毁，一下子就损失了几十万元。难过至极的黄丽萍在丈夫的安慰和鼓励下，心中又燃起了斗志。她四处筹钱，准备东山再起。她和丈夫跑到几十公里外的三亚学习杧果种植技术。“老庄坡是搞砖瓦灶的地方。在那里种杧果简直是用钱打水漂！”2003 年，对黄丽萍承包五星村老庄坡 60 亩砖瓦厂的荒地用来种杧果树的举动，不少村民很不看好，家人也极力反对。黄丽萍却认为人勤地不懒，黄土变成金。她又一次开始了向土地要效益的奋战。晴天一身汗，雨天一身泥，起早贪黑，开荒、耕地、育苗、学习取经……她硬是将 60 亩荒地变成了良田，种植下 2 000 多棵杧果树、几百棵龙眼树以及 2 000 棵槟榔树。2012 年，在中国（海南）国际热带农产品冬季交易会（冬交会）期间，黄丽萍联合几家杧果种植户在冬交会上展销自家种的杧果，成功与商家签订销售合同，销售量高达 10 万余斤。辛勤的汗水收获了丰厚的回报，经济条件明显改善。此后，黄丽萍开始全力种植杧果。

“我和大家一样经历过苦日子，希望能带大家一起过甜蜜的生活。”靠自身的努力打拼富裕起来后，黄丽萍没有忘记乡亲们，她无偿地教乡亲们杧果种植技术，还与 6 户农户联营，成立杧果种植销售合作社，统一管理，统一销售。董亚青家有 3 亩地与黄丽萍家的杧果地连在一起。他看到黄丽萍家靠种植杧果赚到了钱，也想试试，由于没有掌握技术，一直没有种植成功。黄丽萍就主动送给董亚青 200 株杧果苗，还手把手地教授种植方法。几年后，董亚青的杧果地开始有了收成，他索性将 3 亩杧果地承包给杧果种植销售合作社进行统管统销，夫妻俩则到海口打工。“收入每年都有所增加，我家准备盖楼了。”董亚青兴奋地说。因痛风而长期行动不便的董亚强，其母亲长期生病卧床，日子过得很是清苦。

热心肠的黄丽萍不仅劝说董亚强将其两亩地加入杧果种植销售合作社，还与他结成对子，进行全面帮扶，由此，他家出产的杧果不仅卖出了好价钱，还能从杧果种植销售合作社提前预支钱来解决生活难题。2017 年，黄丽萍又帮助董亚强开垦了 2 亩地种植杧果，董亚强家的日子越过越好。

党旗引领战贫困

2016 年，黄丽萍在全体村民的信任和期盼下，挑起了村党总支书记、村委会主任两副重担。“一花独放不是春，万紫千红春满园；一人致富不是富，人人致富才是富。村民选了我，是对我的信任，我一定要给他们一个满意答复。”这是她的庄严承诺。如何带领五星村 632 户2 689 人发家致富，帮扶 168 户 678 名建档立卡贫困户脱贫奔小康，黄丽萍开始深入细致地走访、调研和思考。2016 年，陵水县委提出以“党支部＋合作社＋贫困户”模式开展脱贫攻坚，这一下子打开了她的思路，更坚定了她带领乡亲们脱贫致富的决心和信心。她首先着手加强村两委班子建设，保证科学决策、民主决策、公开决策。她从选优配强队伍、健全管理机制、加强教育培训、凝聚班子成员的战斗力和向心力入手，努力建设守信念、讲奉献、有本领、善团结、重品行的村两委班子，为村党组织建设提供坚强的政治保证和组织保证，并先后发展预备党员 4 名。她认真组织学习贯彻习近平总书记关于扶贫工作的重要论述，严格按照党组织学习教育的相关要求，积极开展“两学一做”学习教育等活动。在她的带领下，通过规范组织建设、党内政治生活、党员发展、党员教育、党员管理、党员服务、阵地建设、台账资料 8 个方面的工作，五星村党总支和下属 3 个党支部一改过去的工作作风，成为如今管理规范、组织健全、制度完善、工作规范、活动正常、作用明显的基层党组织，为脱贫攻坚提供了有力的组织保障，汇聚了坚强的战斗力。与此同时，黄丽萍以村党总支为核心，成立各种合作社，并动员贫困户加入。为了进一步激发贫困户的内生动力，村党总支耐心细致地做好各项服务帮扶工作。他们向上级争取扶贫资金，根据资金规模和实际情况确定发展项目，帮助贫困户进行土地流转并发放租金，为贫困户提供就业机会和技术指导等，贫困户能充分参与合作社运营，既可以参与种养生产过程，又能获得分红收入。2016 年，32 户村民合作成立了五星村新型农民种养专业合作社，12 户村民合作成立了五星村妇女黎锦专业合作社。在黄丽萍的动员下，村里的贫困户自愿将由政府发放的近 300 只五黑鸡苗作为入股物资，加入种养专业合作社。

“她是致富带头人，我们相信她的创业能力。”贫困户黄海学说。2017 年，他带着政府发的 50 只五黑鸡入股五黑鸡合作社，并在五黑鸡合作社里打工，每天可获得 100 元工资，年底还有2 000 元分红。由黄丽萍担任理事长的五星村妇女黎锦专业合作社每年产出 10 多条黎锦，每条市场价在 800 元左右，该合作社里的黎丽霞、董亚丹等贫困户已顺利实现脱贫。

自 2017 年以来，五星村又先后成立了朝天椒种植地、陵水文罗乡缘生态农业发展有限公司，村集体经济得到进一步发展，村民的年人均收入从不到 4 000 元提升到近 7 200 元。要打赢脱贫攻坚战，产业扶贫固然重要，但做好贫困户的思想工作，更新他们的观念，提振他们摆脱贫困的信心和决心则更为关键。黄丽萍决心改变“一年种两季水稻，然后土地闲着什么也不种”的现状，她带领村两委班子，挨家挨户耐心解释、反复劝说村民调整种植方式。贫困户王亚春的生活十分困难，在村里引入辣椒种植项目后，黄丽萍不厌其烦地动员王亚春并帮助他种了一亩地的朝天椒，当年收入 4 000 元(图 2-2)。王亚春动情地说：“要不是黄书记 4 次上门跟我讲道理，手把手帮我，我现在还只能眼睁睁看着别人赚钱。”如今五星村水稻只种一季，剩下的时间用来种冬季瓜菜，让农户一年四季有可持续收入。

图 2-2　黄丽萍指导村民种植

在实际工作中，黄丽萍注重因人因户施策，精准帮扶贫困户树立信心、战胜贫困。村民符运杰要赡养 80 多岁的父母，还要照料精神失常的大哥，家境贫寒，直到 39 岁还没结婚，一度对生活失去了信心。在了解这一情况后，黄丽萍经常到他家嘘寒问暖、动员鼓励、开导启发，并将他家列为第一批危房改造对象，帮其盖了新房，接着又联系和协调当地派出所给符运杰安排了一份协警的工作。2017 年，符运杰终于结婚成家。黄丽萍用实实在在的行动向信任她的村民们交上了一份满意的答卷。上任不到 2 年，五星村 168 户 678 名贫困人口脱贫，成功摘掉贫困村帽子，提前一年完成脱贫任务，2020 年如期和全国其他地区一起进入小康社会。

以身作则促发展

无论是生产经营，还是担任村干部，在要求别人时，黄丽萍总是先要求自己，处处以身作则，积极发挥着引领示范作用。2010 年 10 月，海南遭受 49 年来最大的洪涝灾害，在抢险救灾工作中，她始终坚持工作在第一线。虽然是个女同志，但她主动要求与男同志一样分管两个自然村，组织撤离受困群众上百人，确保了群众的生命财产安全，得到了广大干部群众的称赞。2016 年黄丽萍上任后，她在做好思想工作和规范管理的同时，用实际行动影响和带动班子建设。生产组织化程度较低、效益不好、思想观念落后等问题一直是五星村发展的阻力。五星村村委会后备干部董其飞感慨道："那段时间，黄书记常常利用空余时间到田间地头、家家户户做思想工作，讲解相关政策和产业发展前景，想方设法将村民组织起来合力发展，是个有责任、有担当的人。"黄丽萍鼓励大家多学习、开阔眼界，她自身也在不断学习充电，积极参加自考大专、本科学习，提升自身素质。

自 2016 年以来，黄丽萍对村里的基础设施和环境卫生整治工作一直久抓不懈，亲力亲为。过去，五星村 10 个自然村都是土路，一下雨，人难行，车子更是开不进去。上任伊始，她在镇政府的支持下，通过多方努力，排除种种困难，带领全村干部群众大干苦干，实现了 10 个自然村村村通水泥路。为了保持村里的整洁，她以贫困户为主，组织了 18 人的保洁队，以公益岗位的形式解决了这些贫困村民的收入和全村的保洁问题。"这里修剪一下，这里再清扫一下。"刚从外省参加美丽乡村建设培训交流会回来，黄丽萍就到村里各个角落查看环卫工作，边说边亲自动手干。"距离早饭还有些时间，我也出来捡捡垃圾。"村民符才强说，"我不是保洁队的，这要是在以前，别人会笑话我傻，但黄书记身体力行，经常这么干，大伙都学着呢。"符才强边说边把一个椰子壳扔进了垃圾桶。

从打工妹到致富带头人，从村干部到党的十九大代表，黄丽萍说如今的自己多了一份"领路人"的自觉，不管是什么样的角色，最重要的就是要做好每件"平凡事"。

疫情就是命令，责任重于泰山

在 2020 年春节期间，面对突如其来的新型冠状病毒感染疫情，黄丽萍与村两委干部、驻村工作队立即取消假期，回到工作岗，奔赴防控工作第一线。遵照上级领导安排与其他干部一起研究部署防控工作，贯彻落实省委、县委、镇委关于坚决打赢新型冠状病毒感染疫情阻击战的政策。

遵循少接触、少流动,避免交叉感染的原则。黄丽萍多次小范围召集相关人员研究工作,调动经济社长、网格员,采取分片包干的方式,通过实地走访、周边打听等多种渠道,对村内人员的返回地、返回时间、乘坐航班、车辆等往来情况进行详细排查,确保不漏一户、不漏一人。经排查,外省务工人员 17 人,近期回乡人员 13 人,到英州、新村务工人员 61 人。安排回乡人员居家隔离观察,每天上报体温记录;劝说到英州、新村务工人员暂停务工,必须去者则暂宿务工地。五星村外工作队与村两委干部协调,安排统计并逐户核实和上报。

加大对传染病防治法和防控知识的宣传教育,引导群众正确理性地看待疫情,提高人民群众自我防护意识和能力。黄丽萍带领五星村两委干部在镇政府的直接指导与驻村工作队的协助下,广泛开展关于新型冠状病毒感染知识的宣传,引导群众科学应对疫情,提高全民防控意识和防控能力。在这场保卫人民群众生命安全和身体健康的严峻斗争中,黄丽萍认真对待,强化担当,始终工作在第一线,心无旁骛把每项工作做到位,每个环节抓到位,经常废寝忘食,在岗哨、村委会、村公司种植园地都留下了她疲惫的身影。元宵节本是中华民族阖家团圆的日子,为了让千家万户能够安心团聚,在岗哨昏黄的灯光中还闪现她忙碌的身躯。

五星村委会按照陵水县委统一安排,实行封村管理。设置关卡,检查过往、进出本村的人员和车辆,拦截和劝退非本村的人员,给有正常工作任务的人员做好体温测试及登记。由村两委干部、联防队员、经济社长及贫困户等轮流值班,实行 24 小时四班倒,由驻村工作队负责检查督促。“担一份责任,守一方净土。守护好关卡就是守护好我们的家园,守护好五星的百姓安全”,黄丽萍牢记这份简单又沉甸甸的责任,一边部署防控工作,一边组织人员筹备物质支援灾区,4 批物质,共 11 334 斤,共计45 083 元。

虽然疫情防控工作结束了,但她的工作还要继续。脱贫攻坚巩固工作、乡村振兴工作等大小事情都在她每天的忙碌中一件一件被完成。她带着精心编制的《五星村美丽乡村规划》和几名村干部又热烈地讨论起来,一幅以村集体经济形式建设共享农庄的生态农业旅游画卷正在黄丽萍的脑海中徐徐展开。

脱贫路上"领头羊" "舍得"二字装心中

贡献奖——羊风极

羊风极，海南省白沙黎族自治县打安镇副镇长兼田表村党支部书记、村委会主任，党的十九大代表，十三届全国政协委员，曾获全国劳动模范、海南省民族团结先进个人等荣誉。他创业致富后不忘回报村民，从事基层工作 30 多年，担任村党支部书记 20 余年，带领村民将一穷二白的田表村打造成远近闻名的富美乡村。为增强村集体凝聚力，带头出资并发动党员群众集资建设村级组织活动场所。他积极拓宽致富门路，带领黎族群众大力发展橡胶种植及多种林下经济产业，先后牵头成立 5 家种植养殖专业合作社，将村民人均纯收入由不到 600 元提高到 11 900 元。在巨大变化的背后，隐藏着什么秘密呢？

脱贫路上的"领头羊

"山也是白沙，水也是白沙，好山好水织就这一幅美图画……"绵延陡峻的黎母山横亘海南省中部，千百年来，她就像宽厚的臂膀，将一座座小村庄怀抱，也孕育了淳朴善良的黎族百姓。

在白沙县，每当提起"羊风极"这个名字，大家都赞不绝口。"我听说过，那可是一名好干部！""他当了几十年村支书，给老百姓做了不少实事呢！"在田表村村民的眼中，他还是一名讲公道、有原则的村干部。在他的带领下，田表村从一个人均年收入不足 600 元的贫困村变成了一个人均年收入 11 900 元的富裕村。

他总是有新点子

白沙黎族自治县地处海南省中部，是国家级贫困县，羊风极所在的打安镇田表村是一个传统的黎族村落。“这周围全是大山，全村 1 200 多人却只有 500 多亩水田，那可真是穷得叮当响。”回想起昔日的田表村，羊风极记忆犹新。如今，这里的变化用“翻天覆地”4 个字形容绝不为过：村民人均年收入达到 11 000 多元，全村实现脱贫，家家户户都有二层小楼和小汽车……田表村成为远近闻名的富美乡村。这些都源于羊风极 20 多年前的灵机一动。

1998 年，田表村唯一的高中毕业生羊风极被推选为村支部书记。他上任后的第一件事是想办法带领村民脱贫。刚走出校门的他对于治理一个村庄并没有多少思路。当时，村民只能通过种植甘蔗、木薯等来挣钱。传统产业投入大、产出少，收入自然少得可怜。如何打破长久以来的产业发展瓶颈是羊风极亟待解决的问题。虽然田表村的土地面积有 8 000 多亩，但是可耕种面积仅有 500 多亩。可用的耕地有限，羊风极将目光瞄准了大山。“我们改变不了地理环境，但是我们可以改变发展思路，向大山要地，向坡坡坎坎要钱！”要发展，首先要有一个好产业。经过村两委集体讨论，将目标瞄准了橡胶。田表村土层深厚、肥沃湿润，正适合橡胶生长。确定了发展思路，羊风极的干劲被激发了起来，但是现实给他浇了一盆冷水。羊风极提出来的发展思路瞬间在村民中炸开了锅。有人担心市场前景不好，有人担心自己没有种植技术，甚至还有人想看他的笑话。

面对群众的顾虑，羊风极逐一从市场、技术等方面耐心解释，他还从中国热带农业科学院请来专家传授橡胶管理和割胶技术。“请大家放心，我有信心发展好橡胶产业，我做过研究，认真分析了市场需求和技术难度，大家种橡胶一定合算！”听到他的话，村民们还是半信半疑。“我愿意做第一个吃螃蟹的人！”为了彻底打消乡亲们对发展橡胶产业的顾虑，羊风极带头承包了 19 亩山地种起了橡胶。从那之后，他变成了大忙人。遇到台风，他彻夜住在橡胶林的棚子里；遇到种植难题，他就给专家打电话……功夫不负有心人，在他的照料下，橡胶林一天天成长起来。“呵，羊书记种的树还不错！”这片茁壮成长的橡胶林被乡亲们看在眼里。在一个晴朗的早晨，羊风极把乡亲们请到了橡胶林。“胶乳可以制作成橡胶，今天我就让大家看一下割胶的操作方法。”说着，羊风极用略显粗糙的双手操作着割刀飞快地在胶树上切割出一圈圈树皮，一股股乳白色的胶水沿着树皮流下。“哎呀，真的有胶乳！”“看起来种得不错呀！”看到羊风极种植橡胶获得成功，田表村人吃下了一颗“定心丸”，开始跟着种植橡胶。凭着黎族人勤劳能干的精神，大自然给了他们最好的回馈：2015 年，全村橡胶树达到 18 万株，全村收入达 715 万元，人均年收入 6 500 元。种植橡胶获得了初步成功。

羊风极并不满足于单一的橡胶产业，他又积极寻找其他的致富门路，用以克服由橡胶价格涨跌所带来的波动。“平地种田，山地种胶，还有空间发展其他产业吗？”羊风极思索着。2007 年，从深圳返乡创业的黄金芳找到了羊风极。“羊书记，我打算利用橡胶林下的空闲资源搞点文章。”“这个点子好！”经过彻夜讨论，大力发展“林下养殖业”的致富思路在羊风极的脑海中徐徐展开。具体发展什么？羊风极有了目标：林子里通风好，积水少，有发展养鸡产业的天然优势。但是黄金芳有些犹豫。“羊书记，我以前没养过鸡，咱们能行吗？”“没关系，咱们一起去取经！”为了把养鸡技术学到手，羊风极带着黄金芳辗转周围县市的多个乡镇。回来后，黄金芳联合5 户村民成立了乐华养鸡专业合作社，并由羊风极提供担保，在信用社贷款 5 万元，第一批试养了 2 000 只鸡，出栏时一只纯收入 20 多元。村民们心动了，纷纷找到黄金芳想要学习养鸡技术，田表村的林下养鸡规模不断扩大。有了林下养鸡的成功尝试，羊风极以建立专业合作社作为发展田表村林下经济的手段，牵头组织村民成立了养鹅、养蜂、养羊等 5 个养殖合作社。村民羊双哥算了一笔家庭收入账：割胶季节卖胶乳一天可以收入 300 多元，一年出栏 30 多头猪、50 多只土鸡……看着计算器上不断累加的数字，羊双哥高兴了：“咱哪里见过这么多钱！”

经过几年的发展，养殖合作社从最初的只有 5 户社员、2 000 只鸡发展到拥有 46 户社员、7 000 多只鸡和 108 只羊的规模。大部分村民参加了养殖合作社，村民从 2013 年起陆续盖起新房，日子越过越好。如今的田表村从曾经单一的水稻种植发展为家家户户田里有水稻、地里有橡胶、林里有土鸡、院里有家猪，产业结构丰富，人均收入逐年提高。

“舍得”二字装心中

在田表村，群众遇到大事小情首先想到的就是老书记羊风极。“田表村以前没有村民活动场所，晴天在大榕树底下开会，雨天挤在书记家开会。”与羊风极共事 20 余年的田表村党支部副书记黄有川说道。羊风极被当选为村党支部书记后，为建活动场所，他以自己的名义向信用社贷款 5 万元，又从家里拿出 2 万元积蓄。而那段时间，羊风极的二儿子出了车祸，基本医疗费用就要 5 万多元，当他准备把家中仅存的积蓄拿给村里修建活动场所时，妻子忍不住指责他：“是工作重要还是你儿子重要？有你这样当父亲的吗？”面对妻子的指责，他耐心地对妻子说：“村民相信我才会选我做支部书记，大家都在看着我，只有我先带头，大家才会跟着干。”羊风极的无私感动了全村党员和群众，他们主动行动起来，自筹资金 14 万元，建成面积 100 多米^2 的村级组织活动场所。2014 年又通过积极争取“村级组织活动场所改造升级计划”资金，建成一栋 3 层楼高、建筑面积 350 米^2，集办公、文化、休闲、娱乐、学习于一体的多功能村级组织活动场所。“党员干部只有心里装着‘舍得’二字，才能成为群众的贴心人。”羊风极说。在田表村，羊风极的身影随处可见。“羊哥”“阿叔”“阿公”——这些热情的招呼里透着村民对他的亲近。夏日炎炎，他在田间帮助村民收甘蔗、割稻谷；夜雨如注，他为被疏散出危房的农户送去棉被和热汤；春节来临，他从村头走到村尾，为老党员、困难户送去新年的慰问。

羊风极用实际行动带领田表村党员干部践行群众路线。“今年多亏了羊书记，要不是他和村干部帮忙，我的水稻就都枯死了。”村民羊以争说。2015 年上半年，海南省遭遇持续的干旱天气，田表村水井出水不足。羊风极带领村两委干部临时架设用电线路，帮助农户抽水灌溉农田。他还动员全村 93 名党员动手清理水渠，仅用一天半时间就将长约 3 公里的灌溉渠碎石泥沙清理完毕。2016 年，田表村又遭遇大水，全村住房悉数被淹。羊风极第一时间集合所有村干部帮助村民抢险，从早上忙到深夜，排水排污、搬运物资。羊风极还协调抽水机将农田的积水排出。全村上下齐心协力，终于渡过了难关。“村东头的那位阿婆是他从大水中背出来的，刚把她背到安全地带，羊书记就累得站不起来了。”治保主任符玉定说。“选他当村支书，算是选对了人！”羊风极的一言一行都被乡亲们看在眼里。

权力要用在为人民服务上

羊风极的弟弟羊风调一家的经济条件一直很差。“前几年，我想让哥哥帮我筹措 10 万元盖间新房，可是他坚决不同意。”羊风调说，“其他村民早就住进了小洋楼，我直到去年才把钱凑齐，是全村最后一批盖新房的。”虽然弟弟不理解，但是羊风极的行为赢得了全村人的赞誉。“羊书记当了 20 余年村支部书记，从来没有公权私用，我们佩服他！”“我是全村的致富带头人，大家都在看着我。”羊风极对待原则问题绝不含糊。村里有橡胶种植补贴，羊风极没有把不符合条件的弟弟列入补贴名单，而是把自己的 6 000 元存款交给他。“弟弟，人在做天在看，我们不能做对不起良心、辜负群众期盼的事。你好好干，我相信你能干出个样子来！”有了羊风极的支持，弟弟羊风调充满干劲儿：“哥哥，我一定要干出个样子来，不能拖大家的后腿！”

群众给的权力，羊风极全部用在为人民服务上。20 余年来，在田表村 237 户家庭中，超过 30 户家庭的贷款得到羊风极的担保。“当时我家穷，老书记主动为我担保贷款 1 万多元建猪栏，现在我家的日子越过越红火！”“这一切都要感谢羊书记！”村民羊以博说。如今，他的养猪事业越做越大，成为小有名气的富裕户。

走在前面的“领头羊”

2020 年 6 月，在位于白沙黎族自治县打安镇打安村的兰花种植产业示范基地里，村民们正在细心地料理兰花。“基地有 20 万株，预计这个基地每年能产生 200 万元的经济效益。”望着一片片刚种下的兰花，打安镇副镇长兼田表村党支部书记羊风极脸上露出了笑容。

2016 年，羊风极所在的打安镇举行换届选举，羊风极高票当选为打安镇副镇长。面对新的挑战，他全身心地投入到新的工作岗位。“党员是火车头，要永远带头走在前面。以前只考虑一个村子致富，现在要努力带动一个镇致富。”担任打安镇副镇长后，羊风极主动担起打安镇脱贫攻坚的重任：带领扶贫工作队走访贫困户 530 人次；采用“政府扶持、企业带动、合作社经营管理、贫困户入股分红”的模式，在打安村建设 60 亩兰花种植产业示范基地，发动全镇建档立卡贫困户“抱团”发展兰花种植产业。该基地将被打造成一个集花卉种植、休闲旅游、田园观光等功能于一体的农业开发综合体。“感谢党和政府给我们选了一个好的带头人，我对脱贫致富很有信心。”在兰花种植基地谋得了一份工作的贫困户符玉乾自信满满地说。

作为党的十九大代表，除了日常工作，羊风极还抽出时间在海南中部市县进行走访，他希望更多地掌握一线党员和群众的真实情况。“把党的好政策落实在为民服务中，在平凡的岗位上多做对民有益的事。”羊风极说。他在基层担任村党支部书记期间，“把群众放在心上”是他干事创业的力量源泉，也是取得成绩的秘诀。“接下来，我要带领乡亲们在乡村振兴的路上继续干下去，让更多的乡亲成为爱农业、懂技术、会经营的新农民。”羊风极说。

创新办学模式　推动教育扶贫

创新奖——张毅生

张毅生，海南省经济技术学校校长、党委副书记，曾获全国扶贫开发工作先进个人、第二届全国教育改革创新优秀校长、海南省十佳校长等荣誉。自2009年以来，在海南省教育厅、省扶贫办的大力支持下，他联合省妇联创办了扶贫巾帼励志中专班，面对全省贫困家庭招生，帮助贫困家庭的女孩学技术、立志向，凭技术技能就业，实现一人就业、全家脱贫。扶贫巾帼励志班职教扶贫模式被推广到海南省34所中职学校，对全省脱贫攻坚起到了重要的推动作用。

教少年立志　助就业脱贫

"培养一名好女孩，造就一位好母亲，带出一个好家庭。"这是海南省经济技术学校校长张毅生对创办扶贫巾帼励志中专班提出的愿景。

自2009年创办以来，扶贫巾帼励志中专班使许多农村贫困女孩得以用知识和双手改变命运，并成长为企业骨干和励志典型。2009—2020年，扶贫巾帼励志中专班不断为爱"发电"，成了海南省职业教育的品牌，优秀毕业生的先进事迹在社会上引起了广泛关注，社会效益日益明显，多家媒体对该班的励志教育模式进行宣传报道。

张毅生说："女孩在家庭中以自身的道德品行、文化素养潜移默化地影响着下一代。不让一个女孩因贫困失学，正是我创办扶贫巾帼励志中专班的初衷。"扶贫巾帼励志中专班因爱而生，也为海南省贫困家庭的女孩打开了未来的大门，改写了很多海南农村家庭女孩为贫困所束缚的命运，成为海南农村女孩名副其实的"未来梦工厂"。

定点帮扶，不落一户；困难资助，不落一生。扶贫巾帼励志中专班以一种新型职业教育扶贫方式，扶智更扶志，励志也励心，帮助农村贫困家庭孩子实现有学上、有书读的梦想，增长技能，实现就业带动家庭脱贫致富，为教育助脱贫贡献力量。

创新办学新模式　教育扶贫先扶志

“扶贫先扶志，作为一名教育工作者，我深感肩上责任之重。”海南省部分市县贫困山区仍然存在重男轻女的思想。许多农村贫困家庭没有能力也不愿送初中毕业后的女孩继续上学，十五六岁的女孩不得不早早外出打工贴补家用，或在家承担一些农活、杂活。

2005年，张毅生进入海南省经济技术学校担任校长一职。通过调研，张毅生发现学校里普遍存在农村女生较少的现象，这让他萌生了为贫困家庭女孩提供更好的学习环境和更多学习机会的想法。“2009年，我组织学校教师对贫困家庭子女就读职业教育愿望情况进行了一次调研，情况不容乐观，60%以上的农村贫困家庭都不愿送初中毕业后的女孩子继续读书。”大多数女孩遵从家长的意愿进城打工补贴家用，由于未受职业技术培训，只能从事收入微薄、简单繁重的体力劳动，返回农村后经济收入中断，生活又陷入困境。“我生于农村，我的两个姐姐就是为了让我上学读书，很小便辍学打工，我至今都对此感到十分愧疚！”

张毅生在调查中还发现，受过良好教育、掌握一定知识技能的女性对一个农村家庭的致富兴旺有着不可或缺的作用。针对这些现象，也是基于农村贫困女孩面临的现实处境和女性素质对国家、民族、家庭的重要性，张毅生与其他校领导研究分析后一致认为，职业学校必须在教育扶贫工作中有所作为，其应对增强社会责任意识、促进社会发展有所贡献。

学校及时向海南省教育厅、省妇联和省扶贫办汇报了这一想法，在各级领导的大力支持下，学校于2009年7月面向全省贫困家庭的女孩招生，创办了扶贫巾帼励志中专班。扶贫巾帼励志中专班面对贫困家庭女孩招生，明确提出了“免除贫困女孩三年学费、住宿费等，每月补助生活费就读职业学校，凭技术优质稳定就业”的目标，探索教育扶贫新路子，让贫困家庭的女孩学技术、立志向，帮助家庭脱贫致富，过上有尊严的生活。

2010年4月13日，时任国家副主席习近平到学校考察，对学校坚持扶贫与扶志、扶贫与育才相结合的做法给予肯定，还鼓励同学们发奋学习、提高素质、锻炼体魄，努力成为国家建设的有用之才，回报祖国、回报社会、回报父母。

学校制订了扶贫巾帼励志中专班十年（2009—2018年）的计划目标：计划培养1万名扶贫巾帼励志中专班学生，造就1万名好母亲，带动1万户家庭脱贫致富，并矢志不渝地努力办好扶贫巾帼励志中专班。“学校不仅要让学生过上有尊严的生活，还要帮助其家庭脱贫致富。”张毅生说，“学校将给学生带来两个‘脱’，一是脱胎换骨，二是脱贫致富。学生在学校不仅仅学到技能，更重要的是树立起立志向上的精神。”

多措并举促脱贫　助力就业且励志

2009 年，扶贫巾帼励志中专班开始招生后，抱着试一试的心态，覃小丹成为首届入读该班的学生之一。覃小丹说：“进入巾帼励志中专班后的每一天都是新的。”重获学习机会的覃小丹学习非常刻苦，多次获得了海南省和学校的奖学金，不仅当上了班长，还当上了 2009 级的学生会主席。2012 年，覃小丹在毕业后就留校工作，成功成为一名中专学校的教师，并担任励志教育的辅导员。学校的工作不仅让她提高了收入，也改善了全家人的生活品质。2015 年年底，她出资 3 万元，帮助家里盖了一栋二层楼房，这让覃小丹更加坚信“知识改变命运”。如今，作为一名老师，在课堂上，覃小丹常常提醒学生们：“不要急于走向社会，学好本领才能有一个好的未来。”

同样是扶贫巾帼励志中专班学生的方婷在毕业后也留校工作，顺利成为学校的一名酒店专业实习指导老师，“没想到还能通过这个机会继续学习，所以我也想留校帮助更多的女孩实现她们的梦想。”

2012 届酒店服务与管理专业毕业生李雪练，两次获得省级技能大赛中餐摆台项目一等奖，毕业留校担任酒店专业实训指导老师。2016 年年底，她出资 4 万元帮助家里盖起了新房。2013 届酒店服务专业毕业生朱晓莹，家庭贫困，入学后受到资助，努力学习，现已成为中信银行海口分行的大堂经理，2016 年资助家里盖了一栋二层楼房。2015 届美容美体专业毕业生薛恋婷，初三毕业后因家庭贫困辍学，后因受到资助而重返校园，毕业后应聘到香港红瑞集团海南红妆美容有限公司担任美容师，并帮助家里盖房和投资发展种养业。

“这样的例子数不胜数，农村的楼房谈不上豪华，但是在农村漆黑的夜晚，从这些楼房绽放出来的光芒，彰显了职业教育的功德无量。”张毅生感慨道。为了让更多的贫困女生享受政策红利，张毅生每年发动全校教师组成 18 个宣传队进行政策宣讲，覆盖全省 320 所非重点初中学校，这样的宣讲已坚持 11 年。

张毅生不辞辛苦，四处奔波，多方筹集助学资金，保障学生基本生活费开支。2009—2014 年，省扶贫办先后资助了 1 900 万元，省妇联发动海南成美慈善基金会、北京新发展慈善基金会、长江商学院第十五期学员共捐赠了 380 万元。2009—2020 年，张毅生积极协调合作企业给予扶贫赞助，并统筹利用学校自有经费，共筹集了 1 500 多万元。这些资金全部用作贫困学生每人每月 150～350 元的助学金，以减轻她们的后顾之忧，让学生能够安心学习。

不仅如此，张毅生在校内广泛开展勤工俭学活动，每年安排 1 000 多名学生参加。通过设立校内资助性工作岗位、引进海南思香源食品有限公司生产性实训基地、创办电商等创业体验店、联系校企合作单位在周末及寒暑假提供实践机会等方式，不仅培养了学生吃苦耐劳、敬业创业的精神，还让她们学到了扎实过硬的生产技术、专业技能和经营管理经验。张毅生还创办了美发、食品加工、电商等校内创业体验店，为学生提供真实的创业环境，增强学生的创业意识和创业能力。

根据海南产业发展规划和海南建设自由贸易港的战略任务，结合就业形势和学生兴趣爱好，张毅生开设了高星级饭店运营与管理、美容与康养、中西餐烹饪、电子商务、免税品营销、平面广告设计等多个契合海南经济社会发展需求的专业，为学生拓宽了就业渠道。他牵头组建了"一校百企"合作联盟，每年各个企业能给贫困学生提供 3 000 多个工作岗位，毕业生就业率在 98% 以上，学校连续 6 年被评为"海南省大中专就业工作优秀单位"。

2018 年，张毅生参加了在海口举行的"第三届全国国际饭店业大会暨海南校企合作洽谈会"。在这次会上，他作了 8 分钟的发言，希望校企合作为学生提供勤工俭学的岗位。"一个下午的时间，就有十几家企业和我'订人'，这样不仅大大减轻了学生的家庭负担，补贴了学生的生活费用，也能让学生提前掌握技能、适应岗位。"

对学生来说，学校不仅关注她们的学习状况、考试分数，在学习上扶智，也重视在生活上扶贫、精神上扶志、品行上扶德、心理上扶健，使她们能够适应社会的发展。张毅生指导团委成立扶贫励志教育辅导团，将全校贫困生分成了 27 个扶贫巾帼励志中专班，分配了 35 名辅导员，每周利用第二课堂的时间对贫困学生进行励志教育辅导。自 2009 年以来，他聘请多位励志教育专家、巾帼红旗手、德育专家、优秀校友和优秀企业家担任主讲，每年开展大型教育讲座活动 20 余场，帮助学生树立正确的就业和择业观。

除了开展经常性励志讲座和拓展教育活动，张毅生还以党建和团建的形式促进贫困生的思想建设，包括组织扶贫巾帼励志中专班的学生加入学校励志青年志愿者服务队，成立励志党支部，吸收先进的扶贫巾帼励志中专班的学生入党，提高扶贫扶志教育效果。

知识改变命运，教育引领未来。截至 2020 年 6 月，8 700 多名贫困学生毕业后成为适合海南经济社会发展需要的中等技术技能型人才，为全省脱贫攻坚战略贡献了力量。张毅生说："将大批来自农村贫困家庭的'丑小鸭'，培养成了家庭中的顶梁柱、单位中的佼佼者，成为名副其实的'白天鹅'。"

开创帮扶新局面　春风化雨终育人

扶贫工作是平凡而艰辛的，没有闪烁的霓虹灯，没有豪言壮语，只有默默奉献。在张毅生的不懈努力下，学生们经过在校3年的扶贫励志教育，树立了脱贫致富的志向，毕业后凭借技术、技能实现优质就业，帮助家庭脱贫，同时受她们的良好影响，农村同龄女孩纷纷报读扶贫巾帼励志中专班。

这种办学模式在全省得到推广，海南省34所中职学校开设了251个扶贫励志中专班，对11 811名建档立卡贫困家庭学生实施精准施策、精准培养、精准就业、精准脱贫，扶贫励志教育结出累累硕果。张毅生说："扶贫扶志的道路充满困难而且漫长，扶贫巾帼励志中专班的创办原本是10年为期，但是我已经向省妇联、省教育厅、省扶贫办申请再延期，助力打赢脱贫攻坚战！"

为了持续办好扶贫巾帼励志中专班，培养更多海南自由贸易港建设需要的合格建设者和接班人，张毅生带领领导班子拟定了《扶贫巾帼励志中专班第二个十年（2019—2028年）规划》，提出在2019—2028年继续办好扶贫巾帼励志中专班，挂牌成立"全省妇女培训基地"的同时，采取"3＋2"大专班办学模式，提升扶贫巾帼励志中专班办学层次，靶向对准自由贸易港建设和发展的需求，开展扶贫巾帼励志新型妇女技能提升培训，进一步巩固脱贫攻坚工作成果。

"十年树木，百年树人"，教育扶贫能让贫困家庭的孩子掌握知识、改变命运、造福家庭，是最有效、最直接的精准扶贫。张毅生以"用心、用情、用力"的态度，走进贫困家庭，不断地践行当初的诺言，犹如暖人的春风抚慰贫者，犹如绵绵的细雨沐浴困者。

创新扶贫宣教思路　“志智双扶”见实效

组织创新奖——海南省脱贫致富电视夜校工作推进小组办公室

扶贫先扶志，扶贫必扶智。针对贫困群众存在的“受穷不急、信心难立、脱贫无方”等问题，海南省坚持扶贫与扶志、扶智相结合，设立脱贫致富电视夜校工作推进小组办公室（简称“省夜校办”），创新打造“电视＋夜校＋‘961017’服务热线”精准扶贫模式。自设立以来，电视夜校已成为海南省培训贫困群众致富能力、提高基层干部帮扶能力、促进农民持续增收的重要抓手。脱贫致富电视夜校节目被国家新闻出版广电总局（2018 年 3 月改为国家广播电视总局）评选为“2017 年度广播电视创新创优节目”，在 2018 年全国脱贫攻坚奖评选表彰活动中，海南省脱贫致富电视夜校工作推进小组办公室荣获“组织创新奖”。电视夜校的工作激发了广大贫困群众脱贫的内生动力，成为扶贫干部提振士气、干群携手脱贫攻坚的强大“合力场”。

创新宣教　助贫困户“富脑袋”“鼓口袋”

村委会院里停满农用车、电动车，会议室里座无虚席，放下锄头的农民走进“课堂”，聚精会神对着电视边听边记、边学边思……每逢周一晚上，“乡土课堂”在海南省各地村庄同时开课。自 2016 年 11 月 18 日起，海南省探索开设脱贫致富电视夜校（图 5-1、图 5-2），固定频道、固定时间开课，每期邀请相关部门领导、行业专家、致富能手及优秀帮扶干部“现身说法”，讲政策、举案例、教技术、出点子。

大规模开办电视夜校正是为了给扶贫难、脱贫难的症结开出的精准“药方”。以扶志、扶智为目标，电视夜校以“实地调研出题目、职能部门组内容、专家团队策划、专业团队摄制”的方式制作课程，内容涵盖扶贫政策知识、产业发展信息、思想教育、扶贫典型案例、农民工创业就业和农产品产销信息等几大类专题。

夜校办曾纪军(右一)、古洁(右二)与湾岭镇岭门村脱贫典型王成安(左一)

图 5-1 2019 年 1 月 3 日走访和拍摄脱贫情况

夜校办曾纪军(左一)、古洁(中)与南什村委会脱贫励志典型王兴珍(右)交谈

图 5-2 2019 年 1 月 3 日观看第 116 期《电视夜校》节目录制情况

电视夜校把分散的贫困群众组织到一起集中学习,比他们在家自学更有效果。通过电视夜校,贫困群众能全面深入地了解住房、教育、医疗、产业、小额贷款等扶贫政策信息。电视夜校注重“身边人讲身边事”,邀请各地“脱贫明星”传授经验,以触动和启发广大贫困群众。在潜移默化的致富氛围中,大量贫困群众实现了从“要我脱贫”到“我要脱贫”、从“脱贫没想法”到“致富有门路”的转变。

上电视夜校后,琼中黎族苗族自治县和平镇长沙村贫困户卓善瑜的致富念头日益强烈，他说：“以前我觉得饿不着就行，不想那么辛苦。在电视夜校上课后，看到有的贫困人员即使身体残疾也能脱贫，我年轻力壮的一定也行！”在夜校政策信息的提示下，他提交了危房改造申请，申请了产业扶贫帮扶，开始养鸡、养猪。

“不仅要脱贫，我还要致富！”海口市秀英区永兴镇罗经村的黄振步是电视夜校的忠实学员。在电视夜校，黄振步看到养殖黑山羊脱贫的案例后受到启发，就和其他 5 名贫困人员成立合作社养殖黑山羊，2017 年全部实现脱贫。如今，合作社还带动周边村庄共 22 户贫困户养羊。

除了承担宣教功能，电视夜校还利用平台优势牵线搭桥，为贫困群众解难题、找门路。在第 50 期电视夜校课程中，海南传味文昌鸡产业股份有限公司技术专家现场讲解文昌鸡的饲养技术和疾病防治技术，并为贫困户答疑解惑。在课程播放后，不少贫困户萌生了养鸡脱贫的想法。在电视夜校的协调下，该公司免费为 50 名贫困人员提供了 1 万只鸡苗，带领他们走上了脱贫致富之路。

“线上＋线下”教学全覆盖 力促帮扶见实效

从电视到广播，从线上到线下，省夜校办整合资源，综合利用广电技术、互联网及新媒体技术，将电视课堂覆盖到全省每个贫困村。除了在全省广播电视系统播出，节目还上传到海南省党员干部现代远程教育平台，支持自主点播选学。

为巩固学习成效，乡镇扶贫干部、帮扶责任人、驻村第一书记、村两委干部在课程结束后至少要利用半个小时组织贫困户讨论，对核心内容进行二次解读，让贫困户进一步熟悉扶贫政策，并结合贫困户自身特点探讨脱贫计划。

“电视夜校已经成为贫困户探讨脱贫路子的乡土论坛。”三亚市天涯区华丽村第一书记杜沛林说，华丽村在课后设置了贫困户轮流提问、农林技术员解答的“小课堂”环节。为增强学习的趣味性，许多村庄还开展了扶贫知识有奖竞答活动，进一步激发了贫困户的学习热情。

电视夜校搭建了“线上讲政策技术、线下抓落实，贫困户提问、干部解答”的平台。万宁市北大镇打造“固定课堂＋流动教学＋下单式服务”模式。在电视夜校节目播放结束后，各村委会根据贫困群众的实际需求，邀请相关领导、专家进村入户授课解决种植养殖难题，并带领贫困群众赴外地参观学习产业脱贫经验。2019 年，全省脱贫致富电视夜校工作经验交流培训会在海口举行，如图 5-3 所示。

随着电视夜校脱贫节目的开播，“961017”服务热线同时开通。如果说电视夜校节目

2019 年 6 月 28 日下午，海南省委组织部吴慕君副部长强调要加强夜校的组织管理、节目创新、功能拓展、线下实训和范围覆盖，努力推动脱贫致富电视夜校工作再上新台阶

图 5-3　2019 年海南省脱贫致富电视夜校工作经验交流培训会在海口举行

是“集中会诊”，解决贫困户普遍面临的难题，那么热线服务就是私人定制，精准帮扶到户到人。电视夜校客服人员在接听群众来电后会将热线工单派发到各职能部门，通过工单追踪制度，在 7 个工作日内进行回复、办理，从而做到对贫困群众反映的热点、难点、痛点问题有求必应。

定安县龙湖镇桐树村贫困户符春兰通过电视夜校了解到危房改造政策，可错过申报时间让她后悔不已，她抱着试试看的想法拨打了“961017”服务热线，没想到第三天就迎来了县住建局工作人员，将她家房屋列入 2017 年危房改造范围，当年就完成重建。临高县调楼镇道俺村贫困户王小干的香蕉遭遇病虫害。在看到电视夜校的香蕉种植专题课后，他拨通电话，海南省农业科学院的专家随后就赶到田间进行指导，救活了他的香蕉。截至 2020 年 7 月 22 日，服务热线共接到群众来信来电 67 916 个，生成工单 58 260 份，共办结工单 49 767 份，工单办结率达 99.81%。

强化组织保障　打造脱贫“合力场”

截至 2020 年 7 月 17 日，电视夜校节目已播出 189 期。在每期节目播出时，全省 2 721

个教学点，5 000 多名乡镇干部、帮扶干部、第一书记、村两委干部会组织 12.8 万名贫困群众同听课、同学习、同讨论，营造出干部群众勠力同心谋脱贫的良好氛围。

海南省上下同心，办好电视夜校成为各级党委、各个部门的分内事。海南省委、省政府高度重视夜校工作，成立了脱贫致富电视夜校工作推进小组，统筹电视夜校教学的日常工作和协调 18 个成员单位参与节目录制由海南省委副书记担任组长和电视夜校校长，并主讲了电视夜校的第一课。

海南省委组织部牵头电视夜校组织和监督考核，省扶贫办监督电视夜校工单办理情况并对教学内容进行指导，省农业厅、省教育厅、省住建厅、省财政厅等单位主动参与授课和接听咨询电话、办理热线工单……在省夜校办的协调下，各部门各司其职、通力合作。各市县主要领导深入夜校教学点和贫困群众一起学习讨论，并解决夜校工作中遇到的问题。

为确保电视夜校教学效果，海南省运用即时通信软件“钉钉”，通过报表管理来统计教学点管理人员的签到率和贫困户的参学率，对全省教学情况进行实时监督。

扶贫干部上课热情高涨，电视夜校已成为扶贫干部的好帮手。不少帮扶责任人运用在电视夜校学到的扶贫政策帮助贫困户解决实际困难。海口市龙华区龙泉镇美定村第一书记罗书体看到电视夜校宣传的产业扶贫小额贷款政策后，帮助多个贫困户办理了贷款，产业发展缺资金的难题被迎刃而解。

电视夜校还密切党群、干群关系，增强基层党组织的战斗力。实施科学高效的组织模式和层层压实责任的管理方式，真正把工作做到了群众的心坎上。一些基层干部在组织收看电视夜校课程的过程中，想方设法主动贴近群众。陵水县文罗镇新华村第一书记陈栋曾把电视夜校中的“干货”拎出来，自掏腰包编印《政府对建档立卡贫困户的帮扶政策汇编》发给贫困户；乐东县尖峰镇山道村山路崎岖、住户分散，村里租用 6 辆三轮车组建“夜校专用车队”，接送路程较远的贫困户。“干部的真心真情触动着群众，来上课的人越来越多，参学率连续多期达到 100%。”山道村第一书记吴足雍说。

电视夜校激发了贫困户的脱贫动力，汇聚了人气，凝聚了民心，成了干群齐心协力脱贫攻坚、社会各界广泛参与扶贫开发的强大“合力场”。电视夜校平均每期节目有 68 万人次收看，大量农民、基层干部自发上电视夜校。社会各界人士在收看课程后积极投身扶贫工作。不少企业负责人在看了电视夜校课程后拨打电话希望在课程中发布招工信息。定安县一家食用菌公司的负责人还主动要求到电视夜校授课讲解食用菌种植技术，并邀请贫困户到公司学习技术或务工。

不等不靠不要　幸福自己创造

奋进奖——郑岗

生于1981年的郑岗，从小身材瘦小，很容易骨折。那时家人并不知道他的病症根源，只能一次次为他花钱治疗，本来不富裕的家境，变得愈发困难。郑岗的童年吃的是盐巴就饭，住的是漏雨小屋，脱贫致富的种子早早埋在了他的心中。

敢想敢干不认输　勤学苦学寻出路

穷人家的孩子早当家，在郑岗心里，一直认为家里贫困的"罪魁祸首"就是自己患上的"疑难杂症"。他不忍心看着父母起早贪黑为了自己忙碌，便早早离开校园去打零工。1998—2002年，郑岗做过收椰子、制作椰棕、搬运海鲜等工作，但是身材瘦小且不能做重活，他的工资一直是同期工人中最低的，就算是这样，雇主还是对他不满意，郑岗经常被"炒鱿鱼"。

2002年年底，在好心邻居的介绍下，郑岗得知广东省比较好就业，毅然决定去那边发展。那时他辗转在广东省内多个刀具模具厂打工，这一干就是11年。

2004年，郑岗在深圳打工期间脚踝部再一次骨折。此时，一位骨科专家根据郑岗的病情，诊断他患上的是一种名为"石骨症"的疾病，这是一种少见的骨发育障碍性疾病。困扰郑岗多年的"谜题"终于被解开，他向医生详细询问了石骨症的日常注意事项及治疗方法，从而成功控制住了病情，这也是郑岗最后一次骨折。

在外打工多年，郑岗的工资待遇并不高，加上身处发达地区，花销较大，因此他没有攒下什么钱。2010年，郑岗的母亲因心脏病住进了重症监护室，郑岗得知消息，立刻回家照顾母亲。谈起9年前的这次家庭变故，郑岗仍旧心有余悸，不愿多提。当时，母亲的住院费、诊疗费加起来要几万元，而郑岗所有的积蓄才6 000元，远远不够。在重症监护室外，郑岗心里涌出了一股浓重的无力感、挫败感。3 个月后，母亲的病情基本稳定，郑岗重新回到广东打工。此时他开始认真思考创业的问题。郑岗认为，虽然自己不是很健康，但是有灵活的头脑，只要肯努力，就一定能支撑起这个家，让父母的日子越过越好。基于自己的工作经验，郑岗决定开办刀具模具厂。经过长时间的市场调研，2013 年 10 月，郑岗认为，时机成熟了。他通过向朋友借钱、向银行贷款，筹集 20 多万元资金，把厂子办了起来。

虽然郑岗准备大干一场，但是产品迟迟打不开销路。租赁工地、雇用工人、购买设备及水电费样样需要资金来维持。就这样，郑岗的首次创业在坚持 6 个月后宣告失败，20 多万元血本无归。

那段时间，郑岗的生活阴云密布，他不知道如何才能渡过眼前的难关，逃避、轻生的念头也曾在大脑中浮现。想想家里辛苦了一辈子的父母，想想自己"让全家过上好日子"的美好愿望，郑岗没有打退堂鼓，重新整装出发。这一次，他盯上了风头正热的佛珠市场。

通过反思，郑岗认真总结了首次创业失败的教训，认识到自己之所以失败是吃了不懂运营的亏。这次郑岗没有贸然出手，他留在广东，用半年多的时间主动学习了经营管理、淘宝运营、微商等相关知识，并去当地最大的文玩市场做了充分的市场调研，通过发传单、发名片这样的方式，积累了一定的客源。

为了了解佛珠产业的真实效益，郑岗花费 2 300 元买进一串佛珠，联系上了客户，转手就卖了 4 000 元。这单生意让郑岗赚了 1 700 元，更让他看到了希望的曙光。

此时，国家新一轮扶贫开发工作正式启动，扶贫政策在文昌落地开花。经过多次入户调查，郑岗一家被认定为建档立卡贫困户，并结合郑岗的个人意愿，文昌市、镇、村三级帮扶责任人对他家落实了医疗、产业、住房等各项帮扶措施，解决了他家的生活难题。在帮扶责任人的指导和鼓励下，郑岗脱贫致富的信心更强了。

自强不息不等不靠　多措并举脱贫致富

虽然家庭贫困，恶疾缠身，但是郑岗从不认为自己比任何人差。他一直告诉自己"人穷志不短"，不会的就要努力去学，没有的就要靠自己去争取。

戴上贫困户帽子的他决定使出浑身解数，尽快脱贫。2014 年 11 月，郑岗向朋友借了 2 万元购置了佛珠加工设备，在家里开办了一间不足 10 米^2 的椰壳佛珠加工厂。虽然万事俱备，但是他没有贸然接单，而是花了两个多月的时间，一股脑儿地扎进工棚里，起早贪黑，熟悉设备、琢磨技术，不断尝试加工佛珠，直到做出让自己满意的"完美"佛珠后，才开始正式接单，销售佛珠。

为了避免重蹈初次创业的覆辙，扩大销路是郑岗首先要解决的问题，他积极利用 QQ 群、微信群、百度贴吧等社交平台推介佛珠。因为是纯手工制作，每一颗佛珠都选料上乘，得到了客户的普遍认可，很多老客户会将郑岗推荐给自己身边有意向购买佛珠的朋友，一传十、十传百，彻底打开了销路。用郑岗的话说，在 2015 年年初第一笔订单成交后，他制作的佛珠一直好评如潮，供不应求。

"曾经有一个客户和我接触了几天，他看我每天发的工作状态、做出来的佛珠，觉得我这个人比较靠谱，二话没说，就将全款付给了我。那笔订单价值 18 000 元。"说起这件事情，郑岗脸上洋溢着骄傲的笑容。他说能获得客户的肯定和认可是对他这个生意人最好的称赞。为了保障佛珠的品质，这笔订单在郑岗收款后半年才交货给客户。客户也因为相信郑岗的人品，从始至终都毫无怨言。

制作椰壳佛珠，原材料是关键。郑岗用的原材料都是从国外进口的，有时候会出现供不应求的状况。即使订单再多，没有原材料也无济于事。在原材料没到货的时候，郑岗就十分清闲。闲不住的郑岗开始谋划发展其他产业，"多管齐下"，加快脱贫致富的速度。

郑岗首先想到的是养殖业。2016 年年底，他利用政府的生产帮扶资金，加上自己筹集的一部分资金，在邻村租了一块空地，在帮扶责任人的帮助下，花了 3 个月，一砖一瓦建造了一个猪圈，开始了他的养猪事业，当起了"猪司令"。2017 年 2 月，郑岗家的猪圈迎来了第一批"住户"——10 头小母猪。仅仅过了一年，在政府贴息的扶贫贷款政策扶持下，郑岗养猪实现了规模化养殖，存栏近百头。截至 2018 年年底，郑岗的养猪业已经为家里带来了近 3 万元的纯收入。

郑岗拿出"拼命三郎"的干劲，一边照顾家庭，一边加工佛珠，一边饲养生猪。每天起早贪黑，一心想着多做多得，尽快提高家庭收入。郑岗累了就在工棚里席地而卧，醒了就接着工作，浑身酸痛是常态。大量的工作也让本就瘦弱的郑岗看起来更加瘦骨嶙峋。

好在功夫不负有心人，在全家人的共同努力下，2017 年年底，郑岗家实现脱贫，终于摘下了贫困的"帽子"，还清了欠款，家里也有了一定的积蓄，这让郑岗长舒了一口气，心里的大石头也终于放下了。

虽然家里脱了贫，但是郑岗前行的脚步没有停歇。由于猪肉市场不景气，在帮扶责任人邢福泽与东郊镇椰林村驻村第一书记阮家颖的鼓励和支持下，郑岗开始另谋出路。在进行椰壳佛珠加工的同时，他了解到椰子加工业的前景可观。于是，在市、镇两级有关部门的大力帮助和支持下，2018 年 5 月，郑岗向文昌农商银行贷款 50 万元，与其他人合伙成立了文昌椰城灵珠工艺品有限公司，经营范围扩展到椰壳工艺品生产、销售等多个方面。此外，文昌市会文镇委、镇政府还帮助郑岗在文昌市会文镇佛珠交易中心开设了一间铺面，用于销售椰子工艺品。截至 2019 年 8 月，郑岗从事椰壳佛珠加工业和椰壳工艺品生产，已经净挣 70 万元左右。

在不断扩大公司生产经营规模的同时，郑岗一直在密切关注市场的变化和客户的需求。他认为，传统的销售模式、渠道太过单一。他想：“是不是可以利用网络直播对产品进行宣传，进而提高知名度，打开更多销路？”怀着这样的疑问，郑岗尝试性地通过网络直播对椰子工艺品进行宣传（图 6-1），没想到大获成功。由于产品质量过硬，得到市场好评，郑岗的椰子工艺品已经销往全国各地，甚至远销国外，月销售额最高达到 7 万多元。

郑岗在抖音连线文昌市委副书记、政法委书记黄绍明，推介扶贫农产品

图 6-1　网络直播推介商品

俗话说：“海南椰子半文昌，文昌椰子半东郊。”作为一名土生土长的东郊人，郑岗认为椰子生意还能做得更大，他决定去椰青加工市场闯一闯。2018 年 7 月，他和朋友一起合伙创立了文昌东郊鼎椰农民合作社，从事椰青加工，并在当地政府的帮助下，通过微信、淘宝、海南爱心扶贫网等网络平台推广和销售（图 6-2）。郑岗一边努力加强产品创新力度，一边在文昌市委、市政府的帮助下，积极参加海南冬交会等各类展销活动，拓展销售渠道。截至 2020 年 6 月底，郑岗已经卖出了大约 55 万颗椰子。

图 6-2　打包加工好的椰子

致富不忘乡亲 感恩回馈帮扶

俗话说“远亲不如近邻”，郑岗始终忘不了从小到大乡亲们对家里的照顾，忘不了邻居家杀鸡给他家送来的那几块鸡肉的味道。通过扶贫政策帮扶、政府帮扶和自身努力，自家脱贫致富的梦实现了，郑岗把心思放在了带动乡亲们增收致富上。“一人富了不算富，全村人富了才是富。”郑岗是这样说的，也是这样做的。2018—2020 年，郑岗先后雇用了 20 余名附近村民及贫困户到椰子工艺品加工厂临时就业。有 3 户建档立卡贫困户以产业帮扶资金入股的形式加入文昌东郊鼎椰农民合作社，每年可获得分红。在收购椰子的时候，郑岗也会优先收购贫困户家的椰子，并主动提高价格，以高于市场价 1 毛钱的价格购入。

“一花独放不是春，百花齐放春满园。”谈到荣誉，郑岗很淡然，因为他做这些事情，只是单纯地想拉乡亲们一把，不为任何名誉。他的做法被大家看在眼里，感动在心中。每当说起郑岗，大家都纷纷竖起大拇指，夸口称赞。他也成为当地村民学习的好榜样。

“我能够顺利实现脱贫是自身的努力加上政府的帮助。所谓喝水不忘挖井人，我也想尽自己的绵薄之力回馈社会。单单一个人过得好还不行，大家好才是真的好！”郑岗动情地说道。从因病致贫到积极创业，从负债累累到脱贫致富。郑岗的故事感染着每一个人，他自己也成为文昌当地有名的脱贫致富能人。说到以后的日子，郑岗害羞地低下头说：“想找一位志同道合的人生伴侣，共同经营好自己的小家，然后帮助更多需要帮助的人。”

五载扶贫路　一生黎家情

贡献奖——隋耀达

隋耀达，中国共产党员，海南省保亭黎族苗族自治县加茂镇共村驻村第一书记、驻村工作队队长，曾获全国人民满意的公务员、全国脱贫攻坚奖贡献奖、全国见义勇为英雄司机、全国科技助力精准扶贫工作先进个人、海南省五一劳动奖章、海南省道德模范、海南省见义勇先进分子、海南省打赢脱贫攻坚战先进个人等荣誉。他创办的巾帼养殖专业合作社已成为全国巾帼脱贫示范基地、海南省农行金融扶贫示范点、扶贫车间和保亭县就业局培训基地。他三次主动请缨驻村扶贫，通过发展党建促脱贫、产业互补促致富，打造种养配套、长短结合、立体增效的“一种一养一锦一网”的“四个一”扶贫产业项目，摸索出集体办社、村社合一、党员带动、能人带富、社员共富的共村脱贫模式。

守初心　三次请缨冲在扶贫一线

隋耀达曾经是一名军人，14 年的军旅生涯锻造了他刚毅勇敢的性格。2006 年他转业到海南省妇女联合会工作。当时单位选派干部下乡扶贫，隋耀达主动报名到文昌市的一个小山村驻村扶贫两年多，这是他第一次下村扶贫。在为乡亲做了修路、拉电、建学校三件大事后，两年多的扶贫工作一晃就结束了，隋耀达觉得还有更多的事情没来得及为父老乡亲做，于是暗暗下定决心：只要今后再有下乡扶贫的机会，一定第一个报名。

2014 年，省里选派干部驻村扶贫，隋耀达激动万分，向单位主动报了名，到偏远的黎苗山区参与扶贫工作，实现了他第二次下乡扶贫的愿望。他深知打赢脱贫攻坚战必须有人冲锋陷阵，尽管面临“定时炸弹”动脉血管随时有可能破裂而危及生命的情况，他还是响应了习近平总书记发出的冲锋号令，隐瞒病情，冲在脱贫攻坚最前线！

过了个人关、单位关，还要过妻女关。当时，隋耀达的女儿才 6 个月，他接来母亲帮助爱人照顾女儿。妻子又担心他的身体,他百般安抚。妻子最后说,既然你决定了,我们母女俩就盼望你平平安安地回来。就这样,隋耀达通过了“三关”。离开家的那一幕让他终生难忘:他像战士冲向前线一样,打起背包、扛起行囊、背上水壶。妻子抱着6个月的女儿送到楼下,眼里含着泪水,攥着女儿的小手,用力地向他挥舞,不停地说:“囡囡跟爸爸再见!”

他被分配到国家“十二五”贫困村——保亭黎族苗族自治县加茂镇界水村担任扶贫工作队队长。初到黎苗地区,语言不通的他难以和乡亲们打成一片。隋耀达就想用实实在在的工作成绩取得大家的信任。说干就干,一手抓扶贫,一手抓党建。他组织重建学校、修路架桥、成立养羊合作社、改造危房、安装路灯、组织建设党建阵地。两年的时间一晃就过去了。离开的那天,乡亲们都含着泪,拉着隋耀达的手说:“你离开对我们界水村是一个很大的损失,书记啥时候再来?”他回答道:“只要乡亲们有需要,我随时都会回来的!”

2015年5月,隋耀达正在井冈山学习,看到井冈山老区人民的脱贫奋斗史,他想起了黎苗山区的乡亲。当他得知省里选派第一书记驻村抓党建促脱贫攻坚工作后,第一个主动请缨,第三次下乡来到了“十三五”贫困村,也是全县最穷的村子之一——共村,担任了共村驻村第一书记和驻村扶贫工作队队长。

担使命　带领黎乡百姓脱贫致富

有了过去的扶贫工作经验,这一次他满怀信心、劲头十足。他想,这一次担任驻村第一书记和扶贫工作队长有整整5年的时间,可以大展拳脚、大有可为,做出一番实实在在的好事、实事,实现自己的“三农”梦想;也可以像习近平总书记那样,在基层好好锻炼自己,当一名群众认可的村干部,带领黎苗乡亲脱贫致富奔小康。

当时共村给人的印象是:村道尘土飞扬,到处是危房,饮水不保障,田地多撂荒,家禽满院跑,人猪住一房,懒汉不下床,酒鬼一大帮。理想与现实是有差距的,但他是一个不服输的人,越是困难他就越喜欢挑战。他暗暗下定决心:不脱贫不收兵,不致富不撤回,轻伤不下火线,坚持战斗5年,一定要改变共村落后面貌。

共村是一个不到600人的黎族小山村。在全村152户中,62户是贫困户,贫困发生率40%。脱贫的路该怎么走?隋耀达一时犯了难。第一次下村走访,看到村民赌钱,他过去制止,一个醉汉冲上来抓住隋耀达衣领,叫他“少管闲事”。他当时一惊,和他一起来的村干部急了,大声喊“阿团,住手!这是省里派到咱村的扶贫队长!”对方才松开了手。几天走访下来,隋耀达发现村里的扶贫工作比想象中要难。当地流传这样一句话:“两季稻谷饱肚皮，一季瓜菜换酒钱。”有的贫困户喜欢凑到一块儿喝酒打牌，一说到脱贫致富，都摇头叹气“没门路”。

治穷先治愚，扶贫先扶志。隋耀达想，扶贫首要扶思想，必须找到贫困户思想工作的突破口。在与工作队队员、村干部商量后，贫困户的思想工作就从阿团做起。一天晚上，他带着村干部和队员来到阿团家，阿团说：“书记，那天对不起了，酒喝多了。”隋耀达说：“以后少喝酒，多想想咋脱贫。”一晚上边吃边聊，隋耀达发现他头脑很灵活，就建议他做点小生意。隋耀达就帮阿团申请了小额扶贫贷款，在村里开了个槟榔收购点；帮他申请了危房改造，年底盖起了新房；又为他的孩子申请了教育补贴。阿团家的日子越过越好，他不但成了脱贫致富带头人，还当上了村里的后备干部。阿团的变化让村民看到好日子等不来、求不来，只要有信心，黄土变成金，幸福都是奋斗出来的！

扶贫开发，关键要找准路子。因地制宜地发展产业才是实现脱贫的根本之策。2016年年初，党中央发出打赢脱贫攻坚战的号令后，隋耀达认为，只有发展产业，才能脱贫致富。他带领队员和村干部制定了“一种一养一锦一网”的“四个一”扶贫产业项目：种植红毛丹、圈养黑山羊、编织黎锦、建设光伏发电站，实现种养配套、长短结合，达到产生立体效益和产业持续增效的目标。圈养黑山羊扶贫产业项目是当时保亭第一个，也是全省最早的产业扶贫项目。万事开头难，特别是圈养黑山羊项目。贫困户根本不支持，甚至一些党员干部都不理解。以前这里都是散养黑山羊，全县都没有圈养的，乡亲们担心养不活。于是，隋耀达一方面利用出差的机会到北京、内蒙古、广东等地考察学习；另一方面花了半年时间，自费开车跑遍全省各市县的10多家羊场考察和调研，完成了近2万字的《共村圈养黑山羊扶贫产业项目可行性报告》。他还亲自驾驶中巴车分5批，带着党员干部和贫困户共100多人到全省各市县考察牧草和黑山羊产业，终于把贫困户的心气鼓了起来。“别人能干，我们也能干！”干群思想统一了。2016年7月，在海南省妇女联合会的大力支持下，共村成立了巾帼养殖专业合作社，建设了标准化的共村黑山羊养殖基地。耗费隋耀达2年多心血的事终于办成，他当时别提有多高兴了。全村62户建档立卡贫困户以种羊和现金的方式全部加入了巾帼养殖专业合作社。该合作社实行股权激励，贫困户投入劳动越多，股权就越多，分红就越多，“等、靠、要”的思想在村里越来越没有市场。

牧草基地在开始建设时还是一片沼泽地，社员站在田埂边，谁都不想跳下去。于是，隋耀达第一个跳了下去，不顾齐腰深的稀泥使劲挥起了锄头，带着大家热火朝天干了几个月，终于种满了近40亩的牧草。为了照顾羊群，他干脆住进了羊场。早产的小羊羔要人工喂养，他把羊羔抱到自己住的房间，像呵护孩子那样用奶瓶喂养，经常半夜两三点才能睡觉。乡亲们都叫他“羊书记”。巾帼养殖专业合作社在刚起步时缺少发展资金，他用工资做担保，为贫困户社员贷款23.5万元。

经过几年的努力，共村黑山羊养殖基地由当初的 100 多只羊发展为可繁殖 1 000 多只羊，产值近 200 万元，贫困户家家分红，户户增收，实现了良性循环。为了把黑山羊产业做大，隋耀达于 2017 年组织成立了加茂镇黑山羊产业协会，辐射带动周边 5 个村委会 60 户散养户，存栏达 2 000 只左右，形成了抱团入市的局面。通过散放结合，牧草产业和种羊产业齐头发展，带动更多农户腾地种草，形成“一村一产业、一村一特色”。通过近 4 年的发展，第一书记铁了心养羊，群众铁了心“发羊财”。

共村黑山羊养殖基地是保亭县唯一的圈养黑山羊产业扶贫基地，因此被确定为全国巾帼脱贫示范基地、海南省农行金融扶贫示范点、扶贫车间以及保亭县就业局培训基地。

由于村里 200 多亩红毛丹长势喜人，红毛丹正逐年扩大种植规模。黎锦合作社初具规模，500 千瓦光伏电站发电实现分红。如今的共村整村脱贫出列，摘掉了“穷帽子”。人们的精神面貌和变化巨大的美丽村庄一样焕然一新：村道四通八达，人居环境优美，学校书声琅琅，群众健健康康，乡亲住上新房，饮水安全保障，免费光纤上网，夜晚路灯通亮，乡亲唱歌跳舞，田野充满希望，到处瓜果飘香，产业茁壮成长。

做奉献　扶贫夫妻档、攻坚父子兵

在下乡驻村的数年中，隋耀达和家人聚少离多，他深感愧疚。在共村第一任期结束时，组织上让他回海口和家人团聚。但羊场刚投产，寄托全村希望的扶贫产业刚起步，隋耀达放心不下，更不能辜负那些信任他的父老乡亲。思来想去一个晚上，他决定留下并向组织申请了续任。为了支持他的工作，妻子干脆辞掉工作，带着 2 岁多的女儿从海口搬到共村住进了羊场。妻子给他和工人做饭，女儿在附近上幼儿园，全家人成了名副其实的“编外”村民。他们全家连续 6 年春节都在村里和敬老院度过。他这样做也是想让女儿知道，爸爸总不回家是因为这里还有很多家、很多人需要帮助，小家、大家都是他装在心里、割舍不下的家！他的妻子来自海南黎族农村地区，善良淳朴，总在关键时刻给他最大的理解和支持。后来，隋耀达的父亲思念儿子，干脆也搬来住进了羊场，义务干点杂工。2018 年 5 月 25 日早晨 6:00，老人为羊场卖菜途中遭遇严重车祸，致左腿 5 处骨折，在医院和家中躺了一年多，隋耀达为此背负了 20 多万元外债，老人还落下了 3 级残疾。这是隋耀达一生的遗憾。

2019 年 6 月 25 日，隋耀达获评第九届全国“人民满意的公务员”，作为扶贫一线的获奖代表，他在人民大会堂发言，并受到习近平总书记等党和国家领导人的亲切接见。他牢记习近平总书记的嘱托，当好一名战士，继续坚守扶贫阵地，带领全村父老乡亲坚决打赢脱贫攻坚战，走好乡村振兴路，大步迈进小康社会！

2020 年是隋耀达在农村累计扶贫的第 10 个年头，也是在黎苗山区扶贫的第 7 个年头。他要坚持干到建党百年。这些年，隋耀达有成长、有收获、有喜悦、有奉献、有愧疚、有泪水，更重要的是家人理解他、单位支持他、乡亲信任他、组织培养他。

全国橡胶收入保险第一人

创新奖——罗新增

一捧山兰米和一处海上石油钻井平台，一块篮球场和一处“空中电站”，一个个专家院士工作站和一群群面朝黄土的农民……近年来，看似毫无关联的场景在五指山的黎村苗寨互动频繁。这一切并非偶然，而是得益于五指山市委常委、副市长罗新增的牵线搭桥。

2017年，罗新增受中海油集团委派至五指山担任挂职帮扶干部。罗新增带来了新思想、新观念。受益的群众说，这个市长点子真多。

橡胶有了“保护价”

戴着头灯，蹬着胶鞋，2018年9月25日凌晨3:00，五指山市畅好乡草办村胶农杨海平和往常一样，出现在自家胶林里，一次次弯腰、出刀，胶水随之一滴滴落入胶杯。“割了半辈子胶，一家老小就指望这些树糊口了。”事实上，他也曾因橡胶价格持续低迷，萌生过弃割、弃管的念头。

直到2017年，五指山率先落地实施全国首例“橡胶收入价格保险”，这才让杨海平吃下了定心丸。“每吨保价1.6万元，第二年我就收到了保险公司赔付的7 500元预赔款。”杨海平不知道的是这一切是挂职副市长罗新增经过反复调研论证、推翻五六版方案、耐心摸索的结果。

海南是我国天然橡胶种植的摇篮和起源地，也是我国最大的天然橡胶种植基地。位于海南中部山区的五指山市，天然橡胶是该市最重要的农业产业支柱之一，被誉为农民收入的“绿色银行”。然而，由于近年来干胶市场价格波动剧烈，低迷的橡胶价格严重影响了胶农割胶的积极性。

胶农在短期内找不到新的收入渠道，橡胶价格回升的节点又迟迟不来，罗新增看在眼里，急在心里。2017 年 4 月，罗新增在与华农保险有关领导的一次交流中了解到，可借力保险金融工具的杠杆作用和补偿功能，在橡胶市场价格波动的情况下最大限度地保障胶农利益，调动胶农的生产积极性，进而推动五指山橡胶产业的发展。几经思虑，一套保障胶农收益的解决方案在罗新增脑海中初步形成。罗新增邀请华农保险工作人员多次到五指山开展橡胶收入价格保险的相关调研，他带队冒着酷暑、顶着烈日、强忍胃痛，跑遍全市 7 个乡镇上百家农户了解胶农的真实需求。起初不少胶农对保险知之甚少，甚至有些胶农质疑保险的“兜底”作用。来自福建的罗新增费劲口舌，克服方言等障碍，耐心地向胶农讲解橡胶收入价格保险：橡胶投保后，一旦胶价低于约定的 15 元/千克的标准，就会触发保险理赔机制，让胶农获得保底收入。

为确保胶农尽快享受保险红利，他一方面组织召开了 6 次专题会议，亲自参与修改保险实施方案并四易其稿，保险方案才具备了可操作性；另一方面，他辗转多次到省里沟通，向省财政厅申请了 150 万元用于补贴贫困胶农的保险费支出，减轻了胶农的交费压力。功夫不负有心人。2017 年 6 月，全国首例橡胶收入价格保险正式落地五指山，五指山市投入 379 万元为全市3 909 户建档立卡贫困户和畅好乡胶农的 3.94 万亩天然橡胶购买橡胶收入价格保险，当年就有 1 858 户胶农获得橡胶收入价格保险理赔 274.6 万元，极大地增强了贫困群众管胶割胶的积极性，有效地稳定了传统产业发展和胶农预期收入（图 8-1）。橡胶收入价格保险让畅好乡胶农尝到了甜头，很快调动起了胶农的割胶积极性，畅好乡番贺村 2017 年开割橡胶产量不足 1 万斤，但 2018 年仅 1—10 月的产量就达到 2.34 万斤。

图 8-1　罗新增在应示村询问割胶农民橡胶保险发放情况

保险让番贺村胶农的观念从原来“开割就亏”转变为“多割多赚”，全村胶农增收致富和贫困户脱贫的信心很快就树立起来。橡胶收入价格保险的保障功能、激励效果已经凸显，2019 年，五指山市橡胶产量比 2018 年同期增长 120%，该做法也已成为海南省总结推广橡胶收入价格保险的试点经验。

空中装了“生金板”

每天傍晚时分，五指山市通什镇应示村村民都会到位于村委会办公室门口的篮球场锻炼身体。与其他地方不同的是，这处篮球场的正上方建有一处 7 米高的“空中电站”，不仅能遮阴挡雨，更可以源源不断地“生金”。“这是由中海油集团援建的光伏发电站，年收入可达 15.6 万元，持续收益 20 年以上。”驻村第一书记符亚娜介绍，这一项目的落地让该村村集体经济实现了零的突破，可为村里 30 户贫困户、五保户每年分红 3 000 元。

如何让农民富起来成为罗新增的一块心病。绿水青山就是金山银山，作为能源企业干部，罗新增深知新能源对经济发展的促进作用，如何在保护中发展，这是罗新增经常思考的问题。五指山市通什镇福利村是“十三五”贫困村，人均年纯收入低，村无集体经济发展收入，是名副其实的“空壳村”，脱贫攻坚任务艰巨。而像福利村这样的贫困村在五指山市不在少数，罗新增深思熟虑后向市委、市政府提出，用好用足国家能源局赋予的五指山光伏扶贫重点县政策，是全市精准扶贫一条行之有效的好路子。

罗新增组织人手多方调研，充分考虑山区用地困难和生态环境的保护，巧妙利用村级篮球场立体空间和文化室屋顶建设“空中电站”。在选定福利村 13 户贫困户作为光伏扶贫的试点参与对象后，他成功引进海南省光彩事业，以促进会捐助的 40 万元进行项目建设。

为了保障项目的顺利完成，他往返奔波于项目地与五指山市各部门，仅用 30 天就完成项目建设，建起五指山首个村级光伏扶贫电站并实现并网发电，为五指山市规划建设和带动全市建档立卡贫困村脱贫起到了积极的示范作用。

不仅如此，罗新增还推动出台《五指山市建档立卡贫困村光伏发电扶贫工作实施方案》，在全市 7 个乡镇 43 个建档立卡贫困村建设 63 个光伏扶贫村级电站（图 8-2、图 8-3），预计发电规模 8 000 多千瓦，将惠及建档立卡贫困户 2 000 多户，每年将为当地建档立卡贫困户户均增收超过 3 000 元，持续收益在 20 年以上。部分村集体经济收入“空壳”的问题即将成为历史。

光伏的收益怎么用？罗新增有自己的想法。到五指山挂职不久，罗新增在一线走访

图 8-2　调研水满乡牙排村村级光伏电站

图 8-3　罗新增在应迈村指导光伏发电太阳能板安装

调研中发现，近年来，五指山市各乡镇农民因病致贫、因病返贫的情况时有发生。光伏收益不能养懒汉，怎么帮助到困难户，罗新增动起了脑筋。水满乡五指山腹地的贫困户经常因为交通不便而耽误疾病的诊治。脱贫攻坚就要敢啃硬骨头，他选定水满乡作为试点，积极尝试“互联网＋”医疗的模式来破解老百姓看病难题。除了光伏收益，他不怕遭人冷落，几上海口，寻求社会资源支持，最终促成中国城投建设集团（海南）捐款 120 万元，在水满乡高起点搭建了"'互联网+'健康管理远程平台"，并首创"四机并作、五方联动"的管理体系。水满乡"'互联网+'健康管理远程平台"让当地村民在家门口就可进行血压、血糖等多项体征检测，在预防农民因糖尿病、高血压等疾病致贫、返贫方面做了积极有效的探索。这块空中的"生金板"不仅为篮球场遮了凉，还给贫困群众带来了健康。

山里特产"出了海"

如何帮助农民打通农产品上行通道？罗新增决定带上五指山的特色农产品全面对接中海油集团的消费平台和渠道，几乎是一拍即合，双方很快建立起稳定的产销合作机制，开启"走亲戚"般的紧密合作。

中海油集团通过集中定点采购，购买了特色山兰米及五指山野生蜂蜜等当地特色农产品，每年采购量超 30 000 斤，采购金额超 150 万元，直接惠及当地农户 70 多户。

2018 年 7 月 10 日，五指山市电子商务公共服务中心正式挂牌成立(图 8-4)。该服务中心一头牵着市场，一头连着田间，有力带动着五指山市绿色产品消费。仅 2018 年 8 月 24 日至 9 月 21 日，五指山电商平台销出蜂蜜、辣椒酱、忧遁草、茶叶等农产品共计 43 万元，其中中海油集团扶贫采购金额达 12.5 万元。

图 8-4　罗新增在五指山市电子商务公共服务中心指导电商扶贫

五指山市绿色产品丰富，五脚猪、野山鸡、红茶、忧遁草质量优、产量高，此前受制于交通物流、品牌营销等因素，一直是"叫好不叫座"，这可难不倒点子多的市长。罗新增化身推销急先锋，联系中海油公益基金会，为五指山市农副产品进入中海油 10 家扶贫产品体验中心牵线搭桥。五指山市在做强电商平台的同时，还在海南省外建立农产品供应站，多渠道销售农副产品。如今，五指山市每年都会派人参加中海油集团举办的电商扶贫培训项目，懂电商、用电商的人越来越多。

村村来了“特派员”

这个市长的点子不只限于脱贫攻坚，他还琢磨着如何为乡村振兴创造条件。推进生态科技特派员全覆盖，争创全省首个台湾农民创业园，规范科技成果管理和转化……在罗新增的推动下，五指山市陆续出台了 17 项符合该市实际的创新制度和激励方案，走在了海南省各县(市)前列。

为推动规划落地，罗新增赴福建省考察学习福建生态文明先行示范区建设和台湾农民创业园先进经验，立足五指山实际，深入全市 59 个行政村调研 100 余次，磨破 10 余双运动鞋，因地制宜地进行长远谋划，以突出制度创新，促进全面打赢精准脱贫攻坚战为重点，为五指山市建设国家重点生态功能示范区以及实现产业绿色融合发展进行了全面的规划(图 8-5)，完成《五指山创新型县建设方案(2018—2020)》。该方案经申报，促成了五指山市成为海南省唯一被科技部列入“全国首批创新型县(市)建设名单”的县(市)。

图 8-5　开展科技创新县(市)座谈会

按照规划，海南省台湾农民创业园将推动五指山市旅游业发展，带动住宿、餐饮、娱乐、农产品等一系列产业发展，有效拉动内需，并创造 5 000 个以上就业岗位，有效解决了五指山市农村剩余劳动力多的问题。

五指山市已与福建农林大学、北京国农科技特派员创新服务联盟合作，共对 66 名生态科技特派员进行培训，与中山大学就五指山特色农产品忧遁草的养生、药用等方面价值进行研发和拓展，为五指山市的发展提供了强有力的支撑(图 8-6)。

图 8-6 科技特派员开班仪式

以“四动四全”为抓手　创新推动海南消费扶贫

组织创新奖——海南省扶贫工作办公室社会扶贫处

打赢脱贫攻坚战是海南建设自由贸易试验区和中国特色自由贸易港的底线目标与第一民生工程。消费扶贫是动员社会力量参与脱贫攻坚的重要途径。自2018年以来，海南省扶贫工作办公室社会扶贫处（简称“社会扶贫处”）经过广泛调研和探索借鉴，以坚持政府引导、社会参与、市场运作、创新机制为抓手，逐步探索出“四动四全”消费扶贫新模式，形成了领导带头、党员紧跟、大众踊跃参与的生动局面，彰显了扶志、扶智和扶技的显著成效，为助力打赢脱贫攻坚战做出积极贡献。据不完全统计，自2018年10月海南消费扶贫正式拉开序幕以来，截至2020年6月30日，全省扶贫产品销售金额约为2.59亿元，受益贫困户约为26.99万户次。

党政强力推动　实现全保障

推进消费扶贫，光靠市场行为不足以形成强大的推动力。只有坚持政府主导推动、保驾护航，才能为消费扶贫输出不竭的动力。社会扶贫处积极出谋献策，以推动消费扶贫成为海南省委、省政府高度重视的重点工作之一。

（一）党委政府全力推进

海南省委、省政府第一时间召开全省消费扶贫电视电话会议，有关省委领导专门做出批示：把好事办好，切忌形式主义，切实防止不正之风的发生。各地各有关部门要提高思想认识，创新思路办法，整合社会资源，切实把消费扶贫活动组织好、开展好。社会扶贫处据此牵头制定了《关于开展消费扶贫行动的通知》等一系列政策文件及活动方案，在全省范围内大力开展消费扶贫行动。各市县的各定点扶贫单位也相应编制消费扶贫工作计划，将其作为脱贫攻坚一项必须长期坚持的重点工作抓好落实。

在2020年年初暴发新型冠状病毒感染疫情时，党委和政府的高位推进发挥了重大作用。海南省委、省政府迅速开展新型冠状病毒感染疫情防控工作，为严格落实海南省委、省政府的决策部署，一手抓疫情防控、一手抓脱贫攻坚，千方百计减少新型冠状病毒感染疫情对脱贫攻坚成效的影响，社会扶贫处联合相关部门下发《关于开展抗疫情防返贫消费扶贫行动的通知》等一系列政策文件，协调配合其他部门在全省大力开展抗疫情防返贫消费扶贫行动、消费扶贫抗疫保供产销对接大行动和消费扶贫“春风大行动”。消费扶贫解决了受疫情影响而滞销的扶贫产品等，极大缓解了疫情对脱贫攻坚带来的不利影响（图9-1）。

图9-1　2020年海南省消费扶贫“春风大行动“新闻发布会

（二）激励措施同步跟进

为鼓励各地各单位积极参与消费扶贫行动，社会扶贫处联合相关部门，研究制定激励措施，每月将各市区县及省派定点扶贫单位消费扶贫数据进行汇总比对，并把汇总结果作为各级各部门年度绩效考核的一项重要内容和党员干部年度考核、评优评先等的重要依据。同时，通过海南爱心扶贫网定期发布市县消费扶贫成交量排名，并把最终排名作为年度脱贫攻坚成效考核的重要依据。不定期在媒体上发布“海南爱心扶贫网订单排行榜”等，以对积极参与消费扶贫的单位和个人进行宣传。

在同步跟进消费扶贫激励措施的同时，社会扶贫处还将消费扶贫与定点扶贫有机结合。在新型冠状病毒感染疫情期间，将各市区县组织开展抗疫情防返贫消费扶贫行动的成效作为年度市县党委和政府扶贫开发工作考核内容；将省直各单位参与抗疫情防返贫消费扶贫行动的成效作为年度机关绩效考核和定点扶贫考核内容。通过南海网、海南爱心扶贫网对在新型冠状病毒感染疫情期间积极参与消费扶贫的单位进行宣传报道，同时定期发布大宗采购扶贫产品的单位，宣传和激励自觉主动参与消费扶贫活动的个人和单位。

（三）帮扶力量一线促进

社会扶贫处将消费扶贫作为基层帮扶队伍的重要任务和规定动作，组织驻村第一书记、帮扶责任人和驻村工作队队员等，做好产品信息发布、把关产品质量价格、对接电商物流等工作，打通消费扶贫“最后一公里”。同时，针对活体农产品不便直接邮购的问题，一方面采取定点定时宰杀、冰冻、包装，协调物流企业统一配送；另一方面，安排专门时间、场所，组织线下就近销售，一些产品甚至供不应求。

除了做好日常消费扶贫工作，各帮扶责任人和驻村第一书记作为一线帮扶力量，直接对接贫困户，保障消费扶贫顺利开展。在推动 2020 年扶贫产品认定工作中，脱贫攻坚大队、中队统计汇总现有扶贫产品信息，建立扶贫产品信息清单，保证消费扶贫的红利切实落在贫困群众身上。在 2020 年消费扶贫“春风大行动”中，各机关单位与驻村第一书记、驻村工作队员积极联动，深入定点帮扶村集中采购。

各方积极联动 实现全覆盖

消费扶贫活动不能只靠各级党政机关的党员干部职工参与，必须广泛动员，真正把全社会的热情和积极性都激发出来。为此，社会扶贫处想方设法发动社会各方力量参与消费扶贫，逐渐实现消费扶贫从党政推动向党政推动和市场撬动相结合的转变，消费扶贫得以具有持久的生命力。

（一）现职省级领导干部示范带头

根据海南省委的统一部署，社会扶贫处牵头制定了《关于在省级领导干部中开展“以购代捐”消费扶贫活动方案》，组织包括省委书记在内的所有现职省级领导干部，每人每月拿出 200～300 元，通过线上、线下销售平台，从本人抓农村党建促脱贫攻坚联系点或其他贫困村直接购买贫困户的农副产品，推动解决贫困户农产品销售难题。

在 2020 年消费扶贫“春风大行动”中，作为消费扶贫“春风大行动”的消费开场，首场省级领导干部带头在现场认购示范活动更是营造了全省轰轰烈烈参与消费扶贫的氛围。海南省委书记刘赐贵、省长沈晓明、省政协主席毛万春、省委副书记李军等近30位省级领导干部现场带头购买扶贫产品。为期两个半天，通过现场认购和网上订购的方式，线上、线下合计销售额达95万元。在海南省委、省政府示范带动下，各市县四套班子和省直属各单位领导纷纷带头认购扶贫农产品，号召广大干部群众以实际行动为贫困户"带货"，积极"买买买"助力脱贫攻坚。

（二）各市县各单位主动作为

社会扶贫处充分发挥各级党政机关带头引领作用，提升消费扶贫的生命力。各级各部门积极响应，动员干部职工参与消费扶贫，形成了"你追我赶"的新局面。例如，省委党校在学员食堂举办爱心扶贫集市活动，明确每年以不低于20%的采购量采购贫困户的农产品；省教育厅发动全省学校食堂与贫困村建立长期供应关系。全省各级定点扶贫单位的消费扶贫方式也越来越丰富，从临时团购到订单式认购、从参与贫困地区"共享农庄"建设到协助产销渠道对接等，模式不断推陈出新，有力地推进了消费扶贫取得实效。

在2020年社会扶贫处联合其他单位发起各大消费扶贫活动中，各市县、各单位也纷纷积极响应。省高院、省公安厅、海口边检总站、中国银行海南分行、南方电网海南公司、中国电信等机关企事业单位积极响应海南省委、省政府的号召，主动参与2020年消费扶贫"春风大行动"，在办公区举办了扶贫集市活动，在集市现场设立了各单位定点帮扶村的售卖摊位。同时，社会扶贫处还与省总工会积极联动，发挥工会云平台作用，积极对接省供销社开展"爱心助扶贫 工会送瓜果"普惠活动，购买扶贫产品150万元，端午节前又采购55万余元带贫、益贫粽子。

（三）社会各界积极响应

社会扶贫处通过报纸、广播、电视、微信公众号等媒体，发布《消费有情　爱心无价　海南消费扶贫爱心行动倡议书》，向社会各界发出号召，社会各界纷纷响应参与，在海南爱心扶贫网注册账号，订购贫困户农产品。据统计，海南爱心扶贫网上线不足9小时，网站访问数就达10万次，产品订单金额突破10万元。家乐福、大润发等大型超市也主动跟贫困村建立产销合作关系。

在新型冠状病毒感染疫情期间，社会扶贫处利用报纸、新闻App、微信公众号等多元媒体方式再次向社会发布《抗击疫情　人间有爱　海南抗疫助农消费扶贫行动倡议书》，各爱心企业、爱心组织、爱心人士积极响应，踊跃参与"海南消费扶贫抗疫保供产销对接大行动"，通过线上海南爱心扶贫网平台、线下海南省供销社系统和供销平台对接采购。其中，在疫情期间，海口社区团长招募计划被创新发起，各大社区爱心团长积极开展公益团购，团购配送覆盖海口 846 个小区，助力打通海口社区瓜果蔬菜“采购＋配送”“最后一公里”，还创下 1 分 49 秒抢光 1 192 只琼海山林鸡、2 分钟抢光 2 000 斤东方百香果、9 天卖光 12 万斤白沙待销毛薯等抢购纪录。

线上、线下互动 实现全服务

消费扶贫必须搭起形式多样的平台和载体，形成线上、线下高效互动的良好氛围，才能保持持久的关注度和参与度。为此，社会扶贫处以海南爱心扶贫网为线上主平台，以“爱心扶贫大集市”为线下主载体，千方百计为社会力量参与消费扶贫活动创造条件。

（一）打造便捷高效交易平台

社会扶贫处委托南海网加紧开发运营海南爱心扶贫网，同步上线手机客户端、微信公众号，方便消费者随时随地购物。“以前鲁古井村贫困群众的产品要么肩挑手提，要么靠摩托车、三轮车运到集市，折腾下来，也赚不了几个钱。产品卖不动，贫困群众就有些懈怠。”鲁古井村驻村第一书记吴德金回忆道。海南爱心扶贫网的“爱心商城”不仅能实现村里的扶贫产品直接与广阔市场对接，还能获得稳定的销量和销路（图 9-2）。与此同时，社会扶贫处与省供销社、省商务厅以及各市县党委政府共同组织开展“爱心扶贫大集市”百场

图 9-2 2018 年 10 月 16 日，海南爱心扶贫网上线仪式在海南海口举行

百家活动，引导贫困户就近销售。自活动开展以来，全省组织了 881 场线下扶贫集市活动，扶贫产品交易金额3 023.58 万余元，带动 8.24 万户贫困户增收。

经过前期尝试与探索，海南省已基本建立起以海南爱心扶贫网为线上消费扶贫主要平台、“爱心扶贫大集市”为线下扶贫产品销售主渠道的线上、线下高效互动模式（图 9-3）。社会扶贫处还联合省工商联，推动民营企业创建扶贫产品线上销售平台，拓宽销售渠道，创新消费扶贫方法，加大对贫困地区扶贫产品的宣传推广和销售力度。在 2020 年经历新型冠状病毒感染疫情、全省农产品，尤其是在扶贫产品产销对接渠道受阻的情况下，社会扶贫处联合省供销社、南海网等有关单位，充分发挥消费扶贫线上、线下销售平台的作用。截至 2020 年 6 月底，海南爱心扶贫网累计促成交易总量达 906.2 万斤，线下渠道供销社系统累计运销贫困户农产品达 9 868.93 吨。

图 9-3　爱心扶贫大集市　百场百家活动第 100 场在海南五指山市举行

（二）做好线上、线下消费服务

社会扶贫处先后通过海南省打赢脱贫攻坚战指挥部下发一系列文件，督导各市县组织帮扶责任人采集和报送贫困户准备销售的农产品等信息。截至 2020 年 6 月底，各市县报送并经过审核上架海南爱心扶贫网在售农副产品 970 个。根据消费扶贫的推进情况，各级农业农村部门及时指导贫困户调整产业结构，丰富品种、增加产量、提升质量；商务和交通部门不断完善农村物流体系建设，做好销售、流通环节的各项工作；市场监管部门强化质量安全检验，严厉打击以假乱真、以次充好等扰乱市场的行为。

在消费扶贫日益发展完善的情况下，社会扶贫处采取有力措施确保消费扶贫的初心、爱心，杜绝缺斤少两、以次充好的行为，保障消费者的权益。线上海南爱心扶贫网引入全网比价机制，对上架平台产品的价格做“线下售价＋包装＋运费＋平台服务费＝线上售价”结构拆分，对全网上架产品安排品控小组专员每周随机抽检 3～5 个产品，以确保价格合理，质量安全有保证。同时，协调乡镇政府及有关部门认真把好线下“爱心扶贫大集市”准入关，服务贫困户和消费者。

（三）营造消费扶贫浓厚氛围

社会扶贫处高效整合全省媒体资源，对消费扶贫进行全方位的深度报道，在全省营造了浓厚的爱心消费、助力扶贫的氛围。2018 年 10 月 17 日，全国扶贫日前后，在《海南日报》、南海网微信公众号开设消费扶贫专栏，在海南广播电视总台播发专题节目 42 个，跟踪消费扶贫活动电视新闻报道 137 次。各市县、各单位的门户网站及“两微一端”等平台均设置了海南爱心扶贫网链接，最大限度、最广范围地引导社会各界参与消费扶贫，助力脱贫攻坚。

同时，社会扶贫处联合南海网，发挥其权威主流媒体的优势，主动加强策划了正能量扶贫人物故事的宣传力度，除推出志智双扶系列人物，还联合《海南日报》推出包括临高养虾贫困户符振、养鹅达人朱充德、驻村书记凌大彪、退役军人林亚深、大学生符南腾等典型人物。讲好消费扶贫故事，发扬脱贫攻坚精神，激发社会各界参与消费扶贫的积极性，营造消费扶贫的良好舆论氛围。

贫困群众主动　实现全参与

贫困群众既是消费扶贫的帮扶对象，也是消费扶贫产品的供应者。通过消费扶贫形成强大的消费需求，激发贫困群众脱贫的内生动力，贫困群众积极主动参与消费扶贫，用自己的辛勤劳动提供优质的农副产品和服务，实现脱贫致富。

（一）自觉发展特色产业

贫困群众通过线上、线下销售扶贫产品，感受到了由消费扶贫带来的实惠，生产创业的热情空前高涨。社会扶贫处以此为契机，联合各相关部门，深化产业帮扶，积极引导贫困户发展特色产业。各市县根据市场和爱心人士的消费需求，组织贫困群众大力发展或参与发展经济效益高、市场前景好、深受消费者欢迎的特色产业，争取实现每个贫困户都有自己的特色产品。

为满足消费者对贫困户农产品种类、品质和供应的需求，各市县以市场为导向，有针对性地研究产业帮扶措施，着力提高贫困群众的产品商品意识和组织生产能力，打造自己当地的特色产品，进而推动农业产业转型升级、提质增效。例如，海南的土鸡蛋、野蜂蜜、红糯米酒、原生态红茶等以前是藏在“深闺”无人识，如今经过加工和包装变成了抢手货，成为贫困群众增收的新亮点。

（二）主动提升脱贫内生动力

海南消费扶贫的创新实践为贫困群众开拓了致富门路，拉动了贫困群众的直接收入，还改变了他们的思想观念，更有效激发了贫困群众脱贫致富的内生动力（图 9-4）。在 2018 年 11 月中旬举行的定安县“‘互联网＋’爱心消费扶贫”农副产品展销会上，龙湖镇安仁村贫困村民郑金福销售收入达到 1 万元，相当于他原来年收入的一半。由消费扶贫带来的巨大变化激发了郑金福发展生产、脱贫致富的内生动力，靠种槟榔和饲养定安黑猪，收入显著增加。

2018 年 12 月 1 日上午，由海南省供销社、省商务厅、省扶贫办和临高县人民政府共同举办的百场百家首场“爱心扶贫大集市”活动在临高亿家超市购物广场举行

图 9-4 “爱心扶贫大集市”活动

社会扶贫处创新开展的“互联网＋”消费扶贫激活了以扶贫助困为理念的消费市场，以一种“春风化雨，润物无声”的方式悄然孵化着贫困群众的商品意识、包装意识和品牌意识，也激发了贫困群众脱贫致富的内生动力。贫穷落后的山区农村与现代化的互联网科技及互联网营销理念实现了对接，有效破解了扶贫信息不对称、帮扶不精准、配对效果差、贫困群众产品销售难等问题。在海南爱心扶贫网平台的运营过程中，出现了像海口脱贫户陈树木借“扶贫网”致富、临高县新盈镇新盈村贫困村村民林春发的小银鱼干成了“网

红”产品等扶贫扶志典型，真正实现了志智双扶。

（三）加强培训指导，提升贫困户参与消费扶贫的能力

根据每个贫困户的需求，组织各种技术培训，让每个贫困户都有一技之长，达到“授人以鱼不如授人以渔”的效果。海口市永兴镇儒张村贫困村民黄忠海在寻找脱贫机遇中搭上了消费扶贫的“快车”。在帮扶责任人的帮助下，他为自家产的蜂蜜、土鸡和鸡蛋穿上了“新装”，注册了商标，借助线上平台，把自家农产品推向了更广阔的市场，实现了更大的收益。

“扶贫”还需“扶智”，技能培训、技术指导是帮助贫困群众脱贫最直接、最有效的办法。帮扶责任人和带贫益贫企业有的放矢地加强致富知识和技能的培训、指导，让贫困群众在产业发展实践中长见识、强本领，以更好地参与消费扶贫。

海南将消费扶贫作为切入点，充分调动全社会力量参与扶贫。社会扶贫处以“四动四全”为总抓手，创新开展“互联网＋”消费扶贫，推进全员参与的社会扶贫从输血式扶贫转为造血式扶贫、从单向受益扶贫转为双向受益扶贫、从不可持续扶贫转为可持续扶贫。社会扶贫、产业扶贫和精神扶贫等能有机结合起来，以形成领导带头、党员紧跟、大众踊跃参与的生动局面，为全国消费扶贫工作贡献海南经验，也为海南全面深化改革开放，建设自由贸易区、自由贸易港奠定良好的基础。

实现精准脱贫　继续扶贫接力

奉献奖——徐咏梅

20 多年前，徐咏梅在新西兰从事外贸业务时就被当地先进的农业深深触动：一枚普通的猕猴桃通过新西兰现代农业技术和科学管理经营，竟然形成闻名世界、年产值过百亿的“奇异果产业”！那时，贫困地区的农民辛苦一年也只能勉强温饱。农业生产水平的强烈反差让她萌生了把国外先进的生态农业理念和技术带回中国、发展现代农业的念头。

回国后，她开始在国家级贫困县海南省临高县创业。那里的村民世代都到河沟里提水吃，她就为周边农户打了水井，还装上了供水塔；村里道路不通，就帮着修路修桥；学校的教室漏风漏雨，她捐资修缮了 12 间校舍；贫困学生上不起学，就资助他们上大学。就这样，她把自己做外贸赚的钱不断地投入临高县，人们对徐咏梅也越来越认可。但当地农民的贫穷现状并没有得到根本改观。因此，她认识到，帮助贫困群众摆脱贫困，光靠输血是不行的，要帮他们造血！

2015 年，全国脱贫攻坚战正式打响。临高县委领导找到了徐咏梅说：你们是海南省龙头企业，是上市公司，有诚信也有实力，希望参与产业扶贫。直觉告诉徐咏梅，一直困扰她的问题找到了答案：只有把个人良好愿望和国家的扶贫大业结合起来，走产业扶贫、科技扶贫的道路，才是改变农村落后面貌、带领贫困户脱贫致富的根本出路，再加上党的好政策做依靠，一定能成功。

确定了走扶贫之路，还须找准扶贫的产业方向。徐咏梅认为过去公司种香蕉被台风毁了几次，损失过上千万元，现在绝不能让贫困户跟着冒风险。她组织团队反复研讨论证，多次到东南亚等考察，最后确定了发展凤梨产业。凤梨是菠萝的升级换代品种，口感极好，切食方便，不用挖黑眼，无须蘸盐水就可以吃，且价格是传统菠萝的 4 倍。事实证明，当时选对了路子，原来贫困户种植桉树每亩地产值只有 500 元，改种凤梨每亩地产值达到 18 000 元。

徐咏梅认为产业方向与扶贫模式有机结合，才能产生更大的经济效益和社会效益。

围绕如何建立长效扶贫机制激发贫困户内生动力的问题，徐咏梅在实践中带领公司探索产业精准扶贫模式。

利用“土地入股保底＋分红＋务工”模式

动员贫困户将自己承包的土地入股天地人公司，天地人公司采取“土地入股保底＋分红＋务工”模式给予回报。贫困户以土地入股天地人公司后，天地人公司每年给予产值8%的分红；自然灾害或市场风险导致产值低于8%，达不到收益标准，则天地人公司承诺500元/(亩·年)的保底收益，就高不就低。有劳动能力的贫困户，还可以来基地务工，增加劳务型收入。

在临高县新盈镇龙兰村首先开展“土地入股保底＋分红＋务工”扶贫模式试点。有些贫困户一开始很担心，说：“土地入了股，万一没有分红，我们吃什么呀?”为了让他们放心，徐咏梅决定预付贫困户土地租金作为保底，有收益的时候再分红，这样贫困户就旱涝保收了。贫困户王志种植桉树都不够养家糊口，在徐咏梅团队和政府的多次动员下，他以自家的1.5亩地入了股，每年有700多元的土地保底金，在公司打工每月有三四千元的收入，还能照顾家里的老人和小孩，年底还有分红。他逢人便说选对了致富路。现在王志已成了公司的凤梨形象代言人，镜头前他捧着凤梨，笑得格外甜，还自创了广告词：加入天地人，幸福就来临(图10-1)。

图10-1 徐咏梅与农户交流

龙兰村的成功让当地农户看到了种植凤梨的“含金量”，产业扶贫模式迅速在临高县得到了推广。徐咏梅先后在6个乡镇开展10万亩金钻凤梨全产业链建设项目，由公司、村委会、贫困户共同出资组成热带水果专业合作社，通过全新的产业扶贫模式，公司和贫困户深度捆绑，形成真正的命运共同体。

在生产中，有的贫困户会对工作有着各种各样的不理解，这也使徐咏梅逐步认识到“观念脱贫”的重要性。公司不仅要培训贫困户的劳动技能，还要转变他们的思想观念。只有观念上的“脱贫”，才能实现永久脱贫。

图 10-2　海南省委副书记李军调研凤梨种植基地

2019 年是临高县脱贫摘帽之年，脱贫攻坚任务繁重。徐咏梅率领公司积极探索“产业扶贫基地＋农民技术培训基地＋扶贫工场”的“三位一体”扶贫模式和“专业合作社＋”扶贫接力模式，推行生态农业的理念，推行种植绿色、高质量水果的方法(图 10-2)。

创建“三位一体”扶贫模式

(一)产业扶贫基地

通过龙头企业的示范带动作用，创建产业扶贫基地(图 10-3)，将产业扶贫基地打造成扶贫产业项目与贫困户的纽带，引领带动贫困群众发展热带特色高效产业，辐射带动贫困户增收，做实、做大、做强脱贫攻坚产业支撑。

图 10-3　香蕉种植基地

（二）农民技术培训基地

天地人公司通过深入开展“六个一”（建设一间标准课室、创立一套管理制度、组建一支专业队伍、选择一门培训课程、完善一本台账、发放一本证书）工程，以定向培训模式，采取现场教学、课堂学习相结合的方式，将20多年积累和总结的热带水果种植技术及经验毫无保留地传授给农户和贫困户，向广大农民开设农业生产、农产品栽培、田间管理及市场经营能力等培训课程，不断提高农民的技术水平和经营能力，让贫困群众转变为产业农民、技术工人，提高贫困群众的参与度和获得感，激发贫困群众的内生动力。同时，天地人公司也能吸纳大量培训合格、技术过硬的农民工人，有力解决产业基地技术工人短缺问题。天地人公司累计投入160.18万元，开展职业技能培训231场次，共培训52 320人次，其中贫困户人数7 895次。通过培训和产业带动，贫困户的内生动力被激发，共有121户贫困户走上创业致富道路。在天地人公司务工的贫困户每年的收益有9万～10万元。

（三）扶贫工场

天地人公司以产业扶贫基地的生产经营为基础，通过建立产业项目与贫困群众利益链接机制，提高贫困群众参与度，积极引导贫困群众及广大农民务工就业。建设贫困家庭劳动力储备库，建立用工供需信息平台，通过手机App、微信公众号等信息化手段，把企业的用工信息直接发送到农户手机客户端。同时，开展多种形式的“送岗进村”“送岗入户”活动，以方便贫困家庭劳动力就近就业，让本地农民进场务工，获取劳动报酬，学有一技之长，为将来创业致富奠定基础。

徐咏梅将天地人公司自主研发的农业数字化管理系统引入产业扶贫，让贫困户学习数字农业。他们不会打字，天地人公司买来手写板；不会写字的，教他们认键盘上的字母。为了调动他们的积极性，公司准备了小奖品，谁能一天认下26个字母，就能获得奖品。

员工王海的家里穷得只有一间没有窗户的房子。通过不断参与天地人的培训，他不仅学会了种植技术，还学会了管理方法，现在当上了香蕉园的场长，买了轿车，盖起小楼房。他在讲述自己的脱贫故事时感慨地说：“我没有读过大学，但是在天地人的课堂里，我却真正地大学毕业了！”王海的故事在全省迅速传播开来，让广大贫困户看到了希望，看到了未来。

“专业合作社＋”扶贫接力模式

为打赢脱贫攻坚战，摘掉临高县国家级贫困县的帽子，天地人公司与贫困户、农户、村委会创建龙兰合作社扶贫模式，该模式的特点是龙头企业、贫困户、农户或资金或土地入股，村委会以党建资金入股，投资热带水果产业，通过龙头企业的引领和带动，培育农户和贫困户的内生动力。天地人公司进一步探索出“十万亩热带水果专业合作社＋”的扶贫接力模式。在临高县10多个乡镇开发10万亩“退蔗还果”扶贫接力项目中，由龙头企业(20％)、村委会(60％)、农户和贫困户(20％)共同出资组成“热带水果专业合作社”(图10-4)。天地人公司主导运营，在种苗、技术、标准、管理、采后处理、营销和品牌等方面赋能贫困户和合作社成员体，并引进银行、投资基金等机构做好资金融通，引进保险机构对自然灾害和产品价格进行保险，确保贫困户获得稳定和持续的资产型和劳务型收益。通过“专业合作社＋”扶贫接力模式，建立有效的运行机制，吸引更多的贫困户参与合作社，培养和激发其内生动力与自我运营的能力。

图10-4　徐咏梅在香蕉种植基地

产业精准扶贫模式的建立使公司初步建立起产业精准扶贫的长效机制。截至2019年12月底，采取“土地入股保底＋分红＋务工”模式，贫困户土地入股338亩，累计精准扶贫82户；采取农民技术培训基地模式，培训贫困户7 895人次；吸收贫困户就业务工，长期务工的103户206人，临时用工25万多人次，其中贫困户3.75万人次。通过公司培训和产业带动，激发了贫困户的内生动力。共有121户贫困户走上创业致富道路。天地人公司热带水果产业扶贫项目实现分红2 214.74万元。其中2016年分红455.76万元、2017年分红500.59万元、2018年分红689.24万元、2019年分红569.15万元，已使7 137户31 328名贫困人口脱贫出列。扶贫规模占全县精准扶贫总盘子的户数和人数的比例分别为47.2％和46.1％。

天地人公司还通过种苗、技术管理输出、渠道、品牌共享等形式，辐射和带动了5万多人的产业发展，助力临高县摘掉了国家级贫困县的帽子。天地人公司的成功扶贫模式也被推广到乐东、澄迈、海口等市县的其他基地，并取得较好的扶贫效果。海南广播电视台、中央广播电视总台、人民网等媒体对徐咏梅帮扶脱贫先进典型事迹进行了系列报道，取得了良好的社会效应。

2019 年 4 月 27 日，国务院扶贫办党组书记、主任刘永富到天地人临高县基地调研，对天地人公司的扶贫工作予以充分的肯定。

2020 年是我国脱贫攻坚的收官年。徐咏梅表示将发挥海南省扶贫龙头企业和国家级龙头企业的带动作用，在扶贫接力的道路上继续砥砺前行，为全面建成小康社会的目标做出应有的贡献。

脱贫攻坚战中的琼崖“红色娘子军”

创新奖——姚佩君

神圣的感召　点亮心中的明灯

图 11-1　姚佩君

姚佩君（图 11-1），祖籍广东汕头，父母是海南农垦的第一代，毕业后先后在海南、江苏和上海工作，她的职场生涯一路顺风顺水，在一家大型房地产公司担任高管，成为令人艳羡的高收入职场精英。2010 年，她因为工作调回海南，在市场调研期间，几乎跑遍了海南的山山水水，让她对农业、农村、农民的“苦难穷”感同身受。渐渐地，她内心深处萌生了一定要为农民做点事的信念。在这个信念的感召下，2012 年 9 月，在党的十八大召开前夕，姚佩君毅然决然地辞去房地产公司的高薪职位，回海南创业。姚佩君拿出自己的积蓄，正式创办了正和培训学校，自己担任校长。在接下来的这一年多时间里，事情并没有她想象中的那么顺利，主动报名学习的学员不多，业务难以开展。

2013 年 11 月初，习近平总书记发表了关于帮助贫困地区甩掉贫困帽子的讲话，提出了“治贫先治愚，让农村贫困户掌握更多知识和技能，通过对特困户的帮扶，找到脱贫致富的好路子”。听了这段讲话，姚佩君仿佛开了窍，内心一下子充满了力量，回到海南创业以来的阴霾和迷惘一扫而空，之后她查找了习近平总书记关于农村扶贫的所有重要讲话和相关资料，仔细研读，认真领会。2013 年年底，姚佩君做了人生中一个十分重要的决定：把学校的业务全面转向农村，投入脱贫攻坚。学校的业务内容就是农民技术培训和技术指导，她亲自担任讲师，准备授课内容，把自己在商场上积累的经验和受到的训练奉献给“三农”事业。

在学校业务转型期间，印象最深的还是她的农业第一课。2014年6月，海口市琼山区红旗村是一个贫困村，是姚佩君当讲师开讲第一课的地方，教室里来了30多个村民，姚佩君以自己的亲身经历激励感召大家，为村民分析赚钱机会和方法。课后，几个学员就把她带到撂荒的土地，在姚佩君的建议和帮助下，几个学员成立了一家“琼山区芬和园种养合作社”，把整片撂荒的土地拾掇起来，种植经济价值更高的番石榴。学校还给他们购买种苗肥料，并派专人跟踪服务，全方位帮扶，全过程辅导。到了番石榴上市的时候，村民打电话来说果熟了，但不知道怎么卖。姚佩君二话不说带领学校职工亲自到批发市场帮助推销。由于番石榴品质好、口感甜，市场供不应求，村民们心里乐开了花。这个村成了远近闻名的石榴村，多数村民走上了脱贫致富路。

结缘本号镇　探索产业扶贫新模式

陵水是海南省下辖的黎族自治县，自然条件优越、民风淳朴，还是革命老区，当地县城至今还保留着海南第一个红色政权——1927年苏维埃政府旧址琼山会馆。本号镇位于陵水西北部，面积为309千米^2，下辖22个村委会131个自然村，总人口达3万余人。据2017年的数据显示，贫困发生率为23.32%，是陵水县贫困面比较广、贫困程度比较深的乡镇之一。

2017年5月，姚佩君去本号镇联系培训业务，在镇政府拜访了本号镇的党委书记马科科，马书记很希望她能为产业扶贫及财务管理上堂课，姚老师立刻应允下来。为了上好这堂课，她在本号镇各村开展调研，与镇村干部以及驻村第一书记、贫困户等展开座谈，探讨脱贫攻坚大背景下的产业扶贫新模式。随后，姚佩君把整个培训学校团队从海口搬到了本号镇，这一头扎下去就是4年。在本号镇马书记及各级政府领导的支持下，在各村委及村民的信任下，姚佩君及其团队一边摸索一边干，在实践中总结创新了以村集体公司为核心，产业发展为依托的脱贫致富新模式——“本号模式”。本号模式的精髓主要体现在以下4个方面。

（一）要有公共服务平台

姚佩君投资200余万元打造“本号镇创业辅导中心和农业社会化服务中心”（图11-2），

作为产业扶贫实施主体的创业孵化、后续财务管理、科技扶贫的综合性服务平台。两个中心面积达 1 300 余米²，为村集体经济组织、贫困户、中小农户提供公益性的服务。农业社会化服务中心在陵水县本号、文罗、英州、隆广、椰林、光坡等镇开展科技进村、科技扶贫等系列农业科技培训，培训科技示范户 1 万多人次，被陵水县科工信局授权为“陵水县科技特派员服务站”。

图 11-2 姚佩君出资在本号镇设立社会化服务中心为农户提供公益服务

(二)要有经营主体

全镇孵化了 22 家以党建为引领的村集体企业，指导扶贫资金使用，引领产业发展规划，健全小农户与村集体的联动机制，发展扶贫产业。实践证明，创办建制村集体企业，发展壮大集体经济是产业扶贫的根本，是构建长效脱贫机制的有效路径。2017 年，军普村投入 167 万元扶贫资金与一家外来公司合作发展火龙果种植项目，双方所签协议漏洞百出，贫困户 5 年的收入仅有 120 万元，存在扶贫资金流失的重大风险，贫困户的权益得不到有效保障。在姚佩君发现问题后，她代表村集体与合作公司谈判，通过修订和规范协议，在同等的条件下增收了 167 万元。2017—2019 年，军普村集体累计产业收益 120 万元，用于贫困户差异化分红。该村于 2018 年 10 月和 2019 年两次共流转 270 亩发展火龙果产业，实现了组织化、规模化的目标。扶贫产业完成了从“输血”到“造血”的转变。

(三)要有管理

建立规范财务管理体系，通过对村集体企业人员的大量培训和指导(图 11-3)，逐步实现了财务工作从简单粗放向规范操作的转变，财务账目经得起严格的审计，确保财政资金、扶贫资金使用可追溯。

(四)要有人才

多角度、立体式、全覆盖的持续培训为村集体培育了一批政治素质好、法律观念强、懂管理、善经营的村级干部人才，增强了村集体组织自我发展的能力。

姚佩君作为返乡创业的践行者，深知人才对打赢扶贫攻坚战的重要性。在镇党委的建议下，创造性地采用柔性人才引进及工作模式，让人才到自己的企业工作，为村委、村民服务，很好地解决了农村产业发展人才结构不足的问题。作为返乡工作大学生中的优秀代表，陈亮家住在本号镇田心村，毕业后在深圳发展，他的妻子告诉他村里有产业了，希望他回来到正和公司应聘，这样就可以一家团聚了。入职后，虽然他是财务专业的中专生，却没有实操过，在本号镇创业辅导中心的导师边训边做的培训方式指导下，很快成为公司的骨干，2020 年入选了海南省乡土人才。这种案例还有很多：财务主管胡小健、会计王恋、培训部主管黎娇玲等都是本地贫困户子女，在姚佩君悉心教导下，成为优秀的本土化人才（图 11-4）。

图 11-3　姚佩君在给村委会干部授课

图 11-4　姚佩君在指导村集体财务人员做账

坚定信念　谋篇布局乡村振兴

“潮平两岸阔，风正一帆悬。”通过 7 年来的探索与实践，姚佩君在各级领导的关怀和支持下，取得了一些成果和成绩。截至 2020 年 8 月，本号镇已实施的产业扶贫项目共 27 个，直接带动贫困户 1 144 户 4 386 人、农村低保及特困对象 228 户 591 人，有效提高了贫困人群的经济收入。大坡村、田心村等所属 22 家村集体企业通过发展椰香牛、益智茶、田心鸡等 10 余个扶贫产业，连片种植产业园从 0 突破到 2 000 多亩，实现全镇贫困户 2 807 户 11 403 人以及低保户、特困人员 1 351 人均纳入产业帮扶体系，实现了脱贫，累计发放的产业项目收益达 300 多万元，并提供 1 800 多个季节性劳务用工岗位带动贫困群众就业增收。

一个人脱贫是不够的，所有贫困户脱贫致富才是终极目标。“本号模式”已经在海南海口、文昌、三亚、琼中等多个市县 180 个村推行，成效初显。同时，“本号模式”吸引来自青海、河南、广西、甘肃等全国各地的“取经者”，争相邀请姚佩君及辅导中心派员指导开展同类实践（图 11-5）。2019 年 6 月 19 日，国务院扶贫办印发《关于转发海南省陵水县产业扶贫经验做法的通知》,向全国各地推广陵水县的经验和做法。2019 年 9 月,本号镇创业辅导中心被中组部选入学习强国脱贫攻坚典型经验案例。

图 11-5 姚佩君在为前来考察的人员介绍“本号模式”

随着姚佩君的名气越来越大,荣誉越来越多,遇到媒体采访,她一如既往地保持着谦逊感恩的心态,她常说,要说有功劳,那都是各级领导和广大贫困户的,自己仅仅是做了些分内的事而已。通过几年来在基层的探索和实践,她对“本号模式”更加有信心了。她在现有平台和模式的基础上又投入科研基地,强化产业对接,加强三产融合的引导,在精细化、智慧化、数字化农业领域多下功夫,引导传统农业向现代农业转型,在巩固脱贫攻坚成效的同时,为未来践行乡村振兴的国家战略增彩添色。

培根说:“生命的力量在于不顺从。”风可以吹走树叶,但吹不走蝴蝶。姚佩君没有顺从于命运安排好的既定人生轨迹,在海南这块曾经诞生红色娘子军的革命沃土上,在陵水这个曾经诞生海南第一个苏维埃红色政权的革命老区,在习近平总书记讲话精神以及海南红色基因的感召下,带领着一群有着同样理想和抱负的年轻团队,为海南省的脱贫攻坚战做出了自己的贡献,唱响了属于她的生命之歌。

以扶贫军训为抓手　打造“五个一、五提升”模式激发贫困群众内生动力

组织创新奖——万宁市扶贫工作办公室

近年来，海南省万宁市扶贫办认真学习贯彻落实习近平总书记关于扶贫工作的重要论述，深入分析贫困群众内生动力不足的问题根源，结合本地实际，以创新开展扶贫军训为抓手，打造“五个一、五提升”模式（即创新一套精神提振体系，提升脱贫致富志气；制定一套就业培训引导体系，提升脱贫致富“智力”；完善一套政策奖励体系，提升生产就业积极性；构建一套职业成长体系，提升持续脱贫能力；打造一套人文关怀体系，提升贫困群众幸福感），有效实现志智双扶，深入激发贫困群众内生动力，推动全市所有贫困人口顺利脱贫（图 12-1）。

图 12-1　2020 年万宁市贫困户“单身男女工”军训活动所有学员和领导及教官合影

自2018年12月首次开展军训扶贫工作至2020年10月6日，军训扶贫共举办14期活动，有1 421人参训，其中1 139人在结业后实现了稳定就业，就业率达到80%，推动了万宁市10 090户40 928人脱贫致富，贫困群众就业再离职的情况“断崖式”减少，转化效果较为明显。此外，通过军训等多种渠道带动贫困户就业，万宁有69人实现脱单，有13人成功组建了幸福家庭。“五个一、五提升”军训模式取得的成绩也得到了省委、省政府的充分肯定，为全省扶志扶智工作探索了一套行之有效的模式，专门组织全省扶贫系统干部到万宁参观学习，海南省琼中黎族苗族自治县还专门派了2期学员272名农村富余劳动力到万宁参训，实现158人稳定就业，当地脱贫攻坚战的“拦路堡”被成功攻克。

提升志气 脱贫有了精气神

近年来，万宁市扶贫办在党的带领下，在扶贫干部的帮助下，很多贫困群众摘掉了贫困户的帽子，过上了好日子，但也有部分贫困群众“等、靠、要”思想严重，脱贫致富的内生动力严重不足，已经成为脱贫攻坚战中的“钉子户”。对此，万宁市扶贫办坚持“扶贫先扶志”，把增强贫困群众脱贫信念与主观能动性作为工作重点，创新将军训与脱贫攻坚工作有机结合的军训模式，确保脱贫攻坚取得实实在在的成效。

（一）高位推动

由市委书记任工作领导小组组长、市长任常务副组长、市委市政府分管负责人任副组长。具体工作由市扶贫办负责牵头组织，市退役军人事务局负责择优从退役士官中选派军训教官，市人民武装部负责进行军训业务指导，市人力资源和社会保障局负责就业技能培训和组织就业招聘。

（二）明确军训目的，精准确定参训对象

扶贫军训首要目标是磨炼贫困户意志，帮助贫困户树立靠自己双手脱贫致富的信心，因此，参加扶贫军训的对象是从思想观念落后、内生动力严重不足的“钉子户”以及意志比其他贫困户薄弱的贫困群体中产生。

（三）严格挑选军训地点，丰富军训内容

万宁市扶贫办将军训训练营的地点固定在当地大型劳动密集型企业，邀请退役特种兵担任教官，实行全封闭军事化管理；军训内容既包含常规军事训练科目，如晨跑、夜哨、

队列训练、内务整理等，还包含一些实用技能培训(图 12-2)。

图 12-2　教官队伍队列展示

通过严格的扶贫军训，参训贫困群众精神面貌明显好转，脱贫致富的志气进一步提升。万宁市北大镇北大村的贫困户刘运明在参训前总想着自己“贫苦户”身份，依靠政府帮扶“混日子”，终日无所事事，成为村里的“老大难”。5 天的封闭式训练令他打起了精神，从一名意志消沉、混日子的人蜕变为精神十足、努力上进的人，他主动向村委会申请加入北大村百香果示范种植基地，每天起早贪黑务工，很快就学到很多种植百香果的知识，在自家也种了 3 亩百香果。如今，作为村里百香果产业的特聘技术员，他的全年收入近 10 万元。

为了进一步稳定军训活动成果，万宁市扶贫办与各镇建立联系服务机制，跟踪了解参训贫困群众的后续生活和工作状况；建立贫困群众军训及务工数据库，定期回访相关企业，一旦发现军训后恶习反弹的现象，就组织其再次“回炉改造”。

提升“智力”　脱贫有了“软实力”

扶贫必扶智，治贫先治愚。除了缺少志气，贫困群众还缺少脱贫致富的技术和能力。万宁市扶贫办坚持“志智双扶”，将扶智工作与扶贫军训等活动紧密结合，加强贫困群众职业技能培训，不断提高贫困群众的自我发展能力。

(一)将扶贫军训拓展为技能培训营

在军训训练营，白天由教官们组织体能训练，磨砺意志，树立信心；夜间则由当地政府组织的培训机构开展就业技能培训，包括电工、焊工、厨师、种植、养殖、保安、计算机、物业等，同时开展法治教育、政策宣讲等，让有就业创业意愿的贫困群众“零成本”轻松学技能(图 12-3)。

图 12-3 学员学习消防知识

(二)加强用工对接

扶贫军训地点设在市内劳动密集型企业，引导企业在军训结营时举办现场招聘会，为贫困群众提供就业岗位。贫困户训练、吃住都在企业，可以近距离观察企业，并与企业职工交流，了解岗位工种等情况，成功进入企业就业的贫困群众大多数能安心工作，“前一天进厂，后一天辞工”的现象“断崖式”下降(图 12-4)。

礼纪镇群坡村曾繁畅 19 岁到橡胶加工厂务工，不慎被压片机的滚筒碾压了手腕，造成右手残疾。因为肢体残疾，他一度陷入自卑情绪，无心务农，意志消沉，其妻子患有肾结石，需长期服药，精神时好时坏，上有年迈老母亲需要照顾，下有两个孩子需要抚养，家里

图 12-4　学员踊跃报名参与就业

仅靠 3 亩瓜菜维持家用，生活困难程度可想而知。2019 年 9 月，他抱着“体验生活”的态度参加了“扶志扶智”军训活动。在军营里，没有人将他视为残疾人，也没有人因为他身体的残缺就对他特殊照顾。虽然他只有一只手，但是在军训中接受常规军事训练科目的锤炼，包括晨跑、夜哨、烈日下的队列训练以及细致的内务整理等。军营的锤炼唤起了他内心潜在的自信心和意志力。“既然少一只手，那就更要加把劲！”曾繁畅说。参加军训更让他学会了面对困难和挫折不言弃。在军训结束后，曾繁畅通过军训活动上的企业招聘，进入了派成铝业工作，负责浇花、除草、打药等绿化工作，边干边学，如今掌握了园林养护的基本技能，从临时工变成了正式工人，每月工资 2 000 多元，他还打算回家传授技术给妻子，建起自家苗圃，对美好生活有了期待。

（三）线上、线下结合，强化“一对一”帮扶

积极发挥脱贫致富电视夜校等平台作用，依托农技中心、乡镇农技站、种养合作社等，组织农技专家、致富带头人、种养大户，通过集中培训、现场指导、上门服务等方式，为贫困群众提供“一对一”专业化的指导。例如，万宁市北大镇 7 名贫困户在当地量身定制的技术指导方案帮扶下，实现月均收入 3 000 元以上。

为了营造贫困群众比学赶超的浓厚氛围，万宁市不断完善政策奖励体系，提升贫困群众

生产劳动、就业务工的积极性。一是对贫困群众外出务工进行全过程奖励。出台贫困群众职业培训补贴政策，对参加职业培训并考核合格的贫困劳动力发放补贴；对灵活就业累计满 3 个月（每个月至少 20 天）以上或连续外出务工 6 个月以上的，贫困劳动力均按 200～300 元/人的标准给予奖励；对外出跨省务工、省内务工的贫困家庭劳动力给予一次性交通补助；对军训后稳定就业满 3 个月的单身女工，每人每月奖励 300 元，期限一年。二是对带贫企业进行奖励，拓宽贫困群众就业渠道。新招收的贫困家庭劳动力就业、签订一年以上劳动合同并依法缴纳社保的企业可凭社保缴费清单、劳动合同、工资发放凭证等申领一次性奖励补贴。三是实施评优奖优政策。开展“创业脱贫致富之星”活动，对创业成效显著的脱贫户给予每人一次性 5 000 元的奖励。每期军训评选优秀学员，组织媒体对进步明显的贫困群众进行宣传，树立扶志、立志的优秀榜样。

为了巩固扶贫成果，消除脱贫人口的返贫风险、边缘人口的致贫风险，万宁市扶贫办在“军训＋就业”的基础上，通过“三个一批”（在贫困群众中培训一批业务骨干、培育一批中层干部、培养一批入党积极分子），为贫困群众勾画更加清晰的职业成长规划。一是培训一批业务骨干。万宁市有针对性地开展“一对一”学徒制培训，贫困劳动力均在短时间内熟练掌握技能，逐步成长为业务骨干。二是提升职业发展空间。万宁市积极引导企业为优秀贫困群众提供晋升机会，不少参训贫困群众已经担任了组长、车间主管等职务，成长为企业的业务骨干和中层干部。例如，万宁市长丰镇贫困户陈小虹之前缺乏职业规划，一直未实现稳定就业，军训后进入槟榔加工厂打工，从怕吃苦变为敢吃苦，最终从普通的车间工人提升为组长，正朝着车间主任的方向努力。三是培养一批入党积极分子。万宁市把在“两新”组织将军训中表现突出的先进分子纳入党组织培养考察范围，在夯实基层党组织建设的同时，让这部分贫困群众成为脱贫致富榜样。比如，万宁市礼纪镇红群村贫困户李海玲在经历军训洗礼后，几乎把全部业余时间拿来钻研业务，被公司提拔为组长，又被确定为党员发展对象，过上了崭新的生活。

提升幸福感　脱贫有了“驱动力”

万宁市扶贫办积极打造人文关怀体系，让对未来生活没有规划、自信心不足的贫困群众感受到温暖，从而提升他们的幸福感和自信心。一是将关心、关怀融入扶贫军训活动。只要在军训期间有参训贫困群众过生日或有喜事，扶贫干部都会为他们准备精美的生日蛋糕或满怀情感的礼物，鼓励他们与“战友”分享喜悦和快乐。二是在企业设立“夫妻房”。万宁市借助军训活动促成多个用人企业建立扶贫车间，并设立贫困户“夫妻房”，提高了就业稳定性。作为军训场所的派成铝业、口味王公司分别设立了50间、48间“夫妻房”，极大地避免了由夫妻在两地工作而导致的离职现象。三是搭建鹊桥结良缘。部分贫困群众没有动力去努力奋斗，得过且过，甘于贫困。如何消除这种思想，让贫困群众对美好生活产生向往？万宁市委、市政府采用“搭建鹊桥”的方式，吸引并稳定贫困群众在企业工作。

幸福是奋斗出来的。万宁市扶贫办将继续坚持以创新“扶贫军训”为抓手，通过构建贫困群众成长培养体系，群众脱贫“向心力”被激发，引领其在脱贫致富奔小康的道路上越走越有信心，有劲头、有奔头！

生态养殖谋发展　建设富美村庄

奋进奖——王贵专

王贵专，这个脸庞黝黑的汉子，怀着对家乡满腔的热爱之情，心中装着群众，恪尽职守，坚持把党和人民的利益放在首位，下定了势必要让村里乡亲们过上好日子的决心。

以前，什仍村里没水没电，要想用水就要去很远的地方挑回来，照明靠的还是昏暗的煤油灯，生活条件十分艰苦。什仍村处在山区腹地，是距离长征镇 13 公里外的一个村庄，交通不便，发展缓慢，走的是靠人踩出来的一条小路，运输物品靠肩挑、手提，人们难得有机会到镇里。

加入中国共产党　带领村人奔小康

1987 年，王贵专高中毕业回到村里。因为生活困难，每天过着早出晚归、面朝黄土背朝天的生活。他的妻子病倒了，村里医疗条件非常差，又没有交通工具，只能由人抬着担架走 13 公里送到镇上去治疗。看着躺在病床上的妻子，王贵专暗暗下定决心：一定要改变这样的生活。之后，王贵专决定到营根镇去谋出路，他的妻子支持这个决定。王贵专就用牛车拉着家里剩下的两包稻谷，带上 1 个水桶、1 个水壶、2 包木棉花到了营根镇水潮巷。起初靠着卖水果、摆地摊、帮人家干钟点工来养家糊口、供孩子上学。第三年靠着省吃俭用下来的钱做起了卖鱼的生意：合伙到别人的鱼塘去抓鱼，然后拿到市场去卖，做转手的小生意。通过慢慢地积累和沉淀，不断地学习、努力，生活终于有些起色了，想到亲人们还过着交通不方便的生活，他便买了 1 辆金鹿牌农用拖拉机，帮助村里的人运输物品。

2007 年 8 月，王贵专当选了什仍村的村小组副组长，并有幸光荣地加入了中国共产党，他从这一刻起时刻以一名党员的标准要求自己，坚定自己的政治原则，不断学习党的思想，紧密结合“两学一做”、党员学习日等先进性教育，加强对党的路线、方针、政策等政治理论的学习，努力实现人生价值。牢记党的宗旨，心中装着群众，恪尽职守，坚持把党和人民的利益放在首位。牢记共产党员无论何时何地都不应把个人利益放在第一位，而应以个人利益服从于民族的和人民群众的利益，王贵专下定决心要为什仍村的父老乡亲们谋幸福，争取把什仍村打造成一个富美的乡村，让村里的每家每户都过上小康的生活。

作为一名生活在农村的党员，王贵专感受最深的是在中国共产党的领导下农村发生了天翻地覆的变化。粮食直补、农机补贴、养殖补贴、发展产业等，这些优惠政策的出台在农民增收方面发挥了积极作用。新合疗、新农保的实施，使农民能够“病有所医，老有所依”。九年制义务教育实施“两免一补”政策，解决了孩子上学的难题。在王贵专看来，“国家替我们把孩子教育好，我们只要放心干活，放心挣钱，就能发家致富”。在新农村建设方面，党和国家不断投入，盖房修路，解决了农民的居住和出行问题。2014 年，王贵专向镇政府提出整村推进，打造特色富美乡村。现在村里的人都在说“跟着党走就能夺取新时代中国特色社会主义伟大胜利”，都在传唱“共产党，真是好，领导我们奔小康”。

成为村干部　系统谋划全村幸福路

2013 年，王贵专当选了什仍村党支部书记、村委会主任，他牢记着当初要为父老乡亲们谋幸福、争取把什仍村打造成一个富美的乡村、让村里的每家每户都过上小康生活的决心。什仍村是一个贫困的村落，村里有很多人都很贫穷，有的家庭吃不饱穿不暖。在党和政府的扶持下，2016 年，47 户贫困户通过种桑养蚕等产业脱了贫，但剩下的 58 户贫困户因为家庭缺少土地，资金不足，难以脱贫。这可把王贵专愁坏了，晚上睡觉都睡不好，现实窘境像是一块巨石，压得他喘不过气来。在镇政府抱团发展的启发下，为了挑起什仍村的脱贫大梁，帮扶贫困户尽快脱贫，王贵专主动让出了自家的 250 多亩土地，用于建设村级养鸡专业合作社。起初家人非常反对，觉得多少得跟村民收些租金，维持家庭收入。在刚萌生出让土地的想法时，家人都吓坏了，但他坚信，作为一名党员，要发挥带头作用，帮助村民脱贫，一定不能把个人利益放在第一位。

在琼中“十二个一批”帮扶政策引导下，镇政府给村民们补贴鸡苗、鸭苗。缺乏养殖技术和经验的村民根本养不活小鸡苗。为了提高农户的养殖技术，他带着村里的致富能人到琼中各地考察学习。当走到琼中新丰养鸡场时，他有了新的思路。新丰养鸡场的环境跟什仍村相似，什仍村的农户掌握了养殖技术，也可以把养鸡产业发展壮大。在有了这个想法后，他回去详细了解山鸡销售市场，带领 58 户贫困户建起养山鸡合作社。在村民们加入合作社后，王贵专向他们讲解了合作社经营模式，同时对农户们教授养殖技术，村民们也逐渐认识到学习的重要性，还要求合作社应不定期进行养殖技术培训。在镇政府的领导下，他积极宣传合作社法律法规、引导农民自愿加入合作社，同时，提倡社员之间互帮互助，共同发展。

现在琼中长征什仍大众种养农民专业合作社已经正式注册成立，58户贫困户全部入社发展，合作社采用“党支部＋合作社＋贫困户”发展模式，由村两委班子进行日常管理。计划养殖山鸡3万只，通过“互联网＋基地”方式进行销售。合作社还购买了300箱蜜蜂作为社员们的集体产业，让合作社更多元地发展，以带动村民们增收致富。琼中县长征镇什仍村地处海南中部生态保护核心区，绿色、原生态的养殖发展之路定将前景广阔。在镇政府的扶持和优越的生态环境条件下，王贵专作为致富带头人带动了身边农户增收致富。

开展生态养殖 带动多村共发展

生态养殖山鸡取得了一定的成效，经济收入也有了很大提高。这时，他又响应镇政府的号召，依托什仍村委会的生态环境大力发展生态养殖，整合资源抱团发展，推动村集体经济持续增收。2017年年底，长征镇镇委、镇政府、什仍村委会、海南海润农业发展有限公司三方达成合作发展协议，由镇委、镇政府提供基地基础设施，什仍村委会提供土地、监督基地运行以及协调贫困户到基地务工，海南海润农业发展有限公司提供蜜蜂种苗和技术、技术培训和基地后续发展资金(后续发展资金由镇政府和该公司共同承担)。该公司以长征镇什仍村民委员会为中心向周边发展，基地里建有3个养蜂基地，长征镇什仍村10个养蜂点和蜂种繁殖基地现有蜂群5 000群。蜂群多数在国家级森林保护区内，蜂群架在养蜂架上出产的都是高纯度蜂糖，管理系统安装监控，管理人员定期检查蜂箱以保持干净卫生。带动了长征镇新寨、罗反、深联、南什4个村委会的村集体经济入股海南海润农业发展有限公司的养蜂产业，初步形成了“蜂情小镇”的模式。

在合作社模式运营的前一年，项目收益主要用于脱贫攻坚及扩大再生产，2018年9月开始进行利润分成：利润村集体三成、公司六成、管理费用一成。这种合作社模式逐步带动长征区域养蜂产业化发展，打造长征镇“党建引领、脱贫致富”的示范基地。

凭着优越的环境条件，海南海润农业发展有限公司大力发展养蜂产业，由2017年的800箱蜂通过分蜂发展到1 400箱，2018年蜂蜜产量达到4 500斤，产值达36万元。2019年销售蜂蜜5 000斤，收益40万元，蜂种收益36.5万元。村集体经济分红19.5万元，其中什仍村委会5万元，南什村委会4万元，深联、新寨、罗反3个村委会各3.5万元。

身残志坚勤劳致富　带动村民共同圆梦

奋进奖——邢海平

邢海平是乐东黎族自治县大安镇西黎村黎族村民，夫妻俩都是三级残疾，这给邢海平带来了巨大的痛苦，给劳动和生活造成了极大的障碍。邢海平不怨天尤人，自强自立，克服了常人难以想象的困难，以超人的毅力实现了脱贫致富，并影响和带动周边村民一起圆了致富梦想。这一励志故事，已在当地传为佳话。

2018 年 11 月 6 日，海南省委副书记、省打赢脱贫攻坚战指挥部指挥长李军深入西黎村调研指导脱贫攻坚工作，专门看望了邢海平一家。李军副书记听了邢海平的奋斗经历，深为感动，对邢海平赞许地说："你是群众身边的先进典型，是身残志坚、自强不息、勤劳致富的好榜样，希望再接再厉，和村民们一道过上更加美好的生活。"

不等不靠　立下脱贫决心

平常看起来淡定从容的邢海平其实家里负担繁重，一家 6 口人，母亲年老多病，妻子残疾，3 个孩子还在上学，全家只靠身体残疾的邢海平撑起生活重担。在旁人看来，这个家除了依靠政府救济，根本无法脱贫。

邢海平偏不信这个邪，暗下决心，一定要勤劳苦干，靠自己的双手早日摘掉贫困的帽子，让全家人过上幸福的生活。

身残志坚　自强不息

1976 年，邢海平出生在西黎村一个黎族家庭。1992 年前，邢海平有一个幸福的童年，懂事的他放学后还主动帮父母干农活和家务。天有不测风云，1992 年，邢海平患了类风湿关节炎和强直性脊柱炎，发病时关节僵硬肿痛，腰痛、背痛，极为难受，无法正常坐立和行走，被认定为三级残疾。突如其来的疾病给邢海平幼小的心灵造成极大的打击。他告诉自己决不能自暴自弃，要勇敢面对现实，战胜疾病，做生活的强者。邢海平这样想，也是这样做的。

从中学毕业后，他开始了务农生活，忍着疾病疼痛帮父母耕田种地。邢海平是个有进取心的人，不断想办法增加收入。他借钱种了几亩香蕉，不巧，碰到行情不好，收成不理想。

2001 年年初，邢海平到乐东县万冲镇理发店拜师学艺，因病痛发作要休息，无法适应理发服务，本想靠理发挣钱的路子走不通。坚强不屈的邢海平决心走出大山到外面闯一闯。2005 年，他到海口布艺有限公司打工，每月有 1 000 多元的收入。这时，他与现在的妻子认识，并于 2007 年结婚。他的妻子因小时候肌内注射导致神经损伤，双脚无法与正常人一样行走，被认定为肢体三级残疾。为了与妻子过上好生活，他再次到海南神力公司当保洁员，工作劳累，但只换来每月 1 700 元的工资。这份收入要抚养妻子和孩子，入不敷出，无法改变贫困的生活。

登上红榜首　活出新价值

为了照顾家庭，2018 年年初，邢海平又回到了村里。邢海平不想给政府添麻烦，看到村里有个保洁公益岗没人干，就主动向村两委提出做保洁工作。

驻村党支部第一书记刘柰妤很支持邢海平的想法，又担心他走路都困难，又脏又累的清洁工无法胜任。邢海平表态说，一定会克服困难做好工作。

村民原先不重视环境卫生，村里垃圾遍地，有的地方垃圾堆成了小山，是典型的脏、乱、差村庄。邢海平当上保洁员后每天坚持一点一点扫、一点一点搬，有时太劳累，病痛发作，就休息一会儿，又接着干，终于把村里的垃圾清理干净，环境焕然一新。邢海平不仅每天把村道的卫生扫得干干净净，还把自家房前屋后、屋内屋外也收拾得整整齐齐。

村民们看到邢海平把自己家和村里的环境卫生清理得干净整洁，村容、村貌变美了，十分感动。大家感慨地说邢海平能做到把环境卫生搞好，我们更应该做到。村民们都主动加入村庄环境卫生整治活动，人人把家里打扫得整洁干净。黎族村民思想观念的变化带来了村容村貌的巨变，村庄变得整洁干净、环境优美。现在的西黎村变成了大安镇最美的村庄。

西黎村两委在此基础上大力打造黎族民俗文化旅游村，推动乡村旅游产业发展。如今的西黎村吸引了众多游客，成为远近闻名的旅游胜地。邢海平和乡亲们生产的特色农副产品深受游客的欢迎，成为拓宽收入的又一渠道。

为了推进扶贫扶志教育，激励脱贫致富，西黎村在全村贫困户中开展道德“红黑榜”评选活动。有感于邢海平身残志坚，带动人民改变了村容、村貌，乡亲们在“贫困户道德红黑榜”评选中都把红榜选票投给了他，感谢他为村里带来的新变化。

找准好产业　走上致富路

2019 年年初，海南传味文昌鸡产业股份有限公司在乐东县推行“公司＋农户”养殖文昌鸡的扶贫合作项目。当时村民们担心挣不到钱，没有人参加这个项目。邢海平认为这是一条靠产业脱贫致富的好路子，邢海平在村支书的帮助下很快与海南传味文昌鸡产业股份有限公司签订了养殖文昌鸡的协议。

邢海平在自家橡胶林地围起防护网，盖起了两间鸡舍大棚，第一批接收 4 200 羽鸡苗进行养殖。为了提高养殖技术，邢海平买来养鸡技术书籍学习，还经常参加各类养鸡技术培训。他随大安镇政府组织的培训班到保亭县参观学习养殖技术，来回 200 多公里，关节强直无法坐，他就一直忍痛站着。有时，忙完了一天的活，晚上还到村委会收看养殖技术培训电视节目。

邢海平每天都像轴承一样转，早晨 6:00 就起床，搬运几十袋饲料喂鸡，接着到村里打扫卫生。做完村里的卫生保洁，又回来清理鸡粪，一干就是 5 小时。由于天气热，要不断给鸡舍补水。邢海平就是这样每天从清晨忙到半夜，精心管理着他的养殖场。

邢海平做一件事往往要比常人多付出几倍，甚至百倍的努力。养殖场建在一片坡地上，地面不平，邢海平身体僵硬，平衡不好，经常摔跤，每次摔跤不是手破就是脚破。如果妻子不在鸡场，他就慢慢爬到树下，扶着树干站起来。有一次，邢海平正提着一桶消毒水给鸡舍消毒，不小心又摔倒了，满桶消毒水洒在自己身上，淋成了“落汤鸡”。摔跤成为邢海平在鸡场的常态，挽起他的袖口，双臂布满了伤疤。

劳累和病痛残酷地折磨着邢海平。晚上经常疼到睡不着，早晨起床更痛，直到腰部痛到麻木，缓过痛劲儿才能行走。妻子扶他走出房门，心痛得流下泪水。他安慰妻子说，我们累点、痛点没什么，为的是过上好日子，让 3 个孩子受到良好的教育，将来有出息。

生命不屈，有多少奋斗就有多少收获。由于邢海平精心管理，他养的鸡品质好，受到海南传味文昌鸡产业股份有限公司的好评，并建议他扩大养殖规模。现在，邢海平的养鸡场大棚已增加到 6 个，养殖量突破了 2.4 万只，仅养鸡一项年纯收入就超过了 5 万元。

邢海平不满足现有的成绩，仍在致富奔小康的路上自强不息。他还种植了 2 亩多地的槟榔、100 多株波罗蜜果树，并利用养鸡收获的第一桶金，申请农村危房改造，在当地党和政府的帮助下盖起了一幢 92 米^2 的新房，并办起了一间日用小杂货店，由妻子经营，让村民们不出村就能买到日用小商品，方便了村民们的生活。

言传身教　共同圆梦

邢海平身残志坚，百折不挠，矢志改变贫困命运，从一个残疾贫困户成为带动身边村民共同脱贫致富的典型。

西黎村党支部经常举办扶贫培训班，邢海平以亲身经历向贫困村民们宣讲党和政府的富民政策，引导贫困村民树立信心，走勤劳致富的道路。贫困人员邢维、符球、思练原来游手好闲，无所事事，生活贫困。邢海平经常开导他们：暂时贫穷不可怕，怕的是懒惰没志气，只要有勤劳致富的决心，就能靠奋斗改变贫困命运。被邢海平打动，邢维、符球和思练也与传味文昌鸡公司签订养鸡协议。2019 年，每人首批领养 4 200 只鸡，每家都已出鸡两批，获益 3 万多元。尝到了甜头，2020 年继续扩大养殖规模，他们也走上了脱贫致富路。

在邢海平的影响和带动下，西黎村贫困村民改变了思想观念，从以前“等、靠、要”依赖政府变为主动勤劳致富。如今村里没有闲人，村民都在为美好生活奋斗着：有的村民去摘毛豆，有的村民去割橡胶，有的村民去城里打工，还有一批村民去创业，种龙眼、种火龙果、种瓜菜或加入养鸡队伍，全村呈现一派争相脱贫奔小康的新气象，许多人圆了脱贫致富的梦想。

积极主动作为　以实干精神助力脱贫攻坚

奋进奖——吉亚才

吉亚才，海南白沙人，是白沙县青松乡拥处村党支部副书记、村委会副主任，白沙仙婆岭种养专业合作社社长。作为一名中国共产党员，吉亚才时刻以严格的党员标准要求自己，在各方面都发挥着共产党员的先锋模范作用。自担任村党支部副书记以来，他恪尽职守，脚踏实地，扎实工作，维护班子团结，认真履行村党支部副书记职责。

一家煮山兰　饭飘全村香

山兰米是青松乡的特色农产品，如今更是青松乡农户的致富“金粒子”。在2014年以前，这个“金粒子”却不被当地农户们重视。原来山兰稻是海南黎族的特色山地旱稻，适宜种植在干旱地带。其种植过程不简单，需要人工用刀耕火种的原始方式进行，产量较低，无法刺激农户种植山兰稻的积极性。就在2014年，种植山兰稻的人家不超过5户，吉亚才就是其中一户。

山兰稻米对于吉亚才而言有一种特殊的感情：“吃山兰米已经成为我的习惯，我从小跟着老人们一起种山兰稻，喜欢它的原因不仅是其味道好，这还是一种文化啊！”看着祖祖辈辈的劳动智慧逐渐被大家摒弃，吉亚才十分忧愁。为了把山兰稻米与农户的致富之路连接起来，吉亚才开始做市场调研，并以身示范。

吉亚才把自己种植的山兰稻米通过朋友介绍的方式卖出，然后收集客户的反馈。他的售价要比普通香米高，但是客户不仅接受了山兰稻米的售价，还对山兰稻米的味道一致好评，这令吉亚才信心倍增。通过调研，他又发现限制山兰稻米出售的主要原因是青松乡属于白沙县较为偏远的山区，交通不便，没有收购商收购山兰稻，即使有产品，也无法销出。在掌握清楚山兰稻的市场评价和面对的主要难题后，吉亚才立即开始制订种植和推广山兰稻米的计划。

2014 年 7 月，吉亚才成立了“白沙仙婆岭种养专业合作社”(以下简称“合作社”)，并鼓励村里的农户都加入合作社一同种植，由他先收购农户手中的山兰稻米，然后自己对外找销路，售卖出去。一个人的力量总是有限的，在坚持了两年后，吉亚才手中的山兰稻米出现了滞销，好在白沙电商当时正兴起，吉亚才又在县委、县政府的帮助下开启了网上售卖通道，他主动加入了白沙电商，学习线上销售技能。现在散装山兰稻米的价格由最初的 8～10 元/斤涨到了 15 元/斤，精装的山兰稻米甚至可达 20～25 元/斤，合作社平均每天都有上百斤的订货量，遇上节庆日，购买山兰稻的订单更多。

“以前家里都种山兰稻，产量不高且价格也不好，所以我都是靠在外打工维持家里的经济，后来吉大哥鼓励我加入合作社，还帮我找销路，现在每年靠卖山兰米获得的收入十分可观，偶尔我还可以趁着闲时干其他工作，生活比以前好多了。”合作社社员符召荣说道。

2017 年，吉亚才专门邀请了中国热带农业科学院的专家到村里为农户讲授种植山兰稻的技术，村民纷纷围着专家提问题，想让自己的山兰稻米再高产些。“就算再有能耐，只有我一个人种山兰稻最多不过十亩八亩，但是大家一起种，东西多了、人气高了、口碑好了，自然就会有客户来买了，看着大家都脱贫致富了，我也很开心啊！”吉亚才欣慰地说道。此外，吉亚才利用白沙每年举办的“啦奥门山兰文化节”活动加大对山兰稻米的宣传力度，积极招商引资，谈成了一个又一个项目。“我们公司与他们合作社的合作从 2018 年开始，这里提供的山兰米有量且有质，吉书记的为人也让我们很信任，所以我们订购山兰米都是打一个电话就下单了，特别放心，希望以后能一直和他们合作。”河南隆源农业科技股份有限公司相关负责人任辉说。2020 年，与合作社合作收购山兰稻米的公司一共有 4 家，新的合作商家还在洽谈，吉亚才的山兰稻米的发展未来可期。

如今，白沙仙婆岭种养专业合作社在吉亚才的带领下规模日益扩大。合作社集播种、收割、包装到销售的“一站式”生产链在不断升级和完善，社员也由最初的不到 10 户发展到了 32 户，种植山兰稻面积超过 200 亩。合作社不仅帮助社员销售山兰稻米，还收购全乡范围内的山兰稻米，仅 2019 年就收购青松乡山兰稻米超过 18 万斤，收益达 45 万元左右。为了激发大家的种稻积极性，合作社还拿出 80%的收益给社员分红。2019 年年底，社员们腰包鼓了，家家都盖起了小楼。

一亩山兰稻　一年一收成

吉亚才带领大家种山兰稻有了一份收入，由于山兰稻一年一种的特性使大家在农忙后还有许多空余的时间。为了增加收入，大家又会选择在这段时间里去外地务工。“种植山兰稻的人家主要是妻子在家管理，丈夫一般在农忙结束后就去外地务工了，一家人总是分两地忙，大家的生活幸福感难以提高。”吉亚才皱紧了眉头说道。

“人民对美好生活的向往就是我们奋斗的目标。”习近平总书记的叮嘱言犹在耳，他有义务帮助大家提高生活的幸福感。2016年，青松乡危房改造工作不断推进，但青松乡地处偏远地区，路况不好，交通也不便利，外请建筑施工队成本偏高，贫困群众本身资金又有限，两大棘手的难题导致青松乡危房改造进度缓慢。在了解情况后，吉亚才思前想后，积极谋划，决定把外出打工的村民召集回来，在村里组建一个施工队。这样既可以帮农户建房完成危改任务，又可以解决大家在家门口就地就业问题。于是，吉亚才毅然决然地挑起了成立建筑施工队的重任。

吉亚才给村里在外务工，并且当过建筑工人的村民挨个打电话。他是村里的副书记，又是大家的致富带头人，大家听了他的想法后都纷纷表示赞同。2016年10月，一支由合作社成员和贫困户共30人以扶贫为使命组成的“拥处村委会扶贫施工队”（以下简称“扶贫施工队”）成立了。

在扶贫施工队成立初期，队内缺乏专业建筑施工人员，吉亚才一边积极联系返乡建筑施工能手加入队伍，一边通过联系县就业服务中心，请专业的培训师对大家进行技能培训。在培训结束后，通过技术考核的人员才能正式上岗。经过一点一滴的积累，一支技术过硬的施工队伍终于成立。“成立施工队的目的不仅要让大家有工作，还要能把扶贫工作做好，让贫困村民住好房，减负担，所以我们盖的房子，质量肯定有保证。”吉亚才骄傲地说。

扶贫施工队在承接危改户房屋建设的工作中还要充分考虑贫困户的经济承受能力。为保障贫困户在建房过程中不会因高额的材料费而无法建成房子，吉亚才带领扶贫施工队的队员主动筹集了5万元周转资金用于贫困户在建房过程中的材料供应。待到农户的房子验收完成并收到政府发下的危改补贴后，农户再将钱还给扶贫施工队。同时，为了节省危房改造中请小工的劳务费，吉亚才还积极鼓励其他贫困户共同参与施工，最大限度地降低了劳务成本。

脱贫户韦忠元一家现在住的房子有110米^2，由扶贫施工队负责建造，他已经住进新房，但是仍欠着施工队 1 万多元建房款。“因为有扶贫施工队的帮忙，我不仅顺利住进了新房，还省了近 3 万块的建房费用，虽然还欠着施工队的建房款，但是他们从来没有催我，让我有钱再补上，要不是吉书记组建的这个施工队，我都不知道什么时候住进新房了。”韦忠元说道。

扶贫施工队成立至 2020 年已经帮助 68 户贫困户成功盖好房子，施工队也成功帮助 30 多个村民实现在家门口就能就业的愿望。“成为施工队的一员后，我能在家附近务工，种出的山兰稻又有吉大哥帮忙收购，年底还能拿到分红，生活很满足。”施工队队员刘新青说道。

扶贫施工队不仅为贫困户解决盖房难题，为贫困户创造工作岗位，还开启了贫困户帮助贫困户的模式，让贫困户都积极参与进脱贫攻坚，带动了一批贫困户，以实际行动，践行让贫困户产生内生动力的指导思想。由于工作能力突出，2019 年，吉亚才被海南省委人才工作委员会授予“南海乡土人才”称号，并被海南省授予“海南省劳动模范”。“现在我们的山兰稻米不愁卖，大家也都有房子住，还能在家附近就地就业，让大家都能富起来，生活开开心心，再辛苦，我也心甘情愿。”说着，吉亚才露出欣慰的笑容。

六个孩子的爸爸　一家人的顶梁柱

奋进奖——林树元

他是一家之主，“六个孩子”的爸爸，病弱妻子的丈夫，一家人的顶梁柱。生活的担子一直重重地压在他的身上，但他从来没有被压垮过，反而像弹簧一样，绝地重生。通过自己勤劳的双手，他积极发展种植业和养殖业，让一家人过上了好日子。他就是冯坡镇凤尾村委会水堆北村村民林树元。

我要做个好爸爸

林树元于 1974 年出生，是当时家里最小的孩子。虽然家境清贫，但是他的父母、哥哥姐姐都对他特别关爱照顾。家庭和睦、兄友弟恭的生活环境使他成长为一个朴实、勤恳、善良、正直的人。

1992 年，林树元大哥不幸去世，大嫂看着家庭支柱倒下，认为自己没有能力养育 4 个孩子，选择留下 4 个幼女独自远走改嫁。当时，年仅 18 岁的林树元不忍侄女们成为孤儿，便将 4 个孩子接回家抚养。当时在这 4 个孩子中，最大的 8 岁，最小的仅 8 个月。面对嗷嗷待哺的孩子，林树元感到束手无策，一个刚刚成年的“大男孩”哪里会照顾孩子？为了给孩子们提供更好的生活条件，林树元将他们交给父母照顾，自己每天起早贪黑打工，挣钱养家。虽然林树元很认真地工作，但是家里人口多、花销大，仍然入不敷出，家境贫困。

1995 年，林树元父亲去世后，林树元身上的担子更重了。但是林树元不怕吃苦，心里暗暗发誓：“再苦、再累也要把大哥的 4 个孩子抚养长大，弥补孩子们缺失的父爱，当一个‘好爸爸’。”

1999 年，随着孩子们相继长大，林树元的压力减小了不少。这一年，林树元和妻子符春虹步入了婚姻的殿堂。即使家境贫寒、人口多、责任大，但是符春虹感受到的都是林树元的担当与责任感，她愿意陪在林树元身边，和他一起守护这个家庭。

不惧艰难 誓要脱贫

2001 年，林树元的长子林彬出生。随着孩子慢慢长大，家庭支出日益增多，夫妻俩身上的担子更重了，但也更有干劲了。虽然打工的收入微薄，但是一家人每天其乐融融，良好的家庭环境经常为邻里称道。好日子不长，没过几年，符春虹被确诊患上了慢性病，需常年服药，医药费花销较多，且再也干不了重活。一下子，家庭的重担全部压在了林树元身上。多年来，为了给妻子治病，家庭仅有的积蓄也花光了。

2014 年，林树元家因为家庭贫困，通过精准识别被确定为贫困户。当时，文昌市冯坡镇常务副镇长潘孝山成为林树元家的帮扶责任人。经过多次入户走访，结合林树元身强力壮、能干、吃苦耐劳、脱贫愿望强烈的特点，潘孝山为林树元制订了详细可行的帮扶计划，计划从产业帮扶开始着手。

由于缺乏资金，刚开始林树元夫妇只种植了 3 亩地，两人辛勤耕耘着，省吃俭用，也能勉强满足一家人的需求。林树元并不满足现状，为了增加收入，在潘孝山的鼓励和指导下，他利用第一笔产业发展资金扩大了白皮冬瓜和辣椒的种植规模，从原来的 3 亩扩大到 9 亩。在林树元的辛勤劳作下，2018—2019 年，家里种植白皮冬瓜和辣椒的纯收入接近 10 万元，增收成效明显、脱贫效果显著。

为了巩固林树元的脱贫成果，建立长效脱贫机制，潘孝山又鼓励他多方面投资发展农业产业。在发展反季节瓜菜种植业的同时，林树元决定利用农闲时间再多发展一门产业，这回他看中了黑山羊养殖业。说干就干，林树元开始找地建羊舍。由于资金匮乏，他只能利用家里现有的边角料搭建羊舍。经过一个多月的努力，羊舍建好了，夫妻俩人用积蓄和帮扶资金买了 8 只母黑山羊，希望它们能给家里带来较好的收入。

在刚开始养殖时，夫妻二人兴致勃勃，农忙时赶羊都不觉得累，每天忙得热火朝天。看着山坡上渐渐长大的黑山羊，两人喜上眉梢。好景不长，由于缺乏养殖黑山羊的经验，两人养殖的黑山羊不幸患病，8 只母羊一下子死去了 3 只。加上当时正逢雨季，雨水多，羊没办法赶到外面山坡吃草，没有足够的鲜草补充，羊圈又低矮潮湿，剩下的黑山羊也开始得病，慢慢变得骨瘦如柴，羊群面临全部死亡的危险。

面对这种状况，林树元慌了手脚，如热锅上的蚂蚁急得团团转。在了解情况后，潘孝山第一时间联系了镇里的兽医师。兽医师及时赶到，针对这些黑山羊的实际情况，找出了存在的问题并提出了解决办法，还给林树元讲解了一些养殖黑山羊要注意的事项及技巧，林树元将这些知识牢记于心。从此之后，有不懂的地方，他就积极求教他人，家里的黑山羊养殖产业逐渐走上正轨。看着恢复健康的黑山羊，林树元的心里又充满了希望。

用勤劳的双手脱贫致富

为了改善羊圈环境，提高黑山羊存活率，潘孝山联系定点扶贫单位——省资规厅筹集资金为林树元修缮羊圈。经过改造羊圈，参加政府部门组织的种植养殖培训，采用专业技术指导员提供的技术指导，林树元自己积累了不少养殖经验，逐渐掌握了养殖黑山羊的技术。

变成了熟练工之后，林树元也有了底气，近几年不断购进母羊，扩大养殖规模。现在，林树元的小羊圈已经不断扩大，养殖规模也从原来的几只发展到 80 只，养羊年收入可达 3 万～4 万元，脱贫之路越走越宽。

家庭收入变多了，林树元“野心”也变大了。自非洲猪瘟疫情发生后，生猪价格不断飙升，林树元看中了这个机会，开始找寻场地，计划拓宽产业发展路子，发展生猪养殖业。林树元已经和村小组商议好养殖生猪的场地，猪舍也在有条不紊地建设中，待猪舍建成后，他计划养殖 100 头生猪。

看到丈夫这么努力，符春虹也不甘落后、努力奋进。干不了重活，就积极发展家禽养殖。符春虹养殖了 40 只鹅、60 只文昌鸡，通过出售文昌鸡、鹅及鸡蛋、鹅蛋来贴补家用。平时闲暇时间，符春虹还会去村里摘草药、打零工增加家庭收入。看着家里蒸蒸日上的产业以及存折上不断增加的数字，林树元、符春虹夫妻俩开心不已。

脱贫不忘党恩 小康路上有我

“只要肯吃苦勤劳干，就一定能脱贫致富。”这是林树元夫妻俩一直挂在嘴边的话。他们说在被确定为贫困户后，享受到了政府在教育、医疗、住房等各个方面的帮扶，才让一家人的日子有了盼头。政府帮扶得这么到位，他们绝对不能辜负党和政府的期望。夫妻俩一直教育孩子要好好读书，不辜负党和政府的关怀，教导孩子们长大以后要回报社会。在这样的引导下，孩子们认真读书、勤奋好学，时刻铭记党恩。其中，林树元长子林彬的学习成绩尤为突出，他最大的梦想便是成为一名光荣的人民教师，教书育人，桃李满天下。

2019 年对林树元来说是人生中最特殊的一年。这年，林树元长子林彬高考，离自己的梦想更近了一步，考上了贵州六盘水师范学院；2019 年 11 月，林树元大哥最小的女儿林春蕊也成家立业。在林春蕊出嫁的那天，林树元激动得说不出话，因为他终于完成了自己的誓言，将 4 个孩子抚养成人。

林树元、符春虹夫妻俩靠着勤劳的双手脱贫致富，在自身贫困的条件下，仍然愿意抚养亲人的孩子长大的故事更是感动了很多当地人。人们都戏称林树元为“六个孩子”的爸爸。

如今，林树元大哥家的 4 个女儿还不时地回来看看，给“爸爸妈妈”、弟弟妹妹带些小礼物。看着家里的 6 个孩子，林树元夫妻俩感慨万千，回想起以前吃过的苦，现在的他们对早日走上小康道路充满信心。

幸福都是奋斗出来的

奋进奖——符祥文

峨沟村位于昌江黎族自治县乌烈镇，属于省级贫困村，总户数 329 户 1 759 人，建档立卡户 69 户 310 人。全村耕地总面积达 13 800 多亩，其中水旱田达 8 000 多亩，坡地为 5 000 多亩。该村土地以旱地为主，气候干旱，适合发展旱地作物。多数耕地缺乏水源灌溉，生产条件差，经济发展缓慢，主要种植杧果、甘蔗、辣椒、圣女果等农作物。

"幸福是奋斗出来的"，这样一句励志的话语从一名贫困户口中说出来大家可能都不会信，而就是这样一句话鞭策和鼓舞着乌烈镇峨沟村建档立卡贫困户符祥文。他从一个生活得过且过的懒汉进步成为昌江县打赢脱贫攻坚战的"脱贫之星"，并荣获海南省"劳动模范"荣誉称号。如今符祥文不仅让家人过上了好日子，他的励志脱贫故事也成为村中的榜样，带动着大家一起朝着脱贫致富奔小康的目标前进。

现年 45 岁的符祥文是乌烈镇峨沟村人，是昌江县 2014 年开展精准扶贫后被村里纳入建档立卡的贫困户之一。在县、镇、村干部和帮扶责任人的大力支持下，符祥文凭借着敢闯敢干的劲头，用自己勤劳的双手，闯出了一条符合自身发展的脱贫致富道路。

符祥文一家共有 4 口人，妻子李圣玲、儿子符春硕和女儿符春惠。符祥文介绍，自己共有 5 个兄弟姐妹。按照村里的习俗，作为家里幼子，成家后他就担负起了赡养母亲的责任，2008 年其母亲因患病瘫痪在床，2016 年逝世。多年来由于母亲一直需要依靠药物治疗，医药费开支较大，加上妻子既要照顾母亲，又要照看年幼的子女，无法和他一起工作，家中缺少能干的劳动力，全家生活都靠他一个人维持，家庭生活困难、举步维艰，经常入不敷出。

扶贫 先扶志

随着精准扶贫工作的全面展开，镇村干部、驻村工作队以及帮扶责任人来到了符祥文家中，摸清他的家庭情况及致贫原因。令镇村干部头疼的是，符祥文不但没有脱贫信心，更没有致富意识，甚至拒绝与上门的镇村干部沟通，这让干部们意识到必须要从思想上解决问题。

干部们不抛弃、不放弃，一次次到家中给他讲政策、做工作，告诉他幸福是奋斗出来的，并向他讲述身边致富典型，通过宣传引导，不断激发符祥文的内生动力，这才让符祥文幡然醒悟，暗下决心要改掉“等、靠、要”思想。他说自己有手有脚，正值青壮年，怎么可以因为懒惰让家人跟着自己吃苦？自己必须要改变生活现状，用双手摘掉贫困户帽子，让家人过上好日子。

想脱贫 靠产业

虽然立志要努力，可怎么努力？这让符祥文很迷茫。驻村干部在得知符祥文这一想法后就立即找到符祥文，并与他促膝长谈，认为杧果是峨沟村的特色。峨沟村的丘陵地形及干旱少雨的气候特点比较适合种植杧果，80%的乌烈镇杧果种植都集中在峨沟村，在峨沟村种杧果的人也不少，有产业支撑、有技术可学，可以说是一条很不错的发展路子。同时，符祥文家有水田旱地30多亩，土地面积较大，于是，鼓励他大胆发展杧果种植产业，政府将在种苗、化肥、种植技术上给予一定的支持和指导，同时还会帮他解决小额贷款的问题，确保产业发展有基础。这样的谈话无疑让符祥文吃了一颗定心丸。

符祥文在帮扶干部的帮助下顺利地拿到了扶贫小额贷款3万元，2014年种了20亩的鸡蛋杧，开启了他的杧果产业事业。

由于杧果种植不是“短平快”产业，需要3年的细心呵护才能见到收成，本以为自己就这样守着杧果地，3年后就会有收成，生活从此顺畅，家人也可以过上好生活，可一切并非像符祥文预想的那般美好。由于缺乏杧果种植经验，病害防控不到位，加上鸡蛋杧不耐存放，在市场上不受青睐，产量及销量都成了问题，杧果产业整体效益一直上不去。这让符祥文很受打击，甚至一度怀疑自己能否成功。

符祥文回忆说，那段时间自己非常沮丧，觉得自己干啥啥不行，就不应该学别人种杧果，还欠了一屁股债。他的妻子也是心急如焚，可她又帮不上忙，只能不停鼓励丈夫，希望他不要轻言放弃，就算到最后没有成功，但至少努力过，等孩子再大些，两个人还可以一起努力，生活一定会变好。妻子的宽慰让符祥文失落的心情得到平复，后来县里农业专家到村里开讲座，让他再一次燃起了希望。他想："从前种辣椒、种香蕉，不都亏了，日子还得照样过嘛，技术能学，心气不能丢。"他课上认真听讲，做笔记，课后又向老师请教自己在种植中遇到的问题。符祥文打趣地说，这比自己当学生时候还要认真。那段时间，他从果地回来，就拿着专业书本学习。符祥文从技术书籍里找办法，跟着农业科技人员到地里学，一年下来，这个曾经的庄稼汉成了峨沟村里少有的杧果种植"专家"，地里的杧果种植基本不成问题。

2017 年，符祥文瞅准市场需求，果断将鸡蛋杧全部嫁接换成"台农一号"杧果。2018 年，他又瞄准商机，将种植的杧果提前催花，地里的杧果提前上市，这一年净利润 2 万余元。在这一年，他通过自己的努力成功摘掉了贫困户这顶"帽子"，并被评为 2018 年度昌江黎族自治县打赢脱贫攻坚战"脱贫之星"。

尝到发展甜头的符祥文更是把果园当成了第二个家，在果地里搭了简易棚，备上锅碗和被子，每天一大早就赶往果地，中午就在果地简单吃顿午饭。一年 365 天，只要没有特殊事情，基本上是早出晚归，守护着这片果地。2019 年，符祥文的 20 亩果地年产量达 3 万斤，纯利润有 7 万多元，他真正实现了让家人过上好日子的愿望。

勤劳致富　不忘感恩

符祥文在个人脱贫致富以后没有忘记镇村干部的所思所想，没有忘记村里的贫困农户。他主动聘请李天龙、符凤华、何诒周等 18 名村里的贫困户到他的果园里务工，让大家增加收入，同时积极向其他人传授种植技术，鼓励一起发展杧果产业种植，脱贫致富。

李天龙说，多年前他种了 4 亩杧果，由于技术落后，收成也不好，一直无人管理，如今在符祥文的带领和帮助下，他不仅盘活了原有的 4 亩果地，还扩大了种植面积。发展杧果产业确实提高了他的家庭收入，他不仅摘掉了贫困的帽子，还成为"脱贫之星"。

如今，符祥文勤劳致富的事迹在峨沟村就是一个典型，符祥文也成为大家的榜样，纷纷向他看齐，积极发展种养业，用双手奋斗出幸福生活。

2019 年，海南省委、省政府授予符祥文"海南省劳动模范"荣誉称号。符祥文高兴地说："是党和政府让我重新树立起生活和致富的信心，一步步敲开了致富之门，走上了致富之路。"如今站在让他脱贫致富的果地上，符祥文真正感受到了"幸福是奋斗出来的"这句话的力量——只有努力奋斗，才能真正过上幸福的生活。

谈起产业发展，符祥文更是充满信心，斗志昂扬。自家产业慢慢做大，村里种杧果的人也越来越多，种植面积从几年前的 1 500 亩增加到了现在的 3 100 多亩，虽然技术共享，但在市场上还是各自为战。如今的符祥文有了更远的打算，他还将进一步扩大种植规模，拓宽致富道路，在致富的路上走得更远，希望能与村里的杧果种植户整合资源，抱团发展，实现效益最大化，让大家共同走上致富的道路。

新时代扶贫路上的“铁娘子”

贡献奖——王姑

“贫困户收入核查精不精准？小孩外出打工的收入计算了没？有没有跟行业部门比对过数据？扶贫工作要精准就容不得半点疏忽，将问题汇总再反馈、再核查……”凌晨12:00的扶贫办还在研究大排查工作，反复强调“精准”“核查”“返工”等要求的正是35岁的澄迈县扶贫办主任王姑。

勇挑重担　扛起镇精准扶贫大旗

王姑与扶贫工作结缘还得从2016年说起。2016年9月乡镇换届，王姑因工作表现突出被提拔到永发镇担任组织委员。当时镇里的任务比较重，加上县委关于脱贫攻坚工作的巡察进驻，全镇的工作比较被动。刚到任不久，镇委书记就找到了王姑，针对分管精准扶贫工作进行谈话，王姑在了解情况后义不容辞地接下了这个分管任务。为尽快摸清永发镇扶贫工作底数，王姑每天白天的工作就是进村入户走访，了解全镇289户贫困户的真实情况，挖“穷根”，找“药方”，以便做好精准帮扶计划，为精准扶贫奠定基础，每次一进村就是一天，同时还统筹指导好帮扶责任人填写扶贫手册、物资采购、一户一档的归档整理、动态调整的评议指挥等工作，几乎每天工作18小时以上，晚上回到宿舍已经是凌晨2:00，有时还会连续几天通宵达旦地工作。因为每天想着如何开展工作，有时忙到凌晨3:00～4:00，回到宿舍躺在床上的她还在想：明天的工作怎么计划开展？当年脱贫户危房改造任务如何加快进度？锁定的脱贫人口“三保障”政策是否都全部享受到位？王姑雷厉风行，每天带着镇扶贫办几个专干一起拼了两个月，整个永发镇的脱贫攻坚工作有了质的变化，从最初的没有手册到规范性填写手册信息，扶贫档案从无到有，帮扶对象从物资死亡率高到收获养殖成果后脸上露出灿烂的笑容……永发镇的扶贫工作迎来了逆转，得到县里的充分肯定，在年度考核中排名全县第二。

真抓实干 推动扶贫工作再上新台阶

为确保全镇扶贫工作“精准”，王姑着眼于精准识别退出，巩固提升“两率一度”，按照“一进二看三算”的方式，扎实推进贫困人口大排查工作，完成入户排查 8 376 户，评议纳入贫困户 16 户 53 人，清退 118 户 510 人，人员调整 34 户 106 人。完成 289 户贫困户地理位置信息采集和 1 276 人的照片采集录入工作，协助帮扶责任人全部完成 361 户贫困户的扶贫手册录入工作，加强数据核准清洗，确保账账相符、账实相符。同时，还多渠道开发岗位，突出就业扶贫。开展 4 轮贫困人口就业情况全面核查，组织 3 次镇级招聘会，实现稳定就业 225 人，其中本地就业 64 人。优先开发公路养护员、农村保洁员等公益性岗位，就地就近安置 41 名贫困家庭劳动力。发展特色农业产业，打造赛玉村鱼鸭混养、生鸭屠宰加工场，牧流黑山羊养殖专业合作社等具有当地特色的产业项目，持续推进产业促增收。打造全县扶贫标准化示范点，将赛玉作为中队标准建设示范点打造，并召开全县扶贫工作现场会，取得良好效果，得到县委、县政府主要领导的高度肯定。永发镇于 2017 年、2018 年连续两年获得了全县脱贫攻坚工作年度考核第一的好成绩。

临危受命 统筹全县扶贫工作取得新发展

正因为工作认真负责，成效明显，2018 年 10 月，澄迈县在全省脱贫攻坚大比武考核成绩不理想的情况下，王姑同志接到县里调整岗位的通知。当时，很多同事、家人、朋友都出来劝阻，因为扶贫工作任务重、困难多、挑战大，男领导都没有办法吃得消，更何况是个女干部。但王姑就是不认怂，依然坚持自己的初心，坚信落实好各项政策，让困难群众早日脱贫致富。她毅然出任县扶贫办主任，挑起统筹全县扶贫工作的大梁。当时因全县脱贫攻坚工作的基础不扎实、数据信息不精准等，刚被上级约谈，扶贫工作压力较大。如果县扶贫办还是按部就班开展工作，工作基础不仅会越来越差，任务还可能无法如期完成。为彻底改变原来边界不清、职责不明的工作模式，王姑到县里工作才两天，就四处问诊把脉，探寻新的工作方法，最终决定主动担当，进一步明确职能部门责任，将所有工作任务清单化，即每周下达周任务清单，各行业部门、各镇按照任务清单推动每周的工作；制发大队、中队、小队、帮扶责任人的责任清单，各级扶贫干部根据任务清单完成全年的工作任务；迎接任务清单，明确具体措施，各单位、各镇、各村、帮扶责任人按照迎接任务清单对号入座，归档好一年的工作情况。同时将各类清单提交督查组督查，确保各项工作有序推进。2018年，在王姑带领下，扶贫办上下同心齐力、攻坚克难，行业部门凝心聚力、通力协作，各镇全力配合，共同发力，澄迈的脱贫攻坚基础工作更加扎实，政策落实更加到位，群众满意度再创新高；全县3个贫困村如期实现脱贫出列，贫困人口退出2 692人，全县贫困发生率降至0.45%。贫困户人均纯收入8 413.1元，比2017年提高1 849.5元，全县取得了脱贫攻坚决战之年的关键性胜利。

聚少离多　青春无悔扶贫路

不管是在乡镇还是在县扶贫办，4年来，王姑与家人始终是聚少离多。在乡镇分管扶贫工作后，王姑坚持每周入户走访，走访次数比她回家的次数还要多，与贫困户结对子、摸底数、精施策，家里的事都没有贫困户的事情重要。从女儿上幼儿园开始，王姑都极少接送小孩上下学，家长会更是一次都没参加过，老师总是用疑问的口吻问女儿：你妈妈是不是在外地上班？怎么每次都是奶奶接送？有一次，扶贫工作任务繁重，连续两个月都没回过家的她忙到周六半夜才回家，结果星期天女儿睡醒的时候跑到床头，惊奇地问：妈妈，今天好奇怪呀！你竟然没有去上班？

2019年，王姑在怀孕期间还是一如既往地每天加班到凌晨，在全县大比武工作开展的关键时期。即使已经到了孕晚期，她也一样坚持每天晚上参加县里的调度会，建言献策解决比武过程中存在的问题，直到小孩临产的前两天才提交了产假申请。小孩刚出生不久，脱贫攻坚工作又到了年度大考的关键时刻，是继续照顾小孩还是立即返岗迎检？作为县扶贫战场的“排头兵”，王姑如坐针毡，但还是坚定选择了后者，将仅两个月大的小孩托付给母亲照看，自己毅然奔赴了脱贫攻坚战场，全力做好迎检准备工作。

有“为”就有“位”，几年来，她团结同事，兢兢业业，埋头苦干，所分管的扶贫、党建工作都名列全县第一，2014—2018年连续5年年度考核优秀，被县委县政府记三等功一次，被县委评为优秀党务工作者和县脱贫攻坚先进个人，荣获海南省“三八红旗手”荣誉称号等多项殊荣。

不管多苦多累，只要听到贫困户打电话过来说“姑姨，我家黄牛生仔了”“姑姨，我家小孩考上大学了”“姑姨，帮忙申请的就业奖补到账了”。每每听到这些，王姑全身又充满了正能量，只要贫困群众有了获得感、幸福感，就是对她最好的鼓励。使命在肩，征程在望。扶贫路上，王姑将继续攻坚担当，不负韶华，不忘初心，为澄迈县的社会经济发展和海南自由贸易港建设贡献自己的全部力量。

挖不走的“百万书记”

贡献奖——王联春

王联春是海南大学师生事务保障中心副主任，2015 年 7 月起派驻东方市大田镇乐妹村第一书记。5 年来，他引进资金 2 000 多万元，让乐妹村这个贫困率高达 83%的黎族山寨实现了整村脱贫，让村里贫困户的钱袋变鼓了，动力变足了，思想变富了。

得知他带动的产业给乐妹村带来了较大的经济效益，周边好几个村庄都说愿意花 100 万元换他到村里当第一书记，乐妹村村民却说给 300 万元也不换。从此，他多了一个响亮的名号——挖不走的“百万书记”。

从“麻将桌”转移到“书桌”

王联春出生在农村，从小没少吃苦、饿肚子，刚到乐妹村，他还是被眼前这个“十三五”贫困村的景象震撼了：全村大多是破旧瓦房，每次台风来临，村干部都要动员群众转移；整个村只有十来户人家有厕所。更让他担忧的是，当时有的村民特别喜欢赌博和买彩票，口头禅是“赌一赌，一夜会暴富；博一博，单车换摩托”。不少孩子在这样的影响下产生了厌学心理。然而，村民们既没有改变现状的意识，也没有把他这个第一书记当回事。

为了从思想上改变贫困户，凝心聚力打赢脱贫攻坚战，王联春进村后的第一件大事就是危房改造 93 户、修建厕所 110 个，实现户户有厨有厕，家家通水通路，让大家真切地感受到——原来乐妹村还可以这么干净整洁！不少贫困户改变命运的想法变得强烈。看到贫困户有了思想上的动力，王联春开始着手禁赌治懒和智志双扶。

一天傍晚，他去村委会加班发现几个贫困户围在一起打牌赌钱，立马上前批评驱散。在凌晨 2:00 加班结束后，他在回宿舍的途中发现刚刚那几个人换了一个地方继续赌博。怒火心中烧，他冲上去没收赌资赌具，把麻将桌狠狠地砸烂。其中的阿成很不服气，指着他大骂：“我们是娱乐，你管不着！”他边说边挽起袖子，准备动手打人，幸好被惊醒的村民及时制止。

这一夜，王联春辗转难眠：赌博之风如不能及时有效遏制，脱贫攻坚就是空谈。要想整治赌博，就从阿成这块硬骨头开始“啃”起。第二天晚上，王联春带着队员和村干部来到阿成家做思想工作：“喝酒坏事，赌博犯事，十赌九输，害人害己。”在交谈中，王联春发现阿成头脑灵活，还有过在外闯荡的经验，就鼓励和介绍他外出打工。现在阿成在广州某工厂打长工，全家已经脱贫奔小康了。阿成的变化警醒了村里原来喜欢赌博的人。王联春自掏腰包通过微信设立赌博举报奖，大家都踊跃举报，乐妹村的赌风很快一扫而光。

扶贫不但要扶志，而且要扶智，断“穷根”。为此，王联春在乐妹村兴建图书室，创建暖阳书屋，开展了 80 余场支教活动，让孩子们从小“闻书香、读好书、好读书”。在他的细心帮教下，5 年间，村里走出 16 名大学生。为了让他们安心上学，他不仅先后筹资 14 万多元，资助了 9 名贫困大学生，到海南大学帮助办理免除 2 名贫困学生的学费和住宿费，还把自己的第二届“东方十大好人”的 2 000 元奖金资助给了贫困大学生阿连。

值得一提的是，曾经一度厌学的贫困女孩阿媛在 2018 年参加中国教育电视台《请教请教》栏目荣获最佳表演奖；经常打架、玩游戏成瘾的 6 名小学生变成了爱学习、懂礼貌的好孩子，2020 年还和王联春一起到电视台录制了一期教育扶贫节目。

为了禁赌治懒、济困助学，王联春常年操心思虑，短短 5 年时间，他就把一头黑发“熬”成了现在的两鬓斑白。

从“贫困户”跨越到“乡土人才”

农村富不富，关键看支部。为了充分发挥党员在脱贫攻坚中的先锋模范作用，王联春构建了定点帮扶单位海南大学 8 个二级单位党组织、乐妹村 8 个党员小组和 102 户贫困户“三级联动”帮扶体系，探索出党组织带领贫困群众精准脱贫的良好模式。

当前，乐妹村党支部已经成为贫困户脱贫致富的“后勤保障基地”，村里不少贫困户都积极向党组织靠拢——5 年来，村党支部先后发展 1 名贫困户入党、1 名贫困户为入党积极分子，培养 3 名贫困户为后备干部、1 名贫困党员为“双带”党员，培养 1 名贫困党员为乡土人才和 4 名贫困户为技术员。其中，既是贫困党员又是退伍兵的阿帆原本全家年收入仅为 1 万多元，在王联春的党建帮扶下，通过养鸭，仅用一年时间就实现了年收入超过5 万元，还因此获得了 2017 年海南省脱贫攻坚奋进奖。

年轻贫困党员阿贤在王联春的多次劝说下毅然辞去原来每月七八千元的工作，投身到集体经济兰花产业，还先后到泰国、云南等地接受培训，成为兰花种植养护的“田秀才”，推动乐妹村兰花产业成了当地“一村一品”的特色扶贫产业。

此外，王联春还把乐妹村党支部书记带到延安红色基地、海南大学等接受专题培训，把他培养成为致富带头人，让他带领41户贫困户调整产业结构，种植高效作物海南山柚。已经产生了经济效益的山柚种植成为乐妹村贫困户自我发展生产的支柱产业。当地政府经过多方考察论证后号召其他村镇学习并复制推广“乐妹村模式”。

这些脱贫能手、乡土人才和致富带头人都是王联春长期在骄阳下“手把手”培养出来的。在紫外线日积月累的照射下，他原本白皙的皮肤变得黝黑。

从“0元”增长到“800万元”

乐妹村拥有独特的热带气候条件，王联春看准这一优势，采用“政府＋高校＋党支部＋合作社＋贫困户”模式，通过引进政府扶贫资金，依托海南大学技术支撑，发挥党支部引领作用、利用合作社平台、吸纳贫困户就业等方式发展秋石斛兰花产业。该项目2年投入300多万元，已建成20亩兰花大棚，共种植40多万株秋石斛、2万株火焰兰。

在该基地于2018年1月投产后，王联春培养和安排5名贫困户做基地的专职管理人员，每人每月除了3 500～4 000元的工资，还有绩效提成，在家门口实现了稳定就业和脱贫。安排其他贫困户农闲时在基地打工2 000多人次，贫困户获益120多万元。

仅2年多的时间，王联春就将兰花产业打造成了资产超过800万元的特色产业。为了延长产业链，增加附加值，他正组织建设一栋300米^{2}的集展示、加工、培训、观光、体验于一体的兰花展示区。

令王联春欣慰的是，这些兰花已经完全由这5名贫困户种植、管理和销售，实现了真正意义上的“造血式”扶贫，打造了一支永不撤退的“工作队”——即便是第一书记撤回了，兰花产业也照样能为乐妹村的乡村振兴撑起一片天！兰花产业的发展如日中天。然而在产业创办初期，多数村民是不理解、不支持的。一连几个晚上，王联春带领村干部一户一户做工作，保证每年盈利给大家分红。在村民的质疑声中，王联春顶着巨大压力，开始搭建兰花大棚。为了选好材、搭好棚、种好花，从小到1枚缝网针、大到机器设备的扬程和出水量计算，他都要事无巨细地在事前完全弄清楚。

因为要带领村民挖水井、建机房、铺设灌溉设施，王联春3个月没有回家，他的爱人顶着炎炎烈日按照导航骑行了100多公里，就想赶到乐妹村看看丈夫到底在干什么。当她看到丈夫爬上爬下的身影，抚摸到他手上的老茧和伤痕时，她心中的埋怨烟消云散，心疼的泪水涌上眼眶。最后，她干脆留下来，帮着丈夫一起干。村民们都说：“我们再不好好干，愧对王书记一家！”

5 年来，水壶、双肩包和两轮摩托车成了王联春开展扶贫工作的标配；他奔波在农田和村道的身影，成了他刻印在村民脑海中的形象。以村为家，吃“百家饭”，串“百家门”，把“黑头发白皮肤”熬成了“白头发黑皮肤”，从农村工作的“门外汉”变成了“土专家”，他让乐妹村从村民思想、基础设施、产业建设和文化氛围上发生了翻天覆地的变化。

如今的乐妹村，山柚香满脱贫路，兰花铺就致富门。2018 年，王联春的挂职期满，获评“2018 年度海南省打赢脱贫攻坚战先进个人”。原本已经 54 岁的他打算收官返校，在村民们的强烈挽留下还是选择了继续留任，带领贫困户把乐妹村的产业做大、做强、做精，朝着“全面小康”和“乡村振兴”的目标砥砺前行！

水满一方　情洒农家

贡献奖——冯斯福

2018年3月，满怀热情的冯斯福一头扎进水满乡水满村，融入扶贫队伍。他是市委新闻宣传和网络服务中心派驻水满村的第一书记，却时常自称“水满村民”，因为他把真情融入了这方热土。

摸清民风村情　改善卫生环境

冯斯福驻村的第一件事就是摸清民风村情，改善卫生环境。从驻村的第一天起，他就走村串户，把熟悉情况、摸家底作为开展工作的第一步，对本村187个村户进行登门入户走访，与村民拉家常、交朋友，听群众说真话、实话，甚至是气话、恼话，他视村民为亲人，把村民的事当成自己的事，及时解决村民反映的问题。新民新村与新民旧村的路面硬化率不高，一到雨季，村民出行就很不方便，村内的卫生情况也不理想。为此，他向乡政府申请38万元的资金建设新民新村与旧村的入户路，同时增设村保洁员3名，加强本村环境卫生整治工作力度，并做好群众的思想工作，提升群众的卫生意识，极大程度地改善了村内的卫生情况。方通村村民王永交家的旧宅已荒弃多年，墙体几乎全部脱落，时常有瓦片掉落，屋内已经堆满了垃圾，又处于村中心地段，每天都有村民来来往往，潜在的危险性较大，村民意见也很大，但是王永交的嫂子王丽霞出于多种原因坚决不同意拆除。面对这样的情况，冯斯福十分着急。因为危房存在一天，危险就存在一天，他先后10余次个人或带着村干部找王丽霞做思想工作，软磨硬泡，最终使危房得以顺利拆除，在确保村民出行安全的同时，改善了村内卫生。

严把纳贫关 狠抓思想教育

对于群众纳贫的事，村干部一直都很头疼，有时候碍于情面不敢说话，但是他一直严把群众评议关，他与村支两委先后多次召开村民代表会议进行评议，对群众提出异议的、已建档立卡的农户严格把关识别；对切实符合条件的贫困家庭及时纳入扶贫对象，确保一户不漏；严把复审复核关，反复进行审核甄别，进行公示，征求意见，准确确定脱贫攻坚对象，确保全村漏评率、错退率降到最低。驻村帮扶工作不仅是简单的钱财帮扶，更是群众要有脱贫致富的欲望和积极发展的动力。他认为，扶贫要先扶志和扶智，提高贫困户的自我奋发的精神，改变“等、靠、要”的思想。他充分利用每次入户走访的机会，对贫困户进行志智帮扶教育，并利用电视夜校课后时间开展志智帮扶宣讲以及有奖问答活动，在让群众获取扶贫政策的同时，提高群众的获得感与幸福感，让群众在思想上得到帮扶，摒弃不良思想。贫困户王旺群是村里公认的酒鬼懒汉，冯斯福经常不厌其烦地上门进行思想教育，同时监督其日常生活习惯，久而久之，王旺群受到感化，不仅担任本村的护林协管员，还起早贪黑积极抓好生产，摘掉了“酒鬼懒汉”的贫困帽子。冯斯福还积极与本地用工企业联系，努力解决本村剩余劳动力的问题。水满村村民王机友平日好吃懒做，单靠其爱人务工收入维持生活，冯斯福多次上门做思想工作，并联系御景酒店，在得知其有务工需求的情况下，推荐王机友就业。

当好“火车头” 带好党员队伍

作为第一书记，冯斯福特别注重与村干部之间的关系：与他们团结共事、和谐相处，既敢于担当，又不越权越位，注重发挥村两委干部的主观能动性，激发他们干事创业的主动性。水满村党支部曾连续两年被评为软弱涣散基层党组织，挂着这块“头衔”，村干部工作士气不高，情绪较为低落。冯斯福刚到任时为让村干部摆脱这层阴影，激发斗志，他与村干部进行了多次座谈。在了解支部的基本情况、村干部的分工及工作的开展情况后，他分析了其中的亮点与不足，为鼓舞士气，激发他们的斗志，首先将三会一课、党日活动等党组织生活正常化开展，同时带领村两委干部开展走访与调研活动，听取党员及群众的意见与建议，及时解决群众迫切关注的问题，有效提升了党组织服务群众的能力。在每次活动时，他都是第一个到现场，脏活累活抢着干，以实际行动为大家树立榜样。2019 年，为让贫困群众加快完成危房改造任务，赶在冬天来临之前入住新房，冯斯福组织党员开展贫困户群众帮扶活动，经多次突击，终于让水满村的贫困群众都住上了安全、舒适的住房。这类的帮扶活动也提升了群众的认可度与满意度。

他身系群众，时常主动放弃个人休息时间、放弃一些个人的兴趣爱好，不计得失、无怨工作、无悔奉献，只为做好自己的本职工作。对冯斯福而言，百姓的事都不是小事。在每个台风夜，总能看到他忙忙碌碌，带着村干部在各村巡逻，查看防风防汛的情况，转移住在危房的老年人，甚至在被台风刮倒的树木险些砸到自己时都没有停下车来，直到所有群众的安全有了保障后才回去。

2018 年 6 月，连续数日的大雨导致村民王桂香家房屋部分塌陷，他第一时间赶到现场，在准备将两位老人转移时，王桂香舍不得放在家里的衣服，硬是要回去取，冯斯福见势也冲进去，随后将老人劝导出来，又冒着危险把衣服全部拿出来。

2019 年 9 月，方响村的居民饮用水的水管被施工队挖断，全村断水，他立马组织水利协管员到现场与施工方一起抢修水管。他不顾个人安危在断崖的土坡上施工，由于路滑险些掉下土坡，就这样一直忙碌到凌晨才将水管接好，清晨时分，水压过大水管再次断开，他再次组织水利协管员及村民到现场抢修水管，最终确保了群众饮用水的正常使用。

2020 年大年初三，当收到回村开展病疫防控工作的通知时，他犹如听到冲锋号一般，连夜赶回五指山市区，由于感冒发烧，医生建议在家观察，即便如此，他还是三番五次地给村干部打电话了解村里的情况，并安排做好疫病防控工作，从宣传到排查再到设卡拦堵外来人员，等等，每个环节的工作都进行了详细的部署，详细过问每个细节的工作。2020 年 2 月 1 日，感冒好转的他戴上口罩奔赴水满村一线开展工作，对本村返乡人员进行再次上门排查，了解身体状况，并给各村村民进行疾病防控宣传，同时到各关卡对值守人员进行思想辅导，并协助村干部成功劝走每一辆外来车辆、每一位外来人员，有效地阻断了病毒进入本村。

摸索发展道路　帮扶群众脱贫

冯斯福把帮扶当作一项重中之重的工作来抓，把驻村当扎根，一心扑在村里的发展上，深挖贫困的原因，多方收集种植、养殖与就业的信息，积极为村里的发展出谋划策。为发展壮大村集体经济，带动贫困户脱贫致富，2018 年 9 月，在与村干部商讨后，决定种植新四特农业百香果，并申请了 45 万元的资金。在成立合作社后，有些村干部对工作有些担心，于是，他便耐心地对村干部做思想工作，鼓励村干部大胆工作，同时做事细心，确保项目正常实施。最终，村干部打消了疑虑，全身心投入集体经济发展工作中。在发展百香果种植产业中，开荒、翻地、种苗、浇水与施肥等环节的工作总少不了他的身影，也积极向有经验的种植农户讨教。2019年夏季，百香果硕果累累，为能让百香果卖个好价钱，他跑遍五指山市里各个水果收购商，时常放弃休息时间，并用自己的私家车拉运百香果售卖给收购商。2019年，为推动发展本村朝天椒与四季豆产业，他与致富带头人挨家挨户上门动员农户，鼓励群众积极投入生产，为群众解决发展生产的资金问题；当疫情发生时，一边组织群众管好生产，一边联系收购商，解决销售过程中的困难，确保“一抗三保”工作顺利开展。

欲问秋果何所累，自有春风雨潇潇。冯斯福，一位普通的驻村第一书记，扎根山区，情洒农家，用真心和真情抒写着共产党人的新篇章。

坚守贫困村治“穷根”　无惧风雨绘彩虹

贡献奖——李寒丁

琼海市长坡镇礼昌村第一书记、驻村工作队队长、乡村振兴工作队队长李寒丁于2016年主动请缨加入扶贫队伍，在扶贫一线一干就是4年。4年来，李寒丁多次放弃回城机会，用青春和责任战困除贫，一次次选择留任坚守，贫困不除誓不休，倾尽全力真扶贫、扶真贫，最终帮助驻点贫困群众成功脱贫。

主动请缨　知难而进

“明知山有虎，偏向虎山行。”2016年11月，时任琼海市委政法委员会执法监督协调室主任的李寒丁主动请缨加入扶贫队伍，并被任命为石壁镇南通村驻村工作队队长，从此走上了艰难而漫长的扶贫之路。扶贫路上难处多，一踏进南通村，首先扑面而来的是“交通、交流难”。南通村是琼海市五个“十三五”贫困村之一，属偏远山区的少数民族村，离市区50多公里，生活条件异常艰苦。进村道路几乎是盘旋的土路，狭窄难行。对于50多公里的路程，开车却要花将近两个小时的时间。李寒丁在第一次进村时就严重晕车，但他简单擦点风油精就投入工作。为尽快修好这条通向山外的路和熟悉当地情况，他坚持连续4个月吃住在村，没有下过一次山，山村生活条件差都动摇不了李寒丁的一颗扶贫之心。村里没有饮食店，他就和工作队一起去群众家里AA制搭伙吃饭，不求可口，只求管饱。他的包里时常装着方便面，一旦工作忙过了饭点，就简单泡个面充饥。在李寒丁的大力推动下，原本崎岖难行的出山土路很快变成了硬板化水泥路，为山里的农产品运销、物流财路的打通奠定了良好的基础。

不仅交通、吃住条件差，思想沟通更难。大山里的苗族群众长年来思想传统保守，观念闭塞落后，不相信外来人，不太接受和配合驻村工作队的做法。李寒丁对于这种现象没有怨天尤人，打退堂鼓，而是耐心地用自己的真诚感化当地群众，动之以情，晓之以理，最终赢得了群众的信任和支持，为脱贫政策、措施的实行扫清了障碍。2017 年，市派第一书记调整轮换，他本来有机会回到原单位工作，但他主动申请留任，帮助苗族同胞脱贫致富。在南通村工作的两年中，李寒丁还经历过两次生死危机：第一次是 2018 年在开办脱贫致富电视夜校后，他需要紧急送一份材料回镇政府，路遇拉木头的大车，由于大车占道，他只好打方向盘到沟里，沟下就是悬崖峭壁，幸亏没有滑行太远，车没有翻，人也安然无恙，后来镇里派人救了他；第二次是在赶去南通村工作的路上，坡太陡峭，车上不去就熄火了，车从陡坡上滑下来一段路才刹住，李寒丁捡回了一条命。即使如此，为了做好脱贫工作，他依然无畏艰难，执着前行。

2019 年 6 月，已回到市委政法委上班的李寒丁又积极响应市委组织部号召再次放弃留城机会，报名下基层参加扶贫，到另一个“十三五”贫困村长坡镇礼昌村担任第一书记。就这样，在短短 4 年时间里，李寒丁就连任了两个贫困村三届第一书记。

解困除贫　用心用情

欲想治贫应先要明了致贫的原因。通过细查贫源，李寒丁认为村党部软弱涣散是一方百姓贫困的主要原因。“帮钱帮物，不如帮助建个好支部。”李寒丁深深知道，在脱贫路上个人之力始终是绵薄而有限的，唯有加强党的建设，彻底改变贫困村党支部软弱涣散落后的面貌，以党建促扶贫，才是长久之计。无论是在石壁镇南通村还是长坡镇礼昌村，他都坚持党建引领走在前，着力培养一个坚强有力、能带领群众致富的村支部。

首先，李寒丁积极求助，争取到市委组织部 200 万元专项资金支持，为南通村委会盖起新办公楼，并配齐办公设施，极大改善了村委会的办公条件。同时他结合“两学一做”和“不忘初心，牢记使命”学习教育，从基础的“三会一课”、民主评议党员、联系服务群众等基层制度抓起。注意因地制宜、因势利导开展“传帮带”工作，不断增强村两委班子的凝聚力。

其次，李寒丁十分注重驻点村的党员干部队伍建设，通过选对、选优新党员来增强村党支部的战斗力。南通村致富能人马振学综合能力强，李寒丁想把他发展为新党员，以创办石壁五色粽厂带领贫困群众脱贫致富，但马振学死活不干，后经李寒丁苦口婆心，多次上门做思想工作，马振学才被李寒丁的真诚打动，答应把自家的槟榔砍了，在槟榔园里建粽子厂。2017 年 4 月，石壁南通苗妹子五色粽专业合作社在相关部门的扶持下建起了厂房，而马振学也放弃了原本赚钱的槟榔生意，全身心带领村民们投入五色粽的生产。当年的端午节，该厂共生产销售了2万多个五色粽，销售额达20多万元，纯利润3万多元，同时解决了17户贫困家庭就地就业问题，全村42户贫困户每户分红300元。2017年，马振学被李寒丁发展成为新党员，为村支部增强了有生力量。在李寒丁的带领下，南通、礼昌两个村党支部实现了从“软弱涣散”到“先进党支部”的蝶变。

除了村党支部涣散无力，交通条件差、产业传统低效、不重视文化教育也是驻点村致贫的因素。为彻底改变这些现状，以产业带动脱贫，在驻村的2年时间里，李寒丁带领村两委干部为南通村修了15公里的硬板化道路，完成1个水塔和3个安全饮水工程的建设，让全村249户1 311名苗族同胞走上安心路、喝上放心水。更可喜的是，李寒丁还解决了南通村百亩槟榔园外包的历史遗留问题，南通村2018年度的村集体收入从原来的3万元增加到15万元，整整涨了4倍，得到了村干部和村民们的一致认可。在“转战”长坡镇礼昌村后，李寒丁在完成该村“三落实”基础扶贫工作的同时，致力于扶贫产业发展，以“党建＋企业＋合作社＋贫困户”模式，引入政府资金建设2 500多$米^2$的养猪基地，吸引18户贫困户入股，并与温氏集团合作，确保解决生猪生产、防疫和销售难题，还有序推进食用菌栽培示范基地和光伏发电项目建设。2020年年初，受新型冠状病毒感染疫情影响，礼昌村贫困户饲养的大量阉鸡和果蔬滞销，李寒丁带领驻村工作队利用微信网络平台、组织干部群众团购等多种方式，帮助农户销售阉鸡2 500只、莲雾400斤、番石榴200斤，累计销售额达10.2万元。

为改变山区群众思想愚昧顽固、观念陈旧闭塞的现状，让山区人民早日告别愚昧、开阔视野，他倡导以文化人，主持成立南通教育基金会，鼓励山区孩子读书成才，用知识改变自己的命运和家乡贫困面貌。2018年9月2日，李寒丁在南通村文化室成功举办南通村教育基金会暨奖学金发放仪式，补助学生23人，其中贫困户子女6人，占比26%，总补助金额为13 500元。一言以蔽之，为有效帮助贫困群众告别贫穷，李寒丁时时用心、处处用情。

心系贫民　无私奉献

在扶贫工作中，李寒丁注重激发贫困群众的内生动力，改变闲、懒思想，倡导勤劳致富。南通村贫困户苏英文游手好闲，无所事事。李寒丁在给他做思想工作时，苏英文思想冥顽不化，油盐不进，对此，李寒丁没有轻言放弃，而是耐心地与他交流交心，给他讲道理、论利弊，凭着一腔真诚，李寒丁成功打开了苏英文的心路，改变了他的懒惰思想，用勤劳的双手搞起了种养。后来，李寒丁又帮助他进入村里的农民合作社里打工，增加收入，最终告别了贫穷，盖起了新房，成为当地脱贫路上的一面旗帜，带动了更多的贫困群众信心满满地甩开膀子，加油干，踏上充满希望的脱贫之路。

李寒丁心里时时刻刻装着贫民，对家里的事很少顾及。为了工作，他在婚礼前一天晚上才赶回家，匆匆举办婚礼后就返回工作岗位。在 4 年的扶贫期间，他很少有假期，与家人聚少离多，家里家外的事基本都是妻子在操持。在驻村扶贫工作期间，1 岁多的儿子得了巨结肠，做了手术，但他没时间回去陪护儿子做手术和术后护理，几乎都是妻子一个人没日没夜地照顾孩子，他仅是通过电话、手机视频关心了解孩子的病情进展情况。2019 年年底和 2020 年年初，李寒丁的爷爷奶奶相继去世，而那段时间，琼海的扶贫工作任务特别紧，他又刚来礼昌驻村，工作千头万绪，他没日没夜地加班，整理档案和入户走访，马不停蹄。虽然爷爷奶奶的离世让他无比伤心，但他没有正式请假回家为爷爷奶奶守灵，只是偷偷回家上了一炷香，见了爷爷奶奶最后一面，又返回岗位继续工作。李寒丁说，每一次面对家人都有一种深深的自责感和负疚感，因为他没能尽到家庭的责任。但他无怨无悔，舍小家、顾大家是一个共产党员、一个扶贫干部应有的精神和情怀，家人一定会理解和支持他的。

“心在哪里，收获就在哪里。”从 2016 年起，李寒丁连续 4 年荣获地方年度考核优秀，2 次被琼海市委评为“优秀第一书记”，被省脱贫致富电视夜校工作推进小组授予“海南省脱贫致富电视夜校优秀教学班(组)长”荣誉称号。他所驻村帮扶的贫困村南通村和礼昌村也先后荣获 2018 年度和 2019 年度“海南省打赢脱贫攻坚战先进集体”称号。后来，很多驻点村民都问李寒丁，扶贫之路那么艰苦，你却自愿走了 4 年，后悔了吗？他每次都这样回答：“不后悔！因为我个人的苦累那只是暂时的，但你们脱贫了受益的却是几代人，是长久的事，这样我苦点、累点又何妨，值得！”

守初心担使命　用真心扶真贫

贡献奖——杨小锋

杨小锋，中共党员、博士、研究员、硕士生导师、全国青联委员、国家自然科学基金评审专家、海南省领军人才，现任三亚市南繁科学技术研究院副院长，海南省热带设施农业工程技术研究中心主任，三亚市育才生态区那受村党总支书记、驻村第一书记、驻村工作队队长、那受脱贫攻坚中队长、乡村振兴工作队队长、育才生态区驻村第一书记工作组组长。

长期从事热带设施园艺与循环农业的研究和示范推广工作，成功申报国家专利16项，先后获评全国三农科技服务金桥奖先进个人、2019年全国科技助力精准扶贫先进个人、海南青年五四奖章、全省优秀科技特派员、海南省优秀科技工作者、2018年度海南省打赢脱贫攻坚战先进个人、海南省南海名家、三亚市优秀专家等荣誉称号。

自2018年5月，杨小锋驻村扶贫以来，以创新打造“大党建”扶贫新模式为引领，精准实施科技扶贫、志智双扶、整村提升等帮扶举措，推动那受村贫困人口脱贫巩固更加稳定、党群干群血肉联系更加密切、决胜全面建成小康社会信心更加坚定。

党建引领　党建汇聚脱贫动力

农村富不富，关键看支部。农村基层党组织是抓好脱贫攻坚的战斗堡垒，必须要发挥好党建作用，才能汇聚村庄脱贫动力，带领群众齐心发展奔富路。

作为南繁产业建设者，长期扎根田间地头，杨小锋对于三亚的农业农村有着深厚的感情。他十分明白一个村庄的发展必须有主心骨的带动。2018年5月，杨小锋来到三亚市育才生态区那受村驻村帮扶。初来乍到的他并不熟悉村庄过去的发展情况以及村民的生活状况。他认为，每个贫困户的难处和诉求都不一样。在发展中，必须对症下药，才能真正带动群众走上脱贫路。为了帮助村庄和村民们找到最适宜的发展路子，杨小锋沉下身子，走村入户，挨家挨户，走访贫困户，了解实际困难和发展诉求，并在此过程中对村庄发展实际情况进行调查摸底，摸清发展薄弱环节。

经过一段时间的走访调查，杨小锋发现，村庄中的部分党员干部态度散漫，工作落实不到位，一些村民发展意愿有待提升，内生动力不足。他认为，必须把抓党建作为脱贫攻坚的第一抓手，以党建提升村庄凝聚力，汇集脱贫动力。杨小锋组织村党支部党员加强学习，提升村两委班子成员领富带富能力；扎实推进基层党建工作，规范党内组织生活，推进学习教育常态化制度化；针对存在的问题带头立行立改，村干部队伍作风明显改善，切实发挥了驻村第一书记抓党建促脱贫的引领作用。

在走访调研中，杨小锋注意到村庄的集体经济薄弱，带动能力不足，必须创新发展思路，让村级集体经济更好、更快地发展，为村庄发展注入新活力。

杨小锋还因地制宜打造党建品牌，把党建工作深度融入脱贫攻坚的实践。根据那受村的发展实际，构建“大党建格局”，即创新打造党建带动下的产业扶贫、就业扶贫、教育扶贫、健康扶贫、宣传扶贫、金融扶贫、电商扶贫、生态旅游扶贫、人才扶贫 9 种扶贫模式，把党组织建在需求点、建在关键处、建在产业链上，并细化方案、制定清单、科学分工、严格考核，每种模式都有支部书记、第一书记或村两委干部牵头落实，扎实推进取得显著成效。

如今，那受村通过“党支部＋党员＋合作社＋基地＋贫困户”以及“党员＋致富带头人＋科研单位＋基地＋贫困户”等多元发展模式，成立了生猪、肉鹅等不同的养殖基地以及百香果、波罗蜜等种植基地，有力地带动了村民发展产业，并壮大了村集体经济，更提升了党支部的号召力和影响力。

产业兴农　多元产业助力脱贫

“要让村民的腰包鼓起来，找到适合本地实际的产业至关重要。”杨小锋回忆道。2018年，在村中调研走访时发现，本地村民的产业发展结构较为单一，以种茄子、豇豆、青瓜等传统冬季瓜菜为主。村中耕地面积不多，林地面积广阔，必须根据实际情况规划发展多元产业，为当地创造新的经济增长点。

作为南繁建设者，杨小锋的工作成长之路可以说是踩着农田踏出的，对农业很有感情。在工作过程中，他注意到很多农户由于缺乏市场意识和先进技术，阻碍了产业发展道路。许多农民商业嗅觉不灵敏，种植的作物品种远落后于市场需求。经过多地走访，一个“旧”字阻碍了当地农业的发展。农户依赖经验种田，墨守成规，品种旧、技术旧、思维旧，跟不上瞬息万变的市场。

为了打破单一产业格局，培育新的增收点，杨小锋和村两委干部反复调研交流，为村庄规划了长、中、短的扶贫产业格局：利用林地资源发展波罗蜜、杧果、槟榔种植等长期产业；发展南药种植并探索立体农业，发展林下蜜蜂、五黑鸡养殖产业等中期产业；发展百香果、玉豆种植等短平快产业。在生产种养端积极革新的同时，他们还积极探索市场，踊跃对接客商，尝试通过“订单农业”模式开阔客源，保障销路。

据统计，杨小锋和村两委已带动建立那受、那头南药林下种植 2 个基地，面积达 14.6 亩，每亩年产值为 5 000 多元；建立那阳波罗蜜种植基地 24 亩；建立那受榴梿蜜种植基地 1 亩；完成那受黑皮鸡㙡菌林下种植 1.5 亩，每亩年产值 60 000 多元；南塔林下养殖五黑鸡 300 只，预计年卖蛋收入达 66 000 元；筹建南塔林下养蜂基地，落实水稻新品种示范种植 1 200 多亩。

此外，根据那受村民种植需求，杨小锋依托南繁研究院资源，发挥南繁科技的优势，以“优质种子种苗”为载体，以“农业科技技术”为抓手，2018 年为那受村建档立卡户提供优质青瓜嫁接苗 160 亩、茄子嫁接苗 10 亩、豇豆种子 200 亩，每亩产值为 2 万元以上；2019 年为那受提供豇豆种子 98 户 331.3 亩，青瓜嫁接苗 58 户 249.5 亩，助力那受冬季瓜菜产业发展，以保障那受村民持续增收。

科技兴业 科技引擎振兴乡村

那受村贫困户脱贫致富的主要方式是发展种养业，这让杨小锋的农业科研专长大有用武之地。

“授人以鱼不如授人以渔。”到那受村工作后，杨小锋了解到农民种植的农产品产量不高，于是多次发动村民，尤其是贫困村民学习种植、养殖技术，举办了多期种植、养殖技术培训班。“在基地、田间的现场教学，让参加培训的村民学习和掌握嫁接技术，他们种植的青瓜嫁接苗成活率提高到 90%以上。”他自豪地说。同时，杨小锋决定在驻村过程中带着村民追市场，把新理念、新品种和新技术送到村民身边，引导他们淘汰落后品种，种植市场需要的高效作物。

在杨小锋的鼓励和支持下，脱贫巩固户苏其文与另外 2 户贫困户合作管理起了 20 亩百香果果园。在百香果种植过程中，苏其文由于没掌握百香果种植技术，百香果的挂果质量和产量不高。杨小锋知道后，每周至少一次来到基地为他们进行技术指导，对症下药，提出将平蔓栽培改为垂蔓栽培、将三元复合肥改为高钾复合肥等技术改良思路。技术改良不但提高了果品产量，还改良了土壤。“我家种植、养殖和务工赚的钱超过 5 万元。”苏其文笑着说，杨小锋的帮扶和技术指导让他家的日子越过越好。

在产业发展过程中，杨小锋还十分注重环保效益。他得知那受村民使用的地膜和吊蔓绳均由不可降解的聚乙烯塑料材料做成，一次使用完后只能直接丢弃或焚烧处置，给环境造成极大负担。自 2018 年起，杨小锋结合科研项目，在那受村推广使用全生物可降解地膜和降解绳，2018 年的使用面积为 424 亩，2019 年的使用面积为 500 亩，覆盖那受村委会全部建档立卡农户和那阳村小组全体村民。全生物可降解地膜和吊蔓绳可在一定时间内分解成水和二氧化氮，无须清理，在土壤中自然消失，对土壤和环境没有任何危害。针对那受农田土壤连作障碍问题，杨小锋积极开展土壤改良工作，分别于 2018 年 11 月送来了 70 吨的生物有机肥、23 吨的土壤调理剂，对那阳全村 140 亩瓜菜种植地进行土壤改良；2019 年 11 月，为那炳村和 8 个村定点地块送来 70 吨的生物有机肥，进一步改良了当地土壤，提升了土地肥力。

为了解决育才那受村农民移苗种植费工、费力、费时的难题，杨小锋还积极引进幼苗定植挖穴装置来解决这个难题。该装置设计简单、操作方便，刚刚推广就得到广大农民的认可。农户普遍反馈，使用种植器移苗不用低头弯腰，移苗盖土一气呵成，效率比传统种植提高了 3～5 倍，成活率大大提升，省力、省工，还省时。

针对瓜菜绑蔓难题，杨小锋团队引进绑蔓夹，在青瓜、毛节瓜种植使用上取得良好效果。该绑蔓夹轻巧简单，便于操作，不伤藤蔓，其效率比手动绑蔓提高了 2 倍以上，可以重复利用，经济又环保，深受当地种植户的欢迎。

真情帮扶　真心换取发展信心

在贫困户家走访调研时，杨小锋总是格外仔细用心，生怕错过任何一个小细节。在一次走访中，杨小锋发现那阳村林光明眼睛看不见，仔细询问后得知，85 岁的林光明眼睛已双目失明 8 年多，以前扶贫手册遗漏了这一点。在发现问题后，杨小锋深知林光明眼睛病情不能再拖下去，毅然决定亲自开车送林光明到三亚农垦医院就诊。但由于病情严重，农垦医院无法医治，经过多方协调辗转到 301 医院，终于给林光明办理了住院。杨小锋第一时间给林光明垫付了挂号费和 B 超检查费用，还给他们买了住院所需的生活用品。经过及时治疗，林光明双眼已能看见。现在他行走自如，还能干一些简单的农活。每次见到杨小锋，他都会拉住他的手说“感谢你啊，麻烦你了”。

2018 年 7 月 26 日下午，杨小锋接到电话，那受村小组脱贫户林丽花家 7 月大的孙子苏学壮突然发烧抽搐，急需送医院治疗。他没来得及吃饭，急忙赶到那受村，接上苏学壮及其父母等一同赶往就近医院。在立才卫生院，医生测量完苏学壮体温后说，孩子已高烧39度多，建议立刻去市里医院治疗。他们又连夜赶到三亚市人民医院，杨小锋为苏学壮挂了急诊号，急诊科医生测量苏学壮体温为40度，初步诊断为急性扁桃体炎，建议住院治疗。按照医生开的处方要求，杨小锋为孩子购买了退热走珠液和布洛芬，并给小孩涂抹和服用。因孩子太小，还没纳入市卫计委系统，医院查不到苏学壮相关扶贫信息。经多方协调，医院终于同意让苏学壮按贫困户程序住院治疗。经过4天的积极治疗，苏学壮痊愈，出院回家。这样的贴心帮扶之举在杨小锋驻村帮扶的经历中数不胜数。面对村民的感激，他总是笑着说，这都是自己应该做的。村民们越发信任杨小锋，他们总说这个第一书记是真心为大家着想的，跟着他干有信心脱贫增收。

在帮扶过程中，杨小锋还注重通过贴心举措，帮扶贫困户提志又提智。建档立卡户苏祥海由于身体问题不能外出务工，但对学习种植、养殖技术很感兴趣，杨小锋就动员他参加村委会举办的槟榔、杧果、瓜菜种植和养羊等实用技术培训班，帮他购买瓜菜种苗和农资，扩大种养规模。现在苏祥海家脱贫了，摘掉了“穷帽子”。

“扶上马，送一程。”杨小锋多次深入田间地头不但从技术上指导苏祥海一家种植青瓜、豇豆和养羊，而且从思想上鼓励苏祥海增强内生动力，鼓励他物质上富了，精神上也要富起来。腰包鼓起来的苏祥海主动帮扶其他贫困户。看到村民苏俊平家缺少青瓜苗，苏祥海免费送去自己育好的青瓜苗，并在育苗、移栽、大田管理等技术上对苏俊平进行指导。

当有人问苏祥海为什么要无偿帮助其他村民时，他回答道：“我是在党员帮扶下致富的，感恩的最好方式就是像党员那样去帮扶别人。”2019年，脱贫户苏祥海、苏其文主动申请入党，想带动更多人脱贫致富。

杨小锋说，要多培养像苏祥海这样的入党积极分子，打造农村脱贫攻坚的坚强战斗堡垒。那受村建档立卡贫困村村民132户543人由于发展特色种植、养殖业都已脱贫出列。如今他将继续在那受村开展志智双扶，大力实施乡村振兴战略，不断提升村民的获得感、幸福感。

凝聚自身资源　助力产业扶贫

奉献奖——邓磊

自党的十八大以来，中央把扶贫工作纳入“四个全面”战略布局，大力实施精准扶贫，不断丰富和拓展中国特色扶贫开发道路。“十三五”规划建议提出，到2020年确保我国现行标准下农村贫困人口实现脱贫，贫困县全部摘帽，解决区域性整体贫困。

自“十二五”以来，海南省不断创新扶贫开发工作机制，积极推进集中扶贫对象、集中扶贫资金和集中解决制约贫困地区发展突出的问题，人民生活水平得到不断提高，贫困落后面貌得到改变。

屯昌县全力打好脱贫攻坚战

持续推进精准扶贫、脱贫，实现建档立卡贫困户稳定脱贫。坚持落实“十项措施”和“五个脱贫一批”措施，调整和实施危房改造、健康扶贫、教育扶贫、政策兜底等扶贫攻坚配套政策。建设100个黑猪养殖小区，实现建档立卡贫困户重点产业全覆盖。但是海南缺乏主导产业支撑、农民增收渠道不宽、产业链条短、农副产品的加工流程短，也少有能吸纳大量劳动力的骨干企业，吸收贫困人口劳动力的空间小，制约了相关政策的效力发挥。

发挥社会责任心　积极参加精准扶贫工作

在这样的政策背景下，富有社会责任心的企业家邓磊认为，扶贫工作是全面建成小康社会和建设社会主义新农村的一项重要任务，企业应该积极响应屯昌政府实行的“四个到位”扎实推进精准扶贫的号召。作为饲料生产和生猪养殖企业有义务和条件参与“扶贫”

这场攻坚战。天之虹公司旗下拥有海口天虹生物科技有限公司、海南天之虹生物科技有限公司、屯昌天之虹生态农牧有限公司、海南好味食品有限公司、海南天之凤禽业有限公司5家公司和李德发院士工作站及屯昌黑猪研究所，是一家集饲料生产及销售、生猪、鸡鸭养殖和食品加工为一体的现代化产业链企业，现有员工200多人、管理人员30人、专业技术人员40人，其中高级畜牧师和硕士学位科技人员12人。该公司与中国农业大学、海南大学等多所高等院校建立了良好、长期的合作关系。该公司坚持以科研为导向，努力创新，致力于推动中国养猪新理念和饲养新模式的应用和推广。建立了李德发院士工作站和屯昌黑猪研究所，开展黑猪无抗饲料和品种研究，推动屯昌黑猪自选育种、育苗、无抗饲料、无抗生产到品种推广、猪产品深加工的优势产品产业链。院士及其团队利用自身优势来协助和指导公司的研发，依据构建现代农业产业体系、生产体系、经营体系，加速构建种养新技术领域研发进程，聚焦屯昌黑猪等特色主导产品的生产，发展生态种养循环，延伸绿色优质特色农产品产业链，实现农村一、二、三产业的深度融合，提高屯昌农业绿色化、优质化、特色化、品牌化水平，实现产品质量高、产业效益高、生产效率高、资源利用率高、农民收入高、消费者广泛认可的目标，真正从增产导向转向提质导向，实现质量兴农、绿色兴农，在提高热带农业供给体系的质量与效益上发挥示范引领作用。

邓磊在每个项目投入建设的过程中就开始充分吸收当地农户参与猪场建设；在项目开始投产后，继续招聘当地农户到项目中从事生态饲料的生产、饲养和种植等工作，促进就业，以经济利益带动当地农户的参与积极性，从而带动了园区周边农村的经济发展，为屯昌新兴当地村民带来了200多个就业机会，每位就业人员实现了30 000元以上的年收入，部分村民实现了脱贫。

建立生态循环示范园　村民早日过上小康生活

邓磊还专门在屯昌天之虹生态农牧有限公司的300多亩生态循环示范园中设立可供200多人同时培训的培训基地。通过“公司＋农户”模式，结合当地贫困户的具体情况，充分利用现有的资源，对他们进行专业化的培训指导，为他们培训、讲解、分析利用高架全漏缝节能养殖模式的优点，以真正做到“零排放”生态循环模式的养猪模式。其间，讲解常见病及多发病的防治等内容，当地农民能充分掌握科学的饲养模式，从而带动周边农户增加养殖、种植业务，增加其收入，进一步带动贫困户尽早脱贫，村民早日过上小康生活。

该公司积极发挥“饲料＋生猪养殖”的优势，推进精准扶贫工作，结合屯昌黑猪产业扶贫项目，采取“政府引导，企业运营，村委会收益”的模式组织实施。2016年年初，该公司和屯昌政府签订《屯昌县精准扶贫-屯昌黑猪养殖小区建设合作协议》，建设50个养殖小区，带动1 100户农户脱贫致富，还提供了200多个就业岗位。截至2019年年底，该公司已经在新兴镇、南坤镇、坡心镇等地建成投产43个养殖小区。748户农户通过享受分红福利顺利脱贫，并巩固了脱贫成效；在屯城镇、南吕镇等地的养殖小区也已全部建成完工，实现50个黑猪养殖小区的建设布局，直接带动1 100户农户脱贫。

根据当地的贫困户情况，邓磊充分解了贫困户的基本家庭情况、致贫原因、帮扶责任人，招聘对象均为贫困户。家住屯昌县新兴镇下屯村委会科甲一经济社南瑞岭的贫困户胡杰祖，儿子在外打工，女儿外嫁，老两口靠着低保金维持生活，如今在下屯养殖小区做着饲养员的工作，不仅每月有稳定2 800元的工资收入，年底还可以获得分红，生活得到了很大改善，并于2017年年底脱贫。

多渠道、多方法帮助贫困户脱贫

邓磊不仅在屯昌当地的企业中安排贫困户工作，还将一些贫困户安排到饲料厂工作。因为饲料厂的工资均是计件工资，多劳多得，人均年收入可以达到6万元。在这些贫困户中，家住屯昌县新兴镇下屯村委会科甲一经济社南瑞岭的张钟庚、张钟云（谭春英）自2016年下半年进入饲料厂工作，两家均已经实现了脱贫。他们不仅衣食无忧，还在村里建起了漂亮宽敞的楼房，孩子上学的各项费用均没有后顾之忧，逢人就说："邓总，真的是我们家的大恩人！"

在邓磊扶贫过程中，企业扩大了产业规模和获取合理的利润，贫困户获得了持久脱贫的渠道和事业，村集体经济得到进一步壮大，政府获得了主导产业的发展和扶贫工作的推进。同时，通过推进村集体经济屯昌黑猪养殖小区建设，其他黑猪产业重点项目的发展被带动，该公司的饲料厂、屠宰厂、食品加工厂等一系列产业项目全面延长了黑猪产业链。

邓磊通过带动村委会发展适度规模养殖小区建设，逐步解决了农村散养和脏、乱、差等环境问题，进而改善农村生态环境，全面促进农村生态文明建设。每个养殖小区要有200亩的种植面积配套发展种养结合的生态循环农业，用于消纳养殖产生的干粪和沼液，并通过探索多种种养循环经营模式（如"公司＋农民，农民土地入股""公司＋村委会，村委会以土地入股""公司自行租地，自行运转"等模式），促进农民增收。该公司拥有岛内最先进的高架养殖设备和养殖技术，带动了周边的养殖乃至整个海南岛养殖业的发展，提供了无药物残留、无抗的饲料，减少了养殖成本，提高了养殖效益，从而带动了更多的贫困户通过科学养殖脱贫致富。此外，生态循环"零排放"的养殖模式改变了传统"脏、乱、臭"的养殖模式，进一步推动了“美丽乡村、生态宜居”的振兴乡村工作的开展。

2019 年，在非洲猪瘟四处蔓延的情况下，邓磊亲自抓防控工作，监督员工坚决执行。该公司的种猪场和养殖小区安然无恙，并积极把成功的经验传递给广大养殖户，在屯昌当地乃至全岛起到一定的示范作用，为乡村振兴战略实施做出了努力。

百企帮百村　响应各级政府号召

邓磊领导的公司“百企帮百村”的扶贫养殖小区在 2019 年缴纳了 122.5 万元的扶贫款，辐射和带动了 600 多户贫困户。2016—2019 年，在每年春节前夕，邓磊总会携带近 10 万元慰问品到新兴镇、南坤镇、坡心镇等多个村委对贫困户和孤寡老人进行慰问和拜年。

在 2020 年的新型冠状病毒感染疫情防疫工作中，邓磊积极响应政府的号召，严格按照政府的要求积极做好各项防护工作，恢复生产复工，并以公司的名义先后捐赠两万元。

邓磊总是对身边的人说：“我也是从农村走出来的，小时候体会过吃不饱、穿不暖的滋味，所以现在我会凝聚自身资源使公司股东和员工对脱贫工作形成最大共识、形成最大合力，举公司之力，用更大的决心、更准确的思路、更精准的举措和政府一起打赢这场‘输不起的扶贫攻坚之战’！”

为人先闯富路　帮贫扶困奔小康

奉献奖——李南华

在海榆中线途经定安县境的西北部，有一个与澄迈县文儒和瑞溪两镇毗邻的白堆村委会。得益于年轻党支部书记李南华的帮贫扶困，这里人均收入从 2007 年的 2 300 元增加至 2011 年的 4 888 元，让群众真正从旧风陋习中解脱出来，农村面貌改变了，农业增效了，农民增收了。让我们循着那艰辛的创业足迹寻访他的过去、现在和将来。

奉献者的过去　率先走上致富道路

10 多年前，刚跨出校门的李南华背着简单的行李，像许多外出找工作的小伙子一样，长年漂泊，所赚的工钱仅够自己的开销。无奈之下，孤身单影的他又回到了生于斯、长于斯的乡村。根据当地沙质土壤的实际情况，他把低产田进行改造为鱼塘，经过几年的筹措资金、艰苦打拼和不断探索，自家的养殖基地规模从无到有，从小到大，目前他拥有 25 个的淡水养殖场，养殖水面面积达 700 多亩，每年出售商品鱼 100 万斤、出栏肉鸭 40 万只、出栏肉鹅 2 万只，实现产值 1 140 万元，率先走上致富道路。

一人富了不算富　大家富了才是富

闯出了养殖致富之路的李南华于 2007 年全票当选村主任，他感到光荣和兴奋，身为白堆村党支部书记、主任，肩上的担子更重了，他常说："一人富了不算富，大家富了才是富。"作为村党支部书记，他以自己的实际行动忠实履行职责。他不计个人得失，有求必应，乐意帮助村民共同致富。

李南华在致富后主动帮贫扶困：一是在技术上指导。他把自己的鱼塘当作全村的养殖示范基地，向广大农户传授养殖技术，还随时与县扶贫办、县渔业局、县科技部门联系，请专家给予技术指导。二是在资金和物资上给予帮助。许多农户想从事养殖业，可又没有资金和技术。李南华主动联系这些无技术、无资金的农户，当好他们致富的“保护神”和“贴心人”，常借钱给困难的养殖户购买鱼苗、鸭苗、饲料。自 2007 年以来，李南华帮助养殖农户垫付资金约 20 万元，义务为乡邻联系调运鸭苗数百万只。三是对重灾户和特困户重点扶持。村民李南军家里底子薄，妻子已经去世，有 3 个年幼的孩子，父母年老体弱，日子过得很艰苦，李南军曾产生了厌世情绪。李南华主动和他结成帮扶“对子”，资助他买耕牛、送孩子入学、为父母治病。李南华还将自己承包的 70 亩鱼塘交由李南军打理，李南华提供资金，并手把手地教李南军养鱼，收获后，双方五五分成。此后，李南军每年有 7 万多元的收入并已再婚，依靠养殖业走上了脱贫致富的路子。李南军常对其他人说：“是李南华给了我新生。”四是聘请个别贫困户。李南华聘请他们养殖或开车，每个月支付工资，从另一条渠道帮扶了一批人。李南华共聘请了 10 名工人，每人月工资为 800～1 500 元。

李南华还积极探索发展村民经济的路子。2007 年 12 月，注册成立了由他为法人代表的定安新竹南华养殖专业农民合作社，合作社成员都是当地从事养鸭、养鹅、养鸡、养猪和养鱼的农民养殖户。在养殖基地的实践操作中，他利用从苗种的饲养和运销到提供饲料、种苗、技术信息以及回收肉鸭、肉鹅、肉鸡、肉猪、淡水鱼的厂购和市场供应的方式，积极带动组织合作社成员和周边农民开展畜禽、水产品的养殖，从而形成了区域性综合发展畜牧产业的新模式。所有成员由合作社按“四统一”组织生产经营，即统一供应种苗和饲料、统一技术服务和组织销售。合作社由最初的 7 人增加到现在的 108 人，还带动了当地农民 234 户参与养殖。2016 年，在李南华的带领下，新竹南华养殖专业农民合作社吸纳了 100 户贫困户和 44 户巩固户共同发展定安黑猪养殖产业。贫困户以物资（黑猪）形式入股，协议约定，每年两期分红，每期按每头猪 150 元利润分红给农户。第一期分红时间是 2017 年 5 月，截至 2017 年 6 月 20 日，已完成第一期分红，144 户领取分红共 116 400 元。

辛勤的耕耘　丰硕的成果

他于 2006 年 9 月获得了“海南省致富带头人”称号；2007 年 7 月，被评为定安县优秀共产党员；2009 年 4 月，荣获“第十五届海南省青年五四奖章”称号；2011 年，被评为海南省劳动模范；2013 年，被评为海南省道德模范。李南华信心百倍、干劲十足地带领农民群众投身于市场经济的洪流，在他的帮贫扶困和带领之下的白堆村委会将一路高歌，走向更加辉煌灿烂的未来。

乐于助人　奉献青春

奉献奖——何学芳

何学芳，从事志愿服务十几年，现任三亚市爱在天涯义工社社长、三亚康然农业开发有限公司总经理、三亚市农村青年致富带头人理事和三亚市杧果协会理事。身兼数职的她始终不忘将志愿服务作为理想信念。十几年来，她参加的爱心公益活动无数。这颗有温度的心温暖海南省各地，哪里有人需要帮助，哪里就会见到她。

热心公益　积极培养志愿者队伍

2015 年，何学芳积极响应三亚市委市政府的号召，成立公益性的民办非企业民间组织——三亚市爱在天涯义工社。为了提升义工的综合服务能力，她不定期到上海、深圳、广州、厦门等志愿服务比较成熟的城市学习，借鉴先进经验，并时常组织义工们参加市级志愿服务学习，通过不断提升义工们志愿服务技能，促使社团发展，更好地服务于广大群众。

授人以鱼　不如授人以渔

2016 年，何学芳带头成立了扶贫小组，通过前期的调查走访，主动帮助抱龙村的贫困户卖掉家中滞销的农副产品，前后出售了 2 500 只鸡、鸭、鹅等农副产品。在青瓜滞销时，三亚市爱在天涯志愿者服务队与三亚康然农业开发有限公司共同携手，为村中的贫困户扩大销路。“授人以鱼不如授人以渔”，她指导贫困户并带领其他村民走上致富之路。

2018 年 6 月，何学芳成立了“扶贫，公益老村长计划”小组。从孩子的教育、村民的思想上入手，让村民积极参加志愿服务活动，从被帮扶到能去帮助他人；从技术上免费指导，到帮助村民建立农村电商服务站，带动 146 户贫困户参与创业。

截至 2020 年，参与项目的志愿者人数已达到 3.5 万人，项目服务总时长为 18 798 小时，开展的“扶贫的蓝马甲”项目，线上、线下共助销农副产品 2 000 多万元。

一方有难 八方支援

2020 年，新型冠状病毒感染疫情让人民的生命遭受严重的威胁，在党中央的统一领导下，举国上下都在齐心协力抗击新型冠状病毒感染疫情。一方有难，八方支援，为了积极响应党中央的有关部署，做好对口支援湖北防疫工作的有关安排，何学芳领导三亚市爱在天涯义工社为减少新型冠状病毒感染疫情对三亚市冬季瓜菜的影响，全力做好三亚市农产品运销工作，感召海南省的爱心企业及爱心人士认购菜农滞销的瓜果蔬菜援助给湖北省武汉和黄冈、十堰、孝感等地新型冠状病毒感染防控医院的一线工作人员，并捐赠了一批批绿色瓜菜，助力打赢疫情防控阻击战。同时，这种方式解决了三亚市瓜果蔬菜产供销的难题，确保了农民增收、农业增效。

截至 2020 年 3 月 25 日，何学芳领导的三亚市爱在天涯义工社已经组织并捐赠给武汉、荆州、黄冈、随州、恩施、十堰、孝感以及南昌和萍乡等地的蔬菜瓜果共计 3 000 余吨。在疫情期间，第一时间组织海南首批蔬果专列驰援武汉，组织海南首批三亚杧果专列驰援荆州。

奉献小我 成就大爱

何学芳从大年初一开始就奋战在前线，让她本就有问题的眼睛再次响起警报。但那时她还不能休息，因为由三亚市爱在天涯义工社联合乐东卓新生态农业发展公司共同发动海南省三亚市秋葵种植协会、卓新农业、泽昕农业、海南春蕾鲜蔬汇等多家爱心企业捐赠的又一批2 万斤的黄秋葵要从天涯区新联村启程送往武汉。为了将蔬菜物资以最快的速度送往武汉，她不顾眼睛的不适，立刻着手开展相关工作。

奋斗的青春最美丽，何学芳一直在志愿扶贫攻坚的路上，砥砺前行，以“功成不必在我，功成必定有我”的精神和担当，为建设海南自由贸易区中国特色自由贸易港，奉献一份力量！

做强地方特色产业　带动农民脱贫致富

奉献奖——林鹏

林鹏是土生土长的海南省文昌市人，1971年出生，扎根农村20多年，一直从事文昌鸡养殖行业。经过多年打拼，林鹏成立了海南传味文昌鸡产业股份有限公司，并积极响应党和政府号召，承担企业责任，帮扶贫困群众。2016年年底，林鹏通过“公司＋贫困户”“公司＋村集体＋贫困户”等多种模式实施产业精准扶贫。2019年12月，海南传味文昌鸡产业股份有限公司以精准有效的扶贫模式入选国务院扶贫办评选的企业精准扶贫专项50佳案例。《人民日报》、中央广播电视总台、新华社等国家三大官方媒体均点赞“传味扶贫模式”。2018年11月15日，《人民日报》刊文点赞传味扶贫模式。2019年10月23日，新华社刊发专稿《“金”鸡不独“利”，帮扶促共赢》报道海南传味文昌鸡产业股份有限公司扶贫成绩。2019年5月至2020年4月短短一年时间，中央电视台农业农村频道连续三次播放海南传味文昌鸡产业股份有限公司专题报道，介绍林鹏的特色养殖产业及精准扶贫工作，产生了良好的社会反响。

用特色产业因地制宜制定帮扶模式

林鹏始终认为，精准扶贫就要因地制宜制定帮扶模式。为达到良好帮扶效果，林鹏先从各市县各乡镇的政府扶贫部门得到贫困户第一手资料，再通过电话沟通及上门走访的方式，精准识别贫困户的实际情况及需求，同时结合自身产业发展实际，根据不同地区、不同类型贫困户的条件，有针对性地实施精准帮扶。

对有劳动力和养殖场地的贫困户，林鹏采取“公司＋贫困户”模式，让贫困户直接加盟公司养殖，公司定价保利润回收产品，确保贫困户养殖利润不低于3.5元/只。为帮扶更多贫困户加盟养殖实现脱贫，公司对贫困户降低加盟养殖门槛，不仅免除加盟保证金，为贫困户垫资，还为特别困难户捐资搭建鸡舍。在养殖初期，部分贫困户创富信心不足，过度担心风险，该公司在帮扶第一年按750元/月的标准给予生活补贴，让贫困户安心养殖，在没有养殖市场风险的同时，又能获得稳定收入。这样既能靠双手劳动脱贫致富，又能真正掌握一门实用的养殖技术。

对有劳动力、无养殖场地的贫困户，林鹏采取“公司＋村集体＋贫困户”模式对其进行帮扶。村委会提供场地、搭建鸡舍，贫困户参与养殖，村委会将收益的30％用于发展村集体经济，贫困户享受收益的70％。这个模式有效整合了多方资源，优势互补，实现了贫困户、村集体及公司三方共赢。

对部分不具备劳动力的贫困户，林鹏采取“入股分红”模式，引导贫困户将政府帮扶资金入股公司用于合作养殖以获取固定收益，公司按不低于10％的年回报率给予贫困户为期5年的分红，确保贫困户收益稳定，解决了加盟公司养殖的贫困户资金短缺问题，让资金得到合理调配和有效使用，实现良性循环。

用“公司＋贫困户”模式让贫困户日子越过越美

在海南传味文昌鸡产业股份有限公司实施的多种扶贫模式中，“公司＋贫困户”模式是实施范围最广、取得成效最多的模式。文昌市公坡镇五一村委会贫困户潘先叁就是这种模式的受益者之一。

潘先叁一家共7口人，几年前，家里的生活来源仅仅靠着几亩田地。尽管整天早出晚归，辛勤劳作，但是收入微薄，生活一直过得很清贫，2014年被确定为贫困户。2015年，经当地政府协调引进，海南传味文昌鸡产业股份有限公司为潘先叁免费提供种苗、饲料、防疫、技术服务和培训，并定价保利润回收，确保养殖无风险。经过几个月的精心饲养，潘先叁家的文昌鸡达到了企业回收的标准，第一批养殖的4棚鸡出栏获纯收益5.6万元。面对人生中第一笔额度最大的收益，喜出望外的潘先叁一家对“劳动创富”越来越有信心，养殖技术也越来越好。2016年、2017年潘先叁获纯收益分别为9.8万元、10万元。2018年，潘先叁主动向企业申请将养殖规模扩大到6棚，2019年再次扩大到8棚。截至2020年5月，潘先叁家靠着养殖文昌鸡累计获得纯收益52.6万元，不仅摆脱了贫困，还过上了富裕的生活，一家人对未来的日子也充满了信心。

2018年，林鹏开始把产业精准扶贫范围扩大至文昌市以外。2018年9月，选定了乐东县大安镇西黎村贫困户邢海平作为自己在乐东县的第一个帮扶对象。

邢海平一家5口人，夫妻俩均有残疾，抚养3个孩子，有低保，平常没有其他收入，生活非常困难。林鹏通过与这家人接触发现，邢海平夫妇身残志坚，对养殖创业致富积极性较高，林鹏决定要对这家人进行产业帮扶，也希望通过他们树立劳动创富典型，影响和带动周边贫困户，激发他们“劳动创富”的内生动力。2018 年年底，林鹏捐资 6 万元为邢海平一家平整养殖场地和周边道路，建了 2 个鸡舍、1 个管理间及配套水电设施。2019 年 1 月 17 日，公司与邢海平签订了加盟养殖合同。经过两个多月的精心饲养，邢海平养殖的第一批鸡于 2019 年 4 月 7 日出栏，出栏率达 98.7%，平均每只纯收益 6.07 元，为一家人带来纯收益 2.34 万元。在养殖期间，考虑到邢海平家的实际情况，公司还给予邢海平每月 750 元的生活补助。此外，公司还安排 2 位技术骨干先后 20 多次从文昌总部赶赴乐东县为其提供免费技术服务。种种举措都让邢海平看到了希望，于是，更加努力发展养殖业。截至 2020 年，邢海平已获得养殖纯收益 11.33 万元。

建立好的机制促进贫困村集体增收

在多种传味扶贫模式中，“公司＋村集体＋贫困户”模式是林鹏着力构建的另一个创新亮点。这个模式既带动了贫困户脱贫，又促进了村集体经济、公司迅速发展，

2017 年 12 月，林鹏通过海南传味文昌鸡产业股份有限公司与整村推进贫困村——文昌市公坡镇水北村委会签订了产业帮扶协议。然而，面对海南传味文昌鸡产业股份有限公司抛出的“橄榄枝”，部分贫困户想加盟，却面临缺少养殖场地的难题，部分贫困户缺乏“劳动创富”的信心和动力，担心养殖风险而犹豫不决。为了达到更好的帮扶效果，林鹏多次与水北村委会主要负责人共同磋商、研究产业扶贫方案，最终决定采取“公司＋村集体＋贫困户”模式来实施产业精准帮扶，即公司负责提供资金（生产物资）、技术服务及市场（产品回收），村集体提供场地、养殖鸡舍及设施，贫困户提供劳动力并参与管理。其中，70%的养殖收益归参与养殖的贫困户，30%的养殖收益归水北村委会，以用于发展壮大集体经济。

为支持水北村委会发展村集体经济及带动贫困户脱贫，海南传味文昌鸡产业股份有限公司赞助了 3 万元作为前期启动资金，还为水北村委会垫资建设了部分养殖鸡舍。在贫困户养殖期间，为了打消贫困户对养殖风险的顾虑，公司按每人1 500 元/月的标准对其进行为期 1 年的补贴扶持，保障贫困户的基本生活。

2018 年 1 月，水北村开始养殖第一批文昌鸡，但是大部分贫困户抱着观望态度，只有韩之敏、韩森元尝试加盟。在水北村党员骨干亲自带动及参与养殖和公司党员、技术骨干的全力支持下，经过 4 个月的努力，水北村养殖的 2.8 万只文昌鸡成功出栏，加盟养殖户

共获得养殖纯收益 8.07 万元。见到这个成果，其他贫困户纷纷打消了疑虑，主动要求加盟养殖。2020 年 5 月，水北村委会养殖规模已发展到 70 个鸡棚，累计出栏约 55 万只文昌鸡，累计纯收益 192.27 万元。

用真心使 1 万多人摆脱贫困

功夫不负有心人，林鹏通过海南传味文昌鸡产业股份有限公司开展产业精准扶贫的效果明显。2019 年，加盟海南传味文昌鸡产业股份有限公司养殖的贫困户户均收益 8.08 万元。据统计，截至 2020 年 6 月，林鹏通过公司先后投入 2 800 多万元在海南省文昌、乐东、琼中、白沙、琼海、澄迈等市县，累计帮扶贫困人口 4 491 户 14 661 人。

林鹏的"传味扶贫模式"覆盖了海南省 6 个市县 215 个村委会。文昌市共 17 个乡镇，有 15 个乡镇加入"传味扶贫模式"，覆盖率达 88%。琼中县黎母山镇 12 个村委会 935 户贫困户(3 910 人)全部加入"传味扶贫模式"，覆盖率达 100%。"传味扶贫模式"贫困户参与程度高，群众反映口碑良好，深受当地贫困户的一致好评和当地政府的高度肯定。林鹏的海南传味文昌鸡产业股份有限公司正根据企业发展战略，结合产业精准扶贫需要，将"传味扶贫模式"向省内更多市县推广和应用，助力扶贫行动与地方经济发展，争取在打赢脱贫攻坚战中发挥更大的作用。

发挥自身优势　助力脱贫攻坚

奉献奖——黄法祥

黄法祥，东方市感城镇宝东村人，东方迦南兰花种植农民专业合作社理事长，从事兰花事业 20 余年，兰花种植面积从创业之初的 200 米^2，到现在 300 亩，年产值达到 2 500 万元，被业界称之为“兰花王子”。在发展壮大兰花产业的同时，黄法祥积极投身脱贫攻坚，拓宽贫困户群众增收途径，3 年时间，近 8 000 人因他走上“致富路”，让“感恩之花”开遍东方。2020 年 4 月，他入选了海南省“南海系列”育才计划第二批“南海乡土人才”。

脱贫致富　不忘贫困乡亲

小时候，黄法祥家里比较贫困。辍学后，他跟随一名经营园艺生意的老板打工。在那里，他接触到了改变自己一生的兰花。在上山采摘兰花之余，他还买来相关书籍，自学兰花培育技能，并开始自己的创业之路。与众多创业者一样，困难接踵而至。起初，家人不支持、不理解，他没有退缩；在创业之初，因资金不足而无法购买种苗。在黄法祥的努力下，他成立了东方市首家登记的东方迦南兰花种植农民专业合作社，兰花种植面积从最初的 200 米^2，增加到现在的 300 亩，年产值达到 2 500 万元，主打产品“秋石斛”占全国市场份额 60%以上、“空气草”占全国市场份额 90%以上。由其创立的东方迦南兰花种植农民专业合作社不仅荣获了 2017 年海南省科技进步奖一等奖，荣获“2019 年中国北京世界园艺博览会‘中国省(区、市)室内展品竞赛’”金、银、铜奖共 12 个，还被海南省花卉协会评为“2018 年度海南省花卉产业先进企业”以及被海南省兰花协会评为“2018 年度海南省兰花产业发展先进单位”。

俗话说：“吃水不忘挖井人。”黄法祥自己奔小康后，不忘贫困父老乡亲，在发展壮大兰花产业的同时，充分发挥其兰花种植技术优势，积极响应国家“乡村振兴”号召，投身于脱贫攻坚，带领广大贫困群众脱贫致富。自 2017 年以来，在黄法祥的组织和协调下，东方迦南兰花种植农民专业合作社先后与东方市感城镇政府、大田镇政府、板桥镇政府、华侨农场开展扶贫合作，主导实施了 5 个兰花产业扶贫项目，累计吸收贫困户产业扶贫专项资金 590 余万元，产业扶贫投资平均年收益达到 15%。截至 2019 年 12 月，贫困户已取得投资收益 350 余万元，1 724 户贫困户、7 600 余名贫困人口得到帮扶。此外，东方迦南兰花种植农民专业合作社还与保亭县南林乡的 5 个农民种植专业合作社合作开展兰花种植扶贫项目。东方迦南兰花种植农民专业合作社兰花产业扶贫项目年产值达 2 500 万元，带动了种植基地周边劳务、运输、物流、农资、商贸等相关产业的发展，给本地农村经济注入了一股新动力。

兰花扶贫项目　助推农村产权制度改革

在黄发祥的组织和协调下，东方迦南兰花种植农民专业合作社在东方市首创“扶贫专项资金投资兰花种植合作社并固定收取投资回报”的兰花扶贫模式。自 2018 年 1 月起，东方市第一个兰花扶贫项目大田镇乐妹村兰花扶贫种植基地开始运营，由政府投资 335 万元，由合作社负责提供种苗、开展技术培训、组织生产、负责销售。该项目年内种植 10 个品种、40 万株的秋石斛，出花率达 80%，乐妹村年底分配投资回报 80 余万元，当年就摘掉了“贫困村”的帽子。乐妹村集体脱贫的事迹引起了各级领导的关注，2018 年 12 月，国家农业农村部派出工作组到乐妹村调研；2018 年 12 月，海南省农村集体产权制度改革现场会在东方市召开，与会领导和代表前往乐妹村视察参观，乐妹村经验得到了各级领导和社会各界的认可。

在乐妹村兰花扶贫项目中，摸索出“政府＋合作社＋科研院所＋党支部＋基地＋贫困户”的项目运作模式。在乐妹村集体脱贫后，村民看到了发展集体经济的优势，总结了兰花种植扶贫项目的成功经验，实施集体产权制度改革，于 2018 年年底成立了村股份经济合作社，作为市场主体开展经济活动，大力发展集体经济。扶贫产业项目的发展走上了市场化、规范化、法治化的道路，同时强化了基层党建工作，增强了村两委的议事决策和领导能力。感城镇宝东村、板桥镇新园村也相继成立了村集体经济合作社，大力发展兰花产业集体经济，在农村产权制度改革中迈出了坚实的步子。

2019 年，海南省东方市完成了农村集体产权制度改革，各村成立了股份经济合作社，但绝大多数股份经济合作社因缺乏具体的项目而没有实际运营。在获悉这一情况后，黄法祥主动联系和帮助感城镇政府完成“东方感城镇热带兰花扶贫示范基地”项目可行性分析，并提出了成立有限公司运营扶贫项目的建议。2020 年 3 月，在政府扶贫专项资金的支持下，由感城镇民兴村、宝东村等 7 个股份经济合作社为股东的“海南感恩花卉有限公司”注册成立，50 亩的兰花扶贫示范基地已开工建设。东方迦南兰花种植农民专业合作社为基地建设和公司运营提供技术服务和全方位的支持，包括技术指导和培训、种苗供应、产品销售等，以支持海南感恩花卉有限公司尽快实现独立运营，帮助贫困户主动融入市场参与竞争。

多元化扶贫合作　拓宽贫困户脱贫致富

为进一步帮助贫困户稳定增收，助推贫困户脱贫致富，黄法祥带领东方迦南兰花种植农民专业合作社因地制宜，根据各村贫困户的实际情况，采取不同的扶贫合作模式。例如，针对感城镇、板桥镇的贫困户对兰花产业不熟悉，尚未掌握兰花种植技术的情况，采取由政府出资建设兰花种植大棚及附属设施，合作社负责提供种苗、组织种植、负责销售，贫困户年底固定收取投资收益的合作模式。这种合作模式既能让贫困户在生产中学到技术，深入了解兰花产业，又能保障贫困户获得固定收益。2019 年，感城镇的贫困户从宝东村兰花扶贫项目取得收益 90 万元；板桥镇新园村的贫困户从新园村兰花扶贫项目取得收益 37.1 万元，新园村兰花基地一年的散工用量可达到 2 000 人次，按每人每天 100 元的标准，贫困户在家门口打工即可获得 20 万元的劳务收入；针对大田镇乐妹村、感城镇生旺村贫困户已经掌握了种植技术的情况，采取了更高级的合作模式，即兰花种植基地由村股份经济合作社自主经营，东方迦南兰花种植农民专业合作社与村股份经济合作社签署回购协议，在充分调动贫困户劳动积极性的同时，保障贫困户获得更多的经济收益。2019 年，乐妹村兰花扶贫项目营收 200 万元，贫困户取得 40 万元的分红。2019 年，感城镇生旺村种植扶贫项目选种了 10 万颗经济效益高、种植周期短、种植技术简单的“空气草”，贫困户取得收益 100 万元。

对于未来，黄法祥信心满满，表示将继续扩大兰花种植面积，吸纳和帮助更多贫困群众走上致富路。在激烈的市场竞争中，黄法祥带领贫困户坚持选取新品种、应用新技术、使用新设备，有效降低了经济成本，提高了生产效率，增加了经济收益，得到了市场的丰厚回报。

以模式创新激活乡村存量资源及内生动力

创新奖——吴云

吴云，高级经济师，海南省第五类高层次人才，于 2010 年 8 月参加工作，现任儋州市属国企儋州市乡村振兴投资开发有限公司（简称“乡投公司”）副总经理。作为一名国企干部，吴云自任职以来始终致力于脱贫攻坚、乡村振兴事业，坚持以保障农民权益、发展壮大村集体经济为己任，实实在在扎根基层，用自己的智慧和汗水在分管工作中突破创新，探索符合儋州实际的扶贫产业发展新模式，有效激活乡村存量土地资源及内生动力，带领乡投公司在打赢脱贫攻坚战中扛起了国企担当。

创新土地流转经营模式　为农民群众种下“发财树”

乡村最大的资源、最根本的资产是土地，打赢脱贫攻坚战必须要做好土地的文章。吴云深刻认识到创新推动农村土地流转整合，解决农村土地瓶颈问题已经成为脱贫攻坚的必然选择、乡村振兴的必然趋势。她带领同事在实践中不断摸索，总结出“农户＋合作社＋市乡投公司＋社会企业”的扶贫产业发展模式，开展美丽乡村旅游综合体项目。在项目运作过程中，各方发挥各自优势：政府发挥产业引导、政策保障作用；合作社发挥组织协调、整合分散闲置土地作用；国有企业发挥集中流转、招商引资作用；社会企业发挥投资开发、建设运营作用，最终实现优化配置闲置土地资源，推动农村土地资源变资产，促进农民增收致富。

以大成镇新风村（建档立卡贫困村）为例，吴云引导新风村委会将村里闲置的集体建设用地、低效农田整合流转后，包装成村集体资产，再通过租赁方式将土地流转给乡投公司，由乡投公司策划招商导入社会资本，开发美丽乡村民宿旅游、高效农业等产业项目。村集体通过土地流转入股，享受地租和项目运营的收益分红。新风村委会已流转项目土地共394亩，涉及农户234户，村集体和农户获得土地流转收入约1 037万元。带动51户贫困户通过土地流转增收约71万元。为进一步提升脱贫质量，推动脱贫攻坚与乡村振兴有效衔接，她又指导新风村委会成立儋州新风建设开发有限公司（简称“新风公司”），协助新风公司整合集体资产，策划集特色餐饮、田园旅居、农耕体验、高效农业为一体的美丽乡村旅游项目。同时，以村集体企业作为载体，吸引新风村外出优秀人才返乡参与公司管理或创业，既实现了乡村人才振兴，也大大提升了村集体经济的建设能力。2020年5月28日，新风公司名下的新风农家乐、花语新风民宿正式运营。此外，吴云还协助新风公司与西庆机场低空飞行体验项目、百年黄皮南吉村等镇域旅游资源达成战略合作，不断丰富乡村文化旅游内涵，以促进新风村特色扶贫产业的发展。

创新农民资产入市模式　为农民资产破除“紧箍咒”

在推进实施乡村战略过程中，农村产权制度改革已经成为广大农民的关注点、农村产业发展的关键点。在产权明晰的基础上，通过市场充分发挥市场配置资源的决定性作用，对农村地区碎片化建设用地及闲置宅基地实施精细处置，有效激活农村“沉睡”资源，让农民手中的“死”资产变成“活”资本，确保农村零星、分散、闲置、低效土地“颗粒归仓”，使农民成为真正的市场主体，使农村的生产要素自由流动起来。

在大成镇新风村美丽乡村建设项目工作中，吴云努力思考乡村土地资源盘活问题，积极协调市自然资源和规划局加快探索农村产权制度改革创新。2019年8月，在她的积极参与和不懈努力下，推动出台了《儋州市农村房屋使用权登记管理办法（试行）》，为农村房屋使用权流转、抵押融资提供了政策支持。同时，为提升新风村的土地资源资产价值，她大力协调市自然资源和规划局将新风村美丽乡村建设项目纳入儋州市推进农村土地制度改革试点地区，积极参与研究集体建设用地入市交易制度政策，以促进农村土地价值提升。随着资产入市制度新政的推进，原先每年按5 000元/亩租赁，租赁期为20年的集体建设用地可通过公开出让方式流转给第三方，使用权的期限可达到50年，加大了社会资本投入的吸引力。目前，新风村已流转集体建设用地约140亩，引入碧桂园公司投资1 000万元支持建设乡村旅游产业，建成了新风村游客中心以及16间民宿。

创新集体资源开发模式　为集体经济引来“活水源”

在脱贫攻坚中，发展壮大村级集体经济是村级组织运转、农村事业发展的物质基础，是助推脱贫攻坚、实现乡村振兴的重要举措，是增强农村基层党组织凝聚力、战斗力的坚强支柱。

在村企合作开发砂石资源创新试点工作中，吴云引导海头镇珠碧江流域规划的枫根Ⅲ河段采砂点所在的岛村村委会、枫根村等集体组织探索开展“政府引导、集体主导、市场运作、群众监督、收益共享”的河砂开发新模式；指导枫根村成立合成社作为项目实施单位，并协助合作社参与河道采砂权公开出让竞买的相关工作，即在合作社竞得采砂权后，委托乡投公司代为开采，村集体参与学习开采、销售、运营，并对项目进行全过程监督和管理，逐步培育项目开发能力。在村企合作的采砂项目上，除了成本，村小组获得了不低于30元/米^{3}的保底收益，村委会还获得了15元/米^{3}的生态补偿费。

枫根村Ⅲ河段建筑用砂矿采砂项目已基本完成河砂挂牌储量15.5万米^{3}的开采销售工作，销售收入合计约3 012万元，上缴政府税收约401万元，现已累计发放枫根村收益分红约464万元，发放村集体生态补偿费约233万元。枫根村贫困户6户26人的采砂收益已分红7个月，采砂收益带来个人增收3 860元，26人合计100 360元，户均增收16 726元。截至2020年，6户贫困户均已脱贫。

“互联网+”实现精准帮扶　创造消费扶贫新价值

创新奖——陈嘉奋

自党的十九大以来，在海南省委、省政府的周密部署和坚强领导下，广大党员干部和贫困群众并肩作战，脱贫攻坚工作卓有成效，为海南全面深化改革开放，建设自由贸易区、自由贸易港打下了良好基础。同时，海南省认真落实国务院办公厅《关于深入开展消费扶贫助力打赢脱贫攻坚战的指导意见》，勇于创新扶贫工作思路，探索将慈善行为与消费行为相结合，以“海南爱心扶贫网”为线上平台，以“爱心扶贫大集市”为线下载体，创新“互联网+消费扶贫”模式，搭建点对点精准帮扶平台，推进线上线下精准消费扶贫，为此专门设立省消费扶贫专项工作组，统筹推进全省消费扶贫各项工作。

陈嘉奋自2018年调岗至南海网工作以来，时刻以一个党员的高标准严格要求自己，在南海网的领导岗位上，尽职尽责，冲锋在前，团结队伍，统筹落实省里安排的消费扶贫各项工作。

抽调全网精干力量　组建项目团队

鉴于海南爱心扶贫网的建设和运营是省委、省政府交给南海网的一项重要任务，工作时间紧、任务重、要求高，南海网紧急成立了“海报集团海南爱心扶贫网建设工作小组”，抽调精干力量，组成网站建设运营团队。为了做好平台的产品上架工作，如期保证平台上线，适逢项目时间临近国庆黄金周，项目组全体工作人员放弃中秋节和国庆节假期，全力以赴，投入网站建设运营各项工作，短短33天，便出色地完成了网站建设运营各项工作，按照省领导要求的时间，顺利实现网站上线运行，赢得了社会各界的广泛赞誉。该项目的成功建设及运营充分彰显了南海网高效的动员力、出色的执行力、极强的团队合作力、专业的团队素质、可贵的敬业精神，得到了省领导的高度肯定和赞许。

“互联网＋”实现精准帮扶　创造消费扶贫新价值

海南爱心扶贫网是由海南省扶贫办主办，《海南日报》、南海网建设和运营的海南首个“互联网＋消费扶贫”公益平台，是海南创新扶贫方式的一次全新探索，也是继脱贫致富电视夜校后的又一扶贫创举。陈嘉奋作为南海网主要领导负责统筹和指导海南爱心扶贫网的日常运营管理工作，平台进入了良性发展轨道。据统计，在网站上线当天，平台销售总额就突破 10 万元；上线第 9 天(2018 年 10 月 25 日)突破 100 万元；2018 年 11 月 18 日，销售额达 500 万元。

截至 2020 年 5 月 31 日，平台展销扶贫产品超过 2 000 个，注册人数 28.70 万人，入驻商家数量 314 个，下单量 19.65 万单，发货件 25.14 万件，累计销量总额为 6 152.12 万元，覆盖海南 18 个市县和 1 个洋浦经济开发区。

“互联网＋消费扶贫”已成为海南统筹推进脱贫攻坚、农业供给侧结构性改革和乡村振兴战略的重要突破口和切入点。“互联网＋消费扶贫”以互联网思维和信息化手段，激活了以扶贫助困为理念的消费市场，也以一种“春风化雨，润物无声”的方式悄然影响着贫困群众的商品意识、包装意识和品牌意识，激发了贫困群众脱贫致富的内生动力。贫穷落后的山区农村与现代化的互联网科技及互联网营销理念实现了对接，有效破解了扶贫信息不对称、帮扶不精准、配对效果差、贫困群众产品销售难等问题，同时充分彰显了扶志、扶智和扶技的显著成效。

充分发挥媒体优势　架设消费扶贫供需两端桥梁

2020 年是海南实现脱贫攻坚目标的决胜之年。陈嘉奋具体分管运营部门的工作，包括海南爱心扶贫网。在他的带领下，海南爱心扶贫网继续完善平台系统，建立运营与服务体系，保障平台有序健康运行。依托南海网的权威媒体优势，高效整合全省媒体资源，以全媒体融合报道的方式对消费扶贫进行全方位的深度宣传和报道，在全省营造了浓厚的爱心消费、助力扶贫的氛围。以媒体驱动的力量，最大限度、最广范围、最深程度地激励和引导广大党员干部和社会各界爱心人士参与消费扶贫，助力脱贫攻坚。特别是疫情期间，在省委、省政府的正确领导下，自 2020 年 1 月以来，南海网、南国都市报、海南爱心扶贫网主动部署紧密联动，发挥媒体融合优势，积极开展海南农产品产销对接大行动，累计促成交易总量达到906.2万斤。海南农产品产销对接主要通过大宗采购、爱心捐赠及社区团购3个工作方式展开，吹响了全省产销助农行动的集结号、行动号。此外，为发动全社会共同投身助农公益行动，进一步提升社会参与度和关注度，2020年2月16日，由南海网、南国都市报、海南爱心扶贫网、学习强国海南学习平台、南海网人力资源开发有限公司、海南蓝点计算机网络工程有限公司特别联合今日头条、喜马拉雅、拼多多、腾讯公益等国内重点平台共同发起的“全民战疫‘益’起来——公益海南2020一号行动”正式启动。其主要面向全省各级机关、企事业单位、社会团体、民间组织和社会各界爱心人士发出倡议，欢迎大家争做战疫“爱心信使”“公益大使”“爱心使者”，积极加入“公益海南2020一号行动”，行动总计推出9个公益活动，取得了良好的社会反响。社区团购行动吸引了新华社杂志《半月谈》官微发表评论，以《还在半夜“抢菜”吗？他们这么解决抗疫期买菜难题》为题，点赞南海网、海南爱心扶贫网，称赞海南媒体招募热心公益的“社区团长”，缓解了疫情下社区居民买菜难的问题。

配合开展消费扶贫“春风大行动”　掀起一轮消费扶贫新高潮

南海网、南国都市报、海南爱心扶贫网认真贯彻“春风大行动”工作安排，陈嘉奋统筹安排全媒体报道团队，全力做好“春风大行动”报道工作。通过开设“春风大行动”网络专题、海南爱心扶贫网专门开辟“春风大行动”专栏，活动进展和亮点情况被集中归纳和报道。扶贫网同时负责省级领导干部带头现场认购示范活动现场6个展位的布置和产品销售工作，安排销售扶贫农产品70余种，其中不乏忠锐大米、澄迈惠牛、琼海福松等扶贫网爆款产品，共计销售额117 103.7元。

陈嘉奋靠前指挥，亲自带领团队，联合抖音总部策划开展消费扶贫“春风大行动”之“八方助农　抖音嗨购”“爆品、单品直推”系列活动，用时下流行的电商直播销售模式为海南扶贫农品赋能，实现抖音巨量粉丝和社会公众的广泛参与，为全社会提供更多消费扶贫产品和服务，打响海南扶贫产品品牌，真正帮助贫困户保销、保增。截至2020年5月31日，开展文昌、海垦、三亚及海口四场“市县长来了”抖音嗨购直播活动，累计销售额达到694万元。抖音视频关注人数超过300万人次，为全省消费扶贫营造了良好的领导示范电商直播带货氛围，为全省坚决打赢脱贫攻坚战打下了坚实基础。

青年创新助力农民创业脱贫致富

创新奖——徐明祯

徐明祯是海口市农村青年致富带头人协会秘书长，他出身农村、关注农业、心系农民，从小在农村长大，明白农民的处境，长期开展创业服务，明白农业的艰辛。自 2016 年上任秘书长以来，徐明祯以“扎根农村、服务青年、城乡互通、共同致富”为宗旨，健全组织机制、找准工作定位、主动联系农民、积极争取多方支持，以实际行动联系、服务、凝聚和培养农村青年致富带头人，助力农村青年脱贫致富和成长成才。

创新服务机制　全体会员齐上阵

长期以来，致富带头人都各自单独奋战在扶贫一线，面临的困难、需要的资源都有所不足。为将农村青年联络起来，优势资源组合抱团发展，在共青团海口市委会的指导下，海口市农村青年致富带头人协会于 2016 年成立，徐明祯担任秘书长。他主动联络、积极沟通，把海口市 22 个乡镇的农村致富带头人都凝聚在团组织周围，组织架构上形成“市区镇村”4 级联络机制，各区安排 1～2 位副会长协助管理，各镇至少 1 位常务理事或者理事联络，建立微信总群和各镇分群，以会员为节点，实时了解，沟通致富带头人带动脱贫致富情况，以“工作队”的形式匹配各类资源，做到有问必答、有求必应，将联络、信息、服务、资源覆盖各镇、各村，做到信息传达有途径、寻求支持有途径，全体会员一起行动，共同帮助农村青年脱贫致富。

创新工作模式　多方资源同助力

在扶贫过程中，徐明祯积极探索，勇于尝试，从实际出发，深入一线，主动拜访扶贫单位、扶贫责任人、致富带头人、村民、贫困户等，听取经验介绍，了解实际需求，鼓励献计献策，共同助力脱贫致富。在积累了一定的经验后，结合海口市农村青年致富带头人协会的实际情况和目前能协调的资源，提出了“政府指导、协会主导、带头人引导、资源助力”四位一体帮扶模式，以创新的方法、创业的手段，组织、协调、聚合各方资源，帮助贫困户脱贫致富。

创新实践方法　各类帮扶落实处

“山不过来，我便过去。”扶贫的工作对象在农村，而农民来到市区接受帮扶的概率小，徐明祯认为应该走下去，到乡下去，到一线去，带着资源去，带着他们需要的东西去，打造一个“城乡互通”模式，让城市的资源助力农村的发展，助力贫困户脱贫致富。为此，经过长时间的摸索，不断创新实践，以协会品牌活动的形式，送去资源，做好帮扶。

（一）创业扶贫直通车“六送资源”

自2016年开始接触扶贫，徐明祯了解到农民需要各类资源，他们缺少途径和渠道接触这些资源，为此，设计了海口市“椰青号”青年创业扶贫直通车活动。

徐明祯在共青团海口市委会的指导下，积极发挥海口市农村青年致富带头人协会的组织优势，协调青联委员、种植养殖专家、金融机构、财务专家、产销对接企业、致富带头人代表和农户等资源成立“青年扶贫先锋队”，深入田间地头，现场为农村青年的产业发展把脉问诊，送去政策、农技、金融、渠道、机遇、财务咨询等六大资源，提供政策解读、技能培训、资金扶持、销售资源对接、经验分享、财务规划等全方位、多层次的创业指导服务，有效引导、鼓励并支持农村（贫困）青年创业脱贫致富，以实际行动助力乡村振兴。

2016—2020年，海口市“椰青号”青年创业扶贫直通车活动累计开展61场，覆盖22个乡镇、112个农村青年致富带头人基地，“农村致富带头人故事分享会”“乡村振兴青春行动”交流会等系列活动累计开展120余场，实地考察近100个特色农业项目，累计为18位贫困户对接贷款超100万元，惠及城乡创业青年2万余人，促进农产品销售超2 000万元，其中参与活动的贫困户青年达到 2 000 余人次，受到了广大农村青年的拥护和支持。

（二）引入消费助脱贫送“市场”

2017 年 1 月，了解到贫困户家中还有很多产品没卖完，徐明祯主动联络云龙镇，以“献爱心下乡购物选优品、争脱贫销售增收树信心”为主题，开展引入消费助脱贫活动，通过搭建更多销售平台，以“互联网＋扶贫”的形式把 100 多位城乡青年吸引到云龙，以集体下乡，走访云龙镇本地参观扶贫对象种植养殖点、品尝试吃后，集中区域购买扶贫产品的形式提高云龙农业品牌的“指尖能见度”，突破时间和地域限制，调动贫困户发展积极性和农民的产销宣一体化渠道，聚力引入消费，让贫困户和农民得到实实在在的实惠，当天销售金额超 4 万元。

（三）电商展销会送“渠道”

2018 年 12 月，在龙华区的大力支持下，徐明祯组织开展电商展销会，为农民建立线上销售渠道，线下搭建销售平台，活动现场吸引了近百余人到场，线下销售达 12 000 元，线上销售额达 4 000 元和上万元的订单。

（四）金融扶贫培训班送“金融”

资金一直以来是困扰农民创业的一个重要因素。农民因为不知道、不了解、不懂办等长期无法得到金融的助力，徐明祯主动联络海口市扶贫工作办公室、海口市金融工作办公室、海口农商银行，联合各单位优势力量，2019 年 6 月，组织了以“聚焦金融精准扶贫、助力发展乡村振兴”为主题的海口市金融扶贫培训班。在培训期间，以镇为单位安排小额信贷员和贫困户“结对”学习，为获得 2018 年海口市“创业脱贫致富之星”称号的贫困户现场授信；在培训结束后，建立百位行长对接百位农户的结对帮扶模式，以“点对点”的长效联系机制，实现精准的“面对面”金融扶贫贴身服务。

（五）海口市“创业脱贫致富之星”典型评选活动送“扶志”

经过开展长时间的扶贫工作，涌现出许多通过自己的努力、政府的帮助、资源的助力而成功脱贫的贫困户，他们是大家学习的榜样。徐明祯同志想到了“扶贫先扶志”，恰逢海口市人力资源和社会保障局计划评选“创业脱贫致富之星”，徐明祯主动请缨，积极承担工作，深入基层与贫困户交流，两年时间走访 4 个区 22 个镇 82 位申报人，评选出 60 位海口市“创业脱贫致富之星”，累计报道 20 余篇，发放奖励资金 30 万元，在社会上形成了正面的带动作用，激励了更多的贫困户脱贫致富，其中不乏有些小插曲。2018 年的海口市“创业脱贫致富之星”王昌黄十分感谢徐明祯而主动赠送蜂蜜，徐明祯理解贫困户的心情，特地将蜂蜜转交给电商企业、微商，协调电商企业助力蜂蜜销售。

徐明祯是一个懂得奉献、有强烈责任心的人，他积极参与扶贫帮困的工作，时不时到各镇各村实地了解村民近况，尽自己所能帮助贫困村民。他希望通过协会的力量和自己的努力把贫困户的产品与全球化的产业链相结合，利用技术、服务和渠道助力贫困户产品走向世界，让农民和贫困户可以共享海南自由贸易区（港）的红利，实现“先富带动后富、大家共同致富”的美好愿景。

旅游扶贫精准施力　开拓新路致富奔小康

创新奖——程天富

程天富，现任海南槟榔谷黎苗文化旅游区（简称“槟榔谷景区”）董事长。槟榔谷景区是保亭县域内仅有的 2 家 5A 级景区之一。自成立运营以来，程天富积极承担社会责任，带领企业投入扶贫开发事业中，充分发挥旅游产业在脱贫攻坚中的带动作用，践行景区发展与农业、农村、农民共生共荣这一“包容性”发展理念，创新实施“旅游＋扶贫”的发展模式，依托旅游资源，因地制宜地带动当地村民就近创业和就业，引导发展生产和在景区出售农副产品等，助力脱贫攻坚。通过政策扶持和景区带动，逐渐改变了当地村民“等、靠、要”思想，进一步激发村民发展的内生动力，极大地提高了村民的收入水平和生活质量，村民们能享受由旅游发展带来的“红利”，摘掉了“穷帽子”。2018 年 12 月，程天富被海南省旅游协会授予“旅游扶贫先进人物”称号。2014 年，槟榔谷景区获得由国务院颁发的“全国民族团结进步模范集体”称号；2016 年，槟榔谷景区被国家旅文局评定为“全国景区带村旅游扶贫示范项目”；2017 年，荣获由海南省扶贫工作办公室授予的“海南省扶贫龙头企业”称号。

打造惠农一条街　搭建创业新平台

习近平总书记强调，要做到宜农则农、宜林则林、宜牧则牧、宜开发生态旅游则搞生态旅游，真正把自身的优势发挥好，使贫困地区的发展扎实地建立在自身有利条件的基础之上。近几年来，保亭县委、县政府始终牢记习近平总书记的嘱托，坚持“永续发展”旅游战略，严守生态底线，依托旅游、生态资源优势，结合本地实际，以发展“旅游产业”为抓手，引进企业协同发展，实现农村贫困群体的可持续增收。

程天富积极响应党委和政府的号召，创新实施“旅游＋扶贫”的帮扶模式，带领槟榔谷景区积极参与扶贫开发工作。槟榔谷景区所在地为保亭县三道镇甘什村委会，为黎族、苗族同胞聚居地。受传统观念的影响，少数民族同胞更愿意就近就地就业，守护故土家园。结合当地农户的实际情况，在深入分析研究后，程天富提出了“景区（企业）＋农户”的合作模式：打造“惠农一条街”，无偿、永久性地为甘什上、甘什下两个村的贫困群众提供经营的旅游农业产品，帮助当地贫困群众创业增收，脱贫致富。

在程天富的推动下，2013—2016 年，槟榔谷景区累计投入 600 多万元，打造一条拥有 130 个商铺的“惠农街”。为了加强管理，切实保障贫困群众的利益，槟榔谷景区专门设立商业中心管理部门，对“惠农一条街”进行监督管理，且完善了管理细则，如农户不想自主经营，景区将实行“返租”模式，按 1 000 元/月支付铺面租金给村民。截至 2019 年年底，当地共有 130 户贫困群众在“惠农一条街”各商铺经营农副产品，户年均创收达 6 万元。此外，槟榔谷景区利用旅游资源优势，带动村民在景区周边开设农家乐饭店、水果店、超市、旅馆等 38 家，旅游扶贫成效显著提升。

惠农街 71 号商铺户主谭运芳，系甘什村村民，一家 6 口人靠耕种几亩农田为生，几乎没有什么经济收入，由于文化水平低，外出务工只能从事用体力换取微薄经济收入的工作。自从在槟榔谷景区惠农街获得免费的商铺后，她将自家的农产品放在商铺中销售，还经营果汁、黎苗小吃销售等，日均收入 300 元。在槟榔谷景区的带动下，谭运芳的儿子也在景区内的餐厅上班，实现稳定增收。如今，谭运芳一家人早已实现脱贫致富，住上了小洋楼，买了小轿车，过上了富足的生活。

实施“弹性务工”　开发就业新模式

俗话说“一人就业盖平房，两人就业盖楼房”，就业扶贫是实现贫困群众稳定增收的重要途径。在参与扶贫开发的过程中，程天富在如何带动当地贫困就业方面积极探索。考虑到本地人不愿离土离乡的传统观念，根据当地村民生产生活作息习惯，程天富决定为当地贫困群众量身定制专属务工模式，“半天务农＋半天务工”的弹性务工模式应运而生。

在“弹性务工模式”运作体系中，贫困群众可根据生产生活实际需求，自主规划务工与务农的时间，每半天工作 2～3 小时可获得 60 元的工资收入，每月仅需上 23 次半天班，完全满足了贫困群众的个性化需求，提高了贫困群众就业积极性，实现了景区和农户“就业不离家、失地不失业、收入有保障”的良好合作愿景。

槟榔谷景区在招人用人上，优先录用本地建档立卡贫困户和本地农户。在“弹性务工”模式和用人政策带动下，截至 2019 年年底，槟榔谷景区带动贫困群众 1 597 人“吃上旅游饭”，其中建档立卡贫困户 63 人。2019 年，累计支付贫困户员工工资达 2 019 647 元，人均工资32 058 元/年。

75 岁的阿婆符金花在槟榔谷景区做黎锦技艺展示，现在的她已经成为景区“明星”。她每天在船形屋的袅袅炊烟中接受着来自游客们的问候，也向外界传递着黎族同胞的真诚祝福。“没想到我这么大年纪了还能自己赚钱，每天和这么多人一起聊天，很开心。”符金花不仅能从景区获工资，还能从劳动产品的售卖中获得收益。

住在甘什黎村 72 岁的林国民很满意当前的生活，他说，以前交通不便、信息不通、收入又少，现在由于景区的开发，家里得到景区提供的丰厚的租地款和工资收入，儿女都住上了楼房，在景区里也有份稳定的工作，一家老小都过上了幸福生活。无论是 80 岁的阿公、阿婆，还是 20 岁的年轻人，景区都根据他们的所长、所愿，安排了合适的工作岗位，实现了就业增收。

“输血”变“造血” 转变扶贫扶志新思路

受传统观念以及生产生活方式的影响，当地贫困群众不同程度存在“等、靠、要”思想。习近平强调：“人穷志不能短，扶贫必先扶志”。保亭县在大力发展旅游业的过程中注重充分调动贫困群众的内生动力，积极探索以旅带农、以旅兴农的致富新路。作为土生土长的海南人，程天富更深刻地体会到激发内生动力的重要性。在参与扶贫开发过程中，重在培育贫困群众旅游扶贫的内生动力和自我发展能力，积极变“输血式帮扶”为“造血式引领”，以“授渔”的方式帮助农民主动脱贫，实现自我发展。

2009 年，在槟榔谷景区成立初期，程天富就观察到有些家庭由于经济条件的限制以及家庭教育意识的淡薄，多数贫困家庭子女难以顺利完成学业。为帮助贫困学生完成学业，进一步阻断贫困代际传递，以程天富为首的领导班子决定以槟榔谷景区的名义设立助学金。2009—2020 年，共资助贫困学生 90 余名，资助金额达 130 余万元。受到资助的学生心怀感恩，吴菲、黄丽娜、石眺等 10 余名受资助学生在毕业后都回乡就业和创业，回馈社会。

除此之外，程天富积极在产业带动方面做文章。在种植方面，鼓励农民群众发展本土优势，大量种植花卉、草药、槟榔等农作物，槟榔谷景区以高于市场价优先向农民群众收购，以用于园林绿化。在开发建设方面，槟榔谷景区大量收购村里的木材、水泥、石头等用于工程建设。鼓励村民组建工程施工队，利用农闲时间承包旅游区的各项建设工程或是购买工程机械、工程运输车辆出租给景区工程建设方使用，以收取租金，动员广大群众以投工、投产、投劳的方式搭乘“旅游扶贫”这趟列车，以产业增收来提振贫困群众脱贫致富的信心和决心，充分调动贫困群众脱贫的内生动力，助推贫困群众实现了从“要我脱贫”到“我要脱贫”的转变。

2016 年，槟榔谷景区成立了以程天富为组长的扶贫工作领导小组，全力助推脱贫攻坚工作。2020 年，程天富同志与保亭县三道镇、新政镇、什岭镇分别签订了《旅游扶贫产业项目合作协议》，采取“村集体＋公司”的模式带动三道镇甘什村、田滚村，新政镇新政村、石让村、新建村，什岭镇抄寨村、椰村、水尾村、坚固村等贫困村共同发展旅游扶贫产业项目。

近年来，保亭县委、县政府深入贯彻落实习近平总书记关于扶贫的重要论述，精准实施系列帮扶举措，经省级贫困县退出评估验收，全县综合贫困发生率为 0.27%，零漏评、零错退，群众满意度为 99.52%，2019 年 4 月 26 日，海南省人民政府正式宣布保亭县退出贫困县序列，顺利摘掉国家级贫困县的帽子。

在当地党委、政府和槟榔谷景区的带动和扶持下，甘什村村民的生活水平被显著提高，实现收入翻番。2015 年村民人均年收入为 36 000 元，村民彻底摘掉“穷帽子”；2019 年人均收入年增长 45 000 元以上。村民真正享受了由旅游发展给自己带来的“红利”，自觉成为当地生态环境的保护者和守护者，内生动力得到充分激发，勤劳致富的思想理念蔚然成风。

程天富以主动担当、敢于拼搏的精神，用一生的心血和智慧矢志不渝地挖掘、保护和弘扬海南黎苗文化和带动周边村民致富，以其独特的文化魅力和责任担当，实现了村企和谐共赢发展，践行了企业和社会的职责，成绩十分显著，得到了党和政府及社会各界的一致认可。程天富说：“大家富，才是真的富，在未来发展路上，将深入参与扶贫开发事业，不断创新帮扶思路和模式，在带动农民致富的道路上继续前行，在槟榔谷景区不断壮大发展的同时，继续承担社会责任，为脱贫攻坚事业贡献一份力量！”

以“六治”为抓手　创新推动海南扶贫扶志工作

创新奖——潘志勇

潘志勇自大学毕业以来就与农业农村工作结下了不解之缘，他在中国农业大学攻读了理学博士学位，并先后在海南省农业厅农村经营管理处、海南省委财经办（农办）农村工作处和调研处工作10余年，曾被农业部表彰为“农村土地承包纠纷仲裁试点先进个人”，多次被指定为海南省委重要文件起草班子成员。2018年正值海南脱贫攻坚工作进入攻坚克难的关键时期，他以高度的政治责任感和使命感，主动请缨投身扶贫工作，从省委办公厅调任省扶贫办担任政策法规处处长一职。自任现职以来，他聚焦强化扶贫扶志工作，啃下脱贫“硬骨头”，经过广泛调研和探索借鉴，针对激发重点贫困群体内生动力，创新提出“治懒散、治酗酒、治私彩、治浪费、治不孝、治脏乱”的“六治”专项活动（以下简称“六治”活动）。通过建立转化指导员制度、治理对象动态调整机制以及规范活动开展程序，整合运用各类正向激励与反向约束举措，逐步构建激发重点贫困群体内生动力的新模式，得到了海南省打赢脱贫攻坚战指挥部的充分肯定和大力支持。该活动自2019年10月全面启动以来，仅半年时间，全省列入警示期或治理对象的重点贫困户6 876人，多措并举成功转化4 153人，转化率达60.40%。《中国扶贫》《海南日报》等多家主流媒体进行了专题宣传报道。

坚持创新引领　构建重点贫困户治理转化体系

只有用好外力、激发内力，才能形成合力。为解决贫困群众内生动力不足这个顽疾，潘志勇深入研究，聚焦治理对象精准、治理手段精细、治理实施精确，提出“六治”活动转化引导机制。

（一）推动建立治理对象认定精准化

虽然海南的自然环境较为优越，但减贫任务不轻。在19个市县中，贫困县就有5个，全省建档立卡贫困户将近65万人，因自身发展动力不足而致贫的贫困户有8.7万人，占比为13.29%。为此，他主动作为，组织全处干部走访了全省18个市县37个村委会上百名贫困户与扶贫干部，研究制定了《关于开展重点人群“六治”专项活动的方案》，提出“六治”的治理对象是全省建档立卡贫困人口中存在懒散、酗酒、私彩、浪费、不孝、脏乱等行为的人群，并明确了对象认定的具体情形，如“懒散”对象为“精神松解、不振作、不勤奋，有劳动能力但不积极参与生产或有条件、有能力务工而不去务工”的贫困户，提高了基层对治理对象认定的理解、把握能力。

（二）推动建立治理手段设计精细化

通过深入研究各地激发贫困群众内生动力的经验做法，他认真谋划，设定了10项“六治”专项工作机制：民主评议机制由自然村脱贫攻坚小队和帮扶责任人联合提名，村民代表会议进行集中评议；转化指导员机制由市县、乡镇具有相应职能的部门和社会组织派出；治理对象动态调整机制用于及时调整治理对象状况；亲友帮带约束机制通过亲友、家族影响和说服教育促进治理对象转变；“小手拉大手”机制能发挥治理对象中小学生子女说服教育和带动作用；阶梯式收入奖励机制通过渐进式奖励逐步引导治理对象积极从事生产经营活动；扶贫超市积分奖励机制可对治理对象的表现给予积分兑奖；能人乡贤帮带机制鼓励能人乡贤与治理对象建立互助帮带关系；村规民约约束机制用于引导组建民事民议、民事民办、民事民管机制，培育文明乡风；专项行动与转化活动相结合机制用于开展戒酒限酒、治理私彩、制定道德“红黑榜”等行动。这些机制为各市县抓好扶贫扶志工作提供了很好的指导。

（三）推动建立治理实施流程精确化

为防止基层在落实“六治”活动中出现偏差，他着力规范活动开展的5个流程：一是提出初步名单。召开村民代表大会，对仍未脱贫的群体进行民主评议和分类处置。二是警示转化期。对被列入初步名单的治理对象，给予两个月的警示时间进行自我整改，暂不列入治理对象且不向村民公示。其间，由帮扶责任人开展经常性说服教育和引导。三是提出正式名单。在警示期满后，召开村民代表大会再次进行民主评议，有明显改进的个人，可退出治理对象名单，否则正式列入治理对象。四是确定名单后的转化期。对已经从名单中销号的个人进行观察。在观察期间，表现出现反复的个人可再次列入拟评议名单，进行评议。对已经列为治理对象的个人,安排转化指导员进行转化,也可同时以市县或乡镇为单位对治理对象集中转化。五是动态管理期。每月召集会议用于对锁定的治理对象的转化情况进行研究评议。科学规范的活动实施流程让基层干部有据可依,提高了治理工作的可操作性。

坚持多措并举　促进贫困户治理工作落地见效

潘志勇注重探索创新和建章立制,建立了每月调度、常态督查和重点考核等3个工作机制,对有序有力推动海南扶贫扶志工作发挥了积极作用。

(一)探索实施制度化调度

在疫情期间,他一方面通过各市县扶贫部门发动帮扶责任人、转化指导员,采取电话、微信等“不见面”方式加强联系转化工作;另一方面推动建立每月调度制度,重点加强对各市县推进“六治”对象转化工作的跟踪力度,进一步压紧压实责任,推动治理落实到位。

(二)探索实施常态化督查

他积极推动将市县“六治”活动推进情况纳入9个省委脱贫攻坚战督查组的日常督查和省扶贫办督导的重点内容,督促基层重视并切实抓好重点贫困群体的治理实施工作。

(三)探索实施标准化考核

为全面检验各市县落实“六治”活动的成效,他针对认定对象、转化流程、档案整理等方面制定“六治”考评评价标准,将其纳入大比武扶贫扶志工作的主要目标考核内容,有效推动各市县在工作中对标自查自纠与整改提效。

坚持以点带面　大力总结推广各地生动实践经验

在牵头推进“六治”活动的过程中,潘志勇注重指导各市县扶贫部门要突出重点,因地制宜地组织开展特色化治理工作,对其中涌现的好经验、新模式,主动帮助总结和推广,将其对农村基层的热爱和贫困群众的深厚感情落实到具体行动。

（一）“积分制奖励”实践

2017 年年底，海南省保亭县探索“积分制”帮扶模式，创办了全省第一家“脱贫攻坚惠农超市”，采取“以表现换积分、以积分兑奖品”的方式。这种方式不仅有效激发贫困群众的内生动力，还为社会各界参与脱贫攻坚搭建了良好的爱心平台。近年来，他采取编印简报、联系媒体采访报道等方式，大力宣传保亭经验。由于激发内生动力成效较为明显，五指山、白沙等多个市县纷纷学习借鉴，海南省委、省政府也给予充分肯定，将“推广‘脱贫攻坚惠农超市’等自助式帮扶的做法”写入《海南省打赢脱贫攻坚战三年行动计划》。

（二）“贫困户军训”实践

近几年来，海南省万宁市筹划组织贫困户集中培训，收效明显。在“六治”活动开展后，他指导万宁市扶贫部门引入军事化训练的方式，发动内生动力不足的贫困户自愿参加，白天练习队列、叠“豆腐块”、站军姿，晚上集中上课，学习扶贫政策，扭转思想观念。截至 2020 年 4 月底，万宁市共举办 7 期活动，有 670 名脱贫“钉子户”参训。在军训后，587 人实现就业、83 人发展自主种养产业，转化效果较为明显，并得到了国务院扶贫办的肯定。全省多个市县也先后组织开展“启智树新风”“扶志扶勤扶智”等军训教育活动，扶贫对象的精神风貌大变样。

（三）“差异化分红”实践

2019 年 10 月底，国务院扶贫办欧青平副主任在海南调研时建议，要将“六治”做法与产业扶贫入股分红有机结合起来，形成激发脱贫内生动力的合力。他指导东方市、琼中县等市县探索建立产业扶贫差异化分红机制，提倡“奖勤罚懒”导向。截至 2019 年年底，保亭县已向 13 356 户农户发放“以奖代补”资金1 574.30 余万元，并通过纳入治理名单、司法教育、公安执法或扣减分红利益等方式加强对 304 名重点人员的引导和转化。

“六治”活动是海南推进激发贫困群众脱贫内生动力的机制和创新。潘志勇将以踏实的工作作风，创新思路，不断完善这种做法，为全国扶贫扶志工作贡献海南经验，也为海南全面深化改革开放，建设中国特色自由贸易港创造了良好的条件。

“新媒体＋”推动精准扶贫　夜校集市模式屡创佳绩

组织创新奖——中共海口市琼山区委组织部

自夜校工作开展以来，中共海口市琼山区委组织部严格贯彻落实省委、市委的工作部署，结合琼山实际，明确方向、找准定位、创新方法，充分利用脱贫致富电视夜校的平台，把扶贫同扶志、扶智有机结合起来，不断激发贫困户的内生脱贫动力，首创推出消费扶贫新举措“夜校集市”，着力打造“扶志增收”一站式服务新平台，架起了一座连着贫困户和消费者的桥梁，得到了贫困户和消费者的认可和青睐。

“把脉”贫困户需求　开出有效“处方单”

“把脉会诊”找问题，“对症下药”促脱贫。通过深入走访，采取上门问、坐下谈、田间地头交流等方式，了解贫困户农产品生产以及销售情况，为贫困户开出了“夜校集市”的“良方”。一是正视“审美疲劳”。“电视夜校”是海南省打赢脱贫攻坚战的一项重要创新举措，也是打赢脱贫攻坚战的一个重要抓手。自电视夜校节目开播以来，帮扶干部及贫困户难免有了一些“审美疲劳”。针对这个问题，琼山区委组织部没有回避。二是把准需求“脉搏”。通过走访、谈心等多种方式，梳理和总结贫困户的诉求以及对电视夜校工作提出建议和意见。三是开出“夜校集市”良方。每期观看电视夜校节目的不仅有贫困户，还有帮扶干部。帮扶干部平时也会根据自己的需求向贫困户购买一些农产品。为此，根据贫困户售卖的需求，利用电视夜校，打造各村的“夜校集市”。这种模式不仅能满足帮扶干部的购买需求，而且可以解决贫困户的销售问题，从而帮助贫困户实现增收。

注入行动“强心剂”　种好“夜校集市”“试验田”

琼山区贫困人口较多，属于农业区，种植、养殖的贫困户也比较多，琼山区多措并举，打响“夜校集市”头一炮：一是做好整体谋划，为“夜校集市”打基础。区市领导高度重视，提前谋划，抓好落实。琼山区先后制定了《琼山区开展脱贫致富“夜校集市”工作方案》《琼山区“夜校集市”管理办法》等相关方案制度，明确“夜校集市”的责任分工、产品来源、销售渠道管理等，进一步将责任落实到人，以各镇镇委书记为总指挥，各村的中队长负责抓落实。二是抓好供需对接，为“夜校集市”促成效。在夜校集市开市前，各夜校教学点提前了解和掌握贫困户的农产品情况，列出售卖清单，通过公众号将清单发送给帮扶干部和广大市民群众，帮扶责任人也会根据需求提前与贫困户对接联系。同时积极邀请区电商服务中心、哦耶农栈、漫游谷公司等电商，加强线上、线下的对接，主动融入海南省爱心扶贫网，进一步畅通销售渠道。三是精心打造平台，为“夜校集市”加强保障。各镇提前布置农产品货架展台，并将售卖清单制成小册子发放，有的教学点还特地为贫困户的农产品做展牌，图文并茂，既帮贫困户宣传，又能让购买者了解农副产品的特点和功效，营造了良好的购物氛围。同时，各教学点严格把关售卖的农产品，以确保其均为贫困户种植或养殖的农副产品，并按照市场规律，引导制定合理的农产品价格，做到买得放心，卖得舒心。

在举办的第一期“夜校集市”活动中，琼山区在1小时内就售卖了3.6万元的农产品。在琼山区的辐射作用下，海口各区也迅速加入举办“夜校集市”活动行列。在每周一的晚上，海口各教学点的门口都热闹非凡。

架起产销“致富桥”　鼓起贫困户“钱袋子”

琼山区在市、区、镇、村四级帮扶干部、贫困户的努力下，“夜校集市”活动取得了不错的成效，进一步促进了贫困户和帮扶干部参加夜校学习的积极性和主动性。一是凝聚帮扶力量，发挥了党员带头作用。通过发动帮扶干部参加“夜校集市”活动，帮扶干部能进一步了解贫困户农产品的生产和销售情况，促进帮扶干部做好帮扶工作。在“夜校集市”上，农产品的种类繁多，有土鸡蛋、冷泉芋头、野山蕉、黑豆和芝麻等。帮扶干部不仅在现场购买，还主动利用微信、QQ、微博等方式，帮助贫困户宣传农产品，让更多的亲戚、朋友加入爱心帮扶。云龙镇云岭村帮扶干部利用微信、微博等方式在不到1小时的时间就卖出了

300多斤萝卜。帮扶干部纷纷表示,“夜校集市”是一个不错的线下买卖模式,既能满足自身的需求,又能推动解决贫困户销售难题,帮助贫困户的脱贫增收。二是架起服务桥梁,帮助贫困户增收。举办“夜校集市”活动旨在切实提高贫困户的收入,打通服务贫困户“最后一公里”。在“夜校集市”上,很多贫困户的农产品被一抢而空,贫困户的脸上挂满了笑容。旧州镇雅秀村的贫困户蔡香表示,石榴销路不好,本以为种植的番石榴会大量囤积,没想在“夜校集市”上,短短半个小时,采摘的40斤番石榴全部售完。许多附近的村民也闻声赶来,在“夜校集市”现场购买农产品。此外,“夜校集市”也吸引了社会爱心企业前来购买。2018年10月22日晚,琼山辖区内的新海府粥城、森林城市酒店、宗恒楼、天艺酒店、腾鹏大酒店、富林生态酒店、速8酒店等多家非公企业积极和各贫困村结对子,以党建联建的模式加入脱贫攻坚,如新海府粥城和森林城市酒店在“夜校集市”活动现场与清泉村委会30户贫困户签订连续3年产销协议,鼓励困难群众生产包销和脱贫,为贫困户提供了最需要的扶持和帮助。三是激发学习动力,提高电视夜校学习成效。电视夜校主要是为贫困户扶智、扶志,是脱贫攻坚的助推器。“夜校集市”将脱贫攻坚与电视夜校并举,不仅能够帮助贫困户增收,还能让贫困户带着劳动果实开开心心地参加电视夜校的学习。旧州镇雅秀村的贫困户王兰说,有了“夜校集市”,还能够在参加电视夜校学习的空档卖菜,补贴家用。三门坡镇清泉村创新推出电视夜校扶贫超市,以累计积分换取产品的方式,鼓励贫困户积极参与电视夜校的学习和“夜校集市”的活动,提高贫困户的参与性和主动性。“夜校集市”在帮贫困户“富口袋”的基础上进一步提高了贫困户参加夜校的主动性,帮助贫困户“富脑袋”,实现“志智”双扶,不断推动脱贫攻坚工作走向胜利。

真情帮扶,硕果累累。自2018年10月8日在琼山区开办“夜校集市”以来,“夜校集市”被迅速推广到其他各市县,并取得了良好的成效。自开展“夜校集市”活动伊始至2020年,琼山区参加周一晚上“夜校集市”的贫困户有800多户,帮扶责任人达7 000多人次,农产品近200种,累计成交额近35.8万元。“夜校集市”得到了省领导的点赞,海南省委副书记李军表示,海口“夜校集市”是消费扶贫的有益尝试,值得大力推广。同时,琼山区也将“夜校集市”的好经验、好做法搬上银屏,省电视夜校节目组成功录制并播出了以“夜校集市”为主题的脱贫致富电视夜校节目。

创新财政金融支农政策
助力天然橡胶产业脱贫攻坚

组织创新奖——海南省财政厅金融和国际合作处

天然橡胶是我国重要的农产品和战略物资，是海南广大胶农，特别是山区贫困村民的主要生产收入来源。近年来，由于国际胶价持续低迷，胶农收入大幅度下降，胶树弃割弃管、产量下降等不仅给海南省打赢脱贫攻坚战和实施乡村振兴战略带来巨大影响，也对国家天然橡胶战略布局构成了严峻挑战。为破解“胶贱伤农”难题，促进国家赋予海南省天然橡胶战略任务的圆满完成，省财政厅金融和国际合作处认真贯彻海南省委、省政府的部署，创新财政金融支农政策，在农业保险领域首次探索开展了橡胶收入价格保险，取得了很好的成效。该政策的实施改变了以往扶贫领域依靠捐钱给物、产业强制转型等传统帮扶模式。通过现代金融保险手段，充分挖掘和发挥贫困胶农现有生产资源和劳动技能的优势，帮助他们就地就近实现生产脱贫。

因地制宜　立足于海南本地产业资源

习近平总书记强调，“要立足当地资源，实现就地脱贫”。海南现有天然橡胶种植面积达 814.5 万亩，约占全国天然橡胶种植面积的 47.90%，年干胶产量达 36 万吨，占全国产量的 44.12%，不仅在稳定天然橡胶基本保有量中占有重要地位，而且关乎数十万胶农和 200 多万产业人口的生计问题。在海南中部市县的偏远山区，每家农户至少种有 5 亩以上的橡胶林，割胶收入占总生产收入的比重高达 60%～70%。显然，天然橡胶就是海南胶农最好的脱贫资源。时任省长沈晓明曾说，海南解决了橡胶价格浮动过大的问题，就保护了胶农的积极性，就解决了相当一部分人的贫困问题。橡胶收入价格保险政策正是立足和聚焦充分挖掘和利用天然橡胶的自然禀赋资源，帮助贫困胶农通过积极割胶取得经济收入，不用外出打工也能实现脱贫。

借助市场解决市场价格风险　实现政府资源和市场资源的有机结合

天然橡胶作为国家重要战略物资，我国始终需要保有一定的产量，这对于维护国家经济战略安全具有重大意义。作为国际贸易中的大宗农产品，天然橡胶的价格受国际市场影响较大。在价格低迷的情况下，政府应采取何种支持方式才能更加有效？政府直接对胶农进行价格补贴虽然能够弥补胶农的收入损失，但这种方式不仅容易引发国际贸易纠纷，而且会面临不少问题：首先，政府需要投入大量的人力、物力和时间来统计数以万计农户的橡胶种植和产量等信息，行政成本支出较大；其次，价格补贴资金在大多情况下都是逐级下达，支出时还要层层审核把关，效率低下，执行中容易引发权力寻租、滋生腐败等廉政风险，可能损害政府的公信力；再次，市场价格波动频繁，政府难以及时准确统计数据，存在一定的执行时滞；最后，一旦市场价格暴跌到一定程度，财政资金将难以为继，甚至会引发财政风险。

橡胶收入价格保险政策则是由保险机构通过其遍布全省的机构网络和服务资源，直接向农户提供保险产品(保险目标价为15元/千克，费率为12%，保费为1.8元/千克)，并按照承保数量，将一定比例的保费在期货市场上购买场外看跌期权，锁定价格风险。农户只需缴纳较少部分的保险费(其余由政府补贴)，便可获得较高程度的保险保障。无论市场价格多低，胶农的整体割胶收入(售胶收入+保险赔款)都能达到12元/千克以上的水平。在这个扶贫制度设计中，政府的主要任务是安排拨付保险费补贴资金、定期监测发布收购价格信息等，不需要直接同众多农户打交道，也不承担过多的事务性工作，节省了行政开支成本，也有效防范了廉政风险。

奖勤不赏懒　激发胶农勤劳脱贫致富的内生动力

天然橡胶价格(收入)保险最大的特点就是将保险赔付与实际产量挂钩，鼓励胶农依靠自己的双手勤劳致富，多劳多得、少劳少得、不劳不得。只有积极割胶出售，真实登记自己的实际产量，才能在收购均价低于保险目标价格的情况下得到保险赔付。无论市场价格如何波动，收入都无忧。割胶越多，整体收入就越多，从而有效调动了胶农的割胶积极性，体现了扶贫工作奖勤不赏懒的正确导向。胶农雷以城在尝到橡胶收入价格保险的甜头后，尽管割胶很辛苦，但是一家人仍然坚持每天凌晨3:00到胶园割胶，干劲十足。

探索一条多方共赢、多方受益的产业扶贫新路

橡胶收入价格保险政策的推出使各级政府得以通过提供一定比例的财政保费用于补贴，引导和带动胶农购买橡胶收入价格保险产品，撬动金融资源，为广大胶农抵御市场价格低迷或下行风险提供兜底保障，以帮助胶农，特别是贫困胶农通过就地生产劳动来脱贫致富。保险机构通过再保险或期货市场对冲，将风险进一步分散和转移，合理地控制自身风险，从而达到了“胶农得实惠、保险得发展、政府得民心”的共赢效果，走出了一条政府、胶农、市场、财政、金融机构等多方共赢、多方受益的产业扶贫之路，称得上是“海南财政金融支持实体经济和金融保险扶贫的一次创新实践”。这也是我国农业保险领域首次在一个省的范围内全面实施单一重要农产品收入价格保险制度，为我国其他地区探索实施单一农产品收入价格保险提供了可推广、可复制的经验。

加强引导　真抓实干　政策实施效益明显

天下大事必作于细，任何创新性的想法都离不开人们脚踏实地的实践。收入价格类保险在我国农业保险领域属于较高形态的创新型农业保险产品，没有多少成功的经验可循。为了快速打开工作局面，省财政厅金融和国际合作处选择琼中等市县作为该项保险政策的试点先行地区。在取得经验后，进一步向其他市县复制和推广。与此同时，该处在厅领导的亲自带领下，多次下沉基层一线，宣讲保险理念和财政补贴政策，并牵头协调省直相关部门，市县党委、政府、乡镇、村等四级组织队伍和保险机构，在较短的时间内建立健全了全省统一的橡胶收购价格信息监测发布制度体系，制定了任务进展定期通报、目标考核和重大情况会商制度和“以奖代补”政策等，采取奖补、通报、座谈、约谈等措施，充分调动了保险机构和政府相关部门等优势资源，加快推进保险的广覆盖。2019年，全省民营天然橡胶价格保险参保面积为120万亩，保费达12.13亿元，参保农户为7.79万户次，提供风险保障金额达10.82亿元。全年已决赔款达7 489万元，简单赔付率达61.7%，惠及农户59 882户次。全省建档立卡贫困胶农参保为4.42万户，参保面积为42.7万亩，基本实现了贫困胶农（达到开割条件并愿意参保）全覆盖，全省累计1.04万户次贫困胶农获得保险赔款636万元，获赔最多的贫困户得到保险赔款1.3万元，带动了割胶率明显回升，

保亭县累计复割 815 户，全县的复割率提升了 11%，保险户均日赔付量从 30.5 千克上升至 54.9 千克，呈稳步提升态势，助力产业扶贫的作用明显。

橡胶收入价格保险得到财政部的肯定，获得中央财政对地方优势特色农产品保险的奖补资金支持。该制度入选海南省制度创新案例，获得首届海南省改革和制度创新奖。下一步，将严格按照海南省委、省政府的要求，不断完善橡胶收入价格保险制度，进一步加大对橡胶收入价格保险的宣传和推广力度，以促进胶农增收，真正造福全省广大胶农，助力省产业扶贫工作和乡村振兴战略。

职业初中班　海南教育扶贫创新实践

组织创新奖——海南省教育厅改革与发展规划处(厅扶贫办)

海南省教育厅探索帮助贫困家庭孩子成长成才的职业初中班教育模式,逐步构建具有海南教育特色的巾帼扶贫励志中专班、扶贫励志班、职业初中班教育扶贫体系,是教育工作的又一创举。职业初中班经验在教育部主办的2019全国教育扶贫论坛和都江堰国际论坛推广。时任省委副书记李军在海南省2019年脱贫攻坚考核情况交流会汇报中将此项工作作为海南省五大创新性政策亮点予以充分肯定。《中国教育报》、南海网等媒体都做了专题报道。

背景和政策依据

(一)背景

海南省教育厅聚焦“两不愁三保障”,以脱贫攻坚“发展教育脱贫一批”的目标任务,紧紧围绕“全上学、全资助、上好学、促成长”的工作目标,多措并举推进控辍保学工作,实现贫困家庭孩子100%全上学和100%全资助,努力让每个贫困家庭的孩子享受公平和有质量的教育。2019年,海南省贫困家庭义务教育阶段厌学辍学并纳入重点关注的学生有近千人,劝返工作难度相当大,给政府、学校、帮扶单位带来很大的压力。贫困家庭孩子在义务教育阶段辍学成为教育扶贫工作的重点、难点、堵点。

(二)依据

按照《国家职业教育改革实施方案》(国发〔2019〕4号)提出“发挥中等职业学校作用,帮助部分学业困难学生按规定在职业学校完成义务教育,并接受部分职业技能学习”的要求,海南省教育厅以问题为导向,坚持立足实际、试点先行、从严掌握的原则,深化教育制度创新，在中职学校试点设立职业初中班，探索促进初中学业困难学生成长成才和普职融通发展的新路径。

（三）决策

扶贫必扶智，治贫先治愚。教育扶贫是阻断贫困代际传递的根本途径。不让一个贫困家庭孩子失学辍学是脱贫攻坚的底线目标。海南省教育厅在全面调研的基础上广泛征求市县教育局、义务教育学校和中等职业学校的意见，最终形成了会同省财政厅、省扶贫办联合印发了《海南省部分初中学业困难学生在职业学校完成义务教育并接受部分职业技能学习试点工作方案》（琼教规〔2019〕1 号）（以下简称《职业初中班方案》），靶向精准地解决了普遍存在而又难解决的厌学、缀学问题。

项目价值

（一）打通普职融通渠道的实践

根据《职业初中班方案》，职业初中班是指针对建档立卡、农村低保和特困供养家庭，且在初中期间经过大力帮扶仍然难以跟上学习进度且反复辍学的九年级学生，通过规定的程序安排到职业学校学习，但学籍仍然保留在原来就读的初中，如果这部分学生在职业学校学习存在不适应的，也可以无条件随时回到原来就读的初中继续学习。这一做法实现了义务教育学校的学生可以在中等职业学校就读，并通过职业教育学校的管理和义务教育的课程以及部分职业课程相结合的方法，他们能继续留在校园完成初中阶段学业，为打通普职融通做了有益的探索。

（二）构建新的资金拨付渠道

打通基础教育和职业教育经费拨付渠道。试点项目按照“钱随人走”的原则，按照中职标准拨付给中等职业学校，不再向学生原就读的初中拨付相关费用。义务教育特惠性资助政策不变，就读试点项目学校的学生继续按义务教育阶段标准享受各市县的教育扶贫特惠性资助。

（三）推动义务教育阶段学困生顺利完成义务教育学业

1. 教育政策的有效衔接

在充分考虑专业的覆盖面和办学地域分布的前提下，选取了 6 所省属中等职业学校

(省农业学校、省机电工程学校、省经济技术学校、省旅游学校、省农林科技学校和省民族技工学校)和8所办学质量较好的市县公办中等职业学校,共计14所中等职业学校开展试点工作,并按照规定的程序进行学籍登记,理顺中等职业学校、学生原初中学校的关系以及财政资金拨付渠道,实现了无缝对接。

2.普教融通探索与实践

初中厌学学生到职业学校就读,留得住是学校面临的首要任务。针对学生均来自贫困家庭、对学习前景不抱希望又处于叛逆期的实际情况,各试点学校使出浑身解数,制定了"留得住"的方案。有报销路费、购买保险等,通过军训和心理辅导,免除伙食费和校领导一对一结对帮扶,请成功学长给学生现身说法等做法,极大地激发了学生的自信心和学习的内动力。经过几个月的努力,职业初中班试点学校的学生数量基本保持稳定。通过"兴趣教学""职业实践"等对学生开展部分职业技能训练辅导,培养学生的学习兴趣,重建学习信心,学生能学趣同向,学有所长。留得住,就是胜利。为了让这些学生"人进得来、心留得住",常规的课程体系教育方式方法是难以奏效的。试点学校专门组织教研团队,设计了既涵盖义务教育基本课程、又能体现初等职业教育特点的教学方案,包括德育、科学、美育、综合实践、职业指导、职业预备教育和劳动技艺教育等内容。探索新的教育方式,切实有效帮助这些"特殊"学生脱离困境,是试点学校面临的新问题。除了配备班级班主任专门管理,学校还设立教育导师,及时帮助、鼓励学生克服思想、学习、生活等各方面的困难,树立学习信心,激发学习动力,促进学生成长。2019年,秋季开学至学期结束,通过激发学习兴趣,加强励志教育,强化基础教育,提升专业技能,"职业初中班"的学生发生了明显转变。他们在就读学校学习期间逐步养成了文明礼貌的良好习惯,自觉遵守学校纪律;通过技能学习培养他们的动手能力,并对各类职业技能学习产生了浓厚兴趣,绝大部分学生表示在完成义务教育阶段后将进入中职学校继续学习。

对于重度厌学的学生而言,在职业初中班就读其实是一个过渡。利用职业教育的方式让在叛逆期内的孩子换一种学习方式完成义务教育,并顺利进入人生的另一个阶段。这种模式对这些孩子,特别是贫困家庭的孩子的发展起到了极其重要的作用,也是改变家庭状况的重要契机。从这个意义上讲,职业初中班是教育兜底解决问题的最佳方案。

完成度及成熟度

"职业初中班"教育改革试点项目实施时间为2019年7月至2020年12月。根据《职业初中班方案》,省教育厅印发了《海南省教育厅关于做好部分初中学业困难学生在职业学校完成义务教育并接受部分职业技能学习试点工作的通知》(琼教职成〔2019〕57号)配套文件。各试点学校都成立了专门机构,选派骨干专门负责。市县教育局、学校做好与试点项目学校对接工作,形成了有效的管理制度,并在工作中积累了一定的工作经验。

经济性及效益性

经过一段时间的探索实践,在试点项目校就读的274名重度厌学学生,除13人转回原学校就读,无一辍学,为实现全省义务教育阶段贫困家庭学生100%全上学目标打下了坚实的基础。学校实行个性化的安置、人性化的安排和爱与帮的管理使职业初中班学生能够稳定地在学校就读,完成义务教育学业,掌握一些职业技能。经过一段时间在学校的学习生活,逐步培养了向好向上的行为习惯。这项新政策为海南省贫困家庭学生重返校园、掌握技能、改变命运提供了新的路径,对今后的成长发挥了积极的作用。

复制推广前景

在全国教育扶贫论坛介绍后,职业初中班经验在全国引起了积极反响,多个省份咨询“职业初中班”教育改革试点项目开展的情况,海南省教育厅也主动分享了相关文件资料以供借鉴和学习。实践证明,职业初中班教育模式是帮助重度厌学学生重返校园,并通过新环境、新目标、新管理可以达到矫正、引导此类学生朝着人生正确方向发展的重要创新举措。职业初中班教育模式是海南省在全国率先全面免除中职学生学费、率先给予从中等职业学校毕业升入高等职业院校就读学生学费补助和毕业学费奖励、率先建立中等职业学校生均拨款制度、率先打通从中高职到本科层次职业教育的上升通道后实现的又一个“率先”突破。在继率先开创“三段式”培养模式、创新举办“村官班”“扶贫励志班”办学模式后,又推出的“职业初中班”试点是一项值得推广的教育改革项目。通过教育的手段,贫困家庭得以摆脱贫困。这种形式具有极其重要的推广价值,也为脱贫攻坚贡献了教育扶贫的海南经验。

聚焦精准靶向施策 全力以赴打赢健康脱贫攻坚战

组织创新奖——海南省卫生健康委健康扶贫办公室(财务处)

围绕实现农村贫困人口有地方看病、有医生看病、有制度保障看病的目标，聚焦“三个一、三合格、三条线”，全面落实基本医疗有保障突出问题大排查，全面实施“大病集中救治一批、慢病签约服务管理一批、重病兜底保障一批”，全力推动健康扶贫责任落实、政策落地，力争把短板补扎实、基础打牢靠、队伍建坚强，确保农村贫困人口基本医疗有保障。

基本情况

据国务院扶贫办系统显示：2015 年年底，海南省未脱贫农村贫困人口 94 585 户 398 423 人，其中因病致贫返贫 12 505 户；2019 年年底，海南省未脱贫农村贫困人口 139 户 491 人，其中因病致贫返贫 56 户。因病致贫返贫减少 12 449 户。

工作进展及成效

(一)加强组织培训

成立健康扶贫工作领导小组，办公室设在财务处。牵头与各市县政府、卫生健康行政部门签订“健康扶贫督办承诺书”，压实责任。每年至少组织 4 次全系统扶贫骨干集中或视频培训，协调领导和机关健康扶贫骨干每年为全省扶贫干部授课 10 余次。2018 年 11 月，国务院扶贫办在海口举办全国健康扶贫培训班，海南省卫生健康委介绍了健康扶贫经验。

（二）建立政策机制

着眼于实现农村贫困人口基本医疗有保障，牵头制订了《海南省健康扶贫工程实施方案》《海南省健康扶贫工程“三个一批”行动计划》《海南省健康扶贫三年攻坚行动计划》《关于印发海南省解决贫困人口基本医疗有保障突出问题的工作方案》等，基本实现政策制度全覆盖。

（三）强化督导检查

牵头建立省委领导和机关处室分工督导制，明确每位省委领导联系 2～3 个市县（含 1 个国家级贫困县），每个处室联系 1 个市县的督导机制，定期对联系市县进行督导检查，财务处不定期对市县开展巡查，重要时期、重要阶段增加督导巡查频次，建立动态信息系统监测和全省健康扶贫微信工作群，督促市县把工作抓实、抓细。

（四）全面部署推进

1. 实施大病专项救治

根据国家卫生健康委的部署，大病专项救治病种从 2017 年的 11 种增加至 2019 年的 25 种，2020 年增加到 30 种，基本覆盖因病致贫返贫的重大疾病。截至 2020 年 5 月 14 日，全省筛查大病贫困患者 17 572 人，已实施救治 17 559 人，救治率达 99.9%。

2. 落实家庭医生签约服务

全省组建家庭医生签约团队 2 120 个，建立签约团队包村负责制，签约医生与慢性病贫困人口全面签约，重点做好高血压、糖尿病、结核病、严重精神障碍 4 种慢性病的规范管理。截至 2020 年，全省贫困户已签约 148 097 户，其中慢性病患者 31 725 户，并按要求对高血压、糖尿病、肺结核病、严重精神障碍贫困患者进行规范化管理，实现应签尽签。

3. 构建“四免一降五保障”医疗保障机制

农村贫困人口免交基本医疗保险个人缴费部分，免交大病商业补充医疗保险费用，免交住院押金，免报销起付线门槛；大病保险起付线降低 50%；建立新农合、大病保险、大病商业补充保险、医疗救助、医疗保障专项资金“五道”保障制度，以确保贫困人口住院报销达到 90%，慢性病门诊报销达到 80%，特困人员医疗费用报销达到 100%。此项工作已于 2019 年移交海南省医保局。

4. 落实便民服务措施

实行了贫困人口在省域内定点公立医疗机构住院“先诊疗，后付费”，出院实施“一站式”结算措施，减少了农村贫困人口住院垫资的压力，报销不用多头跑路，就医获得感得到提升。

(五)抓实问题整改

1. 抓基本医疗有保障突出问题的整改

牵头组织各市县卫生健康行政部门对基层医疗机构和卫生人员“两个空白点”进行大排查。通过排查，发现全省 143 个村卫生室缺合格医生，84 个村卫生室面积或设施不达标。截至 2019 年 11 月底，从县乡医疗机构派医生 161 人到缺合格医生的村卫生室开展诊疗服务，实现了村卫生室合格医生全覆盖。原 84 个面积或设施不达标的村卫生室已完成整改，实现了达标村卫生室全覆盖。全省 5 个国家级贫困县县级医院达到二级综合医院水平，每个乡镇均有由政府建的卫生院，所有村卫生室均按照《海南省解决贫困人口基本医疗有保障突出问题工作方案》标准配备基本药品。

2. 抓政策落实不到位问题的整改

(1)慢性病贫困患者签约服务不到位的问题　各市县共组建家庭医生签约团队 2 120 个，每个团队负责 1 个片区，分别与贫困人口签订服务协议，对高血压、糖尿病、结核病、严重精神障碍 4 种慢性病贫困患者提供每季度不少于 1 次的签约服务，其他慢性病贫困患者年内提供不少于 1 次的签约服务，实现贫困人口家庭医生签约应签尽签。

(2)先诊疗，后付费未实现全覆盖的问题　要求省域内各公立医疗机构严格落实“先诊疗，后付费”日报制度，将责任压实到人，简化入院手续，杜绝收取贫困人口住院押金现象的发生。

(3)“一站式”结算报销落实不到位，部分贫困群众反映“新农合”“大病保险”等报销难的问题　积极配合医保部门结合本地区贫困人口的县域外就医情况，对县域外签订“一站式”结算协议的公立医疗机构进行再梳理，协调解决存在的问题，优化结算程序。加大宣传力度，引导确需赴县外就医的贫困患者到与本市县签订协议的医疗机构就医，确保出院一次性结算。

(4)基层医疗卫生机构，尤其是村卫生室药品目录单一、难以满足群众需求的问题　《海南省解决贫困人口基本医疗有保障突出问题工作方案》，明确村卫生室基本药品配备种类。通过排查，全省 196 个基本药品配备不齐的村卫生室均已按照标准配备了基本药品。

(六)建立监测预警机制

依托健康扶贫动态系统对贫困地区县、乡、村三级医疗机构，因病就医支出较大的重点人群进行监测预警，及时采取帮扶措施。对被列入监测预警的医疗机构加强督导，以提升医疗卫生服务水平；对因病致贫返贫风险较高的人群，组织家庭医生签约服务团队开展定期随访；对需要治疗干预的人群，做好转诊服务、用药指导和康复管理，以确保农村贫困人口病有所医、医有所帮。

（七）动员社会力量参与健康扶贫

在全面落实健康扶贫政策措施、全力推进基层医疗卫生机构标准化建设的同时，广泛动员社会力量参与健康扶贫。一是复星集团、国家开发银行与5个国家级贫困县合作，开展提升乡村医生能力项目，促进了贫困地区乡村医生能力的提升。二是牵头与省扶贫办、北京联慈健康扶贫基金会联合在全省农村地区开展“国奶扶贫工程项目”，促进了贫困家庭婴幼儿群体的健康成长，减少了贫困婴幼儿家庭的经济支出。三是海南农信慈善基金会、海南成美慈善基金会设立了“生命援手——肿瘤救助基金”项目；省卫生健康委、爱佑基金会设立爱佑济困海星计划先天性心脏病救助项目分别在海南省肿瘤医院、海南省妇幼保健院实施；对建档立卡贫困患者在享受健康扶贫政策报销后，对由个人承担费用的部分进行再次救助，进一步减轻了农村贫困患者的医疗费用负担。

创新农业政策性金融产业扶贫模式 引领政银企合力决战决胜脱贫攻坚

组织创新奖——中国农业发展银行扶贫金融事业部海南分部

中国农业发展银行扶贫金融事业部海南分部（简称“海南分部”）自2016年成立以来，始终坚持以习近平总书记关于扶贫工作重要论述为指导，深入贯彻落实党中央、国务院以及海省委、省政府关于脱贫攻坚的各项决策部署，把服务脱贫攻坚作为最重大的政治任务和最核心的履职要求，把扶持产业扶贫作为根本之策，紧紧围绕海南全域旅游及热带高效农业省情特点，创新发起搭建政策性金融产业扶贫合作平台，建立长效扶贫利益联结机制，充分发挥了金融扶贫先锋主力模范作用。截至2020年5月，全行扶贫贷款金额为139亿元，占全省金融机构扶贫贷款的50%以上，扶贫贷款投放和金额居全省金融系统首位，直接或间接地带动了全省建档立卡贫困人口32万人次，所在单位海南分部先后荣获海南金融系统脱贫攻坚先进单位和2019年度海南省打赢脱贫攻坚战先进集体称号；倡导建立的产业扶贫合作平台扶贫模式入围国务院扶贫办“企业精准扶贫专项50佳案例”，作为主办银行支持的海南传味文昌鸡产业股份有限公司扶贫模式入围上述“50佳案例”。此外，在平台成员企业中，海南口味王科技发展有限公司等民营企业代表获得2019年度海南省打赢脱贫攻坚战先进个人民营企业称号（共6家）；海南翔泰渔业股份有限公司和海南传味文昌鸡产业股份有限公司分别于2018年和2019年获得全国“万企帮万村”优秀民营企业称号。新华社、《海南日报》和《海南新闻联播》等主流媒体多次宣传了海南分部金融服务脱贫攻坚的正面形象。

牵桥搭线　创新打造政银企扶贫合作平台

为解决贫困地区“融资难、融资贵”、产业发展缺少龙头企业带动等一系列问题，2017

年6月，海南分部作为牵头机构主动联合省扶贫办、省工商联创建了“农业政策性金融产业扶贫合作平台”。自该平台成立以来，陆续吸收了广陵高科、春光椰子、火山石斛、翔泰渔业、口味王等40家有经营实力和有社会责任感的现代农业领军企业加盟，约占全省农旅龙头骨干企业的40%，有效整合了省扶贫办、省工商联的政策指引和组织协调优势、政策性银行的金融优势、龙头企业技术和市场的优势，形成了政银企扶贫合力，有效提升了贫困地区产业扶贫组织化水平和服务脱贫攻坚质效。

创新引领　不断探索完善平台扶贫运作机制

海南分部勇于担当，积极创新，充分用好平台龙头企业的带动作用和政策性金融资金的优势，不断摸索完善平台扶贫运作机制。

一是构建“政策性金融＋平台企业＋贫困人口”的利益联结机制。聚焦贫困地区，引领平台企业在海南5个国家级贫困县和扶贫任务较重的儋州市对接地方政府产业扶贫规划及招商引资项目。通过向平台企业发放扶贫贷款，推进石斛种植、黑猪养殖、水产加工出口、生态旅游、农业科技等产业扶贫项目；通过产业带动、吸收就业等方式，直接带动了当地建档立卡贫困人口实现增收。

二是构建“政策性金融＋平台企业＋贫困村”的点对点帮扶机制。引导平台企业积极参与“百企帮百村”精准扶贫提质增效行动，开展点对点的精准包干扶贫，带动和帮助贫困村加快脱贫的进程。

三是构建政策性金融融智增值机制。海南分部将平台签约企业优选成为乡村振兴战略客户群，提供主办银行服务。根据平台企业未来3年的产业发展规划，成立专门服务小组，为其量身定制中期融资及服务方案，以满足企业未来3年发展规划内合理的中期产业发展信贷增长需求。

四是构建政策性金融优惠融资机制。对平台企业申报的扶贫贷款项目，根据国家有关产业政策和农发行信贷制度规定，开辟绿色通道，优先保障信贷规模纳入扶贫贷款计划，在保本和风险可控的前提下实行更加优惠的利率政策，对扶贫成效显著的项目实行免收中间业务费等优惠政策。

五是构建扶贫和平台企业带贫成效评价机制。将承贷农发行优惠扶贫贷款的平台企业列为评价对象，针对其扶贫贷款使用、扶贫项目帮扶及签约帮扶村帮扶等情况，及时开展扶贫成效评价，并根据评价结果，动态调整对平台企业贷款的优惠力度及平台企业资格，不断增强扶贫龙头企业的扶贫职责意识，完善平台企业的退出机制，巩固平台的长效扶贫机制。

及早谋划　前瞻推进政银企合力扶贫长效机制

为进一步巩固海南省脱贫攻坚成果，确保“贫困现象不反弹，脱贫群众不返贫”，及早做好脱贫攻坚与乡村振兴衔接工作，海南分部加强与平台企业共同研究，前瞻性研究创新推动服务脱贫攻坚长效机制建设。一是围绕提升平台整体抗风险能力，构建风险互助金机制。在依法合规的前提下，由平台企业共同出资，成立以有效防范及化解阶段性或周期性经营风险为宗旨的自愿互助协商型基金，合力解决平台成员企业阶段性或周期性经营困难问题，实现共同稳健的发展。二是围绕“脱贫不脱政策”，建立稳固脱贫基金长效机制。由海南分部发起、平台企业自愿筹集，建立稳固脱贫成效基金机制，对接稳固脱贫成效监测信息，完善服务稳固脱贫成效长效机制，探索和运用“政策性金融贷款让利＋平台企业基金帮扶”方式，支持贫困人口稳定脱贫和防止边缘人口返贫。首期有 8 家企业参与，共筹集资金 1 200 万元，拟用于帮扶全省 2 400 多名人均 4 000 元以下的贫困边缘人口的稳固脱贫，防范返贫风险。三是有效探索脱贫攻坚与乡村振兴战略衔接机制。主动总结近年来产业扶贫工作经验，加大研究和运用农发行总行赋予海南分部创新实验区和“五大领域”的创新优惠政策，积极引导产业扶贫合作平台企业衔接地方政府乡村振兴规划，强化与合作社、农村集体经济的协调合作。

深耕细作　共同收获政银企合力扶贫丰硕成果

(一)有效解决贫困地区企业融资难问题

成员企业全力对接服务贫困地区脱贫攻坚规划，海南分部充分发挥政策性金融优势，累计支持了 60 多个产业项目，累计发放贷款超过 120 亿元，支持企业的扶贫贷款定价水平比同行业平均低 93 个基点，累计为企业节省财务成本超过 5 800 万元，为扶贫龙头企业以及贫困地区企业提供了优惠扶贫信贷规模保障。

(二)充分发挥民企脱贫攻坚生力军作用，有效提升贫困人口内生发展动力

平台成员企业累计辐射带动贫困人口 12 万人次。同时，平台企业积极参与“百企帮

百村”精准扶贫行动。在40家企业中，20家企业与22个贫困村已经开展点对点帮扶，进一步巩固了帮扶成效。

(三)形成多样化产业扶贫方式，解决贫困地区发展产业难的问题

龙头企业带动型，如翔泰渔业、传味鸡、正业中农科技等，以龙头企业为核心，通过金融支持引导，带动产业发展，产业强化扶贫；依托土地流转型，通过土地流转与规模贷款品种，支持了2.3万亩南繁育种基地建设，支持了一批热带瓜果种植基地建设，带动了贫困人口的增产增收；旅游资源开发型，包括海花岛旅游项目、分界洲项目、国家水稻公园项目，通过对旅游资源的开发和支持，改善贫困地区的生态环境和人居环境；全方位支持支柱产业，槟榔是海南支柱热带产业，涉及农业人口250万人，占全省农业人口的一半，为落实政府保护槟榔产业政策要求，采取了包括龙头企业带动收购、政府槟榔加工贷、与担保机构合作贷3种模式，全方位予以支持；小微企业“隐形冠军”型，如通过小微企业贷款支持的陵水胜杰哈密瓜种植基地等。虽然它们的规模不大，但经营效益较好，对当地产业和贫困人口具有明显的带动作用。

(四)形成可复制、可推广的金融扶贫模式

平台扶贫模式得到地方政府的相关部门和社会各界的认可，入围了国务院扶贫办“企业精准扶贫专项50佳案例”。此外，包括海南翔泰渔业股份有限公司在内的多家平台企业也获得国家和省脱贫攻坚荣誉称号，为海南省决胜脱贫攻坚发挥了重要作用。

海南省乡村振兴局◎组编

海南省
脱贫攻坚实践

海南答卷篇

中国农业大学出版社
China Agricultural University Press
·北京·

内容简介

本篇通过回望历史、反躬自省从7个方面总结和分享了海南省在脱贫攻坚战期间采取的多种有效措施。本篇涉及脱贫队伍的打造、民生福祉工程的实施、特色产业优势的发挥、科技赋能与志智双扶以及脱贫成果的巩固等，进而展望未来，有效衔接脱贫攻坚与乡村振兴，以加快农业农村现代化发展。

图书在版编目(CIP)数据

海南省脱贫攻坚实践．海南答卷篇/海南省乡村振兴局组编．--北京：中国农业大学出版社，2023.5

ISBN 978-7-5655-2977-1

Ⅰ.①海… Ⅱ.①海… Ⅲ.①扶贫—概况—海南 Ⅳ.①F127.66

中国国家版本馆CIP数据核字(2023)第075623号

书　　名　海南省脱贫攻坚实践　海南答卷篇

Hainansheng Tuopin Gongjian Shijian　Hainan Dajuan Pian

作　　者　海南省乡村振兴局　组编

策划编辑　吕建忠　石　华　　**责任编辑**　石　华　张士杰

封面设计　李尘工作室

出版发行　中国农业大学出版社

社　　址　北京市海淀区圆明园西路2号　　**邮政编码**　100193

电　　话　发行部 010-62733489,1190　　读者服务部 010-62732336

编辑部 010-62732617,2618　　出　版　部 010-62733440

网　　址　http://www.caupress.cn　　**E-mail** cbsszs@cau.edu.cn

经　　销　新华书店

印　　刷　涿州市星河印刷有限公司

版　　次　2023年5月第1版　　2023年5月第1次印刷

规　　格　185 mm×260 mm　16开本　9.75印张　190千字

定　　价　140.00元(全三册)

前言

贫困是人类社会的顽疾，脱贫始终是古今中外治国安邦的一件大事。自党的十八大以来，以习近平同志为核心的党中央鲜明提出精准扶贫理念，创新扶贫工作机制，以实现脱贫攻坚目标的总体要求。党中央把脱贫攻坚摆在治国理政的突出位置，把脱贫攻坚作为全面建成小康社会的底线任务，组织开展了声势浩大的脱贫攻坚人民战争。党和人民披荆斩棘、栉风沐雨，发扬钉钉子精神，敢于啃硬骨头，攻克了一个又一个贫中之贫、坚中之坚，脱贫攻坚取得了重大历史性成就。在党中央的领导下，海南省各级各部门认真学习习近平总书记关于扶贫工作的重要论述，全面贯彻落实党中央、国务院和海南省委、省政府的决策部署，坚持精准扶贫、精准脱贫方略，上下联动、系统推进、合力攻坚，2020 年海南省 5 个贫困县(市)全部脱贫，彻底解决了海南省各族人民千百年来存在的绝对贫困问题。

脱贫不是终点，而是新生活、新奋斗的起点。通过对海南省脱贫攻坚的总结，本篇不仅记录历史，为海南省脱贫攻坚取得的成就提供准确的数据支撑与完备的资料档案，而且展望未来，为海南省进一步巩固拓展脱贫攻坚成果，全面推进乡村振兴以及持续深化自由贸易港建设提供经验参考，为全球减贫事业发展提供中国智慧和“海南方案”。“十四五”时期是开启全面建设社会主义现代化国家的新征程，是向第二个百年奋斗目标的第一个五年，是海南省高质量、高标准建设中国特色自由贸易港的关键五年。立足“十四五”时期新发展格局，针对海南省农业农村发展可能面临的新问题和新挑战，本篇提出如下政策建议。

第一，“扶上马走一程”，集中资源支持脱贫攻坚向全面推进乡村振兴平稳过渡。首先，保持帮扶政策总体稳定是巩固成效的前提。海南省要在坚持扶贫政策的稳定性，严格落实“四个不摘”要求的同时对帮扶政策进行分类、优化和调整，继续做好生态扶贫移民搬迁的后续扶持工作。其次，健全防返监测帮扶机制是巩固成效的基础。海南省要继续使用大数据平台做好常态化监测工作，建立和完善监测、预警、帮扶、保障“四位一体”的防贫工作机制。最后，持续发展壮大扶贫产业是巩固成效的保障。海南省要补齐脱贫地区的产业发展“短板”，尤其是在营销方面，促进产业提档升级。

第二，以发展共享农庄为抓手，努力打造具有海南特色的田园综合体，促进农村一二三产业深度融合发展。在推动共享农庄高质量发展过程中，要加强规划引导，严守生态环保、永久基本农田保护红线，确保节约集约用地，结合实际统筹编制好村庄规划和共享农庄发展专项规划；要强力推进“三块地”改革试点，有效盘活农村闲置土地资源，切实保障项目用地需求；要完善市场主体与农民、村集体经济组织之间的利益联结机制，实现各方共赢；要加快规范化、标准化建设，加强负面清单管理，促进共享农庄健康有序发展。

第三，把全面推进乡村振兴作为海南自由贸易港建设的基础性工程，努力打造乡村振兴“海南样板”。要全力做好队伍机构、工作体系、发展规划、政策举措、考核机制等多方面的政策衔接，确保工作不留空当、政策不留空白，使海南省经济实力逐步增强，脱贫地区的农村低收入人口生活水平显著提高，城乡差距进一步缩小，以促进海南省人民共同富裕取得更为明显的实质性进展；要坚持推进乡村建设行动，聚焦城乡融合、生态宜居、治理有效、乡风文明，打造海南自由贸易港美丽乡村会客厅；要坚持深化农村农垦改革，释放改革红利，增强发展活力；要弘扬脱贫攻坚精神，强担当、办实事、改作风，狠抓乡村振兴各项工作落实，把蓝图一步一步变为现实。

第四，立足热带农业特色优势，做好农业产业发展布局，打造高质、高效的热带现代农业产业集群。要围绕保障国家粮食安全、建设国家南繁硅谷、打好种业翻身仗等国家战略，规划建设南繁科技城、国家南繁科研育种基地、全球动植物种质资源引进中转基地、国家现代农业产业园、国家热带农业科学中心五大平台；要聚焦粮食、生猪、种业、渔业、天然橡胶、槟榔、椰子、热带水果、特色经作、特色畜禽、常年蔬菜、冬季瓜菜十二大产业，明确优势区域布局，通过推动农业品种培优、品质提升、品牌打造和标准化生产，提升自由贸易港热带特色高效农业的国际竞争力；要不断促进现代农业产业融合，改善农业设施装备，发展智慧农业，打响海南农产品品牌，推动农业高水平对外开放等，加快农业园区化、设施化、数字化、品牌化发展。

《海南省脱贫攻坚实践》编写组

2022 年 4 月

目 录

谋篇布局担当使命　坚定不移落实国家战略

一、回望来路　筚路蓝缕　玉汝于成

(一)改革开放推动发展,多措并举攻坚脱贫

1.设省划区开新篇

1984 年,邓小平同志在视察深圳、珠海、厦门经济特区后提出:“我们还要开发海南岛,如果能把海南岛的经济迅速发展起来,那就是很大的胜利。”1988 年 4 月,第七届全国人民代表大会第一次会议正式批准设立海南省,划定海南岛为经济特区。1988—1993 年,海南省实施区域开发式扶贫战略。在建省初期,海南产业结构单一,工业基础薄弱,产业内部结构畸形,产业层次较低。由于特殊的政治军事形势和特定的历史条件,海南岛作为国防前哨,国家对海南投入的资金和人力很少,经济发展较为缓慢,经济结构演进也十分迟缓,产业结构是以农业为主体的传统经济格局。

通过促进热带高效农业持续快速发展,水产养殖、热带水果、牧业、瓜菜等成为海南省农村经济持续增长的重要支柱。在此期间,农业增加值年平均增长 9.0%,粮食总产量年均增长2.4%。通过推动工业生产规模迅速扩大,海南省工业化进程不断加快;通过吸引投资和技术引进、技术改造,逐步发展成为生产门类齐全、综合配套能力不断增强的地方工业体系。为加速旅游业的飞速崛起,海南省重视发展旅游业对促进经济社会发展的作用,把海南的旅游业作为第三产业的“龙头”来大力发展,旅游基础设施不断完善,服务质量明显提高,一大批景区、景点相继建成,旅游人数显著增加。

2.综合扶贫见成效

1994—2000 年,海南省实施综合性脱贫攻坚战略。海南省委发布《关于开展联手扶贫

工作的意见》,号召海南省86个省级单位和经济比较发达的城市分别对全省45个贫困乡镇联手对应帮扶,针对思想、门路、资金、技术4个方面对海南省贫困乡镇展开扶贫工作。在思想宣传方面,通过开展党员会、团员会、干部会,利用广播、墙报、电影、横幅等,大力宣传党的路线、方针、政策;在干部群众中广泛开展破除小农经济思想、因循守旧思想、安于现状思想,树立社会主义市场意识、科技致富意识、开拓进取意识的教育活动。在拓宽门路方面,海南省45个贫困乡镇在驻点工作组的帮助下,确立了"五个一"扶贫计划,即建好一个市场、办好一个公司、种好一片瓜菜、架好一条通信线路、办好一个基地,帮助贫困乡镇制订温饱计划,确定开发项目,做好招商引资。在资金扶贫方面,各单位通过各种渠道筹集资金和物资,为贫困地区落实项目,各个单位争取国内外资金进行脱贫建设。在技术帮扶方面,海南省委台湾工作办公室邀请台湾农业技术人员现场分析和指导,海南省人事劳动保障厅聘请农业专家为贫困乡镇举办培训班,在传授种植知识的同时,还招收青年进行培养。

2001—2012年,海南省主要实施整村推进与"两轮驱动"扶贫战略。自21世纪以来,海南省继续加大扶贫力度,在"十一五"期间,对11个贫困市县实施近200个重点项目,集中贫困人口、集中资金、集中解决影响贫困地区经济发展的突出问题。严格按照"条条立项、块块申报、集中审定、专款专用、部门验收、财政监督"的原则,组织实施扶贫开发项目。在农村贫困地区修建水库、新增和恢复灌溉农田、修筑乡村公路和桥梁,解决农村用电难、饮水难问题,帮助农户将茅草房改造为砖瓦房等,大大减少了贫困人口,降低了贫困率,为之后的经济发展与脱贫攻坚工作的实施打下了坚实的基础。

(二)新时代开创新局面,脱贫攻坚全面胜利

自脱贫攻坚以来,海南省时刻把脱贫攻坚作为首要工程和重大任务来抓。从扶贫任务的侧重点及任务要求,海南省脱贫攻坚可被划分为以下3个阶段(图1-1),在各个阶段,脱贫攻坚的具体成果及取得的成效如表1-1所列。

图1-1 海南脱贫攻坚阶段

表 1-1　海南省脱贫攻坚的具体成果

年份	农村居民人均可支配收入/元	农村居民家庭恩格尔系数	累计脱贫人数/万人
2013	8 343	49.5	6
2014	9 913	43.2	14
2015	10 858	42.7	23
2016	11 843	43.2	38
2017	12 902	41.9	57
2018	13 989	41.8	66
2019	15 113	41.7	—

1. 夯实基础阶段(2013—2014 年)

(1)落实 10 件民生实事为贫困群众改善生活条件　海南省委、省政府专题研究并印发《省委、省政府 2013 年为民办实事十大事项》,将“强力推进扶贫开发,实现 6 万人脱贫”作为“10 大事项”之首。关于产业扶持方面,扶贫项目向贫困人口密度大的地区倾斜,向贫困程度深的贫困户倾斜。基础设施相对好的市县投入在产业扶持方面的资金高达 70%以上,帮助贫困地区农民找准适合当地发展的支柱产业,大力发展海南热带特色农业(图 1-2)和畜牧业。推出“雨露计划”培训工作,先后与 15 所学校建立培训关系,使贫困地区的青年有一技之长,走上就业脱贫致富之路。2013 年减少贫困人口 6.4 万人,开工建设保障性住房 4.74 万套,建成5.32 万套,分配入住 5.84 万户,改造农村危房 2.56 万户、库区移民危房 3 200 户,农村劳动力转移就业 9.5 万人。按计划提高了新型农村社会养老保险、城市低保、农村“五保”保障标准和医保财政补助标准。海南省创新财政支持扶贫开发方式,加大资金管理改革力度,增强资金使用的针对性和实效性,项目资金到村、到户,确保资金直接用于扶贫对象。

图 1-2　海南省特色农产品

(2)通过投入财政资金进行摸底排查,推动贫困户的精准识别　海南省成立由省、市

(县)、乡(镇)三级400多人组成的建档立卡工作队伍,投入共计700多万元,支持各市(县)为每个贫困村、贫困户建档立卡,实行扶贫精准识别、动态管理,累计识别贫困村600个、贫困户15.44万户、贫困人口63.6万人,并基本完成贫困人口信息采集录入工作,为后续脱贫攻坚工作全面推进打下基础。

2.巩固提升阶段(2015—2017年)

(1)明确各级具体任务 强化领导力量,海南省委、省政府调整充实省扶贫开发领导小组,书记、省长任双组长,副书记、分管副省长任副组长,成员单位由省直机关、社会团体、部队、金融等方面的49个部门组成。海南省委、省政府高度重视省扶贫工作办公室(以下简称"省扶贫办")领导班子建设,从全省范围内选拔年富力强、工作经验丰富的干部到省扶贫办任职,2016年6月印发《中共海南省委 海南省人民政府关于打赢脱贫攻坚战的实施意见》,6月印发《责任分工方案》,明确了牵头部门的责任,各牵头单位制定了具体落实方案,提出加强和推进有关工作的具体意见、措施、进度安排;在此基础上,又印发《海南省扶贫开发领导小组成员单位脱贫攻坚工作职责》,进一步明确了省扶贫开发领导小组和49家成员单位的脱贫攻坚工作职责,落实相关责任,建立起统筹协调、合力攻坚、齐抓共管的脱贫攻坚责任制。

(2)充实一线帮扶力量 从机关、国企等单位选派政治思想素质好、熟悉农村工作、年富力强的优秀干部918人到村任第一书记,全覆盖300个"十三五"建档立卡贫困村。制定《海南省驻村第一书记管理办法》《海南省驻村扶贫工作队管理办法》《海南省贫困户帮扶责任人管理办法》,明确各级帮扶责任人、驻村工作队的责任。海南省扶贫创业致富带头人在讲解农业知识,如图1-3所示。

(3)完善脱贫攻坚政策体系 根据《中共中央 国务院关于打赢脱贫攻坚战的决定》和中央扶贫开发工作会议精神,结合海南省实际,制定《中共海南省委 海南省人民政府关于打赢脱贫攻坚战的实施意见》,提出"三年脱贫攻坚、两年巩固提升"的总目标。编制《海南省农村脱贫攻坚"十三五"规划》《海南省"十三五"生态移民搬迁规划》《海南省旅游产业扶贫规划》等,为今后五年的脱贫攻坚工作提供可遵循的政策。制定《海南省市县党委和政府扶贫开发工作成效考核办法》《关于支持贫困县开展统筹整合使用财政涉农资金工作的实施意见》等文件,构建适应精准脱贫需要、全方位强力支持的扶贫政策体系,为如期完成脱贫攻坚任务提供了重要保证。

图1-3 海南省扶贫创业致富带头人在讲解农业知识

(4)提高贫困识别精准度　进行进村入户摸底排查，抽调省、市(县)和乡(镇)三级机关干部 4 000 多人次，组成 844 个调查组，历时 3 个多月对在册的贫困户和新申请的农户、无建档立卡贫困户的行政村、各农垦农场、各市(县)有农业人口的居委会开展了 4 轮进村入户调查，确保农村贫困人口入户调查核实全覆盖。

(5)大力开展就业扶贫　实施就业援助，开发公益性岗位，扶持贫困家庭劳动力转移就业，实施社会保险补贴和稳岗补贴政策，大力促进贫困家庭毕业生就业，引导和鼓励贫困家庭劳动力自主创业。

(6)推进深度贫困攻坚工作　完善“输血”机制，稳定和增强脱贫群众脱贫能力，贯彻落实 2016 年农业部、国家发展和改革委员会等九部门联合印发的《贫困地区发展特色产业促进精准脱贫指导意见》，加强组织领导，抓好顶层设计，统筹全省产业扶贫工作，农业农村厅成立产业扶贫办公室，联合省发展和改革委员会(以下简称“省发改委”)、省扶贫办等八部门联合编制《海南省“十三五”产业精准扶贫规划》，同时先后出台《关于进一步做好 2017 年产业扶贫工作的通知》《促进农民增收二十一条措施》《推进农民一二三产业融合发展》《壮大发展农村集体经济》等一系列指导意见和政策。

此外，在推动各级各项政策有效衔接、坚持规范管理、提高扶贫资金使用效益、加强舆论宣传引导与教育培训方面，海南省还充分调动和利用社会各界力量为脱贫攻坚献计献策，出资出力，为打好脱贫攻坚战奠定基础。

3.决胜攻坚阶段(2018—2020 年)

2018—2020 年是海南省脱贫攻坚的决胜时期。通过自身整改，海南省针对国家考核反馈的 5 大类 47 个问题，制定了《海南省 2017 年度脱贫攻坚问题整改工作方案》，提出 160 多项有针对性的整改举措，并把每项整改任务都落实到具体部门和单位，搭建“五级战斗体系”，全面提升脱贫质量。

(1)落实脱贫攻坚领导责任　采取超常规措施，切实加强对脱贫攻坚的领导，坚决落实“省负总责”要求，进一步压实责任、转变作风，实行“战时”体制，进入“战时”状态，建立从省到自然村的五级战斗体系。在省级层面，成立省打赢脱贫攻坚战指挥部，由省扶贫开发领导小组授权行使领导小组的职能，加大领导、谋划、指导、推动力度，加强政策研制和日常调度。

(2)精准识别贫困　建成精准扶贫大数据平台，先后打通教育、卫健、住建、民政、人社等部门 24 个数据接口，通过部门数据与建档立卡数据的信息比对分析，清退假贫困户。建立入户调查常态化机制，重点对边缘户、因病因灾等家庭变故易返贫的脱贫户实施跟踪监测，做到“返贫即入”。

(3)激励基层干部积极投入扶贫工作　出台《海南省脱贫攻坚奖励激励办法》，设立全省脱贫攻坚奖，对先进集体、先进个人给予立功等奖励激励。拟出台《关于在脱贫攻坚中考察识别选拔重用干部的实施意见》。

（4）落实帮扶力度、政策举措、扶贫资金使用和项目管理等 从多方面进行整改，加大资金、人力投入水平，优化扶贫体制机制。

（5）制订和印发《海南省打赢脱贫攻坚战三年行动计划》 把脱贫攻坚作为加快建设美好新海南的头等大事和第一民生工程，优化政策供给，全面提升脱贫质量。

（6）实施产业扶贫工程 帮助贫困户发展特色产业，鼓励贫困户因地制宜积极发展“五个一”庭院经济，即一块林地、一片果园、一块菜地、一群畜禽、一门技术，大力推广能见效的种养业和加工制作等增收产业。实现贫困户产业组织化全覆盖，推广“经营主体＋合作社＋贫困户”的做法，引入企业等经营主体，采取土地流转、股份合作、订单帮扶、劳务用工、技术服务等方式，构建与贫困村、贫困户的利益联结机制。强化对贫困家庭劳动力的职业培训和就业服务，统筹整合各类培训资源，大力开展职业技能培训和通识培训，落实职业培训补贴政策，确保有培训意愿的贫困人口都能得到免费培训，确保有就读技工院校和中等职业学校意愿且符合条件的贫困“两后生”都能免费就读。

（7）实施生态扶贫工程 推进林业生态保护修复扶贫，完善森林生态效益补偿标准动态调整机制。积极实施生态移民，对生态核心区、江河源头、水源保护地、公益林保护区、热带雨林生态保护红线区、地质灾害易发区等区域内的贫困村和缺乏基本生产生活条件的贫困村实施生态移民，带动贫困群众脱贫。

（8）实施教育扶贫工程 坚决“不让1人因贫失学辍学”。强化市县政府义务教育控辍保学主体责任，落实辍学报告和动员复学制度，实施“双线目标责任制管理”，确保贫困家庭适龄学生在义务教育阶段全上学。建立贫困家庭学生关爱体系，改善贫困地区办学条件，加强贫困地区乡村教师队伍建设。

（9）实施健康扶贫工程 将贫困人口全部纳入城乡居民基本医疗保险、大病商业补充保险和医疗救助保障范围，贫困人口参加城乡居民基本医疗保险个人缴费财政全额补贴。提升贫困地区乡村医疗卫生机构能力，实施好重大疾病综合防控和大病的专项救治，加强对贫困地区慢性病、常见病的防治，重点做好地中海贫血、结核病和严重精神障碍等重大疾病的综合防治。

（10）实施危房改造扶贫工程 精准确定危房改造补助对象，规范对象认定程序，完善危房改造信息公示制度，建立危房改造台账，改造1户、销档1户，确保完成建档立卡贫困户4类重点对象危房改造任务。严格执行危改房建筑面积标准，确保贫困户危房改造既不超面积，也不少面积（图1-4）。

（11）实施综合保障性扶贫工程，统筹各类保障措施 建立以社会保险、社会救助、社

图 1-4　旧貌换新颜的农村

会福利制度为主体，以社会帮扶、社工助力为辅助的综合保障体系。健全低保、临时救助等各项社会救助制度。加强农村低保制度与扶贫开发政策有效衔接，探索统一农村低保和建档立卡贫困人口认定标准、认定机制及动态管理体系。实施兜底救助保障工程，对符合条件的农村贫困人口实现应保尽保。做好贫困家庭留守老人和留守儿童关爱服务工作。将符合条件的贫困残疾人纳入农村低保和城乡医疗救助范围。

（12）实施精神扶贫工程，坚持志智双扶　脱贫致富电视夜校要加强思想、文化、道德、法律和感恩教育，加大以工代赈的实施力度，建立阶梯式生产奖励制度，鼓励贫困群众投工投劳。

（13）实施社会扶贫工程，全面提升定点扶贫工作水平　落实定点扶贫工作责任，激励各类企业、社会组织参与脱贫攻坚，切实落实省属国有企业精准帮扶责任，通过发展产业、对接市场、安置就业等多种方式帮助贫困户脱贫。倡导多种形式的扶贫志愿活动。

（14）全面进行脱贫体系整改　建立健全从省到村五级战斗体系、“省负总责、市（县）抓落实、乡镇扑下身子”脱贫攻坚责任体系、贫困人口动态监测和帮扶机制、督查组督查制度，建成精准扶贫大数据管理平台，通过全覆盖大排查、完善政策体系、主攻产业就业，抓实问题整改，凝聚攻坚合力，激发内生动力。搭建“三个体系”“一个平台”，全面落实以“两不愁三保障”为核心的各项政策，积极探索扶贫新模式，切实推动产业、就业扶贫提质增效，着力激发干部和贫困群众内生动力。

在海南省上下的一致努力下，2020 年全省贫困地区和贫困群众同全国一道进入全面小康社会，为实施乡村振兴战略、建设自由贸易试验区和中国特色自由贸易港打好基础，推动农业全面升级、农村全面进步、农民全面发展，奋力谱写新时代乡村全面振兴的新篇章。

二、反躬自省　摸清家底　条分缕析

(一)"三农"领域现短板,"木桶"效应较明显

脱贫攻坚是自由贸易港建设的底线目标和第一民生工程,自由贸易港建设也会巩固和提升脱贫攻坚成果。当前,海南省脱贫攻坚工作取得伟大成就,但海南自由贸易港建设面临的一个突出现实情况:海南省有80%的农村土地、60%的农村人口;在产业结构中,农业占的比重为20%。因此,农业、农村、农民问题依然是自由贸易港建设中的短板。通过对标海南自由贸易港建设总体方案,在《海南省打赢脱贫攻坚战三年行动计划》的基础上,我们梳理出海南自由贸易港建设的"三农"短板。

1.农业产业基础依然薄弱

海南省产业扶贫为农业产业发展奠定了良好基础。与世界一流自由贸易港的产业发展水平相比,海南省农业产业基础依然薄弱,主要表现在以下几个方面。

(1)热带特色农业竞争力依然不足　热带农产品市场不确定性强,产销对接不畅,严重影响岛内农民从事农业生产的积极性,部分地区出现大量土地撂荒;海南热带特色农业产业链一体化水平不高,农业生产社会化服务水平低、新兴产业竞争力不强,农业金融体系不发达,农民贷款难、贷款贵的问题长期存在;农技服务体系"网断人散"、农业生产质量监管不到位、农民专业合作组织建设不规范、产业链不完整等因素严重制约了海南热带农业产业的发展。

(2)现代种业发展面临诸多制约　南繁基地功能定位不全面,作用未能充分发挥,缺乏对生物育种基础性、前沿性重大科学问题的凝练与挖掘,与保障国家粮食安全相关的前沿生物育种技术、动植物种质资源引进与创新、南繁繁育技术创新以及智慧农业、农业信息大数据等种业"硅谷"科技创新实验室的研究不足;科研实验和基础设施缺乏,开放共享不足,随着基因挖掘、分子设计育种、基因编辑等生物育种前沿技术的创新,南繁对现代实验手段和技术的依赖逐渐增强,急需建立功能完备、条件完善的综合实验平台和科研基础设施;多数南繁机构和单位分散在当地的农场、农村,科研基础设施较差;试验用地紧张,农田设施无法满足需求,受资金与条件限制,南繁科研用地紧张,成本较高,政策措施不配套、难落地,长期租赁的科研用地不足总需求量的40%,大部分用地是临时租用,用地分散且不稳定,不利于南繁工作的开展;成果转化能力弱,专业性不强;南繁基地与建设全国种业科技成果产权交易中心所要求的新材料、新品种、新技术、新产品等农业科技成果评价、

交易服务等成果转化能力还不匹配；相关支持政策、发展规划、人才队伍等专业性措施缺乏；成果转化的聚集效应和辐射效应未能得到充分发挥。

(3)农村一二三产业融合水平不高　海南省旅游资源丰富，旅游业对农业起到了一定的需求拉动和供给推动作用，但海南省农业和旅游业的融合总体水平不高，总体效果还有待增强，进一步深入融合发展还有较大空间。当前仅靠数量上的扩张和增长已不能推动自由贸易港农业和旅游业的融合发展，如何提质增效、增强服务水平，提高海南省旅游业与农业之间的关联程度就成为提升农村三产融合水平的关键。

2.农村营商环境仍待优化

脱贫攻坚是对农村政治、经济、社会、人口、生态等各方面的深度革新和全面提升。特别在产业扶贫过程中，海南省各地各部门出台多项措施吸引企业落地、支持贫困人口就业、运用数字化手段提升管理服务效率，在一定程度上优化了海南省农村地区的营商环境，为海南自由贸易港整体营商环境的提升做出了贡献。但营商环境的建设目标丰富多元，且与世界一流营商环境相比，海南自由贸易港农村地区在稳定、公平、透明的法治化营商环境，开放、服务、创新、高效的国际化发展环境以及公平、开放、透明的市场环境等方面还存在不小的差距。

中共海南省委书记沈晓明说："如果说我们海南今天的发展是靠政策环境、靠生态环境，我希望今后我们的发展能够靠营商环境。"这句话道出了营商环境在海南自由贸易港的可持续发展极其重要的意义。营商环境打造是一个系统的综合工程，需要全岛全域共同推进，但在农村地区，营商环境依旧是自由贸易港建设的突出短板，特别是在教育、医疗、养老等社会保障以及信用体系建设方面，还存在较大差距。其主要表现在4个方面。

(1)政策的规范实施和精准落地仍有差距　政策执行高效、落实落地是自由贸易港农村地区政务环境优化的重要任务，但海南省农村地区通过精准管控和数据信息共享提高各部门协同合作水平，以提高农村地区政务服务的高效性、准确性、便捷性。

(2)鼓励包容新技术、新产业、新业态、新模式的农村金融环境有待建立　良好的营商环境可使本土和外来企业以及有能力、有意愿的企业家群体通过产业创新等方式融入自由贸易港建设，从中谋求新的发展机遇，这是自由贸易港营商环境建设的重要目的。当前，海南省农村地区的融资环境不佳，农村信用体系还远未能满足要求。

(3)简政放权、放管结合和优化服务改革仍须深化　最大限度地减少群众沟通、通勤和交易成本是激发农村市场活力和社会创造力，增强农民群众的获得感的重要途径。但海南省农村地区政府公共服务水平依然较低。

(4)公平法治的市场监管体系仍需完善　市场监管水平的高低、制度的完善程度对自由贸易港构建公平有序的市场环境、进一步协调好政府与市场的关系，使市场在资源配置中起决定作用也具有重要意义。当前海南省农村地区市场监管能力和水平均落后于城市地区，农民群众的消费权益仍易被侵害，城乡一体的市场体系仍待完善。

3.新型农民培育任重道远

为壮大脱贫攻坚的基层组织力量，吸引各行业人才参与脱贫攻坚的伟大实践中，海南省主要从志智双扶工程挖掘本地人才、教育扶贫工程积淀未来人才、人才下乡工程吸纳外界精英人才三个方面汇聚人才力量。海南自由贸易港建设对各类高素质人才有强烈需求，在脱贫攻坚基础上，未来既要有对本土人才的培育需求，又有积极引进外籍紧缺及高端人才的需要。脱贫人口能否借助自由贸易港建设的良好机遇进一步实现技能提高与就业升级，实现自由贸易港建设与个体发展的双向共赢是检验脱贫和巩固拓展脱贫成果的试金石。当前，海南省高素质农民的培养任重道远，主要有以下几个难点。

(1)新型职业农民队伍建设亟须加强　海南省农民适应生产力发展和市场竞争的能力不足，新型农业经营主体和新型职业农民队伍仍未充分建立，农民在农业生产技术、生产方式及生产的数字化和信息化方面的水平与同行业先进水平相比仍有差距。

(2)农民的科技素养和技能有待提升　农业生产科技化水平越来越高，农民素质成为制约热带特色高效农业发展的关键因素。海南省中部欠发达县市的农业生产者普遍存在老龄化、文化水平低、视野相对狭窄、思维老化、对新知识新技术接受能力和掌握能力差等问题。另外，由于农业推广体系“网断人散”，农业知识、农业科技普及能力不足，缺乏农民急需且能够掌握的轻简化实用技术，农业生产者素质不高的现状短期内仍难以改变。

(3)农业科技人员专业结构与热带特色高效农业发展不相适应　海南省农业科研与技术推广人员主要从事水稻、瓜菜、果树等传统种植业，侧重于技术引进集成示范，从事新品种选育、创新技术研发的领军人才和拔尖人才缺乏。人才总量不足与领军人才匮乏导致农业科技机构难以组织有效的协同创新科技攻关团队，无法产出特色有效的科研成果。一方面，海南省农业科技机构平台较小，对人才的吸引力不足；另一方面，海南省对农业科技投入不足，管理体制滞后，农业优秀科技人才脱颖而出存在一定的困难，海南省现有农业科技机构体量难以孵化出优秀的创新团队。

(4)农村人才供给缺乏顶层制度设计　如何更好地包容本地人才参与自由贸易港的建设，并为自由贸易港的长期建设做出贡献需要明确的顶层制度设计，如扶贫驻村第一书记的方式方法、“科技村主任”“产业村主任”等引才入村方式能否继续实施均需要明确的政策措施指引。良好的制度设计也是相对弱势地区是否能够融入自由贸易港快速、均衡发展的关键所在。

（二）脱贫乏力有内因，“输血”扶贫存隐患

在扶贫工作开展之初，脱贫内生动力不足一直是制约海南省推进脱贫攻坚工作的重要因素，深入分析贫困群众内生动力不足的问题根源也因此引起海南省的高度重视。所谓贫困人口内生动力是指贫困人口为了满足收入和权利在内的多元化需求，利用自身知识或技能主动链接社会资源，并使资源转化成能够持续脱贫发展的潜在行动趋向力。从这一意义上来说，内生发展动力主要包括两个发生层面：一是贫困人口是否存在寻求更高层次发展目标的主观意愿，这是内生动力得以顺利启动的基础；二是贫困人口的技能和知识能否使他们的需求转化成现实，这是内生动力得以持续作用的保障。海南省脱贫攻坚内生动力不足主要表现为主观意愿不足与知识技能不足，且原有扶贫方式的不当导致这种状况进一步加剧。

1. 贫困人口脱贫信心不强

贫困人口脱贫的主观意愿低下是海南省内生动力不足的最主要原因，这与海南省的自然环境与人文环境有关。海南省丰富的植被资源、南药资源、水产资源等能够为满足居民基本生计提供依托，导致农民过于依赖丰厚的自然资源，逐渐形成懒散的性格特点，缺乏发展产业或外出打工的意愿。

首先，海南省位于我国国土南端，属热带地区，丰富的自然资源造成贫困人口的高度依赖性，缺乏足够的脱贫动力。一方面，海南省素来有“天然大温室”的美称，能够满足多种农作物的生长需求，农村人口对农业生产的高度依赖，在长期的发展过程中形成了以农业为主的发展模式，这种单一的发展模式不仅使贫困人口在较低的均衡状态下缺乏改善生活条件的需求，也致使海南省农民对发展某种新项目的成功率有很低的预期，由此缺乏足够的信心，不愿意通过新方式、新途径来实现脱贫。另　方面，在农民的长期生活环境中，观念和行为表现出稳定而持久的特性，严重阻碍着脱贫内生动力的产生。

其次，海南省少数民族众多，少数民族聚居形成的独特文化在一定程度上影响了脱贫意愿的提升。海南省少数民族以黎族、苗族、壮族为主，这些少数民族多居住在海南省中部。长期的聚居使得部分少数民族地区形成了疏远物质财富的群体性文化，此种文化价值观的长期内化使得外部世界所定义的“贫困”状态在当地社会被认为是世世代代皆如此的“正常”状态，因此在不觉得自身生活在何等艰苦的物质条件下，他们并不会产生想要摆脱这种状态的强烈需求和愿望。更为重要的是，贫困人口的子女依然生活在这种独特的文化环境中，他们的行为规范和价值观念伴随日常生活的互动过程进一步强化，内生发展动力不足自然延伸至下一代，进而导致贫困问题的代际传递。

2.贫困人口教育程度不高

除脱贫意愿不强造成内生动力缺乏,海南省农民文化程度普遍偏低,尤其是贫困人口的接受知识、教育的水平在总体上不高,这就制约了脱贫能力的提升。海南省农民受教育程度较低的现状与其发展经历息息相关。建省时间晚使得其提升教育水平的进程落后于全国其他地区,这是造成农民受教育水平低下的重要原因。海南省原为广东省海南行政区,于1988年4月经第七届全国人民代表大会第一次会议正式批准设立海南省,划定海南岛为经济特区,建省时间远远晚于其他地区,给发展教育造成了严重影响。一方面,在正式建省之前,海南省,尤其是农村地区的教育情况难以获得足够重视,无法根据自身独特的人文环境制定针对性的教育政策,且错过1986年开始普及义务教育的机遇,使得海南省如今的成年人口受教育水平普遍不高。另一方面,父母对子女教育重视程度不够,造成教育不足的代际传递,尤其是在海南省少数民族地区教育观念不强的环境下,适龄子女受教育不足的情况仍旧突出。在这种教育不足的情况下,贫困人口即使存在脱贫想法,也会因为缺乏改善生产生活方式的足够能力而放弃,并进一步丧失脱贫信心,加剧主观意愿不足,长此以往,造成的恶性循环使得内生动力不足问题更为突出。

3.早期扶贫方式方法不优

一方面,在扶贫初期,"输血式"扶贫方式助长了部分贫困户的"等、靠、要"思想。在输血式扶贫方式下,贫困群众普遍认为脱贫是国家和干部的事,滋生了部分贫困户的依赖心理,表现为一部分人的"穷占便宜富吃亏"思想以及"扶贫就是给钱""不给钱就不是扶贫"思想等,贫困群众自力更生的意识和观念以及发展生产、脱贫致富的主动性并未得到激发。例如,陵水黎族自治县高度重视和发展产业扶贫,在各类扶持资金、政策补贴众多的情况下,贫困户易于受利益驱动,不自觉地产生一些"等、靠、要"的错误思想。

另一方面,"输血式"的扶贫方式忽视了培养群众自我"造血"能力的重要性,贫困户因而缺乏创收机会,无法实现内生动力的长久激发。由于缺乏经验,海南省在前期扶贫过程中并未充分认识到让贫困群众自己"造血"的重要性,给钱给物的扶贫方式无法帮助贫困户实现长期的收入增长,造成脱贫信心的丢失。在很多扶贫农畜产品发放之后,白沙黎族自治县政府只是在村委会进行简单的教学培训,并未到村民家中了解实际情况,也未进行实际的技术指导,再加上村民大多属于散养,导致农畜产品养不好。这种状况导致没有增加农民的实际收入,反而成为一种负担。由此可见,扶贫不应该仅是一次性、暂时性的福利分配,而是应重视对贫困户发展能力的投资。

因此,思想认识不到位造成的脱贫主观意愿不足和文化素质偏低造成的脱贫技能不足交织,加之原有的不合理的扶贫方式,各种因素叠加导致海南省贫困人口"既不想参与,也无能力参与"的现象严重。内生动力不足的问题突出成为制约海南省脱贫攻坚进程的重要因素，并引起了海南省委、省政府及社会各界的高度重视。

三、明确思路　多措并举　创新发展

《中共海南省委关于贯彻〈落实海南自由贸易港建设总体方案〉的决定》明确指出，要接续推进乡村振兴战略，逐项落实乡村振兴工作队“十抓十好”目标，加快建设“美丽海南百镇千村”，继续推进“三清两改一建”，完成农村人居环境整治三年行动计划，扎实推进“厕所革命”，完善农村基础设施和公共服务设施，提升农民素质能力，在实施乡村振兴战略上走在全国前列。总体而言，海南自由贸易港“三农”问题转型升级取得了明显成效，但仍然存在不少问题。未来，海南省要对标自由贸易港建设要求，着力抓重点、补短板、强弱项，扎实推进乡村振兴，为海南自由贸易港建设做出应有贡献（图 1-5）。

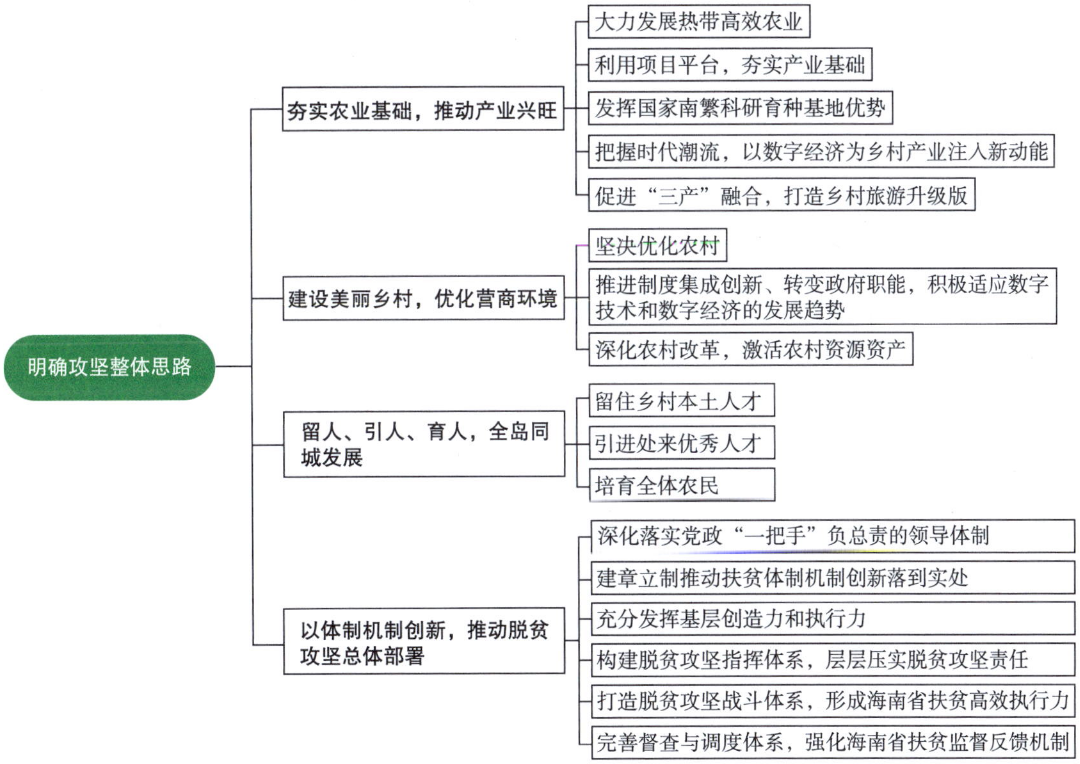

图 1-5　海南省脱贫攻坚整体思路

(一)科技兴农促发展,创建农业新特色

1. 大力发展热带高效农业

发展热带高效农业(图 1-6)不仅关系着农民的“钱袋子”,而且是海南自由贸易港建设的重点产业之一。要紧抓扩种增养不放松,把推进农业提质增效作为实施乡村振兴战略、加快补齐自由贸易港“三农”短板的底线目标。

图 1-6 热带高效农业

2. 利用项目平台,夯实产业基础

紧抓自由贸易港先导性项目实施,加快推进国家热带农业科学中心、琼海农业对外开放合作试验区、农业绿色发展先行区、国家热带现代农业基地、国家南繁科研育种基地、全球动植物种质资源引进中转基地等“一中心两区三基地”建设,全力打造全球热带农业中心,做强做精做优热带特色高效农业,促进农业增效、农民增收、农村增美。以现代农业产业园、农业对外合作示范区等平台为依托,提升农业产业化发展水平。现代农业产业园、电商产业园及共享农庄等园区平台和载体能有效推动农业结构的调整和一二三产业的融合发展,引导土地、资金、技术、劳动力等生产要素向优势产品产区和品牌农产品集中,推动整个产业转型升级、换挡提速、优化结构。

3. 发挥国家南繁科研育种基地优势

建设全球热带农业中心和全球动植物种质资源引进中转基地。可围绕国家南繁科研育种基地等科研机构、有关农业企业、种业企业科研生产和全产业链经营推进农业产业园区建设,充分利用农业对外合作示范区及类似平台,以涉农产业园的形式,推动海南现代种业走出去、引进来,扩大农业领域的开放水平和对外合作的通道,提升海南省农业国际化发展水平。

4. 把握时代潮流,以数字经济为乡村产业注入新动能

打造数字经济生态,建立健全数字经济政策体系,培育、壮大数字产业,促进数据要素流通,加快推动数字乡村建设。通过大数据与乡村振兴深度融合,加强数字经济融合,加快推进农产品质量追溯体系、农业大数据平台、冷链物流信息化、农业物联网基地建设,做强做优农村电商,通过“大数据+农业”的方式,做强乡村振兴产业支撑,带动和提升海南省农业农村现代化发展,促进农业全面升级、农村全面进步、农民全面发展。

5. 促进“三产”融合，打造乡村旅游升级版

近年来，海南省各级政府部门在层层推进乡村旅游发展的过程中不仅注重发掘当地的文化内涵、突出民族特色，还在打造乡村旅游新产品、新业态方面进行了大量探索与创新，也创造了很多乡村旅游发展的经验和模式。随着自由贸易港时代的开启，资金、人才、企业等更多资源将进一步向农村倾斜，海南省以美丽乡村建设为基础，不断升级乡村旅游，整合资源推动“乡村旅游+”产业，形成农、旅、文“三产”融合发展的态势和局面，把全域旅游与乡村振兴、农民增收结合起来，在海南自由贸易港乡村振兴框架下，统筹发展农旅结合、农旅一体化的新型观光型农业，真正探索出一条乡村旅游升级版新路子，最终实现农业增效、农民增收、农村增美(图 1-7)。

图 1-7　日渐完善的海南省乡村旅游

(二)打造发展新生态，建设美丽新农村

《海南自由贸易港建设总体方案》规定，到 2025 年“营商环境总体达到国内一流水平”，到 2035 年“营商环境更加优化”。中央赋予海南省高质量、高标准建设自由贸易港的伟大使命，就是部署实施全面深化改革和试验最高水平开放政策的任务，就是部署创一流营商环境的任务。在海南自由贸易港未来的建设中，要深入实施乡村建设行动，建设好美丽乡村，通过全方位提升乡村政治、经济、社会、文化、生态、法治面貌，农村营商环境得到提升和优化。

1. 坚决优化农村生态环境、政治环境、社会环境、法治环境

实行最严格的生态环境保护制度，狠抓畜禽粪污治理和资源化利用，落实畜禽禁养区、限养区、适养区管理制度，推进畜禽规模养殖场环保设施改造，配套建设一批农村沼气工程和有机肥加工厂，促进畜禽粪污资源化、能源化、肥料化利用。实施化肥农药减量行动和田间清洁工程，解决“白色污染”问题，禁止秸秆乱烧行为。高标准、高质量推进美丽海南“百镇千村”和“特色村寨”建设。统筹整合相关涉农资金，采取以奖代补、贴息、担保等方式，撬动社会资本参与，引导村镇通过盘活资源、经营村镇等方式加大项目投入，打造“一镇一业”“一村一品”。要完善常态化疫情防控工作机制，健全公共卫生和疾控体系，按照“全岛同城化”合理布局教育、医疗等资源，为儿童入托上学、青年创业就业、老人就医康养等提供全方位、高标准的服务，逐步解决老百姓最关心、最直接、最现实的问题。

2. 推进制度集成创新、转变政府职能，积极适应数字技术和数字经济的发展趋势

将农民、新型农业经营主体的信用体系建设纳入自由贸易港一体化信用信息共享平台和一体化信用信息归集体系建设，推动行政、社会、市场各个业务场景与信息平台的广泛联通，积极推行乡村信用承诺制，最大化取消各类证明事项。持续深化事中事后监管，实行企业信用风险分类监管，试行合格假定监管模式，对新业态在监管到位的前提下给予包容态度和开放环境。加快打造便民智慧政务，鼓励供水、供电、供气、通信等公用企事业单位全面实施网上办理、移动支付等便利业务，持续深化“就近办事”服务，推动基于互联网、自助终端、移动终端的政务服务点向农村延伸。加快建设以区块链、人工智能、大数据、互联网等新一代信息技术为基础的数据共享和业务协同系统，为农业中小企业推送个性化专属政务信息。

3. 深化农村改革，激活农村资源资产

在自由贸易港时代，海南肩负着探索“三农”领域新产品、新业态的重要使命，探索乡村振兴的顶层设计同样关键。破解乡村振兴顶层设计难题最重要的是通过点状用地、规划先行、共建共享等农业领域的改革创新和制度探索，来构建乡村振兴升级版的制度体系。积极推进城乡及垦区一体化协调发展和小城镇建设用地新模式以及农垦土地资产化。建立集约节约用地制度、评价标准及存量建设用地盘活处置政策体系。总结和推广文昌农村土地制度改革三项试点经验，支持海南省在全域深入推进农村土地制度改革。在符合规划、用途管制和依法取得的前提下，结合新一轮国土空间规划调整工作，探索对存量农村集体经营性建设用地在使用权出让、租赁、入股等方面实行改革，建立健全利益分配机制，提高农村集体经济组织资金分配比例，在统筹解决好企业用地、项目发展需求的同时，充分激活改革红利，确保更多红利惠及百姓，保护农民的利益，把农民的成长和乡村发展结合在一起，促进民生发展。

（三）引进培育留人才，智力扶持阻贫困

海南自由贸易港是全岛自由贸易港，海南省60%的人口在农村，80%的面积也是在农村，农村状况如何决定着海南自由贸易港建设是否成功。在未来的自由贸易港建设中，海南省需要在留人、引人、育人上下功夫。

1. 留住乡村本土人才

为乡村教师、乡村医生在职称、工资待遇、住房等方面提供一套良好的优惠政策，使他们愿意留在农村。

2. 引进外来优秀人才

在人才服务保障上落实全岛统一的“四个一”人才服务机制，包括制定人才落户、安居、购房、购车、子女入学、配偶就业、医疗保障等一系列服务政策；推行“一站式”服务，打造省、市县、园区三级人才服务“一站式”平台，统一受理人才服务事项，采取一枚印章管到底和一网通办等举措，实现不见面审批和高效办结；实行一张卡服务人才，提供一专员个性服务。

3. 培育全体农民

海南自由贸易港是全岛同城化，所以必须提升乡村人才的素质，因而需要对包括农民在内的居民都很好地进行培训，提升他们的素质；在脱贫攻坚过程中，积极开展教育扶贫，彻底扭转了贫困家庭学生的命运，为自由贸易港建设培养大批的后备人才，使其拥有更多的发展机会，也可更好地参与自由贸易港建设，为自由贸易港的长期建设做出贡献。

（四）深化改革新机制，保障脱贫攻坚战

体制机制创新是通过制定政策、规则、准则、法律的一系列制度创新，调节社会关系、优化运行机制，推动重大目标任务的实现。因此，从思想认识上，凝聚领导干部共识；从制度政策上，推动重要任务落地；从政策激励上，明确工作导向体制机制创新是下“绣花功夫”解决脱贫攻坚关键问题、实现脱贫攻坚重大目标的重要前提。中共海南省委、省政府从讲政治的高度全面推动脱贫攻坚工作，深化落实党政“一把手”双负责人的领导体制，充分调动各部门建章立制部署脱贫攻坚任务，以构建激励机制充分发挥基层的创造力与执行力，以体制机制创新有效保障海南打赢脱贫攻坚战。

1. 深化落实党政“一把手”负总责的领导体制

“中央统筹、省负总责、市县抓落实”的扶贫开发管理体制是新时期国家贫困治理体系的基本结构安排。海南省坚决落实中央决策，结合海南省自身特点和需求，设立各级党政“一把手”双组长、创新性地构建“五级书记抓扶贫”的制度体系，健全脱贫攻坚调研遍访制度，全面深化落实海南省脱贫攻坚“一把手”负总责的领导体制。

（1）建立各级党政“一把手”脱贫攻坚双组长工作机制　为加强脱贫攻坚的领导力量，海南省调整扶贫开发领导小组的领导构成，设置各级党政“一把手”为双组长，实现党政同责，狠抓责任落实、政策落实和工作落实，促使各级党政负责人从讲政治的角度推进脱贫攻坚工作，党政一把手作为第一责任人，将脱贫攻坚作为无路可退必须完成的政治任务，以上率下，确保任务完成。海南省通过制定层层分级责任制，各级党政机关依次向上负责，各行业管理部门也承担与本部门职责相当的脱贫攻坚责任，体现了海南

省"省负总责、市县抓落实、乡(镇)村扑下身子"工作机制,强化党政同责,压实五级责任,确保各级管理体系高效运转、发挥作用,逐级传导压力,有效防止压力层层递减。

(2)创新构建"五级书记抓扶贫"的制度体系　2018 年,海南省发布《海南省打赢脱贫攻坚战三年行动计划》,对脱贫攻坚工作进行了具体指导和部署,《坚持党的领导强化脱贫攻坚战斗体系》要求省委、省政府主要领导率先垂范,亲力亲为抓脱贫攻坚。以党建为引领,不断夯实脱贫攻坚组织基础,发挥省级党员领导干部带动作用,充分调动党员干部的工作积极性。在深入贯彻落实中央精神和中央文件的基础上,海南省创新扶贫体制机制,出台一系列相关文件,构建起"五级书记抓扶贫"体制机制,明确每一级责任;打造"三体系一平台",细化脱贫攻坚任务,层层压实责任,落实精准识别、精准施策、精准退出,加强动态管理,提高识贫脱贫精准度,为海南省全面打赢脱贫攻坚战构建了完善的制度体系,提供了强有力的制度保障。

(3)层层压实领导干部脱贫攻坚调研任务　调查研究是谋事之基、成事之道,是一个联系群众、为民办事的过程。深入基层、深入实际、深入群众是了解群众在想什么、盼什么、最需要党委和政府干什么的重要过程。海南省高度重视领导干部赴脱贫攻坚一线开展调研的相关工作,将调研作为推动脱贫攻坚工作、发现脱贫攻坚问题、提出脱贫攻坚良方的重要路径,增强决策针对性、科学性和有效性,提高决策水平和工作能力。只有深入实际开展调查研究,直接了解基层干部群众的心愿,才能使各项决策和工作部署集中民智、体现民意、反映民情,才能从根本上保证党的路线方针政策和各项决策的正确制定与贯彻执行。

海南省对脱贫攻坚调研遍访工作机制做出了创新性安排,从省级领导干部到村党委书记都做出了具体安排。根据相关文件,海南省省级党员领导干部每年不少于 2 次深入抓党建促脱贫攻坚联系点开展工作,市县党委书记每年至少 1 次遍访贫困村,乡镇党委书记每年至少 2 次遍访贫困户,村党组织书记要经常深入贫困户,熟悉遍访对象基本情况、愿望需求、帮扶措施和存在困难等,及时解决问题。各级党员领导干部根据文件要求,按期对贫困村、贫困户进行深入探访。调研方式多以暗访为主,便于对工作进展情况、数据信息等进行核查。通过各级调研工作,各级党员干部最大限度地获得了第一手情况和资料,一方面,促进领导干部从思想上真正重视脱贫攻坚工作、从行动上真正关心贫困地区发展、从方式上真正解决贫困人口需求,推动脱贫攻坚学思用贯通,知信行统一;另一方面,层层开展脱贫攻坚遍访调研是对所调研地区参与脱贫攻坚工作人员的一种激励,一种认可。

2. 建章立制推动扶贫体制机制创新落到实处

打赢脱贫攻坚战,组织领导是保证,必须坚持发挥各级党委总揽全局,协调各方的作用。越是进行脱贫攻坚战，越是要加强和改善党的领导。海南省各部门在省级要求的基础上出台具体政策措施，为部门参与脱贫攻坚行动提供了制度保障和政策指导。

（1）落实领导责任制，层层压实责任　海南省切实加强脱贫攻坚的组织领导，实行“省负总责、市县抓落实”的管理体制和“工作到村、扶贫到户”的工作机制。省委、省政府对全省扶贫开发工作负总责，负责抓好中央扶贫开发大政方针、政策举措的贯彻落实和全省扶贫开发目标确定、资金投放、组织动员、监督考核等工作。市县党委和政府承担脱贫攻坚主体责任，书记和市县长是第一责任人，亲自部署和协调做好进度安排、项目落地、资金使用、人力调配、推进实施等工作。各级党委和政府逐级签订脱贫攻坚责任书，层层落实责任制（表1-2）。党政主要领导每年要向上级报告扶贫脱贫进展情况。省直属部门要按照部门职责落实扶贫开发责任，实现部门专项规划与脱贫攻坚规划有效衔接，充分运用行业资源做好扶贫开发工作。

表1-2　海南省相关部门层层压实责任的文件（部分）

部门	时间	文件名	关于层层压实责任的表述
扶贫工作办公室	2016年4月9日	中共海南省委　海南省人民政府关于打赢脱贫攻坚战的实施意见	要充分发挥各级党委总揽全局、协调各方的领导核心作用，严格执行脱贫攻坚一把手负责制，省市县乡村五级书记一起抓
教育厅	2018年12月20日	海南省打赢教育脱贫攻坚战三年行动方案	建立厅领导班子成员联系市（县）、贫困村和贫困户制度，指导各市县教育脱贫攻坚和有关高校对口帮扶工作
人民政府办公厅	2016年12月26日	海南省做好农村最低生活保障制度与扶贫开发政策有效衔接的实施方案	市县政府是农村最低生活保障制度与扶贫开发政策有效衔接的责任主体，应充分发挥组织领导作用，确保有关制度和政策得到有效落实
农业厅 民政厅 扶贫工作办公室	2018年6月26日	海南省农业厅　海南省民政厅　海南省扶贫工作办公室关于实施农村低保对象产业扶持“自强行动计划”的通知	市县要在2018年7月底前对有劳动能力的农村低保对象的产业情况开展全面摸底检查，因人因户制订产业帮扶计划，建立产业帮扶台账。脱贫攻坚期间帮扶政策按低保对象动态调整实施，2018年年底帮扶面达到70%，2019年帮扶面达到100%，2020年巩固提升（责任单位：各市县人民政府）

（2）推出特色行动计划，助力打赢脱贫攻坚　海南省各部门在省级要求的基础上建立本部门的行动计划（表1-3）。海南省农业农村厅建立了产业扶贫政策落地组工作机制，在海南省打赢脱贫攻坚战指挥部产业扶贫政策落地专项工作组（以下简称“专项组”）建立的基础上，省农业农村厅为牵头单位，成员由省发改委、省旅文厅（旅游和文化广电体育厅，以下简称“旅文厅”）、省商务厅、省工业和信息化厅、省科学技术厅、省生态环境厅、省林业局、省地方金融监督管理局、省扶贫办（省乡村振兴局）九个单位组成，对

全省产业扶贫政策落地负主体责任。专项组成员单位把产业扶贫作为“一号工程”，分别成立产业扶贫政策落地领导小组，举全厅（局、办）之力推进产业扶贫工作；海南省财政厅成立了财政脱贫攻坚工作领导小组，以上率下，尽锐出战，建立举全厅之力支持脱贫攻坚的工作机制。

表 1-3 海南省相关部门的特色行动计划（部分）

部门	时间	文件名	具体表述
教育厅	2018 年 12 月 20 日	海南省打赢教育脱贫攻坚战三年行动方案	落实市县控辍保学主体责任，确保贫困家庭适龄学生全部入学
农业厅 民政厅 扶贫工作办公室	2018 年 6 月 26 日	海南省农业厅　海南省民政厅　海南省扶贫工作办公室关于实施农村低保对象产业扶持“自强行动计划”的通知	省、市县、乡镇农业科技服务团（“农老师”）要把有劳动能力且有劳动意愿的农村低保对象纳入服务对象，通过现场培训、田间学校、远程技术服务等方式开展帮扶，确保有劳动能力的农村低保对象都能掌握相关实用技术
省委组织部	2020 年	关于持续整顿软弱涣散基层党组织　提升基层党组织组织力的实施意见	省委组织部积极建立例会制度、调研督查制度、沟通协调和联络员制度“三个机制”，扎实有序开展工作 建立排查整顿软弱涣散基层党组织工作常态化、长效化机制，指导各市县对软弱涣散村党组织逐一“把脉问诊”

（3）强化扶贫数据监测与督查，巩固完善脱贫监测和预警机制　各部门高度重视脱贫攻坚监测工作。一是各部门推动建立职责范围内的脱贫攻坚数据监测与督查制度。例如，海南省教育厅建立和完善教育脱贫攻坚检查、督查制度，重点检查控辍保学、资助发放等工作。省教育厅联合相关厅局，采取专项督查、随机抽查等多种方式进行督查，建立通报、约谈、督办工作机制。二是充分利用精准扶贫大数据平台。海南省各部门充分运用海南省精准扶贫大数据平台作用，并加强信息采集、整理、比对和共享，对脱贫不稳定人口和边缘人口等纳入监测预警，对有返贫致贫风险的农户及时标红预警和纳入帮扶范围（表 1-4）。例如，海南省民政厅依托全省社会救助信息管理平台和扶贫系统平台进行多次数据比对，以“老、病、残”为重点，筛选疑似需要兜底保障的建档立卡贫困户下发市县逐人逐户排查。此外，建立低收入家庭经济状况核对机制。建立跨部门、多层次的核对信息平台，横向与涉及个人经济状况信息的 12 个部门实现数据共享，纵向形成省、市、县三级核对机构的业务联动，实现全省社会救助家庭经济状况多部门快速核查。三是加强调查员培训与管理工作，确定指定帮扶人，并制定定期回访监测，确保“十三五”脱贫人口在脱贫后帮扶责任人不脱帮扶。

表 1-4　相关部门完善脱贫监测和预警机制的文件(部分)

部门	时间	文件名	关于完善脱贫监测和预警机制的表述
扶贫工作办公室	2016 年 4 月 9 日	中共海南省委　海南省人民政府关于打赢脱贫攻坚战的实施意见	制定出台省对市县党委和政府扶贫开发工作成效考核办法。建立年度扶贫开发工作逐级督查制度,选择重点部门、重点地区联合进行督查,对落实不力的部门和地区,省扶贫开发领导小组要向省委省政府报告并提出责任追究建议,对未完成年度减贫任务的市、县党政主要领导进行约谈,并督促整改落实,整改落实不力者,按干部管理权限进行组织调整
教育厅	2018 年 12 月 20 日	海南省打赢教育脱贫攻坚战三年行动方案	建立和完善教育脱贫攻坚检查、督查制度,重点检查控辍保学、资助发放等工作。省教育厅联合相关厅局,采取专项督查、随机抽查等多种方式进行督查,建立通报、约谈、督办工作机制

(4)创新脱贫攻坚干部激励制度,将优秀干部作为第一资源　打赢脱贫攻坚战,关键在干部,重点在一线。海南省将优秀干部作为打赢脱贫攻坚战的第一资源,鼓励广大党员干部积极投身脱贫攻坚,在脱贫攻坚和乡村振兴第一线建功立业。海南省结合实际实施人才培养工程,选拔和培养优秀年轻干部有计划地到基层摔打、历练;完善政策机制,建立科学的人才管理、人才评价和分配激励的制度,落实贫困地区人才的福利待遇,以用好人才、用强人才为目的,创新选拔人才方式、考核办法,将在脱贫攻坚一线表现优秀的人才选拔到更重要的岗位上。基层党政人才队伍是带领群众脱贫致富的“领头雁”,是脱贫攻坚任务的最终贯彻者和执行者。海南省选优配强,突出政治性和事业性,选好干部配强乡镇领导班子,围绕脱贫攻坚工作扎实开展好党政人才队伍培训工作,建立基层优秀干部人才库,有计划地将年轻干部放到脱贫攻坚一线去培养和锻炼。2019 年 4 月,省委组织部印发了《关于在脱贫攻坚和乡村振兴一线考察识别选拔重用优秀干部的实施意见》,把脱贫攻坚实绩作为选拔任用干部的重要依据,切实把想干事、能干事、敢担当、善作为的优秀干部精心培养起来,及时发现出来,合理使用上来。自该实施意见下发以来,海南省各市县共提拔重用脱贫攻坚和乡村振兴一线优秀干部 863 人,极大地鼓舞了士气,实现了对脱贫攻坚任务的有效支撑。

在众多优秀干部中,乐东黎族自治县只朝村第一书记邱雄师起到了良好的带头作用,在只朝村打赢脱贫攻坚战中发挥了关键作用。邱雄师坚持吃住在村,走家串户,访遍贫困村每一寸土地,在省财政厅党组的坚强领导下,团结带领只朝村“两委”干部、驻村工作队员倾情倾力找问题、思良策、谋发展,为脱贫攻坚付出了极大的心血。自 2015 年以来,邱雄师连续6年因驻村工作成果显著分别被省或县组织部评为优秀“第一书记”，2018年起被评为打赢脱贫攻坚战优秀驻村工作队队长，所在的驻村工作队连续三年被省或县组织部评为打赢脱贫攻坚战优秀驻村工作队；2020年只朝村获评海南省卫生村、省科技帮扶示范村；2021年2月被中共海南省委和省政府评为“第六届海南省文明村镇”。

3.充分发挥基层创造力和执行力

县乡村党组织是打赢脱贫攻坚战的前线力量，是政策落实的重要力量和主要责任方。海南省基层党组织在省市的指挥下，全面推进脱贫攻坚任务的落实落地，充分发挥基层创造力，创新方式方法，体现基层智慧。基层党组织是海南省打赢脱贫攻坚战的坚实力量和坚强保障。

(1)抓好脱贫攻坚的县域治理“扭结” 如果把国家比喻成一张网，县就像这张网上的“纽结”。在脱贫攻坚中，县也是重要的“纽结”，县域脱贫攻坚工作落实不力，国家脱贫攻坚任务就无法完成，县域脱贫攻坚工作创新不够，贫困人口在脱贫攻坚中的获得感就难以实现，扶贫工作就无法扶到点上、扶到根上、扶到心上。海南省委、省政府尤为重视脱贫攻坚的县域治理，结合国家脱贫攻坚的总体部署和县域扶贫开发工作实际，合理安排工作进度，统筹好人力、财力、政策、项目等各项资源，并具体组织各项工作有序开展。海南省各市县政府坚决贯彻落实中央和省委决策部署，始终把脱贫攻坚作为决胜全面建成小康社会的标志性指标，以实现“两不愁三保障”为首要任务，按照“省负总责、市县抓落实、乡镇扑下身子”的原则，严格落实五级书记抓扶贫的工作要求，动员全社会力量，精准发力，尽锐出战，攻坚克难，集中力量解决贫困突出问题，大部分贫困县在脱贫攻坚战中取得较好成绩。

在体制建设方面，县级层面成立县扶贫开发领导小组，实行县委书记、县长“双组长”制；成立并优化打赢脱贫攻坚战指挥部，下设若干个脱贫攻坚专项工作组，组建若干个县委脱贫攻坚战督查组；设立镇脱贫攻坚大队、中队和小队，将包点县领导、包点镇领导，驻村第一书记、驻村工作队、村“两委”干部、帮扶责任人等各方面力量全部编入脱贫攻坚队伍；严格落实五级书记抓扶贫，县委书记带头遍访贫困村，镇党委书记和村党支部书记遍访贫困户，打通脱贫攻坚“最后一公里”。

在防止返贫监测和帮扶工作方面，县级政府也都纷纷出台相关文件，制定实施方案，对全县农村户籍人口开展扶贫对象动态管理大排查，按照村级民主评议、村委会公示、乡镇审核和县级公告等程序重点识别有返贫风险的脱贫监测户和有致贫风险的边缘户，对新识别的人口进行就业帮扶、产业帮扶等。

(2)创新镇村层面工作机制 镇村层面是脱贫攻坚的“最后一公里”。海南省充分调动起镇村干部在乡村领域的治理经验，通过一套镇村层面的工作机制，明确脱贫攻坚责任落实的强劲抓手。在乡镇层面，依靠专职扶贫队伍机制，确保责任落实。海南省贫困镇村党委积极响应上级要求，把打赢脱贫攻坚收官战作为当前重大政治任务，不断夯实基础工作，狠抓问题整改，为高质量打赢脱贫攻坚收官战，全省实现脱贫攻坚“三连胜”做出重要贡献。

作为脱贫攻坚战的“最后一公里”，村党委和村级扶贫干部是不可或缺的重要一环，在村级层面的扶贫工作中，扶贫干部发挥了重要作用，对村级的组织建设和制度建设起到了重要作用。省委脱贫攻坚战第一督查组组长李龙生，负责海口市、临高县脱贫攻坚督查工作，自从 2018 年 4 月负责督查临高县以来，他踏遍临高 10 个镇 167 个有扶贫任务的行政村，为村民寻找脱贫致富的路子，耐心教导村干部，“把政策和文件，用老百姓的话语讲出来”，挨家挨户排查问题，进行整改，战斗至生命最后一刻。他的先进事迹在全省广大党员干部群众中引起了强烈反响。

4. 构建脱贫攻坚指挥体系，层层压实脱贫攻坚责任

按照“五级书记抓扶贫”的要求，在省市层面建立脱贫攻坚工作领导小组，构建责任清晰的指挥体系，由省市两级层面向脱贫攻坚队伍发挥指挥和领导作用。在省级层面成立打赢脱贫攻坚战指挥部，由省扶贫开发领导小组授权行使领导小组的职能，加大领导、谋划、指导、推动力度，加强政策研究制定和日常调度，下设若干个专项组，主抓专项扶贫工作，主要研究制定政策性、制度性文件。在市级层面成立打赢脱贫攻坚战指挥部，实行市委书记、市长“双组长”制，下设脱贫攻坚专项工作组。指挥体系通过高位推动的方式，将责任层层落实到每一级的扶贫干部和责任人，明确责任和任务分工，并对每年扶贫成果和任务完成情况进行考核和评估，以有效地促进各级扶贫干部的工作积极性，提高效率，加强基层战斗堡垒作用，为打赢脱贫攻坚战提供了坚实的组织力量。

脱贫攻坚指挥体系明确省、市重点任务，实现了各级政府组织的有效联动。一是省级成立了由党政“一把手”任“双组长”的脱贫攻坚指挥部，调整组建 18 个专班，由该指挥部对各市扶贫工作进行指导，制订和出台每年脱贫攻坚工作的实施方案和措施计划。二是在市级成立打赢脱贫攻坚战指挥部，实行“双指挥长”制，市委书记、市长担任指挥长，市委副书记、市政府分管领导任执行指挥长。市级指挥部受省级指挥部的领导，组建专项工作组，不同专项工作组负责不同扶贫内容和帮扶地区，对省级指挥部的措施方案进行落实和实践。同时，市级还要签订脱贫攻坚责任状，明确年度脱贫攻坚目标任务、措施，以确保任务的完成情况和责任落实。在指挥体系的运作过程中，责任明晰，分工明确，层层推进，高效可靠，凝聚了强大的攻坚合力。通过统筹整合各方力量，构建责任清晰、各负其责、合力攻坚的责任体系，是健全海南省脱贫攻坚上层组织体系设计、推动压实省市责任的重要组织保障。以指挥体系建设推动省、市两级责任落实是海南省探索“五级书记抓扶贫”的落地机制的重要创新。

典型案例

案例1 脱贫攻坚指挥体系在白沙黎族自治县脱贫攻坚中发挥关键作用

白沙黎族自治县位于海南岛中部偏西，是黎族、苗族等少数民族聚居的山区县、革命老区县。自"十三五"以来，白沙黎族自治县坚持以脱贫攻坚统揽经济社会发展全局，建立健全责任落实体系，拢指成拳，尽锐出战，取得了重要成就。

白沙黎族自治县深入贯彻落实指挥体系，严格执行脱贫攻坚"市县抓落实"工作机制，在全省率先成立由党政"一把手"任双组长的脱贫攻坚指挥部，调整组建18个专班。坚持以上率下、全员上阵，县"四套班子"领导全部带头联系11个乡镇和14个深度贫困村，精准选派62人任第一书记驻点帮扶，抽调2 996名县乡村干部组建三级攻坚作战队伍，实行脱贫攻坚中队、驻村工作队和乡村振兴工作队"三队合一"、驻村干部与村民同吃同住同劳动"干群三同"管理，全面健全县领导联系乡镇和深度贫困村全覆盖；深度贫困村和软弱涣散村派驻第一书记全覆盖；行政村脱贫攻坚中队、驻村工作队和乡村振兴工作队"三合一"队伍全覆盖；贫困户结对帮扶全覆盖的"四个全覆盖"责任落实体系，形成专项扶贫、行业扶贫、社会扶贫"三位一体"大扶贫格局。

案例2 各级部门充分参与的脱贫攻坚指挥体系

海南省农业农村厅与其他部门共同形成强化脱贫攻坚的指挥体系。在海南省坚决贯彻落实省负总责、市县抓落实的管理体制，突出产业扶贫，提高组织化程度的基础上，为推进产业扶贫，同时为强化脱贫攻坚的指挥体系，海南省扶贫开发领导小组成立省打赢脱贫攻坚战指挥部，下设产业扶贫政策落地组，成员单位由省农业农村厅、省发改委、省生态环境厅、省旅文厅、省扶贫办等10个单位组成，齐心协力抓好全省产业扶贫工作。同时，成立9个省委脱贫攻坚战督查组，把产业扶贫实施情况作为重点督查内容，保障全省产业扶贫项目有序规范实施。省农业农村厅在此基础上，得以推进产业扶贫精准发力，坚持"一户一策"以提高产业帮扶精准度，培育壮大扶贫主体以提高组织化程度、强化科技服务以保障产业帮扶成效、推动金融保险以助力扶贫产业发展、推进消费扶贫以拓宽农产品销售渠道、发动民营企业广泛参与产业扶贫。

5.打造脱贫攻坚战斗体系，形成海南扶贫高效执行力

海南省是省直管市县管理体制。在这一制度安排下，海南省市(县)级在脱贫攻坚中肩负双重责任，既要做好脱贫攻坚指挥工作，也要投身于脱贫攻坚的战斗任务。因此，海南省脱贫攻坚战斗体系是在成立县(市)级打赢脱贫攻坚战指挥部的基础上，以镇、行政村、自然村（村民小组）为单位，划定脱贫攻坚作战区域，构建脱贫攻坚基层三级战斗体系，在镇设立脱贫攻坚大队，由负责对应乡镇的县领导任大队长，在行政村设立脱贫攻坚中队，由负责对应行政村的镇领导任中队长，在自然村（组）设立脱贫攻坚小队，由一名帮扶干部任小队长。在脱贫攻坚战斗体系的支撑下，将扶贫工作进一步向乡村延伸，有效解决了基层扶贫工作职责不清、力量分散、落实不到位等突出问题。

在脱贫攻坚战斗体系的运作模式中，脱贫攻坚基层三级战斗体系受县（市）打赢脱贫攻坚指挥部直接领导。县委书记、县长任县（市）打赢脱贫攻坚指挥部"双组长"，指挥领导脱贫攻坚专项工作组、组建县委脱贫攻坚战督查组、领导脱贫攻坚三级战斗体系。脱贫攻坚大队要根据本镇工作目标、任务、要求、时限，把脱贫攻坚的常规工作、整改工作等进行统筹安排。颇具创新性的是海南省脱贫攻坚基层三级战斗体系的每一级都采取高位挂帅的方式，由行政级别高一级的政府领导担任本级作战队伍的总负责，全面统筹扶贫资源、调动人力，以实现三级战斗体系的高效率。这一级大队、中队实行每周工作例会制度，收集脱贫攻坚过程中的社情民意，研究布置下一步的工作，解决存在的问题和困难。各大队、中队、小队每月对区域范围内的队员进行一次量化评比。脱贫攻坚基层三级战斗体系将扶贫工作进一步向乡村延伸，发挥镇、村、自然村三级战斗体系的执行力度，为基层工作提供具体意见和方针政策。战斗体系意味着进入战时状态。从组织方式上，其对各级领导干部起到警醒和提醒作用，督促各级领导干部，尤其是基层领导干部背水一战、分秒必争，全力聚焦脱贫攻坚战，以充分认识脱贫攻坚任务的紧迫性和重要性；从组织内容上，其能充分体现出海南省脱贫攻坚组织体系选优派强、及时反馈、迅速行动的特点；从组织效果上，其能最大限度地降低紧急情况对脱贫攻坚的影响。战斗体系的建立是严肃"战时纪律"，强化各级队伍解决问题、进行帮扶工作的有效制度，促使帮扶干部以更扎实的作风、更有力的举措，高质量、高标准完成各项脱贫攻坚工作任务。与此同时，战斗体系不仅在发生紧急情况和特殊事件时发挥作用，还在脱贫攻坚战的瓶颈期、攻坚期、决胜作战等时期发挥重要作用，是长久存在的组织体系，也是海南省推动完成特定任务的重要组织经验。

典型案例

案例3　脱贫攻坚战斗体系在乐东黎族自治县的重要作用

2020年是脱贫攻坚全面收官的一年。为确保脱贫攻坚目标任务如期全面完成、全面提升脱贫攻坚质量，乐东黎族自治县县委、县政府全力聚焦脱贫攻坚收官战，发挥好三级战斗体系的作用，县四套班子领导全部下沉到基层，靠前指挥，以上率下发起脱贫攻坚总进攻，全面压实责任，全力决战决胜脱贫攻坚收官战。乐东黎族自治县建设脱贫攻坚战斗体系的主要经验如下。

一是发挥领导作用。乐东黎族自治县主要领导以上率下，全体帮扶人员深耕一线，深入基层指导工作。国庆、中秋假期全程无休，3 600 名扶贫干部全员坚守脱贫攻坚一线，无一人无故脱岗。县委书记易鹏以上率下，深入镇村暗访督导抓落实。县四套班子全部下沉基层，不发通知、不定路线、不听汇报、直奔基层进行督查指导，狠抓纪律作风建设、层层传导压力，切实压实扶贫干部队伍责任。自 2020 年 9 月 28 日以来，县四套班子领导深入暗访督查共计 312 次，暗访发现问题合计 71 个，现场督促解决问题 38 个，剩余 35 个问题均由各镇村及各相关行业部门对接落实整改，并整改到位。真正形成上下同心、凝心聚力齐攻坚的决战氛围。

二是严肃“战时纪律”。乐东黎族自治县印发《乐东黎族自治县打赢脱贫攻坚战指挥部办公室关于实行脱贫攻坚迎考战时纪律的通知》，落实五严规定：“严格考勤纪律、严明政治纪律、严明工作纪律、严明廉洁纪律、严肃责任追究”，加强帮扶干部管理，增强帮扶干部的规矩意识和责任意识，以更扎实的作风、更有力的举措，高质量、高标准完成各项脱贫攻坚工作任务，全面巩固拓展脱贫攻坚成果。乐东黎族自治县明确要求脱贫攻坚大队长每天到所在镇大队督查检查，协调解决问题；副大队长全日制在镇办公；中队长、驻村第一书记、驻村工作队队长、村“两委”干部、贫困村驻村工作队、脱贫攻坚工作队、乡村振兴工作队全体队员全日制在村办公；帮扶责任人以高质量完成帮扶任务为目标全力开展帮扶，按照“战时纪律”明确的清单任务，开展帮扶工作。

三是强化监督整改。为第一时间把工作落实到位，确实把问题整改到位，针对各镇、各行业部门反馈的问题，县指挥部以战时督办通知的方式，把具体问题反馈到具体责任镇和具体责任单位，要求承办单位须翌日组织落实，翌日反馈督办落实情况，强力抓好问题督办工作。另外，对工作落实不到位、工作推进不力的各镇、各行业部门，由县指挥部领导亲自督办，确保问题得到有效解决。

6. 完善督查与调度体系，强化海南扶贫监督反馈机制

督查与调度体系是海南省脱贫攻坚组织体系中的关键一环，起到连接其他两大体系和脱贫攻坚大数据平台的重要作用，以督查促落实、以督查促精准、以调度促效率。督查与调度体系，一方面，对脱贫攻坚中可能出现的问题进行监督，对不合理和不合适的地方进行调度和调整，构建脱贫攻坚制度政策的良好反馈机制，以督查促落实；另一方面，通过督查与调度体系对防贫返贫进行监督管理，全面巩固拓展脱贫成果，大力开展脱贫监测户和边缘户摸排锁定工作，扎实推进排查工作，结合海南省脱贫攻坚大数据平台，完善防止返贫致贫监测和帮扶工作机制，以督查促精准。与此同时，督查与调度体系也充分发挥巡察利剑作用，采取“集中巡”“对照巡”和“上下联动”等方式，持续深化扶贫领域作风治理，加强常态化督查检查，通过“大排查”“大比武”“大整改”“回头看”不断检视脱贫攻坚工作质量和成效，充分运用督查检查成果，对扶贫领域腐败和作风涣散问题，采取零容忍态度，及时进行处理。

在督查与调度体系的运作模式中，督查与调度体系的运作与前两个体系有一定的相似之处。在省级层面狠抓国家考核评估、巡查巡视反馈问题的整改，全面排查整治突出问题，全力抓好整改落实。省级层面结合脱贫攻坚年度考核，在不增加基层负担的基础上，分阶段开展“问题整改大比武”“质量提升大比武”活动，以成效汇报、命题问答、案例分析等形式进行擂台比武，专考市县、乡镇村主要负责人，全面检验整改成效。同时，成立省委脱贫攻坚战督查组，每个组负责驻点若干个市（县），在一定时期内负责脱贫攻坚督查工作。督查组以暗访为主，深入一线专查问题，深挖根源，督促整改落实。为解决行业扶贫方面的突出问题，教育、卫健、住建、扶贫等部门组织专项督查，对危改进度慢、教育补助发放慢、健康扶贫宣传不到位、动态调整工作滞后等问题进行专项推进。

典型案例

案例 4　脱贫攻坚工作督查与调度体系在琼海市的运作模式

琼海市在督查与调度体系的指挥下出台了一系列的政策，对监测预警进行严格管理。

一是坚持不断完善返贫致贫监测工作，全面巩固拓展脱贫成果。按照《海南省扶贫工作办公室关于防止返贫及时开展扶贫对象动态管理工作的通知》（琼扶办发〔2020〕40 号）的要求，开展新致贫返贫户纳入、脱贫监测户和边缘户的动态管理工作。截至目前，经进村入户核查，琼海市共有边缘户 147 户 503 人，脱贫监测户 104 户 400 人需要消除致贫或返贫风险，预计剩余边缘户 46 户 194 人，脱贫监测户 61 户 257 人。以“扶贫济困、量入为出、精准救助”为原则，进一步发挥慈善救助功能，对享受政府救助后，仍有特殊困难的家庭和个人，因突发变故导致临时困难的家庭和个人，政策性救助难以解决的个别困难家庭和个人进行慈善帮扶，避免“8＋1 类”困难群众因灾因病等突发情况致贫返贫现象发现。

二是加强监测预警，有效防止返贫致贫。琼海市按照《海南省扶贫工作办公室关于防止返贫及时开展扶贫对象动态管理工作的通知》（琼扶办发〔2020〕40 号）的要求，开展新致贫返贫户纳入、脱贫监测户和边缘户的动态管理工作。对全市所有脱贫户、档外低保、档外五保、残疾户、重病户、大病户及 2019 年脱贫监测户和边缘户进行进村入户排查贫困户“两不愁、三保障”及饮水安全实现情况、主要收入来源、获得帮扶和参与脱贫攻坚项目等情况，及时掌握收入、生产生活条件及帮扶等变化情况，跟踪监测家庭困难改善程度，判断其致贫风险或返贫风险是否消除。

四、抽丝剥茧 循因施策 精准扶贫

积极探索定点扶贫工作的新思路、新办法，广泛动员社会力量参与扶贫开发，开创多形式、全方位、大参与的定点扶贫工作新局面。社会扶贫有广义和狭义之分：广义上的社会扶贫是指由社会各界参与的扶贫开发事业。2011年，中共中央、国务院印发《中国农村扶贫开发纲要（2011—2020年）》指出了社会扶贫的侧重方面，包括定点扶贫、东西部协作扶贫、军队和武警部队扶贫、企业和社会各界扶贫。2018年，中共中央、国务院印发《关于打赢脱贫攻坚战三年行动的指导意见》进一步指出，“动员全社会力量参与脱贫攻坚，加大东西部扶贫协作和对口支援力度、深入开展定点扶贫工作、扎实做好军队帮扶工作、激励各类企业、社会组织扶贫、大力开展扶贫志愿服务工作”。基于中央部署，海南省在《海南省打赢脱贫攻坚战三年行动计划》中对社会扶贫工作予以明确，包括定点扶贫（表1-5）、企业扶贫及志愿活动等方面，形成了各方参与的良好局面，为脱贫攻坚形成合力（图1-8）。

表1-5 白沙黎族自治县定点扶贫基本情况

定点帮扶单位	贫困村	主要问题	措施
省委统战部	阜龙乡可任村	产业结构单一，抗风险能力较差	引进资金227万元发展红心橙、益智、槟榔、地瓜、食用菌、黑猪、黑山羊、“互联网＋”、南药等产业，实现长、中、短期的立体种养结合
省发改委	南开乡高峰村	贫困原因复杂，技术、资金、劳动力缺乏，因病因学造成贫困较多	投入600万元开展益智种苗培育项目；帮助贫困户申请教育补贴，基本解决了贫困户因学致贫问题；推动县、乡卫生队下乡进村看病，发挥健康扶贫对贫困人口的兜底作用
省公安厅	七坊镇拥阜村	基础设施短板大，缺乏生产项目、资金和技术	争取基建资金939万元，大力建设基础设施和危房改造；投入资金189万元，扶持贫困户发展黄牛、肉猪养殖产业
省住房和城乡建设厅	七坊镇高石村	贫困人口多，贫困程度深，脱贫内生动力不足	整村搬迁高石老村，进行危房改造；采取“贫困户＋能人＋村干部”的形式扶持养羊、养牛等产业
中国热带农业科学院	青松乡拥处村	缺乏特色产业，科学技术匮乏	引进产业项目资金116.84万元，发展橡胶、山兰稻、蜂蜜等产业，打造山兰稻全产业链；开展各类技能培训和就业培训
省金融办	荣邦乡俄朗村	缺乏产业支撑和资金支持，产业的可持续性差	培育能人、农民专业合作社和龙头企业三类新型主体；种植油梨、生姜、红心橙、雪茄、养羊、养猪“六大项目”，确保有“一户一品”产业支撑；安排资金近200万元

续表 1-5

定点帮扶单位	贫困村	主要问题	措施
海南日报报业集团	青松乡青松村	产业发展不足，缺乏人才和资金	开展驻村帮扶工作；争取县扶贫资金的支持；成立了养殖黑山羊合作社、养鹅合作社，发展五脚猪养殖产业
海南广播电视总台	牙叉镇对俄村	贫困户自身发展动力不足	采取“公司＋贫困户”模式引进多家专业合作社，推进黑山羊养殖产业发展；落实农村剩余劳动力转移就业
华闻传媒投资集团股份有限公司	细水乡白水港村	对自然生态资源利用不充分，技术、资金匮乏	引进专业公司和技术，扶持贫困户种植香樟树、养殖黑山羊等高经济价值动植物；利用周边资源，以开发乡村旅游为龙头，完善住宿、餐饮、停车、导游、土特产销售等基础设施和环境条件
省委老干部局	元门乡南训村	生产技能弱，缺乏特色产业	因地制宜，扶持特色产业，开设高产栽培示范基地，完善五脚猪养殖项目基础设施建设，举办五脚猪养殖技术培训班
61708 部队	元门乡翁村	基层组织建设不足，因贫失学问题有待解决	拨付专项资金 105 860 元，用于解决村委会新办公楼配套设施、设备；开展广泛的助学活动，签订助学协议
省保监局	南开乡牙佬村	缺乏特色产业	打造生产纯野生、品质好的优质百花蜜特色产业；树立保险扶贫先进典型，开展保险知识“进农村”活动
省测绘局	南开乡革新村	个别贫困户脱贫积极性低，脱贫内生动力不足；缺乏生产技术支持	协调白沙黎族自治县农业局、科协和畜牧局等单位邀请专家来革新村举办 2 期种养实用技术培训班，派 2 人到琼中县学习养蜂技术，2 人到白沙黎族自治县畜牧局学习养牛、养羊技术，组织贫困户观看脱贫致富电视夜校 33 期；成立养殖专业合作社
省海事局	细水乡罗任村	缺乏特色产业	引进 5 个产业发展项目，指导成立 1 个农民专业合作社，发展特色种植 430 亩
省金林集团	邦溪镇大米村	缺乏特色产业，基层教育现状亟须提高	采用“公司＋基地＋农户”的方式，成立“海南省金林投资集团火龙果种植扶贫示范点”；积极协调和促进北京、香港的马会会所与上海真爱梦想公益基金会“梦想中心”首次进入海南，帮助学生长远发展
华盈投资控股有限公司	邦溪镇邦新村	贫困原因涉及地域面积大、人口多、思想落后、产业发展、就业等制约因素较多	携手海口海星机动车驾驶员培训有限公司、海口公交集团开展“关于精准扶贫汽车驾驶员培训项目”，促进贫困户就业；与邦溪镇政府共同帮扶邦新村合作社养殖五脚猪(定安黑猪)项目

续表 1-5

定点帮扶单位	贫困村	主要问题	措施
海南美亚公司	打安镇打安村	人均土地面积较少，致贫原因复杂，如残疾、无劳动力、缺乏土地等诸多因素，返贫现象凸显	根据白沙黎族自治县的气候、自然环境等，选定发展种桑养蚕业，建设 45 亩桑叶种植示范基地
海南产权交易所	南开乡南开村	橡胶市场低迷造成了部分村民的贫困，导致个别贫困户参与脱贫的主动性不强	以村经济合作社形式扶持发展山羊养殖项目；实施电商扶贫，支持山羊、土蜜蜂、益智南药等土特产网上销售，打造特色品牌；鼓励贫困户子女参加职业学校教育培训
海南电网	打安镇南达村	在资源、资金上没有及时享受到相应政策，贫困户脱贫意愿不强烈	公司累计投入 51.5 万元捐赠资金，落实基础设施建设；组织南达村农户参加红薯种植技术培训和橡胶冬春抚管与割胶培训，组织脱贫致富电视夜校学习
海南电力设计研究院	七坊镇长龙村	缺乏脱贫信心和动力	在思想上给村民进行扶贫，帮助村民“立志”，帮助贫困户树立脱贫致富的信心，增强战胜贫困的勇气，树立靠自身努力脱贫的思想
海汽投资控股有限公司	荣邦乡岭尾村	地处偏僻，改善生产条件困难较大	整合资金完善水、电、学校、栏网等基础设施；扶持岭尾养羊合作社和贫困户种植红心橙 30 亩
中国电信海南分公司	牙叉镇牙港村	产业和通信状况亟须改善	充分利用通信企业的行业优势，投入帮扶建设资金 7.5 万元完成牙港村上村及中村的光纤网络建设；将专项扶贫资金 20 万元投到牙港村蜜蜂、猪苗、山鸡等养殖业以及槟榔、橡胶、益智等种植业
中国国际贸易促进委员会海南省委员会	元门乡向民村	缺乏支柱产业，民生建设有待完善	通过司法解决 340 亩大棚瓜菜种植土地历史遗留问题，为村民盘活土地资源；引进地瓜种植项目，将闲置两年的大棚瓜菜基地重新运作；帮助协调村委会与海口乐桦公司签订地瓜种植产销协议；引进资金 1 400 万元修建向民村大桥，协调资金 205 万元帮助新、老村进行美丽乡村配套建设入户道路的硬化
海南电力设备厂	青松乡打炳村	脱贫内生动力不足	组织贫困户观看扶贫电视夜校
海南白沙绿成实业有限公司	邦溪镇南班村	产业结构简单，劳动力不足，整体文化素质不高，旅游基础设施比较落后，缺水缺地	鼓励村民发展养殖业，联系相关农产品公司对接该村山鸡、鸭、鹅、木薯、红心橙等农产品收购事宜，多渠道帮助村民对接销售网络，加大南班村农产品与外地市场平台的联系

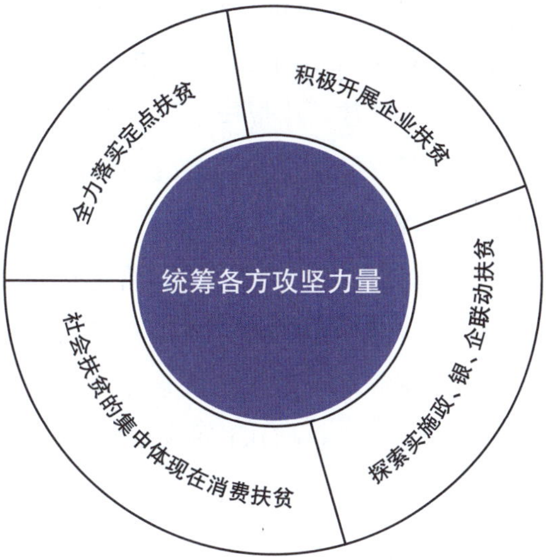

图 1-8　统筹各方攻坚力量

(一)提认识,调机制,以活动促发展

定点扶贫是指根据党中央和国务院要求,由中央和地方机关各部门各单位、人民团体、参照公务员法管理的事业单位和国有大型骨干企业、国有控股金融机构、国家重点科研院校等单位所承担的扶贫任务。定点扶贫能够把政府部门的组织与协调优势、科研机构和大专院校的人才与技术优势、工商企业的资金优势等整合起来,实现优势集聚和劣势规避。2015 年 12 月 11 日,习近平总书记就机关企事业单位做好定点扶贫工作做出重要指示,强调党政军机关、企事业单位开展定点扶贫是中国特色扶贫开发事业的重要组成部分,也是我国政治优势和制度优势的重要体现。在扶贫工作开展初期,海南省存在对定点扶贫工作重视程度较低的问题。自 2018 年以来,海南省针对定点帮扶工作不够重视的问题进行大力整改,全面提升了定点扶贫工作水平,落实定点扶贫工作责任。

1. 转变思想观念,提升重视程度

海南省针对部分单位领导不够重视、帮扶工作不细不实等问题进行整改,通过表扬先进、批评后进的方式提升各部门的重视程度。采用正面激励和反面惩治相结合的方式,极大地提升了全省、各地区、各部门对定点扶贫工作的重视程度,各县在省的领导下积极整改,为后续工作的顺利开展奠定了基础。

2. 调整完善定点帮扶工作机制

在提升各方重视程度之后,海南省着手调整定点帮扶工作机制,注重建立定点单位与帮扶对象之间一对一的联系,强化定点单位精准扶贫参与程度。一是优化调整定点帮扶。

海南省结合定点扶贫考核和机构改革，调整部分单位的定点帮扶点，各单位通过发挥自身优势采取不同帮扶措施解决帮扶对象贫困问题，在帮扶中提升贫困群体内生发展动力与致富能力。二是配合做好中央定点扶贫单位帮扶。如中国海洋石油总公司派驻五指山市的挂职干部罗新增试点开展橡胶期货保险，此项目荣获全国脱贫攻坚奖创新奖。

3. 开展定点扶贫“四看四比四提升”活动

为推进全省各定点扶贫单位真抓实干、创先争优，营造比学赶超的攻坚氛围，进一步助推脱贫攻坚工作，海南省印发《海南省定点扶贫“四看四比四提升”活动实施方案》，于2019年9—12月在省所有派定点扶贫单位中组织开展了“四看四比四提升”活动。首先，该活动共设置四大项17个具体指标，确定评比标准：一看组织领导，比重视程度，提升帮扶力度；二看产业项目，比增产增收，提升脱贫成效；三看组织发动，比群众参与，提升内生动力；四看村容村貌，比设施建设，提升人居环境。其次，采用科学的方式进行组织评比。2020年1月中旬，各市县按照“好”“较好”“一般”3个等级对省派定点扶贫单位帮扶工作成效进行综合评价，并将活动评价成绩按照一定比例纳入全年省派定点扶贫成效考核综合评价成绩。“四看四比四提升”活动在各市县、各定点扶贫单位取得了良好的成果，不仅提高了领导重视程度，激发了定点扶贫单位的积极性，同时提升了产业扶贫投入水平和村庄的基础设施建设水平，进一步激发了贫困户的内生动力。

（二）百企帮，百村兴，以共赢谋发展

企业扶贫是社会扶贫的重要体现，具有涉及面广、参与深入、帮扶形式多样、扶贫与发展相结合等特点，具备强大的灵活性。对于企业而言，参与精准扶贫有利于提升其企业文化并树立良好的企业形象，也是实现其长久发展的重要举措。因此，企业发展与贫困村脱贫相互结合能够建立贫困地区稳定发展的基础，强化贫困地区内生发展力量。为了调动企业参与扶贫的积极性，2015年10月17日中华全国工商业联合会、国务院扶贫开发领导小组办公室（以下简称“国务院扶贫办”）、中国光彩事业促进会正式发起“万企帮万村”行动。该行动以民营企业为帮扶方，以建档立卡的贫困村、贫困户为帮扶对象，以签约结对、村企共建为主要形式，力争用3～5年时间动员全国1万家以上民营企业参与，帮助1万个以上贫困村加快脱贫进程。自脱贫攻坚战打响以来，海南省发起“百企帮百村”精准扶贫提质增效行动，对接国家“万企帮万村”行动，引导广大民营企业通过市场配置资源的方式参与其中，为打赢这场脱贫攻坚战贡献了强大的民企力量。

1. 以村企自愿为原则，因地因村精准施策

企业是以营利为目的的市场主体。其各项活动的开展均以增加经营利润为根本目标，因此生拉硬拽、强制摊派等强制性做法既不能充分调动企业参与的积极性，也难以实

现产业持续发展。为此，海南省在推进“百企帮百村”精准扶贫提质增效行动中始终将村企自愿原则放在第一位，充分尊重民营企业和村民意愿，发动民营企业广泛参与产业扶贫，由民营企业和贫困村根据自身状况与发展需要，协商确定帮扶形式、内容和期限。在村企自愿原则基础上，“百企帮百村”精准扶贫行动通过因地因村精准施策，充分发挥民营企业优势，通过推行“村集体＋企业＋贫困户”、扶贫资金股份化等开发模式，建立开发式、造血式的扶贫长效机制，把企业转型升级与贫困地区产业发展结合起来，带动贫困村发展一批特色优势产业，帮助群众就地就近就业，支持贫困群众依靠自己的辛勤劳动早日实现脱贫。在这个过程中，海南省涌现出一大批自愿扶持贫困村发展的企业，如临高海丰养殖发展有限公司、海南广鑫牧业有限公司等。

2.以权责明晰为原则，提高企业投入效率

为了避免在企业扶贫过程中出现村企相互扯皮、相互推诿的现象，根据“百企帮百村”精准扶贫提质增效行动要求，海南省所有参与帮扶的企业都必须同结对帮扶村委会签订一份《村企结对帮扶及公建协议书》。该协议明确了双方职责以及企业要根据帮扶村庄的致贫原因、资源禀赋、人口结构等基本情况，因地制宜、精准施策，制订帮扶计划；受助村委会则要提供相关基本信息并确保准确无误，要主动邀请帮扶企业定期参加本村重点事项决策，全力配合做好相关脱贫攻坚帮扶工作。海南省各级政府则出台一系列优惠政策支持和帮助企业参与扶贫，通过信贷贴息、税收减免、优先保障项目用地等方式大幅度降低企业扶贫成本，以提升扶贫的精准性和长效性。

3.以互利共赢为原则，建立持续稳定合作关系

“单丝不成线，独木不成林”，任何一方的利益损失都会阻碍企业扶贫的实施，互利共赢才是村企合作实现永续脱贫的关键。因此，海南省在推进“百企帮百村”精准扶贫提质增效行动中坚持村企优势互补、互惠互利的原则，推动双方建立稳定持久的帮扶合作关系，努力实现村里得益、农民受惠、企业获利的多边共赢局面。例如，海南广陵高科实业有限公司、海南翔泰渔业公司等都是在互利共赢原则下实现了村企共赢。这种合作不仅帮助贫困村庄摆脱贫困状态，也为企业自身发展提供了有效助力。

（三）搭平台，联三方，以金融带发展

在开展企业扶贫之外，为了有效解决贫困地区发展农业产业“融资难、融资贵”和缺少龙头企业带动等问题，海南省建立起了政银企联动的扶贫模式。在中国农业发展银行海南省分行与省扶贫办共同倡议下，通过联合平台企业签署《海南农业政策性政银企产业扶贫合作平台备忘录》的形式，创建政银企产业扶贫平台。该平台由省扶贫办提供政策指导，中国农业发展银行提供融资、融智、融商服务，通过合作平台召集联席工作会议，建立

责任共担机制，推动合作平台企业与海南省贫困市县的产业扶贫项目需求结对帮扶对接，最大限度地帮助贫困地区发展特色产业。

1. 发挥企业效力，吸收企业加盟

政银企产业扶贫平台最大限度地发挥了企业效力，吸收众多企业加盟。目前，政银企产业扶贫平台已经吸收广陵高科、口味王槟榔、春光椰子、翔泰渔业等近40家有经营实力和社会责任感的现代农业领军企业加盟，构建“政策性金融＋平台企业＋贫困人口”的利益联结机制、“政策性金融＋平台企业＋贫困村”的点对点帮扶机制以及“政策性金融＋平台企业＋小微企业”的供应链金融模式，对接5个国定贫困县产业扶贫规划及招商引资项目，到贫困地区设立生产基地或专业合作社，通过项目或生产基地构建“企业＋贫困户”利益联结机制，带动建档立卡贫困人口就业增收。随着工作的推进，该模式得到各级党委政府的充分肯定与社会各界的广泛好评，新华网、海南日报等多家中央及地方主流媒体多次专题报道。2018年，作为海南省扶贫的典型经验，产业扶贫平台模式被省扶贫开发领导小组推荐申报2018年全国脱贫攻坚奖组织创新奖。

2. 发挥金融机构作用，破解资金不足难题

政银企产业扶贫平台注重发挥金融机构的作用，着力解决资金不足的难题。金融机构累计向平台企业发放70.6亿元扶贫贷款，推进槟榔收购、水产加工出口、生态旅游、污水处理、石斛种植、黑猪养殖及农业科技等44个产业扶贫项目，直接帮扶和间接带动建档立卡贫困人口11.3万人/次。通过平台核心企业担保或稳定购销关系形成的应收账款质押等增信方式，支持上、下游小微企业扩大生产经营。这样，一方面，能有效缓解小微企业融资难、融资贵的问题；另一方面，通过小微企业的收购、生产、经营，带动贫困人口在槟榔、椰子、渔业等特色产业上的增产增收。

3. 构建服务保障机制，确保可持续发展

为保障平台的规范运作、风险可控和可持续发展，中国农业发展银行海南省分行构建多种服务保障机制，逐步将其打造成一个合作型、功能型、开放型平台。一是成立专门服务小组，为平台签约企业量身定制中期融资及服务方案，满足企业未来三年信贷增长需求。同时每季举办一次平台座谈会，研究扶贫政策和金融运用，帮助平台企业提高投融资水平和帮扶精准度，促进企业在关联行业和产业链上开展交流与合作。二是构建政策性金融优惠融资机制。根据国家有关产业政策和中国农业发展银行信贷制度规定，对由平台企业申报的扶贫贷款项目开辟绿色通道，优先保障信贷规模纳入扶贫贷款计划；在风险可控的前提下实行更加优惠的利率政策，对扶贫成效显著的项目实行免收中间业务费、支持申报人民银行抵押补充贷款优惠资金等政策。与同业市场利率相比，自中国农业发展银行海南省分行成立平台以来，其为企业扶贫贷款节约资金成本累计超过5 800万元。三是实行平台企业风险主动防控机制，倡议构建风险互助基金。基金由平台企业共同出资建立，用于出资企业克服经营过程中出现的周期性问题。目前已有首批平台企业同意认缴风险基金共 4 800 万元。四是构建平台企业带贫成效评价机制。将承贷中国农业发展银行优惠扶贫贷款的平台企业列为评价对象，针对其扶贫贷款使用情况、扶贫项目帮扶情况及签约帮扶村帮扶情况开展评价。将评价成果向省扶贫办和省工商业联合会反馈，向各家平台企业通报，并根据评价结果动态调整贷款优惠政策及平台企业资格，不断增强扶贫龙头企业的扶贫责任。

4. 组织实施扶贫志愿活动

在社会扶贫过程中，海南省十分重视通过扶贫志愿活动为贫困人口提供多种形式的帮扶。一方面，鼓励各组织各部门组织实施各种形式的扶贫志愿活动，工会、共青团、妇联等群团组织及省卫计委、省残联、省精神文明建设指导委员会办公室、省红十字会、省慈善总会、省工商业联合会等部门积极参与，为贫困人口提供及时帮扶，助力脱贫攻坚；另一方面，积极推进扶贫志愿服务制度化，鼓励国家机关、企事业单位、人民团体等组建常态化、专业化服务团队，提升扶贫效果。此外，各部门加快“中国社会扶贫网”的推广与运用，充分发挥“海南社会扶贫网”的作用，运用扶贫供需对接平台，逐步动员全省公务员、企事业单位干部职工及社会爱心人士注册，并与贫困户对接认领任务，推动扶贫志愿活动顺利开展。在多方努力下，扶贫志愿活动如火如荼，取得显著成效。

（四）全参与、全覆盖，以消费兴发展

消费扶贫作为社会各界共同参与的扶贫方式，以其多方主体参与的特点成为海南省社会扶贫工作的集中体现方式。自 2018 年以来，海南省创新工作思路，积极探索消费扶贫新模式。在这个过程中，海南省坚持政府领导、多方主体参与的原则，形成了“四动四全”的消费扶贫新模式，成功帮助贫困户对接市场，破解了农产品“卖难”问题，努力实现社会扶贫从输血式扶贫向造血式扶贫转变、从单向受益扶贫向双向受益扶贫转变、从不可持续扶贫向可持续扶贫转变，为助力全省打赢脱贫攻坚战做出了积极贡献。

1. 党政部门强力推动，做到全保障

海南省委、省政府始终把开展消费扶贫活动作为当前和今后一个时期打赢脱贫攻坚战的一项重大任务，以充分发挥体制和组织优势，为消费扶贫提供领导力量，迅速打开消费扶贫新局面。

首先，海南省高度重视对消费扶贫的领导工作，时任省长沈晓明在全省消费扶贫电视电话会议上分别做出指示和批示，要求切实把消费扶贫活动组织好、开展好。一方面，海南省印发了《关于开展消费扶贫行动的通知》《2019 年海南省消费扶贫分工方案》等文件，

并在海南省打赢脱贫攻坚战指挥部增设消费扶贫专项工作组，强化对全省消费扶贫工作的全面指导；另一方面，联合省供销社、南海网、省商务厅、省扶贫办、省工商业联合会等部门加大扶贫工作力度，推动消费扶贫活动健康开展；各市县党委政府、各定点扶贫单位党委（党组）因地制宜地组织开展形式多样的线上、线下消费扶贫活动。

其次，注重夯实基层基础，确保消费扶贫工作落实到位。帮扶责任人和驻村第一书记把开展消费扶贫活动作为履行职责的重要方面，切实对接好产销两端，在消费扶贫的具体工作落实中起到重要作用。例如，帮助贫困户在海南爱心扶贫网发布产品信息，核实产品质量，确保货真价实、真实可信；做好产品宣传，让更多人了解贫困户的产品；协调物流、电商等环节，打通消费扶贫“最后一公里”。由于有帮扶责任人和驻村第一书记等扶贫干部对贫困户农产品的质量背书及宣传推介，贫困户农产品的销售形势良好，一些产品甚至供不应求，农产品“卖难”的问题在很大程度上得到缓解。

最后，为了充分调动各方参与消费扶贫的积极性，海南省针对消费扶贫建立了考核激励机制。省指挥部每月将各市县区及省派定点扶贫单位消费扶贫数据进行汇总比对，累计形成全年参与情况，以此作为各级各部门年度绩效考核的一项重要内容和党员干部年度考核、评优评先的重要依据。海南爱心扶贫网定期发布市县消费扶贫成交量排名，以此作为年度脱贫攻坚成效考核的依据，并在媒体上不定期地发布“海南爱心扶贫网订单排行榜”，对积极参与消费扶贫的单位和个人进行宣传，全省范围内形成了全力推进消费扶贫的良好氛围。

2.各方力量积极联动，做到全覆盖

通过海南省委、省政府的高位推动以及海南爱心扶贫网上线后媒体的大力推广，全省参与消费扶贫活动的积极性逐渐被激发，形成领导带头、党员紧跟、大众踊跃参与的生动局面。

首先，省级领导干部积极带头发挥示范作用。海南省制定和实施了《关于在省级领导干部中开展“以购代捐”消费扶贫活动方案》，要求包括省委书记在内的所有现职省级领导干部，每人每月拿出200～300元，通过海南爱心扶贫网及其他渠道，从本人抓的农村党建促脱贫攻坚联系点或其他贫困村直接购买时令瓜菜、水果、肉蛋、米油等农副产品，以起到良好的带头示范作用。

其次，各市县、各单位对开展消费扶贫十分重视，主要领导亲自动员部署，提出具体要求。例如，海南省供销合作联社在供销系统超市、供销点设立扶贫农产品专区专柜，在市县、乡镇定期组织消费扶贫专场集市；省商务厅印发《关于做好2019年全省电商扶贫及消费扶贫工作的通知》，提出完善贫困地区农村电商公共服务体系、拓宽贫困地区农产品销售渠道、建立商务领域消费扶贫长效机制等方面的举措；省旅文厅实施乡村旅游“后备厢工程”，在全省乡村旅游重点村设立旅游扶贫专柜售卖扶贫产品；省教育厅发动全省学校食堂与贫困村建立长期供应关系。各市县则在各大知名电商平台开设扶贫专区，如三亚、保亭等10个市县在阿里巴巴农村淘宝兴农扶贫频道开设地方服务站；海口、澄迈等市县在苏宁易购中华特色馆频道开设地方扶贫馆等。

最后，社会各界纷纷响应，形成良好氛围。海南省通过报纸、广播、电视、微信公众号等媒体向全社会发出《消费有情爱心无价海南消费扶贫爱心行动倡议书》，社会各界纷纷响应，积极参与消费扶贫。例如，省工商业联合会组织引导民营企业购买扶贫产品，提高全省“百企帮百村”产业扶贫项目经济效益；广大非公有制经济人士和商(协)会组织踊跃投身于消费扶贫行动，积极和漫游谷(海南)有限公司等平台联系，在海口、陵水等市县建立了爱心消费扶贫产品乡村实体体验店，共同打造脱贫攻坚新品牌；家乐福、大润发等大型超市主动和贫困村建立了产销合作关系，长期订购贫困户的农产品。

3. 线上、线下高效互动，做到全服务

海南省以“海南爱心扶贫网”为线上主平台，以“爱心扶贫大集市”为线下主要载体，形成线上、线下高效互动的良好氛围，为动员社会力量参与消费扶贫活动创造了条件。

一方面，海南省以“海南爱心扶贫网”为载体打造了线上平台。在这个过程中，“海南爱心扶贫网”运营部门不断完善网站功能，精心做好产品组织、上架、销售、配送、售后等服务，提升用户体验感，并同步上线手机客户端、微信公众号，方便消费者随时随地购物。同时，引入全网比价机制，所有产品在上架前一律与淘宝、京东、盒马等电商平台进行比价，目前全网在售农产品价格基本与京东、淘宝的价格持平或者略低。此外，拓展服务内容，上架一批旅游扶贫精品线路、特色农产品和民宿以及乡村旅游扶贫招商建设项目。例如，结合时政热点推出“618”山珍节、七夕促销节、9月肉食主义专题促销、建国70周年大促等系列活动，提升产品知名度和社会参与度。

另一方面，以“爱心扶贫大集市”为形式开展线下活动。海南省发挥供销社网点遍布农村的渠道优势，联合各市县共同组织开展“爱心扶贫大集市”线下销售百场百家活动，通过“政府主导协调＋乡镇供销社组织产品＋贫困户农产品零门槛入市＋产销零距离低成本对接”线下集市模式，在供销系统超市、供销点设立扶贫农产品专区专柜，帮助贫困户就近销售农产品，并引导党员干部形成订购扶贫农产品的消费习惯。此外，针对不同消费群体，线下活动衍生出市县级、乡镇级、旅游、高校、社区、超市等多种类型的专场集市。例如，三亚市在爱心集市上增设摊位无偿协助保亭县的贫困户销售农产品；海口市组织了海垦专场、海南大学和海南师范大学高校专场集市；临高县在部分社区开展贫困户农产品直供活动等。

4. 贫困群众自觉主动，做到全参与

积极主动做好引导工作，激发贫困群众的内生动力，鼓励他们通过自己的辛勤劳动为扶贫爱心人士提供优质的农副产品，实现脱贫致富。

首先，海南省深化产业帮扶，引导贫困户发展特色产业，为有效参与消费扶贫打下基础。随着越来越多的爱心人士参与消费扶贫，为满足消费者对贫困户农产品种类、品质和供应的需求，各市县有针对性地研究产业帮扶措施，着力提高贫困群众的市场意识和组织生产能力，组织贫困群众积极发展经济效益高、市场前景好、受消费者欢迎的特色产业，争取每个贫困户都有自己的特色产品，进而推动农业产业转型升级、提质增效。

其次，海南省针对每个贫困户的个性化需求组织各种技术培训，让每个贫困户都有一技之长，达到“授人以鱼不如授人以渔”的效果，提升贫困户参与消费扶贫的能力。例如，海口市永兴镇儒张村贫困群众黄忠海在帮扶责任人帮助下，为自家养殖的蜂蜜、土鸡和鸡蛋穿上了“新装”，注册了商标，通过线上平台把自家农产品推向了广阔的市场，实现了更大的收益。

最后，创新营销方式为贫困群众参与消费扶贫创造条件。海南省各市县、各有关部门用改革创新的思路和办法帮助贫困群众解决在参与消费扶贫活动过程中遇到的困难，通过线上、线下多种方式把贫困群众的供应和消费者的需求更直接、更便捷地对接起来，结成更紧密的利益共同体。例如，针对贫困群众的农产品中的活体比较多、不方便直接邮购的问题，一方面采取定点定时宰杀、冰冻、包装后由物流企业统一配送的方式；另一方面安排专门的时间和场所进行线下就近销售。一些市县还针对冬季来海南过冬的大量“候鸟”人群，开展“候鸟集市”。由于解决了销售难的后顾之忧，贫困群众参与消费扶贫的信心更足，内生动力更强。例如，在定安县“互联网＋爱心消费扶贫”农副产品展销会上，龙湖镇安仁村委会高钗村贫困村民郑金福将自家种的槟榔和饲养的黑猪带到集市上来售卖，收入 1 万元，相当于他原来年收入的一半，激发了他的发展生产、脱贫致富的内生动力。

五、提高认识　创新模式　形成格局

（一）社会扶贫观念日渐增强

在扶贫工作初期，发展程度较差的社会扶贫一度成为海南省脱贫攻坚工作的短板。究其原因在于对社会扶贫的重视程度不够。近年来，海南省加大对社会扶贫的重视程度，如多次召开专门会议将正面激励与反面惩治相结合，大力提升各地区、各部门对于定点扶

贫的重视程度，开展定点扶贫“四看四比四提升”活动，通过将定点扶贫纳入政绩考核范围，进一步提升干部对定点扶贫的重视程度。在政府积极动员下，海南省社会各界对社会扶贫的认识日益深刻，更加接纳和认同社会扶贫的观念，参与社会扶贫的社会力量增多，扶贫领域也被极大地拓宽。尤其是随着脱贫攻坚收官之年的到来和全面建成小康社会目标的临近，海南省的社会各界对贫困的历史性、社会性问题的认知高度一致，并积极参与精准扶贫战略。这些成效从“四看四比四提升”活动、“百企帮百村”活动取得巨大成效中可见一斑。

（二）社会扶贫模式不断创新

在海南省社会扶贫工作深入推进的过程中，各类组织各取所需、各司其职用多样化的扶贫开发策略满足扶贫需求，创新扶贫体系，扶贫形式更加多样、扶贫内容更加多元、扶贫效果更加高效。如在企业扶贫过程中，海南省不仅存在公益扶贫模式，即企业“输血式”的社会捐赠，而且注重发展产业带动模式，鼓励龙头企业与贫困群体通过“企业＋基地/合作社/经济组织/村组织＋贫困户”等合作带动模式实现双方共同发展，促进脱贫效果的可持续；在消费扶贫过程中，海南省创造性地打造了“四动四全”的消费扶贫新模式，通过各个部门的全力协作成功帮助贫困户解决农产品销路不畅的难题。此外，随着互联网技术的发展，网络平台与各类组织之间的连接日益紧密，各组织借助互联网对传统扶贫形式予以有效创新，并将其作为传输媒介有效实现了各类资源集聚，极大地丰富了扶贫手段，“海南乡村振兴网”成功推广便是有力体现。

（三）社会扶贫格局逐步形成

我国的精准扶贫精准脱贫工作呈现政府主导、市场和社会多方参与的特征。扶贫开发是全党全社会的共同责任，要动员和凝聚全社会力量广泛参与。坚持专项扶贫、行业扶贫、社会扶贫等多方力量、多种举措有机结合和互为支撑的‘三位一体’大扶贫格局，建立健全东、西部地区协作、党政机关定点扶贫机制，广泛调动社会各界参与扶贫开发积极性。在精准扶贫、精准脱贫工作的推进过程中，海南省坚持以习近平总书记的讲话为指导思想，在政府主导和市场参与局面明朗的同时，积极发展社会扶贫，努力形成了政府、市场、社会三方共同参与的扶贫格局，各方之间的有效互补放大了扶贫资源的利用价值，更好地满足了贫困群体需求，推动扶贫工作取得良好成效。

典型案例

案例5　乐东黎族自治县用好社会力量，组织分散农户参与电商销售

在推进各方积极参与形成脱贫合力的进程中，海南省乐东黎族自治县通过电商服务中心，组织分散农户进行电商销售的实践取得了良好的成效。乐东黎族自治县通过农村淘宝电子商务服务站的建设、"抖音"平台的"抖音嗨购"活动、县政府主要领导"连麦市长，直播助农"等形式，扭转了该县农产品"销路难、价格低"的困境，拓宽了农产品的销售渠道，扩大了销售区域，还在主打乐东产品的过程中形成了品牌效应，提高了农户尤其是贫困户的收入。贫困户在参与电商销售过程中也面临诸多挑战：有些农户由于自身水平的限制对于互联网的使用并不熟练，而大部分农户则由于自身产量较少无法保障其持续性的参与电商销售。为了解决农户分散生产导致的农产品上行分散的问题，乐东黎族自治县创造了政府主导电商销售的组织形式，从县级层面汇总本县农产品信息，并由县政府代农户进行电商销售。该做法既可解决农产品上行分散问题，又可通过数量优势在与电商平台的接洽中获得更多的谈判优势，还可帮助不善于使用互联网技术的农户分享电商销售的红利。

1. 乐东黎族自治县电商扶贫发展历程梳理

2016 年，乐东黎族自治县财政局拨款 63 万元为扶贫专用资金，建设完成 20 个建档立卡贫困村农村淘宝电子商务服务站，初步形成贫困村电商服务站点布局。确定乐安路北鑫商业街小区三栋 1 号商铺为乐东黎族自治县电商运营中心和菜鸟仓库场所。菜鸟仓库装修完毕投入使用运营，为乐东黎族自治县电商扶贫工作提供了场地、物流等保障。开展大规模农村淘宝宣传工作，陆续报名淘宝合伙人的人数达 600 多人，并完成第一批村小二的培训。县财政局拨款 63 万元扶贫专用资金以用于乐东黎族自治县 21 个建档立卡贫困村农村淘宝电子商务服务站的建设。第一批阿里巴巴农村淘宝 36 个服务站点已于 2016 年 12 月 8 日试业运营。截至 2016 年 12 月 21 日，村民网上购物数额达 70 万元。

2017 年乐东黎族自治县已有 23 个农村淘宝电子商务服务站正常运营。截至 2017 年 12 月 2 日，贫困村交易额达 140 多万元，惠及和方便贫困村 5 000 多村民购物，上行产品 12.47 万元，培训贫困村村小二 200 多人次，带动 40 多名贫困村的村民就业。积极组织开展贫困村的农产品上行，主要有蜂蜜、土鸡蛋、糯米酒、芭蕉、山兰米等。由于大部分土特产是季节性的产品，产量规模小，比较分散，没有品牌包装，很难集中上行。自贫困村淘宝站建立后，上行量主要靠村小二在村淘宝平台、微信朋友圈销售。推动县电商运营中心开工装修，为聘请第三方运营团队提供便利。乐东黎族自治县为 3 个贫困村服务站争取到 7.5 万元财政补贴资金，分别为抱由镇三平村、志仲镇塔丰村、尖峰镇山道村。为贫困村村小二购买相机、打印机、三轮货车、冰柜等日常设备，另外每站 5 000 元运营补贴也制表签字完成并发放。

2018 年，乐东县的农民合作社、村小二等借用海南爱心扶贫网乐东馆、掌上乐东、闲鱼、微信、微商等平台进行销售。县电商运营中心完成装修投入运营，聘请第三方电商运营公司——海南宏思科技有限公司进驻县运营中心，以利于2019年电商扶贫工作全面展开。截至2018年12月29日，累计交易额为4 300万元，覆盖135个村，20万以上的村民购买，69万笔以上的交易，其中贫困村交易额（上行、下行）达690万元，通过乐东电商平台、爱心扶贫网乐东馆、掌上乐东等平台实现的贫困地区农特产品网络销售额比2017年增长358%（2017年销售额为12.47万元，2018年为57.2万元）。乐东黎族自治县为5个贫困村服务站争取到12.5万元财政补贴资金，分别为大安镇只朝村、万冲镇抱班村、南班村、抱由镇番豆村、红水村。已为贫困村村小二购买相机、平板电脑、三轮货车、冰柜等设备并完成验收交付使用，另外，每站5 000元运营补贴也制表签字完成并发放。

2018年5月，乐东黎族自治县杧果大面积滞销，为帮助农户，特别是贫困村农户的杧果销售，县有关部门牵头组织"电商扶贫·爱心助农"活动，利用电商平台和方式，为农户拓宽销路，并主动宣传报道，受到人民网（海南板块）、海南日报等多家媒体关注报道。

2019年，乐东黎族自治县电商销售工作更加完善。其主要依托海南爱心扶贫网乐东馆、京东商城乐东馆、乐东优选平台、团购、微商等电商销售形式，截至2019年12月31日，乐东黎族自治县农特产品网络销售额达259万元。乐东黎族自治县已实现电商扶贫全覆盖，并以1个县级电商运营服务站点及22个整村推进贫困村电商服务站为核心，提高了电商服务站运营质量，发挥了消费扶贫线上（电商扶贫）的实效。其现在由县电商运营中心协助管理，积极将服务站升级打造为"电商服务站＋脱贫攻坚惠农超市示范点"，收集和销售贫困户土特产品。乐东黎族自治县大力推动优质农产品上行，始终把打造农产品品牌化、提高上行量作为促进消费扶贫线上（电商扶贫）的着力点和突破点，不断适应市场需求，充分发掘品类更加丰富的优质农产品。一是以22个整村推进贫困村为工作重点，通过各个村级电商站点的站长进行充分调研、分析，形成"企业＋合作社＋贫困村产品"的模式，集中打造和推介望楼港海产品、蜂蜜、乐东田头鸡等一批乐东本土品牌。二是整合资源制定乐东特色产品产销标准化体系，成立专门的品牌团队，在充分结合乐东黎族自治县独特优势及产品特性基础上制定品牌思路，讲好乐东特色品牌故事，增强品牌市场竞争力；逐步引导省内外大中型销售企业入驻乐东黎族自治县，通过产品品牌化的方式解决乐东黎族自治县长期以来由品牌缺失导致的产品滞销及价格低等难题。三是在企业积极推进特色产品品牌化的同时，充分发挥乐东黎族自治县自身渠道优势。通过产品上架京东、海南爱心扶贫网等各大销售平台，线上、线下主动宣传，举办和参加大型展销会，扶贫专场，召开产品发布会，产品入驻各大商超等方式增加产品曝光度及产品销量，同时，积极推广和宣传工作成效，引导更多的企业及个人参与乐东黎族自治县农产品品牌体系的打造和销售工作，以加快促进全县农业提质增速和产业升级。2019年8月，乐东黎族自治县被商务部确定为电子商务农村国家级综合示范县（非国贫县）项目。

2020 年，乐东黎族自治县继续积极发挥电商新媒体的作用，利用海南爱心扶贫网、乐东优选平台等平台线上宣传和推广代卖乐东黎族自治县农副产品。

一是在疫情期间，第一时间解决乐东黎族自治县农产品滞销问题，联动乐东黎族自治县各部门，充分发挥电商平台作用，及时发布农产品销售信息，引导大型企业、省外农贸市场、超市前往乐东黎族自治县订购农产品。通过及时发布滞销的农产品信息，提升乐东农产品的覆盖率和销售量。

二是指导县电商中心创新开展“爱心助农、宅家购菜”的爱心公益活动，最大限度地满足居民足不出户就能购买生活必需品。有效帮助居民防控疫情，销售滞销扶贫产品，共销售 912 单，销售金额达 7.95 万元。有效地帮助居民防控疫情，销售滞销扶贫产品，达到了疫情防控、便民利民的效果。

三是借助新媒体开展电商扶贫宣传推广。参加“连麦市长，直播助农”、海南省好物节、海南省“618”电子商务大型直播促消费活动等直播活动、利用今日头条、抖音等新媒体、借助大型活动开展直播等大力推介和宣传乐东黎族自治县的农副产品。特别是 6 月 11 日“天猫 618 理想生活列车——寻味中国”及 6 月 15 日领导 PK 直播，由乐东黎族自治县副县长林振康带队参加直播，活动现场展示的商品有翡翠百香果、黄金百香果、波罗蜜、红心木瓜、尖峰一级红茶、金钱树等 20 多种乐东农副产品，直播观看量达到了 39 万人次，销售额为 937 491.64 元。2020 年 9 月 28 日，乐东黎族自治县副县长陈锡浓结合海南国际旅游消费年暨海南(乐东)旅游美食巡回展销会活动，开展网络直播带货，向网友推荐了乐东当地的火龙果、木瓜、百香果、石榴、香蕉等优质产品，获得了网友的交口称赞。直播间最高在线人数 10 000 多人，现场交易额达 20 余万元。

四是积极开展春风大行动等消费扶贫活动并做好宣传。积极参加首场“爱心扶贫大集市”活动，活动当天开展线上、线下活动销售扶贫产品翡翠百香果、无花果、杧果、蜂蜜、望楼港海产品等，共计销售达 58 652 元。其中，线上销售 53 790.5 元，线下销售 4 861.5 元。2020 年9 月，配合乐东黎族自治县组织开展消费扶贫月活动，帮助农户，特别是贫困村农户集中销售农副产品以实现增收。乐东黎族自治县商务招商局积极组织县电商中心和各扶贫企业参加消费扶贫月启动仪式暨“爱心扶贫大集市”系列专场活动，并协同县扶贫办、县电商中心开展扶贫产品进社区、扶贫产品集中采购等活动，利用电商平台和扶贫企业带动的方式，为农户拓宽销路，帮助农户实现增收。在消费扶贫月期间，通过线上、线下销售渠道，网络销售额上达万元。

五是为促进乐东黎族自治县农副产品网络销售供应链体系的全面协调发展，创新扶贫新路径新模式，扎实有效地推进农副产品上行及拓宽销售渠道，2020 年 6 月 22 日，中石化-乐东农副产品上行推介战略合作启动仪式在乐东黎族自治县西线高速公路中石化尖峰高速服务区举行。活动现场展示的产品有望楼港海产品、莲雾、乐东蜂蜜、哈密瓜、黄金百香果、火龙果、红心木瓜等20多种，完成在中石化手机客户端加油海南App上线乐东农副产品，店内乐东农副产品销售额达5 227元。2020年，通过乐东电商平台、天猫旗舰店、中石化App及村级电子商务服务站等平台共产生销售额(上行)8 026 594.52元，其中扶贫产品销售额为7 728 235.35元，占比为96%，2020年海南爱心扶贫网乐东馆线上交易3 956单，销售金额202 001.6元。

2.乐东黎族自治县用好社会力量带动农户参与电商销售的经验

(1)积极组织农户　贫困村开展电商销售面临的主要问题是农产品的产量小、来源分散。乐东黎族自治县为了克服上述问题，从整县层面出发，积极组织开展贫困村的农产品上行，并确定了蜂蜜、土鸡蛋、糯米酒、芭蕉、山兰米等主要用于电商销售的农产品。利用贫困村的淘宝站集中组织贫困户的农产品参与电商销售，解决了农产品季节性强、产量规模小、生产分散的困境。

(2)重视多平台多渠道的搭建　合作社、村小二等运用阿里巴巴、天猫、海南爱心扶贫网等网络平台，拓展了农产品的销路。此外，乐东县积极发挥电商运营中心线上资源，利用掌上乐东、闲鱼、微信、微商等平台进行销售。乐东黎族自治县的电商销售紧跟潮流，积极利用"抖音"平台开展"抖音嗨购"活动，县政府主要领导运用抖音直播销售该县扶贫农产品，扭转了"销路难、价格低"的困境。

(3)充分利用好、建设好电商服务中心　为了解决由农户分散生产导致的农产品上行分散的问题，乐东黎族自治县创造了完善的由政府主导组织农户电商销售的形式，即先由各镇组织各行政村采集本村农户的农产品名称、数量、价格等信息，汇总至县电商服务中心。由此，通过产品信息收集和政府主导的电商产品对接以帮助农户销售农产品。

(4)用好社会力量，充分发挥品牌效应与销售渠道的扩张效应　乐东黎族自治县大力推动优质农产品的电商销售，把农产品品牌化、拓展销售渠道作为促进电商销售的着力点和突破点。为了形成电商销售的品牌效应，乐东黎族自治县整合资源，制定乐东特色产品产销标准化体系，成立专门的品牌团队制定品牌思路，讲好乐东特色品牌故事，增强品牌市场竞争力。此外，乐东黎族自治县还逐步引导省内外大中型销售企业入驻该县，产品品牌化的方式解决了该县长期以来由品牌缺失导致的产品滞销及价格低等难题。乐东黎族自治县通过"企业＋合作社＋贫困村产品"的模式，集中打造了解楼港海产品、蜂蜜、乐东田头鸡等一批乐东本土品牌，并选择乐东哈密瓜、香蕉、菠萝、毛豆、火龙果、杧果、百香果、海产品、黄流老鸭打造乐东九大品牌，提升消费者对乐东九大品牌的信任感和依赖度。为了实现电商销售的渠道扩张效应，乐东黎族自治县充分发挥了多个电商渠道优势。通过产品上架京东、海南爱心扶贫网等各大销售平台，线上、线下主动宣传，举办参加大型展销会，扶贫专场，召开产品发布会，产品入驻各大商超等方式增加产品曝光度及产品销量，拓宽了全县农产品的销售渠道，扩大了全县农产品的销售区域。

总体来说，在各方积极参与下，海南省社会扶贫取得了显著成效。定点扶贫工作的推进经历了从不够重视到充分重视的转变，海南省通过开展定点扶贫“四看四比四提升”活动等方式使得定点扶贫落到实处；企业扶贫以村企自愿、权责明晰、互利共赢为原则深入开展“百企帮百村”行动，充分发挥了市场配置资源的作用，为打赢脱贫攻坚战贡献了强大的民企力量。海南省积极探索实施政企银联动扶贫，有效解决了贫困地区发展农业产业“融资难、融资贵”和缺少龙头企业带动等问题，取得了良好成效；消费扶贫则是社会扶贫的集中体现，“四动四全”的消费扶贫新模式成功帮助贫困户对接市场，破解了农产品“卖难”问题，为助力全省打赢脱贫攻坚战做出了积极贡献。因此，海南省在推进社会扶贫工作的过程中不仅提升了全省对社会扶贫的重视程度，不断创新社会扶贫模式，而且与政府力量和市场力量相结合逐渐构成大扶贫格局。各方之间的有效互补放大了扶贫资源的利用价值，更好地满足了贫困群体的需求，为其他地区提供了有效经验，为巩固拓展脱贫攻坚成果和全面落实乡村振兴战略打下了坚实基础。

打造过硬脱贫队伍　全面保障乡村振兴力量

一、创新机制抓落实　建强队伍保质量

县一级在海南省脱贫攻坚五级作战体系中处于中间位置，是海南省自上而下贯彻落实脱贫攻坚体制机制，创新和基层自下而上反馈脱贫攻坚政策效果的关键联结点。在“省负总责、市县抓落实、基层具体执行”的行政统筹机制中，县一级需要根据自身资源禀赋条件、经济发展情况对省级层面的脱贫攻坚体制机制进行因地制宜的具体部署和落实。通过对白沙黎族自治县脱贫攻坚机制设计进行分析，可以具体展示海南省“市县抓落实”中的高效执行力。

（一）构建三全工作机制，四级联动压实责任

白沙黎族自治县坚持以脱贫攻坚统揽经济社会发展全局，严格执行脱贫攻坚一把手负责制。县委、县政府的主要领导与 11 个乡镇党委书记、乡镇长坚持每个年度签订脱贫攻坚责任书。2016 年，白沙黎族自治县成立了以“党政一把手”为总指挥的脱贫攻坚指挥部，将以往由县扶贫部门主抓、乡镇配合、部门参与的扶贫机制转变为由县指挥部统筹、乡镇主抓、有关部门广泛参与的工作格局。扶贫工作涉及行业部门、乡镇、村委会和贫困户的方方面面，仅靠扶贫部门难以推进。白沙黎族自治县坚持“一盘棋”组织推进，调整组建 18 个专班，专班、专职、专责落实“10＋5＋3”专项工作，即“十项措施”“五大保障”和“三大工程”。为进一步压实责任，2017 年，白沙黎族自治县建立了“县领导驻点、乡镇包片、部门包村、干部包户”四级联动帮扶机制。明确 26 名县领导联系 11 个乡镇，全县 2 700 多名干部挂钩全县未脱贫的 10 796 户贫困群众，向 62 个重点贫困村派出“第一书记”，组建 74 个贫困村驻村工作队，建立压力全员覆盖、任务全员分解、责任全员落实的扶贫工作机制。

(二)选人用人坚持原则,择优选用强调素质

白沙黎族自治县在脱贫攻坚中坚持派硬人、硬派人的原则,精准选派 62 人第一书记驻点帮扶,抽调 2 996 名县乡村干部组建三级攻坚作战队伍,实行脱贫攻坚中队、驻村工作队和乡村振兴工作队“三队合一”、驻村干部与村民同吃、同住、同劳动“干群三同”管理,全面健全县领导联系乡镇和深度贫困村全覆盖,深度贫困村和软弱涣散村派驻第一书记全覆盖,行政村脱贫攻坚中队、驻村工作队和乡村振兴工作队“三合一”队伍全覆盖,贫困户结对帮扶全覆盖的“四个全覆盖”责任落实体系。为消除驻村干部吃、住、工作“三在村”后顾之忧,白沙黎族自治县为驻村工作队员购买人身意外险,落实驻村工作队食宿补贴、工作经费、服务群众专项经费,配齐办公设备。同时,注重在脱贫攻坚一线考察识别干部,对在脱贫攻坚工作中表现突出的干部予以提拔重用,及时撤换不胜任、不尽职的村党组织书记,促进作风转变。自 2019 年以来,白沙黎族自治县在已派驻脱贫攻坚中队的基础上进一步优化组建 74 个驻村扶贫工作队及 85 个乡村振兴工作队,所有乡村振兴工作队队长兼任驻村第一书记,74 名驻村扶贫工作队队长全部兼任脱贫攻坚中队副队长,以此组建了一支“能打仗、打胜仗”的乡村振兴队伍。

二、党建引领聚合力 结队共建暖人心

党建引领作为脱贫攻坚的关键之钥。只有提升基层党组织领导和服务的能力和水平,才能打通联系服务群众“最后一公里”。深化脱贫攻坚工作,核心是加强党的基层组织建设,抓好农村基层党建规范化建设,建强基层党组织战斗堡垒,充分发挥村党组织引领作用,推动基层党建与脱贫攻坚工作互促共进。自 2018 年以来,白沙黎族自治县印发《抓党建促脱贫攻坚实施方案》,通过发挥党的政治优势、组织优势和密切联系群众优势,基层党建工作能更好地融入脱贫、引领脱贫、推动脱贫,为坚决打赢脱贫攻坚战提供坚强的政治保证、组织保证和人才支撑。党员干部队伍紧紧聚焦“两不愁三保障”、产业发展、扶贫扶志等方面的重点、难点问题靶向发力,同时结合产业发展,推行“1 名致富带富先锋,结对 1 名党员,带动 2 户帮扶户”的“1+1+2”党员先锋人才帮扶发展模式,发挥了党员的先锋带动作用,密切了党群、干群关系,有力增强了党组织在脱贫攻坚工作中的凝聚力与号召力。

三、初心不忘担使命　积极作为换新颜

海南省委、省政府始终牢记为中国人民谋幸福，为中华民族谋复兴的初心和使命，始终将初心落在行动上，将使命担在肩膀上，在脱贫攻坚上以坚定的信念和决心，以不到长城心不死的坚韧不拔的精神，努力为海南省农村发展，农民增收，农业兴旺添砖加瓦。精神在，力量就在，希望就在。长期的贫困落后带给贫困地区和贫困群体的不仅是物质的匮乏，更是思想观念的封闭和落后。自脱贫攻坚以来，志智双扶，脱贫致富电视夜校，以表现换积分、以积分换物品的"脱贫攻坚惠农超市"的建设等一系列行动在很大程度上改变了海南贫困群体"等、靠、要"的精神面貌。

如今，海南人的精气神和以前不一样了，大部分贫困群众从"要我脱贫"向"我要脱贫"转变。这种转变增强了乡村振兴的内生发展能力，乡村自我发展的意识不断增强，人们干活的主动性、积极性、创造性都和以前不一样了，主动找活干、创造性地开展工作在海南乡村振兴阶段将成为一种常态。向好的趋势也有助于脱贫攻坚成果的巩固拓展。新产业、新业态、新模式在海南省乡村不断涌现，拓展了农民增收的空间。借力自由贸易港建设带来的新机遇，海南省乡村全面实现振兴，农业强、农村美、农民富的全面实现必将走在全国前列。

在脱贫攻坚阶段，海南因地制宜、因户施策，实施产业扶贫、就业扶贫、旅游扶贫、交通扶贫等十大扶贫工程及"五网"基础设施建设，夯实了乡村振兴的发展基础。一是基础设施得到大幅度提升。要想富，先修路，"四好"农村公路不仅做到村村通，而且做到到村到组，走在了全国的前面；凤凰、三亚、博鳌三大国际机场，海南环岛高速，海南环岛地铁以及水网、电网、光网的岛内全覆盖不仅便捷了人们的出行和生活，而且为乡村农产品运输、国内外贸易提供了重要的运输保障，为海南热带"绿色、特色、高效"农产品打开国内外市场提供了重要的契机，加快了农业和旅游业的转型升级，为乡村产业兴旺插上了飞翔的翅膀，乡村居民的幸福指数大幅度提升。二是乡村产业得到有效发展。在脱贫攻坚阶段，海南农业产业存在的产业链短、产品附加值低、产业发展模式单一等问题在一定程度上得到有效化解，产业发展新格局初步构建。随着乡村建设的深入推进，海南乡村产业持续在"专、精、特、绿、富(民)"方面下足功夫，深化国家热带现代化农业基地、国家热带农业科学中心和"五基地一区"建设，久久为功。培育和壮大热带特色优势产业、大力发展以共享农庄为代表的融合产业、以小农户利益保障为基础构建多方共赢长效机制，通过产业可持续发展辐射带动农户工资性收入稳定增长，不断推动乡村产业从发展走向兴旺。

四、转变机构新职能 精兵强将振乡村

自党的十八大以来，海南省在中央的领导下合力攻坚，构建起完整的组织网络，为下一阶段的乡村振兴提供了重要的组织保障和严明的工作纪律。一是加强了领导。从中央到地方的扶贫开发机构转化为乡村振兴机构，从五级书记抓脱贫攻坚到五级书记抓乡村振兴，凝聚了力量，让乡村振兴成为全党全社会的共同行动。二是组织保障配强配齐干部力量。2019 年，海南省印发了《选派乡村振兴工作队实施方案》《海南省乡村振兴工作队选派管理办法》。截至 2019 年 11 月底，全省选派驻镇、村、社区工作队 2 767 个，队员 8 685 人，这在全国是名列前茅的。与脱贫攻坚不同的是，他们的工作对象从脱贫人口拓展为全体农民，工作地域从部分农村地区拓展到所有农村地区，工作重点从解决“两不愁三保障”拓展到推进乡村“五大振兴”。乡村振兴工作队与基层党组织共同作用，持续发力，带领当地全体农民不断推进乡村全面振兴，建设美丽海南新乡村。三是为乡村振兴提供了源源不断的人才保障。人才兴旺是乡村振兴的关键所在，乡村振兴需要大批懂农业、爱农民、爱农村的专业人才。在脱贫攻坚阶段，大量的管理人才、专业技术人才逐渐在乡村聚集，人才瓶颈问题得到逐步化解。在乡村振兴阶段，一方面，要加大外来专业技术人才的引进力度，吸引大批懂技术、懂市场、懂法律的专业人才回流乡村，鼓励外出能人返乡创业，鼓励大学生村官扎根基层；另一方面，要千方百计地培育本土人才，提高农民科技文化素质，发挥“土专家”“田秀才”的主力军作用，通过人才兴旺推动美丽乡村建设，谱写乡村振兴的海南新篇章。

在脱贫攻坚阶段，海南省不断在脱贫攻坚工作机制、政策体系方面下功夫，以奠定脱贫攻坚取得全胜的重要制度基础。在实施机制方面，延续了原有的脱贫攻坚五级战斗体系，继续在乡村振兴阶段发挥重要作用，保证了工作责任的层层落实。在考核机制方面，激励与问责制等在乡村振兴阶段继续实施。在监督机制方面，对易返贫致贫人口实施常态监测，重点监测收入水平变化和“两不愁三保障”巩固情况。与此同时，重要政策稳定、平稳过渡并不断完善，给贫困户吃下了一颗“定心丸”。例如，对脱贫不稳定户、边缘易致贫户的监测预警制度；建档立卡贫困人口“两不愁三保障”“四不摘”政策；对脱贫攻坚阶段形成的扶贫项目资产的监督管理机制、农村社会保障和求助制度、对口支援制度、社会力量参与帮扶制度等。这些脱贫攻坚阶段奠定的重要制度基础有助于构建制度化、规范化、可持续的长效机制，一方面，为全体工作人员增强了脱贫的信念和信心；另一方面，为全面推进乡村振兴提供坚实的制度保障，必将推动海南省乡村全面振兴，海南省乡村建设广阔天地必将大有可为。

实施民生福祉工程　整体提高群众幸福指数

一、畅通交通　实现公路进村

海南省在全国范围内率先实现100%具备条件的自然村通硬化路，提前1年实现了国家明确的“100%具备条件的行政村通硬化路，100%具备条件的行政村通客车”的两通目标(图3-1)。贫困地区供电可靠率达99.75%；农村饮水安全工程全部得到巩固和提升；光纤宽带网络实现全省贫困行政村全覆盖，自然村覆盖率达98.69%，农村地区居民燃气普及率达95.13%，垃圾无害化处理率达92.6%。

图3-1　道路硬化

2019年，海南省贫困地区农民所在自然村中通公路、村主干道硬化、使用照明电、通电话比重均达100.0%，实现村村通道路和电。能接收有线电视信号、通宽带、能便利乘坐公共汽车的自然村占比分别为95.4%、94.9%、60.4%，比2014年分别提高52.3%、72.8%、27.5%。

二、净化水质　保障饮水安全

截至 2020 年，海南省已全部完成农村饮水安全巩固提升“十三五”规划建设任务，全省建档立卡贫困人口的饮水达到现行的安全标准，全面完成农村饮水安全脱贫攻坚任务。

近年来，海南农村饮水安全工作取得了很大的成效。截至 2018 年年底，全省已建成农村饮水安全工程 6 087 处，服务人口 580.85 万人，日供水能力达 122.62 万吨，农村自来水普及率达 85%；基本建成了水源工程、输水工程、净化处理工程、配水工程的农村供水体系。

2020—2025 年，按照以城镇供水管网延伸和规模化中心水厂建设为主，优化农村供水水源结构，更新、升级改造相应的制水、配水设施，逐步关闭现有村级简陋供水设施及不达标的地下型水源的原则。新建中小型水源工程 62 处，改扩建水厂取水工程 106 处，新建水系连通工程 9 处；同时积极推进农村饮水安全工程运行管护体制改革，全面推行农村饮水安全工程由专业人员进行运行管理，逐步推进农村供水工程合理水价成形机制和农村供水工程水费收缴机制建设。

至 2025 年，海南省城乡供水一体化体系初步形成，农村供水工程管理专业化、规范化、标准化体系基本建成，合理水价基本确定，水费收缴机制初步建立，城乡供水实现“同网、同质、同价、同服务”的目标。

三、架设电网　优化供电资源

电力足，脱贫快。加快农村电网改造升级，让贫困户用上可靠电、致富电，是海南电网公司攻坚农村用电、助推精准扶贫的一项基础性措施。

自 2016 年起，海南电网公司农村电网投资不断向贫困地区倾斜，2016—2019 年累计投入约 55 亿元用于行业扶贫。2019 年，全年共建成 110 千伏及以下农村电网项目 3 976 项，全省农村电网供电可靠率达到 99.8%，综合电压合格率达到 99.6%，全省户均配电容量为 2.39 千伏安，相关指标优于国家要求，农村供电可靠性显著提升，提前一年完成新一轮农村电网改造升级。自 2018 年以来，海南电网公司不断优化电力营商环境，在业扩流程、时限、成本和供电可靠性上连续出实招，以有效提升贫困地区服务均等化水平。

此外，海南电网公司还完成了 235 个贫困县低电压台区治理项目建设，彻底改变了贫困地区农村电网网架薄弱的状况，极大地改善了贫困户从事种植养殖、农林产品加工、农家乐旅游等致富产业的用电条件，为当地经济社会全面发展、贫困人口脱贫致富提供了坚强的电力保障。

海南电网公司战略规划部（扶贫办）总经理杨兹波介绍，2019 年，该公司投资 627.02 万元完成了光伏业配套项目 37 个，惠及贫困户 1 140 户，“十三五”第二批光伏扶贫项目提前完成并网发电。

该公司对 7 万多户城乡“低保户”和农村“五保户”积极开展免费用电政策执行情况的排查工作，实行每月 10 千瓦时的减免用电政策，全年累计减免电费约 376.47 万元，全面保障社保兜底脱贫人口的基本用电需求。

海南电网公司发现海南省贫困人口用电需求主要集中在农业种植、小型养殖、小型加工、农家乐、分布式光伏扶贫项目及低压整治方面。各供电局将这些需求整理核实汇总后，将需求传递给计划部门进行梳理立项，跟踪进度及成效，形成了常态的动态机制。同时，海南电网公司和各供电局均成立了扶贫组织机构，定期调研各地政府、扶贫办、市县级企业，及时精准掌握贫困村、贫困户的用电情况及需求。

四、覆盖网络　联通数字世界

农村信息网络的覆盖可以促进农村电子商务的发展，加快农产品的商贸流动。通过构建网上农产品营销市场，让农户通过互联网直接对接市场，销售当地特色农产品，拓宽流通渠道，打破有形市场局限，解决了农产品难卖、卖不上好价钱等问题，还有力推动了农村远程教育、网络扶贫、乡村旅游等业务发展。

与《数字乡村发展战略纲要》提出的“到 2020 年，全国行政村通光缆比例超过 98%、4G 覆盖率超过 98%”目标相比，海南省乡村地区光网建设无论覆盖范围，还是网络质量均达到了全国先进水平，有力支撑了全省脱贫攻坚战的顺利实施。截至 2020 年年底，海南 20 户以上的自然村基本实现光纤宽带和 4G 网络全覆盖。

五、整治顽疾　提升人居环境

海南省各市县以农村危房改造为抓手，建立激励和约束机制，通过完善村庄规划、规范农户建房报建、推广特色民居等方式加强农村风貌管理，农村住房风貌显著改善。此外，海南省还以农村危房改造为契机，整合生态扶贫移民搬迁、美丽乡村建设、交通扶贫等“六大工程”、农村饮水安全工程、农村“厕所革命”等各级各部门各渠道的扶贫专项资金，统筹推进村内道路、绿化、供水、垃圾污水治理、农村厕所改造等设施建设，全面治理“脏、乱、差”现象。如今，海南省农村愈发整洁、干净、舒适，农村风貌进一步提升(图 3-2)。

图 3-2　海南农村风貌

六、发展教育　斩断代际贫困

(一)扶贫先扶智——实施教育扶贫工程

近几年来，海南省贫困地区的农村教育和医疗水平明显提高。海南省不断加大教育、医疗扶贫的投入力度，特别是教育补贴和大病救助、医疗保险等医疗扶贫措施提升了贫困地区农村教育和医疗水平。海南省贫困地区农户所在自然村能便利地就读幼儿园、小学的比重分别为 87.6%、90.8%，比 2014 年分别提高了 62.6%、46.8%；行政村标准化卫生室已实现应设尽设，农村群众的医疗可及性大幅度提高。

1. 实施教育扶贫工程

坚决“不让一人因贫失学、辍学”。强化市县政府义务教育控辍保学主体责任，落实辍学报告和动员复学制度，实施“双线目标责任制管理”，确保贫困家庭适龄学生义务教育阶段全上学。

2. 建立贫困家庭学生关爱体系

帮助贫困家庭学生完成学业。落实好国家贫困县(市)义务教育阶段学生营养改善计划。严格执行海南省省贫困家庭学生特惠性资助政策，确保贫困家庭学前、义务和高中阶段教育的学费全资助。

3. 改善贫困地区办学条件

全面推进贫困地区义务教育薄弱学校改造工作。扩大贫困地区学前教育资源，2020 年，全省每个乡镇、农场场部区已能办好 1 所公办中心幼儿园。提升对贫困地区残疾儿童教育支持力度，2020 年全省建成 7 所特教学校。在贫困地区优先实施《教育信息化 2.0 行动计划》，加强学校网络教学环境建设，共享优质教育资源。

4.加强贫困地区乡村教师队伍建设

改善贫困地区乡村教师待遇，落实教师生活补助政策。推进“国培计划”海南省项目的改革创新，每年培训少数民族和贫困地区农村教师 5 000 人。每年招聘 500 名左右特岗教师，重点充实贫困地区义务教育和学前教育师资力量。鼓励通过公益捐赠等方式，设立贫困地区教育基金，用于表彰长期扎根基层的优秀乡村教师。

5.加强义务教育精准扶贫

在义务教育方面，围绕海南教育精准扶贫“全上学、全资助、上好学、促成长”十二字目标，构建全覆盖、多层次的教育精准扶贫格局。全省贫困学生在义务教育阶段做到“全上学”。推进改薄与能力提升，全面提升贫困地区中小学办学水平，改善 613 所乡村小规模学校和乡镇寄宿制学校办学条件，引进与洽谈的合作项目 103 个。完善关爱体系建设，建成并投入使用特殊教育学校 14 所，全省特殊学校在校生共计 1 933 人，并对全省 520 名重度残疾学生实施送教上门，共同“促成长”。

教育和文化建设是斩断贫困代际传递的重要手段，也是海南省“十大脱贫”攻坚措施之一。白沙县全面实施教育扶贫工程，落实贫困家庭子女从幼儿园到大学各学制阶段的教育资助和生活补贴等各项帮扶政策，让贫困家庭子女公平接受教育。如积极推进普惠性优惠政策，落实对义务教育阶段学生“两免一补”政策，每年投入 2 000 多万元用于实施《农村义务教育学生营养改善计划》，惠及全县 48 所中小学校 24 294 名学生。确保适龄义务教育阶段学生接受义务教育，对不能到校学习的适龄学生实施送教上门服务，2020 年全县义务教育阶段巩固率达到 95%以上，义务教育阶段辍学率在 1.3%以下。组织近 2 000 名教师开展“千名教师访万家”活动，严抓控辍保学，实现全县义务教育应就学的适龄儿童 100%入学，1 万多名从学前教育阶段到高职教育阶段的建档立卡学生 100%资助到位，对无法随班就读的 49 名重度残疾儿童 100%送教上门。实施“薄校改造”五年攻坚行动，投入 3 亿多元用于实施义务教育均衡发展，明显改善学校办学条件，加大招录特岗教师力度，面向全国引进各学科骨干教师，实现城乡义务教育均等化，2019 年 5 月顺利通过国家义务教育均衡发展评估验收。针对教育补助漏发的问题，自主研发白沙黎族自治县教育精准扶贫系统，改变了以往烦琐的审核程序，极大地减轻了工作量，提高了工作效率，从此避免了漏发、错发、重复发。这个系统在全省得到大力推广。扎实开展贫困家庭富余劳动力“1+1+1”培训，累计输送 1 617 名贫困家庭“两后生”参加“雨露计划”中高级职业技能培训，助力掌握“一技之长”。

(二)扶贫先扶志——用好电视夜校平台

由于自然生态资源优越，海南省农民不同程度地普遍存在安逸、求稳、保守的观念，在贫困人群中则表现为“等、靠、要”心理，缺乏产业技能、竞争意识和创新勇气，心态上较为满足现状、甘于平淡、享受安稳以及生活范围狭小固化，生活节奏平和缓慢，难以与快节奏的市场经济理念接轨，所以解决精神懈怠问题尤其迫切。白沙黎族自治县充分利用“海南脱贫致富电视夜校”节目平台，广泛传播“脱贫光荣、致富光荣”的积极理念，增强贫困户自主发展、脱贫致富的荣誉感和自豪感。电视夜校还发挥技能培训、文化宣教的作用，通过脱贫致富带头人讲课来树立脱贫典型，以充分发挥脱贫群体的榜样力量，从而坚定了贫困群众脱贫致富的信心与决心。

在电视夜校方面，海南省在全省范围内开展“电视＋夜校＋961017 服务热线”模式，通过采取强制签到的措施来确保全省范围内的贫困人口能够接受电视夜校的培训，并在全省范围内挖掘典型人物和典型事迹，以形成脱贫攻坚的浩大声势。另外，海南省注重发挥第一书记等驻村干部的作用，充分调动和发挥他们的积极性，对深度思想贫困人口进行一对一逐个击破，拔除思想穷根。点面结合的方式取得了巨大成效，大部分贫困人口在海南脱贫致富电视夜校和典型人物的指引下提升了脱贫意愿，思想动力严重不足的贫困人口也在驻村干部一对一的帮扶中逐渐转变思想观念。海南在全省范围内形成了脱贫攻坚的良好氛围，完成从“要我脱贫”到“我要脱贫”的伟大转变。

在职业教育与培训方面，海南省针对省内教育现状采取了针对性的做法。一方面，针对贫困学生教育不足的问题，创新中职教育培训机制，阻断贫困代际传递，如针对农村重男轻女思想偏重、女孩得到教育机会少的实际情况，推出“扶贫巾帼励志中专班”；针对教育阶段贫困家庭学生的厌学和辍学难题，探索开设“职业初中班”和“初中职业班”。另一方面，海南省采取多种措施丰富实用型技能培训手段以提高贫困群众脱贫致富的能力，并进一步促进转移就业，从而实现脱贫致富可持续发展。中职教育与就业培训相结合促进了贫困人口完成从“脱贫没想法”到“致富有门路”的华丽转身。

七、弘扬传统　坚定文化自信

作为一种精神价值和生活方式，文化建设在脱贫攻坚过程中具有不可替代的重要作用。文化扶贫是建设乡风文明的重要手段。乡风文明建设是乡村振兴的灵魂，实施乡村振兴战略不仅要让农民“住上好房子、开上好车子”，还要让农民“过上好日子、活得有面子”，满足其精神需求。特别是在农民生活水平已经接近全面小康、衣食住行已经不成问题的现阶段，满足农民的精神需求就显得更为重要，也更为迫切。在扶贫的时候注重文化扶贫，结合优秀传统文化和社会主义核心价值观，坚持敦化乡风文明，不断推动我国广大乡村自治、法治、德治治理体系的构建和完善工作，为提高乡村治理的有效性，发挥更大的引领和促进作用。

(一)加强社会主义精神文明建设

推进乡村建设和乡村振兴，承载着几代中国人的爱国报国情怀和推进中国乡村现代化的美好梦想。以习近平同志为核心的党中央在谋划“十四五”经济社会发展和2035年发展蓝图时，首次提出“实施乡村建设行动”，明确要求“把乡村建设摆在社会主义现代化建设的重要位置”。该要求对于更好地实施乡村振兴战略，把促进全体人民共同富裕摆在更加重要的位置具有重要的战略意义和现实的紧迫性。

实施乡村建设行动，必须要提升群众的精神文化生活，革除陈规陋习，破除封建迷信，倡导健康文明新生活，让贫困地区从根本上、精神上脱离贫困，摆脱落后观念，从而在整体上提升贫困地区人民的道德素养和精神文明。

2019年，海南重点部署开展“六治”专项活动，通过整合村规民约、道德红黑榜、积分制及产业帮扶奖补政策和分类分红等措施，对内生动力不足和存在陈规陋习的贫困群体进行集中整治。初步提出须治理人员2 701人，受教育800余人次，初步转好339人次。各市县大力开展法治扶贫，坚决查处“闹贫”“闹保”现象，如屯昌县建立“赡养协议＋司法确认”工作模式，对扶贫领域子女不赡养老人案例进行全面整顿；儋州市、东方市拘留了殴打扶贫干部的村民，并在媒体上宣传，起到了明显的震慑作用。

巩固拓展脱贫攻坚成果与乡村振兴有效衔接，应坚持实施乡村建设行动。首先，对陈规陋习进行集中整治，制定新规条约，建立合理的惩罚机制，并对群众定期进行法制教育；其次，深挖当地公共文化资源，建立公共文化项目，结合少数民族村落和特色小镇的传统文化，从整体上对当地公共文化体系进行设计，建立公共文化设施，如建立特色文化书屋、健身室、电子阅览室等文化基础公共设施，开展定期组织电影下乡等活动，培养农民健康文明的生活方式，大力弘扬当地文化特色，如海南当地南外村的黎族风情、排岸村的木棉红景等特色文化，以提升贫困村落的文化软实力。最后，不定期地举办知识竞赛、文艺汇演等主题教育，让村民参与各项文化教育活动，在实践中不断丰富精神文明和道德素养。树立经典村的道德模范，发挥模范引领作用，指引大家追求更加美好的精神文明生活。

自东方市八所镇红兴村乡村振兴工作队驻村以来，创新工作方法，通过村民座谈会、乡贤茶话会、老党员干部谈心、致富带头人交谈等方式，挖掘本村传统文化，提出了以“德”为核心抓精神文明建设，提倡村民“俭以养德、明德惟馨、同心同德、厚德载物”，提炼出“崇德重教，勤劳乐业，朴实友善”民风和“爱国爱村，邻里和睦，团结奋进”村风以及“十要十不要”的村规民约得到老百姓的拥护和认可，增强了老百姓的幸福感、获得感。

(二)培育乡村振兴的持续内生动能

在脱贫攻坚阶段，海南省围绕教育精准扶贫“全上学、全资助、上好学、促成长”十二字目标，通过构建全覆盖、多层次的教育精准扶贫格局。压实控辍保学责任，建立“市县政府—乡镇政府—村委会”和“市县教育部门—学校—教师”的“两条线”控辍保学责任体系，控辍与保学两手抓。积极探索普通教育和职业教育融通发展，破解贫困学生厌学辍学难题。压实控辍保学“三大机制”，实现全上学；构建精准资助“三大政策”，做到“全资助”；实施促进均衡“三大工程”，显著提升农村学校质量；开展励志教育“三大创新”，巾帼励志班、村干部班和职业初中班让每个孩子都有出彩的机会。这些举措可以在乡村振兴阶段继续保持和延续。在乡村振兴阶段，需要继续完善顶层设计，树牢控辍保学底线思维，层层签订控辍保学的目标责任书，扎实开展送教上门服务，严格落实关爱帮扶体系，切实做到建档立卡、农村低保、特困供养家庭学生义务教育“全上学、全资助”保障政策一人不落。充分发挥脱贫致富电视夜校组织框架与学习管理模式，促使村民初步形成的“学习习惯”固化。

巩固拓展脱贫攻坚成果与乡村振兴有效衔接，坚持推动教育事业。首先，要鼓励优秀青年到农村开展实施现代农业生产技术，吸引更多优秀教师来支持贫困地区的教育，为他们提供参与乡村建设的平台和机会。利用智慧教育，推进海南省贫困地区的信息建设，发挥数字化教育资源的优势，努力实现让贫困地区的每一位孩子能享受平等的教育资源，同时也要注意学生的心理健康问题，开展心理辅导活动，让每一位孩子都能快乐成长。其次，加大村民技能培训，开展消费扶贫，加强人文关怀，联合相关技能培训机构对村民进行统一培训和推荐工作，提升就业能力，促进劳动力转移就业。最后，充分展示海南电视夜校的优势。海南脱贫致富电视夜校是全国首创“扶智扶志”的优秀教育平台。自节目播出以来，其平均每期都有 56.2 万人收看。因此，海南省要持续发扬这种优势，培养本土优秀人才。

(三)弘扬乡风文明特色

宝岛海南不仅物产丰饶，风光秀丽，而且民族文化源远流长。海南省结合当地资源和产业条件将全省特色产业小镇分为旅游小镇、黎苗文化小镇、互联网小镇、工贸服务小镇、热带特色农业小镇、渔业小镇等类型，努力将全省 100 个小镇建设成为配套设施完善、特色产业支撑、文化魅力独特的高品质、多生态特色产业小镇。近年来，海南省统筹城乡一体化发展，建设美丽海南“百镇千村”，大力发展“旅游＋农业”，为实施乡村振兴战略奠定了良好基础。

儋州兰洋镇番新村是一个黎族、苗族聚居地。每年的“三月三”在外地的村民都回到村里和大家一起载歌载舞。这种方式既传承和发展了民宿文化，又大大丰富了村民的文化生活。2018 年，番新村将争取到的美丽乡村建设资金用于打造少数民族特色村寨，建设狩猎区、环湖栈道、登山步道、博物馆、特色农家乐等旅游基础设施，打造高标准“田园风光、世外黎苗乡”美丽黎苗特色村寨。

大成镇新风村曾经被列为深度贫困村，如今村容村貌焕然一新。2018 年，在儋州市乡投公司的帮助下，新风村深度挖潜，盘活 239 亩的闲置乡村建设用地，引进优势企业发展乡村旅游，打造生态农场、民宿、农庄，发展特色多村民宿旅游产业。为当地村民提供民宿管家、保洁员、保安、厨师、绿化、种植工、养殖工等各类固定及临时就业岗位 30 个以上，进一步带动村民增收。新风村还发展了许多体验式项目，通过“农户＋村集体＋乡投公司＋社会企业”的产业扶贫发展模式，充分整合增效各类资源要素，促进产业项目落地，带动美丽乡村建设发展。

巩固拓展脱贫攻坚成果与乡村振兴有效衔接，应坚持弘扬乡风文明特色。海南省创建的少数民族特色村寨生产生活生态条件明显提升，特色优势产业更加兴旺，民族文化得到有效传承，实现了“美起来、强起来、富起来”的目标。今后要在海南的贫困乡村发展中挖掘当地特色传统文化，充分挖掘和保护古村落、古民居、古建筑等农村物质文化遗产。海南省作为一个多民族聚居区更要充分利用这一特色，针对不同的贫困村，找准其中的历史特色，并以这种特色为主题建造独一无二不可替代的乡风文明，成为贫困村最大的亮点。因此，在海南省今后的发展中要更加注重对少数民族特色村寨建设的整体规划，以更好地推动海南省全域旅游与乡村振兴的融合发展，促进海南省整体的可持续发展。

八、保障医疗　护航大众健康

将贫困人口全部纳入城乡居民基本医疗保险、大病商业补充医疗保险和医疗救助保障范围。贫困人口参加城乡居民基本医疗保险个人缴费财政全额补贴。贫困人口经新型农村合作医疗、城乡居民大病保险、大病商业补充保险、民政医疗救助、医疗保障专项资金“五道防线”报销后，住院医疗费用的实际报销比例达 90％以上，患 25 种慢性病的贫困人口门诊费用的实际报销比例达 80％以上。特困人员医疗费用 100％报销。实现各项医疗保障政策“一站式”信息交换和即时结算。

（一）提升贫困地区乡村医疗卫生机构能力

2019 年年底前完成贫困地区乡镇卫生院和村卫生室标准化建设。深入实施医疗卫生对口帮扶，全面建成从三级医院到市县医院互联互通的远程医疗服务网络。贫困地区的每个乡镇卫生院至少设立一个全科医生特岗。

(二)实施好重大疾病综合防控和大病的专项救治

加强对贫困地区慢性病、常见病的防治，重点做好地中海贫血、结核病和严重精神障碍等重大疾病综合防治。做实大病专项集中救治和家庭医生(乡村医生)签约服务，2020年实现专项救治大病贫困患者应治尽治，贫困户家庭医生签约服务全覆盖。2020年实现农村贫困妇女"两癌"(宫颈癌和乳腺癌)免费筛查、农村贫困新生儿疾病免费筛查。加强农村人口出生缺陷的综合防治，从源头上减少因病致贫。

在医疗保障方面，发布《海南省医疗保障脱贫攻坚2019年专项行动工作方案》，要求确保农村特困供养人员、建档立卡贫困户、最低生活保障对象(以下简称"农村贫困人员")的基本医保和城乡居民大病保险覆盖率达到100%，医疗救助实现应助尽助。围绕实现农村贫困人口就医"三有，两便利"(有地方看病、有医生看病、有制度保障看病，先诊疗后付费、"一站式"结算)目标，持续提升医疗卫生机构"三个一"、医疗技术人员"三合格"、医疗服务"三条线"，全面落实大病救治、慢病管理和家庭医生签约服务，强化督导检查，抓实问题整改，贫困人口基本医疗有保障全面实现。

白沙黎族自治县为全县贫困人口代缴新型农村合作医疗(含城乡居民大病保险)费用、大病商业补充保险费用，慢性病患者家庭医生提供签约服务，不漏一人。全面实行"先诊疗后付费"和"一站式"结算服务，落实"五道"医疗保障机制，实现30种大病应治尽治，保障贫困户住院患者、慢性病特殊门诊患者实际医疗费用的报销比率分别达到90%以上和80%以上，有效减轻贫困户看病负担。与上海交通大学医学院附属苏州九龙医院签订《托管协议》，全面托管县人民医院，同时，与省内三级甲等医院儋州市人民医院签约组成"医联体"，引进技术服务支持，有效推动白沙黎族自治县的医疗技术服务水平迅速提高。不断壮大村医队伍力量，先后分三批输送83名农村卫生人才接受全日制学习教育，考取执照，配足配齐乡村医生。目前全县11家乡镇卫生院、58家村卫生室和92个家庭医生服务团队均可以针对常见病、多发病开展诊疗服务，全县95%的以上乡镇卫生院和村卫生计生室达到标准化，建立白沙黎族自治县120七坊急救站，并纳入县120指挥体系，基本满足群众就近看病需求，实现"小病不出村、大病不出县"的目标。开展和规范家庭医生签约服务，加强农村妇幼、老人、残疾人等重点人群健康服务，推进国家孕优地贫筛查、妇女常见病筛查和"两癌"筛查等工作。

九、完善社保　解除后顾之忧

（一）聚焦“两不愁三保障”，全面解决突出问题

巩固拓展脱贫成果，为乡村振兴打基础，就要解决好保障好基本问题。“两不愁三保障”问题是贫困人口脱贫的基本要求，既直接关系到脱贫攻坚战的质量，也是巩固拓展脱贫成果的坚实基础。“两不愁”就是稳定实现农村贫困人口不愁吃、不愁穿，“三保障”就是保障其义务教育、基本医疗和住房安全。

海南省始终把解决“两不愁三保障”突出问题作为重中之重，全面对标达标、补缺补差，制定实施方案，召开工作推进会，组织对全省各县的所有农户进行“地毯式”摸排，逐村逐户列出清单，建立问题台账，实行销号管理，逐户逐人逐项抓好整改落实。目前，海南省贫困地区吃穿不愁，“三保障”的所有问题也已基本解决。

在饮水安全方面，海南省科学制定脱贫攻坚农村饮水安全评价细则、开展农村饮水工程和建档立卡贫困人口饮水安全排查、实施贫困地区农村饮水安全巩固提升工程，确保需解决饮水安全问题的扶贫对象不漏一村，不落一人。对全省所有贫困人口进行饮水安全核查，建立脱贫攻坚饮水安全相关台账和制作农村饮水安全用户“明白卡”，加强农村饮水水质检测和供水设施运行管护，严把饮水质量关。截至目前，全省建设农村饮水安全巩固提升工程 131 处，投入资金 1.45 亿元，受益贫困人口 1.56 万人。

在教育扶贫方面，海南省教育系统坚决贯彻党中央、国务院及省委、省政府决策部署，坚持将教育扶贫工作作为重要政治任务，围绕“全上学、全资助、上好学、促成长”目标，切实加强组织领导、健全工作制度、层层压实责任，确保教育扶贫工作不断取得新进展，阻断教育代际传递。值得一提的是，面对突如其来的新型冠状病毒感染疫情，省教育厅党委第一时间成立全省教育系统新型冠状病毒感染疫情防控工作领导小组，全面部署疫情防控工作，着重指导各地各校提前做好摸底调查，掌握因受疫情影响而导致家庭经济困难的学生底数。

在医疗托底保障方面，海南省严格医疗费用管控，减轻农村贫困人口医疗负担。首先，确保农村贫困人口住院及门诊治疗目录外的医疗费用比例控制在 10%以内，贫困人口住院医疗费用个人自付比例控制在 10%以内。自 2018 年 6 月起，患有 25 种慢性病（2020 年增加到40 种慢性病）的贫困人口门诊医疗费用个人自付比例控制在 20%以内，农村特困人员医疗费用实现 100%报销。其次，海南不断提升乡村医疗服务水平，保障农村群众

医疗可及性。实施基层医疗卫生机构标准化建设工程，全省 1 274 个标准化建设项目基本完成，所有乡镇卫生院和村卫生室建设均达到标准。推行乡村医生“县属乡用”“乡属村用”制度，采取招聘、派驻、巡诊等方式，为全省 143 个无乡村医生的村卫生室配备了合格医生，为 196 个村卫生室配备了基本药品，确保农村贫困人口就近有地方看病、有医生看病。

在住房安全方面，农村危房改造是党中央脱贫攻坚“两不愁三保障”总体目标中住房安全有保障的核心工作，也是住房和城乡建设系统的关键民生工程。海南省委、省政府高度重视农村危房改造工作，精心组织、统筹安排，帮助 130 万农村贫困人口住上了安心房、暖心房，实现了从“忧居”到“优居”的转变，覆盖全省近 1/5 的农民，累计改造“四类重点对象”危房 9 347 户，实行贫困人口人人居有所安，赢得了广大群众对党和政府的衷心拥戴。

1. 统筹各类保障措施

建立以社会保险、社会救助、社会福利制度为主体，以社会帮扶、社工助力为辅助的综合保障体系。建立城乡居民基本养老保险扶贫动态管理机制，落实政府对建档立卡贫困人口、低保对象、特困人员参保按最低缴费档次全额代缴政策，2020 年实现建档立卡贫困人口、低保对象、特困人员参保率为 100%。

2. 健全低保、临时救助等各项社会救助制度

加强农村低保制度与扶贫开发政策有效衔接，探索统一农村低保和建档立卡贫困人口认定标准、认定机制及动态管理体系。实施兜底救助保障工程，对符合条件的农村贫困人口实现应保尽保，2018 年对全省贫困人口进行全面排查，及时将符合低保条件的农村贫困人口纳入低保范围。实现低保家庭经济状况信息核对全覆盖，深入推进低保信息公开。2019 年，健全主动发现机制和快速响应机制，帮助符合低保条件的农村贫困家庭提出救助申请。2020 年，对符合低保条件的农村贫困人口实行政策性兜底保障。提高农村最低生活保障标准，建立社会救助标准自然增长机制。加大临时救助力度，及时将符合条件的返贫人口纳入救助范围。对农村贫困人口遭遇急难事项，及时提供应急救助。

3. 做好贫困家庭留守老人和留守儿童关爱服务工作

继续推进贫困老年人保险工作，为海南省 60 岁以上建档立卡贫困人口购买老年人意外伤害综合保险。将贫困家庭中的留守儿童和困境儿童信息全部录入信息管理系统，实现动态管理。落实帮扶责任人制度，强化家庭监护职责，贫困家庭的困境儿童全部配备帮扶责任人。

4. 将符合条件的贫困残疾人纳入农村低保和城乡医疗救助范围

完善困难残疾人生活补贴和重度残疾人护理补贴制度，逐步扩大政策覆盖面和提高补贴标准，将困难残疾人生活补贴的发放对象扩大到建档立卡贫困人口中的一级、二级重度残疾人。对16周岁以上有长期照料护理需求的贫困重度残疾人,符合特困人员救助供养条件的纳入特困人员救助供养;不符合救助供养条件的人员,鼓励通过政府补贴、购买服务、设立公益岗位、集中托养等多种方式,为符合条件的贫困重度残疾人提供集中照料或日间照料、邻里照护等服务。让有康复需求的贫困残疾人接受基本康复服务,按相关规定免费适配辅助器具。逐步推进农村贫困重度残疾人家庭无障碍改造。继续扶持具备条件的贫困残疾人发展生产。对吸纳贫困残疾人家庭中的就业困难人员,与其签订1年以上劳动合同并缴纳各项社会保险费的用人单位,按就业困难人员为其实际缴纳的养老、医疗和失业保险费给予不超过3年的全额补贴(不包括个人应缴纳部分)。实施第二期特殊教育提升计划,2020年全省适合入学残疾儿童义务教育的入学率达到95%。资产收益扶贫项目优先安排贫困残疾人家庭。

2016年,按照两个制度有效衔接的要求,白沙黎族自治县制定了《白沙黎族自治县社会保障兜底脱贫工作方案》,完善农村最低生活保障制度,切实保障无劳动能力、无生活来源的重度残疾人、重特大疾病患者、事实孤儿等特困人群的基本生活。2017年,让符合条件的建档立卡贫困户均可享受低保兜底政策,同时也让低保、特困人员与建档立卡贫困户享受同等的"三保障"及产业扶持政策待遇。

(二)聚焦社会保障,全面解决综合保障兜底问题

1.适度扩大低保保障范围,推动制度与扶贫开发政策有效衔接

一些以老弱病残为主体的特殊群体脱贫困难户确实存在自主脱贫困难,为顺利打赢脱贫攻坚战,海南对这些特殊群体实行政府的兜底保障制度。以"老、病、残"为重点筛选疑似需要兜底保障的人员名单,指导市县根据名单逐户逐人摸底排查。运用低保、特困、临时救助、低收入家庭专项救助等保障措施综合施救。

首先,海南省扩大低保保障范围,在低保方面确保应保尽保。全面落实《海南省最低生活保障家庭经济状况评估认定办法》,按照现行低保评估标准和要求对建档立卡贫困户、建档立卡边缘户、2019年以来申请低保但未获得批准以及退保的困难群众为重点进行排查,将符合条件的全部纳入低保保障范围,确保应保尽保。加强部门衔接配合,及时比对与核实失业保险、失业登记等相关信息。对因受疫情影响,无法外出务工、经营、就业而导致收入下降,基本生活出现困难的城乡居民,凡是符合低保认定条件的,要及时纳入低保范围。严格落实社会救助和保障标准与物价上涨挂钩联动机制,及时向城乡低保对象等发放价格临时补贴。巩固拓展精准脱贫成果,对低保对象人均收入超过当地低保标准且家庭财产符合低保条件的,给予6个月的渐退期。

其次,积极推进农村低保制度与扶贫开发政策的有效衔接。海南省民政厅通过与国

家统计局海南调查总队联合印发《海南省最低生活保障家庭经济状况评估认定办法》、与海南省财政厅联合印发《关于全面加强困难群众基本生活保障工作的通知》，积极推进农村低保制度与扶贫开发政策的有效衔接，适当放宽低保、特困救助供养认定条件，明确低收入家庭中的重残、重病患者可参照“单人户”纳入低保，以有效提升兜底保障能力。海南省民政厅以省政府办公厅名义出台《关于进一步推进和完善城乡低收入家庭专项救助制度的实施意见》，推动形成低保、特困、低收入家庭梯度救助格局，明确扶贫部门认定的建档立卡边缘户可直接认定为低收入家庭，并根据家庭实际情况“因户施策”，按需进行医疗、就业、临时等专项救助，有力地减少和遏制了返贫，有效解决相对贫困问题，巩固拓展精准脱贫的成果。

2. 大力开展社会救助兜底脱贫行动

除不断完善低保制度的兜底工作，海南省还进一步完善了特困人员救助供养和临时救助制度，力图多方面、全方位对特殊群体脱贫困难户进行兜底保障，确保不漏一人，全力巩固拓展脱贫成果。

在特困人员供养方面，海南省进一步完善特困人员认定条件。一是扩大未成年特困人员认定范围，将特困人员救助供养覆盖的未成年人年龄从16周岁延长至18周岁，对满18周岁后仍在接受义务教育或者在普通高中、中等职业学校就读的特困人员继续给予救助供养。二是扩大无劳动能力残疾特困人员认定范围，将特困人员救助供养残疾等级为一级、二级智力（精神）残疾人扩大到三级、四级的智力（精神）残疾人，将特困人员救助供养残疾等级为一级肢体残疾人扩大到二级肢体残疾人，同时增加一级、二级视力残疾人。对纳入特困救助供养范围的人员，按照《关于进一步加强和规范分散供养特困人员照料服务工作的通知》，落实特困人员救助供养政策，提升照料服务水平。

在临时救助方面，海南省将疫情影响进一步容纳进来。加强对生活困难未参保失业人员的救助帮扶，对受疫情影响无法返岗复工、连续3个月无收入来源、生活困难且失业保险政策无法覆盖的农民工等未参保失业人员，未被纳入低保范围的，经本人申请，由务工地或经常居住地乡镇政府（街道办）或县（市、区）级民政部门按照当地临时救助标准发放一次性临时救助金，帮助其渡过生活难关。一次性临时救助后仍有困难的居民可对其采取“一次审批，分阶段救助”的方式实施多次救助。其他因基本生活受到疫情影响陷入困境，相关社会救助和保障制度暂时无法覆盖的家庭或个人应及时将其纳入临时救助范围。遭遇重大生活困难的居民可对其采取“一事一议”的方式提高救助额度。进一步完善乡镇（街道）临时救助备用金制度，积极开展“先行救助”，有条件的地区可委托社区（村）直接实施临时救助，做到发现困难立即救助。

十、改造危房　确保住房安全

住房安全是最基本的保障之一，解决住房安全问题是提升脱贫攻坚成效的重要抓手。同时，住房问题也是导致一般农户心理不平衡的关键因素。全面实施“四类重点对象”危房改造，强化过程监督管理，出台政策引导建筑用砂向贫困群众倾斜，累计改造“四类重点对象”危房9 347户，实现贫困人口人人居有所安。创新实施危房改造共建共享政策，普惠性对一般农户危房改造予以4万元扶持，将美丽乡村建设住房补贴政策扩大到全县所有建房农户，全面推进建新拆旧工作圆满完成，全面完成全县农户危房改造。

十一、生态搬迁　共建和谐家园

生态扶贫移民既是环境保护的出发点，又是民生福祉的落脚点，更是精准扶贫的发力点。生态扶贫移民搬迁是海南省推进海南热带雨林国家公园体制试点工作的标志性工程，也是探索“绿水青山就是金山银山”的具体实践路径，造福老百姓的民心工程。

作为海南热带雨林国家公园建设过程中首个试点实施生态移民搬迁的市县，白沙黎族自治县在全省率先启动生态移民搬迁，对南开乡高峰村下辖的5个自然村分两轮实施整村搬迁，解决了保护生态核心区和群众开展生产生活的矛盾，缓解了原址生态环境压力，为海南热带雨林国家公园建设夯实了生态基础。

（一）高峰村在全省率先实施生态扶贫移民搬迁

1. 生态扶贫移民搬迁前的高峰村：“一间瓦房三石灶，一条野藤挂家当”

白沙黎族自治县南开乡高峰村深处鹦哥岭国家级自然保护区腹地，位于南渡江源头上游，距离白沙黎族自治县城约62千米，距离南开乡政府57千米，下辖道银、坡告、方通、方佬、方红5个自然村。大山深处的高峰村曾是白沙黎族自治县最偏远的深度贫困村。从县城到高峰村的山路，弯多弯急、坡陡路窄，即使是最有经验的司机开车单程也得花3小时以上。在2015年之前，“一间瓦房三石灶，一条野藤挂家当”是村里的真实写照。村民们大多住着泥墙铁皮顶房屋，饮用的是山上流下来的溪水，电力、医疗、教育、通信等基本公共服务覆盖不到。不通电、不通网、手机信号也很差，其中的道银、坡告也是全省仅存的两个不通公路的自然村。高峰村极易遭受自然灾害，产业单一，除种植橡胶外几乎没有其他收入来源，生产生活极端困难，村里的“光棍”有 30 多人。大山的阻隔还造成了村民看病难、子女上学难等一系列问题。村里的孩子读完小学三年级就得下山上寄宿班，村民遇上个急病会让全家人抓狂。精准扶贫战略实施以来，高峰村成为海南省重点贫困村，全村 158 户人口中建档立卡贫困户就有 131 户。

2. 高峰村第一轮生态扶贫移民搬迁：搬出“穷山窝”，转产拔穷根

2015 年，高峰村下辖的道银、坡告 2 个自然村依旧是全省仅有的不通公路、不通电力、不通通信网络的村落，步行 2 小时才能到达最近的公路，往返南开乡镇需要 5 小时。因为偏僻落后，两个村的 30 户村民都是建档立卡贫困户。人均收入仅为 2 110 元，远远低于全县平均水平。虽然拥有良好的自然条件，但生态核心区的“红线”不可触碰，加上山高路远，生产材料与生活设施难以运输，常规的扶贫手段难以从根本上解决问题。2015 年 12 月，白沙黎族自治县政府发布《白沙黎族自治县南开乡道银村坡告村生态扶贫移民实施方案》，全面实施对两个村 30 户 142 人的生态扶贫移民方案，这是高峰村的首轮生态扶贫移民搬迁。2017 年 1 月，白沙黎族自治县完成高峰村道银、坡告两个自然村 30 户村民的生态移民扶贫搬迁，搬至距离县城仅 20 千米的新村，道银、坡告两村合并为银坡村。全村现有集体土地面积 1 790 余亩(其中村庄占地面积 42 亩)。

在生态扶贫移民搬迁后，银坡村黎族群众告别了居住拥挤、生产生活设施混居的土坯房，生活面貌与以往有了天壤之别。银坡村建设 20 栋 40 套的村民住宅楼，每套面积 115 米^2，搬迁后，村民每户获得一套 115 米^2 安置住房，配套建设村文化室及道路硬化、路灯、篮球场、绿化景观、饮水工程、污水处理、牲畜集中圈养等基础设施，总建筑面积达 4 780 米^2，总投资为1 730 万元。

生态扶贫移民搬迁重点在“搬迁”，难点在“稳住”和“留下”。只有解决了土地，才能让搬迁群众“留得住”，找对了产业，才能让搬迁群众“能致富”。白沙黎族自治县利用县里农场土地和橡胶资源较丰富的优势，对搬迁下山的 30 户生态移民以政府购买农场胶园补偿给农户的方式，建立生产基地，给予人均橡胶林 10 亩、水田 1 亩。在产业方面，符合护林员相关政策的贫困户按每户 1 人的标准吸收为护林员；着眼于产业扶贫现实需要，以产业开发、产业带动、产业扶贫为目的，由政府牵头，企业提供技术，群众参与管理的“政府＋企业＋合作社＋农户”的模式，大力发展百香果产业，实现村民收入稳步增长，推动村级集体经济发展壮大；依托银坡村生态环境，大力发展银坡村橡胶产业、林下益智产业，开展橡胶割胶技术、黑山羊养殖技术等培训。2017 年年底，银坡村人均收入达到了 7 100 元，实现了整村脱贫。2019 年年底，全村人均收入为 1.6 万元(表 3-1)。

表 3-1　银坡村历年帮扶情况统计

项目	2017 年		2018 年		2019 年		2020 年(截至 9 月)	
	数量	金额/万元	数量	金额/万元	数量	金额/万元	数量	金额/万元
产业投入	—	192.76	—	15.66	—	31.57	—	10.49
合作社分红	2 户	0.30	30 户	2.80	30 户	0.66	—	—
光伏产业分红	28 户	8.40	27 户	8.10	27 户	8.10	—	—
教育补助发放	25 人次	4.24	57 人次	9.08	58 人次	8.76	30 人次	4.45
住院报销	10 人次	6.52	21 人次	11.27	14 人次	8.36	5 人次	5.17
门诊报销	0	0	24 人次	11.89	0	0	0	0
新型农村合作医疗代缴	125	1.88	134 人	2.41	124 人	2.73	125 人	3.13
养老保险代缴	—	—	64 人	1.28	77 人	1.54	—	—
农村养老金发放	8 人	1.33	10 人	1.91	10 人	2.20	10 人	1.65
务工奖励补助	—	—	22 人	6.12	23 人	6.30	—	—
低保金发放	2 户	0.88	2 户	0.99	4 户	1.45	4 户	2.28
高龄补助发放	2 人	0.19	2 人	0.24	2 人	0.24	2 人	0.06
困境儿童补贴	—	—	1 人	0.12	1 人	0.12	1 人	0.09
残疾人补助	2 人	0.22	2 人	0.91	2 人	1.21	2 人	0.37
合计	—	216.72	—	72.78	—	73.23	—	27.69

搬迁下山对贫困群众的影响不仅是来自生产生活环境的变化，而且贫困群众“等、靠、要”的思想逐渐被抛弃，“我要富”和“我能富”的志气在凝聚。前坡告村村民小组组长符国华说：“以前村里开大会搞扶贫，村民们吵的是自家困难要求给钱、给物。现在开会村民们吵的是村里种什么赚钱、养什么致富。”村民们积极认真地收看海南脱贫致富电视夜校，课后聚在一块讨论最多的就是县里给的产业发展基金怎么用、有什么好项目能投资。

3. 高峰村第二轮生态扶贫搬迁移民：借热带雨林国家公园建设来实现生态搬迁脱贫

2017 年，高峰村还剩下方通、方佬、方红 3 个自然村 118 户 498 人。高峰村的帮扶干部们努力筹措资金来改善高峰村生活条件，所有贫困人口于 2017 年脱贫出列。由于高峰村地处偏远，发展受到生态保护的严格约束，打猎、砍树等传统生产方式不被允许，规模化的养殖产业也难以开展。虽经各级帮扶、大量投入，群众收入也提高了，但很大部分来自转移性等非群众自我发展收入，村民生产生活水平提高的稳定性、长期性无法得到有力保障。

推进生态扶贫移民搬迁是实现环境保护与生产发展的长远之策。2018 年 4 月 13 日，习近平总书记在庆祝海南建省办经济特区 30 周年大会上发表重要讲话，提出了建设海南国家生态文明试验区的要求。为此，海南省积极谋划，精密部署，试点建设热带雨林国家公园，对热带雨林实施整体保护和系统修复。热带雨林国家公园生态扶贫移民搬迁共涉及 11 个自然村 470 户 1 885 人，分两步实施，2021 年全部完成搬迁。2019 年 3 月，位于热带雨林公园最核心区域的高峰村下辖的方通村、方佬村、方红村 3 个自然村被纳入首批搬迁试点，这是高峰村的第二轮生态扶贫移民搬迁。

2020 年 12 月 31 日，高峰村方通、方红和方佬 3 个自然村 120 户 532 人全部完成生态搬迁，其中 118 户 507 人搬迁至距白沙黎族自治县城仅 4 千米左右的牙叉镇高峰新村，2 户共 4 人安置在碧绿小区，涉及经济补偿人口 21 人。至此，高峰村 5 个自然村村民全部搬出深山，获得了利好的就医、入学、就业等条件。高峰村原址将以自然生态修复为主、人为修复为辅，逐步恢复区域生态涵养功能，让野生动物"集体回归"绿水青山。

在人口转移、生态修复之后，白沙黎族自治县通过政策扶持、完善配套政策等一系列措施，实现了贫困户的脱贫致富。在住房安置方面，安置房基本完成建设，通过抽签方式完成初步分配工作。在经济补偿方面，通过资源普查，高峰村共有集体土地面积 7 601 亩，经济作物面积5 960 亩，青苗总株数 968 784 株。119 户已签订搬迁补偿协议并完成补偿款拨付，实际拨付到位 45 057 771 元，1 户未签订搬迁补偿协议，该户共 4 人，预计补偿款 70 万元。群众在短期内有人均 10 万元左右的经济作物补偿，可以作为其生活保障。在生产用地安置方面，已完成 5 480 亩（含村集体生产用地 500 亩）生产用地的划拨工作。其中，一类土地（土地质量好、橡胶长势好）15 块 1 731.57 亩，二类土地（土地质量较好、橡胶长势一般）39 块 3 073.87 亩。在产业扶持方面，主要发展菌菇产业，投入资金 300 万元。目前已育种成功 60 万棒，还有 30 万棒正在育种，等大棚建好以后就可以移种到大棚。

（二）白沙黎族自治县高峰村生态扶贫移民搬迁的经验

1. 配套政策全覆盖，保障搬迁农民"留得住"

（1）选址规划配套　保障和改善搬迁后村民生产生活条件是村民搬得出、留得住的重要前提。在开展生态搬迁过程中，白沙黎族自治县注重研制规划及方案，做到以搬迁谋发展、以搬迁促生态保护。在新村选址时，在充分考虑资源条件、产业环境和广泛听取村民意见的基础上确定新村选址，确保群众愿意搬、想留下及人居环境有提升，后续发展不受限。在选址时，白沙黎族自治县考虑到新址贴近县城，属县域经济发展圈子，可以依托城镇化发展来带动农民稳定增收，并共享基础设施。与原址相比，新址在生产生活条件上都有了翻天覆地的变化。

（2）土地整合配套　对于祖祖辈辈依靠务农生活的农民而言，土地是他们赖以生存的根基。在生存压力下，高峰村曾于 20 世纪 50—80 年代，尝试过两次扶贫移民搬迁，但因搬迁目的地土地有限，后续产业未能及时跟上，不少村民又搬回了大山。为破解这一难题，在开展银坡村搬迁时，白沙黎族自治县探索了一条集体土地与国有土地交换的搬迁安置方式，通过收回搬迁村庄的集体土地（3 703.64 亩），给予村民种植作物一定的补偿后，收回并调整规划为国有土地；整合县属青年农场土地资源，将县属青年农场利用率不高且无人居住的国有土地收回（1 790 余亩），划拨给银坡村作为村集体用地，分别用于村庄建设和发展生产。银坡村首轮生态扶贫移民搬迁试点成功后，高峰村第二轮生态扶贫移民搬迁通过把高峰村旧址 7 601.63 亩集体土地收回，与海南省农垦投资控股集团有限公司（以下简称“海控集团”）5 349.69 亩土地进行交换，并收回白沙农场集团的 283.71 亩土地，共计 5 633.4 亩，一并确权划给高峰村，分别作为建设用地和生产用地使用。这两种土地回收交换方式既解决了村民搬迁下来没有土地使用的问题，又不会侵占其他村子的集体土地，提高了土地利用率，避免了村民纠纷，为“稳得住”提供了基础保障。

2.统筹整合“一盘棋”，稳固搬迁脱贫成果

（1）资金统筹　整村推进的生态移民工程不可能完全依赖当地政府财政补贴。因此，自开展生态扶贫移民搬迁以来，白沙黎族自治县注重资金整合，充分利用省内多元资金筹措机制，积极整合各方资金资源，确保资金保障到位。白沙黎族自治县共投入资金 2.2 亿元，其中银坡新村共投入 4 084.08 万元，高峰新村计划投入 18 240 万元（已下达 12 653.34 万元）。资金的来源包括省级资金 1.84 亿元，县级配套 3 884.01 万元。除财政支持外，海南省财政厅全额出资设立的海南省扶贫开发投资有限责任公司与国家开发银行签订首批 3 600 万元借款合同，用于保障南开乡银坡村与七坊镇高石老村生态扶贫移民搬迁项目。此外，全县各部门高效整合各方资源，也较好地解决了生态扶贫搬迁的资金问题。

（2）政策统筹　为进一步巩固拓展脱贫攻坚和搬迁成果，白沙黎族自治县整合了各项扶贫措施，用好用足各项帮扶政策。在住房保障方面，给予搬迁农户每户 115 米^{2}两层住房保障；在医疗保障方面，新型农村合作医疗、城乡居民大病保险、大病商业补充保险费用代缴及大病救治实现了建档立卡贫困户全覆盖，贫困人口住院、慢性病特殊门诊费用报销比例分别达 90％和 80％；在教育保障方面，实现了两个村义务教育应就学的适龄儿童 100％入学，对从学前教育阶段到高职教育阶段的建档立卡学生 100％资助到位，给予搬迁户在县内公办学校就读高中的子女免除学杂费和住宿费；在生态补偿方面，搬迁村民继续享受生态补偿每人每年 600 元的保障政策；两村的搬迁村民还继续享受残疾人救助、民政救助等各项社会保障政策。

（3）产业统筹　一是实施飞地扶贫模式。因高峰村地处生态核心区，不宜继续扩大生产，白沙黎族自治县将银坡村、高峰村建档立卡贫困户的产业发展资金飞地注入邦溪镇光伏电站，每户可获得收入 3 000 元/年。二是发挥企业带贫作用。成立合作社发展百香果和食用菌种植，搬迁村民每年可获得分红，其中银坡村百香果基地已从 2018 年起实现连续2年分红，户均年分红378元。近年来，已累计安排各类产业扶贫资金276万元用于支持银坡村产业发展。三是做好橡胶主产业的文章。给予搬迁到新村的村民人均10亩丰产橡胶，以保障搬迁后有持续性收入。针对近年来橡胶价格不稳定的因素，组织村集体成立橡胶合作社，指导橡胶割胶技术、管理技术，并给予有机肥支持。同时，大力发展林下经济，在橡胶林下种植益智，增加土地单位面积收益，在山林中，在对原有林地不产生损害的情况下，大力发展养蜂业。另外，发挥保险的保障作用，分别给予搬迁群众购买“保险＋期货”和“价格收入”保险，实现户均增收3 000元。四是给予每户1亩水田种植，保障口粮，让搬迁村民“手中有粮，心中不慌”。

发挥特色产业优势　因地制宜亮点纷呈

一、科学规划产业扶贫　因势利导稳收增收

（一）营造产业扶贫环境

打好脱贫攻坚战，贵在精准，重在精准，成败之举在于精准。如何在产业扶贫上提升精准度，是高质量打赢脱贫攻坚收官战的关键。海南省从顶层设计出发，通过加大财政资金投入、优化和谋划产业扶贫项目、因地制宜选准扶贫产业、加大建设扶贫产业基础设施等多项举措，做好精准扶贫，夯实脱贫攻坚根基，确保全面建成小康社会。

省委、省政府高度重视产业扶贫项目库建设，统筹考虑全省脱贫攻坚和疫情防控任务，坚持长短结合、精准施策，精细投入，扎实谋划一批市场前景好、带贫效益好、群众满意度高的产业扶贫项目，及时纳入年度脱贫攻坚项目库。同时做好项目前期准备工作，确保入库项目成熟、有效，在项目资金到位后即可实施，形成“项目等资金”而不是“资金等项目”的局面。

1.政府引导，探索多种渠道增收

（1）探索信息化带动农户就业创业　针对促进贫困户务工就业不到位问题，对全省建档立卡贫困户实施就业信息电子化管理，对“零就业”家庭做到动态清零。在鼓励贫困户创业过程中，通过信息化管理，依托地区产业和人力资源优势，开发专门的培训教材，通过培训筛选出具有创业意愿和创业能力的人参加“创业＋职业技能培训”，以提高贫困群众创业成功率。截至2020年年底，贫困劳动力务工28.26万人，比2019年增长14.62％，有劳动能力、有就业意愿的“零就业”贫困家庭基本有1名劳动力实现就业。针对一些地方虚设岗位、轮流坐庄、变相发钱问题，开展就业扶贫公益专岗清查，开发护林、护路、管水等

就业扶贫公益专岗 33 503 个。采取跨区域输出一批、就地就近安排一批、政府工程项目吸纳一批、公益岗位保障一批等方式，保障和组织贫困劳动力务工，实现贫困劳动力转移就业 9.32 万人。

(2)探索电子商务带动农户就业创业　海南省建设了 10 个国家电子商务进农村示范县，10 个市县均建起了县级电子商务公共服务中心、物流配送中心，共建立 107 个镇级电商服务中心(站)、556 个村级电商服务站(含建档立卡贫困村服务站 300 个)。自 2016 年以来，海南省电子商务累计帮助建档立卡贫困人口销售了 2 540.83 万元的农副产品。2019 年 1—11 月，海南省农村网络零售额 79.37 亿元，同比增长 30.38%，其中实物型网络零售额为 42.54 亿元(促进农产品上行数)，同比增长 35.27%，服务型网络零售额为 36.83 亿元，同比增长 25.15%，带动贫困人口就业创业 1.9 万人。

(3)探索生态扶贫带动农户就业创业　海南省推行东方市护林、造林、用林等扶贫增收模式，以中部山区为重点，支持依法通过购买服务开展公益林管护，到 2020 年在有劳动能力的贫困人口中新增选聘生态护林员岗位 2 000 个，林业经营主体为贫困人口提供稳定就业岗位1 000 个。深化贫困地区集体林权制度改革，鼓励贫困人口将林地经营权入股合作社，增加贫困人口资产性收入。开展湿地保护与恢复行动，鼓励贫困人口通过投工投劳方式参与湿地保护与修复，提升贫困人口收入。

2.顶层设计，发展“三棵树”产业

“三棵树”包括橡胶、椰子和槟榔，是海南省重要的热带经济作物，贫困户种植户数分别达 4.67 万户、3.9 万户、9 000 户，种植面积分别达 45.6 万亩、45.6 万亩、1.2 万亩，户均达 9.76 亩、11.7 亩、1.33 亩，年纯收益达 7 811 元、8.19 万元、6 783 元(以 2020 年市场价格测算)，历来被老百姓称为“摇钱树”。海南省高度重视“三棵树”产业规划，分别建立了椰子、橡胶、槟榔产业发展联席会议制度，统筹指导全省产业发展的实施工作，协调解决产业发展的重大问题，研究制定全省产业发展实施计划及政策，指导、督促和检查有关政策及措施的落实，向省政府提出建议。为确保产业健康发展，海南省积极探索农业保险支持新模式，确保农户收入稳定。海南省将天然橡胶价格收入保险纳入农业政策性保险给予补贴，同时开发天然橡胶“保险＋期货＋扶贫”保险、槟榔价格指数保险、椰子苗木综合保险 3 种商业险，为“三棵树”的健康发展保驾护航。海南省还利用“三棵树”林下庇荫的条件，大力发展益智、文昌鸡、蜜蜂等林下经济 18.1 万亩，进一步提高“三棵树”亩产效益。

(1)海南省“三棵树”产业发展基础和脱贫攻坚挑战　橡胶、椰子、槟榔“三棵树”是海南省独具特色的农业支柱产业，越来越多的农户参与其中。“三棵树”产业的经济效益和可持续发展对海南省贫困农户收入的持续稳定增长具有重要意义。海南省“三棵树”产业种植已具有一定规模。其中，橡胶种植面积为 814 万亩(含农垦国有橡胶 368 万亩)，涉及

230万胶农，干胶年产量为36万吨，占全国总产量的44.12%，是全国重要的天然橡胶生产基地；椰林种植面积为504万亩，占全国总面积的99%，并具有全国知名的椰子加工产品品牌。由于我国对椰子鲜果、加工原料及加工产品有着大量需求，椰子在大量进口的情况下仍然供不应求；槟榔产业在近年来获得飞速发展，已经成为海南省产值最大、效益最好的大宗热带作物，全省槟榔种植面积为165万亩，占全国总面积的95%以上；涉及种植户70多万户、230多万人，占全省农业人口的41.37%。

虽然享有得天独厚的产业发展基础和脱贫攻坚优势，但是海南省的“三棵树”产业在助力脱贫攻坚过程中仍面临着诸多挑战。首先，天然橡胶产业在种植面积占比、产能贡献、生产效益、管理水平、深加工能力等方面和东南亚各国以及我国云南省相比仍存在一定差距；由人工合成橡胶外部市场竞争激烈导致的橡胶价格持续低迷损害了胶农种植橡胶的积极性，甚至在一些地区出现了橡胶弃割、胶园弃管等问题。其次，虽然海南省椰子加工业品牌享誉全国，但是国外进口的椰子原料更受加工企业的欢迎，本土椰子在价格和质量方面竞争力不足。要让椰子产业的发展惠及贫困农户就亟须更符合加工企业需求的本土新品种。最后，槟榔产业面临较大发展阻力。一方面，尽管近10年来海南省槟榔种植面积扩大了5倍，但粗加工能力超出市场需求就可能面临产能过剩。另一方面，一些土法熏烤槟榔的加工业存在环境污染的问题。这些风险都可能导致槟榔产业在持续增加农民收入、保障脱贫攻坚成果方面的前景存在不确定性。

总体来看，海南省要保障“三棵树”产业成为农民增收和脱贫攻坚的持续动力，一方面，深耕产业发展升级，提高产品附加值和盈利能力；另一方面，建立长效利益保障机制，使贫困农户能够在“三棵树”产业发展过程中获得稳定收益；海南省通过制定产业发展规划和建立产业联席会议制度，综合协调政府各个职能部门的力量，为“三棵树”的发展建立良好的产业环境；强调市场机制在资源配置过程中的关键作用，重视龙头企业的带头作用和对贫困农户的带动效果；充分利用海南省农业信息化建设方面的优势，完善价格保险体系，保障贫困农户的收入。

(2)海南省发展“三棵树”产业实现脱贫攻坚的顶层设计　在发展“三棵树”产业过程中，海南省十分注重协调好政府和市场——“两只手”之间的关系，强调既要遵循市场规律，重视市场机制在资源配置和产业发展过程中的关键作用，又要发挥政府对产业的规划和引领作用。一方面，避免政府部门行政力量的直接干预扭曲资源配置；另一方面，注重产业政策在顶层设计方面的效果，强调财政支持投入的公共性，确保对“三棵树”产业的支持能直接带动贫困农户受益，保障农民收入的稳定性并持续发挥长期脱贫效果。

在顶层设计方面，海南省制定了促进“三棵树”产业发展的整体规划和实施方案。通过充分考虑自然条件、市场容量、国内外竞争和可用土地规模等因素，规划了“三棵树”发展方案，致力于品种的改良、种植结构的优化和区域布局的规划，运用市场化手段引导企业参与投入，组织重点科技项目攻关，鼓励科研机构与企业、林场合作开展良种苗木选育、繁育等关键技术研究，通过大幅度降低良种苗木生产成本，控制销售价格，增强产品竞争力。引导市场主体成立产业联盟或协会，建立种植—初加工—深加工的完整产业链。支持龙头企业通过市场化运作方式进行兼并重组、做大做强。鼓励小型加工企业、手工作坊企业进入食品类产业园区，形成产业集聚效应，提高“三棵树”产业的附加值。

海南省促进三大产业融合，加强“三棵树”产业的增收效果。首先，海南省发展“三棵树”相关林下经济，增加单位面积产出，提高农民收入。其次，着力攻坚克难，提高核心技术水平。聚焦劳动力短缺、产业链过短、产品附加值不高等问题，支持与“三棵树”产业相关的龙头企业集团开展重大科技创新和技术攻坚。例如，研发并推广和使用割胶机器人，提高生产效率；在橡胶木材、椰子、槟榔深加工及高端特种材料研发等关键领域和关键环节取得突破。瞄准高端消费市场，加快研究槟榔的深加工问题，积极引进药物研发院士团队以开展战略合作。通过科研经费支持、研发技术合作入股药企等方式，深入研究和开发槟榔的药用价值，努力在槟榔药用产业化方向实现突破。在自由贸易港建设过程中，积极探索发展与“三棵树”产业相关的专业服务平台、发展期货交割、仓储物流等现代服务业。与此同时，海南省也注重深入挖掘利用与“三棵树”相关的文化旅游产业。首先，加强旅游业的发展，建立了槟榔谷黎苗文化旅游区、呀诺达雨林文化旅游区、热带天堂森林公园等景区，吸引大量游客参观。其次，拍摄以椰子为主题的电影或电视剧，并支持企业按照市场化方式筹建世界级展陈标准的椰子博物馆。由此，为贫困户提供超过300个就业岗位，并确保贫困户的人均月收入达到2 000元以上。

(3)海南省发展“三棵树”产业过程中对贫困农户利益的保障　在农业生产过程中，海南省积极探索各类种植模式，由公司提供种苗、技术、资金等要素，农户投入土地和劳动力，形成利益共同体或通过龙头企业和公司的带动作用，提高“三棵树”种植农户的组织化程度，加强农户面对市场的话语权，形成“公司＋农户＋合作社”以及“龙头企业＋基地＋农户”的模式。同时，海南省利用电视夜校等独特方式组织培训，帮助农户获取专业知识、提高种植管理能力、产品质量和亩产效益，完善“三棵树”种植过程中的标准化和规范化程度，进而增加农户收入。

海南省发挥在农业信息方面的优势，建立全省农产品基础数据信息平台，并对本地区贫困农户的“三棵树”种植情况开展专项排查摸底行动。通过登记造册，掌握“三棵树”种植亩(株)数、是否贫困户、“一卡通”银行卡账号、是否具有劳动能力等信息，为深入开展产业脱贫工程保险行动夯实基础，以保障贫困户利益。

在“三棵树”产业发展中，海南省十分关注农户和企业两个层次的风险问题，并设立了保险机制和体系。在农户方面,按照“政府引导、市场运作、自主自愿、协同推进”原则,在全省范围内推广天然橡胶价格(收入)保险,通过保险平抑价格风险、稳定收入预期,有效激发贫困胶农内的生动力,探索一条盘活特色资源促进稳定增收的产业扶贫新路径。针对保险制度实施过程中遇到的实际问题,海南省改进措施,以提高农户的保障程度,降低保险赔付门槛、提高赔付比例,简化了理赔程序,受到广大胶农的欢迎,并获得第一届“海南省改革和制度创新奖”三等奖。在此基础上,出台的《进一步完善天然橡胶价格(收入)保险的七条措施》使橡胶保险真正惠及广大农民,助力脱贫攻坚。截至2020年年底,实现农垦国有橡胶约88.8万亩和民营橡胶约173万亩参保,涉及贫困胶农约4.67万户,面积约50万亩。价格(收入)保险的成功经验也被运用在椰子、槟榔产业,开发天然橡胶“保险+期货+扶贫”保险、槟榔价格指数保险、椰子苗木综合保险3个商业险,为提高农民收入、巩固拓展脱贫攻坚成果保驾护航。在公司方面,海南省完善了农产品销售和加工过程中现有财政补贴政策,合理厘定参与收入保险机制的保险公司利益亏损问题,统筹考虑引入再保险机制,拉长保险周期,采取多险种搭配招标等办法,建立保险公司风险分散的长效机制;建立风灾保险和价格保险联动机制,研究降低农户承保比例的可行性,合理确定省级和市县保费补贴分担比例,进一步提高农户参保的积极性。海南省还注重可持续发展,大力推广初加工环保安全节能新技术、新设备,以解决橡胶、槟榔等产品的初加工企业污染问题,降低风险发生的可能性。

3.完善制度,规范扶贫管理全域

(1)建立扶贫资金使用制度,确保扶贫资金依法依规使用　乐东黎族自治县全面配套资金管理使用制度,建立了扶贫资金定期通报制度、财政专项扶贫资金管理暂行办法等相关制度,以加强资金的使用管理。扶贫合作企业和扶贫合作社均已建立扶贫专款账户,各镇财政所指派专人帮助扶贫合作企业及扶贫合作社制定扶贫资金管理制度,确保扶贫资金依法依规使用。制定了规范化的合作社协议模板,以指导各镇与扶贫合作社、扶贫企业签订协议。印发《乐东黎族自治县产业扶贫项目收益产业化奖励分配工作方案》,实行差异化分红,解决“一股了之”“一分了之”“一发了之”的问题。乐东黎族自治县扶贫办联合县财政局、县农业农村局对扶贫合作企业进行扶贫资金项目绩效考核,以实地考察扶贫企业生产基地,查阅项目运营的相关档案材料等方式对项目实施主体的运营状况、资金使用管理、带贫益贫效果进行全面考核,确保扶贫产业健康发展。

(2)构建产业联络员制度,规范扶贫产业项目管理　为进一步加强对扶贫合作企业、镇级合作社和村集体经济扶贫产业项目服务和监管,规范扶贫产业及项目管理,促使扶贫产业健康发展,乐东黎族自治县构建了产业扶贫项目联络员制度,为扶贫合作企业、镇级合作社和村集体经济扶贫产业提供跟踪服务,帮助解决其生产经营存在的问题,全面做大做强全县扶贫产业,增强扶贫产业的带贫益贫效果。

镇村两级均设立产业联络员,镇级联络员由各镇委书记、镇长及分管扶贫工作的镇领导担任,村级联络员由脱贫攻坚战中队中队长、第一书记及村委会书记担任。产业联络员实时掌握扶贫合作企业、镇级合作社和村集体经济扶贫产业经营状况和资金规范使用情况,督促和指导扶贫合作企业和合作社建立扶贫资金使用账目,按照项目合作协议书实施项目;每年组织开展项目绩效考核工作,运用好考核结果,指导建立利益联结机制,定时定量引导贫困户到扶贫合作企业参加就业务工,并做好务工台账,以达到规范经营管理,防控资金风险的目的,进一步用好管好扶贫资金,扶贫项目能真正发挥带贫益贫效果,推进扶贫产业有序发展。

截至2020年年底,乐东黎族自治县共选聘扶贫产业联络员284名,其中,对接扶贫合作企业的联络员195名,对接扶贫合作社的联络员89名。委托了6家会计师事务所对34家扶贫合作企业进行风险评估。多举措保证扶贫产业平稳发展,提升扶贫产业的带贫益贫作用。

(二)发展特色经济振兴乡村

1. 农旅融合,打造全域旅游产业链

海南省积极探索森林旅游扶贫的有效途径,并通过一二三产业融合,打造田园综合体;因地制宜,精准扶贫,为贫困户提供长期有效的经济来源。

在旅游发展过程中,海南省积极打造全域旅游产业链,实现吃、住、行、游、购、娱一体化,推动乡村旅游、健康旅游、森林旅游等旅游新业态加快发展,并注重农产品生产、加工、乡村旅游等一二三产业深度融合,实施乡村旅游"后备厢工程",有序推进在全省3A级以上旅游景区、旅游小镇,三椰级以上乡村旅游点、"海南礼物"专卖店设立贫困地区绿色农产品和旅游扶贫商品销售区。

在旅游发展的同时,海南省还积极探索建档立卡户的森林旅游扶贫切入点,寻找森林旅游扶贫有效途径,开展精准扶贫,以促进扶持贫困户就业和增收。第一,因地制宜,分类开展旅游扶贫。对全省贫困村进行旅游资源普查,精准开展旅游扶贫。拥有丰富旅游资源的贫困村加快推进乡村旅游点打造。旅游资源一般,但可以为景区、宾馆、旅游小镇、乡村旅游点等提供服务的贫困村可通过提供土特产品、商品、配套服务等增加贫困户收益。既没有旅游资源,又不能提供服务的贫困村引导其贫困家庭劳动力到旅游企业就业,以实现脱贫。第二,通过科学编制乡村旅游专项规划,配给必要建设用地指标,积极引入企业参与贫困村乡村旅游开发,配套建设旅游咨询服务点、乡村民宿(旅馆)、自驾车营地、骑行客栈、旅游厕所、旅游商品销售点等旅游公共服务设施。第三,动员全行业充分参与旅游

扶贫开发。发动100家旅游企业与贫困村结对开展帮扶。推广和建设类似什寒村、什进村的旅游扶贫项目。指导旅游商品生产销售企业，将黎锦、黎陶、椰雕、南药、热带特色农副产品等进行包装、质量认证和开发并转化为旅游商品，每个市县每年至少推出3～5件旅游商品。

结合实施乡村振兴战略和美丽海南百镇千村建设，海南省取得了重大成就，建设了多个省级少数民族特色村寨。推荐15个少数民族特色村寨和2个特色小镇参加第三批中国少数民族特色村寨和首批中国少数民族特色小镇命名评选，万宁市南桥镇桥南外村、东方市大田镇马龙村、澄迈县仁兴镇新兴苗村、白沙黎族自治县七坊镇高石老村、昌江黎族自治县叉河镇排岸村、乐东黎族自治县万冲镇抱班村、陵水黎族自治县文罗镇坡村、陵水黎族自治县隆广镇常皮村、琼中黎族苗族自治县什运乡光一二村9个村寨入围"全国少数民族特色村寨"目录公示，推动了全省少数民族特色村寨的科学发展。2018—2020年，海南省建设了100个旅游扶贫示范村。结合民族地区农村资源优势和风土人情，打造琼中什寒村、三亚中廖村等100多家富有个性和文化内涵的乡村旅游点，带动了少数民族群众发展民族风情旅游产业。

2.深挖资源，大力发展林下经济圈

在海南500多万的农业人口中，近400万为林农。在"三棵树"的基础上发展林下种养殖不仅可以增加贫困户收入，而且解决了由林下大面积闲置土地造成的资源浪费问题，打破了单纯开发林产资源的林业产业，向林产、林地资源结合方向转变，扩大了林业产业化的内涵，是生态、经济和社会效益的综合体现。海南省林下经济重点向贫困市县申报的项目倾斜，形成一批各具特色的林下经济示范基地，结合全域旅游建设，注重在产业发展中确保贫困户就业，促进农民增收，提高贫困地区自我发展能力。自打响脱贫攻坚战以来，海南省贫困地区林下经济产值不断提升，贫困户人均林下经济收入也不断攀升，对全省脱贫攻坚做出了重要贡献。

图4-1　益智

益智（图4-1）是海南省特有的经济作物，易种好管，适合在阴湿的林下进行套种，在种植后的第4年便可达到丰产。每亩种植成本只需一两百元，产量却可达1 000～2 500千克。除了入药外，其还能制成化妆品、果脯、饮料，甚至火锅底料，远销四川、云南、贵州等地区。保亭县利用地处生态核心区、水源地的优势，将益智产业列为精准扶贫、精准脱贫产业，并大力发展，除了为益智企业在种苗用地、加工厂建设用地给予政策支持外，县委、县政府还为建档立卡贫困户免费发放种苗，落实保价收购，安排专人进行上门跟踪服务，真正做到让贫困户“好种、稳收、没烦恼”。2014 年至今，该县共投资近 1 000 万元，为 2 700 户农户发放了 240 万株益智苗，涉及建档立卡户 1 341 户，种植面积达到近 1.2 万亩。有些贫困户凭借种 10 多亩益智田，一年收入逾 3 万元，几年时间就盖起了两层小洋楼。

白沙黎族自治县阜龙乡的 36 户贫困户在致富能人高桂成的带领下，在橡胶林间建起 4 个食用菌培育室，种植秀珍菇。县委、县政府注入扶贫资金搞基建，每批秀珍菇销售所得利润的 50% 给贫困户分红。2017 年春节，每个贫困户领到了至少 1 200 元的分红，结算每天 80 元的用工补贴。在此基础上，开始逐步融入菌渣种有机瓜菜、养大麦虫、菌秆养鱼、养山鸡等生态循环农业，拓宽了稳定脱贫之路。

结合旅游产业的发展，海南省还注重发展林间花卉产业。利用 2019 年世界园艺博览会和 2018 年中国(海南)国际热带农产品冬季交易会等平台，积极宣传花卉、沉香、油茶、生态旅游等特色生态产业的新品种、新方法、新技术，带动扶贫乡镇共 23 个、自然村 473 个，分红人数达 1.3 万人，并提供贫困户就业岗位近千个。例如，东方市俄贤村发展花梨加工产业和花梨生态文化科考观光产业，给全村带来了明显的经济效益，村民的精神面貌和村容村貌也呈现出可喜的变化。

3. 特色发展，构建“一村一品”新格局

海南省推动落实《海南省特色产业目录和认定标准》，因地制宜，选取特色鲜明的“6＋3”扶贫产业，打造“一村一品”产业扶贫发展格局并侧重引导贫困户发展庭院经济作为“6＋3”产业扶贫的重要方式。

海南省在打造“一村一品”发展格局基础上，还注意实行“一户一策”精准扶贫。根据贫困户的自身情况和意愿，制定“一户一策”产业扶贫措施，推行“五带动全覆盖”模式，切实提高贫困户在产业扶贫项目中的参与度。鼓励有劳动能力的贫困户发展自种自养产业，强化科技帮扶、农产品代销、订单农业等帮扶措施，确保贫困户扶贫农产品“种得出、养得活、卖好价”。无劳动能力和部分丧失劳动能力的贫困户通过以扶贫资金入股经营主体等方式获得可持续、稳定的增收。全省聘请贫困户产业发展指导员 4 628 名，落实 8 项工作职责，涵盖发展产业的产前、产中、产后帮扶内容，提高产业发展精准度。探索建立扶贫产业奖补制度，利用财政扶贫专项资金对贫困户发展“6＋3”产业给予奖补，家庭经营性收入超过 4 000 元，奖励 1 000 元用于发展生产，鼓励其发展热带特色高效农业。实施农村低保对象“自强行动计划”，支持非建档立卡贫困户的农村低保对象发展产业，防止因收入不达标返贫，帮扶面达100%。

临高县立足各地资源禀赋，精准甄选产业项目，引导贫困户把产业扶持资金委托海丰公司、天地人公司整体运营，培育壮大了海丰深水网箱养殖、天地人热带水果种植两个规模化扶贫产业基地，其中“深水网箱养殖项目”成为全省带动贫困人口发展产业最多的扶贫项目。深入开展“百村百业”产业发展竞赛活动，坚持“一镇一业、一村一品、一户一策”，积极引进培育特色产业项目，先后成功打造了道灶村马袅海鸭养殖、风雅村百香果、文新药菊等一批特色扶贫产业，实现了村村有特色产品、户户有增收产业，夯实了贫困群众持续增收、永续脱贫的基础。目前，全县形成规模的重点产业和专业合作社生产基地有36个，产业组织化程度达到90%以上，位居全省前列。为解决各村各户特色农产品销售问题，临高县大力开展电商扶贫，各级党组织通过远程教育、举办培训等方式，带领群众探索电商扶贫新路径，已建成1个县级农村电子商务服务中心、46个整村推进贫困村电商服务站、21个镇级天猫优品服务站，用于凤梨、火龙果、百香果等一批农产品线上销售，营销额超178万元，位居全省前列。

二、龙头品牌做引领　培育产业促脱贫

海南省积极引导各类企业带动产业扶贫，构建“企业＋贫困户”利益联结机制，形成各种产业扶贫模式，提供相应的技术、资金及服务等，与农户形成有效的利益联结机制，带动建档立卡贫困人口的就业增收。

（一）龙头企业带动发展

乐东黎族自治县农业基础扎实，县内农业龙头企业较多，发展态势良好。乐东黎族自治县借助农业龙头企业的优势，有机结合产业扶贫工作，紧抓产业发展关键，坚持因地制宜，根据各镇资源禀赋和地理优势，精准施策，创新实招硬招，深入打造“5＋1”扶贫产业平台，通过“龙头企业＋合作社＋贫困户”的模式，发展火龙果、金菠萝、哈密瓜、毛豆、蛋鸡养殖等高效农业产业项目，加上全域旅游，企业帮销售、分收益、教技术、给岗位，有效带动了贫困户的脱贫增收。

1. 做大做强火龙果产业

海南高明农业发展有限公司、海南柔鸣红心火龙果有限公司、海南福霖农业公司等公司是乐东黎族自治县产业扶贫项目的合作企业，主要发展火龙果种植项目。2018年，海南柔鸣红心火龙果有限公司与尖峰镇合作发展火龙果种植扶贫产业，通过扶贫资金注入，组

织贫困户以参与务工、入股分红等方式帮助贫困户增收。当年，尖峰镇贫困户278户1 058人获得分红64.20万元，合作扶贫产业初见成效。2019年，乐东黎族自治县继续加大与龙头企业的产业扶贫合作力度。海南柔鸣红心火龙果有限公司在原有产业项目的基础上增加了与抱由、万冲、志仲三镇开展火龙果扶贫产业的合作。2018—2019年，乐东黎族自治县通过火龙果种植，给全县贫困户带来1 381.17万元分红资金。

2. 发挥哈密瓜品牌优势

自2000年开始，乐东黎族自治县引进哈密瓜进行反季节种植。由于乐东黎族自治县具有自然光照充足、土壤资源合适等各方优势，经过10多年的发展，哈密瓜产业迅速崛起，种植地区普及佛罗镇、莺歌海镇、九所镇等沿海镇，种植面积达10万亩，总产量为22.5万吨，总产值达24亿元，并诞生了很多以哈密瓜为主营产品的龙头企业。乐东黎族自治县瞄准这一优势，搭建平台，投入资金帮助贫困户入股龙头企业发展哈密瓜产业。自2018年以来，哈密瓜扶贫产业的分红总额达到了85.614万元，帮助贫困户稳定增收。海南春姑娘农业发展有限公司是乐东黎族自治县产业扶贫合作的龙头企业之一。乐东黎族自治县投入帮扶资金，帮助佛罗镇的佛北村、佛南村、佛中村、丹村的45户贫困户入股该公司合作发展产业。该公司通过“传、帮、带”的方式，设立117个贫困户就业岗位以帮助贫困户就业，并提供免费技术培训，从种植技能、包装技术、销售技巧、电商运营等方面进行全方位、多角度的培训，帮助入股合作社的贫困户，进一步提升贫困户自主发展产业的能力。

3. 大规模发展毛豆种植业

毛豆（图4-2）具有易成活、周期短、利润高、用工多的优点，特别是反季节种植的毛豆更有品质、价格和成本优势，低投入、高产出。通过多年来积累的种植经验，乐东黎族自治县毛豆产业发展态势极好。乐东绿盛农业开发有限公司就是以毛豆种植为主的龙头企业。自2018年以来，乐东黎族自治县相继投入2 509.08万元扶贫资金与该公司在大安、千家、万冲等镇合作种植5 000多亩的毛豆产业。通过合作让贫困户从农民变股民，从无所事事到积极务工，给贫困户带来了股金分红、土地租金、务工收入，让贫困户获得实实在在的收益。截至2019年年底，毛豆合作产业为大安、千家、万冲三镇4 806户19 285人的贫困户带来的分红收益达361.378万元，构建了稳定的脱贫长效机制，有效地促进了贫困户脱贫增收，谱写了“小毛豆大产业”的神话。

图4-2　毛豆种植

4. 合作开展黑山羊养殖

尖峰镇翁毛村面临贫困人口基数大、产业发展滞后等问题。该村积极争取海南省定点扶贫单位——省税务局380余万元的资金，吸纳翁毛村134户建档立卡贫困户为社员，成立了乐东毛响民富农业专业合作社。采取“公司＋合作社＋贫困户”的模式，与文昌宝驹东山羊养殖有限公司合作开展黑山羊养殖。同时，积极发动社会力量参与扶贫工作，碧桂园海南区域公司投入了257万元对该村的黑山羊养殖进行二期扩建，截至2019年11月，该合作社的黑山羊存栏量达800多头，贫困户共获得分红59万元。

图 4-3　黑山羊养殖

黑山羊养殖（图4-3）项目是大安镇厚物村的一个扶贫项目。自开展扶贫工作以来，大安镇厚物村立足饲养东山羊的传统及良好的养殖条件，引导该村一批具有养殖经验的建档立卡贫困户与养殖能手在镇政府的协助下，成立了大安镇厚物村养殖农民专业合作社，通过土地流转等方式建成了占地总面积212亩的养殖基地，基地内建成了12亩的室内羊舍、180米^{2}的仓库、200亩的牧草种植地、12亩的散养场地。在乐东黎族自治县扶贫办的扶持下，投入400头种羊，开始了黑山羊养殖，带动了贫困户入股分红、务工增收。为进一步推进该产业提质增效，2018年，该社对黑山羊养殖项目进行升级与改造，与三亚亿鼎实业有限公司合作，运用龙头企业的先进养殖技术和销售管理技术，提升黑山羊品质，扩宽销售渠道，进一步提高了黑山羊养殖效益，带动了207户贫困户增收脱贫。

5. 协调发展其他产业群

乐东黎族自治县的金菠萝、百香果、杧果、木瓜、蛋鸡养殖等产业扶贫项目也取得了很好的收益，给贫困户带来了稳定的分红、务工收入，建立了长效带贫的产业体系，为乐东贫困群众获得稳定收入提供了保障。乐东黎族自治县还通过大力扶持龙头企业强化“品牌化、无害化、标准化、规模化、效益化”的“五化”建设，打造农业产业标准化示范园，促进农业转型升级和提质增效。乐东黎族自治县还建成热作标准化生产示范园6个，进一步强化了扶贫产业的效能，确保了全县贫困户通过高质量的产业帮扶实现稳定脱贫。

为海南省多家种植企业供给有机肥的海南顶香生态农业有限公司，位于乐东黎族自治县九所镇，是集“生态种植、生态养殖、生态加工”的蛋鸡养殖产业。海南顶香生态农业有限公司积极响应国家扶贫政策，创新探索出“政府＋企业＋农户”联合建场的精准扶贫新路子，积极实施“政府＋企业＋农业”模式，建立农户众筹、政府监管、企业经营的新型联合扶贫机制。

2018 年 5 月 15 日，乐东黎族自治县九所镇为加快推进产业扶贫项目的发展，指导乐东黎族自治县九兴扶贫种养殖农民专业合作社与海南顶香生态农业有限公司合作成立九所镇扶贫产业项目生态蛋鸡养殖基地。该基地位于九所镇老坡村大岭山脚下，占地面积 50 亩。同时，乐东黎族自治县九兴扶贫种养殖农民专业合作社投入 418 万元与海南顶香生态农业有限公司合作建设自动化蛋鸡养殖基地。第一年按入股资金额的 10％向该合作社分发红利收益，后续收益在第一年红利的基础上每年按 1％的比例递增。截至 2020 年年底，抱由镇、大安镇也按照该模式与公司共同合股养殖。海南顶香生态农业有限公司还采取“工资＋分红”的模式，优先就近安排贫困户参与务工，常年可提供贫困户就业岗位，以进一步提高贫困户经济收入。

自动化蛋鸡养殖基地自身可直接提供蛋鸡存栏 30 万羽，每年为市场提供鸡蛋产品 3 125 吨；通过示范带动，发展贫困户农户养殖蛋鸡 4 万羽，提供鸡蛋 125 吨，累计为海南省提供优质鸡蛋 3 250 吨，极大地丰富了海南省内的鸡蛋供应。首先，通过“公司＋基地＋合作社”“公司＋基地＋农户”“公司＋农户”等多种示范带动模式，积极带动当地农户从事蛋鸡养殖业，通过保护价回购、技术指导咨询、协助产品销售等方式与贫困户建立利益联结机制，确保贫困户收益，促进贫困户增收。按照每千克鸡蛋高出市场价 10％，每户贫困户养殖 500 羽蛋鸡计算，可实现直接带动农户 400 户增收 390 万元，户均增收 9 750 元，相当于 2012 年农民人均纯收入的 3 倍以上。其次，为当地优质瓜果、蔬菜种植基地提供有机肥 8 280 吨，按照每亩地施用有机肥 60 千克，生产的有机肥可促进项目周边地区 13 800 亩瓜果蔬菜种植园年增产 15％～30％，极大地促进了当地有机种植业的发展。最后，九所镇全镇贫困户受惠 301 户 1 151 人，解决了九所镇贫困户长期收入不稳定的问题，帮助贫困户增加收入，保证贫困户年人均增收 3 500 元。另外，海南顶香生态农业有限公司积极通过“扶智”方式，与乐东黎族自治县抱邱金土种养农业合作社签订技术服务扶贫项目。整个养殖过程由海南顶香生态农业有限公司的技术团队全程负责提供咨询和指导、培训。这种方式既提高了经济收入，又增强了自我造血功能，还提高了合作社联农带农的能力。

通过蛋鸡养殖实现鸡蛋上市销售盈利的方式既解决了农户就业，项目收益分成，又增加了贫困户的收入。另外，联合地方政府、周边农户和农民专业合作社共同推动乐东黎族自治县蛋鸡养殖业的发展和建设，促进了蛋鸡产业化，壮大了优势特色产业，带动了更多贫困户脱贫。截至 2020 年 12 月，海南顶香生态农业有限公司与近 2 000 多个贫困户签订扶贫协议，设定了农户受益的保底收入，由海南顶香生态农业有限公司负责建设鸡舍、负责管理经营，农户参股投资，除享受分红的收益外，农户还有优先进入鸡舍就业的权利，具体实施的全过程受政府和农户的监督。2020 年，在新型冠状病毒感染疫情影响严重的情况下，贫困户的分红仍然得到了保证。海南顶香生态农业有限公司直接带动 10 余户贫困户进行蛋鸡养殖，间接带动 2 000 多户贫困户脱贫，共 18 000 余人受益。

(二)品牌效应助力发展

1. 技术服务助脱贫

首先，海南省挂职科技副乡镇长组织打造秀珍菇、百香果种植和澳洲龙虾养殖等 110 个科技扶贫示范基地，直接带动 2 000 多名贫困农民参与项目实施，为当地培育了一批懂技术、会经营的农民。其次，加强农业科技 110 服务体系建设。投入项目资金 900 万元，以南部、东北部和中西部 3 个农业科技 110 区域服务中心为依托，加强全省 18 个市县、乡镇 271 个农业科技 110 服务站建设，为农民，尤其是贫困户提供优质种苗、病虫害防治农业新技术培训等综合性农业科技服务。

2. 质量监管保安全

海南省深入开展绿色食品、有机农产品和农产品地理标志“双品一标”创建工作，建设海南特色农产品溯源系统技术平台，强化农产品质量安全监管。检验检疫部门统筹国际、国内两种资源、两个市场，对食品农产品质量安全管理实现“品种全覆盖、产业全链条、资源全共享”，以推动食品农产品质量安全水平稳步提升、出口出岛不断扩大，带动“三农”的发展。澄迈桥头地瓜、陆桥无核荔枝、洪安无籽蜜柚等优势农产品获得了国际市场准入资格，年出口农产品量达 5 万吨，出口额达 1.4 亿美元。

3. 创建品牌强竞争

围绕农业示范基地建设，海南省精心打造农产品商标品牌，大力挖掘各地“名、优、特、新”的农产品，不断促进农业增效、农民增收、脱贫增力。具体来看，扶持推动三亚甜瓜、琼海油茶、陵水圣女果、陵水荔枝、保亭益智等 39 类特色农产品荣获国家农产品地理标志认证，三亚芒果、澄边福橙、三亚甜瓜、澄迈桥头地瓜、文昌椰子 5 个区域公用品牌入选《中国农业品牌目录》，全省认定“三品一标”农产品达 444 个(有效期内)，增强了扶贫农产品的市场竞争力。省工商局与澄迈县政府共建“商标富农”工程示范县，整体推广“商标＋农户＋龙头企业”产业化运作模式，精心打造农产品商标品牌，形成了澄迈福橙、福山咖啡、桥头地瓜、白莲鹅、海岛和牛、藻香花猪等一大批响当当的品牌，提升了产品附加值。

科技赋能精准脱贫　志智双扶激发内生动力

一、建设数据平台　精准画像脱贫攻坚

扶贫精准是影响扶贫政策执行及效果的核心因素。在新时期精准扶贫制度框架下，建档立卡贫困农户识别制度是各省市正在实施的贫困个体精准扶贫制度之一。其本意在于掌握贫困人口的特征、致贫原因，从而更加合理地分配和利用扶贫资源以及监测扶贫效果。新时期的建档立卡改变了以单一收入维度来评判贫困与否作为唯一标准的方式，综合考察贫困人口教育、医疗、住房等多方面情况，并以稳定实现“两不愁三保障”作为最终目标。

海南省通过构筑“三体系一平台”，从创新体制机制、完善制度体系、构建海南省精准扶贫大数据平台3个方面为打赢脱贫攻坚战提供了体制保障，也为推进政府治理工具创新和国家治理体系建设提供了具体方法，具有重要的现实意义和关键作用。在此过程中形成的一系列值得深入研究和借鉴的经验做法：首先，海南省结合自身特点和需求，设立各级党政“一把手”双组长，创新性地构建“五级书记抓扶贫”的制度体系，全面深化落实海南省脱贫攻坚“一把手”负总责的领导体制，各部门制定具体政策制度，为其参与脱贫攻坚行动提供了制度保障和政策指导；其次，创新性地建立了“三体系一平台”，加强自上而下治理的联结，推动制度和政策层层落地，有效推动脱贫攻坚各项任务落到实处，为打赢脱贫攻坚战提供了有力的组织保障；最后，海南省实现技术与制度有效耦合，充分利用精准扶贫大数据平台，构建了海南省对复杂社会问题开展技术治理的雏形，向着政府治理现代化迈出了坚实步伐。

(一)大数据平台下的精准识别

精准扶贫、精准脱贫基本方略具有十分丰富的内涵。它强调贵在精准、重在精准,成败之举在于精准。这既是认识论,也是方法论。精准识别是精准扶贫的第一步,做好精准识别是各地打赢脱贫攻坚战首要攻克的堡垒。推动精准识别意味着实现精细化治理。这一过程离不开技术手段的应用:在精准扶贫过程中有效嵌入技术元素,利用数字化手段提高精准识别能力,实现精准扶贫、精准脱贫真正达到精准化、信息化和可评估化。

精准扶贫大数据平台可以与公安、财政、工商、民政、卫健、教育、住建等多个部门打通数据接口,实现部门数据的共享、分析、比对和预警,为解决精准识别、精准扶贫、精准脱贫提供了强大的信息化手段。大数据具有规模大(volume)、速度快(velocity)、种类多(variety)、价值低(value)的“4V”特性,在脱贫攻坚过程中运用扶贫大数据对于做好精准扶贫工作有着重要意义。

一是精准扶贫大数据平台可以弥补扶贫过程中的数字鸿沟,提高信息收集效率。传统机制下的扶贫工作信息收集需要依靠问卷调查、入户走访。对贫困户的每次帮扶都需要记录在纸质的扶贫手册中,耗费了基层干部大量时间。应用大数据技术,采用计算机、全球定位系统(global positioning system,GPS)等设备在数据收集过程中,采取远程采集、自主上报等多种形式,可以在很大程度上提高工作效率。在后台采用统一的数据共享平台,便于数据归集、整合和综合利用。二是深入分析扶贫数据,获得更有价值的信息。对于扶贫数据的分析,我们只能采用图表的形式,获取一些较为宏观的信息,并不能够真正地运用扶贫数据获取更深层次的信息,而统一的扶贫数据共享平台可以利用数据挖掘、人工智能等先进技术,更加有效地对扶贫数据进行精准分析和预测,并且可以针对个例给出建议和帮扶方法。三是大数据可以持续跟踪帮扶对象。精准扶贫大数据平台的应用使扶贫工作动态完善和监督变得更加清晰、合理。在大数据技术应用的背景下,扶贫数据能以更快的速度更新,使得扶贫数据更加可靠。其既为防止帮扶的贫困户返贫提供了监测机制,也为健全贫困户的退出机制奠定了基础。

1.构建海南省精准扶贫大数据平台

2013年11月,习近平总书记在湖南湘西考察时做出了“实事求是、因地制宜、分类指导、精准扶贫”的重要指示,首次提出了“精准扶贫”。扶贫信息精准对于精准扶贫来说至关重要,大数据是实现扶贫信息精准的核心。2017年年底,为确保在脱贫攻坚战中实现零漏评、零错评、零错退的目标,海南省启动全省精准扶贫大数据管理平台建设。

2018年,海南省召开推进精准扶贫大数据平台建设专题会议,高度重视技术手段在脱贫攻坚中的重要作用。海南省明确继续完善建设精准扶贫大数据平台的目标:一是完善平台功能。将平台的查询功能逐步扩展到辅助决策和管理功能。二是加快数据比对。将数据比对作为检验信息共享成效的重要项目。在准确录入贫困户信息的基础上，抓紧与卫生、住建、教育、公安、银行等行业数据进行比对。三是对已经发现的疑似问题数据，按照时间节点，认真核查处理。四是建立健全数据库管理机制和制度。省扶贫办负责采集数据，常态化管理由大数据中心负责。要针对数据保密、修改权限等，制定相应的管理制度。五是加快推广的使用。采取灵活有效的措施尽快让每一位驻村第一书记、帮扶干部、全省扶贫系统及与扶贫有关的领导干部使用这个平台。同时财政部门要对平台建设、运营和使用给予经费保障。2018 年 5 月，已建成海南省精准扶贫大数据管理平台，平台由建档立卡系统、海南扶贫 App、云指挥平台、报表分析、运维管理五大模块组成，在保留国家系统基本功能的基础上，结合海南省扶贫实际工作需求，新增数据共享交换、数据比对及预警推送、扶贫手册等个性化功能。

2019 年 6 月，海南省扶贫办启动了精准扶贫大数据平台的二期建设。海南省精准扶贫大数据管理平台是海南省"扶贫＋大数据应用"的新尝试，针对不同类型的贫困对象，统一识别标准，统一数据口径，对症下药、精准滴灌、靶向治疗。在精准扶贫大数据平台建成后，其极大地方便了帮扶责任人全面掌握贫困户的基本情况，为有针对性地因户施策、因人施策，精准帮扶提供大数据支撑。海南省脱贫攻坚三大体系从上至下充分利用精准扶贫大数据平台开展工作，将技术手段与制度要求紧密结合，有效支撑了脱贫攻坚工作的顺利完成。

利用精准扶贫大数据平台可以构建以政府为主体、社会公众力量参与、帮扶对象接受反馈的运行机制，有利于精准扶贫工作的展开。精准扶贫大数据平台实施"政府—社会力量—帮扶对象"的运作机制，在该机制中政府部门起着引导作用。依托精准扶贫大数据平台，政府不仅可以对接多部门的贫困人口数据、整合贫困户信息、开展数据清洗工作，以做到精准识别，结合海南扶贫 App 还能够及时在平台上发布与扶贫工作有关的政策、扶贫资金使用情况及扶贫制度。精准扶贫大数据平台的优势明显：一是加快信息传导速度；二是有利于提高扶贫工作的透明度，供社会监督；三是提高脱贫攻坚行政工作效率。通过对信息数据库的实时更新和大数据分析，线上、线下数据不仅能确保一致，还为精准实施扶贫政策奠定基础，脱贫之战得以实现帮扶资源合理配置、帮扶对象动态管理、帮扶过程监测监督。

在脱贫攻坚工作中，海南省依托精准扶贫大数据平台还能够整合社会资源，动员社会力量积极参与脱贫攻坚工作。通过精准扶贫大数据平台结合海南扶贫 App，社会力量(包括社会组织和企事业单位)能够及时了解扶贫信息、扶贫工作需要，并与自身资源相匹配，与政府一起参与扶贫行动，帮助贫困户脱贫。如白沙黎族自治县橡胶吧的建设运营便是社会资源和政府力量相结合的典范：中国邮政储蓄银行海南分行支持建设橡胶吧、推动橡胶交易数据平台建设，政府相关单位充分利用橡胶吧开展帮扶培训及相关活动，社会、政府共同为胶农生产、交流、学习创造良好的环境。通过精准扶贫大数据平台，社会力量能更好地参与扶贫政策的制定、扶贫计划的实施、资金流向的监督等全过程。

帮扶对象是扶贫工作的最终受益者。精准扶贫大数据平台解决了贫困户和政府之间、贫困户和社会资源之间的信息不对称问题。根据精准扶贫大数据平台上现实的每个贫困户的致贫原因，结合其他条件可以为贫困户制订合理可行的扶贫计划。扶贫干部的相关工作，如扶贫政策落实情况、补贴资金发放情况也能通过精准扶贫大数据平台查询，贫困户能够对基层干部的扶贫工作成效进行监督和反馈，贫困户和政府之间的双向反馈监督机制得以建立。

政府部门依据社会力量的建议和帮扶对象的反馈，及时调整和完善工作中的不足之处，脱贫攻坚共同推动并整合社会资源与政府力量。由此，政府力量、社会资源和帮扶对象的相互作用通过精准扶贫大数据平台形成了完整的双向传导机制，扶贫工作成效得以进一步提高。

海南省精准扶贫大数据平台中心将国务院扶贫办数据、电子扶贫手册数据、各行业部门数据进行接入、清洗、分析及整合共享，打破了部门之间信息条块分割的现象，实现了与国务院扶贫办系统数据的单向同步。该中心通过打通 15 个厅局单位数据接口，对接 28 个行业扶贫数据源，累计接入超过 1 亿条行业数据，并向“三保障”等多个部门共享扶贫数据。通过部门数据与建档立卡数据的信息比对和分析，及时发现差异数据及识别不精准的疑似问题，实现对全省贫困人口的精准化动态跟踪管理。该数据平台还积极拓展“钉钉”软件系统的管理功能，通过海南扶贫 App 实现对帮扶措施及成效动态采集，对预警信息的及时推送，方便基层扶贫一线工作人员实地实时采集、核对、更新扶贫信息，压实和明确各级扶贫主体的责任及工作任务。利用海南扶贫 App 的操作便捷优势可以实现扶贫工作人员实时实地与本地实时采集的扶贫手册数据进行比对与核查，为有效减少线上、线下数据不一致提供了技术支撑。

截至 2018 年 12 月，海南省已有 3.6 万帮扶工作人员下载海南扶贫 App 并注册账号，日均登录 1.6 万人次，有效将帮扶责任压实到个人。该精准扶贫大数据平台还开发相应的报表分析及大数据展示系统，结合地图及各类信息对贫困地区和贫困户画像分析，精确实现扶贫对象、扶贫举措、扶贫成效等“一张图”管理，为各级领导进行决策提供服务，各级扶贫工作人员对扶贫情况一目了然，工作效率被大幅度提升。在海南省精准扶贫大数据平台启用后，基层工作人员可通过海南扶贫 App 将实地采集的数据录入扶贫手册模块，以确保数据及时更新，并实现与农业、卫计、教育、国土等部门数据的对接，将建档立卡的相关数据共享给行业部门，以有效促进行业扶贫工作的开展。

在精准扶贫大数据平台的支撑下，海南省建立了信息预警机制，防止返贫和新增贫困人口。结合2018年和2019年开展的全省农村常住人口大排查结果和建档立卡系统、扶贫手册等数据，精准扶贫大数据平台对全省一般农户和建档立卡贫困户的“两不愁三保障”情况进行数据分析，将存在致贫和返贫风险农户的预警信息通过手机App推送给基层一线扶贫工作人员，并组织力量进行入户核实，确保精准识别、精准帮扶和精准退出。除此之外，海南省各省市坚持不懈地探索精准扶贫大数据平台的应用。如海口市三江镇巧用大数据，将扶贫信息通过手机跟踪贫困户的帮扶动态，为精准扶贫注入新活力；三亚市整合医疗大数据，以信息技术为手段开发健康扶贫系统，让贫困人员就诊享受“先诊疗后付费”“一站式”结算等精准服务。

2.海南省精准扶贫大数据平台下的精准识别

(1)推动通信网络等基础设施的全省普及　纵观海南省多年来的扶贫历程，其经历了从最初“授人以鱼”的送资金、送物质，到“授人以渔”的发展扶贫产业，再到电商扶贫，扶贫手段不断升级，贫困人员的收入获得了很大提高。这一切都离不开海南省农村信息化优势及基础设施的普及。1997年海南省就提出了建设“智能信息岛”战略，经过数年的迅速发展，通信网络的基础设施不断完善，“村村通”和“三网合一”的工程目标早已完成。因此，海南省农村信息化建设拥有良好的信息基础，通信主干网络基本建设覆盖全省。截至2006年，海南省网络基本覆盖整个农村地区。

(2)力促多部门数据共享联通　海南省通过建立跨部门、多层次的核对信息平台，横向与涉及个人经济状况信息的12个部门实现数据共享，纵向形成省、市、县三级核对机构的业务联动，实现全省社会救助家庭经济状况多部门快速核查，建立了低收入家庭经济状况核对机制。同时，在省级层面，省民政厅、省扶贫办通过省数据共享交换平台共享全省建档立卡贫困户、农村低保对象、特困人员动态管理信息，实现了工作及时会商、信息互联互通。在市县、乡镇层面，民政、扶贫部门实现了有效联动，形成了工作合力，建立了建档立卡贫困户兜底保障信息通报机制。鼠标一点，或手机一按，贫困户家庭人口、住房、收入、致贫原因、产业分布等信息便一目了然，系统还会匹配派送帮扶任务给帮扶责任人，让扶贫更精准、更高效。海南省精准扶贫大数据平台已完成一期功能开发，并启动了全省推广和使用。已有3.8万名帮扶责任人注册了该平台，完成了扶贫手册的电子化录入。

(3)拓展平台对接产业需求功能　在产业扶贫方面，海南省农业农村厅利用农业大数据平台，启动产业扶贫信息系统建设。2016年，农业部、国家发改委等九部门联合印发的《贫困地区发展特色产业促进精准脱贫指导意见》强调，通过产业扶持要解决一半以上农村贫困人口的脱贫问题。通过引入大数据技术，搭建包括土地资源、水资源、气象资源、生物资源和自然灾害等自然资源与环境数据，种植业生产、养殖业生产的农业生产数据以及市场供求信息、价格行情、生产资料市场供需信息、价格变动、流通市场等方面的农业大数据平台。产业扶贫重点在找准产业切入点，结合当地特色和具体问题具体分析，利用特有资源充分发挥自身的优势。海南省精准扶贫大数据平台汇集了所有贫困户家庭人口、住房、收入、致贫原因、产业分布等信息，且整合了全国的扶贫数据。通过启动产业扶贫信息系统的建设，并与海南省精准扶贫大数据平台相对接，可以实现产业扶贫精准化、科技化、管理优化扶贫产业的决策机制，合理规划产业扶贫，优化顶层设计，从而提升产业扶贫的成效。

(4)基层排查识别与大数据平台有效结合　贫困识别、退出不精准一直是困扰海南省精准脱贫的难题。自 2018 年 4 月起，海南省利用精准扶贫大数据平台对 528 万农村人口进行拉网式大排查，严格按照信息核查、民主评议等程序，重新识别认定，做到不漏一人、不错一人。明确农村低保对象、建档立卡贫困户两种对象互相纳入的政策标准，做到应扶尽扶、应保尽保。利用精准扶贫大数据平台，通过多行业政务数据的比对和分析，可有效发现贫困户档案信息的错漏，深入了解贫困户的整体情况，有效解决精准识别的难点问题，扣紧精准扶贫第一粒纽扣。以公安户籍数据为例，前期已利用人员的身份证号码、出生日期、民族等建档立卡数据开展数据清洗，通过逻辑分析发现并纠正。例如，配偶相差年龄过大、父母民族是少数民族、子女是汉族等问题数据，通过与公安户籍数据比对，仍然有 6.8 万条疑似问题数据，问题人口比例达 11%，典型问题，如公安户籍状态是注销而建档立卡是正常，户主与家庭成员关系不一致、民族不一致等问题，行业数据比对发现问题比数据清洗的效果要更好。

3. 大数据平台助力白沙黎族自治县精准识别贫困人口

白沙黎族自治县位于海南岛中部偏西，是黎族、苗族等少数民族聚集的山区县、革命老区县。由于地处生态核心区，山地、盆地、丘陵占总面积的 89%，产业发展受到限制，2002 年白沙黎族自治县被确定为国家重点扶贫县，2016 年白沙黎族自治县的贫困发生率为 20.6%，2017 年年底被列为海南省唯一的深度贫困县。

脱贫攻坚贵在精准，重在精准，成败之举在于精准。自 2017 年年底，海南省启动全省精准扶贫大数据平台建设。自进行“扶贫＋大数据应用”的新尝试以来，其对基层干部在扶贫过程中面临的填表造册等重复性工作多、数据更新不及时、沟通效率低等难题起到了极大的帮助作用。在白沙黎族自治县的脱贫攻坚工作中，白沙黎族自治县扶贫办利用海南扶贫 App，结合县级扶贫数据库，以白沙黎族自治县精准扶贫信息系统为基础，把基层扶贫信息平台拓展到村一级，打通了“县—镇—村—户”的纵向连接，探索建立了“123”精准识别退出工作机制，形成“线下精准、线上一致”的建档立卡格局，从而实现了模糊建账到精准对账的巨大转变，在贫困户精准排查识别及防止返贫监测方面发挥了重要作用。

第一，建立信息管理体系，搭建“大数据”共享平台。白沙黎族自治县依托省里统一的信息平台由帮扶责任人逐户采集信息，信息经过村、队逐步审核把关，县级将组织镇上的信息管理员统一录入信息，由此可以达到对贫困户人员信息、家庭情况的详细掌握。白沙黎族自治县还在线上常态化开展扶贫数据清洗和维护，对信息进行动态管理，每年定期聘请第三方对扶贫数据进行分析，出现逻辑关系错误或者有疏漏的地方就再次反馈到村到户以进行数据清洗，从而保持扶贫数据的精准对接、实时共享，确保账账相符、账实相符。第二，利用精准扶贫大数据平台实行三类防止返贫监测管理。精准扶贫大数据平台打通了与公安、税务、司法、财政等系统的数据接口。结合海南扶贫 App 的应用，贫困户的收入、纳税情况、固定资产的购买、橡胶园数目、耕地、孩子教育等详细信息均可尽在掌握。通过行业部门数据信息比对，一旦出现信息不符，系统就会显示，以便及时剔除错评人员，纳入漏评人员，提高识别的准确率，为扶贫干部对贫困户进行返贫监测提供了有力保障。依托精准扶贫大数据平台，白沙黎族自治县深入排查和锁定年人均纯收入低于 6 000 元的农户家庭以及大病户、残疾户、就业不稳定等有返贫致贫风险的重点监测对象，按照攻坚类、巩固类、兜底类实施“点对点、人盯人”防返贫策略，落实专人专责“一对一”实时跟踪监测。

从白沙黎族自治县精准扶贫信息管理模式的实践来看，精准扶贫大数据平台的运用具有以下的作用。第一，提高帮扶精准性，为精准扶贫奠定了基础。通过各部门数据共享，实现多维度数据对比分析，在此基础上通过精准扶贫数据云平台分析实现异常信息推送、数据纠错，减少了逻辑错误、数据缺失等现象的发生。此外，各村的帮扶责任人可以将获得的最新贫困户数据信息上报，以实现扶贫数据的动态调整，为提高帮扶精准性奠定了基础。第二，信息化的应用减少了基层干部的负担，有利于精准制定扶贫的政策和措施。一方面，精准扶贫大数据平台的运用减少了数据重复填写、资料重复准备的情况，将扶贫干部从繁重的“填表、制卡、造册”中解放出来，将更多的精力放在对贫困户的帮扶上；另一方面，精准扶贫大数据平台整合了各部门的信息，通过对扶贫大数据的分析可以掌握贫困户的致贫原因、帮扶情况等，为精准提供扶贫政策提供了参考。第三，提高了扶贫过程的可监督性。海南扶贫 App 有签到及消息推送功能。一旦扶贫干部忘记签到或者有明显遗漏事项，平台的消息通知都能给予提醒。这样一方面，能有效监督扶贫工作；另一方面，可以督促扶贫干部完成相关工作。

截至 2020 年年底，白沙黎族自治县的 44 个贫困村（含 14 个深度贫困村）10 796 户 44 146 人建档立卡贫困人口均已全部脱贫出列，贫困发生率由 2016 年的 20.6%降至 0，绝对贫困人口得到全部消除。白沙黎族自治县于 2020 年 2 月正式脱贫摘帽，群众满意率高达98.49%。精准扶贫大数据平台与脱贫攻坚的有机结合是白沙黎族自治县脱贫攻坚的关键一环。我们应当看到，大数据的应用将在乡村振兴的战场上继续发挥作用。

(二)分类施策下的精确帮扶

脱贫攻坚工作是一项有特定对象、严格标准、时间限制的硬任务。只有冷静思考、深入辨析、实事求是地处理具体问题，做到分类施策，才能强有力地推进脱贫攻坚工作，实现真扶贫、真脱贫。

1.脱贫攻坚，找准对象是前提

通过反复识别、查漏补缺，新一轮脱贫攻坚的对象已十分精准，克服了过去的不良现象。按照“不管用什么办法，都必须把最困难的群众找出来”的要求，通过“十对比、八排除”等办法，反复核查，精准识别贫困对象。

建档立卡数据库里的贫困人员应当作为重点对象，紧盯不放，一个一个地梳理，不达脱贫标准不罢休。数据库里的贫困人员也不一定非要将错就错，硬性要求按识别时初定的政策措施到位。应给予“一线指挥部”一定的权限，按照脱贫标准继续甄别，已达到脱贫标准的人员应及时调出；初定的不对路的政策措施该调整的调整。对数据库之外的贫困人员应给予足够的关注，对照脱贫标准衡量，未达到脱贫标准或者返贫的贫困人员应及时纳入。海南省锁定目标、再鼓干劲，全力克服疫情影响，以决战决胜之势发起总攻，确保如期完成脱贫攻坚的目标任务。

坚持问题导向、目标导向、效果导向，深入开展摸底排查，落实有效措施，加快问题清零，推动脱贫攻坚提质增效。对照“两不愁三保障”要求，对辖区内的建档立卡户进行全面走访摸排，深入开展对低收入户“户户到”的走访活动，持续关注低收入户家庭收入，认真排查工作中存在的问题，对表对标，逐一整改，保证脱贫攻坚工作扎实、过程务实、结果真实。建立销号整改台账，落实整改责任人、整改措施和完成时限，并全面走访非贫困户，重点宣传各村脱贫攻坚成效，引导农民树立信心、提振精神。重点解决情况摸清、措施制定和落实等方面的不足，彻底摸清完全依靠外出务工创收来稳定脱贫成果的建档立卡的低收入户的情况，制定由疫情不能外出务工可能导致的返贫的补救措施，逐户研究防止返贫对策，实施产业扶贫、就近务工扶贫、政策扶贫等“一户一策”，巩固拓展脱贫成果。坚持疫情防控和脱贫攻坚两手抓、两加强，推动脱贫攻坚扩大成果。

为聚力抓好脱贫攻坚各项工作落地落实，海南省还聚焦各项目标任务，精准落实扶贫政策，兜底解决特殊贫困群众基本住房安全问题，实施危房改造动态清零行动；加快推动农业产业规模化、标准化、品牌化发展，以农业产业基地为基础，发展农业旅游等现代农业项目，带动建档立卡贫困户增收脱贫。

2.精准帮扶,练好"人防"基本功

为落实精准帮扶,海南省还对监测对象进行了精准动态管理。首先,在县、镇、村三级建立监测农户台账。台账包含纳入监测时间、家庭现状、家庭返贫或致贫风险点、计划帮扶措施、落实情况等内容。由各市县对边缘户安排帮扶联系人,跟踪和了解生产生活情况,对有致贫风险的农户及时采取帮扶措施,防止出现新增贫困户。村委会每月须组织人员对监测农户入户走访,及时掌握收入、生产生活条件等变化情况,跟踪监测家庭困难改善程度,判断其致贫风险或返贫风险是否消除。

针对通过帮扶或自身发展家庭状况明显改善,致贫风险或返贫风险已消除的农户,村两委每季度研究提出解除监测建议,上报乡镇审核。乡镇审核通过后上报市县扶贫开发领导小组办公室审定。由市县扶贫开发领导小组办公室审定后,将解除监测农户相关信息通报给相关行业部门并反馈村委会。

针对通过帮扶家庭困难仍未改善,符合返贫致贫标准已陷入贫困的农户,村委会要组织人员入户核实,研究并提出纳入建档立卡贫困户帮扶的建议,上报乡镇审核。由乡镇审核通过后,反馈村委会启动贫困识别程序。按照程序识别为返贫户或建档立卡贫困户后,终止监测并按贫困户的标准进行管理和实施精准帮扶。

典型案例

案例6 乐东乡村振兴大数据平台带动数字扶贫

乐东黎族自治县坚持"因地制宜、科学规划、分类指导、因势利导"的扶贫开发思路,在脱贫攻坚战中利用自身所具有的优越资源和地理条件,充分发挥其农业大县的优势,在政府和社会力量的共同努力下,打造了全省首个县级面向"三农"公共领域的公共服务体系。该服务中心具有产业组织化、产业数字化、产业金融化三大平台系统,开发了各种平台服务,其中农村大数据综合管理平台便是其中之一。农村大数据综合管理平台将农村农业发展与大数据相结合,契合乐东农业大县的优势,为乐东产业脱贫、防止贫困户返贫提供了有利"抓手",也为后续乐东的乡村振兴事业夯实了基础。

在乐东农村大数据综合管理平台的信息收集和建设中,服务中心主动与县政府、数据主管部门沟通申报,取得规范采集可公开信息的准许批复。乐东黎族自治县农村大数据综合管理服务中心由县下沉到村,建立空间地理农情大数据,政务、农经、民生应用大数据库。11个镇的土地面积情况一目了然,耕地面积、耕地亩数都有详细的等级,通过卫星定位系统,农户地块信息也有相应记录。农民主体、土地承包者、种植面积、产值、化肥农药使用情况,土壤情况、土肥信息等都可追寻,农村大数据综合管理平台还能够将农业、林业、畜牧业总产值、增长值等情况对比。建立管理、跟踪、溯源系统为核心的"乐东农产品生产动态"信息服务平台，实现了"生产主体—生产基地—生产产品"一体化的扫码核验、线上线下管控监督，为乐东原产地三品战略提供了数据化、智慧化管理载体，已在200家农业企业应用。另外，配套开发溯源App，并在农户间推广使用，以实现农产品的统购统销及整体效益最大化。

乐东农村大数据综合管理服务中心作为科技和农业相结合的纽带，以科技和大数据支撑农业发展是其鲜明的特征。具体来看有以下几点作用。

一是实现了全域数字化应用。农村大数据综合管理服务中心整合了空间地理农情产业大数据、政务村务乡村治理大数据，囊括人和组织、土地空间、资源信用、产业科技四大要素，将农业农情绘成了"一张图"。通过数字化苗情监测、地块管理等实现生产标准化；通过农户管理后台、数据管理系统等实现了管理规范化，将土地资源、产业资源、土壤资源等纳入农村大数据综合管理服务平台，实现了资产、资源管理数字化。

二是实现乡村要素可视化，全面掌握乡村资源。农村大数据综合管理服务中心以人为核心、以地块为单元、以农情为导向，将土地信息、土肥信息、农户信息等汇集在一张图中，点击某一具体村庄便可查看其具体情况，不仅使得乡村资源实现了可视化，也使得乡村管理更加规范。以金钱树小镇为例，通过一张图信息，点击可查看耕地面积、农户主体、种植作物、土壤情况、温度湿度等。通过溯源App(农户基本已经使用)，农户可上传农事活动图片等信息，定位系统使我们在数据服务平台便可以看到具体情况，且能够辨别信息是否真实。

三是为招商引资企业做决策以及农户生产提供依据。农情监测里的气象信息可以实时监控湿度、气温、降水信息，能够为生产活动的进行提供依据，苗情监测、施肥方案以及田间管理等数字化应用有利于开展农业指导，提高农户种植效率。农情资源和土壤资源等具体情况可以方便不同的产业种植者因地制宜，选择合适的生产环境。

四是为贫困户脱贫提供激励和帮扶。乐东黎族自治县对于贫困户采取积分制的激励措施。积分内容大致分为乡风文明建设、转产就业、人居环境。积分大数据会反馈在农村治理综合服务平台上。记录内容可详细至每位贫困户当天积分的加减情况、可兑换积分数、已兑换积分数，积分动态贫困户的积分更新情况显示在积分动态里。每位贫困户都有自己的积分手册，可以用一定的积分换取日常生活用品。在社会力量的协助下，若存在工作缺口，社区中积分数较高的贫困户可优先安排工作以助力其脱贫，真正实现扶贫扶志。

乐东农村大数据综合管理平台在产值、销量，还有其他农事活动方面也会进一步完善，为政府精准实施社会化服务，银行、保险公司了解产业信息情况进行风险控制提供产业依据。在销售方面，相关软件系统正在开发。乐东黎族自治县合作的商家平台也能清楚呈现，如大润发等所下的订单信息、产品来自哪家农户、农产品的入库收单率。这种方式有利于市场倒逼标准化生产机制的形成，让合作社更为清楚把握产品品质，为下一步工作方向提供依据。

（三）白沙黎族自治县“橡胶产业＋大数据”帮助胶农脱贫

在白沙黎族自治县脱贫攻坚产业扶贫政策的探索中，橡胶成为全县支柱型产业。全县共有民营橡胶63万亩，人均橡胶亩数达5～6亩，形成了家家户户都有橡胶园的产业局面。

作为橡胶保险试点县，白沙黎族自治县的橡胶业发展采取了“价格＋期货保险”的模式。在橡胶开割亩数、收胶量、销售量方面的记录最初都采用人手一本橡胶登记册，橡胶交易也采取了传统的现金结算方式。其过程不仅较为烦琐，而且出错率较高，从而造成橡胶保险理赔不够准确，政府补贴发放也没有可靠依据。为应对这些问题，在省农产品预警中心的协助下，白沙黎族自治县建立了橡胶大数据管理平台，与橡胶保险同步开展。橡胶大数据管理平台包括地址管理、农户管理、保单管理等，胶农详细信息（种植年限、品种产能、割胶情况、保险保单等）通过电脑终端录入以形成完整的生产数据。橡胶大数据管理平台可以将农户售胶情况、收胶价格波动、收胶总量趋势及保险清算情况形成图表，以便进一步对农户售胶情况进行分析。在售胶结算方面，白沙黎族自治县橡胶中心携手中国邮政储蓄银行海南分行，对县内民营橡胶收购点提供无现金支付设备支持，胶农卖胶所得直接转入胶农的邮储账户。中国邮储海南分行对此类账户并不收取年费、工本费等费用。

从白沙黎族自治县的橡胶大数据管理平台的应用来看，全县橡胶生产交易信息化、实时化是橡胶产业与大数据相结合模式的一大突出特点。橡胶大数据管理平台通过电脑终收录胶农的基本信息，一个橡胶生产周期中的割胶量、售出量及干胶含量在橡胶大数据平台中均有记录。全县所有橡胶交易均在橡胶生产管理系统完成，实现乳胶交易信息化、无纸化和无现金交易，乳胶收购管理更加有效安全。

橡胶大数据管理平台的打造和使用促进了白沙黎族自治县橡胶产业的数字化、信息化发展，以利于橡胶产业长期稳定发展，为胶农生产销售提供了信息技术支持。具体来看，白沙黎族自治县橡胶大数据管理平台的创立有以下几点作用。

一是乳胶收购管理更加规范。全县190个胶商，207个橡胶收购点均配置收购点终端系统与设备。乳胶的交易均在橡胶生产销售管理系统内完成，实现橡胶交易信息实时化，乳胶交易更加规范有序，保护了胶农的利益。

二是解决了胶农与胶商之间信息不对称的问题。配套橡胶大数据管理平台，白沙黎族自治县推出“白沙橡胶”公众号。该公众号设有胶农通道、胶商通道及发展中心，打开手机不仅可以追溯以往交易记录，还可以让胶农知晓每日胶价，解决了胶农和胶商之间信息不对称的问题。胶农可以通过该公众号查询学习割胶技术、种植技术，提高出胶质量和产量，真正实现手机在手胶户不愁的便利。

三是为保险理赔，政府补贴提供了精准依据。白沙黎族自治县橡胶大数据管理平台中的橡胶产销数据作为白沙橡胶保险赔付胶农橡胶价格收入、保险保额的唯一依据能更加精准服务胶农和保险公司，并推动产销保信息融会贯通。自从有了更直观的数据后，省去了手工抄录橡胶手册的烦琐，不仅节省了大量时间，而且电子信息化录入则使数据更加真实可靠，为农户理赔提供了保障。橡胶树的割胶年限为 30 年，到了一定期限后胶林便需要更替，橡胶大数据管理平台收录了胶户橡胶种植情况信息，因此可以为政府给予胶农更换胶林补贴提供准确信息。

脱贫攻坚已然获得了胜利，白沙黎族自治县橡胶产业加大数据的模式将继续为白沙黎族自治县乡村振兴打下坚实的产业基础，在乡村振兴的事业中奋勇担当，砥砺前行。

二、宣传教育引导　志智双扶激发动力

针对内生动力不足的难题，在深入分析贫困群众内生动力不足根源的基础上，坚持"扶志"与"扶智"相结合，通过"扶志"加强对贫困群众的思想引领，解决其主观意愿不强的问题；通过"扶智"加强教育培训，解决其技能不足的问题，并以"扶治"作为保障工作，力求全面激发贫困人群的内生动力。

(一)创办"电视＋夜校＋'961017'服务热线"，挖掘典型人物和典型事迹

海南省委、省政府于 2016 年 11 月中旬开办脱贫致富电视夜校，以对贫困人口进行思想教育，改变贫苦人口不想脱贫、不愿脱贫的思想观念。

1. 在夜校的实施过程中，创新宣传模式，以科学的方式更新群众观念

海南省脱贫致富电视夜校以海南广播电视大学为依托，按照科学的方式制订教学计划、选配师资力量并提供教学内容，搭建了一个政府、专家团队和贫困群众之间相互交流的信息平台，构建了线上讲政策技术、线下抓落实，贫困户提问、干部解答的新模式，通过各方之间的沟通与合作大大激发了贫困群众的脱贫积极性和主动性。首先，"直播课堂＋电视栏目"通俗易懂的方式能够保证将信息有效地送达贫困人群。其次，电视夜校以"实地调研出题目、职能部门组内容、专家团队做策划、专业团队来摄制"的方式制作节目，每周一期，内容涵盖扶贫政策知识、产业发展、思想教育、扶贫典型案例、农民工创业就业与

农产品产销信息五大类专题，以切实符合贫困群众的发展需求。最后，电视夜校注重“身边人讲身边事”，让勤劳致富的贫困地区群众、默默奉献的基层扶贫干部走上荧屏。他们真实质朴的讲述不仅更有说服力，也能够对广大贫困户形成较大触动和启发，鼓舞基层干群打赢脱贫攻坚大决战的士气。“961017”服务热线将传播渠道从广泛的大众传播转向了一对一的答疑解惑，以消除贫困群众的顾虑，促使他们做出决策，利用平台优势牵线搭桥，为贫困群众解难题、找门路。如在第 50 期夜校节目中，海南传味文昌鸡有限公司技术专家到节目中现场讲解文昌鸡的饲养技术和文昌鸡的疾病防治技术，为贫困户答疑解惑。在节目播放后，不少贫困户萌生了养鸡脱贫的想法，在夜校的协调下，该公司免费为 50 名困难群众提供 10 000 只鸡苗。

2. 通过严格教学管理确保夜校实施效果，确保转变思想观念取得实效

海南省实施严格的上课模式，确保贫困群众能够来上课、上好课。一是注重台账管理，实施上课签到模式，教学点管理员必须通过“钉钉”系统完成课前、课后两次签到，并完成纸质签到表签到，其他参学人员一律在纸质签到表签到，强制签到模式确保每一位贫困群众都能够接受夜校教育，避免错漏现象。二是严肃课堂纪律，组织高质量课后讨论交流和灵活补课，确保每一位贫困群众都能真正学有所成。

（二）宣传典型，激发脱贫攻坚的强大动力

2018 年 11 月，国务院扶贫办发布的《关于开展扶贫扶志行动的意见》明确提出，“选树一批立足自身实现脱贫的奋进典型和带动他人共同脱贫的奉献典型，用榜样的力量激发贫困群众脱贫信心和斗志，营造比、学、赶、超的浓厚氛围”。海南省坚持把典型宣传作为切入点，通过榜样力量激发全省上下形成脱贫攻坚的强大动力。

1. 海南省认真抓好脱贫攻坚典型人物挖掘工作和全国脱贫攻坚奖候选人评审上报工作

一方面，海南省结合“我为加快推进海南自由贸易港做贡献”活动，宣传在脱贫攻坚一线努力诠释初心和使命的扶贫干部，以体现海南省成千上万扶贫干部无畏奋斗、无私奉献的精神。如带领贫困户种植百香果增收的多文镇凤雅村驻村第一书记黄尚骞；用关怀和爱意温暖着波莲镇古柳村村民的贴心“知姐”陈赛知；从扶贫精准识别到带动村民成立合作社发展产业的临城镇文新村驻村第一书记符军；脱贫不忘带领乡亲奔富路的调楼镇隆道村党员曾扬、博厚镇大雅村村民王桂中等。另一方面，海南省注重遴选在脱贫攻坚过程中的典型人物，邀请“脱贫明星”现身说法，并同步制作短视频、H5 等，通过新媒体推送，用身边人、身边事教育和引导贫困群众，激发广大群众脱贫的内生动力。

2. 为了充分提升广大群众的参与评选的积极性，海南省对典型人物给予适当的物质奖励

在深入挖掘典型人物和典型事迹的过程中，各市县扶贫部门在省扶贫办的指导下突

出重点，因地制宜地制定评选机制及奖励机制，将激发内生动力的决心落实到具体行动之中。如海南省扶贫办牵头开展“脱贫光荣户”评选活动，获得“脱贫光荣户”荣誉称号的家庭能够得到1万元奖励，临高县宣传部组织开展“脱贫之星”评比活动，其获得者也能够得到相应奖励。物质奖励的实施全面激发了贫困户参与评比的意愿，约束其在日常生活中潜移默化地改进自身行为，达到激发内生动力的目的。“‘脱贫光荣户’的评选由中队牵头举行，首先进行广播，各帮扶责任人联系农户报名，报名者开展擂台比武，随后由村民代表与村民投票来确定。贫困户的积极性很高，上擂台的很多，基本上所有的贫困户都会参加评比。”临高县波莲镇镇长如是说。

3. 海南省采取多种措施加强宣传工作，全力发挥典型干部和典型群众的带动作用

结合省委宣传部牵头谋划的“八个一”宣传项目，即在中央媒体刊发一批重点报道、办好一个重点新闻专栏（“坚决打赢脱贫攻坚战”专栏）、创办一档电视专题节目（海南广播电视总台综合频道《脱贫攻坚大决战》）、办好一系列广播专题节目、提升一个宣传品牌（脱贫致富电视夜校）、举办一系列“最美脱贫故事会”宣讲活动、制作推出一批新媒体产品、出版一本图书（《幸福都是奋斗出来的——海南脱贫攻坚小故事》，各都市媒体、行业媒体、网络媒体等全面参与，深入挖掘和宣传脱贫攻坚一线的典型人物和事迹，为全面打赢脱贫攻坚战、完成年度扶贫开发任务营造良好的社会舆论氛围。海南省领导指出，“通过大力宣传群众身边有说服力的脱贫致富正面典型，在全省上下积极营造‘人穷志不穷，脱贫靠自身’‘劳动致富光荣’的浓厚氛围，触动内心、唤起斗志，摒弃等、靠、要，变‘要我脱贫’为‘我要脱贫’”。

（三）创新中职教育培训机制，加强就业培训

海南省在全国率先推出扶贫巾帼励志中专班，着力做好适龄女孩的职业技术培训。这种以学习实践活动为契机，以农村贫困家庭为对象，创办巾帼励志中专班，体现了强烈的社会责任意识，是职业教育的一个创新。这种办学思路和办学方向应予以鼓励和倡导。为此，海南省制定了《2009—2018 海南省扶贫巾帼励志中专班发展规划》，用 10 年时间培养 1 万名贫困家庭的女孩励志成才，造就 1 万名好母亲创业就业，带动 1 万户家庭脱贫致富。2009—2018 年，学校招收和培养贫困学生 9 651 人（其中已毕业五届 7 141 人），实现了办学预期目标，对改善贫困女学生上学就业条件、加快全省教育扶贫步伐起到了明显的推进作用。一些贫困学生在毕业上岗后经过努力逐步成长为企业生产经营骨干、家庭脱贫致富中坚力量，并在脱贫致富电视夜校上报道，如王世姑、朱晓莹、薛恋婷等。许多农村女孩在她们的影响下争相报读扶贫巾帼励志中专班。广西、西藏、新疆、贵州和内蒙古等省及自治区纷纷学习海南经验，参照海南模式创办了扶贫巾帼励志中专班。

海南省变大锅饭为点菜上桌，推行“订单式培训”“培训送下乡”和“请学员上来”等模式，充分尊重贫困群众的发展意愿，充分调动其学习积极性。由海南省各市县扶贫办牵头，联合妇联、残联、科技局、农业局等部门，海南省举办了黎锦制作、花梨木加工、挖掘机操作、家政服务、餐饮等各类技能培训班，由贫困群众根据自身实际选择培训课程，并主动向合作单位推荐培训成绩优秀的学员，促进就地就近就业。自 2018 年以来，全省各部门累计培训当年未脱贫贫困家庭劳动力 33 795 人，占当年未脱贫贫困劳动力总数的 68%，实现贫困劳动力当年转移就业 20 367 人，超额完成了制定的计划任务。

发挥合作社等经营主体的作用，因地制宜地开展培训课程。作为群众自愿联合起来进行合作生产、经营的组织形式，合作社不仅具备入股分红的功能，还能够发挥专业优势和带头作用，因地制宜地给贫困群众传授发展技能，提升其脱贫致富能力。如东方市黄法祥创办了迦南兰花种植农民专业合作社，带领周边农户种植兰花，受益农户达 787 户 3 283 人，带动贫困户 62 户 274 人实现脱贫。

(四)因地制宜差异化分红，积分制奖励制度激发动力

1. 产业扶贫项目收益差异化分配机制

海南省多市县重新制定了收益分配方案。如儋州市选取兰洋镇、排浦镇两个扶贫产业较为典型的镇开展试点，优选了“7+2+1”的分配模式，即产业扶贫项目收益的 70%实行按需差异化分配给贫困户，20%的收益奖励给建档立卡贫困户，10%的收益由村集体统筹用于贫困户。这种方式在一定程度上能避免出现贫困群众“坐等分红”的情况，同时确保贫困户分红之间不会有太大差异，在公平的前提下正向激励贫困群众发展产业，极大地激发了群众的脱贫能动性。

2. 差异化分红机制与贫困户日常表现相结合

在试点中，儋州市将对贫困户的奖励资金由 10%提高到了 20%，以加大激励权重，助推解决贫困群众内生动力不足的问题。在遵循合理性、具体性、可行性原则的基础上，儋州市在“产业扶贫项目收益分配绩效评价表”内设立了“主动创收”“村规民约”“内生动力”“‘六治’活动”“脱贫帮扶成效”5 个一级指标，其中“村规民约”类和“内生动力”类采用登记表签名的办法，其他三类使用村民代表或帮扶责任人打分模式。贫困户得分成为其奖励分红的依据，得分越高则分得的奖励资金越多。由此，其可以促使村民在日常生活中主动参与各项活动，主动改进生产生活方式，为内生动力的激发提供了长效激励机制。

3. 实施积分管理制度，开创帮扶工作新局面

2017 年年底，保亭县探索“积分制”帮扶模式，创办了全省第一家“脱贫攻坚惠农超市”。群众可通过积分在惠农超市兑换食用油、牙膏、调味品等生活物资。若脱贫攻坚惠

农超市缺乏相应物资,群众可要求其补齐。这项激励举措的实行把“送钱物上门”转变为“劳动换物资”,改掉“不劳而获等帮扶”的坏习惯,激发贫困户脱贫致富的内生动力。

4.搭建良好的爱心平台

脱贫攻坚惠农超市以“传递爱心、扶贫济困”为宗旨,广泛动员全县有能力、有意愿的民办企业、社会组织、爱心人士参与捐资捐助,多方面、多渠道筹措超市物资,确保惠农超市能够持续运行,从而激发长久内生动力。由于成效明显,五指山、白沙等市县纷纷学习借鉴,省委、省政府也给予充分肯定,将推广脱贫攻坚惠农超市等自助式帮扶做法列入《海南省打赢脱贫攻坚战三年行动计划》。

(五)开展“六治”专项活动,构建扶贫扶志长效机制

1.明确对象和责任主体,重点人群重点关注

“六治”活动的开展并非以全部贫困人口为目标,而是重点针对内生动力严重不足的人群,因此在“六治”活动开展之初,省扶贫办便走访了全省 18 个市县 37 个村委会 500 多农户 400 名干部,在此基础上研究和起草的《关于开展重点人群“六治”专项活动的方案》明确了“六治”的治理对象是全省建档立卡贫困人口中存在懒散、酗酒、私彩、浪费、不孝、脏乱等行为的人群;“六治”的具体领导由市县打赢脱贫攻坚战指挥部负责,市县打赢脱贫攻坚战作战大队、中队负有直接领导责任;“六治”的第一责任人为驻村第一书记和村支书;“六治”的直接责任人为治理对象的帮扶责任人。

2.创新专项工作机制,多种方式协同推进

在坚持尊重保护个人隐私、依法依规治理、正向激励与反向约束相结合等原则的基础上,海南省建立了 10 项“六治”专项工作机制,多措并举最大限度地激发内生动力,包括治理对象民主评议制度、治理对象转化指导员制度、治理对象动态调整机制、亲友帮带约束机制、“小手拉大手”机制、阶梯式收入奖励机制、扶贫超市积分奖励机制、能人乡贤帮带机制、村规民约约束机制、专项行动和转化活动相结合的机制。各地因地制宜采取各种机制,取得重大成效。如万宁市北大镇尖岭村制定“红七条”“黑十七条”等村规民约,向攀比斗富、铺张浪费、封建迷信等陋习宣战;屯昌县建立“赡养协议+司法确认”工作模式,全面整顿子女不赡养老人现象,用法制守住孝道底线;儋州、东方、陵水等市县严厉查处以暴力手段“闹贫”“闹保”“争贫”、强拿硬要、威胁伤害帮扶干部等违法犯罪行为,为脱贫攻坚营造良好的法治环境。

3.规范专项活动程序,注重循序渐进

“六治”活动的开展共分为 5 个阶段,各个阶段各有侧重,逐步推进以确保充分激发重点人群的内生动力。一是提出初步名单。召开村民代表大会,对仍未脱贫的群体进行民

主评议，提出脱贫意愿不足的个人和各类问题户、问题人，厘清致贫原因和存在的突出问题。二是警示转化期。被列入初步名单的治理对象由村干部和帮扶责任人将评议结果单独告知本人，并给予两个月的自我整改期限，暂不列入治理对象且不向村民公示。三是提出正式名单。在警示期满后，召开村民代表大会，对列入警示期的个人进行再次民主评议。有明显改进的，退出治理对象名单；未有明显改进的，正式列入治理对象。四是确定名单后的转化期。对已经从名单中销号的个人进行观察，在观察期间，表现出现反复的，再次列入拟评议名单，进行评议；对已经列为治理对象的，安排转化指导员进行转化，也能以市县或乡镇为单位对治理对象集中转化。五是动态管理期。每月召集会议，对锁定的治理对象转化情况进行研究，既研究转化措施，也评议转化情况。

脱贫攻坚成绩斐然　乡村振兴战略稳步推进

一、绝对贫困彻底消除

自党的十八大以来，在以习近平同志为核心的党中央坚强领导下，海南省坚持把脱贫攻坚作为最大的政治责任、最大的民生工程、最大的发展机遇，紧扣“两不愁三保障”目标，下足绣花功夫精准扶贫精准脱贫，各项工作扎实推进，取得了决定性成效。海南省实现了从绝对贫困到决胜全面小康的历史巨变。自2015年以来，累计投入财政专项扶贫资金156.07亿元，建档立卡贫困人口15.21万户，累计64.97万人全部脱贫，2018—2019年连续两年获得国家脱贫攻坚成效考核优秀等次，2019年贫困地区农村常住居民人均可支配收入为12 789元，比2018年增加1 244元，同比增长10.8%，脱贫攻坚成效显著，高质量完成了脱贫攻坚任务（图6-1）。

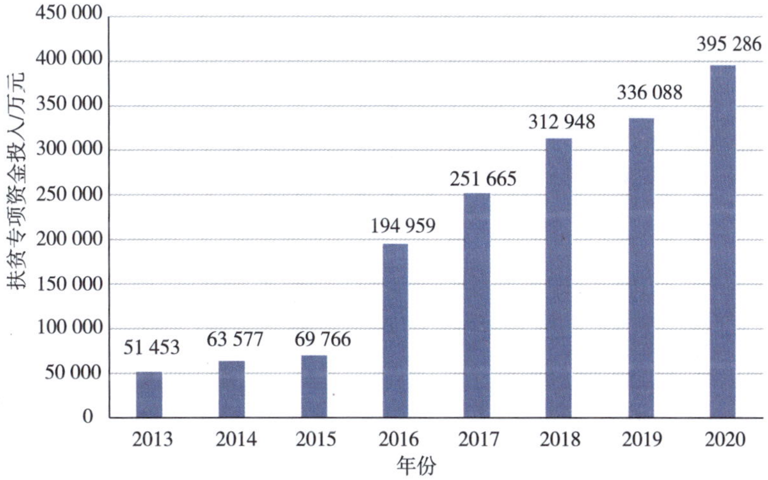

图6-1　中央、省级、市县级财政专项扶贫资金投入

(一)贫困村、县全部出列

截至2019年年底,海南省600个贫困村(含67个深度贫困村)全部出列,5个国定贫困县(含1个深度贫困县)全部摘帽,贫困发生率从2015年年底的8.3%下降至2019年的低于0.01%,提前完成脱贫攻坚任务(图6-2)。

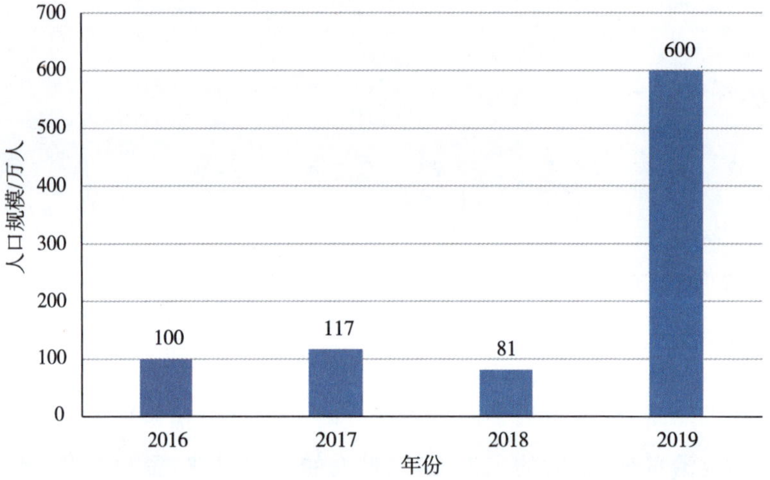

图6-2 2016—2019年海南省贫困村出列情况

(二)贫困人口大幅度减少

根据全国16万户(海南省3 000户)居民家庭的抽样调查反馈数据:按现行国家农村贫困标准测算,自2010年以来,海南省农村贫困人口累计减少约133万人,平均每年减贫14.8万人(图6-3)。

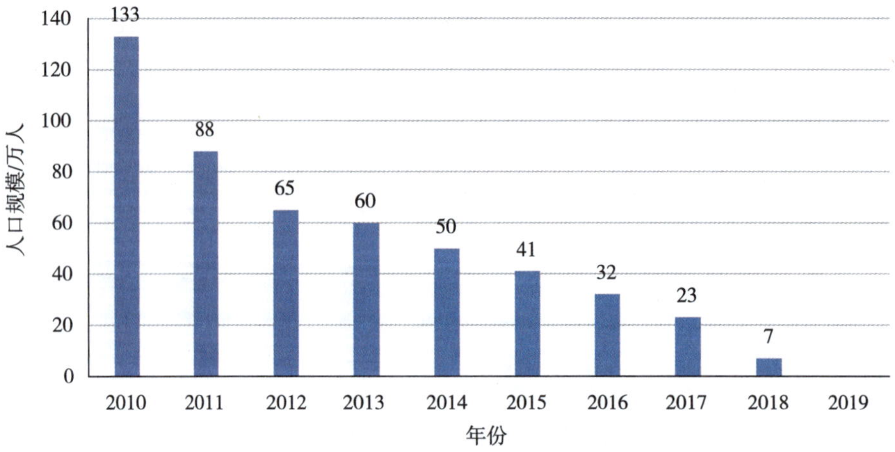

图6-3 2012—2019年海南省农村贫困人口规模变动情况

(三)海南省农村贫困发生率持续下降

2010年海南省农村贫困发生率为23.8%，至2019年贫困发生率低于0.5%，平均每年下降约2.6%(图6-4)。

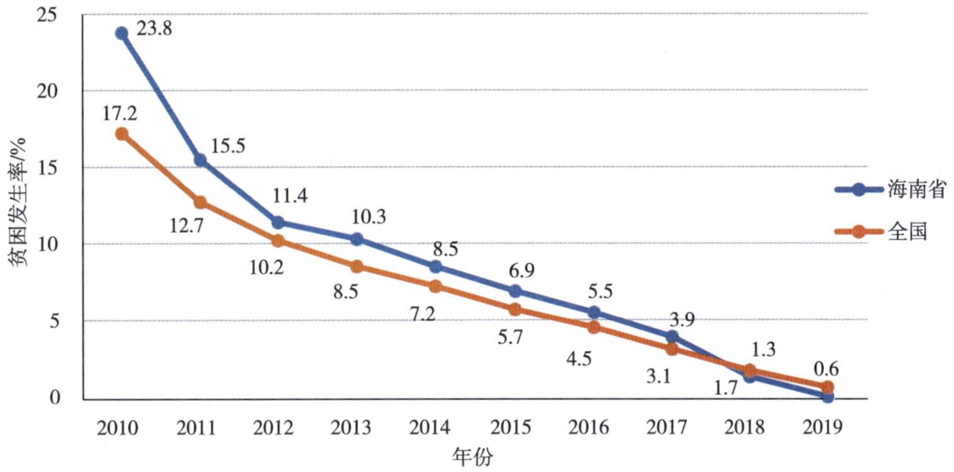

图6-4　2010—2019年海南省和全国农村贫困发生率变动情况

二、“两不愁三保障”全面落实

(一)吃不愁、穿不愁

海南省贫困地区农村居民衣着支出增长平缓，占消费总支出的比重下降。2019年，海南省贫困地区农民人均衣着类消费支出为389元，2014年至今累计增长24.7%，年均增长4.5%，是八大类消费中增速最慢的一项，占人均消费支出的比重由4.7%下降至3.7%，下降1.0%，海南省贫困地区农民整体上已实现“不愁穿”。总体来看，贫困地区农民吃、穿支出合计占消费总支出的44.7%，占比低于50%，海南省贫困地区农民从消费结构视角已实现“吃穿不愁”的目标。

(二)义务教育、住房安全、基本医疗有保障

在义务教育保障方面，2020年春季学期，海南省13.38万人发放教育扶贫特惠性资金，秋季学期发放14.96万人，全年共发放资金3.26亿元，发放率为100%。

在基本医疗保障方面，截至2020年12月31日，海南省建档立卡贫困人口基本医疗和

城乡居民大病保险的覆盖率达100%，农村贫困患者住院医疗费用的实际报销比例为91.1%，全省累计筛查大病贫困患者20 903人，已救治20 903人，实现大病患者应治尽治，累计筛查慢病贫困患者40 380人，已救治管理40 380人，实现慢病患者规范管理全覆盖。2014—2019年初中毛入学率和城镇基本养老保险情况如图6-5所示。

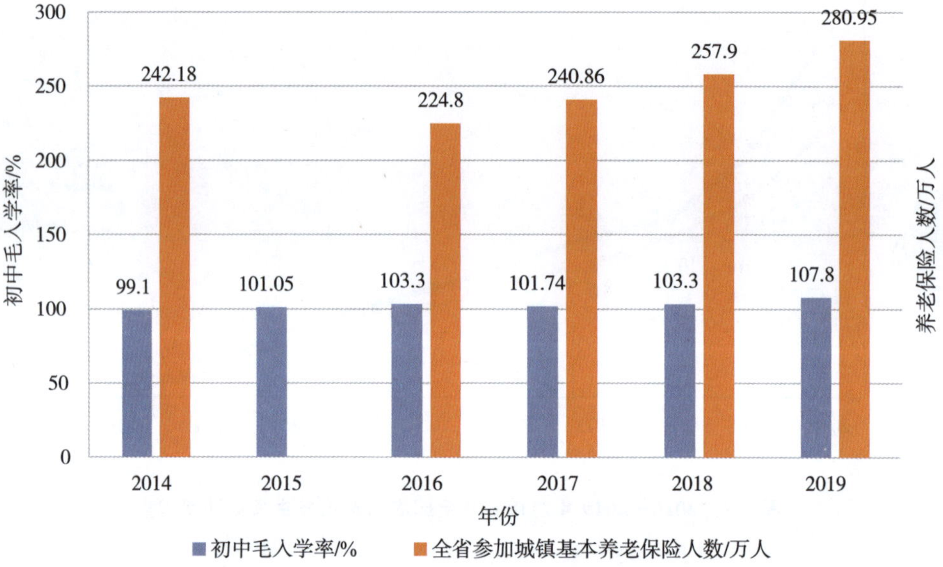

图6-5　2014—2019年初中毛入学率和城镇基本养老保险情况

在住房安全保障方面，截至2019年12月2日，本年全省建档立卡贫困户危房改造任务为11 452户，已竣工入住11 226户，入住率为98.03%(图6-6)。

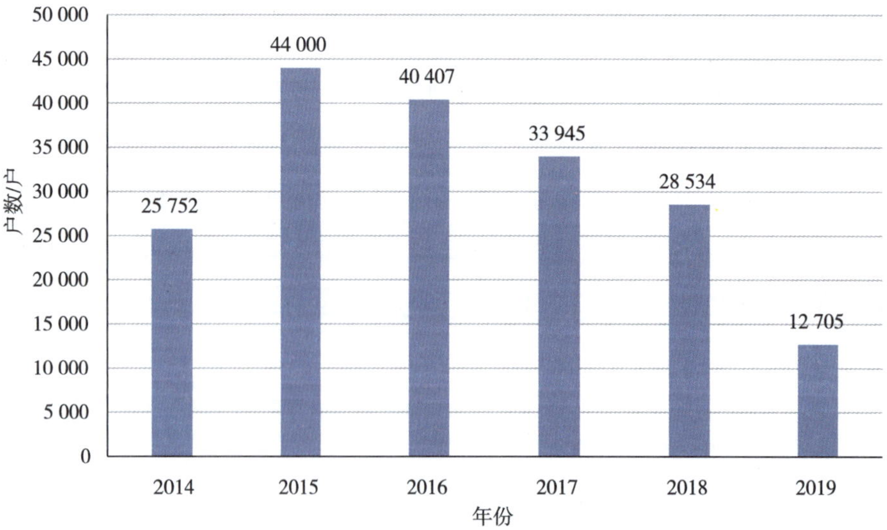

图6-6　2014—2019年农村贫困人口危房改造竣工户数

三、公共服务提质提效

在义务教育方面，围绕海南省教育精准扶贫“全上学、全资助、上好学、促成长”十二字目标，构建全覆盖、多层次的教育精准扶贫格局。全省贫困学生在义务教育阶段做到“全上学”。推进改薄与能力提升，全面提升贫困地区中小学办学水平，改善613所农村小规模学校和乡镇寄宿制学校办学条件，引进与洽谈的合作项目103个。完善关爱体系建设，建成并投入使用特殊教育学校14所，全省特殊学校的在校生共计1 933人，并对全省520名重度残疾学生实施送教上门，共同“促成长”。近几年来，贫困地区农村教育和医疗水平明显提高。海南省不断加大教育、医疗扶贫的投入力度，教育补贴和大病救助、医疗保险等医疗扶贫措施提升了贫困地区的农村教育和医疗水平。海南省贫困地区农户所在自然村能便利地就读幼儿园、小学的比重分别为87.6%、90.8%，比2014年分别提高了62.6%、46.8%；行政村标准化卫生室已实现应设尽设，农村群众的医疗可及性大幅度提高。

在医疗保障方面，围绕实现农村贫困人口就医“三有、两便利”(有地方看病、有医生看病、有制度保障看病，先诊疗后付费、“一站式”结算)目标，持续提升医疗卫生机构“三个一”、医疗技术人员“三合格”、医疗服务“三条线”，全面落实大病救治、慢病管理和家庭医生签约服务，强化督导检查，抓实问题整改，保障贫困人口基本医疗全面实现。

在住房安全保障方面，坚持三最原则，重点帮助住房最危险、经济最贫困农户解决最基本的安全住房问题，应改尽改，全省共完成农村危房改造任务30.8万户，其中，在脱贫攻坚期间，完成4类重点对象危房改造11.80万户(含建档立卡贫困户7.22万户)，为打赢脱贫攻坚战奠定坚实基础。

全省贫困群众都喝上安全水、住上安全房，贫困家庭的学生在义务教育阶段做到“全上学”，贫困群众的慢性病和大病都能得到有效救治，“两不愁三保障”全面落实。全省群众实现了走平坦路、喝干净水、上卫生厕、住安全房的美好愿景，从而进一步巩固脱贫发展成效，为实现巩固拓展脱贫攻坚成果与乡村振兴有效衔接提供坚实的基础保障。

在基础设施建设方面，在全国范围内率先实现100%具备条件的自然村通硬化路，提前1年实现了国家明确的“100%具备条件的行政村通硬化路、100%具备条件的行政村通客车”的两通目标。贫困地区供电可靠率达99.75%；农村饮水安全工程全部得到巩固提升；光纤宽带网络实现全省贫困行政村全覆盖，自然村的覆盖率达98.69%；农村地区居民燃气普及率达95.13%，垃圾无害化处理率达92.6%。

2019年，海南省贫困地区农民所在自然村通公路、村主干道硬化、使用照明电、通电话的比重均达 100.0%，实现村村通公路和电；能接收有线电视信号、通宽带、便利乘坐公共汽车的自然村占比分别为 95.4%、94.9%、60.4%，分别比 2014 年提高 52.3%、72.8%、27.5%。

四、城乡深度融合发展

在公共服务方面，海南省基本医疗有效保障达到基本标准，全省各市县均有 1 所二级甲等以上的综合医院。267 个乡镇设有 295 个乡镇卫生院，3 637 个行政村设有 2 236 个标准化村卫生室。医疗救治保障到位，“三个一批”大病专项救治累计 73 134 人次，救治覆盖率为 100%；慢性病签约服务救治累计 134 582 人次，救治覆盖率达 100%，实现家庭医生签约服务全覆盖。在义务教育方面，2018 年发放资金约 3.56 亿元、受资助学生 27.10 万人次，2019 年发放资金约 3.72 亿元、受资助学生 29.49 万人次；2020 年发放教育扶贫特惠性资助 3.97 亿元、受资助学生 31.24 万人次，全省贫困学生义务教育阶段做到全上学。

在居民收入方面，海南省贫困群众人均纯收入从 4 448.30 元增长到 12 732.96 元以上，年均增幅 23.41%。对 10.9 万建档立卡贫困人口开展普惠性生态直补，对 15.2 万残疾人每月发放两项补贴，将 2.75 万户 6.87 万贫困人口纳入低保或特困进行兜底。

脱贫攻坚的全面胜利使得城乡人均收入与基础设施差距进一步缩小，农村生产要素发展潜力被进一步激活，提升了全省的城乡融合发展水平，为推进城乡融合发展奠定了根基。

五、贫困状态明显改善

海南省实现了从绝对贫困到决胜全面小康的历史巨变。建省初期，贫困人口比重大，85%的商品依靠内陆调进。如今，海南省城乡居民人均可支配收入比 1987 年分别增长 32.8 倍、26.9 倍。2019 年全省贫困人口和贫困市县全部脱贫摘帽，彻底告别千百年来海南人民的绝对贫困。

（一）贫困群众收入大幅度增长

近年来，海南省贫困地区的农民收入增速基本保持每年两位数增长。根据国家统计局开展的农村贫困监测调查反馈数据，2019 年，海南省贫困地区农村常住居民人均可支配收入为 12 789 元。自 2014 年以来，海南省贫困地区农民收入基本保持两位数增长，累计增长 71.7%，年均增长 11.4%。贫困群众人均纯收入从 4 448.30 元增长到 12 732.96 元以上，年均增幅 23.41%。共有 12.6 万贫困户落实产业扶贫措施，62 家省级扶贫龙头企业带动贫困户 4 万多户 15 万余人，致富带头人领办(创办)项目 2 287 个，受益贫困人口 10.92 万人。共有 3.08 万户落实就业扶贫措施，建成 252 个就业扶贫车间(基地)，累计开发护林、护路、清洁卫生等扶贫公益专岗 3.89 万个，在全省 35.85 万贫困劳动力中，已就业的贫困人口为 29.99 万人。对 10.9 万建档立卡贫困人口开展普惠性生态直补，对 15.2 万残疾人每月发放两项补贴，将 2.75 万户 6.87 万贫困人口纳入低保或特困进行兜底。

(二)贫困地区农民生活消费水平保持较快增长

2019 年，海南省贫困地区农村常住居民人均消费支出为 10 407 元，比 2014 年(6 626 元)增加 3 781 元，累计增长 57.1%，年均增长 9.4%，相当于 2019 年全省农民平均消费水平的 83.8%。

(三)贫困地区农民生活条件大幅度改善

2019 年，海南省贫困地区饮水无困难、使用管道供水、使用经过净化处理自来水农户比重分别为 94.2%、92.0%、64.2%，分别比 2014 年提高 16.8%、21.2%、15.4%；拥有独立厕所的农户比重为 88.2%，比 2015 年提高 34.3%；炊用柴草的农户比重为 19.1%，比 2015 年降低 59.2%；每百户拥有汽车、洗衣机、电冰箱、移动电话、计算机的农户比重分别为 9.4 辆、52.1 台、77.1 台、283.4 部、12.0 台，分别比 2014 年增长 248.1%、104.3%、158.7%、22.2%、400.0%。

(四)贫困地区村容村貌明显改善

海南省各市县以农村危房改造为抓手，建立激励约束机制，通过完善村庄规划、规范农户建房报建、推广特色民居等方式加强农村风貌管理，农村住房风貌显著改善。此外，海南省以农村危房改造为契机，整合生态扶贫移民搬迁、美丽乡村建设、交通扶贫、农村饮水安全工程、农村“厕所革命”等各级、各部门、各渠道的资金，统筹推进村内道路、绿化、供水、垃圾、污水治理和农村厕所等设施建设，全面治理“脏、乱、差”现象。如今，海南省农村愈发整洁、干净、舒适，农村风貌被进一步提升。

六、农民收入结构日趋多元

(一)贫困地区农民收入工资性收入比重提高

海南省贫困地区农民收入结构日益优化,工资、转移、财产收入比重逐步提高,抗风险能力进一步增强。农村经济的全面发展,特别是农村企业和城市经济的崛起使农民收入从依靠农业生产到兼营副业、外出打工,收入渠道逐步扩宽。随着各项支农惠农政策的落实和农民外出打工人数的增加,农民收入结构日渐优化,工资性收入和转移性收入快速增长。

2019 年,海南省贫困地区农民工资性收入占人均可支配收入的比重为 44.9%,比 2014 年提高 7.8%,已成为贫困地区农民的第一收入来源;转移净收入、财产净收入占人均可支配收入的比重分别为 21.0%、0.6%,比 2014 年分别提高了 10.5%、0.3%;经营净收入的比重为 33.6%,比 2014 年下降 18.5%。工资性收入、转移净收入和财产净收入比重的提高进一步增强了海南省贫困地区农民收入的抗风险能力。

(二)城乡居民收入差距减少

2020 年,海南省城乡居民人均可支配收入 27 904 元,比 2015 年增加 8 925 元,累计增长 47.0%,年均增长 8.0%。其中城镇居民人均可支配收入年均增长达到 7.1%,农民人均可支配收入年均增长达到 8.4%。在“十三五”期间,海南省城乡居民相对收入的差距进一步缩小,城乡居民收入比从 2015 年的 2.43 降至 2020 年的 2.28,缩小了 0.15。

从收入来源看,2020 年海南省城乡居民人均工资性收入为 16 175 元,对可支配收入增长的贡献率达到 48.5%,是城乡居民收入的重要来源,占可支配收入的比重为 58.0%;人均转移净收入为 4 944 元,贡献率为 39.3%,贡献率排在第二位,占可支配收入的比重为 17.7%;人均经营净收入和财产净收入分别为 4 688 元和 2 098 元,占可支配收入的比重分别为 16.8%和7.5%,城乡居民收入结构持续优化。

七、消费结构转型升级

(一)消费结构逐步由温饱型向发展型、享受型转变

从增速来看,在八大类消费支出中,海南省贫困地区农民的医疗保健、生活用品及服

务、其他商品和服务类增速位居前三位，2019 年比 2014 年分别增长 133.7%、74.0%、72.1%，年均增速分别达 18.5%、11.7%和 11.5%；衣着、食品烟酒类等生存型消费支出年均增速较低，2019 年比 2014 年分别增长 24.7%、49.7%，年均增速分别是 4.5%和 8.4%（表 6-1）。

表 6-1　2014—2019 年海南省贫困地区农民消费支出情况

类别	2019 年/元	2014 年/元	累计增量/元	累计增幅/%	年均增速/%
人均消费支出	10 407	6 626	3 781	57.1	9.4
食品、烟酒	4 262	2 847	1 415	49.7	8.4
衣着	389	312	77	24.7	4.5
居住	1 875	1 236	639	51.7	8.7
生活用品及服务	501	288	213	74	11.7
交通通信	1 037	620	417	67.3	10.8
教育、文化、娱乐	1 221	825	396	48	8.2
医疗保健	1 005	430	575	133.7	18.5
其他用品及服务	117	68	49	72.1	11.5

从消费结构来看，八大类消费比重呈“四升四降”（图 6-7）。2019 年，食品、烟酒，居住，教育、文化、娱乐类消费支出分别占消费总支出的比重为 41.0%、18.0%、11.7%，比 2014 年分别下降 2.0%、0.6%、0.7%；医疗保健、交通通信、生活用品及服务等享受型消费支出的占比提升，分别为 9.7%、10.0%、4.8%，比 2014 年分别提升 3.2%、0.6%、0.5%。其主要原因是贫困地区农民收入持续较快增长，消费能力日益增强，农民越来越注重家庭生活条件改善的消费趋势日益明显，消费结构逐步由温饱型向发展型、享受型转变。

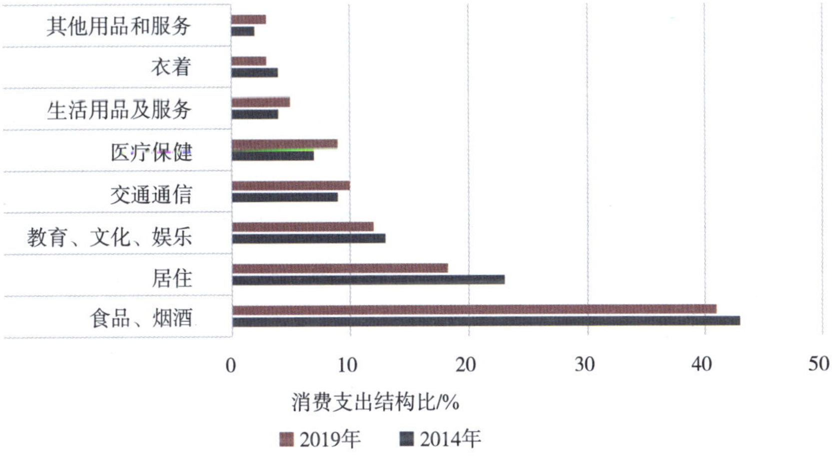

图 6-7　2014 年与 2019 年海南省贫困地区农村居民消费支出结构对比

(二)恩格尔系数持续下降

“吃、穿”的消费占比下降，恩格尔系数持续下降(图 6-8)，食品、烟酒的消费支出仍是海南省贫困地区农民最主要的消费支出项目。

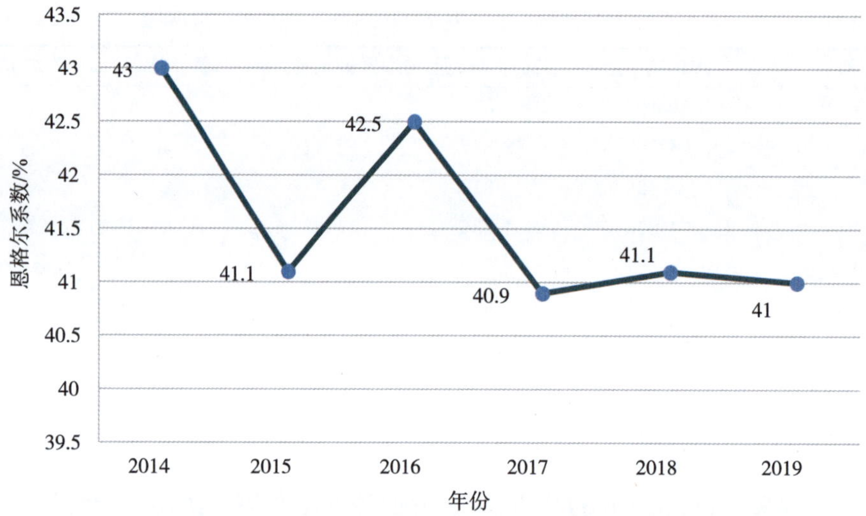

图 6-8 2014—2019 年海南省贫困地区农村居民恩格尔系数变动情况

2014—2019 年，海南省贫困地区农民人均食品、烟酒的消费支出从 2 847 元增加至 4 262 元，累计增长 49.7%，年均增长 8.4%。贫困地区农民人均食品、烟酒的消费支出占消费支出的比重(恩格尔系数)从 2014 年的 43.0%下降至 2019 年的 41.0%，累计下降 2.0%。

(三)民生事业

2019 年，海南省民生支出总额为 6 381.9 亿元，其中，教育支出 1 252.3 亿元、文化旅游体育与传媒支出 213.5 亿元、社会保障和就业支出 1 053.8 亿元、卫生健康支出 774.1 亿元、节能环保支出 257.1 亿元、城乡社区支出 720.2 亿元、农林水支出 1 123.9 亿元、交通运输支出 665.6 亿元、住房保障支出 282.0 亿元、粮油物资储备支出 28.0 亿元。海南民生支出总额占地方一般公共预算支出的 76.5%，比“十二五”时期提高 3.6%。2019 年全国民生支出占地方一般公共预算支出的比重为 67.0%，海南省比全国高 9%左右，位居全国前列。

海南省坚持民生为本，织密扎牢社会保障“安全网”。实施全民参保计划，全省城镇职工基本养老、城乡居民基本养老、失业、工伤保险参保人数分别比“十二五”末增长 22.18%、15.57%、17.65%、29.28%，待遇水平稳步提高，保障能力不断增强。自新型冠状病毒感染疫情以来，共减免 78 960 家企业养老、工伤、失业保险费 83.3 亿元，为贫困人员代缴城乡居民基本养老保险费 9 079 万元，充分发挥了社会保险兜底的保障作用。

八、产业结构持续优化

(一)现代产业体系建设提速

2020 年，海南省三大产业结构的比重调整为 20.5∶19.1∶60.4，其中第三产业的比重比“十二五”末提高 5.9%，高于全国 4.5%。

2019 年，三大主导产业以及热带特色高效农业占经济总量的 55.3%。2015—2019 年现代服务业保持快速发展态势，增速维持在 8%以上，2019 年占比为 27.1%，比 2014 年提高5.5%；旅游业年均增长 9.9%，占 GDP 比重保持在 7%以上，2019 年比 2015 年提高 1%；高新技术产业年均增长 9.5%，2019 年占 GDP 比重达 4.9%，比 2014 年末提高了 2.5%；热带特色高效农业增加值稳定增长，年均增长为 4.0%。

(二)扶贫产业发展壮大

5 年来，海南省各市县发挥各自资源禀赋优势，加快发展特色扶贫产业，每个市县都有特色鲜明的“6＋3”产业。全省特色扶贫产业规模种植类达 92.21 万亩、畜禽养殖类达 2 278 万头(只)，相比 2015 年分别提高了 67.7%、150.9%。扶贫产业茁壮成长，涌现出黄秋葵、百香果、文昌鸡等一批享誉省内外的特色扶贫产品。2016—2019 年，海南省特色产业项目落地数为 5 399 个，覆盖贫困人口 122.75 万人次。2019 年实施农业产业扶贫项目 1 811 个，带动辐射贫困人口 417 737 人次。

1. 利益联结机制更加紧密

海南省几年来不断探索完善产业帮扶机制，不断培育带贫能力强的带贫主体，推行“五带动全覆盖”模式，不断提高组织化程度。截至 2020 年 12 月，在获得产业帮扶的贫困户中，93.25%获得带贫主体的帮扶，贫困户可持续稳定增收能力不断加强。与 2015 年以前散种散养、发苗发物的帮扶模式相比，利益联结机制更加紧密，帮扶效益更好。

2. 科技服务机制更加完善

5 年来，海南省组建了“农老师”服务团、贫困村科技特派员、挂职科技副乡镇长等多维度科技服务队伍，深入扶贫产业一线开展农业农村实用技术推广与服务，推介发布农业主推技术 117 项，促进农业增效、农民增收。省科技专项资助省重大和重点科技计划项目

(现代农业方向)318项,其中重大科技计划项目15项、重点研发项目303项;对贫困群众覆盖面最广的槟榔产业,鉴定了槟榔黄化病病原物,建立快速诊断与检测技术体系,取得了积极进展,为促进贫困地区和贫困户的槟榔产业提质增效、增产增收提供了可靠保障。

3. 农业保险保障力度进一步加大

自2015年以来,海南省不断加大政策性农业保险向贫困人口倾斜的力度。截至2020年,全省统一的政策性农业保险险种达18个,相比2015年增加了20%。其中,天然橡胶价格(收入)保险,2020年全省建档立卡贫困胶农参加天然橡胶价格(收入)保险4.67万户次,参保面积约50万亩,实现了应保尽保;2020年新增防贫综合保险,实现全省农村378万人(建档立卡贫困户和贫困边缘人群)参保,进一步巩固拓展脱贫攻坚成果。

4. 产业组织化程度加深

在推广模式方面,推行农业产业扶贫"五带动全覆盖"模式,企业、合作社、家庭农场、致富能人、共享农庄5类主体通过股份合作、订单农业、科技帮扶、劳务用工、土地流转5种利益联结机制,联结带动贫困户发展。全省有2 251个经营主体参与产业扶贫,累计带动贫困户超过18.9万户次,贫困户稳定增收能力不断加强。

在培育带贫主体方面,大力推行"农保贷"项目,为农业企业、农民合作社、家庭农场和种养大户等新型经营主体提供无抵押、无担保贷款,辐射和带动贫困地区扶贫全产业链发展。全省打造104家省级现代农业产业园,直接带动贫困户74 783人。建立产业扶贫联络员制度,全省配备产业扶贫联络员1 121名,进一步优化营商环境,防范产业扶贫风险,提高项目的实施质量。

在科技培训方面,依托全省各级农业科技队伍,组建省、市县、乡镇三级"农老师"90个服务团,共1 520人,重点解决贫困户和扶贫合作社遇到的生产技术问题,帮扶贫困户超过7.2万户次,帮扶带贫合作社(互助社)811个。举办2020年基层农技推广人员暨"农老师"知识更新培训班,进一步提高"农老师"对扶贫产业发展的服务能力。

在拓宽销售渠道方面,一是持续开展"消费扶贫春风大行动""消费扶贫月"等消费扶贫活动,2020年扶贫产品销售额达5.58亿元,同比增长346.4%,受益贫困户达23万户次;二是积极参加农交会等大型展销活动,支持带贫企业、合作社携优质扶贫产品走出去拓宽市场;三是组织市县有关负责人前往武汉、西安、成都、昆明等城市农产品批发市场开展农(畜)产品产销对接及农业招商活动;四是在"农民丰收节"庆祝主会场及分会场设置消费扶贫展区;五是在12月中旬举办的中国(海南)国际热带农产品冬季交易会上设置市县扶贫展馆,再次组织扶贫企业、合作社及贫困户的农产品参展。

落实产业发展指导员制度,全省遴选聘用产业发展指导员4 628名,落实8项工作职责,涵盖贫困户发展产业的产前、产中、产后帮扶内容,提高产业发展精准度。

九、自我造血功能提升

海南省充分发挥脱贫致富夜校志智双扶主阵地作用，连续4年定期播出夜校节目210期，平均每期56.2万人次收看，所有贫困家庭长期接受感恩励志教育和技能培训。深入开展“六治”专项活动，全省“六治”重点贫困户实现成功转化，并投入农业生产、兼营副业或外出打工。贫困群众劳动致富的意识逐渐增强，贫困户年人均工资性、经营性收入逐年增长。

通过产业扶贫政策的落实，实行产业帮扶“五个一”，即对有条件、有意愿的贫困家庭，至少有一个经营主体带动、有一个产业发展指导员到户帮扶、有一个扶贫小额信贷助力、有一个保险政策托底、有一个奖励政策支持。全省12.6万户贫困户落实产业帮扶措施，比2015年提高77.91%，占建档立卡贫困户总数的82.85%，贫困群众自主发展意识和发展能力不断提升，产业扶贫志智双扶成效十分明显。

十、基层组织战斗力强

海南省以组织体系建设为重点，打造党支部建设“8+2”标准体系，全面落实农村基层党建“4321”工程，深入开展两新组织“两个覆盖”百日攻坚行动、机关党的组织体系优化升级行动、城市党建“赋能强基”行动等区域党建“织网”行动，先后成立省属综合行业党委14个，调整优化党组织设置1 979个，各领域党组织体系更加健全，组织力、凝聚力和战斗力明显增强。同时，派出由8 583名干部组成的2 758支乡村振兴工作队进驻全省所有乡镇和行政村，在全国率先实现了全省镇村“全覆盖”，推动抓党建促脱贫攻坚与乡村振兴的有效衔接。

经过几年的努力，151个软弱涣散贫困村党组织全部提升，610名致富带头人进入村“两委”班子，在贫困村致富带头人中发展党员506人、培养入党积极分子450人。全省600个贫困村集体经济全部破零，265个村集体经济收入超过10万元，13个村超过100万元。

十一、党的领导全面加强

自脱贫攻坚以来，海南省各级领导干部深入扶贫第一线，坚决贯彻习近平总书记关于扶贫工作的重要论述，克难攻坚、苦干实干，做到乡乡有扶贫团，村村有帮扶队，一村一书记，一贫困户一责任人，从橡胶园里到槟榔树下，从五指山脚到西沙海岛，到处活跃着驻村干部、“第一书记”、扶贫工作队、扶贫志愿者的身影。广大党员干部团结带领群众，党心民意同频共振，在提前完成脱贫任务和高质量达标的同时，收获了干群关系改善、意识形态巩固、基层组织建强、干部队伍提升的丰硕成果，彰显出中国共产党人的初心和“不落下一户贫困家庭、不丢下一个贫困群众”的庄严承诺，巩固了中国共产党在少数民族地区、广大边远农村的执政基础。

在海南省委、省政府的坚强领导下，海南省各级政府坚决贯彻习近平总书记重要讲话精神和党中央、国务院决策部署，系统谋划各项工作，制定并出台了《关于巩固拓展脱贫攻坚成果同乡村振兴有效衔接的实施方案》；制定动态监测和帮扶机制实施意见、分类管理指导文件，加强摸排督导；深入开展扶贫资金、项目、资产清理；推动资金分配、项目进度，加快资金支出；大力推动脱贫劳动力务工就业；开展“三保障”和饮水安全专项排查，扎实整改国考反馈等问题；落实“四个不摘”要求，有序推进与乡村振兴的衔接；圆满完成脱贫攻坚总结表彰，协调办好博鳌亚洲论坛国际减贫合作分论坛；狠抓党史学习教育，作风整顿建设，“查堵点、破难题、促发展”等活动，提高乡村振兴队伍的能力。

在“十四五”期间，坚持把巩固拓展脱贫攻坚成果作为首要任务，坚决守住不发生规模性返贫底线，扎实推动防止返贫动态监测和帮扶等各项工作落实，坚决防止发生返贫与新增贫困，巩固拓展脱贫攻坚成果与乡村振兴有效衔接良好的开局，以推动和巩固拓展脱贫攻坚成果与乡村振兴有效衔接取得更好的成效。

十二、铺路未来奠基发展

脱贫攻坚是海南自由贸易港建设的底线目标和第一民生工程，自由贸易港建设也会对脱贫攻坚进行巩固和提升。脱贫攻坚是对农村政治、经济、社会、人口、生态等各方面的深度革新和全面提升。其对优化自由贸易港的营商环境、汇聚全球人才、支持“三农”科技创新，推动农村改革，提升自贸岛基础设施建设水平做了重要铺垫。

巩固拓展脱贫攻坚成果　继往开来再续盛世华章

“胜非其难也，持之者其难也。”反贫困具有长期性和持久性特征。我国高质量地如期完成脱贫攻坚目标任务，彻底解决了现行标准下的绝对贫困问题。但绝对贫困的消除不等于扶贫工作的终结，要做好巩固拓展脱贫攻坚成果的长期准备，着力解决相对贫困问题。2021 年中央一号文件对如何持续巩固拓展脱贫攻坚成果做出了战略部署和科学指导，提出要通过健全防止返贫动态监测和帮扶机制等措施持续巩固拓展脱贫攻坚成果。海南省在脱贫攻坚战期间采取的多种有效措施为巩固拓展脱贫攻坚成果提供了坚强支撑，积累了宝贵经验。

一、巩固拓展脱贫攻坚成果　坚决守住防止返贫底线

（一）发展产业，稳定就业，防止返贫

1. 抓产业稳收入

产业扶贫既是脱贫的可持续性举措，又是贫困地区农户可持续维持生计的重要依托，可以增强贫困地区农户的“造血”功能，也是巩固拓展脱贫成果的重要抓手。扶贫产业的发展事关农村群众持续增收的问题，因此在扶贫产业发展中决不能贪求数量，忽视质量和效益，从而影响贫困群众增收，要巩固拓展脱贫攻坚的成果就要促进扶贫产业提质增效。

（1）提升产业扶贫质量、确保增收稳定　自然风险和市场风险本身就是农业产业发展中常见的风险因素。自然灾害和农产品市场的价格波动会给农户造成较大的经济损失，而随着扶贫产业发展规模总量的不断增大，产业扶贫中的风险也不可避免地逐步显现。产业扶贫在脱贫攻坚中具有普惠性、复杂性和长期性特征。一旦贫困地区的产业发展发生波动、出现问题，就会直接影响贫困家庭的经营收入和就地务工收入，极易造成已脱贫

人口的大面积返贫。为着力解决支柱产业增收不稳定的问题，海南省积极推进“三棵树”（橡胶树、椰子树、槟榔树）产业发展，促进贫困地区和贫困人口脱贫致富。在橡胶产业中，海南省落实天然橡胶价格（收入）保险制度，继续开展“橡胶＋期货保险”的模式，引入市场分担风险机制，提高胶农抵御市场风险能力，助力贫困胶农增收。2019 年，白沙在全县 11 个乡镇实施天然橡胶“保险＋期货”和橡胶“增极收入保险”“双保险”项目，其中橡胶“保险＋期货”项目直接带动农户户均增收 735 元，“增极收入保险”户均保底增收 2 200 元。3 年来通过项目受益的贫困胶农达 5.8 万户次，其中建档立卡户约 2.9 万户次，获赔款项达 2 935 万元。在槟榔产业方面，海南省积极引进槟榔精深加工项目，通过延长产业链来提高槟榔产业附加值，带动全省约 30％的贫困户种植槟榔。在椰子产业方面，海南省推出“椰子贷”贷款产品，给予单户 10 万～200 万元的贴息贷款，支持贫困户种椰脱贫。除此之外，儋州市创新性地成立乡投公司把农村闲置土地整合流转、扶贫资金投资增值和引进优质涉农企业三方面结合推进，整合增效各类生产要素，吸引更多社会资源向“三农”领域聚集，带动农村产业发展、农民持续稳定增收致富。

（2）建立利益联结机制、实现脱贫长久长效　产业扶贫离不开龙头带动。海南省通过加大扶持力度，在贫困地区培育了一批带贫主体。海南省进一步完善联贫带贫的利益联结机制，在“育主体”“带农户”上下功夫，推行“五带动全覆盖”模式，以企业、共享农庄、合作社、家庭农场、致富能人等五类经营主体带动建档立卡贫困户。一方面，实施经营主体“带动奖补”，加大对带贫主体的金融支持。海南农业政策性金融产业扶贫合作平台择优择强吸纳农业龙头企业，给予信贷优惠支持，引导企业与贫困户构建利益联结机制，仅 2019 年就投放扶贫贷款 64.5 亿元，资金通过产业项目精准“滴灌”，惠及 11.29 万建档立卡贫困人口。另一方面，对贫困户“以奖代补”，对年度家庭经营性收入超过 4 000 元的贫困户，奖励 1 000 元用于发展生产。全省创建共享农庄试点 160 家，累计带动超过 1 万户贫困户增收，建立 107 个镇级电商服务中心（站）、556 个村级电商服务站，带动 1.9 万人贫困人口就业创业。

（3）稳定科技帮扶队伍、强化到村到户精准帮扶　增强贫困地区产业发展后劲的关键是靠科技、靠人才。从海南省各地工作实践看，产业发展指导员、科技特派员等科技帮扶队伍围绕贫困地区特色农业发展，开展关键瓶颈技术攻关、新品种新技术推广服务、产业扶贫决策咨询、易学易懂易用技术培训等，为贫困县的产业发展和贫困户从事生产经营提供了有力支撑。

一方面，推行产业发展指导员和科技特派员制度。海南省采取“一户一策”选准帮扶产业，进行产前、产中、产后的精准帮扶。出台《海南省科技特派员认定管理办法》，对 300 个“十三五”建档立卡贫困村每村至少安排 1 名科技特派员。落实产业发展指导员制度，从全省贫困村第一书记、驻村工作队员、结对帮扶干部、村组干部、县乡农技人员、乡土专家、种养能手、致富带头人、新型经营主体带头人中遴选和聘用产业发展指导员 4 628 名，落实 8 项工作职责，涵盖贫困户发展产业的产前、产中、产后帮扶内容，提高产业发展精准度。

另一方面，强化农业科技帮扶。海南省依托全省各级农业科技队伍，组建省、市县、乡镇三级“农老师”服务团 90 个 1 520 人，重点解决贫困户和扶贫合作社遇到的生产问题，帮扶贫困户超过 7.2 万户次，帮扶带贫合作社(互助社)811 个。举办 2020 年基层农技推广人员暨“农老师”知识更新培训班，进一步提高基层农技推广人员暨“农老师”对扶贫产业发展的服务能力。海南省创建科技扶贫示范“百村千户”，创建示范村 104 个、示范户 1 048 个，增强了农业科技在基层的推广和应用。临高县新贤村采取“政府＋农行＋龙头企业＋合作社＋农户”模式，打造 860 亩凤梨种植基地(图 7-1)，吸收附近村 40 户贫困户劳动就业、入股分红，户均增收1.4 万元。从科研院所、大中专院校、农业科技推广机构选派 56 人在 11 个市县、乡镇挂职，任科技副乡镇长，在 80 个贫困地区村庄打造秀珍菇、百香果、澳洲龙虾等 110 个科技扶贫示范基地，带动 1 332 户建档立卡贫困户直接参与项目实施。

图 7-1　凤梨种植基地

2. 增岗位保就业

(1)健全劳动力市场与就业市场机制对接　海南省大力推进务工增收行动，并且积极促进劳动力市场与就业市场机制的对接。一方面，在劳动力技能培训上，海南省紧跟市场需求，进一步强化城乡劳动力职业技能培训的针对性、实效性，新增了包括网络直播销售、地摊经营、电子竞技、免税品导购等 25 个专项职业能力考核项目，海南省专项职业能力考核项目达到 50 个，为贫困劳动力参加培训掌握技能提供更多选择。另一方面，海南省还紧抓市场机遇，打造本土特色劳务品牌，积极推进“儋州月嫂”(图 7-2)、“黎苗阿姨”“定安护工”等“一县一品”特色劳务品牌的创建，并推广至全国各地。这不仅帮助民众简单地掌握了一技之长，实现就业增收，还促进了高质量的稳定就业。这体现了海南省将眼光立足全省、放眼岛外的长远意识。有了劳务品牌声誉，就业和工资均可得到充分保障，为巩固拓展脱贫成果提供了长效支撑。

图 7-2 儋州月嫂

在就业渠道和就业信息服务上，海南省积极举办招聘会、就业岗位推介会、就业扶贫服务微信公众平台等。如 2020 年 5 月，海南省组织开展了东部、西部贫困劳动力务工专项行动推进现场会，通过采取“订单培训”方式、创新“五个一”军训促务工模式、务工带头人谈经验做法和组织跨区域劳务输出等方法，有效落实“四个一批”务工渠道，确保全省贫困劳动力实现一人就业全家脱贫。

值得一提的是，为了克服新型冠状病毒感染疫情的影响，海南省通过优先组织贫困劳动力外出务工，开展扩种养促务工行动，落实农民工“点对点”返岗复工服务，带动更多贫困劳动力实现就业增收。

(2)规范公益性岗位就业扶贫　所谓农村公益岗位，实质上是为管护农村公益性资产而设立的岗位。如农村森林防护、河道巡查、农村保洁、马路清扫等岗位。开发和利用好这些岗位对于农村缺乏劳动技能或丧失部分劳动力的人群就业具有重要作用。采取这种方法既可免除农村脱贫攻坚中的直接给钱给物，培养懒人习气的弊端，让农村群众通过力所能及的劳动自主脱贫，又可在农村开发一定的就业岗位，灵活照顾了弱势群体。海南省对弱劳力、半劳力贫困家庭成员提供公益性岗位，按照“谁用人、谁管理、谁开发、谁负责”的原则，结合海南省实际共开发护林、护路、管水、保洁、交通等就业扶贫公益专岗 33 530 个，并坚持就近就地原则，在本村或附近地区安置就业。针对一些地方虚设岗位、轮流坐庄、变相发钱等现象，海南省定期开展清查检查，确保海南省所有具备劳动能力的建档立卡“零就业”贫困家庭至少有 1 人实现就业。

(3)开展零就业家庭动态清零　针对促进贫困户务工就业不到位的问题，海南省对全省建档立卡贫困户实施就业信息电子化管理，对“零就业”家庭做到动态清零，对新出现的“零就业”家庭做到出现一户、帮扶一户、解决一户，并基本消除了“零就业”家庭，有劳动能力、就业意愿的“零就业”贫困家庭基本有 1 名劳动力实现就业。在疫情期间，海南省全力落实《关于做好疫情防控期间农民工到省重点项目、重点工程的十条措施》《海南省抗疫情保增收防返贫十五条措施》等措施，优先保障贫困劳动力就业。2020 年年底，海南省全省共有扶贫车间和基地 252 个，安置贫困劳动力 4 565 人，发放一次性就业奖励补贴 394.04 万元；全省累计开发 11 280 个疫情防控临时公益岗位，托底安置贫困劳动力就业。

(4)开展农民工务工大数据监测　海南省充分利用大数据对本省农民工务工情况开展精准动态监测。自 2020 年 5 月以来，海南省委托中国联通公司，采用手机大数据信令，对全省农民工(含贫困劳动力)务工监测情况进行分类、统计和比对、分析，在精准掌握农民工务工信息方面不断取得新进展。截至 2020 年 10 月底，海南省外出务工农民工已达到 145.4 万人，比 2019 年同期增加 1 万人，同比增加 0.7%。

(二)持续巩固拓展脱贫攻坚成果

1.持续开展常态监测

继续建好用好大数据监测平台，实现对全体农民短板弱项、突发状况进行常态有效监测。把防止返贫作为当前及今后一个时期扶贫工作的重要任务，坚持事前预防与事后帮扶相结合，提前发现并识别存在返贫致贫风险的人口，围绕“两不愁三保障”主要指标，对存在返贫致贫风险的农村户籍常住人口开展防止返贫监测，建立和完善监测、预警、帮扶、保障“四位一体”的防贫工作机制，防止脱贫人口返贫、边缘人口致贫。一旦出现返贫和新致贫，就应及时纳入帮扶范围，享受相关帮扶政策，实施精准帮扶。为巩固拓展脱贫成果，确保高质量全面打赢脱贫攻坚战做好支撑。

2.持续促进产业升级

海南省在扶贫产业的技术、设施支撑方面已取得很大成效，未来对脱贫地区产业帮扶还要继续补短板，促进产业提档升级，尤其是在营销方面进一步加大力度，发展扶贫产业，产出来是基础，卖得出、卖得好才是关键。还要在推进贫困地区市场营销信息化、机制化、长期化上下功夫。加强产业扶贫成果展示交流，深入推进贫困地区农产品产销对接活动，推动龙头企业、批发市场、大型超市和电商平台与贫困地区建立长期稳定产销关系。大力推进贫困地区特色农产品区域公用品牌、企业品牌和产品品牌创建，加快建设田头市场、产地仓储保鲜、冷链物流等设施，实现错峰销售、止损增效，着力提升特色农产品知名度和竞争力。

3.持续做好生态移民

推进扶贫搬迁城镇安置后续扶持，统筹生态移民搬迁安置住房、产业、就业、土地、教育、医保等政策，确保搬得出、稳得住、能致富才是关键。未来要做好搬迁区产业配套和就业安置保障工作，继续加大搬迁区产业发展扶持力度，千方百计增加就业岗位，确保搬迁农民能稳定就业。对无打工经历或劳动力综合素质偏低的安置户，加强公益岗位开发，帮助其稳定实现转移就业和收入持续增加。对有打工经历或劳动力综合素质较高的安置户，开展技术巩固及提高培训，巩固劳动力转移就业成果。结合安置点农产品交易市场建设，加快扶持一批搬迁群众成为农产品经纪人、零售商、物流从业人员。加强创业扶持，扶持部分有技能和技术的搬迁群众自主创业。引导和鼓励安置点组建“自强性”社会组织，提高搬迁群众适应搬迁生活的能力。

在基础设施和公共服务方面，完善搬迁区基础设施和公共服务配套建设。同时深入开展搬迁区的组织建设，健全社区管理体制，丰富社区文化生活，让搬迁农户与本地居民相互融合，形成稳定的社会结构，确保搬迁群众能够安居乐业。

4. 持续优化扶贫政策

帮扶政策的持续性与连续性是巩固拓展脱贫成果的重要基础。因此，海南省应继续严格贯彻落实党中央的要求，坚持基本帮扶政策的持续性，严格落实“四个不摘”要求、“扶上马，送一程”，保持各项帮扶政策总体稳定。同时，在保持帮扶政策稳定性的基础上，对帮扶政策进行逐项分类、优化调整、延用拓展、修订完善等，不断提高和巩固帮扶效果。合理把握调整节奏、力度、时限，逐步实现由集中资源支持脱贫攻坚向全面推进乡村振兴平稳过渡。

巩固拓展脱贫攻坚成果是接续推动脱贫地区发展和乡村全面振兴的重要举措。海南省应严格贯彻落实党中央的要求，做到“扶上马，送一程”，为逐步实现海南人民共同富裕的目标做出贡献。

二、推动乡村振兴平稳过渡　加快农业农村现代化

2021 年，全国脱贫攻坚总结表彰大会在北京隆重举行，我国脱贫攻坚战取得全面胜利。脱贫摘帽不是终点，而是新生活、新奋斗的起点。2020 年，脱贫攻坚任务如期完成后，要在巩固拓展脱贫攻坚成果的基础上，做好乡村振兴，接续推进脱贫地区发展和群众生活改善。《中共中央、国务院关于实现巩固拓展脱贫攻坚成果同乡村振兴有效衔接的意见》和 2021 年中央一号文件都要求切实做好巩固拓展脱贫攻坚成果同乡村振兴有效衔接各项工作，让脱贫基础更加稳固、成效更可持续。

在脱贫攻坚阶段，海南省在思想观念、工作机制、组织保障、产业发展、激发内生动力、教育医疗和就业等多个方面得到不断提升，完成了脱贫攻坚任务，巩固了脱贫成果，为乡村振兴提供了基础和条件。

海南省在与乡村振兴有效衔接方面的重点工作主要有几点：第一，在工作机制方面，明确省负总责、市县抓落实的机制，五级书记抓脱贫的联动机制转向五级书记抓乡村振兴，充分发挥并完善精准扶贫大数据管理平台的作用，对易返贫致贫人口实施常态化监测，加大基层评议考核的激励和问责力度，建立完善的乡村振兴成效评估标准体系；第二，在乡村组织方面，构建良好基层领导班子，坚持五级战斗体系和五级书记抓振兴，选优配强到一线岗位，继续坚持“一核两委一会”的乡村治理机制；第三，在基础设施方面，继续开展“五网”建设，做优发展大环境；第四，在移民搬迁方面，积极组织市县帮扶移民户培育后续产业；第五，在健康方面，推进健康扶贫与深化医药卫生体制改革和健康海南深度融合；第六，在产业方面，培育壮大特色优势产业，打造海南省经济“王牌”，大力发展融合产业，推动乡村产业转型升级，发展深加工产业，促进产业链延伸；第七，在人才方面，鼓励大学生村官扎根基层、创业及返乡创业，创新教育模式，普通教育与职业教育融通发展，继续践行志智双扶，培养本土人才；第八，在生态方面，统筹山水林田湖草系统治理，加强农村突出环境问题综合治理，建立市场化多元化生态补偿机制，加快转变生产生活方式，提升村容村貌，推进城乡基本公共服务均等化；第九，在文化方面，加强社会主义精神文明建设，培育乡村振兴的持续内生动能，弘扬乡风文明特色。

（一）再夯脱贫攻坚与乡村振兴有效衔接基础条件

党的十九大报告提出实施乡村振兴战略。中共十九届五中全会提出脱贫攻坚与乡村振兴有效衔接，为全面消除农村绝对贫困后如何巩固拓展脱贫攻坚的成果及应对相对贫困指出了新的方向，同时也为乡村振兴工作注入了新的内容。从中华民族伟大复兴战略的全局来看，民族要复兴，乡村必振兴。脱贫攻坚取得胜利后，要全面推进乡村振兴，这是“三农”工作重心的历史性转移。要坚决守住脱贫攻坚成果，做好巩固和拓展脱贫攻坚成果同乡村振兴的有效衔接，工作不留空当，政策不留空白。在脱贫攻坚目标任务完成后，摆脱贫困的县从脱贫之日起设立5年过渡期。过渡期要保持主要帮扶政策的稳定。对现有帮扶政策逐项、分类、优化和调整，合理把握调整节奏、力度、时限，逐步实现由集中资源支持脱贫攻坚向全面推进乡村振兴平稳过渡。

将脱贫攻坚与乡村振兴有效衔接是党中央对我国未来农村扶贫工作及乡村振兴工作进行的战略性部署。这项部署将巩固拓展脱贫攻坚成果的工作与乡村振兴的工作有机整合到全面实现小康社会和实现“两个一百年”目标的体系中。这项部署为在“十四五”规划中如何推进稳固脱贫攻坚成果、乡村振兴、区域发展、新型城镇化以及发育国内、国际大循环相结合的新的发展格局提供了战略性框架。脱贫攻坚所取得的重大成就不仅表现在现有标准下农村绝对贫困人口数量的消失，而且贫困地区各种产业体系、基础设施、教育卫生及农村社会保障体系在脱贫攻坚战的推动下都得到了极大改善。这意味着长期困扰中国经济社会健康发展的城乡差异问题在脱贫攻坚战的强力推进下有了历史性的缓解。脱贫攻坚战也极大地改善了贫困地区乡村的治理状况，贫困人口在与贫困作斗争的过程中精神面貌有了极大的改善。

实施乡村振兴是全面建成小康社会的战略保障，是推进农业农村现代化建设的总抓手，也是加快海南自由贸易区建设的有效措施。海南省在脱贫攻坚中深入学习习近平总书记关于扶贫工作的重要论述，通过一系列做法不断提升脱贫质量，巩固拓展脱贫成果。在思想认识方面，全省统一思想，坚持把查找和解决“两不愁三保障”的突出问题摆在极端重要位置，开展拉网式大排查。在产业扶贫方面，优化带贫联结机制、健全利益分配机制、精准开展扶贫产业帮扶指导。在资金监管方面，完善扶贫资金管理体制。在解决贫困户内生动力方面，开展重点人群“六治”专项活动。在教育方面，建立全覆盖贫困学生的关爱体系，探索普职融通育人模式，开创脱贫致富电视夜校新模式。在医疗方面，建立乡医村医“县属乡用”“乡属村用”定期轮岗机制。在就业方面，充分利用海南省特色农业、旅游产业等优势产业鼓励就近就地就业，提高贫困群众工资性收入。海南省通过巩固拓展脱贫攻坚成果为乡村振兴提供了基础和条件；通过有效衔接的实施重点和方式，脱贫攻坚与乡村振兴建立了有效衔接机制。

海南省是一个美丽的海岛省份。自 1988 年 4 月建省办经济特区以来，海南省从一个较为封闭落后的边陲海岛发展成为中国最开放、最具活力的地区之一。自 2015 年以来，海南累计退出贫困村 600 个，脱贫 65.9 万人，提前一年基本消除现行标准下的绝对贫困，脱贫攻坚取得决定性成就。

全面实施乡村振兴战略的深度、广度、难度都不亚于脱贫攻坚，必须加强顶层设计，以更有力的举措汇聚更强大的力量来推进。下一阶段，举全党、全社会之力巩固拓展脱贫成果，建设美丽乡村，全面推进乡村振兴成为“三农”工作的重中之重。海南省脱贫攻坚为其乡村全面振兴提供了重要的支撑，打下了扎实的基础。其主要表现在如下几个方面。

1. 奠定了乡村振兴的重要制度基础

在脱贫攻坚阶段，海南省脱贫攻坚工作机制、政策体系不断完善，奠定了乡村振兴的重要制度基础。实施机制延续了原有的五级战斗体系，继续在乡村振兴阶段发挥重要作用，保证了工作责任的层层落实；考核机制，尤其是激励与问责制等在乡村振兴阶段继续实施。监督机制对易返贫致贫人口实施常态监测，重点监测收入水平变化和“两不愁三保障”的巩固情况。与此同时，重要政策的平稳过渡和不断的完善给贫困户吃下了一颗定心丸。如对脱贫不稳定户、边缘易致贫户的监测预警制度，建档立卡贫困人口“两不愁三保障”“四不摘”政策，对脱贫攻坚阶段形成的扶贫项目资产的监督管理机制、农村社会保障和求助制度、对口支援制度、社会力量参与帮扶制度等。这些脱贫攻坚阶段奠定的重要制度基础有助于构建制度化、规范化、可持续的长效机制，为全面推进乡村振兴提供坚实的制度保障，也必将推动海南省乡村全面振兴。

2.增强了乡村振兴的内生发展能力

精神在，力量就在，希望就在。长期的贫困落后带给贫困地区和贫困群体的不仅是物质的匮乏，更重要的是思想观念的封闭和落后。自脱贫攻坚以来，志智双扶、脱贫致富电视夜校、以表现换积分、以积分换物品的“积分惠民超市”的建设等一系列行动在较大程度上改变了海南省贫困群体“等、靠、要”的精神面貌。如今的海南人，精气神和以前不一样了，大部分贫困群众从“要我脱贫”向“我要脱贫”转变。这种转变增强了乡村振兴的内生发展能力，乡村贫困群众自我发展的意识不断增强，人们干活的主动性、积极性、创造性都和以前不一样了，主动找活干。创造性地开展工作在海南省乡村振兴阶段将成为一种常态，向好的趋势也有助于脱贫攻坚成果的巩固拓展。新产业、新业态、新模式在海南省乡村不断涌现，农民增收的空间被拓展。借力海南自由贸易港建设所带来的新机遇，海南省乡村全面实现振兴，农业强、农村美、农民富，乡村振兴的全面实现必将走在全国前列。

3.夯实了乡村振兴的发展基础

在脱贫攻坚阶段，海南省因地制宜、因户施策实施产业扶贫、就业扶贫、旅游扶贫、交通扶贫等十大扶贫工程及“五网”基础设施建设，夯实了乡村振兴的发展基础。一是基础设施得到大幅度提升。要想富，先修路。“四好”农村公路不仅做到村村通，而且做到到村到组，走在了全国的前面；凤凰、三亚、博鳌三大国际机场、海南环岛高速、海南环岛地铁以及水网、电网、光网的岛内全覆盖不仅便捷了人们的出行和生活，也为乡村农产品运输、国内外贸易提供了重要的运输保障，为海南热带“绿色、特色、高效”农产品打开海内外市场提供了重要的契机，加快了农业产业和旅游产业的转型升级，为乡村产业兴旺插上了飞翔的翅膀，乡村居民的幸福指数大幅度提升。二是乡村产业得到有效发展。在脱贫攻坚阶段，海南省农业产业存在的产业链短、产品附加值低、产业发展模式单一等问题在一定程度上得到有效化解，产业发展新格局初步构建。随着乡村建设的深入推进，海南省乡村产业持续在“专、精、特、绿、富（民）”上下足功夫，深化国家热带现代化农业基地、国家热带农业科学中心和“五基地一区”建设，久久为功。培育壮大热带特色优势产业、大力发展以共享农庄为代表的融合产业、以小农户利益保障为基础构建多方共赢长效机制，通过产业可持续发展，辐射和带动农户工资性收入的稳定增长，不断推动乡村产业从发展走向兴旺。

4.提供了乡村振兴的组织保障

自党的十八大以来，海南省在党中央的带领下合力攻坚，构建完整的组织网络，为乡村振兴提供了重要的组织保障。一是加强了领导，从中央到地方的扶贫开发机构转化为乡村振兴机构，从五级书记抓脱贫攻坚到五级书记抓乡村振兴，凝聚了力量，让乡村振兴成为全党、全社会的共同行动。二是组织和保障配强配齐干部力量。2019 年，海南省印发了《选派乡村振兴工作队实施方案》《海南省乡村振兴工作队选派管理办法》。截至 2019 年 11 月底，全省选派驻镇、村、社区工作队为 2 767 个，队员 8 685 人，这在全国也是走在前列的。与脱贫攻坚不同的是，他们的工作对象从脱贫人口拓展为全体农民，工作地域从部分农村地区拓展到所有农村地区，工作重点从解决“两不愁三保障”拓展到推进乡村“五大振兴”。乡村振兴工作队与基层党组织共同作用，持续发力，带领当地全体农民不断推进乡村全面振兴，建设美丽海南新乡村。三是为乡村振兴提供源源不断的人才保障。人才兴旺是乡村振兴的关键所在，乡村振兴需要大批懂农业、爱农民、爱农村的专业人才。在脱贫攻坚阶段，大量的管理人才、专业技术人才逐渐在乡村聚集，人才瓶颈问题得到逐步化解。在乡村振兴阶段，一方面，加大外来专业技术人才的引进力度，吸引大批懂技术、懂市场、懂法律的专业人才回流乡村，鼓励外出能人返乡创业，鼓励大学生村官扎根基层；另一方面，千方百计培育本土人才，提高农民的科技文化素质，发挥“土专家”“田秀才”的主力军作用，通过人才兴旺推动美丽乡村建设，谱写乡村振兴的海南新篇章。

（二）落实脱贫攻坚与乡村振兴有效衔接九大举措

1. 工作机制衔接：从架构走向完善

2021 年，《中共中央、国务院关于全面推进乡村振兴加快农业农村现代化的意见》发布。该意见强调要坚决守住脱贫攻坚成果，做好巩固拓展脱贫攻坚成果与乡村振兴的有效衔接。其中“工作不留空当，政策不留空白”是巩固拓展脱贫攻坚成果，衔接乡村振兴的重中之重。海南省在脱贫攻坚期间贯彻落实“五级书记抓扶贫”的要求，形成“五级战斗体系”。这种自上而下、层层压实的战斗体系是海南省贯彻落实中央意见，提高治理能力的体现。巩固拓展脱贫攻坚成果与乡村振兴有效衔接的落脚点在于工作机制的衔接。海南省在脱贫攻坚过程中形成了一套较为成熟完善的体制机制、政策体系。现有的政策措施、驻村工作队、工作机制和帮扶政策都为乡村振兴打下了坚实的基础。

（1）实施机制：三个体系　海南省在全面推进脱贫攻坚的进程中创新性地打造“三体系一平台”。其中的“三个体系”，即两级指挥体系（省、市、县）、三级战斗体系（大队、中队、小队）、督察与调度体系，这三个体系加强了精准扶贫工作的实施，保障了脱贫攻坚战的顺利进行。海南省“三个体系”的典型经验实际上较好地检验了制度革新和技术创新在脱贫攻坚治理实践中所迸发的强大动能，为海南省打赢脱贫攻坚战构筑了完善的体制机制，是海南省有效治理的创新样板。

巩固拓展脱贫攻坚成果与乡村振兴有效衔接应坚持党的领导，坚持“三个体系”，重视基层党组织的建设。在精准扶贫的实践中，中国共产党坚决担负起脱贫攻坚的使命，不断提高自身的领导能力，在精准扶贫的过程中不断推动理论创新、实践创新，并建立了“五级书记抓扶贫”的精准扶贫制度。推进乡村振兴也要坚持党的领导，坚持五级书记抓乡村振兴。2018 年，中央一号文件《中共中央　国务院关于实施乡村振兴战略的意见》提出，坚持和完善党对“三农”工作的领导，“建立实施乡村振兴战略领导责任制，实行中央统筹省负总责市县抓落实的工作机制。党政一把手是第一责任人，五级书记抓乡村振兴”。坚持党的领导，坚持五级书记抓乡村振兴的重点是基层党组织的建设。乡村振兴与精准扶贫的有效衔接，首先，体现在机制的衔接上，即要继续严格落实党的领导制度，从中央到地方的扶贫开发机构转化为乡村振兴机构，五级书记抓脱贫的联动机制转向五级书记抓乡村振兴；其次，体现在实施机制上，即沿用“中央统筹、省负总责、市县乡抓落实”的工作机制，建立健全实现乡村振兴的长效机制。

(2)动态监测机制：一个平台　海南省为确保在脱贫攻坚战中实现“零漏评、零错评、零错退”的目标，于 2017 年 12 月启动海南省精准扶贫大数据管理平台的建设，为解决精准识别、精准扶贫、精准脱贫提供了强大的信息化手段。截至目前，15 万多户海南省贫困户的扶贫手册已全部实现电子化，管理平台通过大数据对比分析，累计发现 87 万余条疑似问题数据，并推送至基层进行排查和整改，为各级党委政府在脱贫攻坚战中做出科学决策提供了快速、精确、有效的数据支撑。

巩固拓展脱贫攻坚成果与乡村振兴的有效衔接应充分发挥精准扶贫大数据管理平台的作用，对易返贫致贫人口实施常态化监测，重点监测收入水平和“两不愁三保障”的巩固情况，继续精准施策。进一步完善省精准扶贫大数据管理平台功能，开展不定期的动态管理工作，准确掌握脱贫人口和边缘群体的人均纯收入、义务教育、基本医疗、安全住房和安全饮水等状况，提高数据信息采集和录入质量，及时将返贫人口和新增贫困人口纳入帮扶范围，强化和落实各项帮扶措施。脱贫不是终点，多管齐下，巩固拓展脱贫成果。为了防止贫困户返贫，应继续完善对脱贫不稳定户、边缘易致贫户的监测预警制度。除建立返贫监测预警，继续完善动态帮扶机制，如对全家无劳动力，确实无法脱贫的农户要进行兜底保障。

(3)考核机制：脱贫攻坚激励和问责制　在脱贫攻坚时期，海南省加大脱贫攻坚战激励和问责力度。改进扶贫考核监督评估方式，注重实效。在市、县、乡抓基层党建述职评议考核中，加大 5 个国定贫困县(市)和 6 个扶贫重点市县抓党建促脱贫攻坚成效考核的权重。纪检监察机关和审计、扶贫等部门按照职能开展监督工作，充分发挥人大、政协、民主党派监督作用，形成脱贫攻坚大监督格局。坚持奖罚分明，强化考核结果运用。把脱贫攻坚工作成效作为评先评优、选拔任用干部的重要依据。在奖励方面，对在国家、省级考核评估和落实抓党建促脱贫攻坚责任中取得明显成绩、表现突出的单位及个人给予重奖。在处罚方面，对在国家、省级考核评估和落实抓党建促脱贫攻坚责任中履职尽责不力的单位及个人予以重罚；综合评价等次为“一般”的市县由省政府分管领导约谈市县分管领导；综合评价等次为“较差”的市县由省委分管领导约谈市县主要领导；定点扶贫考核等次为“一般”或“较差”的帮扶单位由省委、省政府分管领导集体约谈单位主要负责人，约谈要公开通报、媒体曝光。

2. 乡村组织衔接：从善政走向善治

新时代党建引领社区治理是实现社区治理有效的现实要求。在精准扶贫时期，海南省在党建引领社区治理的实践中得到有效推进和探索。海南省大力整顿软弱涣散党组织及“两委”班子，构建了良好的基层领导班子，为乡村振兴时期实现党建引领与社区治理的有效衔接打下了坚实基础。2019 年 5 月，中共中央印发的《关于加强和改进城市基层党的建设工作的意见》提出，要提升党组织领导基层治理工作水平，健全党组织领导下的社区居民自治机制，领导群团组织和社会组织参与基层治理。基层党组织是统筹社区多元治理的主体力量，党建引领是实现社区有效治理的重要途径。有效衔接党建引领与社区治理能够将基层党组织的组织优势转化并发展为服务优势，将基层党建、社区治理、服务供给三者有机融合，这是推进社区治理现代化的核心引领与根本保证。海南省在乡村振兴时期仍然需要加强社区党组织建设，提高社区党建领导能力；整合社区机构及资源，强化社区内生组织力量；为社区居民赋权增能，促进社区治理的多方参与。

（1）五级书记抓乡村振兴　海南省决战脱贫攻坚时实行“战时”体制。落实“省负总责、市县抓落实、乡（镇）村扑下身子”作战机制，强化党政同责，压实五级责任，确保各级作战体系高效运转、发挥作用，有效防止压力层层递减。各市县都把脱贫攻坚摆在突出位置，有脱贫攻坚任务的乡（镇）都全力投入脱贫攻坚，还加强了乡（镇）、行政村、自然村基层三级脱贫攻坚的战斗队管理，打通了脱贫攻坚“最后一公里”。

脱贫攻坚之所以能取得重大成绩的主要原因在于五级书记挂帅、第一书记驻村的领导和工作体制。这一体制将中国的体制优势发挥到了最优的状态。其在很短的时间克服了官僚体制和各种不同的制约因素，迅速动员全社会的资源，向贫困地区和贫困人口集中，这是在短期内补齐全面实现小康社会的第一个短板的根本原因。在推动乡村振兴的工作中，党中央明确提出党抓乡村振兴工作。乡村振兴工作的核心是调整城乡发展的不平衡问题。这项工作在客观上面临着与扶贫工作相似的诸多制约因素，只有充分发挥中国的体制优势，才有可能扭转乡村衰落的格局。党对脱贫攻坚工作的领导不是名义上的。在脱贫攻坚中所形成的这一体制经验对乡村振兴的工作至关重要。同时，这一经验也可以确保在乡村振兴工作中稳固脱贫攻坚的成果及应对相对贫困纳入乡村振兴的具体工作。

巩固拓展脱贫攻坚成果与乡村振兴的有效衔接应坚持海南省的五级战斗体系。坚持党的领导，坚持五级书记抓乡村振兴，重视基层党组织的建设。在精准扶贫的实践中，中国共产党坚决担负起脱贫攻坚的使命，不断提高自身的领导能力，在精准扶贫的过程中不断推动理论创新、实践创新，并建立了“五级书记抓扶贫”的精准扶贫制度。同样，推进乡村振兴要坚持党的领导，也要坚持五级书记抓乡村振兴。2018 年，中央一号文件《中共中央　国务院关于实施乡村振兴战略的意见》提出，坚持和完善党对“三农”工作的领导，“建立实施乡村振兴战略领导责任制，实行中央统筹省负总责市县抓落实的工作机制。党政一把手是第一责任人，五级书记抓乡村振兴”。坚持党的领导、坚持五级书记抓乡村振兴的重点是基层党组织的建设。

(2)抓党建促乡村振兴　在脱贫攻坚时期，海南省为了切实提升贫困村党组织的组织力，大力整顿贫困村软弱涣散党组织。对软弱涣散、不团结、不理事或者无力精准脱贫的村“两委”班子，分批集中进行整改和提升。突出选好配强贫困村党组织班子，注重从本村致富能手、外出务工经商人员、本乡本土大学毕业生、复员退伍军人的党员中选拔村党组织书记，本村没有合适的人选从县乡公职人员中派任。海南省建立健全回引本土大学生、高校培养培训、县乡统筹招聘机制，为每个贫困村储备 6 名后备干部。支持党员创办和领办脱贫致富项目，完善贫困村党员帮扶机制。推进贫困村党组织标准化、规范化建设。

巩固拓展脱贫攻坚成果与乡村振兴的有效衔接应坚持党建引领的做法，继续提升贫困村党组织的组织力。村庄富不富，主要靠干部。农村有 3 500 万名党员，超过全国党员总数的 1/3。带头人素质不高、能力不强，农村基层党建主体责任不落实、保障不力等问题会严重影响乡村振兴战略的实施。对此，2018 年的中央一号文件提出要加强农村基层党组织建设，建立选派第一书记工作长效机制，实施农村带头人队伍整体优化提升行动。2019 年印发的《中国共产党农村基层组织工作条例》强调，推动全面从严治党向基层延伸，提高党的农村基层组织建设质量，为新时代乡村全面振兴提供坚强的政治和组织保证。农村基层党组织要在乡村振兴中发挥领导作用，要加强懂农业、爱农村、爱农民的农村工作队伍建设。对于乡镇党委，要注重从优秀村党组织书记、选调生、大学生村官、乡镇事业编制人员中选拔乡镇领导干部，从优秀村党组织书记中考录乡镇公务员、招聘乡镇事业编制人员。对于村级党支部，要注意吸收高校毕业生、农民工、机关企事业单位优秀党员到农村任职，选优配强村级党组织书记。根据工作需要，上级党组织可以向村党组织选派第一书记，切实做到选优配强乡镇领导班子、村“两委”成员，特别是村党支部书记。

(3)选优配强乡村振兴队伍　近年来，海南省认真贯彻落实《关于加强贫困村驻村工作队选派管理工作的指导意见》，以实现贫困人口稳定脱贫为目标，把选派精准、帮扶扎实、成效明显、群众满意作为驻村帮扶工作的出发点和落脚点，充分发挥了驻村工作队脱贫攻坚一线战斗队、宣传队、生力军的作用，主动作为，攻坚克难，用心用情用力真帮实扶，为确保全省如期完成脱贫攻坚任务起到了巨大的作用。截至 2019 年 11 月底，全省选派驻镇、村、社区工作队为2 767 个，队员 8 685 人，其中建档立卡贫困村驻村工作队队数 600 个，队员 1 952 人，覆盖了全省 196 个乡镇 2 562 个行政村。

巩固拓展脱贫攻坚成果与乡村振兴的有效衔接应坚持“把最能干的人派去打最硬的仗”。由海南省统筹选派优秀驻村工作队伍助力乡村振兴。要建设一支政治过硬、本领过硬、作风过硬的乡村振兴干部队伍，选派一批优秀干部到乡村振兴一线岗位，把乡村振兴作为培养锻炼干部的广阔舞台。此外，要吸引各类人才在乡村振兴中建功立业，激发广大农民群众的积极性、主动性、创造性。一些村庄正面临着“后继无人”的困境，青壮年劳动力外出，只留下小孩、妇女和老人，被坊间称为乡村“386199”部队。没有年轻人就很难帮扶好低收入农户，实现乡村振兴。这样的乡村现状亟须选派“能打能干”的优秀队伍深入基层，扎实做好乡村振兴工作。为了激发乡村自治的能力，海南省应继续坚持把人力资本开发放在首要位置，引导大中专毕业生、务工经商人员返乡创业，加快培育龙头企业、家庭农场、专业大户、农民合作社等新型农业经营主体，以此来推动乡村“386199”部队向“54”部队转变，提高村庄自治能力。

(4)抓“一核两委一会”促进乡村善治　加强和改进乡村治理，加快构建党组织领导的乡村治理体系，深入推进平安乡村建设，创新乡村治理方式，提高乡村善治水平。在脱贫攻坚时期，海南省积极探索以党组织为领导核心的乡村治理新模式。海南省建立了以“一核两委一会”为载体的乡村治理结构，于 2015 年 10 月在全省率先成立村务协商会。在村务协商会的推动下，仁台村、斌腾村每家每户都树家风、立家训，并通过设立助学资金，营造了保护环境、尚学助教的良好氛围，有力地推动了全村乡风文明建设。这是海南省在“一核两委一会”的乡村治理结构上探索的一种新模式。这种模式在坚持和巩固村党组织的领导核心地位的基础上促进了村民委员会、村务监督委员会依法依规履行职能，并依托村务协商会推进着乡村协商民主。村务协商会、“乡村论坛”“四议两公开”、制定村务监督委员会工作规程、完善农村“三资”委托代理制……这一个个有利于群众自治的创新举措让海南省广大农村探索以党组织为领导核心的乡村治理新模式正推动着农村基层治理的规范化，激发了乡村治理的新活力。

巩固拓展脱贫攻坚成果与乡村振兴的有效衔接应坚持“一核两委一会”的乡村治理机制。在实施乡村振兴战略过程中，要确保基层党组织成为乡村社会治理的核心，乡村治理要充分发挥基层党组织的领导作用。一方面，党的农村基层组织应当加强对各类组织的统一领导，健全党组织领导的自治、法治、德治相结合的乡村治理体系，完善“四议两公开”

决策机制、村民自治机制、民主监督机制，形成以党组织为领导核心的多元共治格局。另一方面，探索多种路径，使基层党组织有效融入乡村治理格局。通过推进乡村法治建设、提升乡村德治水平、建设平安乡村、加强农村生态文明建设、保障和改善民生和提升乡村治理智能化水平，党的农村基层组织能不断加强自身建设，主动引领和推动乡村社会发展，实现党组织对乡村治理工作的全面领导。在党的农村基层组织的统一领导下，保障和实现村民自治是完善乡村治理体制机制的基础。一方面，加强农村群众性自治组织建设，健全和创新村党组织领导的充满活力的村民自治机制，需要依托村民会议、村民代表会议、村民议事会、村民理事会、村民监事会以及村组、村屯等各种群众组织，形成民事民议、民事民办、民事民管的多层次基层协商格局。另一方面，村民自治规范的体系化建设需要处理好国家法规、地方性规范与村规民约三者之间的关系，尤其应该提高村规民约的针对性和实用性。在法律法规的框架内，结合群众的意愿形成约束和规范全体村民的行为，充分发挥村规民约在乡村治理中的积极作用。

3. 基础设施衔接：从温饱走向富裕

乡村振兴的相关政策涉及"三农"发展、城乡协调等诸多领域。其背后的逻辑是乡村通过被动的自然发展难以有效改变城乡失衡及乡村相对衰败的现状，只有通过对乡村生产关系、上层建筑的全面调整，才能进一步促进农村生产力的发展和乡村经济、政治、文化、社会、生态文明的全面振兴。在脱贫攻坚和乡村振兴的过渡阶段，要从实际出发，总结和梳理脱贫攻坚中成熟的实践经验，采取差别化的办法，对脱贫攻坚的特惠性政策实行分类处置，促使其向常规性、普惠性、长期性政策转变。

在脱贫攻坚阶段，海南省在政策制定方面有一套完整的系统，包括产业、教育、医疗、住房等。在乡村振兴阶段，要继续保持脱贫攻坚相关政策的连续性和稳定性，一些行之有效的优惠政策应转化为制度性安排，按照乡村振兴的目标要求，对现有扶贫政策进行梳理、分类以确定需要取消的、接续的、完善的或强化的扶贫政策，注重总结脱贫攻坚中成熟的理论成果、实践经验，将其用于完善乡村振兴政策体系、制度框架。促进特惠性政策向常规性、普惠性政策转变，把临时性帮扶政策转成常态化支持政策，逐步将针对绝对贫困的脱贫攻坚举措调整为针对相对贫困的常规性社会保障措施，消除贫困，最终走向共同富裕。

(1)巩固拓展脱贫成果帮扶政策总体稳定　为落实国家统一部署，海南省在脱贫攻坚阶段通过补齐短板来推动政策落实。其重要的政策包括全面实施特惠性教育扶贫资助政策，实现建档立卡贫困学生全覆盖，简化教育扶贫特惠性资助发放程序，秋季学期按学年一次性发放；将专项救治大病病种增加至 25 种，"先诊疗后付费""一站式"结算扩大至省域；实施农村危房改造激励措施，实现当年农村危房改造任务开工率、竣工率、入住率全部

100%；将农村低保标准从每年3 600元提高到4 200元，确保农村低保标准始终高于贫困标准；加大产业扶贫资金投入，明确投入产业扶贫的财政专项扶贫资金占比要超过50%。

进一步推进海南省全面脱贫与乡村振兴的有效衔接的核心是保持各类政策的持续性和规划的引领性。巩固拓展脱贫攻坚成果与乡村振兴有效衔接，要强化以工补农、以城带乡，通过制度供给强化城市资源向农业和农村流动，确保农业农村优先发展，促进农业农村现代化的实现。持续发展和推广优势产业项目，加强产业扶贫提质增效；加大就业技能培训力度，促进劳务输出转移就业和就地就近务工；财政资金要优先投向农业农村领域，保障"三农"资金需求；各类人才要优先配置于农业农村岗位，把乡村人才纳入各级人才培养计划予以重点支持，培养一批懂农业、爱农村、爱农民的"三农"工作队伍，通过探索定向培养、对口支援等方式，引导大家投身乡村振兴。

(2)5年过渡期补齐发展短板，推动乡村基础设施均等化　在脱贫攻坚阶段，海南省搭乘脱贫攻坚政策的"顺风车"。在基础设施建设和公共服务方面，取得了重要的进展和突破，这些经验可以在乡村振兴阶段可以继续沿用和完善。在水网方面，海南省通过对全省所有贫困人口进行饮水安全核查，建立脱贫攻坚饮水安全相关台账和制作农村饮水安全用户"明白卡"，加强农村饮水水质检测和供水设施运行管护，解决了饮水不安全的问题。在路网方面，通过出台《海南省交通基础设施扶贫攻坚战农村公路建设工程实施方案》，实现100%具备条件的自然村通硬化路、行政村通班车，全面消灭农村公路现有危桥，100%解决农村公路安全防护问题。

巩固拓展脱贫攻坚成果与乡村振兴的有效衔接结合海南省自由贸易港建设要求，海南农村基础设施建设实际和"十四五"基础设施保障规划，继续巩固拓展脱贫攻坚成果，不断提升农村物质基础保障水平。根据各市县农村设施状况及需求，继续强化乡村基础设施建设，在已有基础上，继续开展基础设施"五网"(路网、光网、气网、电网、水网)建设，做优发展大环境。一方面，继续扩展乡村基础设施的覆盖面，疏通和完善乡村基础设施建设的堵点和盲区；另一方面，聚焦重点领域，以关键点的建设为抓手，提升基础设施建设的质量，挖掘和延伸相关基础设施服务于乡村现代化转型的功能，将乡村基础设施建设的效用更充分地释放出来。

4. 生态搬迁衔接：从帮扶走向自给

海南省生态扶贫移民搬迁未纳入全国易地扶贫搬迁总计划，未享受国家易地扶贫搬迁的资金等政策的支持。海南省于"十三五"期间开展了生态扶贫移民搬迁，截至2018年年底，已完成"十三五"10个自然村的生态扶贫移民搬迁计划建设任务。以白沙黎族自治县为例，截至2020年年底，该县已经全面完成南开乡银坡村、元门乡翁村三队2个自然村共74户312人新址建设和搬迁入住工作，并按人均10亩橡胶为搬迁群众安排生产用地和产业扶持，通过异地借力光伏、蛋鸡等项目扶持，帮助贫困户稳定收入。

巩固拓展脱贫攻坚成果与乡村振兴的有效衔接需积极组织市县帮扶移民户培育后续产业：一是发展森林旅游。对景区周边的扶贫对象建档立卡，研究森林旅游扶贫切入点，积极探索森林旅游扶贫有效途径，扶持贫困户就业和促进增收，为贫困户提供长期有效的经济来源。二是发展林下经济。以工代赈资金重点向贫困市县申报的项目倾斜，形成一批各具特色的林下经济示范基地，尤其是扶持贫困户发展特色养殖业、高附加值经济作物及打造民族特色村寨，与发展全域旅游建设紧密结合，注重在产业发展中确保贫困户就业，促进增收，提高贫困地区自我发展能力。三是加强致富技能培训。组织农业、农技、人社等部门对移民群众开展多形式的实用技术及就业技能培训，提高移民群众的自我发展能力。

5. 居民健康衔接：从兜底走向普惠

在脱贫攻坚阶段，海南省卫生健康委员会同省扶贫办等六部门下发了《海南省解决贫困人口基本医疗有保障突出问题工作方案》，明确了基本医疗有保障工作标准（医疗卫生机构“三个一”、医疗卫生人员“三合格”、医疗服务能力“三条线”），积极推动形成“城乡居民基本医疗保险＋城乡居民大病保险＋商业补充保险＋医疗救助＋兜底保障”五重医疗保障链，取得了重大成绩和突破。

巩固拓展脱贫攻坚成果与乡村振兴的有效衔接需要保持政策总体稳定，进一步巩固提升健康扶贫成效。推进健康扶贫与深化医药卫生体制改革和健康海南深度融合，实现工作重心由补齐短板、解决基本医疗有保障突出问题向提升农村医疗服务质量和效率、夯实乡村振兴健康基础转变，实现工作机制由集中攻坚向常态推进转变，实现政策导向由特惠向普惠的转变，实现工作方法由事后保障向事前预警的转变。坚持预防为主方针，专病专防，持续推进疾病综合防控，建立长效健康危险因素防控机制，推进健康乡村建设。

6. 乡村产业衔接：从产品走向品牌

党的十九大报告提出实施乡村振兴战略，并明确了“产业兴旺、生态宜居、乡风文明、治理有效、生活富裕”的总要求，这是新时代“三农”工作的总抓手。产业兴旺是乡村振兴的重点，是实现农民增收、农业发展和农村繁荣的基础。美丽乡村建设涵盖了乡村的方方面面，归根结底是发展问题。只有乡村经济发展了，才能富裕农民，繁荣乡村；只有乡村产业兴旺，才能吸引更多的外来资源和人才，集聚人气和财气。

截至目前，海南省 97％的贫困户获得了产业帮扶，户均享受产业扶贫帮扶措施超过 4 项，超过 85％的贫困户获得组织化帮扶带动，92.31％的贫困户表示产业帮扶对家庭增收有帮助，产业扶贫成为打赢脱贫攻坚战的重要支撑。在乡村振兴阶段，海南省推动产业发展，继续在培育壮大特色优势产业、构建多方共赢长效机制、大力发展融合产业方面久久为功。从脱贫攻坚到乡村振兴，海南省在产业振兴中应该从三方面衔接。

(1)培育壮大特色优势产业，打造海南省经济“王牌” 在脱贫攻坚时期，海南省培育壮大特色优势产业。海南省从发展品牌农业、强化科技兴农、实施产业标准化、扩大销售渠道等方面下大力气，不断推进热带特色高效农业现代化。截至2019年11月底，全省扶贫专项资金投入农业产业扶贫达12.87亿元，实施扶贫农业产业项目1 355个，同时大力推行“五带动全覆盖”模式(企业、共享农庄、合作社、家庭农场、致富能人五类经营主体覆盖和带动所有建档立卡贫困户)，切实解决农业产业扶贫散种散养、产业单一、“一送了之”等突出问题，提升产业帮扶组织化水平，确保每个贫困户都有稳定的增收。

巩固拓展脱贫攻坚成果与乡村振兴的有效衔接就要在坚持培养地域特色产业的基础上做大做强，打造海南特色，走在全国前列。海南大力促进农业结构优化，推动传统农业向标准化、品牌化、产业化的现代农业转型升级。农业主导产业主要有“三棵树”(椰子树、槟榔树、橡胶树)等具有热带特色的产业。热带花卉苗木产业、油茶产业、沉香产业、黄花梨产业等也方兴未艾。在乡村振兴阶段，将继续做大“3111”产业，3是“三棵树”，“111”分别指一个热带水果产业、一个反季节瓜菜产业和一个本地特色养殖业。通过推行“五带动全覆盖”，推行产业发展指导员和科技特派员制度，采取“一户一策”选准帮扶产业，进行产前、产中、产后的精准帮扶，同时打造全新扶贫模式，构建长效共赢机制。如“属地政府＋农场公司＋贫困户”“农场公司＋合作社＋贫困户”“合作联社＋扶贫培训基地＋贫困户”“专业公司＋贫困户”等扶贫新模式，拉动农业发展，帮助农户增收。

(2)大力发展融合产业，推动乡村产业转型升级 自媒体时代，不断涌现的新产业、新业态提供了乡村振兴、产业兴旺新的机遇，也改变了小农户靠天吃饭的传统。2018年，中央一号文件进一步明确要构建农村一二三产业融合发展体系。产业融合发展是乡村产业发展的重要方向。近年来，作为实施“五带动全覆盖”农业产业扶贫模式之一，共享农庄在海南省逐步成为带动产业融合发展、实施带贫减贫的一支重要力量。全省在建共享农庄60余家。在乡村振兴阶段，海南省将进一步引导村集体经济组织与市场投资主体共同建设共享农庄，使农民转变为股东、农房转变为客房、农产品现货转变为期货、消费者转变为投资者，从而带动农户收入稳定增长。

巩固拓展脱贫攻坚成果与乡村振兴的有效衔接就要继续发展产业融合，在三产融合大战中再接再厉，在共享农庄与建设美丽乡村中加强产业融合，产业从发展走向兴旺。以文昌市为例，随着省市各项培育三产融合发展、扶持新型农业经营主体的系列惠农惠民政策的出台和实施，共享农庄逐步成为文昌市带动产业融合发展、实施带贫减贫的一支重要力量；以澄迈县为例，利用澄迈县境内丰富的红色文化资源和绿色生态资源优势，积极推动地瓜产业与乡村旅游融合发展，以产业融合拓宽销售渠道。以全域旅游建设为契机，做好“旅游＋农业”，大力发展地瓜特色旅游，推动地瓜产业与乡村旅游融合发展。在促进农村一二三产业融合发展的同时，支持和鼓励农民就业创业，拓宽增收渠道。把美丽乡村建设与农民增收、脱贫攻坚、全域旅游等结合起来，打造“一村一品”，大力发展乡村民宿、共享农庄等农旅融合业态，振兴乡村经济发展。通过“政府＋企业＋农户”的模式进行深水网箱养殖，建立企业与贫困户利益联结机制。建设博鳌田园小镇、传味文昌鸡产业小镇、三亚兰花风情小镇等，充分发挥“旅游＋”的带动效应，实现产业融合发展，形成新的经济增长点。

(3)发展深加工产业，促进产业链延伸　万宁市槟榔产业的发展推动成立了海南省槟榔协会。它在槟榔种植户、加工户及深加工户之间搭起一座沟通的桥梁和纽带，为槟榔种植、培育、收购、销售、加工等提供一系列服务，为带动海南省槟榔产业的规范有序发展，促进农民增收和脱贫致富发挥了积极作用。就实践来看，一个地方的产业链思维越强，配套水平越高，其营商环境就会越好。在优化营商环境中，应切实树立全产业链思维，跳出具体项目、事件，立足整体、着眼大局，以全产业链视角，推动产业发展，优化营商环境。

巩固拓展脱贫攻坚成果与乡村振兴的有效衔接就要坚持延伸产业链，发展深加工产业。产业链延伸推动关联企业形成共生、互生、再生的整体关系，为企业提供深耕细作的肥沃土壤。企业有了用武之地、发展空间，自然愿意扎下根来。尤其在海南自由贸易港建设背景下，许多政策优势可以被利用，更要在“补链、扩链、强链”上努力做出成绩。面对时代发展和区域市场变量，海南省需要站在新的历史机遇高点上权衡国家战略和区位发展，海南省需要深植农业精细加工产业链和深度离岸转口贸易内容，只有这两个产业核心能够符合海南自由贸易区未来的定位核心框架，实现起点输血再造。继续坚持农户的主体地位，在产业扶贫工作新方式、新方法和新模式不断进行探索，维护好小农户的利益，推动农业产业可持续发展。

7. 乡村人才衔接：从外引走向内培

乡村振兴，人才为要，人才是魂。人才匮乏一直是影响和制约农业农村发展的一大瓶颈。乡村没有人才，再好的政策也难以实施，再好的资源也难以利用。

在脱贫攻坚过程中，人才支撑的计划加大对贫困地区人才的支持力度。如每年选派约 150 名教师、500 名卫生人才、170 名科技人才（含科技副乡镇长和非挂职科技支援人员）到贫困县（市）开展工作；实施人才到少数民族和贫困地区工作的奖励制度等。在此期间，海南省颁布了多项人才引进政策，2018 年 5 月，海南省公布了《百万人才进海南行动计划（2018—2025 年）》后，又密集出台了一系列人才政策。截至 2019 年 1 月 15 日，全省重点用人单位引进全职各类人才共 4.2 万余人。创新办学模式推动教育扶贫。从脱贫攻坚到乡村振兴，海南省人才从瓶颈走向对产业、经济社会发展的重要支撑，应该注重从以下两方面衔接。

(1)加强管理人才队伍建设 鼓励大学生村官扎根基层,鼓励创业及返乡创业。新时代的乡村需要更多新鲜血液。大学生村官是党中央做出的一项重大战略决策,是向农村输血的重要途径。有文化、懂技术、会经营、善管理的大学生村官能够帮助农民群众厘清思路、加快发展,引导农民群众崇尚科学、弘扬新风,成为乡村振兴不可或缺的一支队伍。同时,乡村要振兴,就要营造良好的创业环境,制定人才、财税等优惠政策,为人才搭建干事创业的平台,吸引各类人才返乡创业,激活农村的创新活力。借血缘、亲缘、地缘纽带,通过搭建感情联络平台,引导和扶持在外乡贤、原籍大学生及优秀外出务工人员回乡创业、兴业。创造尊重返乡创业的社会环境,让返乡创业者有自豪感,为其中的优秀人才提供更多政治上的荣誉,让务农成为有体面的职业,确保乡村本土人才回得来、留得住。

创新教育模式,普通教育与职业教育融通发展,发展海南特色。努力发挥海南的“普职融通”育人模式。海南省已经率先在中职学校设立职业初中班和在初中设立初中职业班试点,开展新型技术农民、电子商务等人才的培养,发挥“普职融通”在乡村振兴中的重要作用。

(2)壮大乡村建设专业技术人才,落实人才吸引措施 2020 年,海南自由贸易港的建设增加了海南省的人才吸引力度,一时间“四海人才聚,逐梦海之南”。为了吸引更多优秀的高校毕业生,2020 年 6 月 19 日,海南省人力资源和社会保障厅、省委人才发展局等多部门联合印发的《吸引留住高校毕业生建设海南自由贸易港的若干政策措施》指出,海南省将全面放开对高校毕业生的落户限制,同时享受相应的引进人才落户待遇。在针对乡村振兴人才吸引的政策上,海南省还要不断加强力度,鼓励优秀青年到农村开展实施现代农业生产技术,吸引更多优秀教师来支持当地贫困地区的教育,为他们提供参与乡村建设的平台和机会。

(3)继续践行扶志扶智,培养本土人才 本土人才是海南省乡村振兴的中坚力量。通过教育扶贫,提升当地人口的整体的科学文化素养,从而促进当地的经济发展,实现乡村振兴的目的。当前,农村普遍缺少懂“三农”、懂市场、懂管理且能扎根农村干事创业的适用型人才,导致很多乡村资源并没有得到充分利用。在发现和使用农村人才的问题上,不能只盯着外面的世界,还要善于从脚下的土地上去发现人才,培养本土能人。

8. 乡村生态衔接:从安居走向宜居

在巩固扩展脱贫攻坚成果与乡村振兴的有效衔接过程中,要清醒地看到生态文明建设的重要性,在统筹山水林田湖草系统治理、加强农村突出环境问题综合治理、建立市场化多元化生态补偿机制、加快转变生产生活方式、提升村容村貌等方面,还需要大力建设美丽海南人居环境,努力打造宜居的国际旅游岛。

(1)深入推进生态环境“六大专项整治”　《海南省深化生态环境六大专项整治行动计划(2018—2020年)》要求，到2020年，生态环境质量持续保持全国领先水平，美丽乡村建设成效显著，生态文明建设水平与全面建成小康社会进程相适应。继续深入推进整治违法建筑、城乡环境综合整治、城镇内河(湖)水污染治理、大气污染防治、土壤环境综合治理、林区生态修复和湿地保护六大专项整治工作。

在林区生态修复方面，白沙黎族自治县率先在海南全省范围内对地处生态红线内的贫困村进行生态扶贫移民搬迁，将南渡江源头生态核心区中两个村、30户共142名贫困群众搬出深山谋发展，实现了“生态红线不退让”与“群众脱贫诉求最大化”的双赢效果。

在整治违法建筑方面，临高县坚持把危房改造作为脱贫攻坚的头号工程来抓，委托第三方进行评估鉴定，每户必到、每户必查，存疑对象反复核查，确保鉴定精准，让真正符合条件的危房一户不漏全部纳入改造。共完成危房改造7 858户，完成省下达任务的102.5%，为决战决胜脱贫摘帽攻坚战奠定了坚实基础。

在城乡环境综合整治方面，陵水黎族自治县文罗镇坡村建立责任制，每个路段都有部门负责巡查，重点路段还推行清洁工18小时值班制。全县建成垃圾收集点2 525个及污水处理设施全覆盖，实现生活垃圾保洁收运自然村覆盖率达100%。经过美丽乡村及旅游建设打造，坡村改变了老旧脏乱面貌，处处景观宜人。

巩固拓展脱贫攻坚成果与乡村振兴的有效衔接应坚持推进生态环境“六大专项整治”。在具体行动上，违法用地、违法建筑整治和城乡环境综合整治是生态环境“六大专项整治”的重要内容。“六大专项整治”要继续发扬林区生态修复的经验，加强违法用地和违法建筑整治，在今后要继续深入推进各项治理，努力将乡村环境建设成为美丽整洁的家园。

(2)深化美丽海南百镇千村建设　海南省在全省打造“一圈、三纵、三横、多线、多点”的美丽乡村格局。2020年海南省建成不少于1 000个宜居、宜业、宜游的美丽乡村示范村，建成一批乡村旅游特色民宿示范村和美丽乡村休闲旅游度假景区，成为海南全域旅游点、线、面格局的重要载体，成就“百镇千村”的美好新海南。在石壁镇、龙江镇、长坡镇等镇墟，电线和主要管网“下地”，生活污水经过人工湿地处理，“绿道”沿万泉河蜿蜒，街道也按照各地建筑特色进行了景观化改造，风情小镇建设加快推进。政府抓好基础设施建设，做好公共服务，与百姓共同营造好镇域环境，让地方特色产品销路更好、价值更高，带动百姓致富。

巩固拓展脱贫攻坚成果与乡村振兴的有效衔接就要继续践行深化美丽乡村建设，深入贯彻坚持《海南省美丽乡村建设总体规划(2016—2025年)》，根据规划总体空间格局，把绿水青山变成百姓的金山银山。海南省有196个乡镇、2 558个行政村，这些村庄如一颗颗珍珠散落在海南大地上。实际上，海南省一直把建设特色风情小镇作为振兴乡村发展的战略，目前建成了海口美社村、万宁文通村、琼海北仍村、文昌葫芦村等多个宜居、宜业、宜游的美丽乡村。这些美丽乡村根据自然环境、资源优势、文化传统，探索了以产业和旅游推动的美丽乡村建设模式。在乡村振兴阶段，海南省需要提高投资能力和水平，引进社会资本参与建设过程。同时，保护好农民、投资者的利益、明确项目规划建设报建条件、落地土地保障政策、规划乡村产业发展等。采取政府支持、企业投资、农民深度参与的方式，推进农业与旅游、教育、文化、康养等产业深度融合发展，打造特色田园综合体，实现农民增收、农业增效、农村增美。深入推进生态环境综合整治和百个特色产业小镇、千个美丽乡村建设，努力谱写美丽中国海南篇章。

(3)推进农村人居环境整治提升　实施乡村建设行动，要接续推进农村人居环境整治提升行动，重点抓好改厕和污水、垃圾处理。在脱贫攻坚期间，海南省积极开展贫困地区农村人居环境整治行动，用3年时间整治贫困地区农村人居环境。以建设美丽宜居村庄为目标，实现600个贫困村人居环境明显改善。开展贫困地区农村户厕改造，配建公共厕所，同步做好改厕与生活污水治理的有效衔接，2018—2020年，每年分别完成20%、35%、45%的任务量。开展贫困地区农村生活污水治理，将厕所粪污、畜禽养殖废弃物等一并处理，实现资源化利用，2018—2020年，每年分别完成15%、40%、45%的任务量。

要想奔小康，环境要清爽。改善农村人居环境、建设美丽宜居乡村是巩固拓展脱贫攻坚成果与乡村振兴有效衔接的一项重要任务，事关全面建成小康社会，事关广大农民根本福祉，事关农村社会文明和谐。实现全面建成小康社会的短板在农村发展，而农村发展的短板又是贫困问题。海南省在脱贫攻坚时期有关人居环境整治的工作为乡村振兴和全面实现小康社会发挥了巨大的作用。脱贫攻坚战极大地缩小了贫困地区农村和中部及发达地区农村在各个维度上的差异，补齐了实现小康社会的第一个短板。在乡村振兴时期，海南省应继续把改善农村人居环境作为社会主义新农村建设的重要内容，大力推进农村基础设施建设和城乡基本公共服务均等化，推进农村人居环境整治见实效。坚持生产方式转变和生活方式转变相结合、提升养殖水平与改善人居环境相结合、改善环境面貌与改变人的精神面貌相结合、人居环境改善与“百村示范、万村整治”相结合。引导村村达到规整有序、户户实现干净整洁，干干净净、清清爽爽地进入小康社会。

9. 乡村文化衔接：从建设走向弘扬

文化建设作为一种精神价值和生活方式，在实施乡村振兴战略过程中具有不可替代的重要作用。文化扶贫是建设乡风文明的重要手段。乡风文明建设是乡村振兴的灵魂，实施乡村振兴战略，不仅要让农民“住上好房子、开上好车子”，还要让农民“过上好日子、活得有面子”，满足其精神需求。特别是在乡村居民生活水平已经接近全面小康、衣食住行已经不成问题的现阶段，满足农民的精神需求就显得更为重要，也更为迫切。注重文化扶贫，结合优秀传统文化和社会主义核心价值观，坚持敦化乡风文明，不断推动我国广大乡村自治、法治、德治治理体系的构建完善工作。

(1)加强社会主义精神文明建设　推进乡村建设和乡村振兴，承载着几代中国人的爱国报国情怀和推进中国乡村现代化的美好梦想。

实施乡村建设行动必须要提升群众的精神文化生活，革除陈规陋习，破除封建迷信，倡导健康文明新生活，让贫困地区从根本上、精神上脱离贫困、摆脱落后观念，从而在整体上提升贫困地区人民的道德素养和精神文明。2019 年，海南省重点部署开展“六治”专项活动，通过整合村规民约、道德红黑榜、积分制及产业帮扶奖补政策和分类分红等措施，对内生动力不足和存在陈规陋习的贫困群体进行集中整治，初步提出需治理人员 2 701 人，受教育 800 余人次，初步转好 339 人次。各市县大力开展法治扶贫，坚决查处“闹贫”“闹保”现象，如屯昌县建立“赡养协议＋司法确认”工作模式，对扶贫领域子女不赡养老人案例进行全面整顿；儋州市、东方市拘留了殴打扶贫干部的村民，并在媒体上宣传，起到了明显震慑作用。

巩固拓展脱贫攻坚成果与乡村振兴的有效衔接应坚持实施乡村建设行动。首先，对陈规陋习进行集中整治，制定条规条约，建立合理的惩罚机制，并对群众定期进行法制教育；其次，深挖当地公共文化资源，建立公共文化项目，结合少数民族村落和特色小镇的传统文化，从整体上对当地公共文化体系进行设计，建立公共文化设施，如建立特色文化书屋、健身室、电子阅览室等，定期开展和组织电影下乡等活动，培养农民健康文明的生活方式，大力弘扬当地文化特色，如海南省南外村的黎族风情、排岸村的木棉红景等特色文化，提升贫困村落的文化软实力。最后，不定期地举办知识竞赛、文艺汇演等主题教育，让村民参与各种文化教育活动，在实践中不断丰富精神文明和道德素养。树立经典村的道德模范，发挥模范引领作用，指引大家追求更加美好的精神文明生活。

自东方市八所镇上红兴村乡村振兴工作队驻村以来，创新工作方法，通过村民座谈会、乡贤茶话会、老党员干部谈心、致富带头人交谈等方式，挖掘本村传统文化，提出了以“德”为核心抓精神文明建设，提倡村民“俭以养德、明德唯馨、同心同德、厚德载物”，提炼出“崇德重教，勤劳乐业，朴实友善”民风和“爱国爱村，邻里和睦，团结奋进”村风及“十要十不要”的村规民约得到老百姓的拥护和认可，增强了老百姓的幸福感、获得感。

(2)培育乡村振兴的持续内生动能　海南省围绕教育精准扶贫“全上学、全资助、上好学、促成长”十二字目标，通过构建全覆盖、多层次的教育精准扶贫格局。压实控辍保学责任，建立“市县政府—乡镇政府—村委会”和“市县教育部门—学校—老师”的“两条线”控辍保学责任体系，控辍与保学两手抓。积极探索普通教育和职业教育融通发展，破解贫困学生厌学辍学难题。压实控辍保学“三大机制”，实现全上学；构建精准资助“三大政策”，做到“全资助”；实施促进均衡“三大工程”，显著提升农村学校质量；开展励志教育“三大创新”，巾帼励志班、村干部班和职业初中班让每个孩子都有出彩的机会。这些举措可以在乡村振兴阶段继续保持和延续。乡村振兴阶段，需要继续完善顶层设计，树牢控辍保学底线思维，层层签订控辍保学工作目标责任书，扎实开展送教上门服务，严格落实关爱帮扶体系，切实做到建档立卡、农村低保、特困供养家庭学生义务教育“全上学、全资助”保障政策一人不落。充分发挥脱贫致富电视夜校组织框架与学习管理模式，促使村民初步形成的“学习习惯”固化。

巩固拓展脱贫攻坚成果与乡村振兴的有效衔接应坚持推动教育事业发展。首先，鼓励优秀青年到农村开展实施现代农业生产技术，吸引更多优秀教师来支持贫困地区的教育，为他们提供参与乡村建设的平台和机会。利用智慧教育，推进海南省贫困地区的信息建设，发挥数字化教育资源的优势，努力实现让贫困地区的每一位孩子享受到平等的教育资源，同时也要注意学生的心理健康问题，开展心理辅导活动，让每一位孩子都能快乐成长。其次，加大村民技能培训，开展消费扶贫，加强人文关怀，联合相关技能培训机构对当地村民进行统一培训并推荐工作，提升就业能力，促进劳动力转移就业。最后，充分展示海南电视夜校的优势。海南脱贫致富电视夜校是全国首创“扶智扶志”的优秀教育平台，平均每期都有56.2万人收看。因此，海南省要持续发扬这种优势培养本土优秀人才。

(3)弘扬乡风文明特色　海南不仅物产丰饶，风光秀丽，而且民族文化源远流长。海南省结合当地资源和产业条件，将全省特色产业小镇分为旅游小镇、黎苗文化小镇、互联网小镇、工贸服务小镇、热带特色农业小镇、渔业小镇等类型，努力将全省100个小镇建设成配套设施完善、特色产业支撑、文化魅力独特的高品质、多生态特色产业小镇。近年来，海南省统筹城乡一体化发展，建设美丽海南“百镇千村”，大力发展“旅游＋农业”，为实施乡村振兴战略奠定了良好基础。

儋州市兰洋镇番新村是一个黎族苗族聚居地，每年的“三月三”在外的村民都回到村里和大家一起载歌载舞，既传承和发展了民宿文化，又大大丰富了村民的文化生活。2018年，番新村将争取到的美丽乡村建设资金用于打造少数民族特色村寨，建设狩猎区、环湖栈道、登山步道、博物馆、特色农家乐等旅游基础设施，打造高标准“田园风光、世外黎苗乡”美丽黎苗特色村寨。大成镇新风村曾经被列为深度贫困村，如今村容村貌焕然一新。2018年，在儋州市乡投公司的帮助下，新风村深度挖潜，盘活239亩的闲置乡村建设用地，引进优势企业发展乡村旅游，打造生态农场、民宿、农庄，发展特色多村民宿旅游产业。为当地村民提供民宿管家、保洁员、保安、厨师、绿化种养、种养殖工等各类固定及临时就业岗位30个以上，进一步带动村民增收。如今，新风村还发展了许多体验式项目，通过“农户＋村集体＋乡投公司＋社会企业”的产业扶贫发展模式，充分整合增效各类资源要素，促进产业项目落地，带动美丽乡村建设发展。

巩固拓展脱贫攻坚成果与乡村振兴的有效衔接应坚持弘扬乡风文明特色。海南省创建的少数民族特色村寨生产、生活、生态条件明显提升，特色优势产业更加兴旺，民族文化得到有效传承，实现了“美起来、强起来、富起来”的目标。今后要在海南省的贫困乡村发展中挖掘当地特色传统文化，充分挖掘和保护古村落、古民居、古建筑等农村物质文化遗产。海南省作为一个多民族聚居区更要充分利用这一特色，针对不同的贫困村，找准其中的历史特色，并以这种特色为主题，建造独一无二不可替代的乡风文明。因此，在海南省今后的发展中也要更加注重对少数民族特色村寨建设的整体规划，更好地推动海南全域旅游与乡村振兴的融合发展，促进海南省整体的可持续发展。

典型案例

案例 7　万宁市北大镇北大村脱贫攻坚与乡村振兴衔接的实践

（一）基本情况

北大村是黎苗民族村庄，坐落在万宁市北大镇西部的牛角岭、望海岭脚下，四面环山，年平均气温为 23.6 摄氏度，森林覆盖率达 86% 以上，生态环境良好。全村 363 户 1 207 人，下辖 8 个村民小组（自然村）。党员 39 名，平均年龄 55 岁。其中，女性党员 5 名，高中以上文化程度 18 人。辖区面积为 3.2 千米^2，其中水田面积为 806 亩，坡地面积为 206 亩，林地面积为 3 041 亩。其主要经济收入以种养业为主，其中百香果为 220 亩，橡胶为 550 亩，槟榔为 2 491 亩。

北大村属“十三五”规划省定深度贫困村，2015 年前，原始贫困发生率约为 70%，全村建档立卡贫困户 202 户 853 人。截至 2018 年年底，通过 3 年的精准脱贫验收，北大村贫困户已全部实现脱贫，整村摘帽出列。

1. 基础设施建设

2019 年，投入 300 万元，沿村主干道打造丁坡、新村、古田道路景观；投入 319.4 万元，在新村、古田、加槽 3 个自然村各建设 1 座污水处理池。2020 年投入 30 万元，实施“垃圾分类和资源化利用”项目。

2. 脱贫人口变化

2015 年脱贫 97 户 437 人，2016 年脱贫 8 户 35 人，2017 年脱贫 6 户 27 人，2018 年脱贫 91 户 357 人。

原始贫困发生率 70.92%；2016—2019 年贫困发生率 34.71%；2019—2020 年贫困发生率为 0。

致贫原因：缺技术69户、缺劳力47户、因病28户、自身发展动力不足16户、因学15户、缺资金10户、缺土地9户、交通条件落后4户、因残3户和因灾1户（共202户）。

3. 帮扶单位及人员

总计5个单位32人参与，其中万宁市卫生健康委员会16人、北大镇政府4人、省农业农村厅1人、海马集团1人和北大村委会10人。

4. 产业发展情况

2018年，借助省农业农村厅投资1 100万元，建成黑山羊养殖示范基地和百香果示范种植基地，于2019年投入运营。2019年出栏成品羊1 630余只，实现产值300多万元；销售百香果10 500斤，实现产值84万元。两个产业为村集体创收54.1万元（黑山羊基地36.6万元、百香果基地17.5万元）。2020年，村集体乘势而上，黑山羊养殖示范基地36.6万元，百香果示范种植基地创收17.5万元，联结贫困户圈养黑山羊羊舍租金收入6.4万元，全年村集体经济共收入60.5万元。

村特色产业带动23户农户圈养黑山羊，陈云超等47户农户利用撂荒地和庭院种植百香果150余亩，蒋玉红等30多户农户在村产业基地务工，胡永英等8户农户种植牧草56亩。

5. 红黑榜

自“红八条、黑八条”村规民约实施以来，共有28人次上红榜（2019年17人次，2020年11人次），黑榜2人次（2019年）。

6. 教育扶贫

2019年成立北大村教育发展促进会，获省农业农村厅和海马集团各捐赠5万元启动资金。2019年为考上大学的5人发放奖学金1.7万元，2020年为考上大学的5人、高中2人、初中2人发放奖学金1.8万元。

2020年享受学前至高中教育扶贫资助110户188人。其中学前38人（38 000元）、小学93人（223 200元）、初中53人（153 700元）、高中4人（8 000元）。

2020年享受“雨露计划”职业教育资助春季8户8人（14 000人）、秋季4户4人（7 000元）。

7. 健康扶贫

2020年，北大村贫困户接受30种大病救治19户27人，40种慢性病门诊报销71人，高血压18人，糖尿病14人，精神病6人；2020年住院报销130人次。

8. “四类人”数据

档内低保20户62人，档外低保2户3人；档内特困2户2人，档外特困4户4人；档内残疾14户14人，档外残疾11户14人。

9. 危房改造

2018 年完成危房改造 83 户，2019 年完成住房缺项 5 户。

10. 劳动力务工

2019 年，全村 535 名劳动力，务工 267 人（省外务工 8 人、省内市外 10 人、市内 249 人），未务工 268 人。

2020 年，全村 536 名劳动力、务工 368 人（省外务工 30 人、省内市外 71 人、市内 267 人），未务工 168 人（在家从事生产 130 人、照顾家人生活 15 人、个人身体原因 23 人）。

（二）主要措施

1. 提升党建水平，筑牢战斗堡垒

北大村党支部大胆提出了摘掉“软弱涣散”党支部帽子，争创万宁市“五星级党组织”和海南省“基层党建示范点”的目标，多措并举加强基层党建工作，以党建引领脱贫攻坚和乡村振兴，主要做了以下工作。

一是搭建一个阵地。为了加强硬件设施建设，党支部和驻村工作队通过多方求助，争取到海马集团投资近 40 万元，将村委会陈旧的办公区改建为党群活动服务中心。该中心不仅具备日常办公功能，而且设有便民服务点、乡村图书室、退役军人服务站、新时代文明实践站、志愿者服务站等，并配套建有标准塑胶篮（排）球场、党建文化广场等。如今的村委会广场一到晚上不再是漆黑一片，而是变得灯火通明、欢声笑语，村民们闲暇时间不再喝酒、赌博了，大家聚集到这里健身、打球、学习、交流，这里已成为凝聚干群的“新堡垒”。

二是提振一种精神。北大村是一个有着光荣传统的革命老区。在 1926 年 4 月下旬，万宁县第一个黎族中共支部就在北大村成立，北大村还是万宁（现万宁市）县委、县政府所在地，直至 1950 年 4 月万宁解放后，县委、县政府才从北大村迁至万城施政。为了深入挖掘北大村红色历史，传承和弘扬 23 年红旗不倒的“六连岭”精神，村党支部在万宁市委的支持下于 2019 年 10 月创建了“红色北大”党建品牌。创建活动通过开办“红色北大”党课讲堂、创办《红色北大》期刊、开展“红色文化”“党员志愿服务”等活动，让党员群众认识到老一辈“北大人”的初心和使命，增强了自豪感、责任感和使命感，不仅使党员干部的干事创业激情得到激发，而且不少贫困户也逐步克服了生活懒散、不求上进的不良习惯，走上了勤劳致富的新路。

三是健全一批制度。为了规范党组织生活，党支部建立健全了《“三会一课”制度》《民主生活会制度》《主题党日活动制度》《民主评议党员制度》《发展党员工作制度》等一批制度。为了落实好“三会一课”制度，党支部针对村里党员平均年龄偏大，居住分散，平时都要干农活的情况，探索实施了“日程集中、议程分列”的“多会融合”模式，既解决了党员召集难的问题，又保证了组织生活制度的落实；为了让主题党日活动既丰富多彩，又取得实效，党支部以“不忘初心、牢记使命”主题教育和万宁市“守初心、强基层”专题活动为契机，组织党员干部到六连岭瞻仰烈士墓、重温入党誓词，到“红军洞”追寻革命先烈的足迹，到海口、琼中、琼海、陵水等市县参观社会主义新农村建设，党员干部转变了作风、坚定了初心使命、开阔了视野，增强了党员干部敢于担当、敢于啃硬骨头的斗争精神和斗争意识。

2. 发展特色产业，夯实经济基础

以前的北大村产业结构单一，主要依靠种植槟榔和橡胶，村民内生动力不足，得过且过，导致全村2/3的农户是贫困户，北大村也是名副其实的“空壳村”。没有产业支撑，就难以持续、高质量地巩固拓展脱贫成果。两年来，北大村党支部以党建引领产业发展，大力发展集体经济。

一是打造两个主导产业。利用省农业农村厅投资的1 100万元产业发展资金，建成了黑山羊养殖基地和百香果种植基地，这两个产业基地都于2019年投入运营。其中，黑山羊养殖基地建成标准羊舍8栋2 000米^2、运动场2 000米^{2}及相关配套设施等，由万宁市福羊畜牧业有限公司经营管理，2020年为北大村集体经济创收36.6万元。百香果种植基地70亩，由海南自由贸易区海香生物科技有限公司经营管理，2020年为北大村集体经济创收17.5万元。

二是推动“扶贫项目”向“富民项目”延伸。为了能让广大村民共享村产业发展成果，直接受益得实惠，北大村依托黑山羊养殖基地资源，把村民吸纳到黑山羊养殖产业中来。争取到万宁市政府安排100万元发展资金，通过“政府＋公司＋银行＋合作社＋贫困户”的模式，建成了黑山羊扶贫特色养殖小区。该模式由万宁市福羊畜牧业有限公司负责统一建设标准羊舍、统一按成本价2 000元/只投放种羊、统一为养殖户提供银行贷款担保、统一为养殖户提供科学先进的技术培训指导服务、统一按市场价收购羊羔（简称“五统一”）。养殖小区一期、二期已经建成投产，圈养黑山羊的农户达到23户。据统计，仅半年多时间，一期养殖户已平均实现产值2万多元，为村集体创造租金收6.4万元。

三是推动“单一产业”向“复合产业”转变。引进中国热带农业科学院香料饮料研究进行合作，充分利用各类空间发展“林下经济”“庭院经济”，集中示范“粽香斑兰”优良品种及“槟榔间种香露兜”等高效种植模式，已种植斑兰叶约12亩共36 000多株，可可约2亩150株，咖啡约5亩500株，农户家庭菜园约50亩。

四是发挥产业带动效应，促进村民增收。北大村有相当一部分村民因家人需要照顾，虽有劳动力，但不能外出务工。为了解决这部分人的家庭收入问题，北大村通过村产业带动陈云超等47户脱贫户利用撂荒地和庭院种植百香果150余亩，带动蒋玉红等30多户脱贫户在村产业基地务工，带动胡永英等8户农户种植牧草56亩。为解决贫困户就业难的问题，北大村驻村工作队及村两委干部通过进村入户走访，共筛选出20多名有务工需求的贫困村民，优先安排在村产业基地务工，确保他们实现就近就地就业，有效激发了村民勤劳致富的内生动力。"十三五"之前，北大村村民人均纯收入仅有 2 800 余元，2020 年，北大村建档立卡贫困人口人均年收入 10 401.86 元，全村人均年纯收入超过 15 000 元。

3.推进综合治理，建设美丽乡村

北大村坐落在牛角岭、望海岭脚下，四面环山，相对闭塞，村民们多年来养成了铺张浪费、封建迷信、乱丢乱弃等陈规陋习。近两年来，北大村以开展"六治"专项活动为切入口，坚持"志智双扶"，推动综合治理。

一是抓移风易俗。出台"红八条、黑八条"村规民约，对上"红榜"的殡葬改革户、文明卫生户、最美婆媳户等给予 200～50 000 元的奖励；对上"黑榜"的如参与赌博、大办酒席、不孝敬父母等，将不享受村委会 3 个月服务及相关优惠政策。现在北大村的"红黑榜"被村民称为"仪容镜"，起到了"照镜子、正衣冠、红红脸、出出汗"的效果。如村民刘运明以前经常与父亲吵架，脾气暴躁，很难与人相处，后来在村规民约影响下，主动学习百香果种植管理技术，又把自己掌握的技术经验深入田间地头，手把手教给农户，得到了村民的赞赏和村委会的"红榜"通报表扬。

二是抓人居环境整治。将每周三定为"保洁员清洁日"，每月最后一周的周六定为"全村大扫除日"，把全村道路划区分片，设立"党员卫生监督责任牌"，让广大农民在美化家园建设的过程中，思想受洗礼，习惯被改变，说文明话、做文明事、当文明人。推进"三清两改一建"，在各自然村合理设置了垃圾桶和垃圾房，指定专人负责定期清运垃圾；在新村、古田、加槽 3 个自然村各建设 1 座污水处理池，实现了农户家生活污水并入污水管网，彻底解决了以往生活污水横流的问题；在沿村主道路两旁建设挡土墙，保证了下雨天乡村道路干净无泥沙；按照海南省推进农村"厕所革命"暨环境卫生集中整治半年攻坚动员大会要求，加快推进农户无害化厕所改造，组织驻村工作队、村两委干部、帮扶责任人分组对全村农户厕所情况进行大排查，根据排查结果因户改厕，通过向镇政府申请注塑一体化化粪池，采取砖砌混凝土化粪池等方式，解决了无厕户问题，完成了上级下达的防渗漏厕所改造任务；结合美丽乡村建设于 2019 年 10 月投入 300 万元，以村委会为轴心，沿村主干道打造丁坡、新村、古田道路景观。2020 年，北大村在上级部门支持下，推进垃圾分类示范村的创建工作。

三是抓下一代教育。于 2019 年成立了"教育发展促进会"，获得了省农业农村厅和海马集团各捐助 5 万元启动资金，用于奖励品学兼优的学生，资助家境困难的学生。2019 年，北大村 5 名学子考上大学，结束了村子里几年没有学生考上大学的历史，2020 年又有 5 名学生考上大学。

四是发动村民自治。实施党员网格化管理，发动"退伍老兵会""志愿者服务队"等各类组织积极参与乡村治理，鼓励村中“光棍汉”报名参加万宁市政府举办的单身汉军训活动。大力提升村级综合服务中心、便民服务点、退役军人服务站、乡村图书馆等公共设施的服务功能，将城市社区管理理念引入农村，在推动城乡社会管理一体化方面迈出了新步伐。通过这些措施，北大村的面貌发生了可喜的变化：以前的铺张浪费脏乱差等现象没有了，取而代之的是村庄道路干净整洁，沿路花草树木整齐划一，村民房前屋后也变得越来越整洁靓丽，村民们和睦相处，文明之风盛行。

北大村相关事迹先后被国务院扶贫办《中国扶贫》杂志社、中国致公网、人民网、海南旅游卫视、海南广播电视台、海南电视台等10多家媒体报道。北大村先后被评为“全国乡村治理示范村”“2019—2021年度海南省卫生村”，北大村驻村工作队被评为“海南省打赢脱贫攻坚战先进集体”，北大村党支部被评为万宁市2019年度“五星级党组织”。

（三）成功经验

1. 抓紧方向，党建引领助脱贫

组建完善的领导班子，抓住发展大方向。北大村党支部原来是“软弱涣散”党支部，由于党支部的战斗堡垒作用不强，以前走了很多弯路。为了把党支部建设成带领乡亲脱贫致富的坚强领导核心，党支部一班人主动补短板，不断筑牢“战斗堡垒”，党支部建设水平有了明显提高，党支部加强基层党建工作，以党建引领脱贫攻坚和乡村振兴，在党支部的领导下，实现从空壳村到产业兴旺村的转变。

2. 因地制宜，发展乡村特色产业

以前的北大村由于产业结构单一，村民主要依靠种植槟榔和橡胶。受槟榔黄化病和橡胶价格的影响以及缺技术、缺人才等，许多村民入不敷出，生活贫困，北大村也成为名副其实的空壳村。产业兴，百业兴。党的十九大报告提出了乡村振兴战略，产业兴旺首当其冲。对北大村来说，因地制宜发展特色产业要比一味种植槟榔等更重要。其已建成了黑山羊养殖基地和百香果种植基地，并投入运营。找到并做大做强适合当地发展的特色产业，带动经济发展，真正实现从脱贫产业到富民产业。

（四）与乡村振兴的有效衔接

1. 继续加强北大村党建工作

自2019年以来，北大村在提升党建水平方面同步加强软、硬件建设，开了个好头。下一步，将继续加强党建工作，以党建引领脱贫攻坚和乡村振兴工作，争创全省“农村基层党建示范点”。

2. 大力发展壮大集体经济

以农村土地制度改革和集体产权制度改革为契机，盘活土地资产，依托环境资源优势，按照“一村一品”格局，做大做强黑山羊、百香果产业，巩固槟榔、橡胶传统产业，延伸发展鹧鸪茶、斑兰叶、可可、咖啡及蚊子蜂等特色产业，力争村集体经济收入连年递增。

3. 按标准推进“五网”建设

在路网建设方面，确保各自然村入户道路100%硬化、100%解决安全防护问题；在水网建设方面，利用“人居环境示范村”创建活动专项资金，全面改造生活用水供水管网，在确保群众生活用水的同时，加强农田水利建设，完成所有农田灌溉渠道修建；在光网建设方面，2020年前实现各自然村光纤宽带、4G信号全覆盖；在电网建设方面，全面改造、升级北大村原裸线高压线路，确保村民正常用电和安全用电。

4. 坚持“志智双扶”推动乡村治理

注重扶贫同扶志、扶智相结合，多措并举激发广大村民积极性、主动性、创造性，激活乡村振兴内生动力。做大做强村级产业，吸引更多有志的本村青壮年劳动力返乡打工创业，把所有村民都嵌到相应的产业链条中，确保他们能够劳有所得，勤劳致富；持续开展乡风文明行动，通过树立典型，鼓励先进、鞭策后进，净化村里风气，建设风清气正新农村。

5. 探索产业发展，加强产业融合

一是发展林下经济，打造“绿色产业”。北大村林地资源丰富，主要经济作物是槟榔和香蕉，这两类作物都是多年生乔木，枝干高、株距远，有大面积的林下空地可利用。近两年来，北大村充分挖掘林下空地潜在经济效益，打造“绿色产业”。一方面，利用空地发展种植鹧鸪茶、斑兰叶、可可、咖啡等特色作物。尤其斑兰叶是一种热带绿色植物，有水分独特的天然芳香味，其汁液是绿色有机物，富含抗氧化成分，可与中国热带农业科学院香料饮料研究所进行合作，建设斑兰叶标准化种植示范基地，集中示范“粽香斑兰”优良品种以及“槟榔间种香露兜”等高效种植模式。另一方面，积极探索新的“绿色产业”发展模式——“政府＋科技＋企业＋金融＋互联网”五位一体。在林下空地建设集果蔬采摘、垂钓、休闲娱乐、特色烧烤等于一体的共享农庄，促进“绿色产业”深度融合发展。

二是发展第三产业，实现产业融合。北大村是一个有着光荣传统的革命老区。其目前主要依靠第一产业带动经济发展，促进农民增收。在乡村振兴阶段，可以注重开发“红色旅游＋生态旅游”的模式，充分运用与体验黑山羊养殖与百香果种植基地相结合，建设研学或者党建路线，实现产业融合，加强产业带动效应。

2021年是巩固拓展脱贫攻坚成果同乡村振兴有效衔接的开局之年，应聚焦巩固拓展脱贫攻坚成果，谋划抓好与乡村振兴有效衔接的重点工作任务。健全防止返贫动态监测和精准帮扶机制，充分利用好大数据监测平台。原大数据监测平台保障精准施策，2018年前聚焦精准识别，2019年聚焦精准帮扶，2020年聚焦精准退出，今后应聚焦动态监测防止脱贫人口返贫，探索解决相对贫困问题，开展脱贫对象分类管理；持续推进产业扶贫提质增效，加强扶贫资产、项目库、光伏扶贫运维、产业扶贫项目管理；着力强化务工就业稳岗，准确掌握就业数据，开展有针对性职业技能培训，推动实现稳定就业；继续推动消费扶贫，常态组织开展线上线下消费扶贫活动，抓好扶贫产品认定，加强消费扶贫专柜专馆专区建设；深入抓好扶志扶智工作，继续组织收看电视夜校，全面推广扶贫扶志“六治”新模式，持续推行“志智双扶”经验做法；进一步加强脱贫攻坚总结宣传；坚持五级书记一起抓，加强职能部门指导支持，激励广大扶贫干部职工抓好主责主业，推进各项工作有效落实。

总体来说，海南省未来应全力做好队伍机构、工作体系、发展规划、政策举措、考核机制等多方面的衔接，确保工作不留空当、政策不留空白，使全省经济实力逐步增强，脱贫地区的农村低收入人口生活水平显著提高，城乡差距进一步缩小，在促进全省人民共同富裕上取得更为明显的实质性进展。

参考文献

1. 中共中央组织部干部教育局，国务院扶贫办政策法规司，国务院扶贫办全国扶贫宣传教育中心. 脱贫攻坚. 昆明：云南人民出版社，2019.
2. 朱佩娴. 脱贫攻坚：干了才有希望. 北京：人民日报出版社，2020.
3. 国务院扶贫开发领导小组办公室综合司国务院研究室农村经济研究司. 脱贫攻坚社会伟力. 北京：中国言实出版社，2020.
4. 习近平. 决胜全面建成小康社会夺取新时代中国特色社会主义伟大胜利. 北京：中国盲文出版社，2017.
5. 中国扶贫发展中心. 决胜全面小康　兰考故事. 北京：五洲传播出版社，2021.
6. 国务院扶贫办. 中国脱贫攻坚：井冈山故事. 北京：研究出版社，2019.
7. 海南省统计局，国家统计局海南调查总队. 海南统计年鉴 2016. 北京：中国统计出版社，2016.
8. 海南省统计局，国家统计局海南调查总队. 海南统计年鉴 2017. 北京：中国统计出版社，2017.
9. 海南省统计局，国家统计局海南调查总队. 海南统计年鉴 2018. 北京：中国统计出版社，2018.
10. 海南省统计局，国家统计局海南调查总队. 海南统计年鉴 2019. 北京：中国统计出版社，2019.
11. 海南省统计局，国家统计局海南调查总队. 海南统计年鉴 2020. 北京：中国统计出版社，2020.
12. 农业农村部办公厅　海南省人民政府办公厅关于加快推进国家南繁科研育种基地建设规划落实的通知. 农办种〔2018〕11 号.
13. 中共中央　国务院. 海南自由贸易港建设总体方案.（2020-06-01）[2022-04-05].